Anonymous

Archiv für Buchdruckerkunst und verwandte Geschäftszwiege

36. Band

Anonymous

Archiv für Buchdruckerkunst und verwandte Geschäftszwiege
36. Band

ISBN/EAN: 9783743364974

Hergestellt in Europa, USA, Kanada, Australien, Japan

Cover: Foto ©ninafisch / pixelio.de

Manufactured and distributed by brebook publishing software (www.brebook.com)

Anonymous

Archiv für Buchdruckerkunst und verwandte Geschäftszwiege

ARCHIV FÜR BUCHDRUCKERKUNST UND VERWANDTE GESCHÄFTSZWEIGE

36. BAND
JAHRGANG 1899

VERLAG
ALEXANDER
WALDOW
LEIPZIG

Inhalt des 36. Bandes.

Amtliche Bekanntmachungen.
15 195 305 425

Grössere Aufsätze.
Ansichtspostkarte, Die. Von Hans Naeter 367
Buchgewerbeverein, Der Deutsche . . 47
Deutsche Buchgewerbehaus und der Deutsche Buchgewerbeverein, Das . 251
Fraktur und Gotisch im Accidenzsatz 15
Galvano im Buchdruck, Das 135 230 417
Gutenberg-Album von 1840, Ein. Von Hans Naeter 322
Geschichte der Schriftgiesserei, Zur. Von H. Smalian 505
Goethes Faust und die bildenden Künste 435
Hand in Handarbeiten vom Buchdrucker und Buchbinder 205 264 315
Kuenoa-Schnellpresse, Die 31
Kunst und Können im Holzschnitt. Von Johann Weber . . 381 429 480
Neue Kunst und das Buchgewerbe, Die. Vortrag von Dr. Peter Jessen 49 97 115 195 241 307
Neuer Stoff für Bucheinbände, Ein. Von Herm. Quensel 503
Pflege der Kunst im Buchgewerbe durch die Vereine. Von Willibald Franke 547
Preisausschreiben, Ein erfolgreiches 512
Schnelligkeit bei der Galvano-Herstellung 540
Schriftgiesserei, Die. Von H. Smalian 1
Schriftsystemerform in England . . 208
Secession 578
Solnhofener Steinbruch Anera, Aus der 501
Verantwortlichkeit des Redakteurs, Die. Von Dr. jur. Karl Schäfer 5 61 161
Vorträge des Herrn Dr. Peter Jessen in der Fachpresse, Die. Von Dr. R. Kautzsch 360
Welche Anforderungen sind an ein druckreifes Manuskript zu stellen? 438
Winke für Klischee-Berechnung, Einige 372

Kleinere Aufsätze.
Zwischen zwei Stilen. Von Dr. Ludwig Volkmann 106
Ausstellung dänischer Buchenbände 273
Ausstellung neuerer Druckerzeugnisse der Typographischen Gesellschaft zu Leipzig 71
Autographische Presse für Handbetrieb 164
Betriebskosten von Gas- und elektrischen Motoren, Vergleich der 514
Bilderwerk, Ein österreichisches . 328
Bogenanlegeapparate und Bogengeradestosser 50
Bogenzähler »Primus« 64
Das 0 in der Antiqua 442
Deutscher Maschinenmarkt, Ein . 500
Druckerkunstische Neuheiten, Zwei . 530
Duplex-Autotypie 394
Eine hervorragende technische Leistung 115
Fadenheftmaschine, Eine neue . . 210
Farbenbuchdruck, Über photographischen. Von G. A. Angerer . 576
Handnummer-Maschine mit Farbewerk für Buchdruckfarbe . . . 462
Jessen, Dr. Peter 304
Jungbrunnen, Der. Ein Schatzbehalter deutscher Kunst und Dichtung 501
Kaiserwort und die Dankespflicht des Deutschen Buchgewerbes. Ein 127
Kornraster-Frage, Zur. Von Edm. Gaillard 153
Kunst im Alphabet, Die 567
Morgenthaler, Ottomar †. . . . 563
Neuer Bogenzähler Scrutator. . . 208
Neuerung an Schriftkästen. . . . 19
Neujahrsdrucksachen 125 167
Prioritäts-Konkurrenz der Typograph Gesellschaft zu Leipzig 607
Richtfest des Deutschen Buchgewerbehauses in Leipzig 395
Satzbretter mit Schutzleisten . . 165
Typen für Inschriften 179
Urteil, Ein französisches, über deutsche Drucksachen 120

Vorrichtung für Cylinderschnellpressen 606
Walzenguss-Apparat, Ein neuer , 419
Wechselverdruck, Der 277
Weltausstellung, 1900, Zur Pariser 328
Zierschriften im Dienste der Kunst, Über 275
Zum Kapitel Kunstholzschnitt . . 215
Zusammenbacken der Schrift, Das 215

Jubiläen, Auszeichnungen, Geschäftliches.
31 81 130 176 227 296 346 405 466

Todesfälle.
31 81 130 226 287 346 406 466 521 617

Berichte
über neue Erfindungen u. s. w.
19 68 170 463 614

Aus den graphischen Vereinigungen.
281 341 399 457 518 463

Vereinswesen.
287 348 407 548 618

Zeitschriften- und Bücherschau.
Adressbuch des deutschen Buchhandels 1899 229
Annuaire de l'Imprimerie 1899 . 80
Archives de l'Imprimerie, Les . . 625
Baron Shakespeares Venus und Adonis 402
Beilagen für Schule und Haus 403
Hermann, R., Shakespeares Debut 1898 28
Bühne und Welt 20 80 125 173 178 222 312 400
Garbell, A., Leitfaden für den Unterricht in der russischen Sprache 29
Gedenkbuch von Oberzell 164
Geschichte der deutschen Illustration. Von Th. Kutschmann . 129
Handbuch der Galvanostegie und Galvanoplastik. Von Dr. H. Stockmeier 401

	Spalte		Spalte		Spalte
Jahrbuch für Reproduktionstechnik für 1898. Von Dr. Josef M. Eder	468	Zeitenmass von G. E. Reinhardt	177	Hauptversammlung des Börsenvereins Deutscher Buchhändler	220
Katechismus der Buchbinderei. Von Hans Bauer	462	Zeitungsfabrikation auf photographischem Wege	132	Illustrierten Zeitungen, Zur Geschichte der	623
Katechismus des guten Deutsch	231			Internationaler Urheberrechtsschutz	621
Kunst und Dekoration	219	**Mannigfaltiges.**		Kommentar zum Deutschen Buchdrucker-Tarif	467
Lehre vom Licht, Die. Von E. Schurig	(38)	**II. Allgemeines.**		Kostbare Bibeln	31
Lexikon Muret-Sanders	79	Abrechnung der Reichsdruckerei 1897/98	84	Künstlerische Einbände von Breitkopf & Härtel in Leipzig	524
Meisterwerke der Baukunst und des Kunstgewerbes	127	Alfred Freyhoff	619	Lehrzeit eines Buchhändlers, Ehemalige	31
Moderne Zeermotive für Kunst und Gewerbe	173	Ansichtskartenstatistik	179	Memorienwerk Kaiser Friedrich	80
Osterreichische Faktoren-Zeitung	530	Anwendung der Fraktur und Antiqua in der deutschen Litteratur	470	Missale speciale, Ein	127
Prachtwerk, Ein graphisches	263	Aufhebung des Zeitungsstempels in Österreich	622	Offener Brief an Herrn Kommerzienrat Kröner	177
Procédés modernes d'illustrations, Les	343	Ausstellung des Verbandes deutscher Illustratoren	622	Offizieller Katalog Paris 1900	682
Ratgeber für Anfänger im Photographieren. Von Ludwig David	530	Begriffsverwirrende Ausdrücke im graphischen Gewerbe	351	Unterprüfungen der Buchdrucker-Lehranstalt	220
Schär-Langenscheidt, Kaufmännische Unterrichtsbriefe	28	Berichterstattung des Figaro	527	Praktischer Vorschlag für die Geschäftswelt	180
Schrift- und Buchwesen in alter und neuer Zeit	172	Buchdruckerei in Grönland, Die erste	472	Schriftsystemreform in England	471
Stephan Heuss, der fränkische Buchdrucker. Von Wilhelm Germann	638	Buch- und Steindruckereien Deutschlands, Die	622	Senefelder-Denkmal in Berlin	621
Stereotypeur, Der	127	Buchkunst-Ausstellung in München	400	Südslavische Akademie, Die	304
Technisches Wörterbuch der graphischen Branchen	263	Bürck-Ausstellung im Deutschen Buchhändlerhaus zu Leipzig	349	Typographische Neuigkeiten aus Russland	178
Über Land und Meer 20 173 222	342	Druckfehler im 16. Jahrhundert	352	Unbefugte Herstellung von Etiketts	623
Wörterbuch der deutschen Rechtschreibung. Von Dr. Th. Matthias	263	Ein seltener Druck	471	Vorschlag zur Förderung der graphischen Künste	220
Worpswede, Die	343	Ernährungsprozess des Deutschen Buchgewerbehauses	223	Woche, die	221
Zeitschrift f. Reproduktionstechnik	638	Farbenfabrikanten-Trust, Ein	622	Wörterbuch d. lateinischen Sprache	179
		Feuergefährlichkeit	621		
Mannigfaltiges.		Fonderie typographique, La	343	**Verschiedene Eingänge.**	
I. Technisches.		Frauenzeitung, Eine	622	30 80 128 174 223 264 344 403 464 524 619	
Bogenzähler Serulator	467	Gedenkbuch der Stadt Hamburg	463		
Buchdruckfettern aus Aluminium	84	Geschichte der Visitenkarte, Zur	621	**Schriftgiesserei-Neuheiten.**	
Hilfsapparat für Setzmaschinen, Ein	624	Graphische Lehr- und Versuchsanstalt in Wien	84	21 75 125 217 278 348 397 455 515 599	
Löschpapier als Putzmaterial	180	Graphischer Musteraustausch des Deutschen Buchgewerbevereins	526		
Orloffdruck, Der	408	Gutenberg-Ausstellung	527	**Satz und Druck der Beilagen.**	
Papyrolith	176	Gutenberg 1900	350	26 78 120 227 285 345 404 462 523 613	
Skizzen von Tondrucktypen	280	Handelskammerbericht für Mittelfranken	467	**Rat- und Auskunfterteilung.**	
Tapeten aus Zink	620			32 230 281	

UND VERWANDTE GESCHÄFTSZWEIGE.
BEGRÜNDET VON
ALEXANDER WALDOW.

| 36. Band. | 1899. | Heft 1. |

DIE SCHRIFTGIESSEREI.

VON HERMANN SMALIAN.

Einleitung.

utenbergs Erfindung, die Buchdruckerkunst, begreift den Stempelschnitt, die Schriftgiesserei und die Buchdruckerei in sich. Diese Zweige, im Anfange der Kunst räumlich und oft in einer Person vereinigt, sind mit der Entwicklung dieser wie mit dem Übergange vom wissenschaftlichen und künstlerischen zum mehr industriellen Betriebe von einander losgelöst, und produzieren nicht selten ohne Rücksicht auf die Zweckmässigkeit des Fabrikats im anderen Zweige, wenigstens so weit der Stempelschneider und Schriftgiesser dabei in Betracht kommen. Selbstverständlich musste mit dieser Trennung dem einzelnen das volle Verständnis für die gesamte Kunst abhanden kommen, und in je weiterem Masse dies geschah, um so unklarer wurden die Vorstellungen der Ausübenden in dem einen Zweige von der Fabrikationsart in dem anderen.

Die Teilung der Arbeit, die für den heutigen Grossbetrieb ganz unentbehrlich ist, hat neben ihren segensreichen Wirkungen aber auch eine gewisse einseitige Ausbildung der Lernenden zur Folge. Die meisten der letzteren müssen sich darauf beschränken, tüchtiges in dem Zweige zu lernen, in welchem sie ausgebildet werden; sie haben resp. finden infolgedessen nicht mehr die Zeit, sich um die Technik der Nebenzweige zu kümmern, wie dies erwünscht ist, eine Anzahl vom Glück Begünstigter oder besonders Befähigter allerdings ausgenommen.

Erfreulicherweise ist aber nun doch seit dem Erscheinen der zweiten Auflage meines Handbuches, d. h. seit dem Jahre 1878, manches geschehen, um die in unserem Berufe getrennt Marschierenden wieder in nähere Berührung zu bringen. Ich rechne dahin in erster Linie die Vermehrung und Verbesserung der Fachzeitschriften, dann aber auch die Bildung von Fachmänner-Vereinigungen, ganz besonders der typographischen Gesellschaften, in denen sich die Ausübenden aller Berufszweige unserer Kunst in regelmässigen Sitzungen zu gegenseitiger Belehrung zusammenfinden.

Diese vermehrte Gelegenheit für den Buchdrucker, das Material kennen zu lernen, aus welchem die Typen bestehen und wie letztere beschaffen sein müssen, um ihren Zweck ganz zu erfüllen, diese Gelegenheit hat aber doch nicht hindern können, dass manches Falsche vorgetragen, manches Unrichtige niedergeschrieben wird und zum Teil unwidersprochen durch die Fachzeitschriften wandert. Ich möchte dies an zwei besonders charakteristischen Beispielen zeigen.

Das Oxydieren der Schriften hat bekanntlich mehrere Ursachen, deren eine in der Vermischung von Schriftmetall mit Zink zu suchen ist, welche ängstlich von jedem Schriftgiesser vermieden wird. Hierzu schrieb nun ein in diesen Dingen erfahrener Kollege: «Ich erinnere mich, von sachverständigen Männern schon früher gehört zu haben, dass nach ihrer Beobachtung einzig und allein Zink die Ursache des Oxydierens der Schriften sein könne. Obgleich auch mir gegenüber seitens der Schriftgiesser die Versicherung ausgesprochen wurde, dass unmöglich Zink in der Legierung enthalten sein könne, so

1

erlaube ich mir, dem gegenüber zu bemerken, dass *alte Galvanos*, die bekanntlich, wenn auch nur leicht, mit Zink hintergossen werden, fast immer ohne jedes Bedenken dem Schriftzeug beigemengt werden«. Nun ist ja richtig, dass diejenigen Schriftgiessereien, welche ihrem Schriftzeug Kupfer hinzufügen, mit Vorliebe die alten Galvanos dazu wählen. Diese sind aber nicht mit Zink, sondern mit Zinn hintergossen, wie jedem Fachmann bekannt ist!

Das zweite Beispiel betrifft die Schrifthöhe, über welche auch noch die wunderlichsten Mitteilungen durch die Fachpresse laufen. Hierzu schrieb ebenfalls ein »sachverständiger« Kollege der Schweiz:

»Nachdem nun fast allgemein der Pariser »Kegel« eingeführt ist, werden jetzt Vorschläge gemacht, auch die Höhe zu vereinheitlichen. Und zwar wird von Deutschland aus die Londoner Höhe empfohlen, die etwas geringer ist als die Leipziger (66 Punkte) und die Pariser (62,70 Punkte), nämlich nur 60 Punkte = 5 »Cicero« zählt; der Ausschluss würde auf 48 Punkte reduziert werden usw.«

Auch hier weiss jeder Fachmann, der sich um die einschlägigen Verhältnisse kümmerte, dass es in London nur die englische Schrifthöhe von 62 Didot-Punkten giebt und dass es in Deutschland keinem Praktiker einfällt, die englische Schrifthöhe einzuführen und noch weniger eine solche von 60 Punkten, die in der ganzen Welt nicht zu finden ist.

Ich könnte mit vielen ähnlichen, teilweise noch schlimmeren Beispielen aufwarten, beschränke mich aber auf die beiden, die neuerdings in einem unserer besten Fachblätter zu lesen waren, an welchem hervorragende Fachmänner mitarbeiten. Es soll dies jedoch kein Vorwurf, sondern nur ein Beweis dafür sein, wie unbekannt die Giesserei-Technik selbst noch bei Personen ist, welche belehrende Fachzeitschriften redigieren oder daran mitarbeiten. Rechtfertigt sich nun schon aus diesem Grunde ein Handbuch der Schriftgiesserei, so ist ein solches noch viel mehr nötig für den Verkehr zwischen dem Buchdrucker und Schriftgiesser. Wer wie ich seit nunmehr dreissig Jahren Gelegenheit hatte, die falschen Vorstellungen kennen zu lernen, die viele Buchdrucker von der Herstellung der Typen, von dem Schriftmetall, vom Giesszettel, Kegel und Höhe usw. haben, der wird mir nachempfinden, dass ein Buch nötig ist, welches in zweifelhaften Fällen zur Hand genommen werden kann und sicheren Aufschluss giebt.

Ich rechne aber noch auf einen weiteren Nutzen. Dank des immer mehr in Aufnahme kommenden Didot-Systems ist es den Schriftgiessereien möglich, einen erheblichen Teil der in Gebrauch kommenden Typen am Lager zu halten. Aber selbst, wenn aus jeder Druckerei der eigene Kegel und die eigene Höhe verschwunden ist, wird immer noch Bedarf an besonders sortierten Schriften sein, an solchen für Adressbücher, Kataloge etc., die einen eigenen Giesszettel haben müssen. Es werden durch tabellarische und andere Werke plötzliche Defektbestellungen nötig werden, welche nicht vom Lager genommen werden können, sondern extra gegossen werden müssen. Da also nicht aller Bedarf an Typen vom Lager genommen werden kann, so ist es für den Buchdrucker eine Notwendigkeit, sich über die Art derartiger besonderer Güsse und ihre Zeitdauer zu orientieren, damit er seine Dispositionen richtig treffen und von der Giesserei nicht mehr verlangt als man billig verlangen kann. Die Unkenntnis über diese Zeitdauer ist eine stete Quelle von Meinungsverschiedenheiten zwischen dem Buchdrucker und Schriftgiesser und beeinträchtigt nicht nur die Geschäftsverbindung, sondern hebt sie sogar des öfteren ganz auf.

Hierin soll auch dieses Handbuch Wandel schaffen. Es soll gleichsam auch ein Handbuch der Warenkunde für den Buchdrucker sein und ihn in den Stand setzen, sich über die Art, wie die Typen gefertigt werden, wie sie beschaffen sein müssen und wie sie gut und schnell zu erlangen sind, zu orientieren.

Gewiss giebt es eine grosse Zahl intelligenter Buchdrucker, welche hierüber keiner Belehrung bedürfen, wie es eine Menge Menschen giebt, die für den täglichen Gebrauch einer fremden Sprache nicht erst zum Lexikon zu greifen brauchen. Für die ersteren ist also das Handbuch nicht bestimmt, sondern für diejenigen, welche dieser Belehrung bedürfen, speziell für die Buchdruckereibesitzer und Geschäftsführer, welche von Haus aus nicht Fachmänner sind. Wie aber, um beim Beispiel zu bleiben, beim Gebrauch einer fremden Sprache selbst für den Sicheren das Lexikon nicht ganz zu entbehren ist, so wird, dessen bin ich sicher, dieses Handbuch auch dem vielerfahrenen Buchdrucker einiges bieten, was ihm nicht in seinen Details bekannt ist und dessen Bekanntsein ihn unter Umständen vor Schaden bewahren kann.

Dieser Versuch der Belehrung ist nicht von mir zuerst gemacht worden. Ich folge darin nur den Fussstapfen praktischer Amerikaner. In verschiedenen Probenbüchern nordamerikanischer Schriftgiessereien findet man nämlich eine Beschreibung des Typengusses (Type-Making) mit Abbildungen von Stempel, Matrize, Giessinstrument, Giessmaschine usw. Diese Beschreibungen sind in der Regel kurz, weil bei einheitlichem Schriftkegel und einheitlicher Schrifthöhe weniger zu sagen ist, wie in Deutschland, weil die amerikanischen Giessereien in allen technischen Bezeichnungen einheitlicher vorgehen und weil sie auch ihre Probenbücher einheitlich und vor allem praktisch ausstatten, so dass der amerikanische Buchdrucker beim Durchblättern dieser Bücher sich schnell zurecht findet und nicht vor Rätsel gestellt wird, wie dies in Deutschland öfter der Fall ist.

Aus der Lektüre des Handbuches wird ferner ersichtlich werden, dass bei unrichtigen Lieferungen nicht immer der Schriftgiesser, sondern recht oft auch der Buchdrucker Schuld hatte, weil er in seinen Bestellungen Angaben machte, welche entweder nicht verständlich waren oder doch eine doppelte Deutung zuliessen und dadurch zu Missverständnissen führten. Diese zu beseitigen, ein leichteres gegenseitiges Verständnis herbeizuführen und langatmige Korrespondenzen unnötig zu machen, lässt sich aber nur durch die Einführung des Buchdruckers in die Giesserei und durch eine Kenntnisnahme ihrer verschiedenen Verrichtungen und deren Bezeichnungen ermöglichen. Die Fachlitteratur hat zwar in neuer Zeit einige Bücher aufzuweisen, welche eine Kenntnis des Schriftgiessereibetriebes geben; aber gerade nach der Richtung der Verkehrserleichterung zwischen Buchdrucker und Schriftgiesser haben auch diese noch Lücken, welche ausgefüllt zu sehen eine berechtigte Forderung der deutschen Buchdrucker ist. Der Versuch hierzu ist in den folgenden Kapiteln und mit den eingefügten Illustrationen gemacht — möge er in der Hauptsache zu einem befriedigenden Resultate für beide Teile ausfallen! *(Fortsetzung folgt.)*

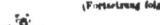

Die Verantwortlichkeit des Redakteurs.

Von Dr. jur. KARL SCHÄFER, München.

Nachdruck verboten.

1) Welcher Redakteur hat bei periodischen Druckschriften für Drucker und Verleger als der nach § 20 Absatz 2 des Pressgesetzes strafverantwortliche Redakteur zu gelten?
2) Wer gilt in den Fällen der §§ 8, 10, 11 und 21 des Pressgesetzes bei periodischen Druckschriften als der »verantwortliche Redakteur«?

Für den *Inhalt* einer periodischen Druckschrift wird bekanntlich vom Gesetz über die Presse derjenige in erster Linie für strafverantwortlich erklärt, welcher als »*verantwortlicher Redakteur*« dieser Druckschrift zu gelten hat. Wird durch den Inhalt der periodischen Druckschrift eine strafbare Handlung begründet, so soll nach § 20 Absatz 2 l. c. derjenige zugleich als »*Thäter*« gelten, welcher der *verantwortliche* Redakteur der Druckschrift ist. Wer ist nun aber der in dieser Hinsicht als verantwortlich geltende Redakteur? Hierüber befindet sich die Wissenschaft mit der Praxis noch in einem Meinungsstreit. Die Praxis neigt nämlich, nachdem auch das Reichsgericht mit Entscheidung vom 6. Juni 1891 sich über diese Frage geäussert hat, gegenwärtig dahin, dass für den Inhalt einer periodischen Druckschrift nur derjenige strafrechtlich als Thäter verantwortlich gemacht werden könne, der auch thatsächlich das verantwortungsvolle Amt eines der Redaktionsgeschäfte leitenden und für die Druckschrift zu diesem Zwecke bestellten Redakteurs im gegebenen Falle wahrgenommen hat. Diesen Standpunkt folgert die Praxis aus dem allgemeinen Grundsatz des Strafrechts, dass nur derjenige als Thäter zur Verantwortung gezogen werden könne, der wirklich im gegebenen Fall die Thätigkeit eines verantwortlichen Redakteurs für die Zeitschrift wahrgenommen habe, daher als »Thäter« gegenüber dem strafbaren Inhalt der Druckschrift infolge dieser seiner Thätigkeit in erster Linie in Betracht kommen könne. In der Praxis wurde deshalb bei Pressdelikten in neuerer Zeit nicht zunächst der auf der Druckschrift bezeichnete verantwortliche Redakteur als Thäter zur Verantwortung gezogen, sondern es musste derjenige ermittelt werden, welcher die Druckschrift thatsächlich leitete, über Aufnahme oder Nichtaufnahme von Aufsätzen für dieselbe thatsächlich zu bestimmen hatte und durch eine von ihm ausgehende redaktionsgeschäftliche Anordnung die inhaltliche Herstellung der Druckschrift in Person veranlasst hat. Diesen, und nicht die auf der Druckschrift selbst als »*verantwortlich*« bezeichnete Person, hat die Praxis als den für den strafbaren Inhalt der Druckschrift als »Thäter« in Betracht kommenden *strafverantwortlichen* Redakteur (im Sinne von Absatz 2 § 20 des Pressgesetzes) nur gelten lassen.

Die Wissenschaft mit dem bekannten juristischen Fachschriftsteller v. Buri an der Spitze steht in dieser Frage heute noch zum Teil auf einem anderen Standpunkt. Sie hält daran fest, dass die Zweckbestimmung der in § 20 Absatz 2 speziell für periodische Druckschriften getroffenen Gesetzesvorschrift lediglich die sei, die Frage nach der Person des »*Thäters*« beim Gegebensein einer strafbaren Handlung überhaupt nicht nach den allgemeinen Gesichtspunkten des Strafrechts zur Ermittelung und Feststellung zu bringen; dieser oft zeitraubenden, die Verfolgung und Bestrafung aus örtlichen, zeitlichen und persönlichen Gründen hinausschiebenden und hemmenden Feststellung sollte der Richter bei Pressdelikten überhoben sein. Der § 20 Absatz 2 des Pressgesetzes habe deshalb ohne weiteres aussprechen wollen, dass verantwortliche Redakteure periodischer Druckschriften für den Inhalt derselben bedingt als »Thäter« aufzukommen haben, ganz ebenso, als wenn sie selbst den sträflichen

Aufsatz verfasst hätten. Es sei daher ganz gleichgiltig, ob der auf der Druckschrift zufolge der Bestimmung von § 7 des Pressgesetzes als »verantwortlich« *bezeichnete* Redakteur thatsächlich zu dem betreffenden Artikel in derjenigen engeren Beziehung als Redakteur gestanden sei, welche die wirkliche Thäterschaft zur Voraussetzung habe, nämlich in der Beziehung eines die Aufnahme des Artikels, mit Kenntnis von dessen Inhalt veranlassenden geschäftsleitenden Redakteurs; als »verantwortlicher Redakteur« und Thäter im Sinne von § 20 Absatz 2 müsse vielmehr zunächst immer die auf der periodischen Druckschrift *bezeichnete Person* in Betracht kommen, unabhängig davon, welche geschäftliche Stellung sie zur Druckschrift und deren inhaltlicher Zusammensetzung wirklich eingenommen hat und ob ihr überhaupt eine Thäterschaft bezw. wissentliche Mitbestimmung und Mitwirkung bei Aufnahme von Artikeln für die Zeitschrift vom Verlage eingeräumt worden sei oder nicht.

Nach dieser Anschauung wäre also bei strafbarem Inhalt einer periodischen Druckschrift als »Thäter« immer zunächst derjenige zur Verantwortung zu ziehen, der als verantwortlicher Redakteur auf der Druckschrift genannt ist, wenn er auch mit der Zusammensetzung des Inhaltes der Druckschrift sich gar nicht befasst hat, von diesem gar keine Kenntnis hätte, sondern lediglich als Schein- und Sitzredakteur für die Druckschrift in Betracht kommen sollte.

Diese Meinung vertritt entgegen der jetzt mehr und mehr in der Praxis sich bahnbrechenden Anschauung unter anderem auch der bekannte Kriminalist v. *Buri*, welcher in einer im 16. Bande der Zeitschrift für die gesamte Strafrechtswissenschaft enthaltenen scharfsinnigen Abhandlung es als eine *Verkennung* der an der Veröffentlichung eines Druckschriftartikels mit strafbarem Inhalte mitwirkenden *Thätigkeit des Redakteurs* bezeichnet, wenn die Gerichte im Laufe der Zeit zur Annahme gelangt seien: die blosse Erklärung auf der Druckschrift, man wolle für deren strafbaren Inhalt *verantwortlich* sein, genüge nicht zur Begründung der strafrechtlichen Verantwortlichkeit des Erklärenden und dessen Heranziehung als »Thäter«. Es sei eine Verirrung, wenn man angesichts einer solchen Erklärung und angesichts der Zweckbestimmung von Absatz 2 § 20 des Pressgesetzes; eine »Rechtsvermutung« für die Thäterschaft zu schaffen, es sich bei jener Erklärung und jener gesetzlich in Geltung tretenden rechtlichen Vermutung nicht genügen lasse und, als ob diese gar nicht bestehe, sich in jedem einzelnen Falle der vom Gesetzgeber durchaus nicht beabsichtigten, oft zeitraubenden und mühevollen Arbeit unterziehe, den in concreto für die Aufnahme verantwortlichen Redakteur als wirklichen »Thäter« vorerst festzustellen. Eine solche Auffassung widerspräche dem Geiste und der Bedeutung der vom Gesetzgeber in § 20 Absatz 2 des Pressgesetzes gegebenen Bestimmung; die Konsequenzen aus einer solchen Auffassung bewegten sich mit den konkreten Verhältnissen und den übrigen Bestimmungen des Pressgesetzes nicht im Einklang. Nach v. Buri kann somit der bei Zusammensetzung des Inhaltes der Druckschrift thatsächlich die Stelle des *verantwortlichen Leiters* einnehmende Redakteur als »Thäter« nach § 20 Absatz 1 des Pressgesetzes niemals zur Verantwortung und Strafe gezogen werden, sofern nicht er, sondern irgend ein anderer als verantwortlicher Redakteur auf der Druckschrift bezeichnet ist. Es wäre in diesem Falle eine Bestrafung des thatsächlich verantwortlichen Leiters der Druckschrift nur aus dem allgemeinen Gesichtspunkt der Teilnahme nach § 20 Absatz 1 des Pressgesetzes oder wegen fahrlässiger Veranlassung nach § 21 Absatz 1. c. denkbar. Für den Inhalt verantwortlich als »Thäter«, wenn auch ohne die geringste Teilnahme an den Redaktionsgeschäften, wäre stets der auf der periodischen Druckschrift als verantwortlich bezeichnete Redakteur, wenn er nicht ganz »besondere Umstände« nachweisen könnte, welche das Platzgreifen jener gesetzlich statuierten Präsumtion aus § 20 Absatz 2 vollständig ausschlössen. Dies wäre aber erst dann der Fall, wenn mit unbedingter Sicherheit festgestellt wäre, dass der als verantwortlich bezeichnete Redakteur überhaupt keine Kenntnis und kein Verständnis von Aufnahme und Inhalt des in Frage stehenden Artikels gehabt hat. Dieser Nachweis bliebe somit dem sog. Sitz- oder Scheinredakteur der gegen ihn und für seine wirkliche Thäterschaft sprechenden Rechtsvermutung gegenüber bedingungsweise vorbehalten, falls besondere Umstände zu der Annahme zwingen, dass im gegebenen Fall *jede* Thäterschaft des als verantwortlich bezeichneten Redakteurs verneint werden müsste. Solange aber dieser Nachweis der gänzlichen Nichtbeteiligung des als »verantwortlich« sich selbst bezeichnenden Redakteurs von diesem nicht vollständig erbracht sei, müsste sich dieser gefallen lassen, dass er als der wirkliche Thäter, als der schuldhafte Veranlasser der Aufnahme des strafbaren Artikels betrachtet werde, wenn er auch nur sachlich unvermittelt, d. h. bei nicht erweislicher »*Unkenntnis*« von dem Inhalt der Druckschrift, an dessen Veröffentlichung mitgewirkt hat.

(Fortsetzung folgt)

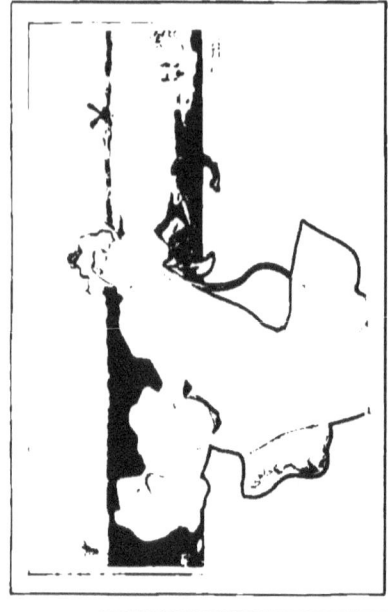

MODERNE VERSALIEN.

Halbe Minima lassen sich nicht abteilen, dagegen werden auf Wunsch von 18—22 Punkten ca. Zweidrittel-Halen und von 20—40 Punkten ca. Dreiviertel-Halbe geliefert.

Eigenes Erzeugnis.   Eingetragen

10 Punkte. Min. 6 Kilo à M. 7.

LEHREN CORSICA

12 Punkte. Min. 6.5 Kilo à M. 9.50   16 Punkte. Min. 5.5 Kilo à M. 8.—.

ESSLINGEN 6 BUCHDRUCK   JULIANE PHILEMON
KUNSTGEWERBEMUSEUM   5 GESANG-VEREIN 3

20 Punkte. Min. 12 Kilo à M. 6.—.

KUNSTMALEREI

21 Punkte. Min. 5 Kilo à M. 8.—   22 Punkte. Min. 7.5 Kilo à M. 7.50.

PIANOFORTE 6 ISLAND 8
41 PILATUS 32 REICHSTAG

60 Punkte. Min. 15 Kilo à M. 6.—.

ZEICHNUNG

H. Berthold, Berlin. Bauer & Co., Stuttgart.

Die Kosmos-Schnellpresse.

Kurz vor Schluss des Jahrhunderts werden dem Buchdrucker ausser anderen Überraschungen auch einige neue Systeme von Buchdruck-Schnellpressen geboten. Viele Jahrzehnte hindurch beschäftigte sich der stets unermüdliche Erfindungsgeist unserer Maschinenbauer fast ausschliesslich mit dem Ausbau der Rotationsmaschine; an den gewöhnlichen deutschen Schnellpressen hat sich währenddem so viel wie gar nichts geändert. Gegen die deutschen Schnellpressenfabriken wurde nicht mit Unrecht der Vorwurf erhoben, dass sie sich von den Amerikanern hatten überflügeln lassen. Die Chicagoer Weltausstellung hat diesen Vorwurf als nicht unbegründet erwiesen; dieselbe hat unseren Konstrukteuren aber auch den Weg gezeigt, auf welchem sie neue Erfolge erringen können.

In folgendem wollen wir eine der bemerkenswertesten neuen Schnellpressen näher beschreiben; wir haben die unter dem Namen *Kosmos* von der Maschinenfabrik Kempewerk in Nürnberg auf den Markt gebrachte Maschine im Auge. Die Maschine, die wir durch Abbildungen veranschaulichen, ist das Ergebnis jahrelanger, unermüdlicher Arbeit, bei der die Erfahrungen eines tüchtigen Buchdruckers dem Konstrukteur die Hand leiteten.

Im Oberbau zeigt die Kosmos, wenn wir von dem doppelt wirkenden Farbnehmer und den vermehrten Reibwalzen des Farbwerkes mit federndem Farbmesser absehen, dasselbe Bild wie jede andere Schnellpresse; der Zilinder ist verstellbar wie bisher, ebenso die Auftragwalzen, welche in jeder Stellung mechanisch gesichert werden können. Der sehr kurz gehaltene und eine wertvolle Raumersparnis bietende Unterbau hingegen weicht vollständig von allen bisherigen Buchdrucksystemen ab: Die Kosmos-Schnellpresse wählte den Antrieb der amerikanischen Kupferdruck-Schnellpressen. Mit dieser kurzen Erläuterung ist das ganze Kosmos-System am treffendsten gekennzeichnet.

Der Antrieb des Fundamentes und des Druckzilinders geschieht mittelst eines Antriebzilinders, welcher genau unter dem Druckzilinder liegt und dazwischen nur so viel Raum frei lässt, dass das Druckfundament glatt schliessend hindurchfahren kann. Die Druckform liegt hier fast kalandermässig zwischen zwei Zilindern, die natürlich einen vollständig ebenmässigen Druck herbeiführen. Diese eigenartige Konstruktion ermöglicht daher einen beschleunigten Lauf der Maschine, ohne sie einer erhöhten Anstrengung auszusetzen. Unsere zweite Abbildung lässt das Innere der Maschine und u. a. auch die Form und Lage des Treibzilinders ziemlich deutlich erkennen.

Die Zahnräder des gesamten Betriebes sind nicht gerade aus geschnitten sondern schräg, wodurch der Gang der Maschine ein sehr ruhiger wird.

Von andern Vorzügen der Kosmos-Schnellpresse wollen wir noch einige erwähnen. So ist zunächst der Anlegetisch mit sicher wirkendem Bogenschieber wie auch mit Punktiervorrichtung versehen. Der Auslegetisch hat einen Bogenordner, der die ausgelegten Bogen zu glatten Stössen ordnet. Der Zilinderaufzug wird von Schlüssel-Spannleisten gehalten, wodurch das Kleben vermieden wird. Am Druckzilinder ist ausser der Fanggabel eine selbstthätige Bremsvorrichtung angebracht, die bei schnellem Lauf der Maschine das Zittern des Zilinders verhindert. Die direkt mit dem Ausrücker verbundene Schwungradbremse ermöglicht selbst bei schnellstem Gange der Maschine sofortigen Stillstand.

Das Farbewerk ist ein ganz vorzügliches. Die Hebewalze nimmt während eines Rundganges des Duktors zweimal von diesem Farbe ab und überträgt dieselbe so auf den obern Reibzilinder, dass sie stets auf eine andere Stelle des letzteren kommt. Im übrigen wechseln die Massewalzen mit den Reibezilindern in praktischer Reihenfolge ab. Die Verstellbarkeit der Farbe ist durch den federnden Farbekasten genau zu regeln; selbst bei den kleinsten Nummern besitzt der Farbekasten noch 13 Stellschrauben.

Als ein Vorzug ist endlich noch zu erwähnen, dass der Karrenlauf ohne jeden Überstand bis an das Ende der Seitenständer geht, wodurch jede Gefahr für den Drucker ausgeschlossen ist. Das Fundament ist bequem zugänglich, was sowohl für den Drucker wie für den die Revision ausführenden Setzer ein Vorteil ist.

Die vollständige Gefahrlosigkeit ist auch bei dem Rückteil der »Kosmos« unter dem Auslegetisch gegeben, kein Mechanismus ist vorhanden, welcher den Arbeiter irgendwie in Gefahr bringen könnte.

Wie unsere Bilder deutlich zeigen, liegt der Betriebsmechanismus der »Kosmos« nur im Rückteil und im Mittel der Schnellpresse, daher macht die »Kosmos« schon auf den ersten Blick den Eindruck der Übersichtlichkeit und des leicht Zugänglichen, so dass sich selbst der Laie mit dem Mechanismus der »Kosmos« schnell vertraut machen kann. Der an ihr thätige Maschinenmeister sieht sofort jeden Arbeitsteil der Maschine; er kann bestimmt und gefahrlos sein Hilfspersonal leiten. Infolge ihrer ungehinderten freien Zugänglichkeit kann die Schnellpresse stets sauber und blank gehalten werden.

Die Spindeln der Walzen bestehen sämtlich aus Mannesmann-Röhren mit eingesetzten Stahlzapfen; ein Verziehen, Werfen oder dergl. ist daher ausgeschlossen. Praktisch ist auch die Anordnung der Bogenausführer. Die Holzwellen für die Anlegebänder fallen fort. An ihre Stelle treten blanke Leitringe, mit Einschnitten versehen, welche die Leitschnüre unter dem Ausleger aufnehmen. Diese Leitringe lassen sich beliebig verstellen. Der Fortfall der Bänder, die Möglichkeit, mit wenigen Schnüren jeden Bogen sicher ausführen zu können, diese Vorteile schützen jeden Druck gegen Verderb und vor Verletzungen aller Art.

Jede Maschine ist für Kraftbetrieb gebaut. Die grossen Leerflächen innerhalb des Grundgestelles der »Kosmos« lassen die Montage eines Elektromotors im Innern der Schnellpresse besonders leicht zu. Die Schnellpressen beanspruchen je nach Grösse ½ bis 1 ½ Pferdekräfte. Maschinen unter 52×80 cm Druckfläche werden nach dem Kosmos-System nicht gebaut.

Auf dem Druckereisaal des Kempewerkes sind einige Kosmos-Schnellpressen stets betriebs- und druckfertig ausgestellt. Geschlossene Formen aller Art sind druckbereit vorhanden. Jeder Fachmann ist eingeladen, sich an Ort und Stelle die Gewissheit zu verschaffen, dass die Kosmos-Schnellpresse zu dem Vorteilhaftesten und Besten auf dem Gebiete des Schnellpressenbaues gehört.

Innere Ansicht einer Kosmos-Schnellpresse ohne Auslegetisch.

So darf denn die Maschinenfabrik Kempewerk mit ihrer Kosmos-Schnellpresse frohen Mutes den Wettkampf aufnehmen; wir sind überzeugt, dass sie ihn in Ehren bestehen wird. Allen Interessenten möchten wir noch empfehlen, von der Fabrik den gediegen ausgestatteten Katalog zu verlangen, der noch manche wichtige Einzelheit in Wort und Bild enthält, auf die einzugehen, uns hier der Raum leider zu knapp bemessen ist.

Fraktur und Gotisch im Accidenzsatz.

Die Fraktur und die Gotisch sind in der modernen Accidenzausstattung wieder zu neuen Ehren gekommen. Für einen grossen Teil solcher Drucksachen, die wir unter dem Begriff der Accidenz zusammenfassen, sind zwar im deutschen Sprachgebiete die Fraktur-, Schwabacher-, Kanzlei- und gotischen Schriften immer noch im selben Masse wie für Werke und Zeitungen im Gebrauch gewesen, aber ihr Ansehen war bei den meisten Buchdruckern gesunken, man hielt sie nicht mehr für »feingenug für Accidenzen; auch von der gegen die Frakturschrift im allgemeinen angefachten Bewegung wurde ihrer Anwendung im Accidenzsatz nicht ohne Erfolg entgegengearbeitet.

Wollten wir den Ursachen der Vernachlässigung der Frakturschriften nachforschen, so würden wir dieselben wohl hauptsächlich in der Entartung jener Schriften zu suchen haben. Die Form der genannten Schriftgattungen hatte sich im Laufe unseres Jahrhunderts so weit von ihrem Urbilde entfernt, sie war so sehr allen künstlerischen Reizes entkleidet, dass sie einen guten Geschmack nicht mehr befriedigen konnte. Einige höchst anerkennenswerte Ausnahmen konnten an dieser Thatsache im allgemeinen nichts ändern; Fraktur und Gotisch blieben Stiefkinder im Accidenzsatz — bis die moderne Kunstbewegung sie wieder in ihre alten Rechte einsetzte.

An der Thatsache der Wiedereinführung der Fraktur und Gotisch sind zwei Umstände besonders bemerkenswert; erstens, dass nicht Deutschland, das Ursprungsland der gotischen Druckschrift, vorangig, sondern dass es erst der starken Anregung seitens der amerikanischen und englischen Buchdrucker bedurfte, bis man auch bei uns wieder Geschmack an gotischen Schriften fand; zweitens ist der Umstand auffallend, dass die bis dahin »modernen« Schriften unberücksichtigt blieben, es wurden neue Schriften geschaffen, deren Formen den Schriften aus der ersten Blütezeit der Buchdruckerkunst direkt nachgebildet waren oder sich ihnen anlehnten. Wir glauben nicht, dass sich die Amerikaner von ästhetischen Gründen leiten liessen, als sie die alte Gotisch zur Lieblingsschrift im Accidenzsatz erhoben; es werden wohl mehr praktische Rücksichten massgebend gewesen sein, vor allem wird sie der scharfe Kontrast gegenüber dem bisher Gebräuchlichen gereizt haben.

Die gegenwärtige Liebhaberei für die gotischen Schriften hat viele Giessereien veranlasst, solche Schriften neu zu schneiden; einige Firmen begnügen sich auch damit, die amerikanischen Originalschriften zu reproduzieren. Es dürfte nun ein ganz zeitgemässes Thema sein, die modernen gotischen Schriften und ihre Anwendung einmal näher zu betrachten.

Bevor wir die *neuesten* Schöpfungen der Schriftgiesser besprechen, wollen wir uns jedoch erst einmal unter dem ältern Material umsehen, und wir werden dann finden, dass verschiedene, schon vor zehn bis fünfzehn Jahren erschienene Schriften vollständig den modernen Ansprüchen genügen. Die Originale einiger von den hier in Frage kommenden Schriften sind sogar schon Jahrhunderte alt, sie wurden in den Formen getreu kopiert, aber exakter geschnitten. So wurde z. B. die Psalter-Gotisch (von Theinhardt in Berlin und Genzsch in München) bereits 1457 von Peter Schöffer, die Caxton-Gotisch (»Altdeutsch« von Bauer & Co.) 1480 vom ersten englischen Buchdrucker Caxton, die Schwabacher zuerst 1498 von Dürer gedruckt und die holländische Gotisch (Altgotisch von Flinsch) 1708 von Fleischmann für die Schriftgiesserei Enschede in Harlem geschnitten.

Eine ganz besondere Stellung unter den stilreinen Schriften des Buchdrucks nimmt die Münchener *Renaissance-Fraktur* ein, die von der Schriftgiesserei E. J. Genzsch in München um die Mitte der achtziger Jahre geschaffen wurde. Diese vortreffliche Schrift, die in einem schmalen und einem breiten und fetten Schnitt vorhanden ist, hat eine ungemein weite Verbreitung gefunden; sie verdient es wie kaum eine andere, dass sie auch in der modernen Ausstattung wieder mit zu Rate gezogen wird.

Eine sehr geeignete Ergänzungsschrift zu der Renaissance-Fraktur ist die *Original-Schwabacher*. Auf der nebenan eingeschalteten Beilage, deren Satz wir dem freundlichen Entgegenkommen der Schriftgiesserei E. J. Genzsch in München verdanken, sehen wir beide Schriften angewendet, sie sind hier wieder in das ursprüngliche Verhältnis zu einander gekommen: Die Fraktur erscheint als Titelschrift neben der zum Textsatz benutzten Schwabacher. Die zierlichen Renaissance-Ornamente und Initialen bilden eine prächtige Ergänzung der Schriften, es dürfte schwer halten, unter den sogenannten »modernen« Erzeugnissen ein reizvolleres Material zu entdecken.

Das zweite Satzbeispiel auf nebenstehender Beilage zeigt die schon erwähnte *Psalter-Gotisch* und lässt die Schönheit dieser mehr als vierhundert Jahre alten Schrift erkennen. Wir werden in der Fortsetzung diese Schrift auch im freien Zeilenfall anwenden.

(Fortsetzung folgt.)

Moderne Initialen der Schriftgiesserei Ludwig & Mayer, Frankfurt a. M.

Eingetragen in das Musterregister. 1 Garnitur 2 Stück jeden Zeichens.

No. 3105. Corps 48. Garnitur M. 23.

A B C D E F G H J
Konzert-Programm

No. 3101. Corps 60. Garnitur M. 25.

K L M N P Q R
Vorträge Heidelberg

No. 3102. Corps 72. Garnitur M. 27.

S T U V W Z
Aus Madrid

Neuerung an Schriftkästen.

ie Firma *Julius Klinkhardt* in Leipzig und Wien bietet ihren Kunden neuerdings Schriftkästen nach amerikanischer Bauart zum Kaufe an. Die weitgehendste Beachtung verdienen. Das Fachwerk dieser Kästen ist, wie aus nachstehender Abbildung ersichtlich, durch Einschnitte von oben und unten verzinkt, sodann ist auf mechanischem Wege durch die Kreuzung der Fachwände ein Metallstift durchgetrieben, der die beiden ineinander geschobenen Holzwände fest

Konstruktion der Kästen.

zusammenhält und mit dem Boden verbindet. Diese Stifte gehen durch den Boden hindurch und sind auf der Rückseite des Kastens umgeschlagen, so dass ein Heben oder Bewegen der Fachwände ganz ausgeschlossen ist. Die kleinen Messinghülsen (·¦·), durch die der Metallstift hindurchgeht, verleihen den Fachkreuzungen ausserdem von oben sicheren Halt. Der Boden des Kastens besteht aus drei übereinander geleimten Holzlagen, und ist hierdurch wie auch durch das Eingreifen der vielen Metallstifte ein Werfen oder Springen desselben ausgeschlossen. Die Kästen sind im Gewicht wesentlich leichter als die bisherigen und in allen Teilen durchaus exakt und solid gearbeitet. Trotz aller Vorzüge ist der Preis nicht höher als der bisherige.

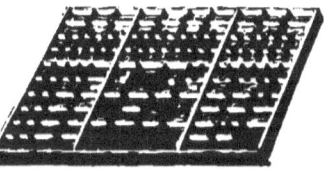

Setzkasten von Julius Klinkhardt, Leipzig.

Bericht über neue Erfindungen.

Mitgeteilt durch das Internationale Patent-Bureau von Heimann & Co., Oppeln

(Auskünfte und Rat in Patentsachen erhalten die geschätzten Abonnenten des »Archiv« gratis.)

Satz und Setzmaschinen.

Auf *Buchdruckersteige* hat Hans Goldaier in Wien unter No. 84019 ein Patent erhalten. Die Stege sind an den Enden mit schwalbenschwanzförmigen Einschnitten versehen und können durch mit entsprechenden Schwalbenschwanzkeilen versehene Verbindungsstücke zu einem den Satz fest umschliessenden Rahmen verbunden werden, indem die Keile mit den Nuten in Eingriff kommen. Die Verbindungsstücke,

deren Länge und Breite gleich der jeweiligen Stegbreite ist, können an zwei, drei oder vier Seiten mit Schwalbenschwanzkeilen versehen sein.

Ein Verfahren und ein Apparat zum *Ausschliessen* von Typen und Matrizenzeilen ist Albert Marolin in Berlin unter No. 83321 patentiert worden. Das Verfahren besteht darin, dass die Zeile durchweg oder teilweise mit provisorischen Ausschlussstücken gleicher Dicke von annähernd richtiger Länge gesetzt wird. Um die provisorischen Ausschlussstücke durch die definitiven zu ersetzen, wird die bei normaler Zeilenlänge mit der Dicke der provisorischen Ausschlussstücke übereinstimmende Weite einer Giessform um eine der Abweichung der Länge der gesetzten Zeile von der normalen Zeilenlänge direkt proportionale und der Anzahl der provisorischen Ausschlussstücke umgekehrt proportionale Strecke verändert. Auf diese Weise werden durch die eingestellte Giessform neue Ausschlussstücke erzeugt, welche alle gleiche Dicke erhalten und zwar diejenige Dicke, welche zum Ausschliessen dieser Zeile erforderlich ist. Beim Vorbeigehen der Zeile vor der Giessform werden die gegossenen Ausschlussstücke unter gleichzeitiger Ausstossung der provisorischen in die Zeile eingefügt.

Druck und Druckmaschinen.

Auf ein Verfahren zur Herstellung von *Walzenmasse* ist William Murray in Glasgow unter No. 92737 ein Patent verliehen worden. Das Verfahren zur Herstellung von Walzenmasse besteht darin, dass zu den bekannten Massen aus Leim, Gelatine, Glycerin und Glycose Methyl-Alkohol oder mit Spiritus versetzter Holzgeist zugesetzt wird, um durch das teilweise Verdunsten dieses Zusatzes den Überschuss an Wasser aus der Masse zu entfernen.

Eine *selbsttätige Bogenzuführungs-Vorrichtung* für die Buchdruckpresse usw. ist Max Marinoni in Dresden unter No. 94817 patentiert worden. Der oberste Bogen wird von einem, an einem Gleitstück beweglich befestigten Abheber und Heisblase über eine zur jeweiligen Stapeldicke einstellbaren Brücke hinweggeschleift. Nachdem der Bogen nach seinem Bestimmungsort gebracht worden ist, wird der Abheber dadurch vom Bogen abgehoben, dass ein an demselben angeordneter Querstab gegen eine schräge Fläche führt und, auf dieser hinaufgleitend und sich dabei erhebend, in eine Führung gelangt. Über der Schrägfläche sind beiderseits der Führung Weicheuzungen angeordnet, welche sich nach oben öffnen können und beim Gleiten des Querstabes über die schräge Fläche aufgedrückt werden, nach dem Durchgange sich aber schliessen und für den Rückgang des Querstabes eine ununterbrochene Bahn herstellen.

Ein *Bogengeradleger* ist Ludwig Hrasen in Mannheim unter No. 83651 patentiert worden. Auf den Einlegetische der Schnellpresse ist ein doppelarmiger Hebel angebracht, dessen einer Arm mit seiner Rolle auf dem Druckzylinder, und zwar innerhalb der Bewegungsbahn eines der Greifer, aufliegt, während der andere Arm mit einem verschiebbaren Hebel mit schiefem Schlitz in Verbindung steht, in welch letzteren ein Stift der horizontal geführten Führungsstange des Schiebers eingreift.

Vignette von Julius Klinkhardt, Leipzig.

Schriftgiesserei-Neuheiten.

Serie 84. Bulgaria Wasserrosen. Klinkhardt.

In einem zirka 80 Seiten umfassenden schön ausgestatteten Oktav-Probenbuche bietet die Schriftgiesserei und Messinglinienfabrik *Julius Klinkhardt* den Buchdruckereien eine reiche Auswahl Accidenzmaterial im modernen Stile, das sich durch hervorragend schöne und künstlerische Ausführung vorteilhaft abhebt von so vielen erschienenen unschönen Erzeugnissen der letzten Zeit.

Im ersten Teile des Heftes finden wir neben einigen modernen Schriften und Initialen-Garnituren Ornamenten- und Vignettenmaterial in einheitlicher Gestaltung und zwar sind es verschiedene zusammensetzbare Einfassungen in pflanzlich-stilisierter Form, die hauptsächlich Aufmerksamkeit verdienen, Kopf-, Seiten- und Schlussleisten, Schilder und Blumenstöcke, Initialumrahmungen, Schlussstücke, Gelegenheitsvignetten usw., bilden neben Zeilenansätzen und Zierstücken aller Art eine grössere Gruppe des Inhalts. Alle Sachen sind ebenso wie das Einfassungsmaterial schwungvoll, offen und der Drucktechnik angepasst gezeichnet, so dass man sie als durchaus zweckmässig in der Ausführung bezeichnen kann.

Neben diesem modernen Ziermaterial enthält das Heft auch Neuheiten für allgemeine Zwecke und für solche Interessenten, die noch nicht zu den *Modernen* gehören: Zierstücke im Charakter der Freimanier, eine Bacchus- und eine Margarit-Bordüre, allerhand Zierrat, Polytypen u. a. m.

Auf dem Gebiete der Schrift ist die Firma nicht minder produktiv gewesen. Eine vorzügliche neue Fraktur und Original-Antiqua erfreuen durch ihren kräftigen und grossen Schnitt das Auge des Werk- und Zeitungsdruckers, ebenso wie die schöne Bismarck-Gotisch, die breite moderne Grotesk, enge Antiqua, fette Etienne, Centenar-Schreibschrift, Italienne-Kartenschrift, Renaissance-Kursiv, fette Kursiv-Grotesk begehrenswerte Erzeugnisse für den Accidenzdrucker sind. Eine kräftig wirkende Schreibmaschinenschrift ergänzt noch diese Auswahl.

Wie bei all ihren Publikationen bringt die Firma *Julius Klinkhardt* auch diesmal Neuheiten in Messingmaterial und zwar muss als hervorragend bezeichnet werden eine figurenreiche Serie Messingmaterial für Inserate, dessen Wert für Zeitungsdruckereien klar auf der Hand liegt. Alles in allem beweist das Heft von neuem die Leistungsfähigkeit der genannten Anstalt, deren Erzeugnisse unseren Lesern aus den verschiedenen Beilagen des »Archiv« vorteilhaft bekannt sind. In diesem Hefte des »Archiv« finden sich bereits einige der erwähnten Neuheiten abgedruckt und werden wir auf einzelnes noch zurückkommen.

Die *Modernen Versalien* der vereinigten Schriftgiessereien *Bauer & Co.* in Stuttgart und *H. Berthold* in Berlin sind unseren Lesern aus verschiedenen Anwendungen in früheren Heften bereits bekannt. Wir bringen jetzt auf Seite 9/10 die Probe »Amtlicher Grade«; die Vorzüge dieser Schrift, die ihr im Fluge die Gunst der ganzen Buchdruckerwelt eroberten, treten in dieser Probe klar hervor und wir können uns jeder weiteren Empfehlung enthalten.

Die Schriftgiesserei *Ludwig & Mayer* in Frankfurt a. M. überliess uns drei Garnituren *Moderne Initialen*, die wir auf Seite 17/18 abdruckten. Diese Initialen sind in der Zeichnung so gehalten, dass sie mit den verschiedensten Schriften verbunden werden können, sie geben den Zeilen ein neues, auffälliges und gefälliges Aussehen. Die Novität dürfte bald viele Freunde finden.

Eine Serie *Kompositions-Blumen-Ornamente* der Schriftgiesserei *C. F. Rühl* in Leipzig finden unsere Leser nachstehend abgedruckt. Die einfachen, aber hübschen Zierstücke gestatten eine sehr vielseitige

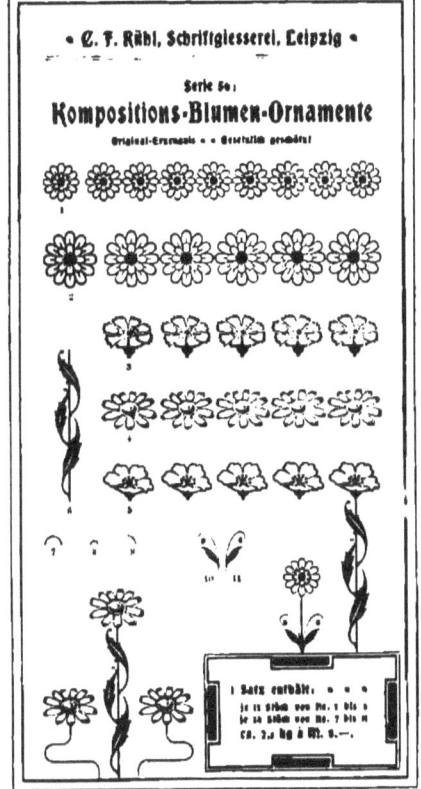

Verwendung und sind deshalb ein ganz empfehlenswertes Material.

Weitere Schriftgiesserei-Neuheiten sind noch auf einigen Beilagen zum vorliegenden Hefte enthalten. Eine solche der Schriftgiesserei *Ludwig & Mayer* in Frankfurt a. M. enthält die Empfehlung der von dieser Firma geschaffenen Schreibschrift *Excelsior*. Diese Schrift steht den eleganten Schreibschriften der Lithographen nicht nach und besonders die grösseren Grade sind äusserst schwungvoll gezeichnet. Die *Excelsior* ist in drei fetten und in 14 Graden geschnitten und in ganz eigenartiger Form gegossen, die dem lästigen Abbrechen der Überhänge vorbeugt. Wir empfehlen die Beilage eingehender Beachtung.

Ein grosses Doppelblatt der Schriftgiesserei *A. Numrich & Co.* in Leipzig bringt eine *Neue Schreibschrift* in 8 Graden. Die Schrift macht einen ruhigen, eleganten Eindruck. Wie die vielen Anwendungsbeispiele der Beilage erkennen lassen, ist die neue Schreibschrift für jede Art von Accidenzen bestens verwendbar, sie wird den höchsten Ansprüchen der Kundschaft genügen.

Ein Probenblatt mit *Modernen Ecken* giebt dem vorliegenden Hefte die Firma *B. Georgi* in Offenbach a. M. bei. Die kräftige, auffällige Zeichnung dieser Zierstücke wird sie zu guter Wirkung kommen lassen, die in einzelnen Anwendungen noch wesentlich günstiger sein wird als auf dem Probenblatt, dessen Arrangement etwas unruhig wirkt.

Ein stattliches Probenbuch ihrer Neuheiten aus den letzten Jahren legt uns die Schriftgiesserei *A. Numrich & Co.* in Leipzig zur Besprechung vor. Den Einband ziert die prächtige Rosenranke, die auch den neuen Jahrestitel unseres Archiv schmückt. Der Inhalt setzt sich zusammen aus einer grossen Auswahl vorzüglichen Ziermaterials und vielen brauchbaren und schönen Schriften. Wir finden zunächst das Ziermaterial im Charakter der modernen Kunstrichtung, das bei seinem ersten Erscheinen einen bedeutenden Erfolg hatte; dann zahlreiche neue Vignetten in ähnlichem Charakter, Kopf- und Randleisten sowie Schlussvignetten; dreifarbige Vignetten für Brief- und Rechnungsköpfe; Vignetten für Geschäfts- und Glückwunschkarten; ein-, zwei- und dreifarbige

Vignetten für die verschiedensten Accidenzen sowie Reklame-Vignetten. Die Schriftenabteilung enthält zuerst Brotschriften in Fraktur und Antiqua, dann Titel- und Zierschriften, Initiale. Unter den Einfassungen finden wir die Blumen-Ornamente, die Lorbeer- und Eichen-Einfassung, Viktoria-Einfassung, Zeitungs-Einfassung, Untergrund, Den Schluss bilden Messingerzeugnisse: Barock-Linien, Schmuckstücke aus Messing und Messing-Bauten. Das ganze Buch zeugt von einem höchst anerkennenswerten Streben, auf allen Gebieten für den Buchdrucker ein schönes und praktisches Material zu schaffen. Wir wünschen diesem Streben den verdienten Erfolg.

Die Schriftgiessereien *H. Berthold* in Berlin und *Bauer & Co.* in Stuttgart haben eine sehr beachtenswerte Reklameschrift »Artistic« geschaffen, auf die wir durch das nachstehend abgedruckte Probewort hinweisen möchten. Auch auf einer Beilage in diesem Hefte ist die Schrift angewendet.

Artistic

Ein Probenheft, das sich durch ganz besonders sorgfältige Ausstattung auszeichnet, hat die Schriftgiesserei *Heinrich Hoffmeister* in Leipzig herausgegeben; es enthält eine Serie *Technischer Vignetten*, die in sehr gut gedachten praktischen Beispielen vorgeführt werden. Die technischen Vignetten sind im Entwurf eigenartig und phantasievoll, in der Auffassung und Durchbildung dem modernen Geschmack angepasst und in vorzüglichem Holzschnitt ausgeführt, sie werden auf Drucksachen für die technische Industrie einen gediegenen illustrativen Schmuck bilden. Das Anwendungsheft erfüllt seinen Nebenzweck, auch die Schriften und das Zierunterial der jungen Giesserei mit zur Anschauung zu bringen in bester Weise. Der Offizin *Peter Luhn* in Barmen, die den Druck besorgte, gebührt die höchste Anerkennung für ihre Arbeit.

In der scherzhaften Form einer »*Zoologie für Buchdrucker*« herausgegeben unter Mitwirkung hervorragender Fachgelehrter, mit zahlreichen Illustrationen von L. Burger, hat die Firma *Breitkopf & Härtel* in Leipzig den zweiten Nachtrag ihres *Modernen Buch-Zierrats* herausgegeben. Die zahlreichen stilisierten Tierbilder sind in kräftiger Schwarz-Weiss-Manier gezeichnet und zumeist humorvoll dargestellt. In einem »Inseratenanhange« und einigen anderen Anwendungsbeispielen wird die vielseitige Verwendbarkeit der Vignetten für Plakate, Prospekte, Umschläge,

Inserate und Accidenzen gezeigt und erwiesen, dass sich thatsächlich ganz neue und originelle Wirkungen hervorbringen lassen. Wir möchten allen Interessenten empfehlen, sich das Heftchen von der genannten Firma zuschicken zu lassen.

Die Schriftgiesserei *J. John Söhne* in Hamburg versendet einige recht zeitgemässe Anwendungsbeispiele ihres *Typographischen Motivenschatzes*; drei Satzschemas für Wandkalender. Die Sätze sind sehr geschickt entworfen und exakt gesetzt, sie bilden eine vorzügliche Empfehlung des verwendeten Materials und sind bestens geeignet, die Aufmerksamkeit der Buchdrucker von neuem auf die Vorzüge des Typographischen Motivenschatzes zu lenken.

Die Beilagen zum I. Heft.

Das vorliegende Archivheft ist so reich mit Beilagen ausgestattet, wie noch kein früheres. Viele dieser Beilagen sind Zeichen des Wohlwollens für das Archiv seitens der angesehendsten Geschäftshäuser des Buchdruckgewerbes und werden unsere Leser mehr wie Worte davon überzeugen, dass sich das Archiv — trotz mancher anzüglichen und unzarten Bemerkung von seiten gewisser Konkurrenz-Unternehmungen — eines allseitigen Vertrauens erfreut.

Der Titel zum 50. Bande trägt als Hauptschmuck eine grosse prächtige Vignette, eine Rosenranke, von *A. Numrich & Co.* in Leipzig, der Initial stammt aus der Schriftgiesserei *Ludwig & Mayer* in Frankfurt a. M., die Zeilen wurden aus den Modernen Versalien von *Bauer & Co.* in Stuttgart gesetzt; ausserdem fanden noch einige Streublumen von *Schelter & Giesecke* in Leipzig Verwendung. Der im Satz ohne einfache Titel wird durch das hübsche Kolorit der Vignette und des Initials zu reicher Wirkung gebracht. Zum Druck wurden Farben aus der Fabrik von *Kast & Ehinger* in Stuttgart verwendet.

Die zweifarbige Illustration »Märchen« ist der vor kurzem im Archiv besprochenen Mustermappe der k. k. Hof-Kunstanstalt von *Angerer & Göschl* in Wien entnommen. Die hervorragend schöne Autotypie ist eine Prachtleistung dieses allgemein geschätzten Hauses. Die Wirkung des Bildes wird durch den teilweise ausgesparten Chamisiton noch gehoben. Wir sind der genannten Firma für die Überlassung der Platten zu bestem Dank verbunden. Die Farben entstammen der Fabrik von *Berger & Wirth*, Leipzig.

Der Dreifarbendruck »Christkinds Bescherung« zeigt unseren Lesern die Verwendung des Dreifarbendruckverfahrens im Dienste der Zeitschriften-Illustration. Die Platten wurden uns von der Kunstanstalt *Husnik & Häusler* in Prag überlassen, deren erfolgreiche Thätigkeit für die Entwickelung des Dreifarbendruckes sich der allgemeinen Wertschätzung erfreut. Dies Blatt wurde mit Farben von *H. Gauger* in Ulm a. D. gedruckt.

Die zweite Dreifarbendruck-Beilage druckten wir von Platten, die uns von der Firma *Philipp & Kramer* in Wien für diesen Zweck geliehen wurden. Die Beilage soll unsere Leser mit der exquisiten und gediegenen Ausstattung der Künstler-Postkarten der genannten Firma bekannt machen und lehren, wie der Dreifarbendruck nutzbringend angewendet werden kann. Die Farben lieferten *Berger & Wirth* in Leipzig.

Zwei Karten in zweifarbigem Druck bringt die fünfte
Beilage. Das verwendete stilvolle Material entstammt der
Münchener Schriftgiesserei E. J. Genzsch. Die Karten sind
Beispiele einer guten, praktischen und geschmackvollen
Accidenzausstattung. Wir druckten das Blatt mit Grün und
Geraniumrot von Jaencke & Schneemann in Hannover.

Ein Doppelblatt von *Wilhelm Woellmer's Schriftgiesserei*
enthält mehrere gewandt entworfene Beispiele zur modernen
Accidenzausstattung, die das neuere Material dieser Firma
in gefälliger Weise zur Anschauung bringen. Von den
verwendeten Schriften ist die Globus-Gotisch auf dem
zweiten Blatt ein noch ganz neues Original-Erzeugnis, auf
das wir noch näher zurückkommen werden. Die Reklameschrift »Holandu« ist unseren Lesern bereits bekannt.

Ein Titelblatt in einfacher, aber wirksamer Ausstattung
lieferten uns die vereinigten Schriftgiessereien *H. Berthold*
in Berlin und *Bauer & Co.* in Stuttgart. Unsere Leser finden
auf diesem Blatt die Anwendung einer bisher noch nicht
veröffentlichten neuen Reklameschrift mit ganz originellen,
sehr flott wirkenden Zügen, die sicher bald in vielen
Druckereien eingeführt sein wird. Die Prägung des Blattes
wurde auf einer »Viktoria«-Tiegeldruckpresse von Rockstroh
& Schneider Nachf. ausgeführt und bildet eine bedeutende
Leistung dieser Presse, denn eine solche Fläche verlangt
einen kolossalen Druck, den eine schwache Presse nicht
verträgt. Für Prägeformen vorliegender Art liefert die Firma
H. Berthold besonders probierte Linien.

Farbenprobe von *Kast & Ehinger*, G. m. b. H., Stuttgart;
ein Blatt, auf dem die prächtige Wirkung des von der
bestens bekannten Fabrik erzeugten Pfaublau O zur Anschauung kommt. Das Pfaublau O ist eine Farbe, die von
jedem Drucker mit besonderer Vorliebe verarbeitet wird.

Neujahrskarten in einfacher und praktischer, immerhin
aber von dem Hergebrachten abweichender Ausstattung
stellten wir auf unserer Beilage 11 zusammen. Die Muster
werden in den nächsten Wochen manchem von unseren
Lesern für die Praxis nützlich sein. Die Anlage dieser
Karten wird sich mit entsprechenden Umänderungen auch
für andere Arbeiten verwenden lassen. Von den verwendeten
Schriften sind besonders erwähnenswert: »Torpedo« von
Heinrich Hoffmeister, »schmale halbfette Schwabacher« von
der *Rudhard'schen Giesserei*, »Holand« von *Ludwig & Mayer*.
Gedruckt wurde das Blatt mit Seidengrün von *Beit & Co.* in Homburg.

Das Titelblatt von *Karl Krause* in Leipzig ist eine
Anwendung des Dreifarbendrucks zur Reproduktion einer
ursprünglich in vielen Farben gedruckten Chromolithographie
und verdient die beste Beachtung. Jedenfalls ist das Blatt
eine vortreffliche Empfehlung der bewährten Maschinenfabrik, die sich in der ganzen Welt des besten Rufes erfreut.

Die drei Beilagen von *Ludwig & Mayer*, *A. Numrich
& Co.* und *R. Gerryi* enthalten Schriftgiesserei-Neuheiten
und fanden unter dieser Rubrik ihre Würdigung.

Der Prospekt über *Carl Hofmann's Karten- und
Satzbrett-Reinigungs-Apparat* führt die Vorzüge dieser nütz-
lichen Erfindung ausführlich auf und wird der freundlichen
Beachtung bestens empfohlen.

Einen Prospekt über Buchdruckmaschinen legt diesem
Hefte die *Aktiengesellschaft für Schriftgiesserei und Maschinenbau* in Offenbach a. M. bei, wir empfehlen denselben der
gefälligen Beachtung unserer Leser.

Die Schlussbeilage zu diesem Hefte bildet ein Prospekt
der *Graphischen Verlagsanstalt* (H. Sachse), Halle a. S., über den
unsere Leser Näheres unter »Verschiedene Eingänge« finden.

Zeitschriften- und Bücherschau.

— † *Adolph Garbell*, *Leitfaden für den Unterricht in der
russischen Sprache*. I. Russische Fibel. II. Elemente der
russischen Sprachlehre von Adolph Garbell. Berlin 1896.
Oktav, Langenscheidtsche Verlagsbuchhandlung Garbell.
Begründer eines bekannten russischen Konversations-
lexikons, hatte sich überzeugt, auf welche eigentümliche
und unrichtige Art und Weise in Deutschland das Russische
ausgesprochen wird, und so entschloss er sich, für das
deutsche Publikum einen Leitfaden zu verfassen, welcher
die Möglichkeit bieten sollte, eine genaue Aussprache der
russischen Laute zu erlernen. Zu diesem Zwecke giebt
Garbell vor allem in der uns vorliegenden Fibel das russische
Alphabet, das dem Unterricht der Lautmethode angepasst
und so eingerichtet ist, dass der Lehrer bei den russischen
Buchstaben die entsprechenden deutschen Laute dem Schüler
angiebt. Recht praktisch ist auch der zweite Teil des Leit-
fadens zusammengestellt. Die Ausstattung beider Bändchen
ist hübsch, die Schrift schön und deutlich. Da man in der
Neuzeit auch in Buchdruckerkreisen dem Studium der
russischen Sprache mehr und mehr Aufmerksamkeit widmet,
dürften die vorliegenden zwei Bändchen manchem Kollegen
willkommen sein.

— *System Schor-Langenscheidt*, *Kaufmännische Unterrichts-
stunden*. Kursus II. Kontorpraxis. Lektion 16 bis Schluss.
Verlag für Sprach- und Handelswissenschaft (Dr. P. Langenscheidt), Berlin, SW. 46. — Hiermit ist ein Riesenwerk abgeschlossen, das nur in jahrelanger Arbeit und unter
grossen Opfern zur Vollendung gelangen konnte, und
welches in der Litteratur der Handelswissenschaft seines-
gleichen nicht hat. Was der Vater des Verleges (Prof.
G. Langenscheidt) durch die Toussaint-Langenscheidt'schen
Unterrichtsbriefe vor mehr als 40 Jahren unternahm, jedem
die Möglichkeit zu bieten, für das Sprachstudium sein eigner
Lehrer zu sein, — das hat der Sohn, der Verleger und
Mitverfasser des vorliegenden Werkes, für die praktischen
Handelswissenschaften geleistet. Möge das Interesse des
Handels- und Gewerbestandes dem Verfasser für diese un-
übertreffliche Arbeit danken, und mögen die weitesten Kreise
die Gelegenheit benutzen, um sich unschwindenden Kosten und
in denkbar angenehmster Form sich zu tüchtigen Mitgliedern
ihres Berufes auszubilden. — Der Preis für den I. Kursus
des Werkes (die gesamte Buchführung) beträgt M. 15.—,
für Kursus II (Kontorpraxis) M. 20.—, für beide Kurse
zusammen M. 30.—. Auch wird das Werk in einzelnen
Lektionen à 1 M. abgegeben, und ist somit auch den Un-
bemittelten leicht zugänglich.

— o. *Shakespere's Debut 1589*, von *Edwin Bormann*,
Leipzig, Edwin Bormann Selbstverlag 1898. — Um die seit
einigen Jahren aufgetauchte Shakespeare-Bacon-Frage, welche
in der Gelehrtenwelt grosses Aufsehen und manche Streitig-
keit hervorgerufen hat, machte sich auch ein Leipziger
Schriftsteller, Herr *Edwin Bormann* noch verdient. Ein
ernsthaftes tiefgehendes Studium der Sache befähligt den
Autor, seine Forschungen logisch an begründen und alle
Punkte so klar darzulegen, dass für alle diejenigen, welche

die grosse Frage mit Interesse und Sachkenntnis verfolgt haben, kein Zweifel mehr übrig bleibt. Bormann sagt: »Francis Bacon ist der Dichter der unter dem Namen William Shakespeare veröffentlichten Dramen und der Schauspieler war in der That nichts als seine gemietete Maske«. — In nicht weniger als fünf Werken legt der eifrige Forscher seine Ansichten, sowie historischen und litterarischen Beweisgründe nieder. Das bedeutendste unter diesen Büchern betitelt sich: »Das Shakespeare-Geheimnis«, ein hochinteressantes Werk mit Abbildungen und Handdrucktafeln. Heute liegt uns ein anderes zur Besprechung vor, das, wenn auch kleiner und einfacher, so doch ebenfalls sehr wertvoll und für den Laien noch fasslicher ist als das erstgenannte, denn dieses erfordert, um es recht zu verstehen, genaues Studium der englischen Geschichte, die Kenntnis der Biographie, sowie die, der Werke des berühmten Staatsmannes Francis Bacon. — In *Shakespeare's Debut* beweist Bormann schlagend die vorher erwähnte Wahrheit, dass eben Bacon und nicht Shakespeare der Dichter ist. Letzterer, der ein gänzlich ungebildeter Mann war, half höchstens die Dramen bühnenfähig zu gestalten. Nebeneinander stehen hier die Essays Bacon's und Scenen sowie Grundideen der Dramen, und beide decken sich genau miteinander; die historische Thatsache, dass so und so viele Dramen erst nach Shakespeare's Tod in die Öffentlichkeit traten, wird vom Verfasser als ein schlagender Beweis aufgeführt. Jeder, der Interesse an diesen Entdeckungen hat, sollte sich in die Darlegungen dieses Werks vertiefen. Shakespeare's Debut, sowie alle andern darauf bezüglichen Schriften erscheinen im Selbstverlag von Edwin Bormann und der Preis für das vor uns liegende Buch beträgt nur 60 Pfg.

— *Über Land und Meer* (Stuttgart, Deutsche Verlags-Anstalt), die beliebte, über den ganzen Erdball verbreitete Familienzeitschrift, bereitet den Lesern eine besondere Überraschung mit dem neuen, einundvierzigsten Jahrgange, denn mit drei hervorragenden, ungewöhnlich fesselnden und künstlerisch vollendeten Werken wird derselbe eröffnet, die alle Perlen moderner deutscher Erzählungskunst sind. Dazu gesellt sich ein reiches Feuilleton, zum Teil mit farbigen Abbildungen. In seinem Aufsatz »Umwälzungen im Verkehrswesen« giebt Adolph Schulze einen Überblick über die merkwürdige Revolution, die mit der immer erhöhten Anwendung der Elektrizität, der Motorwagen und des Fahrrades sich still, doch unaufhaltsam im öffentlichen Leben vollzieht. Von hohem Interesse ist ferner die von A. Hützel ersonnene »Methode einer neuen Geheimschrift«, die zunächst für Geschäftsleute von Wichtigkeit sein dürfte. Auch den hervorragenden Ereignissen der Gegenwart ist im neuesten Hefte von »Über Land und Meer« durch Wort und Bild ausgiebig Rechnung getragen. So ist das vorliegende Heft mit seinem gediegenen Inhalt ein wahrer Prachtband, der von der weiteren Entwickelung des neuen Jahrganges Schönstes und Anziehendstes erwarten lässt. Wir empfehlen unsern Lesern, sich dies Heft kommen zu lassen, damit sie sich selbst durch den Augenschein überzeugen, was dieses treffliche Unterhaltungsjournal für seinen billigen Abonnementspreis (13 Nummern vierteljährlich 3 Mark 50 Pfg., jedes der in vierzehntägigen Zwischenräumen erscheinenden Hefte 60 Pfg.) allen bietet.

— Das Heft 3 von *Bühne und Welt*, Verlag von Otto Elsner, Schriftleiter Heinrich Stümcke, darf wie seine beiden Vorgänger durch wohlgelungene bildliche und textliche Gaben in allen theaterfreundlichen Kreisen auf Interesse und Beachtung Anspruch machen.

Verschiedene Eingänge.

Von der *Graphischen Verlagsanstalt* (H. Sachse), Halle a. S., erhalten wir Prospekt und Probebild einer *Graphischen Gallerie*, die bis jetzt 16 Bilder für Buchdrucker (Gutenberg-Porträts, Fust, Schöffer, König usw.) enthält. Die Bilder sind in gutem Lichtdruck ausgeführt und billig (50 Pf. bis 1 Mark). Dieselbe Firma gab auch *Buchdrucker-Postkarten* heraus; die erste Karte enthält ein Gutenberg-Porträt, Gutenbergs Geburtshaus und Wappen usw. in reicher Verzierung, die zweite bringt eine Zusammenstellung der Gutenberg-Denkmäler. Die Karten sind sauber in Lichtdruck ausgeführt und werden mit entsprechendem Eindruck auch *Neujahrs-Glückwunschkarten* abgegeben. Bilder und Karten verdienen empfohlen zu werden.

Lose Blätter von *Meisenbach, Riffarth & Co.*, Leipzig, Berlin, München. Unter diesem Titel hat die rühmlichst bekannte Kunstanstalt ein neues Probeheft herausgegeben, das *Autotypien* nach Vorlagen verschiedener Art enthält. Wir finden darin Autotypien nach photographischen Naturaufnahmen: Porträts, Landschaften und Innenaufnahmen; ferner nach Tuschzeichnungen, einer Kohlezeichnung, einem Pastellbilde und einer Bleistiftzeichnung. Jedes Blatt ist in seiner Art gelungen und tadellos. Meisterhaft ist auch der Druck des ganzen Heftes. Der Umschlag ist ein sehr vortreffliches Beispiel moderner Buchdekoration.

Von den Wiener Künstler-Postkarten der Buch- und Kunstdruckerei *Philipp & Kramer* in Wien ist die Serie XXXI: »Schutzhäuser des Österreichischen Touristen-Klub« von Anton Hlavaček erschienen. Die Touristenwelt wird diese Serie gewiss mit Freuden begrüssen, denn wer einmal unsere Bergriesen bestiegen hat, wird gerne als Beweis, dass er auch »oben gewesen«, seinen Freunden eine solche Karte zusenden. Aber auch von der grossen Zahl derjenigen, welche sich die Berge lieber von unten ansehen, wird diese Serie gekauft werden, denn man kann sich kaum etwas Reizenderes vorstellen, als diese pittoresken Bildchen, gemalt mit all dem Farbenzauber, welcher die Hlavačekschen Kunstwerke von jeher auszeichnet. Eine weitere Serie (XXXIII) enthält »Stilistisches« vom Architekten Josef Hoffmann. Während die bisher erschienenen Serien zumeist figurale oder landschaftliche Momente zum Vorwurfe hatten, zeigt diese das Ornament in seiner modernsten Ausbildung. Das moderne Ornament, wie es hier der bekannte preisgekrönte der I. Kunstausstellung in den Gartenbausälen mit Recht geradezu Sensation erregte, zum Ausdrucke bringt, ist in der That berufen, in Kunst und Kunstgewerbe revolutionierend zu wirken, und so übertrifft von diesem Standpunkte aus diese neueste Serie der bekannten Wiener Künstler-Postkarten eigentlich alle vorhergehenden.

Stempel und Filetes in moderner Richtung. Die Messing-Schrift-Giesserei und Gravieranstalt von *Edm. Koch & Co.* in Magdeburg hat zwei Probehefte erscheinen lassen, die ein reichhaltiges und geschmackvolles Material für den Prägedruck der Buchbindereien enthalten. Nach den Entwürfen von Paul Kersten wurde eine Menge von einzelnen Figuren sowie von Borden (Filetes) geschaffen, die jeden mit Geschmack begabten Buchbinder in die Lage setzen, Buchdecken im Charakter der modernen Richtung auszustatten, es ist ein Material, um das der Buchdrucker seinen »Schwager« beneiden könnte. An zahlreichen Anwendungs-Beispielen wird gezeigt, wie das neue Material zu handhaben ist und welch reiche und aparte Wirkungen sich mit denselben erzielen lassen. Das zweite Heft enthält auch einige sehr exakte Schriften und grössere Vignetten für die Handvergoldung. Ferner macht die genannte Firma darauf aufmerksam, dass sie die für die Reklameschilder-Fabrikation unentbehrlichen Schriften zur Tiefprägung zuerst auf den Markt brachte und dann eine grosse Auswahl besitzt. Wir können allen Interessenten dringend empfehlen, die betreffenden Proben zu verlangen.

Die Besprechung zahlreicher weiterer Eingänge müssen wir Raummangels wegen leider für das *zweite Heft* zurückstellen; wir bitten die geehrten Einsender, diese Verzögerung gütigst entschuldigen zu wollen.

Mannigfaltiges.

—¹ *Jubiläen.* Das 50jährige Prinzipalsjubiläum beging Herr Geh. Kommerzienrat *Wilhelm von Boensch* in Dresden; bei dieser Gelegenheit wurde der seitherige Prokurist Herr *F. Schauffenhauer* als Teilhaber in die seit 200 Jahren bestehende Buchdruckerei aufgenommen. — Auf eine 50jährige Thätigkeit konnten drei Angestellte der Firma J. P. Bachem in Köln zurückblicken, es sind die Herren Korrektor *Jakob Holter*, Metteur *Johann Bäumigel* und Maschinenmeister *Emil Cramer*. — Das 50jährige Geschäftsjubiläum in der Wailandtschen Druckerei zu Aschaffenburg beging Herr *Joseph Krograber*.

—¹ *Gestorben.* In Dalton, Mass., V. St. v. N.-A., verstarb am 8. November der Begründer der Byron Weston Co., Herr *Byron Weston*. — In Buchau (Württemberg) verschied Herr Buchdruckereibesitzer *Josef Brech* im Alter von 60 Jahren.

— *Kostbare Bibeln.* Auf der in *London* am 7. November stattgehabten Auktion der MacKellar-Bibliothek kam ein Exemplar der sogenannten Mazarin-Bibeln unter den Hammer. Man versteht darunter die erste gedruckte Ausgabe der Bibel und das erste Buch, das mit beweglichen Lettern gedruckt wurde — etwa zwischen den Jahren 1450—1455 von Gutenberg. Das betreffende Exemplar hatte im Jahre 1884 79560 M. erzielt; seitdem hat man aber in ihm einige Defekte entdeckt, was genügte, um den Preis auf 60180 M. herunterzutreiben. Andere Exemplare der Mazarin-Bibel, die in letzter Zeit verkauft worden sind, waren das des Lords Crawford (20186 M.), des Earl of Hopetoun (40000 M.) und das Perkins-Exemplar (81600 M.). Ein altes Bibel-Manuskript aus dem 13. Jahrhundert erzielte 6120 M.

—o. *Ehemalige Lehrzeit eines Buchhändlers.* Der Buchhändler Friedrich Perthes, als Geschäftsmann und Patriot das wahrhafte Ideal eines deutschen Buchhändlers, dessen Name zugleich in den Annalen Hamburgs mit unvergänglichen Zügen eingetragen ist, kam im September 1787 aus seiner Geburtsstadt Rudolstadt als 15jähriger Jüngling nach Leipzig, um daselbst im Geschäft des Buchhändlers Adam Friedrich Böhme einzutreten, dessen Privatwohnung sich in der Nikolaistrasse befand. Da Perthes bei seinem Prinzipal zugleich mit einem andern Lehrling Namens Rabenhorst Wohnung und Kost bekam, mussten beide in einer vier Stockwerke hoch gelegenen Kammer wohnen. In der Ecke derselben stand ein kleiner Windofen, zur Heizung im Winter der Lehrlinge jeden Abend drei Stückchen Holz bekamen. Morgens sechs Uhr empfing jeder eine Tasse Thee und jeden Sonntag im voraus für die

kommende Woche, sieben Stück Zucker und sieben Dreier zu Brödchen, wovon die jungen Leute aber nicht satt wurden. Nachmittags von 1 bis abends 8 Uhr setzte es keinen Bissen. Die Lehrlinge, Rabenhorst war bei Perthes' Eintritt schon vier Jahre im Hause, wurden von den Kindern des Prinzipals, den Dienstmädchen und den Marktheifern mit »Er« angeredet. Perthes war froh, dass ihm nicht Dinge zugemutet wurden, die damals andere Buchhandlungslehrlinge verrichten mussten. Nach sechsjähriger Lehrzeit wurde Perthes »als ausgelernt« entlassen. Bei einem festlichen Mittagsessen trat er nach der Suppe an den Prinzipal Böhme heran, der ihm eine Ohrfeige gab, ihn »Sie« nannte und ihm einen Degen überreichte. Damit war die Lehrzeit beendigt.

Rat- und Auskunft-Abteilung.

Die Leser des »Archiv für Buchdruckerkunst und verwandte Geschäftszweige« erhalten unter dieser Abteilung unentgeltlich Auskunft, jedoch ohne jede Verantwortung. — Für Beantwortungen, welche direkt brieflich gewünscht werden — ist der Anfrage 60 Pf. in Marken beizufügen.

Frage.

Wir würden Ihnen sehr zu Dank verpflichtet sein, wenn Sie uns freundlichst darüber Auskunft geben würden, ob bei einem *täglichem* Verkehr zwischen einem Zeitungsverlag, der keine eigene Druckerei hat, und der Druckerei es Usus ist, dass die Druckerei das Manuskript täglich holen lässt, oder der Verlag resp. die Redaktion das Manuskript hinsenden muss. L. B.s Zeitungsverlag, K.

Antwort.

Die Entscheidung dieser Frage hängt im allgemeinen davon ab, was *vereinbart* wurde. Wahrscheinlich ist aber im vorliegenden Falle eine Vereinbarung im voraus nicht getroffen, und da möchten wir zu einem *Vergleich* raten. Jeder Druckerei ist viel daran gelegen, das Manuskript regelmässig zu empfangen, es liegt also in ihrem Interesse, dass bestimmte Stunden festgesetzt werden, um welche das Manuskript oder ein wesentlicher Teil desselben *abgeholt* werden kann. Ist der Redaktion aus irgendwelchen Gründen nicht möglich, jene Fristen einzuhalten, so liegt es in deren Interesse an der rechtzeitigen Fertigstellung der Zeitung, dass das verspätete Manuskript der Druckerei so bald wie möglich *zugesandt* wird. Wir halten dafür, dass in *solchen* Fällen eine Verpflichtung zum Abholen des Manuskriptes für die Druckerei nicht besteht.

Zum bevorstehenden Jahreswechsel gestatten wir uns, allen unseren sehr geschätzten Mitarbeitern und Lesern die

Herzlichsten Glückwünsche

darzubringen und verbinden damit die Bitte, uns auch in Zukunft das bisherige, uns so wertvolle Wohlwollen freundlichst zu bewahren.

Redaktion und Verlag
des Archiv für Buchdruckerkunst.

H. BERTHOLD
BERLIN SW.

BAUER & Co.
STUTTGART.

Kast & Ehinger G. m. b. H., **Stuttgart.**

Pfaublau o.

Inhalt des 1. Heftes.

Die Schriftgiesserei. — Die Verantwortlichkeit des Redakteurs. Die Kosmos-Schnelpresse. — Fraktur und Gotisch im Accidenzsatz. Neuerung an Schriftkasten. — Bericht über neue Erfindungen. — Schriftgiesserei Neuheiten. — Der Beilagen zum 1. Heft. — Zeitschrift- und Bücherschau. — Verschiedene Eingänge. — Mannigfaltiges. — Brief- und Auskunft-Abteilung. — Inserate.

Beilagen: 1 Anschreiben des Centralvereins für das gesammte Buchgewerbe, betreffend die Uebernahme des Archivs für Buchdruckerkunst durch den Verein. 1 Blatt Titel — 1 Blatt Zweifarben-Autotypie. 1 Blatt Dreifarbendruck. — 1 Blatt Dreifarben-Postkarten. — 1 Blatt Karten. — 1 Doppelblatt von Wilhelm Woellmers Schriftgiesserei, Berlin. 1 Titelblatt von H. Berthold, Berlin and Bauer & Co., Stuttgart. 1 Farbenprobe von Kast & Ehinger, G. m. b. H. Stuttgart. 1 Blatt Neujahrskarten. — 1 Mittblatt von Karl Krause, Leipzig. 1 Beilage »Accidenz-Schrosnchriften von Ludwig & Mayer, Frankfurt a. M. 1 Probenblatt »Neue Schreibschrift« von A. Numrich & Co., Leipzig. 1 Probenblatt »Moderne Fraktur« von B. Georgi, Offenbach a. M. 1 Prospekt über »Kastens- und Satzblicht-Reinigungs-Apparat« von Carl Hofmann, Leipzig. 1 Prospekt über »Buchdruckmaschinen« der Aktiengesellschaft für Schriftgiesserei und Maschinenbau, Offenbach a. M. 1 Prospekt über »Graphische Gallerie etc.« der Graphischen KunstAnstalt a H. Nachter, Halle a. S.

Textreserate von Benj. Krebs Nachf., Frankfurt a. M. — Titelzeilen von Genzsch & Heyse, Hamburg. — Lithophil Division von R. Hoffmeister, Leipzig. — Doppellinie Linden zu den Schrfhroben... und Inserat-spaltenlinien von H. Berthold, Berlin. — Feininlien zur Umrahng-Titelseite von J. G. Schelter & Giesecke, Leipzig. — Textzeilen von H. H. Ullmann, Leipzig. — Beilagenpapier vom Ferd Flinsch, Leipzig. Inmitten des Illustrationsschmucks von Berger & Wirth, Leipzig und Umschlagfarbe von Kast & Ehinger, G. m. b. H. Stuttgart und seinen Schnellpresse der Maschinenfabrik Johannisburg (Thein, Fischer & Rohn Nachf., Grievesmühle a. Rh.

Bezugsbedingungen für das Archiv etc.

Erscheinen: In 12 Monatsheften (Heft 8 und 9 stets als Doppelheft). Für komplette Lieferung, insbesondere vollständige Beilagen, kann nur des vor Erscheinen des 1. Heftes ganzjährig Abonnierende garantiert werden.

Bezugsquelle: Jede Buchhandlung; auch direkt vom Verleger unter Kreuzband.

Preis: M. 12.— , unter Kreuzband direkt M. 13.20, nach aussereuropäischen Ländern M. 14.40. Nach kompletter Frachlinien Preis pro Band M. 16.— exkl. Porto.

Inserate: Preis pro Petitzeile 25, zweisp. 50, dreisp. 75 Pf. Kostenanschläge auf Verlangen sofort. Beiträge vor Abdruck zu zahlen. Als Beleg dieses Ausschnitte. Belegheft auf Verlangen gegen Vergütung und Portospesen.

Beilagen: 1 Quartblatt M 15.— , umfangreichere je nach Gewicht M 20.— etc.

Novitäten in Originalguss finden Anwendung im Text und auf den Musterblättern ohne Berechnung, doch wird bedungen, dass dieselben als Entschädigung für die durch die Aufnahme erwachsenden Mühen und Kosten Figurinen des Verlegers blieben Giessereien, die dies nicht wünschen, wollen sich besonders mit uns verrabbaren.

Klischees von den eigenen verwendeten Original-Platten geben wir ab, liefern nach Farben, Bronzen, Papieren etc., wie wir solche benutzten; von allen Diploren haben wir Blankovordrucke am Lager.

Schriften, Einfassungen etc. aller Giessereien liefern wir zu Originalpreisen.

    Inserate.

Die zahlreichen und anerkannt wertvollen **Werke meines typographischen Verlages** eignen sich ganz vorzüglich zu

WEIHNACHTS-GESCHENKEN.

Ich empfehle dieselben der Beachtung der Herren Buchdruckereibesitzer für ihre strebsamen **Lehrlinge und Gehilfen,** sowohl Setzer wie Drucker und versende auf Wunsch Kataloge gratis und franko, auch befindet sich auf der 3. Seite des Archiv-Umschlags ein vollständiges Verlags-Verzeichnis.

Alexander Waldow, Leipzig.

Wilhelm ☙ ☙ ☙
Woellmer's ☙
Schriftgiesserei und
Messinglinienfabrik
✿ ✿
Moderne Neuheiten
Selecta, Globus, Roland, Studio-
Zierrath, Barock-Ornamente ✦
Silhouette-Bordüren, Vignetten.
✿ ✿
Berlin SW.

Kalander= Groden- und Naß- Stereotypie
System Kempe.
Wir bitten, unsere kostenfreie Gebrauchsanweisung zu verlangen.

Maschinen=Fabrik · Kempewert · Nürnberg.
Spezialfabrik für das gesamte Stereotypiewesen.
Maschinenfabrik für den gesamten eisernen Druckereibedarf.
Schnellpressenfabrik.

Lehrbuch für
Schriftsetzer

Kleine Ausgabe des I. Bandes von
Waldow: ⚜ ⚜ ⚜
Die Buchdruckerkunst

20 Bogen Grossoktav.
Preis broschiert M. 6.—, elegant gebunden M. 7.—.

Verlagshandlung Alexander Waldow, Leipzig.

3

Inserate.

Neu! Carl Hofmann's
Kasten- und Salzbrett-Reinigungs-Apparat

Preis Mark 54.—

Carl Hofmann, Leipzig

Neuheiten:

Druckplatten mit Schraffuren, Netzen, Punktierungen, Korn u. dergl., für Buch-, Stein- und Kupferdruck, zum Überdruck auf Druckplatten, für Landkarten, Pläne, Untergrund-Platten, Papier-Ausstattungen etc. etc.

Kornraster, in Glas gravirt, für Autotypie und Photolithographie.

Ferner empfehle:

Glasraster verschiedener Systeme, sowie alle autotypischen und photographischen Ausführungen

Edm. Gaillard, Berlin S.W.

Gebrüder Brehmer, Leipzig-Plagwitz

Filialen: London E. C. — Paris — Wien V, Magdalenenstrasse 2.

bauen als Spezialität:

Draht- und Faden-Heftmaschinen für Bücher und Broschüren. **Falzmaschinen** für Werk- und Zeitungsdruck in den verschiedensten Ausführungen.

Preislisten, Heftproben, Falzmuster stehen gern zur Verfügung.

Letzte höchste Auszeichnungen: Chicago 1893, Lübeck 1895, Leipzig 1897, München 1898.

Schriftgiesserei A. Numrich & Co.

LEIPZIG

Messinglinien- und Messingtypen-Fabrik

Spezialität

Künstlerisch ausgeführte Vignetten in allen Genres
Moderne Reklame-Vignetten

EDM. KOCH & Co.
fertigen sämmtliche Schriften u. Gravuren für Buchbinder.

MAGDEBURG

Soeben erschien im Verlage von Alexander Waldow, Leipzig:

Die **Galvanoplastik** und ihre Anwendung in der Buchdruckerkunst

— Von A. Hering —

Zweite Auflage in vollständig neuer Bearbeitung von Fried. Mela

Mit 36 Abbildungen und Skizzen
Broschiert M. 4.—
Gebunden M. 5.—.

Inserate.

Graveur auf Stahlschriften geübt
sucht
Emil Stephan, Magdeburg.

☞ Wir empfehlen unsere

Kräftige ✽
Eigens für
Stereotypiedruck
von uns
geschnittene
Brotschrift.
Fraktur!

Benjamin Krebs Nachfolger
Frankfurt a. M.

J. G. Schelter & Giesecke
Leipzig
Messing-Linien-Fabrik
Accidenz- und Tabellen-Linien
Einfassungen in Messing
Zierlinien, Zierrat
Kreise, Ovale, Untergrund
Bogenregletten, Perforirlinien
Eck- und Rundfüllungen

C. F. Rühl
Leipzig • Kreuzstrasse 7 und 9
Gegründet 1866
Schriftgiesserei •
Messinglinien-Fabrik •
Galvanoplastik •
Stereotypie •
Neu! Moderne Schriften und Initialen.
Bordüren, Vignetten und Leisten.
Buchdruckerei-Einrichtungen auf Normalsystem
stets am Lager.
Schnellste Lieferung bei billigsten Preisen.

Im Verlage von Alexander Waldow
in Leipzig erschien soeben eine neue
Auflage vom

Gutenbergporträt

in Holzschnitt mit Tondruck.

Bildfläche 30 : 46 cm. Preis M. 2.50.
Porto und Verpackung 65 Pf.

Ferner sind von diesem Porträt noch
eine Anzahl aus früheren Auflagen,
mit kleinen, unbedeutenden Fehlern behaftete Exemplare vorrätig, die per Stück
für M. 1.— abgegeben werden; Porto
und Verpackung wie oben.

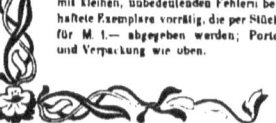

Reinhardt's
Metallutensilien für
Buchdruckereien
Nur erhältlich durch:
Utensilienhandlungen,
Schriftgiessereien,
Farbefabriken.
G. E. Reinhardt
Leipzig
Buchdruck-
Metallutensilien- und
Maschinenfabrik.

A. HAMM Heidelberg.
Gegründet 1850 in
Frankenthal.

Erstklassiges Fabrikat.

Korrespondenz nach Heidelberg richten.

Schnellpressen aller Art.

Gebr. Jänecke & Fr. Schneemann
Hannover und Newark bei New York

Fabrik von Buch- und Steindruckfarben.

Firnisse und Walzenmasse.

 Gegründet 1843. 16 Preismedaillen.

Alexander Waldow
in Leipzig.

Ablegebogen pro Stück
do. mit Klemmleister
do. feinste, zum Einschrauben
Ablegetisch, englische pro Dtzd.
Halbzarge gedrehte Kolumnenschnur, in Knäueln zu 100 Gr.
3 Draht ? L. pro Kg.
6 " 5 " "
Pincetten, gewöhnliche
do. feinste englische
Pubalieren, feinste englische Klinge
Akkopfborsten fur Korrektoren
do. für Stereotypie mit Stiel
Farbensteine, in der Grössen 3 bis 8
Farbmesser zum Ausstreichen
bunter Farben, mit Hülfeisen
stärkere für schwarze Farben
Farbreiber von Serpentin 3 bis 5
Kopfhölz
Schmierbähnchen, sogen. Spritzbänbchen
Langzahnbürsten, gross, hart
do. klein, hart
Wasserbürsten, gross, weich
do. klein, weich
Zurichtmesser, doppelschneidig,
feinste Qualität, besonders für
Illustrations Zurichtungen
Zurichtmesser, einschneidig, oben
abgerundet

Schreibmaschinen-Schrift!

Wir empfehlen hiermit die in unserem Hause geschnittene

„Original-Schreibmaschinenschrift"

welche sich des grössten Vorzugs erfreut, weil sie dem Schreibmaschinen-Typus am meisten gleicht. Ständig Vorrath.

LUDWIG & MAYER, Schriftgiesserei Frankfurt a. M.

☞ Vor dem Bezug einer Nachbildung ☜ wird gewarnt!

 **lase Bälge**

Preis per Stück M. 4.50.
Dieser Blasebalg ist ganz aus Holz gefertigt, ein Lädieren der Buchstaben somit vollständig ausgeschlossen.

Alexander Waldow
Leipzig.

Zierschrift Gloria

Sehr werthvoll

für Anzeigen und alle der Reklame dienenden Drucksachen, für Accidenzen in ein- und mehrfarbiger Ausführung, sowie ganz besonders für Umschläge ist die in acht Graden, von Petit bis Missal, geschnittene

Zierschrift Gloria!

Klares Bild jedes Buchstabens

ist ein Haupterforderniss, das beim Schnitt einer Schrift, welcher man eine vielseitige Verwendbarkeit nachsagen soll, vor allen Dingen berücksichtigt werden muss. Vorliegende

Zierschrift Gloria

erfüllt diese Bedingung in vollem Maasse, sie ist ferner durch gefällige Zeichnung besonders lebhaft gehalten, ohne dadurch an Ruhe zu verlieren, und bewährt sich deshalb als

eine wirklich brauchbare Schrift!

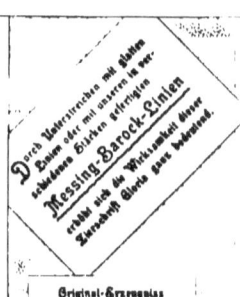

Original-Erzeugniss

Schriftgiesserei Emil Gursch
Berlin S. 42 ✱ Ritter-Strasse 90.

Inserate.

Verlag von Alexander Waldow
in Leipzig.

Anleitung
zum
Ornamentieren
im
Buchdruckgewerbe.

Von Fr. Bauer.

Preis M. 2.50
Elegant gebunden M. 3.—

Verantwortlicher Redakteur: Friedrich Bauer, München. — Druck von Alexander Waldow, Leipzig.

Schriftgießerei Ludwig & Mayer

Frankfurt am Main.

P. P.

Mit Gegenwärtigem erlauben wir uns, unsere bewährte Schreibschrift auch den Lesern dieser Blätter vorzuführen.

Diese vorzügliche Schreibschrift, welcher wir den Namen

„Excelsior"

beigelegt haben, stellt die höchste Leistung auf diesem Gebiete, sowohl hinsichtlich des Schnittes und Gusses als auch dem Umfange der Schöpfung nach dar.

Wir haben diese Schrift in 3 Fetten und in 14 Graden im Hause geschnitten und in der eigenen mechanischen Werkstätte ganz besondere Instrumente und Fraismaschinen construirt, um sie giessen und gleichzeitig das lästige Abbrechen verhindern zu können.

Diese Garnituren haben sich naturgemäß bald sehr viele Freunde erworben und hat man uns vielseitig die grösste Anerkennung ausgesprochen.

Wir bitten freundlichst einen Versuch zu machen, der sicher nach jeder Richtung hin befriedigen wird.

Musterhefte und Gussmuster stehen Reflektanten mit Vergnügen gratis und franko zur Verfügung.

Hochachtungsvoll

Ludwig & Mayer

Archiv für Buchdruckerkunst
und verwandte Geschäftszweige.
Begründet von Alexander Waldow.

36. Band. | 1899. | Heft 2.

Bekanntmachung.
* * *

Der am 29. Oktober 1884 begründete *Centralverein für das gesammte Buchgewerbe* beschloss in seiner Hauptversammlung vom 16. Januar 1899, den Namen

Deutscher Buchgewerbeverein

anzunehmen, um damit in deutlich wahrnehmbarer Weise erkennen zu lassen, dass die Bestrebungen des Vereins keine örtlichen, sondern auf die Förderung des gesamten deutschen Buchgewerbes gerichtet sind.

Ferner genehmigte die Versammlung eine neue Fassung der Satzungen des Vereins, welche namentlich eine reichere Gruppierung und eine weitere Verbreitung über das ganze deutsche Sprachgebiet anstrebt. Von besonderer Beachtung ist es, dass jetzt

Buchgewerbliche Vereine im ganzen die Mitgliedschaft nach Vereinbarung erwerben können.

In den *Vorstand* wurden gewählt die Herren: *Dr. Oskar v. Hase* (Breitkopf & Härtel), 1. Vorsteher, *Johann Weber* (J. J. Weber), 2. Vorsteher, *Heinrich Flinsch* (Ferd. Flinsch), 1. Schatzmeister, Kommerzienrat *Julius Meissner* (Meissner & Buch), 2. Schatzmeister, *Heinrich Biagosch* (Karl Krause), *Georg Giesecke* (Schelter & Giesecke), *Johannes Maul* (Julius Hager), Justizrat *Dr. Otto Skill*, *Adolf Titze*.

In den *Press-Ausschuss*, welchem insbesondere die Verwaltung des *Archiv für Buchdruckerkunst* obliegt, wurden gewählt die Herren: *Georg Giesecke* (Schelter & Giesecke), 1. Vorsitzender, *Johannes Maul* (Julius Hager), 2. Vorsitzender, *Dr. Ludwig Volkmann* (Breitkopf & Härtel), Schriftführer, *Johannes Baensch-Drugulin* (W. Drugulin), *Joh. Carl Reichel* (C. G. Röder), *Johann Weber* (J. J. Weber).

Leipzig,
im Januar 1899.

Der Vorstand
des Deutschen Buchgewerbevereins

Dr. v. Hase, 1. Vorsteher.

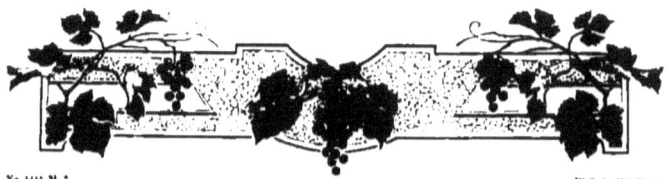

✱ ✱ Der Deutsche Buchgewerbeverein ✱ ✱
früher Centralverein für das gesammte Buchgewerbe.

Da bei der Übernahme des Archivs seitens unsers Vereins das erste Heft des neuen Jahrgangs bereits im Druck war, halten wir es für geboten, im vorliegenden zweiten Heft für alle diejenigen Leser, denen unser Verein vielleicht weniger bekannt ist, eine kurze Darlegung der Wege und Ziele desselben zu geben, um so mehr als gerade durch die soeben beschlossenen neuen Satzungen eine kraftvolle Entwickelung auf breiterer Basis, besonders auch ausserhalb Leipzigs, erstrebt und ermöglicht wird.

Der *Deutsche Buchgewerbeverein* wurde in dem Jahre 1884 als »Centralverein für das gesammte Buchgewerbe« ins Leben gerufen, mit dem Sitz in Leipzig, aber mit der ausdrücklichen Absicht der Verbreitung über das gesamte deutsche Sprachgebiet. Sein Zweck ist die Förderung des gesamten Buchgewerbes unter Ausschluss aller sozialpolitischen Bestrebungen, insbesondere soll die Entwickelung der Technik aufmerksam verfolgt und ein erhöhter Einfluss der bildenden Künste auf das Buchgewerbe herbeigeführt werden. Er umfasst demgemäss in seinen verschiedenen Abteilungen alle Zweige des Buchgewerbes, also nicht nur Buch-, Kunst- und Musikalienhändler, Buch- und Steindrucker, Kupferdrucker, Notenstecher usw., sondern auch Lichtdrucker, Chemigraphen, Schriftgiesser, Holzschneider, Galvanoplastiker, Papier- und Farbefabrikanten, Fabrikanten von Maschinen und Geräten für das Buchgewerbe, Buchbinder, Graveure und Stempelschneider. Naturgemäss begann der Verein seine Thätigkeit in erster Linie in *Leipzig*, als dem Zentrum, von welchem seine anregende Wirksamkeit gewissermassen ausstrahlen soll. Hier ist inzwischen bereits ein fester Boden gewonnen, der die beste Gewähr für die Zukunft bietet, hier haben das Resultate der Arbeit des Vereins zuerst greifbare Gestalt angenommen. *Das Deutsche Buchgewerbemuseum* ist unter der hochherzigen Unterstützung seitens der Sächsischen Regierung und durch die Förderung seitens zahlreicher Firmen und Privatpersonen zu einer einzig dastehenden Vorbilder-Sammlung für alle graphischen Gebiete erwachsen, und nachdem dasselbe eine Reihe von Jahren hindurch die Gastfreundschaft des Börsenvereins der deutschen Buchhändler im Deutschen Buchhändlerhause genossen hat, wird es demnächst in das eigene Heim des Vereins, das *Deutsche Buchgewerbehaus*, übersiedeln, welches soeben stattlich emporsteigt.

So ist denn gerade jetzt der rechte Augenblick gekommen, auf weitere Kreise auch ausserhalb Leipzigs in erhöhtem Masse einzuwirken und thatsächlich das gesamte deutsche Buchgewerbe zu einer geistigen Gemeinschaft zusammenzufassen, um die uns jeder andere Berufskreis und das ganze Ausland beneiden wird. Diesem Zwecke soll in erster Linie unsere neuerworbene Monatsschrift, das *Archiv für Buchdruckerkunst und verwandte Geschäftszweige*, künftig mit dienen, für das wir die Teilnahme aller unserer Mitglieder voraussetzen, sodann aber werden wir es zu erreichen suchen, dass unsere Mitglieder innerhalb aller grösseren und kleineren Druckorte sich zu *Ortsgruppen des Deutschen Buchgewerbevereins* zusammenschliessen, deren Bestrebungen dann von der Leipziger Geschäftsstelle aus nachdrücklich unterstützt werden könnten, z. B. durch Überlassung von Ausstellungsmaterial, Veranstaltung von Vorträgen und dergleichen. Denn es kann gar nicht genug betont werden, dass der Zweck des Vereins nur dann als völlig erfüllt zu betrachten ist, wenn seine Einrichtungen *nicht einseitig nur Leipzig zu gute kommen*. Dazu aber ist nötig, dass alle, denen die Hebung des Buchgewerbes ernstlich am Herzen liegt, mitwirken an der gemeinsamen Aufgabe. Dadurch, dass *buchgewerbliche Vereine* als solche die Mitgliedschaft, unter besonders zu vereinbarenden Bedingungen, erwerben können, ist dieser Zusammenschluss ganz wesentlich erleichtert und vereinfacht. Möge die Zeit nicht fern sein, wo alle vorwärts strebenden Glieder der verschiedenen in unser Arbeitsgebiet fallenden Gewerbe, die ja stets an der Spitze modernen Fortschrittes marschiert sind, zu gegenseitiger Förderung und lebendiger Regung ihrer Kräfte sich einen im *Deutschen Buchgewerbeverein*.

Die neue Kunst und das Buchgewerbe.
VON Dr. PETER JESSEN.

— » Vorträge gehalten im Deutschen Buchgewerbeverein zu Leipzig. « —

ERSTER VORTRAG.

I. Die moderne künstlerische Bewegung und ihre Anwendung auf das Buchgewerbe.

urch unser deutsches Buchgewerbe, das technisch so wohl beraten ist, flutet zur Zeit eine frische Bewegung, eine Bewegung, die auf das Künstlerische ausgeht. Unsere Schriftgiessereien bringen in Fülle, ja in Überfülle Neuheiten der verschiedensten Art, der Kunstdruck schlägt neue Wege ein — wir brauchen uns nur des Plakats zu erinnern —, endlich bahnen sich auch in den Buchbindereien neue Richtungen an. Diese Bewegung stellt neue und grosse Aufgaben. Und diese Aufgaben treten an das ganze deutsche Buchgewerbe in seiner Gesamtheit heran. Sie müssen also auch von der Gesamtheit aufgegriffen und gelöst werden. Das ganze deutsche Buchgewerbe aller Orten und in allen seinen Zweigen muss dabei zusammen wirken.

Wir fragen uns zuerst: Was ist's mit dieser neuen Bewegung? Es gilt ihr Wesen richtig zu verstehen, das Wichtige fest ins Auge zu fassen. Das ist nicht immer und überall geschehen. Schon sind es zwei Jahre, dass in dem, was man die neue Bewegung nennt, Versuche gemacht werden, dass darüber geschrieben und gestritten wird. Es will aber doch scheinen, als ob trotz so vieler tüchtiger Ansätze bisher noch recht wenig Fertiges entstanden sei. Ja es liegt sogar eine gewisse Gefahr nahe, dass diese neuen Manieren, diese neuen Anregungen nur halb begriffen werden, dass sie nur eine Art Modesache bleiben und nach ein paar Jahren spurlos vorüber gegangen sein könnten. Das wäre aber ein grosses Übel. Denn das Wesen der neuen Bewegung liegt nicht in jenen zahlreichen Äusserlichkeiten, die der Mode unterworfen sind. Vielmehr bringt sie eine gründliche Reform mit sich, und die zu erfassen ist die Hauptsache. Mag doch das Ziermaterial beispielsweise sein welches es wolle — heute wählt man allenthalben Blumen an Stelle der älteren Renaissance- und Rokokoornamente — mögen doch im Satz sich Motive und Manieren einbürgern, so wie da gewesen wie möglich: nicht darauf kommt es an, sondern auf das Wesen, die Grundsätze, die ganze Auffassung.

Und worin bestehen die? Es sind dieselben, die für das ganze Kunstgewerbe gelten. Das Buchgewerbe ist ein Teil des Kunstgewerbes, das muss festgehalten werden. Und wenn heute nicht alles so steht, wie es sollte, so kommt das zum Teil daher, dass man das Buchgewerbe bei der grossen Fürsorge für die anderen Gewerbe nicht überall gleichmässig mitberücksichtigt hat. Unsere Tischler, Schlosser, Bronzegiesser, Silberschmiede usw. sind eine ganze Generation, 25, 30 Jahre hindurch in strenger langer Arbeit an den alten Meistern, an den Vorbildern, die wir in unseren Sammlungen zusammengebracht haben, geschult worden. Dem Buchgewerbe ist nicht überall dasselbe zu Teil geworden. Darum gilt es heute doppelt, das Buchgewerbe wieder als einen Teil des gesamten Kunstgewerbes zu erfassen, damit die lebhafte Bewegung, die heute durch das Kunstgewerbe geht, auch dem Buchgewerbe zu gute komme. Im Kunstgewerbe predigen wir seit 30 Jahren die Grundsätze, die die alten Meister anwandten. Dasselbe soll nun auch im Buchgewerbe geschehen.

II. Die Ansprüche des Zweckes, des Stoffes und der Technik.

Welches sind nun diese Grundsätze? Es sind die oft gepredigten einfachen Lehren des Zweckes, des Stoffes und der Technik.

Es gilt heute mehr als jemals, jedem Erzeugnis des Kunstgewerbes gegenüber zu allererst zu fragen nach dem Zweck, der Brauchbarkeit. Bei allem, was wir schaffen oder auch erwerben, sollten wir zuvörderst nach der Zweckdienlichkeit entscheiden. Wer einen Stuhl zeichnet, sollte heute, ehe er an irgend eine historische Stilform, an Renaissance, Rokoko oder moderne Kunst denkt, zunächst klar und genau prüfen, welche Anforderungen der Zweck eines jeden Stuhles im allgemeinen und der dieses bestimmten Stuhles im besonderen stellt. Die Forderung eines bequemen Sitzes ergiebt schon eine Fülle von Grundbedingungen, bestimmt z. B. Höhe und Tiefe des Sitzes, Neigung und Biegung der Lehne usw. Kurz, diese und ähnliche Fragen müssen geprüft und gelöst sein, bevor es erlaubt ist, an die Zierformen zu denken. Oder: wir wollen einen Krug kaufen. Sehen wir doch erst einmal zu, ob das Gefäss bequem in der Hand liegt, ob sein Körper richtig gestaltet ist, um Flüssigkeit aufzunehmen und im Gleichgewicht zu erhalten, ob der Ausguss wirklich zum Giessen geeignet ist. Prüfen wir doch erst einmal alle diese Fragen des Zweckes, ehe wir an das Ornament auf dem Bauche oder an die plastische Verzierung des Henkels denken.

Diese Rücksicht auf den Zweck kann uns auch im Buchgewerbe einen Schritt weiter führen. Bevor wir an die Zierformen der Schrift, an ihren Schmuck mittels allerlei Ornament denken, müssen wir uns sagen: die Schrift soll doch zunächst einmal lesbar sein. Jeder Schnörkel, der die Lesbarkeit und Deutlichkeit beeinträchtigt, ist und muss vom Übel sein. Schon dieser Gesichtspunkt dürfte uns über eine ganze Reihe von Schriften hinausführen, auch über neue Schriften, selbst über solche, die unter dem Zeichen der neuen Bewegung erfunden worden sind. Oder wenn wir beachten wollten, dass der Satz, der Accidenzsatz etwa, doch nicht in erster Linie Ornament sein, doch nicht in erster Linie schmücken soll, sondern zuerst einmal gelesen werden muss, dass die Schrift, der Text massgebend bleiben soll, dann würde in unseren Arbeiten das Ornament die Schrift nicht mehr so oft vollkommen überwuchern können, dann würde man sich nicht mehr zu fragen haben, ob die Schrift neben solchen breiten Ornamenten überhaupt noch Geltung besitze. Also: auch die Arbeiten des Buchgewerbes fordern zuerst die Beachtung des Zweckes, fordern, dass der Zweck die Hauptsache bleibt, und dass die Verzierungen als Nebensache erst hinzukommen dürfen, wenn der Zweck einmal erfüllt ist. Mag man für jetzt diesen Grundsatz selbst ein wenig übertreiben. Er ist uns zur Gesundung nötig, als ein Heilmittel, das wir auch dem Buchgewerbe eingeben müssen, um es zur Genesung zu bringen.

Die zweite Hauptforderung ist die, dass der Stoff, das Material, aus dem jedes Stück kunstgewerblicher Arbeit geschaffen ist, in seinem wahren Wesen, in seiner wahren Erscheinung zur Geltung kommen soll. Nun ist es ja längst keine neue Lehre mehr, dass jede Art von Materialtäuschung ein arger Fehler ist. Wer mit einem Stoff den Eindruck, den falschen Schein eines andern Stoffes hervorbringen will, sündigt gegen einen Hauptgrundsatz gesunder gewerblicher Arbeit. Auf Schritt und Tritt stossen wir auf solche Materialtäuschung. Die Neigung zum Ersatz eines teuern Materials durch ein billiges durchzieht unser ganzes Kunstgewerbe. Hier soll Zinnware durch allerlei Mittelchen, durch farbigen Überzug den Schein echter Bronze erwecken, dort werden Papiertapeten (die doch ihrem trefflichen Stoffe sehr anziehende Muster abgewinnen könnten) in der Weise der Velours- oder Seidentapeten bedruckt, und da macht der Stuck jegliche Art von Haustein nach. Diese Sünden sind uns ja allen längst bekannt, und ihre Verwerflichkeit wird auch nicht bestritten. Prüfen wir aber doch einmal ernstlich, wie oft wir selbst, und sei es auch nur als Käufer, mitschuldig werden an diesem Surrogatwesen. Dann wird uns zum Bewusstsein kommen, dass wir mit der allergrössten Energie vorgehen müssen, um der Materialtäuschung überall ein Ende zu bereiten. Erinnern wir uns nur eines Beispiels aus dem Buchgewerbe, etwa aus dem Bereich der Buchbinderei. Da ist der Massenband: Imitationspapier, das

den Schein des echten Leders nachahmt, eine Pressung, die einen Lederrücken vorzaubert, wo wir nur Leinwand haben, usw. Als ob nicht ein schlichtes Stück Leinwand mit dem ganzen Reiz, den ein solches einfaches, nicht durch die Presse gegangenes Gewebe in seiner natürlichen Struktur hat, etwas sehr Achtbares wäre. Als ob es nicht, wenn gut gewebt und entsprechend gefärbt, jeder falsch gepressten, künstlich aufgeputzten Lederimitation vorzuziehen wäre. Also: immer und überall gilt es darauf zu dringen, dass der Stoff echt sei und dass ihm sein Recht werde. Das ist der zweite Grundsatz, den wir betonen wollen.

Und der dritte ist, dass auch die Technik, die Arbeitsweise nicht nur echt sei, sondern auch dem Stoff angepasst und endlich nach ihren eigentümlichen Bedingungen und zu ihren eigentümlichen Möglichkeiten entwickelt werde. In den Nachahmungstechniken haben besonders Dilettantenkreise viel gesündigt. Das wissen wir alle und wir haben oft darüber gespottet. Da lesen wir in unseren Familienblättern, in der mit besonderer Vorliebe gepflegten Abteilung für häusliche Kunst, wie man echte Stickerei durch aufgetupfte Malerei ersetzen könne, wie man den Schein der köstlichen Holzintarsia mittels billiger Pinselei erzielen könne, u. dergl. mehr. Das ist lächerlich und verderblich. Gegen derlei Surrogatwesen sind wir allmählig argwöhnisch geworden. Aber geben wir doch einmal acht, wie ein ganz ähnlicher Unfug sich in unserem Kunstgewerbe breit macht. Wir müssen sagen: Es fehlt uns der Sinn für echte Technik, der Stolz auf die handwerkliche Arbeit noch recht gründlich. Man ist geneigt, im Kunstgewerbe nur der Handarbeit den Stempel der Kunst, die Berechtigung als Kunst zu gelten, zuzugestehen. Man pflegt die Maschinenarbeit fast wie selbstverständlich als etwas Minderwertiges anzusehen. Das ist ein schlimmstes Vorurteil. Die Maschinenarbeit, die Massenfabrikation gilt nur deshalb für minderwertig, weil sie so oft danach strebt, den Schein der Handarbeit zu erwecken, die Arbeitsweise der Handarbeit vorzutäuschen. Nur deswegen und nur in diesem Falle wird sie dem Kenner als etwas Unvollkommenes erscheinen. Ich wähle ein Beispiel aus der Bronzeindustrie, damit deutlich werde, was ich im Sinne habe. Die Bronzeindustrie hat häufig Arbeiten des französischen Rokoko, jene köstlichen Werke des 18. Jahrhunderts als Vorbilder gewählt. Allein diese Lampen, diese Kaminböcke usw. sind in ihrer Oberfläche sorgfältig und glänzend durchziseliert. Es ist ein Genuss, zu sehen, wie die Hand des Ziseleurs alle Teile durchgearbeitet, hier geglättet, dort aufgerauht und da durch Punzen neue Reize erzielt hat. Diese Handarbeit ist es, die dem Guss erst die eigentliche Vollendung und damit seinen besonderen Wert gegeben hat. Diese Handarbeit ist es also auch, die den Kenner entzückt. Nun kommt unsere Industrie und will dieselben Modelle in billiger Massenware herstellen. Sie kann natürlich die einzelnen Stücke nicht durchziselieren lassen. Das wäre zu kostspielig. Also muss sie sich darauf beschränken, die Erzeugnisse ungefähr so, wie sie aus dem Gusse kommen, mit einer ganz flüchtigen Oberflächenbehandlung auf den Markt zu bringen. Aber nun ist das Stück auch danach. Die Oberfläche ist roh modelliert, ist gewöhnlich. Es ist kein Erzeugnis, das der Kenner auf seinen Tisch stellen wird. Damit ist ja gar nicht gesagt, dass es nicht anginge, billige Ware ebenfalls vollkommen herzustellen. Die Bronzeindustrie, um bei unserem Beispiele zu bleiben, darf eben nicht die reichen plastischen Formen des 18. Jahrhunderts wählen, die erst durch die Ziselierung ihren wahren Wert erhalten. Sie muss sich vielmehr auf glatte, einfache Formen beschränken, die man mit der Maschine vollkommen fertigen kann. Ein Stück glatter Messingstange wird unter Umständen höchst erfreulich, wird mindestens fertig aussehen. Es wird auf den Kenner nicht mehr den Eindruck des Unvollkommenen, des Gewöhnlichen, des Falschen machen. — Das gilt nun von allen Zweigen der Kunstindustrie und des Kunstgewerbes. Die Maschinen- und Massenarbeit muss sich überall auf ihren eigenen Stil besinnen. Sie muss einsehen, es bringe ihr keinen Gewinn, die Handarbeit nachzuahmen. Sie muss vielmehr ihrer eigenen Arbeitsweise Reize abgewinnen, die nur ihr eigentümlich, oder die doch für sie kennzeichnend sind. Das ist besonders heute und besonders bei uns in Deutschland beherzigenswert. Denn die Dinge liegen so, dass wir wohl in den Arbeiten des Kunsthandwerks, der Schlosserei, Möbeltischlerei, Bronzegiesserei, Edelschmiedekunst ganz Tüchtiges leisten, dass es aber um die Kunstindustrie gar nicht gut bestellt ist. Denn Kunsthandwerker sind in Fühlung mit der Kunst geblieben. Die Kunstindustrie hat diese Fühlung allermeist verloren. Darum hat uns das Ausland überflügelt. Die deutsche Industrie hat es nicht verstanden, zu rechter Zeit ihren eigenen Stil künstlerisch zu entwickeln, zu rechter Zeit Künstler heranzuziehen, die schöpferisch einen echten kunstindustriellen Stil hätten anbahnen und ausgestalten können. Unsere Kunstindustrie — und technisch sehr weit — wir dürfen dabei gerade an unser Buchgewerbe denken — es kommt nur darauf an, dass sie sich nun auf ihren eigenen Stil besinnt. Ein paar Beispiele aus dem Gebiete unseres Buchgewerbes mögen das Gesagte erläutern. Es will mir durchaus als Fehler erscheinen, wenn das kunstvolle und unvergleichlich reizvolle Handverzierung unserer alten oder neuen Einbände einfach mittels Plattendruck nachgeahmt wird. Jene Ornamente sind und mit Fileten hergestellt, mittels Handvergoldung fertig gemacht. Dieser Schmuck und seine Herstellungsweise bedingen sich gegenseitig. Gerade aus der Handarbeit zieht das Ornament seine feinsten Reize. Die Nachahmung, die die Grossindustrie in Massenpressung herstellt, ist nicht nur kein Verdienst, sondern geht aus einer Verkennung des eigenen Wesens der Maschinenpressung hervor. Ein zweites Beispiel liefert der Farbendruck. Unser Farbendruck, die Chromolithographie beispielsweise, ist technisch ganz glänzend entwickelt. Und wenn es darauf ankommt, für wissenschaftliche Zwecke etwa, eine farbige Vorlage genau wiederzugeben, so ist die technische Vollendung natürlich ein Verdienst. Es ist unzweifelhaft ausnehmend wichtig, getreueste Nachbildungen farbiger Gegenstände zu besitzen, wenn es gilt, Kenntnisse und Anschauungen zu verbreiten. Wir dürfen uns also freuen, dass unsere Kunstindustrie für solche Zwecke farbige Nachbildungen herstellen kann, die oft auch ein geübtes Auge kaum vom Original zu unterscheiden vermag. Aber etwas anderes ist es, wenn wir nach dem künstlerischen Wert des Farbendrucks fragen. Der ist — das müssen wir gestehen — keineswegs so hoch, wie der technische. Und es wäre zu erwägen, ob der Farbendruck nicht etwa durch eine Entwickelung nach seinen eigenen Bedingungen auch künstlerisch gehoben werden könnte. Schon die Vorlage, dann auch die Arbeit selbst müssten so gestaltet werden, dass mit möglichst wenigen Mitteln auch eine möglichst grosse künstlerische Wirkung erzielt würde. Man darf wohl sagen, dass die Plakatkunst neuerdings diesen Weg eingeschlagen hat. Sie sieht nicht mehr in der Nachahmung einer Vorlage, die auf Ölbild- oder Aquarellwirkung abzielt, ihre künstlerische Aufgabe, sondern versucht zunächst einmal die Wirkung des Buntdruckes an sich zu eigener Geltung zu bringen. Verwandte Versuche, dem Farbendruck zu seinem künstlerischen Rechte zu verhelfen, sehen wir in den Original-Lithographien unserer Künstler, die sich immer fröhlicher hervorwagen und in urteilsfähigen Kreisen grossen Anklang gefunden haben.

Ein weiteres Beispiel für die dritte Forderung legt uns der Buchdruck nahe. Er verwendet heute in ausserordentlichem Umfang Schreibschriften. Es gilt als fast selbstverständlich, dass gewisse Zirkulare in imitierender Schreibschrift hergestellt werden. Da darf man wohl auch überlegen, ob dies das richtige ist. Man hört wohl sagen, der Empfänger sei geneigter, ein solches Zirkular in Schreibschrift zu lesen. Nun, dieser Grund wird ganz sicher wegfallen, sobald man sich an die Überraschung, die solche Schreibschriften jetzt noch machen, gewöhnt hat. Dann wird man sich doch wohl darüber klar werden, dass ein in Druckschrift gut gedrucktes Zirkular zumal künstlerisch doch einen besseren Eindruck macht, und dass Schreibschrift nur an die wenigen Stellen gehört, wo sie etwa durch innere Gründe gefordert ist. Endlich sollten sich auch die Setzer hüten, die Kunst des Lithographen nachzuahmen. Der Lithograph entwirft natürlich mit leichter Mühe freien leichten Zierrat auf seinen Stein. Wenn sich nun der Setzer abmüht, diese Zierweise mit unglaublicher Künstelei und mit oft unerhörtem technischem Aufwand nachzuahmen, so sündigt er gegen eine seiner Hauptpflichten. Und die ist, seine eigene Arbeitsweise zur Geltung zu bringen und zu entwickeln, mit seinen ihm gegebenen Mitteln zu wirken und ihnen eine eigentümliche Schönheit abzugewinnen.

III. Die neuen Zierformen.

Das wären die drei Forderungen des Zweckes, des Stoffes und der Arbeitsweise. Zu ihnen treten nun noch einige sehr zu beherzigende formale Ansprüche, die wir gerade auch in unserm Buchgewerbe zu berücksichtigen allen Anlass haben. Wir Deutschen neigen zweifellos zum Bunten und zum Vielen. Die kunstgewerbliche Produktion der letzten 30 Jahre zeigt uns überall die verhängnisvolle Neigung, des Guten zu viel zu thun, statt auf einfache, klare, grosse, monumentale Wirkung ruhig und entschieden durchzuführen, lieber zehn verschiedene zusammenzuhäufen. Das liegt nicht nur an den Ausführenden, sondern auch zum grossen Teil an den Bestellern. Wer je mit Bestellern zu thun gehabt hat, der weiss, welch wunderliche Ansprüche da oft gestellt werden. Erst wenn man in der Freude am Vielen die kleinliche Buntheit am ehesten los werden, wenn wir von der grossen Kunst zu lernen suchen. Sehen wir doch einmal zu, wie die grossen Künstler es machen. Erinnern wir uns des Bestrebens, das an einigen grossen Bauten unserer Zeit so sichtlich in die Augen springt. Wir begnügen es am Reichstagsgebäude in Berlin und am Reichsgericht in Leipzig und an anderen Bauten als das Förderliche, dass da die Meister den Schmuck nicht über die ganze Fassade verzetteln haben, dass nicht jedes Fensterchen seine besondere Dekoration erhalten hat. Vielmehr hat sich der Künstler hier und da und dort gesagt: Wenn ich auch die Fassade im übrigen glatt lasse, so gewinne ich doch gerade dadurch die Mittel, ein Portal, einen Erker, oder sonst ein Stück auf das Entschiedenste und Glänzendste zu schmücken. Statt vieler mittelmässiger Arbeiten kann ich so eine Arbeit von der Hand eines wirklichen Meisters zur durchschlagenden Wirkung bringen. Was einige moderne Künstler in dieser Erwägung geschaffen haben, findet sein Gegenstück in jedem guten Werke der Gotik oder der Renaissance. Da finden wir überall, dass ein Stück des Baues ausgezeichnet, zu grosser ernsthafter Wirkung durchgeführt ist. Damit giebt der Künstler gewissermassen seine Karte ab. Er sagt sich: Damit habe ich gezeigt, was ich kann, damit habe ich meiner Kunst Genüge gethan und dem Beschauer einen echten Genuss geschaffen, mag doch das Übrige glatt sein. Und er hat Recht damit. Denn es ist gar kein Zweifel, dass der so konzentrierte und an einer Stelle mit allen Mitteln gehobene Schmuck auf ruhiger Grundlage ganz anders wirkt, als die ermüdende Pracht grosser Flächen. Lernen wir also von der grossen Kunst. Geben wir den Unterschied auf zwischen angewandter und freier Kunst. Heraus aus der Enge, aus der Inzucht unseres kunstgewerblichen Betriebs. Dort finden wir, was uns noch fehlt: der grosse Massstab, die monumentale Gesinnung. Ruhe. Einfachheit und Konzentration der Mittel. Diese Gedanken, diese Grundsätze, können in jedem Zweige unseres Buchgewerbes nur heilsam und förderlich sein.

Ein anderes, was uns Deutschen dringend not thut, ist, dass wir unsere Augen wieder öffnen für die Farben, die uns in der Natur umgeben, und die Farben, die der Welt der Schönheit angehören. Es ist eine weitverbreitete Krankheit im deutschen Volke, diese künstlerische Farbenblindheit. Sie hat ja wenigstens teilweise ihre historischen Gründe. Das Weiss und Gold, das in den ersten Jahrzehnten unseres Jahrhunderts herrschte, der bräunliche Welt der Renaissancebewegung, die blassen, oft süsslichen Töne, die uns die Nachahmung von Barock und Rokoko gebracht hat, das alles führte uns von der frischen, echten Farbe. Erst heute sind wir wieder an der Arbeit, im Ganzen unseres Kunstgewerbes zu entschiedener mutiger starker Farbe durchzudringen.

Das muss auch im Buchgewerbe geschehen. Wir alle wissen, wie noch so vielfach, z. B. in Accidenzarbeiten, in manchen Erzeugnissen graphischer Anstalten, in Buchbinderwerken blasse, gebrochene, flaue Töne sich breit machen. Da müssen wir nun den Mut haben, energische Farben zu wählen. Auch in diesem Stück wird die grosse Kunst die beste Lehrmeisterin sein. Beobachten wir doch in Museen und Kunstausstellungen, wie farbenfroh die besten alten und jungen Meister sind. Überzeugen wir uns, wie gerade heute wieder ein Zug zum Koloristischen, zur ganzen, vollen, tiefen und entschiedenen Farbe durch unsere Kunst geht. Diesem Zug muss auch das Buchgewerbe folgen. Auch hierin also heisst es Fühlung suchen und bewahren mit der sogenannten hohen Kunst.

(Fortsetzung folgt.)

J. G. Schelter & Giesecke ⋅ Leipzig
Kunstanstalt für Hochätzung

Vornehmste Leistungen in Halbton- und Strich-Ätzungen ● Dreifarben-Druckplatten
in künstlerischer Vollkommenheit ● Tadellose galvanoplastische Vervielfältigungen

Schriftgiesserei Reichste Auswahl von Schriften in allen Stilarten
Einfassungen und Ornamente, Linienschmuck und
Vignetten sowohl in klassischer Stilart wie auch der Zeitströmung entsprechend

Fachtischlerei ● Buchdruckereiutensilien
Numerirwerke System Weller ● Hand-
Numerirmaschinen ● Numerir-Rahmen
Sicherheitsaufzüge für Kraft- und Hand-
Betrieb ● Stereotypie-Apparate ● ●

Maschinenfabrik
Buchdruck-Schnellpresse „Windsbraut"
● mit grösster Druck-Geschwindigkeit
Tiegeldruck-Schnellpresse „Phönix" ●

Neuheiten von J. G. Schelter & Giesecke, Leipzig
Schriftgiesserei.

Baldur.   **Walküre.**

Verlagshaus zu Leipzig   *Nordsee Jahreswechsel*
10 Buchdruckerkunst 23   *Frankreich 9 Russland*

Deutsches Reich   *Schützen-Verein*

Altersrente 2   *3 Modewelt*

Bismarck   *Hamburg*

Wodan.

Zürich 2 Kunstwerke aus dem Mittelalter 6 Berlin

Afrika Frankfurt   *Julius Cäsar*

1 Wunder des Meeres 9

Gudrun.
Zusammendruck der Schriften Wodan und Baldur.

Bogen-Anlegeapparate und Bogen-Geradeschieber.

Für das ordnungsgemässe Arbeiten an der Schnellpresse sind — abgesehen vom Druck selbst — eine genaue Anlage der unbedruckten und eine gleichmässige *Aufschichtung* der bedruckten Bogen von wesentlicher Bedeutung. Mehrfach ist versucht worden, das Anlegen der Bogen vollständig automatisch auszuführen; erst in neuester Zeit sind wieder von verschiedenen Seiten Vorrichtungen, welche diesen Zweck erfüllen sollen, empfohlen worden. Selbst wenn sich diese neuen Erfindungen bewähren sollten, so steht ihrer allgemeinen Einführung noch viel im Wege, vor allem ihre hohen Anschaffungskosten; vorläufig bleibt aber noch abzuwarten, ob die automatischen Anleger in der Praxis das erfüllen, was ihnen von den Erfindern nachgerühmt wird.

Bis wir dahin gekommen, dass unsere Schnellpressen mit automatischen Anlegern arbeiten, muss uns eine jede mit nur wenigen Kosten verbundene Vorrichtung, die eine genaue Anlage der Bogen ermöglicht, willkommen sein. Weil verbreitet ist der Bogen-Anlegeapparat der Firma *W. Tanner & Co.* in Leipzig-Neuschönefeld, den die Abbildung 1 dieses Artikels darstellt. Der Apparat wirkt einfach und doppelt, d. h. er schiebt die an die Vordermarke angelegten Bogen nach hinten oder nach vorn und auch gleichzeitig von beiden Seiten der Mitte zu, wenn von beiden Seiten, also zwei Bogen nebeneinander, angelegt wird, und zwar stets ganz genau bis auf einen vorher eingestellten Punkt. Das sonst für ein exaktes Register nötige Punktieren ist durch den Apparat entbehrlich gemacht. Die Anbringung des Apparates kostet einschliesslich des Holztisches 90 bis 160 Mark.

Ein neuerer Apparat für den gleichen Zweck ist

Fig. 1. Bogen-Anlegeapparat von Tanner & Co., Leipzig-Neuschönefeld.

der in Fig. 2 dargestellte, vom Buchdruckereibesitzer *Albert Joisten* in Köln erfundene und von *Carl Hoering*, Maschinenfabrik in Köln gebaute »Bogenschieber an Schnellpressen« (D. R.-P. No. 93744). Dieser Bogenschieber hat den Vorzug, dass er auf dem Anlegetische jeder Schnellpresse ohne Umstände von jedem Maschinenmeister befestigt werden kann; seine Bewegung wird durch einen beliebigen Greifer der Schnellpresse bewirkt. Die in der Mitte des Anlegetisches angebrachten Schieber werden mittelst eines doppelarmigen Hebels bewegt, der an seinem freien Ende durch eine Rolle auf einem Greifer des Druckzylinders schleift oder auf andere Weise gehoben und gesenkt wird. Das Wesentliche der Vorrichtung besteht darin, dass der Hebel zwei Arme, die für gewöhnlich durch Federdruck gegeneinander gedrückt werden und miteinander scherenartig verbunden sind, auseinander spreizt, so dass die eigentlichen Schieber, welche an diesen Armen befestigt sind, die erforderliche Schiebebewegung ausführen. Der Hebel trägt an seinem vordern Ende einen Kegel, der vermittelst einer Schraube höher und tiefer gestellt werden kann, um den Schub der Schieber zu regeln. Um seitliche Schwankung des Hebels zu verhindern, ist derselbe vorn zwischen zwei senkrechten Schienen geführt. Beim Niedergang des Hebelarmes drückt der Kegel die

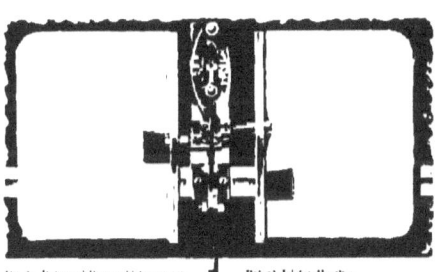

Fig. 2. Universal-Bogenschiebeapparat. Patent Joisten-Hoering.

Rollen, die zur Erzielung eines leichten Ganges dienen, auseinander und somit auch die beiden Scherenarme, die gelenkig miteinander verbunden sind. Das freie Ende des Scherenarmes greift zwischen zwei Anschlagschrauben des Gleitbackens, an welchem vermittelst Schraube der Schieber befestigt ist. Letzterer gleitet in einer Schwalbenschwanzführung des Einlegetisches.

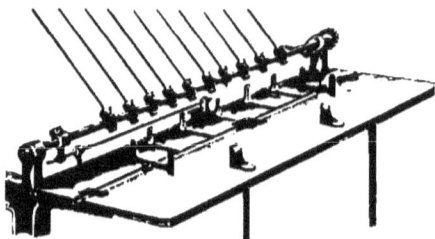

Fig. 3. Bogen-Geradeschieber von Tanner & Co., Leipzig-Neuschönefeld.

Das freie Ende des Scherenarmes greift in eine zweite Höhlung des Gleitbackens, an welchem der ebenfalls auf dem Einlegetisch geführte zweite Schieber mit einer Schraube befestigt ist. Das Senken des Kegels hat zur Folge, dass sich die beiden Schieber gleichzeitig gegeneinander bewegen. An dem Gelenk der Schere ist eine Feder angebracht, welche die Scherenarme sofort wieder zusammenzieht, wenn der Kegel nach oben steigt. Bei einer Auf- und Abwärtsbewegung des Kegels bewegen sich also die beiden Schieber abwechselnd gegeneinander und voneinander. Diese Bewegung entspricht dem Bedürfnis der Vorrichtung.

Es handelt sich noch darum, die Vorrichtung an einem bestimmten Punkte des Einlegetisches feststellen und nach erfolgter Einstellung des einen Schiebers den andern dieser Einstellung anpassen zu können. Zu ersterem Zwecke sind Stellschrauben vorhanden, die die Schwalbenschwanzführung feststellen können, wobei darauf gesehen ist, dass hierbei der zweite Schieber, der durch eine Schraube fest mit der Gleitbacke verbunden ist, seine richtige Stellung erhält. Dann wird durch genaues Einstellen der Schraube, an welcher der erste Schieber verstellbar sitzt, letzterer in seiner Lage denjenigen des zweiten Schiebers entsprechend angepasst. Der Hub der Schieber kann durch Heben oder Senken des Kegels vermittelst Schraube geändert werden. — Bei dieser Vorrichtung ist also trotz der Verwendung zweier Schieber sehr wenig Raum für den Mechanismus zur Verwendung der Schieber erforderlich, und vor allem wenig Raum in der Längsrichtung des Druckzilinders, was für die praktische Verwendung besonders wichtig ist. Ausserdem ist die Einstellung der Schieber sehr einfach und der Gang sehr leicht. —

Sehr nützlich an jeder Schnellpresse sind auch die in Fig. 3 und 4 dargestellten Bogen-Geradeschieber, die die bedruckten Bogen auf dem Auslegetische zu glatten Stössen aufschichten; die beiden Apparate werden von der schon genannten Maschinenfabrik W. Tanner & Co. in Leipzig-Neuschönefeld gebaut.

Der in Fig. 3 dargestellte Apparat schiebt die Bogen, nachdem sie auf den Auslegetisch niedergefallen, gleichzeitig von hinten nach vorn und von beiden Seiten, wodurch ein ganz gerader Stoss entsteht. Die von der Auslegerwelle bewegten Schiebemarken sind auf jedes Format einstellbar. Der Apparat kostet 35 bis 45 Mark. Wesentlich einfacher und deshalb auch billiger ist der Bogen-Geradeschieber »Unicus«, von welchem die Fig. 4 eine Ansicht giebt; derselbe schiebt die

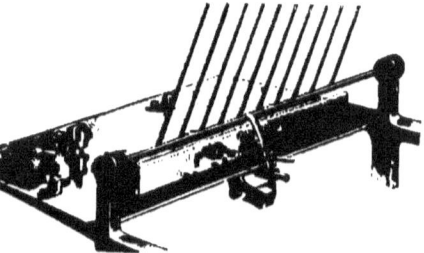

Fig. 4. Bogen-Geradeschieber »Unicus« von Tanner & Co., Leipzig-Neuschönefeld.

ausgelegten Bogen nur von hinten nach vorn, die seitliche Geraderichtung wird durch auf den Auslegetisch gelegte Marken bewirkt. Der Apparat wird am Auslegetisch durch 4 Schrauben befestigt und durch die Auslegewelle bewegt, er kann nötigenfalls auch von einer Maschine zur andern verwendet werden. Der Schieber ist verstellbar. Der komplette Apparat kostet je nach Grösse 22 bis 25 Mark.

Bogenzähler „Primus".

Auf einen Bogenzähler für Buch- und Steindruckpressen hat Herr A. Pfeiffer in Stuttgart, Heusteigstrasse 37, Gebrauchsmuster erworben. Die Neuheit unterscheidet sich von ähnlichen im Handel befindlichen Apparaten durch die bequeme und praktische Aufstellung an jeder Maschine. Ein Abzählen der Druckarbeiten nach vollendetem Druck ist durch den Apparat

Bogenzähler »Primus« von A. Pfeiffer, Stuttgart.

vermieden, da die gedruckte Auflage an dem Zählapparat bequem abgelesen werden kann. Bei wechselnden Formen ist der Bogenzähler »Primus« durch Ausrücken des kleinen seitlichen Hebels leicht zu regulieren. Durch die praktische Befestigung direkt über dem Auslegetisch an der Rechenstange ist eine stete und bequeme Übersicht über die Druckauflage ermöglicht.

Die Befestigung des Zählapparates, die ohne alle Kosten und in wenigen Minuten durch jeden Maschinenmeister erfolgen kann, geschieht auf folgende Weise: Man stellt zunächst die Maschine so, dass der Auslegerechen nach unten gerichtet ist (siehe Abbildung), befestigt dann den Apparat — und zwar leicht, dass er noch beweglich bleibt — rechts am Tische der Maschine. Hierauf bringt man die Nase auf der Rechenwelle an und schraubt sie fest. Dann fährt man mit dem Apparat vor (nach links), bis der zuvor angedrückte Hebel desselben von der Nase 1—2 mm entfernt ist, macht nun den Zähler fest und treibt der Sicherheit wegen einmal die Maschine von Hand durch.

Das Ablesen des Zifferblatts am Apparat macht keinerlei Schwierigkeiten, indem der grosse Zeiger die einzelnen Bogen zählt und von 1—50 geht, worauf der kleine Zeiger von 50 zu 50 vorspringt. Ist der kleine Zeiger einmal durch, so sind 1000 abgezählt und der Tausenderzeiger (1000—20000) springt um eins vor. Soll der Apparat ausser Thätigkeit gesetzt werden — bei der Zurichtung oder bei Fehlbogen — so ist der rechtsseitig angebrachte Hebel nach rechts zu drücken. Die höchste ablesbare Auflagenzahl beträgt 20000 Exemplare.

Der Bogenzähler »Primus« kostet einschliesslich der nötigen Winkel, Triebzapfen usw. nur 80 M., eine Ausgabe, die sich in jedem Falle lohnt.

Satzbretter mit Schutzleisten.

Bei jetzt gebräuchlichen Satzbrettern hat man stets mit dem Übelstand zu kämpfen, dass der Satz er auf den Brettern bei öfterem Heraus- und Hineinschieben in der Regel nach hinten rückt, häufig hinten herunterfällt. Diesem Übelstand steuerte man mitunter in primitiver Weise dadurch, dass man Leistchen hinten auf die Satzbretter nagelte, welche dem Satz wohl einigen Schutz boten, aber den Nachteil hatten, dass von dieser Seite des Brettes aus der Satz nicht heruntergeschoben werden konnte.

Noch ein weiterer noch grösserer Übelstand tritt zu Tage beim Suchen nach Sätzen oder fehlenden

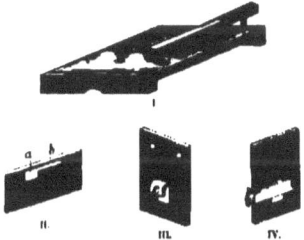

Buchstaben auf den Satzbrettern. Man kann da mit stetem Verdruss beobachten, dass sehr selten der damit Beauftragte das Brett in der Art hält, dass dasselbe nicht hängt, also die am hintern Ende des Brettes

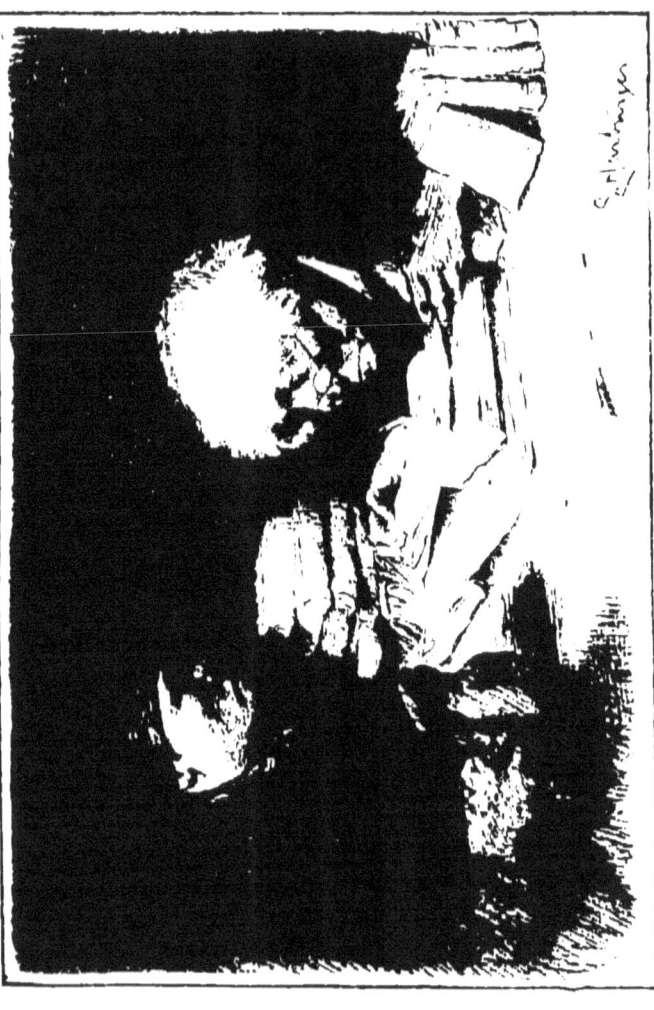

Gesetzlich geschützt.   **Antike Gotisch**   Original-Erzeugnis.

No. 514. Nonpareille 6 Punkte. Min. 4 kg.

Jubiläumsfeier der Buchdruckerkunst zu Mainz
Buchführung für die Bank- und Wechselgeschäfte
• • • System Franz Xaver Gabelsberger • • •
Sammlungen beliebter Schau- und Trauerspiele

No. 515. Petit 8 Punkte. Min. 5 kg.

Lesebuch zur Pflege nationaler Bildung
Stimmungsbilder aus Zentral-Amerika
Geschichten aus Sachsen und Böhmen

No. 516. Korpus 10 Punkte. Min. 6 kg.

Freie Fantasien auf dem Klavier
5 Hand-Atlas für die Geschichte 9

No. 517. Cicero (12 Punkte). Min. 6 kg.

Deutsche Feuer-Versicherung
Archiv russischer Geschichte

No. 522. 6 Cicero (72 Punkte). Min. 30 kg.

Moderne
Reklameschrift

No. 521. 5 Cicero (60 Punkte). Min. 18 kg.

No. 518. Tertia (16 Punkte). Min. 8 kg.

Johannes Gutenberg
7 Nationallitteratur 6

No. 519. 2 Cicero (24 Punkte). Min. 10 kg.

Feldberg Blauen
* Heldensagen *

No. 521. 4 Cicero (48 Punkte). Min. 16 kg.

Worms

No. 520. 3 Cicero (36 Punkte). Min. 13 kg.

Gutenberg

Schriftgiesserei Julius Klinkhardt, Leipzig.

befindlichen Lettern sich nicht in die obere Wandung pressen, verbiegen, zerbrechen oder sonstwie beschädigt werden können. Als Entschuldigungsgrund für dieses Hängenlassen muss allerdings die Schwere eines vollen Satzbrettes in Betracht gezogen werden. Wer sich die Mühe giebt, die Sache zu beobachten, dem wird nach einiger Zeit klar werden, dass auf diese Weise unausgesetzt eine grosse Menge von Material verderben muss.

Diese erwähnten Mängel zu beseitigen ist Zweck der Satzbretter mit Schutzleisten (Fig. I). Die Schutzleisten sind so angeordnet, dass man sie auf sehr leichte und schnelle Weise entfernen kann und die Zugänglichkeit des Brettes in keiner Weise irgendwie beeinträchtigt wird. Eine Beeinträchtigung der Zugänglichkeit des Brettes würde den Wert der Schutzleiste sehr vermindern. In die hintere Seitenfläche des Brettes sind zwei mit Schlitzen versehene Eisenstücke (Fig. II) eingelassen. Korrespondierend mit diesen sind an eine nach hinten etwas abgeschrägte Leiste von etwas grösserer Höhe als die Lettern, ungefähr ebensolcher Breite und entsprechender Länge ein paar eiserne Haken in Form wie Fig. III geschraubt. Das Befestigen der Leiste auf dem Brett ist auf einfache Weise zu bewerkstelligen, indem man die Haken e in die Öffnungen a der eingelassenen Eisenstücke steckt und dann die Leiste seitwärts drückt, so dass die Haken in den Schlitzen b ihren Halt finden. Damit die Leiste nicht durch irgend einen Zufall aus ihrer Lage gebracht werden kann, befindet sich an dem einen Haken eine Feder d (Fig. IV), welche in die Öffnung a einspringt und so der Leiste nach dieser Richtung hin Halt bietet.

Hierdurch wird erreicht: 1. Der Satz kann hinten nicht hinunterfallen. 2. Man hat die Annehmlichkeit, schwere Bretter ohne irgend welchen Nachteil für die Schrift ruhig hängen lassen zu dürfen, da sich nur noch die hinten befindliche Leiste an die obere Wandung presst, die Lettern also vor Beschädigungen vollständig geschützt sind. 3. Kann trotz dieses doppelten Schutzes durch sehr leicht und schnell auszuführende Abnahme der Leiste der Satz auch von der hinteren Seite des Brettes heruntergeschoben werden.

Erfinder der vorstehend beschriebenen Satzbretter mit Schutzleisten ist Herr *Arnold Hoffmann* in Hannover, Schanfelderstrasse 20.

Vignette 4740. Klinkhardt.

Bericht über neue Erfindungen.

Mitgeteilt durch das Internationale Patent-Bureau von Heimann & Co., Oppeln.

(Auskunft und Rat in Patentsachen erhalten die geschätzten Abonnenten des »Archiv« gratis.)

Druck und Druckmaschinen.

Eine *Auslegevorrichtung für Schnellpressen* ist Robert Miehle in Chicago unter der No. 98110 patentiert worden. Ein Schwingausleger und ein Gleitausleger sind in solcher Weise miteinander und mit der Schnellpresse in Verbindung gebracht, dass sie unabhängig voneinander zu arbeiten vermögen, und zwar wird der Schwingausleger oder der Gleitausleger in Benutzung genommen, je nachdem die bedruckten Bogen mit der Druckseite nach unten oder nach oben ausgelegt werden sollen. Bei der Benutzung des Gleitauslegers wird der Schwingausleger durch einen auf die federnde Zug- und Schubstange der Schwingauslegerrolle wirkenden Hebel derart abgestellt, dass seine Auslegefinger unterhalb der von den Transportbändern gebildeten Bewegungsebene liegen. Die von den Transportbändern dem Gleitausleger zugeführten Bogen werden von einer Klemmvorrichtung gefasst und von den Transportfingern auf den Laufschienen hin- und herbewegten Wagens getragen. Beim Hingange des Wagens wird der Bogen über den Auslegetisch gebracht, und beim Zurückgange desselben gleitet der Bogen, von Abstreiffingern zurückgehalten, auf den Auslegetisch. Sollen die Schwingausleger benutzt werden, so muss der dem Gleitausleger bildende Wagen aus der Bahn der Auslegefinger des Schwingauslegers entfernt werden. Zu diesem Zwecke sind die Schienen, auf denen der Wagen läuft, beim Transportfinger drehbar am Gestell angeordnet, so dass durch Hochklappen dieser Schienen und Hochstellen der Transportfinger des Gleitauslegers der Schwingausleger ungehindert arbeiten kann.

Papierbearbeitung.

Eine *Aufrissvorrichtung für Druckpressen* ist Langebartels & Jürgens in Altona unter No. 92865 patentiert worden. Ein Drahtnetz oder eine entsprechend gemusterte Stahlplatte wird mittelst eines aus Spannschrauben und Leisten bestehenden Rahmens durch Einklemmen zwischen Leisten und Klemmschienen über den Stein oder den Druckstock gespannt, um den zu bedruckenden Papier eine gemusterte Prägung zu geben.

Eine Maschine zum *Randern von Briefbogen und Umschlägen* ist Heinrich Muth in Koblenz unter No. 91276 patentiert worden. Ein unter dem Lagerbrett des Papierstosses angeordnetes vierarmiges Drahtnetz schlägt durch einen Schlitz des Lagerbrettes hindurch, wobei es einen Bogen wegnimmt und diesen zwischen zwei Führungsrollen hindurch auf einen schrägen Tisch gleiten lässt. Von diesem Tische wird der Bogen durch ein zweites vierarmiges Drehkreuz, dessen Arme als Greifer ausgebildet sind, weggenommen und auf den Auflagetisch so aufgelegt, dass jeder folgende Bogen nur die Ränder des vorhergehenden freilässt. Die auf dem Auflagetisch aufeinander liegenden Bogen werden durch hin- und hergehende Führungsschienen festgehalten und infolge der periodischen Fortbewegung des Auflagetisches unter eine schnellrotierende Bürstenwalze gebracht und von dieser mit Farbe bestrichen.

Die Verantwortlichkeit des Redakteurs.

Von Dr. jur. KARL SCHÄFER, München.

Nachdruck verboten. (Fortsetzung.)

1. Welcher Redakteur hat bei periodischen Druckschriften für Drucker und Verleger als der nach § 20 Absatz 2 des Pressgesetzes strafverantwortliche Redakteur zu gelten?
2. Wer gilt in den Fällen der §§ 9, 10, 11 und 21 des Pressgesetzes bei periodischen Druckschriften als der »verantwortliche Redakteur«?

er Sitz- oder Scheinredakteur gilt infolge der in Absatz 2 § 20 l. c. aufgestellten Rechtsvermutung, weil er sich eben als verantwortlicher Redakteur auf der Druckschrift benannt hat, solange als nicht ohne Kenntnis und an der Veröffentlichung mitwirkender Redakteur, und deshalb als »Thäter«, solange er nicht seine gänzliche Unkenntnis auf Grund besonderer Umstände dem Gericht unzweifelhaft nachweist. Durch solchen Nachweis müsste allerdings die rechtliche Annahme seiner Thäterschaft als thatsächlich unbedingt ausgeschlossen auch vom Strafrichter anerkannt werden. Dieser Nachweis der absoluten Nichtmitwirkung an der Veröffentlichung des strafbaren Artikels seitens des zunächst in Frage kommenden, weil als verantwortlich bezeichneten Redakteurs ist jedoch in den meisten Fällen in einer jeden Zweifel ausschliessenden Vollständigkeit nicht zu erbringen; es wird deshalb in den meisten Fällen die in Absatz 2 § 20 des Pressgesetzes aufgestellte rechtliche Vermutung der Mitwirkung des als verantwortlich bezeichneten Redakteurs wohl nur selten auf Grund des Vorliegens besonderer Thatumstände zu Gunsten dieses Redakteurs wieder entkräftet werden können. Hat sich dieser Redakteur doch durch seine, zufolge § 7 des Pressgesetzes erfolgte Bezeichnung als »verantwortlicher Redakteur« im vornhinein zu der vom Gesetz präsumierten Mitwirkung an der Veröffentlichung öffentlich bekannt! Warum soll in dem Moment, wo dieses sein verantwortliches Mitwirkungsamt an der Druckschrift in strafrechtlicher Beziehung in Frage tritt, nun mit einem Male nicht er, sondern ein anderer für die Verantwortung in Betracht kommen? Die in Absatz 2 § 20 des Pressgesetzes aufgestellte rechtliche Vermutung für die Thäterschaft des auf der Druckschrift als »verantwortlich« Bezeichneten ist also lediglich die Konsequenz aus der vom Bezeichneten, im Punkt der druckschriftlichen Verantwortlichkeit öffentlich auf der Druckschrift selbst gegen sich aufgestellten Prämisse, dass er die Druckschrift in verantwortlicher Weise inhaltlich redigiere. Die Behauptung, diese Konsequenz dürfe, weil in Widerspruch mit den allgemeinen Strafgesetzen stehend, nicht gezogen werden, es sei vielmehr als *verantwortlicher Redakteur* im Sinne von Absatz 2 § 20 des Pressgesetzes zu betrachten nicht derjenige, welcher sich als solcher öffentlich auf der Druckschrift benannt, sondern nur derjenige, welcher die Thätigkeit eines verantwortlichen Redakteurs der Druckschrift thatsächlich wahrgenommen habe, übersieht vollständig Wesen, Bedeutung und Tragweite der in § 7 und § 20 Absatz 2 speziell für periodische Druckschriften gegebenen Bestimmungen. Diese Bestimmungen lassen in ihrem Zusammenhalt unzweideutig erkennen, dass sie einesteils nicht beabsichtigen, die Angabe sog. verantwortlicher Schein-Redakteure ohne jede strafliche Wirkung zuzulassen, um dadurch dem vorgeschriebenen Redaktions-Verantwortlichkeitsvermerk die besondere Bedeutung wieder zu benehmen, die er in Fragen, wo es sich eben um die Verantwortlichkeit aus dem Inhalte der Druckschrift handelt, für die Rechtsordnung doch zweifellos haben sollte. Andernteils muss es aber gar nicht als etwas so Ausserordentliches bezeichnet werden, wenn derjenige, der sich auf einer Druckschrift als deren Inhalt »verantwortlich« öffentlich bezeichnet, nach der in Absatz 2 § 20 des Pressgesetzes aufgestellten Präsumtion zunächst auch ohne weiteres als »Thäter« zur Verantwortung gezogen werden soll, denn er hat ja damit im vornhinein erklärt, dass er den Inhalt der Druckschrift strafrechtlich auf sich und auf seine eigene Verantwortung nehme, ohne Rücksicht auf das seine Verantwortlichkeit begründende »Redaktionsverhältnis« zur Druckschrift. Eine vorherige richterliche Feststellung, ob die Erklärung auch im Einklang stehe, erscheint ex officio nicht angezeigt. Es muss vielmehr dieses Verhältnis mit der aus dem Redaktionsvermerk sich ergebenden Verantwortlichkeitserklärung als zunächst *nicht* in Widerspruch stehend auf solange erachtet werden, als nicht der zu einer verantwortlichen Mitwirkung bei Herstellung der Druckschrift sich öffentlich bekennende Redakteur den Nachweis erbringt, dass er infolge besonderer Umstände für den Inhalt der Druckschrift ausser Verantwortung tritt, weil für ihn im gegebenen Falle *jede* redaktionelle Mitwirkung mit Bezug auf den von ihm als verantwortlich gezeichneten Druckschrift-Inhalt thatsächlich ausgeschlossen war.

Wir müssen der Ausführungen von Burl als stichhaltig anerkennen, wenn er sagt: »Die Mitwirkung des Redakteurs«, — nämlich die Mitwirkung, zu der sich der Redakteur durch Zeichnung seines Verantwortlichkeits-Vermerkes auf der Druckschrift öffentlich bekennt — ist als eine solche anzusehen, die einesteils zur »Veröffentlichung« des Inhaltes der Druckschrift führt, andernteils diese Veröffentlichung

5*

der Druckschrift nach § 7 des Pressgesetzes zur Voraussetzung hat«. Dem Verantwortlichkeitsvermerk der auf der Druckschrift als «Redakteur» sich bezeichnenden keinerlei aktuelle Bedeutung mit Bezug auf den Inhalt der Druckschrift beimessen, hiesse nach v. Huri: die in dem Verantwortlichkeitsvermerk liegende *öffentliche Erklärung* der «*Mitwirkung*» dieser Person bei der inhaltlichen Herstellung der Druckschrift vorweg in Abrede stellen, ja diese Mitwirkung geradezu verkennen. Es erscheint nach unserem Ermessen als logisch richtig, die einmal abgegebene öffentliche Erklärung der *verantwortlichen* Mitwirkung der als verantwortlich sich selbst bezeichneten Person — unabhängig von deren Redaktionsverhältnis zur Druckschrift — solange als wahr und feststehend anzunehmen, solange jene Person nicht das Gegenteilige, also ihre unbedingte Nichtbeteiligung an der redaktionellen Leitung der Druckschrift thatsächlich nachgewiesen hat. Nichts mehr und nichts weniger will auch § 20 Absatz 2 des Pressgesetzes besagen, der erklärt: »Du hast dich gemäss § 7 als der für den Inhalt der Druckschrift verantwortliche Redakteur auf dieser öffentlich bezeichnet, folglich gilst du solange als strafverantwortlicher Thäter, bis du mir nachweist, dass du als solcher im gegebenen Falle in keiner Weise in Betracht kommen kannst. Dies wäre aber nur dann der Fall, wenn du an der redaktionellen Leitung der Druckschrift in verantwortlicher Weise überhaupt nicht Anteil genommen hättest. Sobald dieser Nachweis von dir erbracht wird, so bist du, ungeachtet du dich als verantwortlicher Redakteur der Druckschrift öffentlich bekannt hast, ausser Verantwortung. Solange dies nicht der Fall ist, bin ich aus deiner Erklärung berechtigt, deine verantwortliche Mitwirkung an der Veröffentlichung der Druckschrift zufolge § 7 des Pressgesetzes anzunehmen und haftest du mir aus jener Mitwirkung strafrechtlich für die Aufnahme des strafbaren Artikels als Thäter«.

(Schluss folgt.)

Ausstellung neuer Druck-Erzeugnisse
veranstaltet von der Typographischen Gesellschaft zu Leipzig.

Von Zeit zu Zeit tritt die *Typographische Gesellschaft* aus dem engern Rahmen ihrer Wirksamkeit heraus, um einerseits die Mitgliedern, andererseits weiteren Fachkreisen die Fortschritte der graphischen Künste in der geschlossenen Form einer Neuheiten-Ausstellung zu veranschaulichen. Dies unternahm der Vorstand der Gesellschaft auch wieder in der Zeit vom 8. bis 20. Januar er. und fand dabei in erster Linie die wohlwollende Unterstützung des Deutschen Buchgewerbevereins, welcher für die Unterbringung der Ausstellung in dankenswerter Weise seine Ausstellungsräume im Buchgewerbemuseum zur Verfügung stellte. Ausser den Neujahrsempfängen hatten etwa hundert in- und ausländische

Firmen der Typographischen Gesellschaft auf ihr Ansuchen hin Beiträge zugesandt, die in vielfacher Hinsicht von hervorragend graphischem Interesse waren und der Ausstellung ein vortreffliches Gesamtbild gaben. Von den grösseren Firmen mögen nur folgende erwähnt sein: Bibliographisches Institut (Meyers Lexikon, neuere Verlagswerke), F. A. Brockhaus (neuestes Lexikon in 17 Bänden und neue Werke), J. J. Weber (vorzügliche Holzschnitte), Grimme & Hempel (Chromoplakate), Meisenbach, Riffarth & Co., Leipzig und München (Reproduktionen verschiedenster Art), Breitkopf & Härtel (geschmackvolle Accidenzen und Musikumschläge), C. Angerer & Göschl, Wien (hervorragende Leistungen der Ätzkunst), Husnik & Häusler, Prag (Dreifarbendruckleistungen), König & Bauer (Probedrucke der neuesten Eudlosen), Oskar Brandstetter, Leipzig Druckwerke grössten Formats), Kunst-Anstalten Kaufbeuren (Photochromien), W. Knapp, Halle a. S. (zahlreiche photomechanische Werke), Julius Klinkhardt (Erzeugnisse der Schriftgiesserei, Druckerei, lithographischen und Ätzanstalt etc.), J. G. Scheiter & Giesecke (hervorragende Dreifarbendrucke und Giessereinovitäten), Zierow & Meusch (neueste Nickelgalvanos). Von den deutschen Schriftgiessereifirmen waren ferner vertreten mit neuesten Erscheinungen: H. Hoffmeister, A. Numrich & Co., C. F. Rühl, C. Hoger, Rudhard'sche Giesserei, Ludwig & Mayer, Bauer'sche Giesserei, Schriftgiesserei Flinsch, Aktiengesellschaft für Schriftgiesserei, Offenbach a. M., Bauer & Co., Wilhelm Woellmer's Schriftgiesserei, J. John Söhne. Vorzügliche Farbenproben waren ausgestellt von den Firmen Kast & Ehinger, Berger & Wirth, H. Gauger, Chr. Hostmann. Ein abwechslungsreiches Bild gaben die Gruppen folgender bekannter Accidenzfirmen: C. G. Röder, A. Th. Engelhardt, C. G. Naumann, Spamer'sche Druckerei (sehr gute Dreifarbendrucke), Dr. Haas'sche Druckerei, Mannheim, R. Leupold, Königsberg, J. J. Wagner & Co., Zürich, C. Schünemann, Bremen, Fr. Willi. Ruhfus, Dortmund, W. Burkhart, Brünn, Vieweg & Sohn, Braunschweig, G. Gistel & Co., Wien, H. Hohmann, Darmstadt, Förster & Borries, Zwickau, A. Waldow, Graphischer Beobachter, Leipzig. Schöne Maschinenholzschnitte zeigte die Firma R. Brend'amour & Co., Braunschweig; Friedrich Jasper, Wien, war vertreten durch eine vorzügliche Druckleistung: Brustbild mit Rahmen des Kaisers Franz Josef in Autotypie. Etwa 50 Kalender und 200 Neujahrskarten verschiedenster graphischer Firmen bildeten eine besonders interessante Gruppe, aus der hier nur hervorgehoben seien: Der Österreichische Kalender von Artaria & Co., Wien, W. Drugulin, Leipzig, Orell Füssli, Zürich, Gebr Grunert, J. Sittenfeld, Berlin, J. L. Stich, Nürnberg, Bruhl'sche Universitäts-Buchdruckerei, Giessen, A. Benz' Erben, Strecker & Moser, Stuttgart, Merseburger & Walther, Leipzig, C. Heinrich, Dresden, E. J. Genzsch, München, H. Wunder, Berlin, Feodor Wulisch, Schmalkalden, R. de Groschė, Turin, Hyll & Klem, Barmen, Jos. Feichtingers Erben, Linz a. D., Wilh. Köhler, Fachgeschäft, München, Paul Haarfeld, Ludwigshafen und viele andere. Die zahlreichen Neujahrskarten, fast alle in modernem Geschmack gehalten, waren ebenso wie die Kalender fast durchweg Musterleistungen im Satz und Druck, häufig auch im Tonplattenschnitt.

Die Ausstellung hatte sich während ihrer 2wöchigen Dauer eines äusserst zahlreichen Besuches zu erfreuen, auch durch den mehrfachen Beifall der Besucher, denen durch die vielen hervorragenden Neuerscheinungen, welche ausgestellt waren, ein treffliches Bild von dem emsigen Schaffen unserer Zeit gegeben werden konnte.

X. Y. Z.

Zierschrift „Nina" der Schriftgiesserei Ludwig & Mayer, Frankfurt a. M.

Eingetragen.

No. 9998. Corps 24. Min. 12 kg. 30 a 4 A. 4 Init.

Orient-Reise des Prinzen Heinrich von Preussen
Kunstbauten aus dem Mittelalter

No. 9991. Corps 14. Min 4 kg. 16⁰ a 20 A. 4 Init.   No. 9995. Corps 14. Min. 5 kg. 96 a 20 A. 4 Init.

Weltausstellung im Jahre 1900 zu Paris   Sitten und Gebräuche der Chinesen
Herstellung moderner Accidenzen   20 Bürgerliches Gesetzbuch 47

No. 9997. Corps 20. Min. 10 kg. 44 a 4 A. 4 Init.

Notizen über den Schiffverkehr der Donau
Römer 52 Zeit ist Geld 87 Künstler

No. 9994. Corps 18. Min. 9 kg. 24 a 12 A. 4 Init.   No. 9996. Corps 20. Min 10 kg. 40 a 10 A. 4 Init.

Grundriss der Naturgeschichte   Jahrbücher für Litteratur
Deutsches Flottenbuch   45 Kunstgewerbe 32

No. 9998. Corps 24. Min 12 kg. 30 a 4 A. 4 Init.

Geschichten aus dem Nomadenleben
Neuzeitliche Erfindungen

No. 9999. Corps 30. Min 16 kg. 24 a 4 A. 4 Init.

Reisen durch Nordafrika
Glauben 26 Hoffnung

No. 3113.   C. F. Rühl

Schriftgiesserei-Neuheiten.

Auf der ersten Schriftprobenseite des vorliegenden Heftes bringen wir drei originelle Accidenzschriften zum Abdruck. Die *Baldur, Walküre* und *Wodan* von der Firma J. G. Schelter & Giesecke in Leipzig sind jede für sich wie auch untereinander verwendet von vorzüglicher Wirkung; die Baldur und Wodan geben zusammengedruckt eine reizvolle Zweifarbenschrift.

Ein wesentlicher Vorzug der modernen Richtung liegt darin, dass der Text oder die Schrift dabei mehr als bisher zur Geltung kommen kann. Es eignet sich jedoch nicht jede Schrift gleich gut für die moderne Ausstattungsweise; die von der Schriftgiesserei Julius Klinkhardt in Leipzig veröffentlichte **Antike Gotisch** in 10 Graden, die wir auf besonderer Seite abdrucken, kann als eine sehr erwünschte und zeitgemässe Bereicherung dieser Schriftenauswahl bezeichnet werden. Die Schrift unterscheidet sich von der im »Archiv« häufig angewandten **Britannia-Gotisch** derselben Firma besonders durch den etwas breiteren Schnitt, das Bild ist noch eleganter und dieselbe zum Satze ganzer Accidenzen sowohl wie auch für fortlaufenden Text zu empfehlen. Auf einem Probeblatt und uns vorliegenden zahlreichen Accidenzen wird diese moderne und deutliche Schrift in vielfachster Anwendung gezeigt und ist der vornehme Gesamteindruck der betreffenden Druckarbeiten ein äusserst günstiger.

Die Schriftgiesserei *Ludwig & Mayer* in Frankfurt a. M. veröffentlicht in vorliegendem Hefte eine neue Accidenzschrift, der der Name *Nina* gegeben wurde. Die zierlich und gefällig gezeichnete Schrift wird sicher viele Freunde finden.

Eine Anzahl recht hübscher *Vignetten* in moderner Zeichnung sandte uns die Schriftgiesserei *C. F. Rühl* in Leipzig; wir druckten einige davon in vorliegendem Hefte ab und behalten uns die Anwendung der übrigen für spätere Hefte vor.

Eine ebenso schöne wie praktische Neuheit ist die *Stiefmütterchen - Ranke* der Schriftgiesserei *Heinrich Hoffmeister* in Leipzig. In 7 Figuren ist hier ein Ziermaterial geboten, das sich auf die verschiedenste Weise verwenden lässt und das immer gefällig wirken wird, einfarbig sowohl wie auch in vierfarbigem Druck, den wir auf einer der Beilagen dieses Heftes zeigen.

Die *Messinglinienfabrikation*, als ergänzender Zweig der Schriftgiesserei, steht in dem Streben nach weiterer Vervollkommnung der letztern nicht nach. Das diesem Hefte beigegebene Titelblatt der Firma *C. Rüger* in Leipzig ist dafür ein treffender Beweis. Der ganze Satz des Titels ist mit Ausnahme der Schrift, aber einschliesslich der oben und unten sich durchziehenden Ranke, aus *Messingmaterial* gesetzt und bekundet damit sowohl die hohe Leistungsfähigkeit der genannten Firma wie die Vielseitigkeit ihrer Erzeugnisse.

No. 3117.   C. F. Rühl

Die *Schriftgiesserei Flinsch* in Frankfurt a. M. hat vor kurzem eine Gesamtausgabe ihrer Schriftproben in einem stattlichen Gross-Oktavbande herausgegeben. Auf den 555 Seiten dieses Buches ist ein Typenmaterial vorgeführt, das den Buchdrucker wohl in keiner Lage unbefriedigt lassen wird. Nach zahlreichen gediegenen Schnitten von Brotschriften folgen Titel- und Zierschriften, Schreibschriften, Griechische, Russische und orientalische Schriften, Noten, Zeichen, Linien, Einfassungen und Vignetten. Alles, was in dem Probebuche enthalten ist, trägt den Stempel des Soliden, Praktischen und Geschmackvollen; dass auch die technische Ausführung der Erzeugnisse der Schriftgiesserei Flinsch den höchsten Ansprüchen genügt, ist jedem Buchdrucker bekannt.

Stiefmütterchen-Ranke.

Eigenes Erzeugnis. — Gesetzlich geschützt.

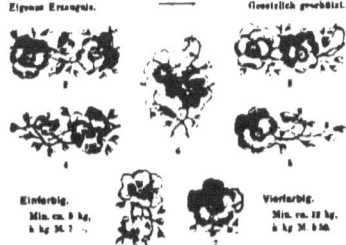

Einfarbig.
Min. ca. 5 kg,
5 kg M. ? —.

Vierfarbig.
Min. ca. 12 kg.
5 kg M. 5.50.

Schriftgiesserei Heinrich Hoffmeister, Leipzig.

Aus der Schriftgiesserei *J. G. Schelter & Giesecke* in Leipzig liegt uns ein Quer-Oktavheft mit zahlreichen Anwendungen eines *Neuen Zierrats* vor. Die auf 52 Seiten in gefälliger, moderner Satzanordnung vorgeführten neuen Vignetten sind jedenfalls zu den besten ihrer Art zu rechnen; sie sind durchaus originelle, künstlerische Schöpfungen und keine Nachahmungen, wie so viele in neuerer Zeit entstandene Vignetten. Ganz besonders reizend sind die in mehreren Farben ausgeführten Zierstücke; diesen kann bis jetzt etwas auch nur annähernd gleichwertiges nicht an die Seite gestellt werden. Die Satzbeispiele sind geeignet, als Muster moderner Ausstattung anregend und bildend zu wirken.

Ganz hervorragende Neuschöpfungen der Schriftgiesserei sind die *schmale Münster-Gotisch*, die *schmale halbfette Münster-Gotisch*, die *Pergament-Gotisch* und die *fette Pergament-Gotisch* der Firma *J. G. Schelter & Giesecke* in Leipzig. Während die ersteren beiden Schriften modern sind, nähern sich die beiden Arten der Pergament-Gotisch in den Versalien dem Charakter der berühmten Psalterschrift Schöffers. Mit diesen Schriften hat die genannte Firma das ihr eigentümliche selbständige Schaffen aufs neue treffend bewiesen.

Die Schriftgiesserei *A. Numrich & Co.* in Leipzig hat wieder mehrere Probeblätter herausgegeben, die in hübschen Anwendungen neue moderne Vignetten, Barock-Linien in Messing sowie eine Zirkularschrift *Brillantine* vorführen. Die letztere wird sicher viele Freunde finden, sie ist eigenartig, gefällig und deutlich. Dem vorliegenden Heft ist eins von den erwähnten Blättern beigelegt.

Auch die *Rudhard'sche Giesserei* in Offenbach a. M. sendet uns die Proben mehrerer Neuheiten. Ein Quer-Oktavheft enthält auf 32 Seiten in geschickt angeordneten Satzbeispielen eine grosse Auswahl von *Karnevals-Vignetten*, deren Zeichnung gut erfunden und zweckmässig ausgeführt ist. Ein anderes Heft bringt neue *Tier-Vignetten* für Accidenzen und für Zeitungen; die Tierbilder heben sich von dem dunklen, eigenartigen Hintergrunde vorzüglich ab und auch ihre Zeichnung verdient Anerkennung. Eine Neuheit für Inseratensatz sind die *Zusammengegossenen Reklame-Hände*, die auf 4 bis 5 Cicero je nach dem Kegel 4 bis 8 Hände in einem Stück vereinigen und dadurch den Satz vereinfachen. Von derselben Firma liegt uns noch ein Blatt mit *Schiffs-Vignetten* (Ozeandampfer und Segelboot) vor, die in gutem Holzschnitt ausgeführt sind.

Die Beilagen zum 2. Heft.

Eine in jeder Hinsicht stilvolle Druckarbeit ist die von der Firma *J. G. Schelter & Giesecke* in Leipzig für das vorliegende Heft beigetragene Beilage: Bild, Schrift und Verzierung vereinigen sich zu einem vollkommen einheitlichen Gesamtbilde. Das Blatt ist ausser dem durch seine Ausstattung im allgemeinen noch durch verschiedene Einzelheiten interessant. Die Vignette in Dreifarbendruckätzung eröffnet ein ganz neues und aussichtsreiches Feld für die Druckverzierung und in den verwendeten Schriften treten uns einige wertvolle neue Erzeugnisse der Schriftgiesserei entgegen; die als Randverzierung benutzten gotischen Ranken sind eine ältere, vortreffliche Schöpfung des rühmlichst bekannten Hauses.

Die zwischen dem ersten und dem zweiten Bogen dieses Heftes eingeschaltete Illustrationsbeilage ist eine vorzügliche Halbtonätzung nach einer Bleistiftzeichnung. Wir wählten das Blatt aus dem im 1. Heft besprochenen Probeheft »Lose Blätter« der Kunstanstalt *Meisenbach Riffarth & Co.* in München-Berlin-Leipzig und sind dieser Firma für die Überlassung der Platte dankbar. Das Blatt ist in verschiedener Hinsicht lehrreich, es ist ein Beweis, in welcher vollendeten, originalgetreuen Ausführung eine Bleistiftzeichnung durch Autotypie wiedergegeben werden kann und für unsere Drucker kann es als Druckmuster dienen.

Von unseren weiteren, dem Heft beigegebenen Musterblättern bringt Blatt K einen Prospekt-Umschlag und zwei Briefleisten. Die drei Beispiele sind in Satz und Farben modern gehalten, das Material entstammt verschiedenen Firmen. Die Ornamente des Umschlags sind von *Hoffmeister*, *Numrich* und *Klinkhardt*, von letzterer Firma ist auch die Schrift »Britannia-Gotisch« geliefert. Die seitlichen Beispiele wurden durch Blumenornamente von *C. F. Rühl* geschmückt. Wir druckten das Blatt mit Farben von *H. Gauger* in Ulm a. D.

Blatt F. bringt zwei Zirkulare, das eine in Brief- und das andere in Karlenformat. Den Schmuck bilden zwei Vignetten von *C. F. Rühl* und die Wellenlinien-Verzierung aus dem modernen Zierrat der *Rudhard'schen Giesserei*. Der Text des oberen Beispiels wurde aus der antiken Gotisch von *Julius Klinkhardt*, derjenigen des untern aus der »Nink« von *Ludwig & Mayer* gesetzt. Wir verwendeten zum Druck Rothbraun hell von *Berger & Wirth* in Leipzig.

Ein Zirkular und eine Speisen-Folge führt Blatt C vor, beide Arbeiten sind im Satz ganz einfach gehalten, wirken aber durch die zarten Farben recht ansprechend. Die Stiefmütterchen-Leiste des Zirkulars ist ein Erzeugnis von *Wilhelm Gronau's Schriftgiesserei*, die Stiefmütterchen-Ranken sind von *Heinrich Hofmeister* und in vorliegendem Hefte noch an anderer Stelle besprochen. Schriften: »Torpedo« (zum Zirkular) von *Heinrich Hoffmeister* und schmale halbfette Schwabacher von der *Rudhard'schen Giesserei*.

Die Farbenfabrik *Michael Huber* in München legt diesem Heft eine Druckprobe ihres Krapplack No. 2644 und Grün-Lack No. 2347 bei. Beide Farben sind von grosser Reinheit und Kraft und lackierbar; Krapplack No. 2544 ist ausserdem lichtecht und — weil von sehr geringem spezifischen Gewicht — auch besonders ergiebig bei der Verarbeitung.

Die Beilagen von *C. Rüger* (zwischen dem zweiten und dritten Bogen) und *A. Numrich & Co.* sind deren »Schriftgiesserei Neuhennen« besprochen.

Die *Schnellpressenfabrik Worms, Ehrenhard & Gramm*, legt demselben Heft einen Prospekt über die Schnellpresse »Rheingold« bei, den wir unseren Lesern zu eingehender Beachtung empfehlen.

Zeitschriften- und Bücherschau.

— † Im Laufe der letzten Jahrzehnte sind im Verlage der in der ganzen Welt bekannten *Langenscheidt'schen Verlagsbuchhandlung* in Berlin zwei grosse Wörterbücher erschienen (bezw. noch im Erscheinen begriffen), die das Interesse nicht nur der Fachleute und Behörden, sondern aller Gebildeten im höchsten Masse in Anspruch nehmen, da sie den Wort- und Sprachschatz der drei Haupt-Kultursprachen: Deutsch, Englisch und Französisch, wiedergeben bezw. übersetzen, vergleichen und erläuternd behandeln. Das in allen Ländern, wo Französisch praktisch oder wissenschaftlich erlernt — in erster Linie auch in Frankreich selbst — vorzugsweise benutzte und amtlich empfohlene Lexikon von Sachs-Villatte ist schon vor 25 Jahren erschienen und liegt heuer in 10. Auflage vor, im französisch-deutschen Teile seit 1894 durch ein Supplement-Lexikon ergänzt, das alle diejenigen Ausdrücke neuerer Zeit enthält, die von zahlreichen Gelehrten, besonders auch von den Prof. Dr. Sachs und Dr. Villatte selber, seit der 1. Auflage gesammelt und der Verlagsbuchhandlung bezw. dem Verfasser Prof. Dr. Sachs zugesandt worden sind. Das englisch-deutsche und deutsch-englische Lexikon von Muret-Sanders, seit Daniel Sanders Tode — 11. März 1897 — im deutsch-englischen Teile von Prof. Dr. Immanuel Schmidt weitergeführt, liegt im 1. Teile, Englisch-Deutsch, seit August 1897 fertig vor; vom deutsch-englischen Teil sind jetzt die ersten 7 Lieferungen erschienen und es weist auch diese neue deutsch-englische Ausgabe alle Vorzüge der vorangegangenen Ausgaben in jeder Hinsicht auf. Wir können das bedeutsame Werk nur angelegentlich empfehlen.

—O.V. Buchdruckmaschinen-Fabrikanten, Besitzer von Giessereien und Gravieranstalten, überhaupt alle, die in den Ländern französischer Zunge auch der Schweiz Geschäftsverbindungen anknüpfen oder in dortigen Fachzeitungen inserieren lassen wollen, seien hiermit auf ein Büchlein aufmerksam gemacht, das ihnen für den billigen Preis von 2 Mark alles nötige Material liefert. Es ist der im Verlage von Arnold Muller in Paris, Rue de Seine 36, zum neuntenmal erschienene *Annuaire de l'Imprimerie pour 1899*, der ausser dem Kalender für 1899, wertvollen technischen Artikeln, geschmackvoll ausgeführten Inseraten, Ausschiesse-Beispielen, Druckachsentarif usw., die Adressen sämtlicher Buchdruckerei-, Lithographie- und Kupferdruckereibesitzer Frankreichs und seiner Kolonien, sowie Belgiens und der Schweiz enthält. Ferner findet man alle Fachblätter mit ihrer Adresse verzeichnet und einen grossen Teil von Lieferanten für Buchdruckereien, Giessereien usw.

— *Memoirenwerk über Kaiser Friedrich*. Ein interessantes Werk erscheint demnächst bei Paul Kittel, Historischer Verlag, Berlin. Die mit Spannung erwarteten Memoiren sollen unter dem Titel: »Kaiser Friedrich der Gütige« lieferungsweise zur Ausgabe gelangen und bei wahrhaft künstlerischer Ausstattung zu volkstümlichen Preisen weiten Kreisen zugänglich gemacht werden. Der Subskriptionspreis einer jeden Lieferung soll nur 90 Pf. betragen. Eine Luxusausgabe auf feinstem Kunstdruckpapier in mehrfarbigem Druck lässt die Verlagsbuchhandlung zum Preise von 5 M. pro Lieferung herstellen.

— Die uns heute vorliegenden Hefte 5 und 6 von *Bühne und Welt* (Otto Elsner's Verlag, Berlin, II. Lechner & Sohn, Wien) zeichnen sich durch eine Reihe wertvoller litterarhistorischer und dramatischer Essays aus.

Verschiedene Eingänge.

Schwarze und bunte Illustrationsfarben von *Karl d'Ehinger* in Stuttgart. Ein interessantes Buch wird uns von der bewährten Stuttgarter Farbenfabrik vorgelegt, das wir ein Lehrbuch für Illustrationsdruck nennen möchten. Die von der Fabrik erzeugten Farben werden in diesem Buch auf mustergiltigen Blättern vorgeführt. Entsprechend ihrer Bestimmung wurden für die Prachtdruckfarben Chromopapier, für die anderen Farben aber Kunstdruck-, Illustrationsdruck- und Naturpapier, ja sogar für einzelne Farben ein ganz eigenes Affichenpapier gewählt. Auf einigen Blättern wird der Unterschied im Ansehen der Farben bei Anwendung verschiedener Klischees und verschiedener Papiere nachgeführt; während z. B. Holzschnittbilder tiefschwarz erscheinen, sind Autotypien — mit derselben Farbe gedruckt — grau; ähnlich verhält es sich, wenn statt Kunstdruck- ein Naturpapier genommen wird. Die Fabrik verdient die beste Anerkennung für ihr Bestreben, die Farben in wirklich praktischen Beispielen vorzuführen, denn die bisher allgemein üblichen Farbeproben auf Kreidepapier haben schon manche Enttäuschung und vielen Verdruss verursacht. Zwei hochinteressante Blätter sind die Dreifarbendrucke, von welchen eins in Deutschland, das andere in Amerika hergestellt wurde; beide sind hervorragende Proben des Verfahrens, die den benützten Farben das günstigste Zeugnis ausstellen.

Die in Darmstadt erscheinende populäre *Neue Hessische Volksblätter* hat zur Feier der Enthüllung eines Denkmals für den Grossherzog Ludwig IV. von Hessen eine Festnummer herausgegeben, die gut ausgestattet ist. Namentlich die grosse Autotypie auf der Titelseite, die das Denkmal veranschaulicht, ist vorzüglich gedruckt; die grosse schwarze Fläche (29:37 cm). von der sich das Bild abhebt, ist gut gedruckt und von bester Wirkung.

Die Buchdruckerei *Hugo Hnpke* in Markneukirchen sendet uns einige Drucksachen zur Beurteilung ein, die ein fleissiges Streben, gut und moderu zu arbeiten, erkennen lassen. Verschiedene illustrierte Kataloge und Zirkulare sind sauber gedruckt, auch der Satz ist mit Sorgfalt behandelt, doch fehlt dem Setzer noch das Gefühl für eine schöne Raumverteilung. Ein Blatt mit bunt gedruckten Abbildungen von Geigen usw. ist sehr gut gelungen, das für den Druck verwendete Verfahren kann als höchst zweckentsprechend bezeichnet werden.

Der *Typographische Verein Concordia* in Köln sandte uns die Drucksachen zu seinem fünfundzwanzigsten Stiftungsfeste. Die Einladungskarte wurde bei J. P. Bachem gedruckt und ist eine feine Accidenz, deren Verzierung der Lithographie aber eigentlich etwas zu sehr nachgeahmt ist. Auf dem Titel des Programms, das in der Kölner Verlagsanstalt gedruckt wurde, kommt der typographische »Tempelbau« wieder zu Ehren, in einer Form, die die Hand eines Künstlers verrät und als wohlgelungen bezeichnet werden kann. Die Festschrift ist eine gediegene Druckarbeit aus der Offizin M. DuMont-Schauberg; die Verzierung des Umschlags, eine moderne Ranke, wurde recht hübsch in Irismanier gedruckt.

Die photographische Kunstanstalt von *R. Bernd'amour & Co.* in Braunschweig hat ein elegantes Heft mit Proben von technischen Holzschnitten herausgegeben. Die vorgeführten Abbildungen von Industrieerzeugnissen der verschiedensten Art sind von ausserordentlicher Klarheit. Kraft und Deutlichkeit, wie sie von keinem andern Reproduktionsverfahren erreicht werden kann. Die bewährte Kunstanstalt hat mit diesen Proben Beweise ihrer hohen Leistungsfähigkeit gegeben, die überall unbeschränkte Anerkennung finden werden. Der Druckfirma (A. Wohlfeld in Magdeburg) gebührt hohes Lob für die tadellose Ausstattung des Heftes.

Mannigfaltiges.

— *Jubiläen.* Die *G. Franz'sche Hofbuchdruckerei* in München feierte am 7. Dezember ihr 70jähriges Bestehen. Der gegenwärtige Inhaber Herr Emil Mayer gründete zur Erinnerung an dies Fest eine Hauskasse für hilfsbedürftige Mitarbeiter durch Stiftung eines Kapitals von 10000 Mark.
— Ebenda konnte am 20. November Herr *Alois Kiefer* auf eine fünfzigjährige Thätigkeit als Buchdrucker zurückblicken.
— Am 17. Dezember feierte Herr *Karl Schreiber*, Faktor der Buchdruckerei Gg. Oehlin in Schopfheim, sein 25jähriges Berufsjubiläum. — Das 25jährige Jubiläum in der Offizin Giesecke & Devrient in Leipzig konnte am 20. Dezember Herr Korrektor *Wilhelm Bornschein* begehen. — Die Buchdruckerei *Ackermann & Glaser* in Leipzig feierte am 1. Januar ihr 50jähriges Bestehen.
— *Todesfälle. Hermann Wilhelm Vogel*, Professor der Photochemie an der technischen Hochschule zu Berlin ist am 19. Dezember 1898 gestorben. Mit Hermann Wilhelm Vogel scheidet einer der bedeutendsten Fachmänner auf dem Gebiete der Photochemie aus dem Leben, dem speziell die Photographie wichtige, bahnbrechende Entdeckungen zu verdanken hat. Vogel war am 26. März 1834 in Dobrilugk in der Niederlausitz geboren, stand somit im 64. Lebensjahre. Er studierte am königlichen Gewerbe-Institute in Berlin Chemie und Physik und praktizierte dann kurze Zeit in einer Zuckerfabrik. Diese Stellung gab er jedoch bald auf und entwickelte hierauf in den Jahren 1860—1865 als Assistent der Professoren Rammelsberg und Dove und später am mineralogischen Institut der Berliner Universität eine umfassende Thätigkeit. 1863 begründete er den photographischen Verein in Berlin, ein Jahr später die Fachzeitschrift »Photographische Mitteilungen« und 1889 den Verein zur Förderung der Photographie. Im Jahre 1865 wurde Vogel an die Spitze der grossen internationalen photographischen Ausstellung berufen und leitete auch im Jahre 1889 die photographische Ausstellung in Berlin zur Feier des fünfzigjährigen Jubiläums der Photographie. Vogel fungierte wiederholt als Juror bei den Weltausstellungen der letzten Jahrzehnte. Im Jahre 1881 war Vogel an der kaiserlichen Leopoldinischen Carolinischen Akademie der Wissenschaften thätig. 1884 wurde er zum Vorsteher des photochemischen Laboratoriums der technischen Hochschule in Berlin ernannt. 1887 rief er die Deutsche Gesellschaft von Freunden der Photographie ins Leben. Die wissenschaftliche Thätigkeit Vogels richtete sich vor allem auf das Studium der photographisch-chemischen Prozesse, auf die ästhetischen Prinzipien der Porträt- und Landschaftsphotographie, die Grundsätze der Beleuchtung und der photographischen Perspektive, Experimentalstudien über Absorptionsspektra im allgemeinen und die Spektren des Sonnenstoffes, Stickstoffes und Wasserstoffes. Sein Silberprober und sein Photometer für Pigmentdruck und Lichtdruck führten sich dauernd in der Praxis ein. Vogels wichtigste Forschungen betreffen jedoch die sogenannten Beschleuniger, das heisst die Körper, welche die chemische Wirkung des Lichtes auf Silbersalze erhöhen. Umfassende Spektralversuche führten ihn 1873 zur Entdeckung von Stoffen, die vermöge ihrer Fähigkeit das gelbe, grüne oder rote Licht zu absorbieren, photographische Platten für diese bis dahin für unwirksam gehaltenen Farben empfindlich zu machen. Er nannte diese Körper Sensibilisatoren. Aus dieser Entdeckung entwickelten sich die neuen farbenempfindlichen Verfahren, welche farbige Gegenstände in den richtigen Tonwerten aufzunehmen gestatten und dadurch einen wesentlichen Umschwung in der Photographie von farbigen Gegenständen hervorriefen. In der letzten Zeit beschäftigte sich Vogel mit Studien über Farbenwahrnehmungen und stellte 1895 sein neues photochromatisches Prinzip auf, auf dem nach ihm benannten Naturfarbendruck beruht. Vogel war auch schriftstellerisch thätig und veröffentlichte unter anderem auch zahlreiche Lehrbücher über Photographie.
— In Essen verschied am 22. November Herr Buchhändler *Julius Hädeker*, 78 Jahre alt; in Remscheid am 31. Dezember Herr *Hermann Krumm sen.*, Buchdruckereibesitzer, 84 Jahre alt; in Halle am 13. Dezember Herr *Otto Hendel*, Verlagsbuchhändler und Buchdruckereibesitzer, 77 Jahre alt; in Wiesbaden am 16. Dezember Herr Buchdruckereibesitzer *Karl Ritter sen.*, 82 Jahre alt; in Berlin am 29. Dezember Herr Buchdruckereibesitzer G. F. Grunert, im 72. Lebensjahre; in Leipzig am 2. Januar Herr *Louis Berndl*, technischer Leiter der xylographischen und zinkographischen Kunstanstalt Julius Klinkhardt.
— Am 7. November fand im Deutschen Buchhändlerhause zu Leipzig die Neubildung des *Tarif-Schiedsgerichts der deutschen Buchdrucker* (Kreis Leipzig) statt. Als Mitglieder wurden von den Prinzipalen gewählt die Herren Hecker, Cnoritz, Mäser, Ramm und Wittig; von den Gehilfen die Herren Ackermann, Hossel, Löblich, Eckstein und Vorwerk. Zum Prinzipalsvorsitzenden wurde wiederum Herr O. Wittig, zum Gehilfenvorsitzenden Herr Ackermann ernannt.

— * *Buchdrucklettern aus Aluminium.* Das Metall der Zukunft, wie das Aluminium genannt wurde, ist nun auch für die Herstellung von Buchdruckschriften zu Rate gezogen. In einem gefällig ausgestatteten Heftchen zeigt die Firma Herz, Trottner & Co. in Pforzheim an, dass sie eine Fabrik für Schriften und Schriftenmaterialien »Alumina« errichtet hat. Als Erfinder der Aluminiumschriften nennt sich der Redakteur *Albert Roederlu* in Karlsruhe. In der erwähnten Broschüre wird der Nachweis geführt, dass das Aluminium vollkommen unschädlich für die Gesundheit ist; als Beispiel wird erwähnt, dass zwei Berliner Ärzte einen Monat lang täglich mit dem Frühstück ein Gramm Aluminium zu sich nahmen, ohne hierdurch in ihrem Wohlbefinden beeinträchtigt zu werden. Für den Setzer wäre demnach der Ersatz der Bleitypen durch Aluminiumtypen eine Wohlthat. Auch der Gewichtsunterschied spricht zu Gunsten des Aluminiums, das specifische Gewicht des letzteren, bezw. der verwendeten Legierung beträgt 2,50 bis 2,67, das des Bleies aber 11,376. Die Kästen und Regale würden bedeutend entlastet; dagegen ist es ein Irrtum, wenn der Prospekt behauptet, dass für den Druck der Aluminiumtypen die Maschinen leichter gebaut werden könnten und dadurch billiger würden, denn nicht wegen des Gewichtes der Formen werden die Maschinen stark gebaut, sondern wegen der auszuübenden Druckkraft, die bei Aluminiumformen sicher nicht geringer sein darf als bei Bleiformen. Es ist also ferner ein Trugschluss, wenn aus dem Gewichtsverhältnis der bisherigen Materialien zu dem jetzigen, das wie 4,5 zu 1 steht, geschlossen wird, dass bei Grossbetrieben an Betriebskraft gespart werden kann. Ein wirklicher Vorzug des neuen Materials mag in seiner Härte liegen; die bessere Annahme und Abgabe der Farbe bei geringerm Farbeverbrauch müsste jedoch noch bewiesen werden. Das neue Material rostet und oxidiert nicht, dagegen darf es nicht mit Lauge gewaschen werden, da Alkalien das Aluminium auflösen. Die Abnützung durch den Druck soll um 10 bis 20mal geringer sein als bei Bleimaterial.

Für die Herstellung der Schriften aus Aluminium kann die in der Schriftgiesserei bisher in Anwendung kommende Giessmaschine nicht in betracht kommen, ebensowenig sind die Kupfermatrizen zum Guss geeignet. Der hohe Schmelzpunkt der Legierung macht beide sofort unbrauchbar. Es soll eine Spezialmaschine erfunden sein, die in der Minute ca. 60 Lettern automatisch herstellt.

Fassen wir unser Urteil kurz zusammen, so können wir die gute Absicht des Erfinders nicht verkennen, der Durchführung in der Praxis stehen aber grosse Schwierigkeiten im Wege. Der Erfinder hat wohl noch nie in eine Schriftgiesserei gesehen, sonst würde er wissen, dass der grösste Wert in den *Matrizen* steckt, dass die Matrizenkammer die Schatzkammer jeder Schriftgiesserei ist. Für den Aluminiumguss sind aber ganz besonders dauerhafte Matrizen nötig, die also durchaus neu zu schaffen wären und jedenfalls noch kostspieliger als die jetzt gebräuchlichen Kupfermatrizen sind. Dadurch wird aber die Herstellung der Aluminiumtypen sehr verteuert und dieser Punkt wird ihrer Einführung noch im Wege stehen. Ob es überhaupt gelingen wird, kleinere Schriftgrade in Aluminium so exakt zu giessen wie es die Buchdruckschriften verlangt, muss noch erwiesen werden. Der Gedanke, mit Schriften zu arbeiten, die in gesundheitlicher Hinsicht unschädlich und ferner leichter und dauerhafter als die bisherigen wären, muss jedem Buchdrucker sehr sympathisch sein, aber — erst sehen und prüfen."

— *Ihr Reichsdruckerei* schliesst nach nunmehr erfolgter Abrechnung für das Jahr 1897/98 mit einer Einnahme von 7067400 M oder einem Überschuss von 2185031 M., so dass derselben nach Abzug der für 1899 angeforderten Etatssumme von 5172110 M. für die fortdauernden und einmaligen M. für die einmaligen Ausgaben noch ein nennenswerter Einnahme-Überschuss bleibt. Zum Nachweis der fortlaufenden, jetzt die Aufnahme eines Erweiterungsbaues bedingenden Entwickelung dient folgende Übersicht der Leistungen der Reichsdruckerei in den Jahren 1893/94 und 1897/98. In ersterem Jahre stellte dieselbe her 2,969,39000 Postwertzeichen und sonstige Wertmarken, 101,30000 Reichsbanknoten, Reichskassenscheine und sonstige Wertpapiere, 141,130000 Bogen nicht geldwerter Drucksachen, im Jahre 1897/98 dagegen 2765862295 bezw. 622,75210 bezw. 210000000, Ihre Signalsteigerung seit 1893/94 beträgt rund 1600000 M.

— *K. k. Graphische Lehr- und Versuchsanstalt in Wien.* An der Sektion für Buch- und Illustrationsgewerbe der k. k. Graphischen Lehr- und Versuchsanstalt in Wien (VII. Westbahnstrasse 25) wird im Schuljahre 1898/99 — nebst den regelmässigen Kursen dieser Sektion — laut Erlasses des hohen k. k. Ministeriums für Kultus und Unterricht vom 3. Dezember 1898 Z.29460 folgender Spezialkursus abgehalten. »Skizzieren und Zeichnen mit besonderer Berücksichtigung der Typographie«. Dieser auf Ansuchen der »Wiener Graphischen Gesellschaft« bewilligte Spezialkursus nahm Montag, den 9. Januar 1899 seinen Anfang und wird während der Monate Januar, Februar und März jeden Montag und Freitag von 7 bis 9 Uhr abends fortgesetzt. Die Übungen im Zeichensaale werden von den Herren des Lehrkörpers der k. k. Graphischen Lehr- und Versuchsanstalt, *Theodor Hesti* und *Wilhelm Oppitz* abgehalten. Das Programm dieses Spezialkursus umfasst: 1) Zeichnen des Ornamentes mit besonderer Berücksichtigung der Typographie, 2) Verwendung desselben bei typographischen Umrahmungen und Verzierungen. Skizzieren nach gegebener Aufgabe. Die Zahl der Frequentanten dieses Kursus ist eine beschränkte und haben dieselben einen einmaligen Lehrmittelbeitrag von einem Gulden zu entrichten.

Inhalt des 2. Heftes.

Bekanntmachung. — Der Deutsche Buchgewerbeverein. — Die neue Kunst und das Buchgewerbe. — Bogen-Anlegeapparate und Innenspitzen-Gerad(eschieber). — Bogenzähler »Primus«. — Falzbretter mit Schutzleisten. — Bericht über neue Erfahrungen. — Die Voranzeige betrifft der Buchdrucker. — Ausstellung neuer Buch-Erzeugnisse. — Schriftgiesserei-Neuheiten. — Ihr Beilagen zum 2. Hefte. — Zeitschriften- und Bücherschau. — Vorschau dem Eingange. Mannigfaltiges. — Inserate.

Beilagen: 1 Blatt Prospekt mit Dreifarbendruckbild von J.G. Schelter & Giesecke, Leipzig. — 1 Blatt Autotypie. — 1 Titelblatt von C. Jäger, Leipzig. — 1 Blatt Umschlag und Streifleisten. — 1 Blatt Zirkulare. — 1 Blatt Zirkular und Spesen-Folge — 1 Blatt Farbenprobe von Michael Huber, München. — 1 Probenblatt »Zirkularschrift Brillantine« von A. Numrich & Co., Leipzig — 1 Prospekt über die Schnellpressen »Rheingold« der Schnellpressenfabrik Worms, Flarsheim & Co. in Worms.

Textdruck von Benj. Krebs Nachf., Frankfurt a. M. — Titelzeilen von Genzsch & Heyse, Hamburg. — Xylographische Initialen von H. Hoffmeister, Leipzig. — Doppelbie-Linien zu den Schriftproben-Seiten und Inserat-Spalten-Linien von H. Berthold, Berlin. — Chemiluse zur Umschlag-Vorderseite von J. G. Schelter & Giesecke, Leipzig. — Textpapier von H. H. Ullstein, Leipzig. — Beilagenpapier von Ferd. Flinsch, Leipzig. — Gedruckt mit Illustrations-Schwarz von Berger & Wirth, Leipzig und Umschlagfarben von Kast & Ehinger, G. m. b. H., Stuttgart und ihrer Schnellpressen der Maschinenfabrik Johannisberg (Klein, Forst & Bohn Nachf.), Geisenheim a. Rh.

Inserate.

Im Anschluss an mein Probenheft „Modernes Schmuckmaterial" 1897
erschien soeben mein reichhaltiges

Neuheitenheft 1898

Gesetzt aus:
Breite med. Grotesk
Nr. 555—564.

das ich auf Verlangen zusende. Vor Neuanschaffungen wollen Sie sich von der Vorzüglichkeit der
darin enthaltenen Erzeugnisse aller Art überzeugen und besonders meine wirklich künstlerischen
Neuschöpfungen in moderner Manier beachten.

Schriftgiesserei Julius Klinkhardt, Leipzig

Fortwährend Neuheiten in Vorbereitung! Messinglinienfabrik — Utensilienhandlung.

Verlag Alexander Waldow, Leipzig:

Die
Galvanoplastik
und ihre Anwendung
in der Buchdruckerkunst.

Französischer Setzer. Junger Mann, 24 Jahre alt,
sehr bewandert im Satz und Druck und bekannt mit der *französischen, englischen, flämischen* sowie etwas mit der *deutschen Sprache*, wünscht Stellung in einer deutschen Buchdruckerei. *Beste Referenzen.* Offerten erbitte an Pierre *Verbeke*, rue nord du sablon, 46. *Brügge*, Belgien.

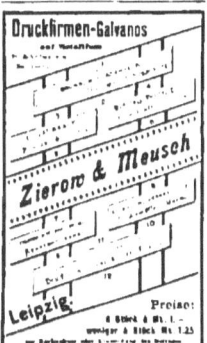

ALEXANDER WALDOW
⚹ ⚹ ⚹ ⚹ LEIPZIG. ⚹ ⚹ ⚹ ⚹

. . . Langjährige Vertretung . . .
der Maschinenfabrik Johannisberg (Klein, Forst & Bohn Nachf.) in Geisenheim a. Rh.
für Buchdruck-Zylinderschnellpressen aller Art
und F. M. Weilers Liberty Machine Works
für Original-Liberty-Tiegeldruckmaschinen und
Amateurpressen.

Buchdruckmaschinen- ⚹ ⚹
⚹ ⚹ und Utensilien-Handlung.

A. HAMM Heidelberg.
Gegründet 1850 in Frankenthal.

Korrespondenz nach Heidelberg richten.

Erstklassiges Fabrikat. **Schnellpressen** aller Art.

Pa. Walzenmasse per 50 kg M. 120.—.
Alexander Waldow in Leipzig.

Deutzer liegender 4-pferdiger Gasmotor, vorzüglich erhalten, m. 2 Schiebern, sowie 1-pferd. Buschbaum-Motor zu verkaufen. Näheres bei **Rud. Bechtold & Comp.**, Wiesbaden.

☞ Wir empfehlen unsere

Kräftige  Fraktur!

Eigen für Stereotypendruck von uns geschnittene Blatschrift.

Benjamin Krebs Nachfolger
Frankfurt a. M.

 Nicht nur die Pflanze ist dekorativ!

Man verlange:

 Breitkopf & Härtels · ·
Zoologie für Buchdrucker

Zweiter Nachtrag
zum Modernen
Buch-Zierat. ·

· · · Leipzig · · ·
Druck und Verlag von
· Breitkopf & Härtel ·

Die Ornamentik muss belebt werden!

Ludwig & Mayer, Frankfurt a. M.
Schriftgiesserei
empfehlen sich zur

Einrichtung neuer Druckereien
jeder Grösse

wozu sie durch ihr bedeutendes Lager und ihre aussergewöhnlich grosse Auswahl feinster und modernster Schnitte, in allen Schriftgattungen, ganz besonders befähigt sind.

Lieferungen erfolgen in kürzester Frist.

Kostenvoranschläge und Musterbücher stehen gratis und franko, ohne jede Verbindlichkeit einer Bestellung, zur Verfügung.

Blase Bälge

Preis per Stück M. 4.50.
Dieser Blasebalg ist ganz aus Holz gefertigt, ein Lädieren der Buchstaben somit vollständig ausgeschlossen.

Alexander Waldow
Leipzig.

Inserate.

C. F. Rühl
Leipzig · Grimmaischer 7 und 9 · Gegründet 1868

Schriftgiesserei ·
Messinglinien-Fabrik ·
Galvanoplastik ·
Stereotypie

Neue Moderne Schriften und Initialen,
Bordüren, Vignetten und Leisten.
Buchdruckerei-Einrichtungen auf Normalsystem
stets am Lager.
Schnellste Lieferung bei billigsten Preisen.

Im Verlage von **Alexander Waldow**
in Leipzig erschien soeben eine neue
Auflage vom

Gutenbergporträt

in Holzschnitt mit Tondruck.

Bildfläche 30 45 cm. Preis M. 2.50.

Porto und Verpackung 65 Pf.

Ferner sind von diesem Porträt noch
eine Anzahl aus früheren Auflagen,
mit kleinen, unbedeutenden Fehlern behaftete Exemplare vorrätig, die per Stück
für M. 1.— abgegeben werden; Porto
und Verpackung wie oben.

**Wilhelm ☙ ☙ ☙
Woellmer's ☙**
Schriftgiesserei und
Messinglinienfabrik
✱ ✱
Moderne Neuheiten
Selecta, Globus, Roland, Studio-
Zierrath, Barock-Ornamente ✦
Silhouette-Bordüren, Vignetten.
✱ ✱
Berlin SW.

Kalander= Groden- und Naß- Stereotypie

System Kempe.

Wir bitten, unsere kostenfreie Gebrauchsanweisung zu verlangen.

Maschinen-Fabrik · Kempewert · Nürnberg.

Spezialfabrik für das gesamte Stereotypiewesen.
Maschinenfabrik für den gesamten eisernen Druckereibedarf.
Schnellpressenfabrik.

Lehrbuch für

Schriftsetzer

Kleine Ausgabe des I. Bandes von
Waldow ☙ ☙ ☙
Die Buchdruckerkunst

20 Bogen Grossoktav.

Preis broschiert M. 8.—, elegant gebunden M. 7.—.

Verlagshandlung Alexander Waldow, Leipzig.

Inserate.

Verantwortlicher Redakteur: Friedrich Bauer, München. — Druck von Alexander Waldow, Leipzig.

Illustrierte Preis-Liste

für das Jahr 1899

Johann Kling – Berlin

Emaillierte und gusseiserne Topfwaren

Taschen- und Tischmesser Bestecke

Wirtschaftsmagazin

Telegramm-Adresse:
Ebert, Leipzig.

Leipzig,
Datum des Poststempels.

Fernsprecher 189.

p. p.

Hierdurch beehren wir uns, Ihnen unsere neueste Muster-kollektion zur gefälligen Einsicht und Vorlage an Ihren Kundenkreis zu übersenden. Dieselbe enthält ausser den Ihnen bereits bekannten Mustern eine neue Serie von zwei-undvierzig äusserst gelungenen

Blanko-Vordrucken • • •

für Reklame- und Adresskarten. Wir haben besondere Sorgfalt darauf verwendet, sowohl Karten in einfacher, als auch in vielfarbiger Aus-stattung zu schaffen, so dass Sie bei Vorlage unserer Kollektion sicher sein dürfen, jeden besonderen Geschmack befriedigen zu können.

Ew. Hochwohlgeboren

gestatte mir hierdurch den Eingang der neuesten Kostüm- und Mantel-Modelle sowie der verschiedensten Auswahl in Stoff-Neuheiten zur bevorstehenden Herbst- und Winter-Saison ganz ergebenst anzuzeigen.

Indem ich Sie auf die Vorzüglichkeit meiner Fabrikate aufmerksam mache, empfehle ich mich Ihrem geschätzten Wohlwollen und zeichne

mit grösster Hochachtung

Leipzig, Königsplatz 18.   Karl Sütterlin.

Neuheiten
eleganter Modewaren
Anfertigung feinster
Damen-Garderobe
Rad-Kleider billigst.

a.
Archiv für Buchdruckerkunst
Druck von
Alexander Waldow
Leipzig

An die ge

Hier
auf d
Jahre
sowie
Auss

mit d
recht
beehr
Z
in Ke
dass
unser
das V
ein B

Familien-Tafel

1. Januar 1899

Kaviarbrötchen   1893er Erbacher
                 1886er Marlebrunner Kabinet

Champignonsuppe
                 Mercier, carte rose

Rehrücken mit Cumberlandsauce
                 1893er Dauerner Herrenberger
Stangenspargel,
  Artischocken mit italienischer Sauce

Forellen blau   1886er Rübesheimer Auslese

Gefrorenes • • Butter und Käse

Gedruckt mit Farben
von H. Ganger
Ulm a. D.

regelmässige Zuhörer waren. Auch an dieser Stelle sei Herrn Dr. Jessen aufrichtiger Dank für seine anregende Thätigkeit ausgesprochen; der Deutsche Buchgewerbeverein aber kann mit dem schönen Erfolg wohl zufrieden sein.
Die Redaktion.

fragen, was unserm jetzigen Gewerbe not thut, wollen wir uns darüber klar werden, wie die alten Meister die Sache angefasst haben. Denn gerade vom rein

Archiv für Buchdruckerkunst
und verwandte Geschäftszweige.
Begründet von
Alexander Waldow.

| 36. Band. | 1899. | Heft 3. |

Die neue Kunst und das Buchgewerbe.
Von Dr. PETER JESSEN.

Vorträge gehalten im Deutschen Buchgewerbeverein zu Leipzig.*)

(Fortsetzung.)

ERSTER VORTRAG.
IV. Der Wert der alten Vorbilder.

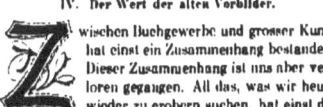wischen Buchgewerbe und grosser Kunst hat einst ein Zusammenhang bestanden. Dieser Zusammenhang ist uns aber verloren gegangen. All das, was wir heute wieder zu erobern suchen, hat einst die Herrschaft gehabt. Handwerker und Künstler haben in enger Gemeinschaft miteinander gearbeitet. Oft genug war der Drucker selbst Künstler. Dazu kam die gute feste Tradition, die sich von Werkstätte zu Werkstätte, vom Meister auf den Lehrling, vom Vater auf den Sohn vererbte. Dazu kam weiter, dass in diesen Kreisen, ebenso aber in den Kreisen der Abnehmer ein weit höher entwickeltes künstlerisches Gefühl lebte. Die Schulung im Geschmack der Gotik, beim Buchgewerbe also im Geschmack der gotischen Handschrift, wirkte stark und unerbittlich nach. Das gab allen Erzeugnissen die schöne Einheitlichkeit und Sicherheit. Aber noch andres wirkte mit. Wir wissen, welche unendliche Musse dem alten Meister für seiner Hände Werk gegeben war. Keine Konkurrenz drängte.

---
*) Bei Erscheinen dieses Heftes hat Herr Dr. Jessen die Reihe seiner interessanten Vorträge bereits abgeschlossen. Es ist uns eine Freude, dass dieselben in unserm Blatte noch längere Zeit hindurch einen Nachhall finden werden, wodurch hoffentlich ihre Wirkung in weitere Kreise namentlich ausserhalb Leipzigs getragen werden wird. Welches Interesse die Vorträge hier gefunden haben, beweist der Umstand, dass über 500 Personen aus allen Kreisen des Buchgewerbes regelmässige Zuhörer waren. Auch an dieser Stelle sei Herrn Dr. Jessen aufrichtiger Dank für seine anregende Thätigkeit ausgesprochen, der Deutsche Buchgewerbeverein aber kann mit dem schönen Erfolg wohl zufrieden sein. *Die Redaktion.*

Wie eine ganz persönlich geschriebene Handschrift bereitete er sein Buch vor, goss, schnitt und feilte seine Typen und fertigte seinen Zierrat und seine Bilder, oder liess sie fertigen, bis alles aufs Schönste zusammen stimmte. Wie anders heute: Eine allseitig drängende Konkurrenz zwingt zu unerhörter Hast, die Maschinentechnik verleitet zum Surrogatwesen, der Künstler, wenn es überhaupt einer ist, der den Schmuck entwirft, hat Format und Type, für die er arbeitet, nie gesehen, der massgebende Meister geht oft ohne jede Fühlung mit der grossen Kunst vor, Publikum und Käufer sind ganz verdorben und unerzogen.

So stehts. Es wird eine grosse Anstrengung und ein Zusammenarbeiten von allen Seiten nötig sein, darin Wandel zu schaffen. Am besten werden wir uns auf diese Arbeit vorbereiten, wenn wir uns recht eingehend in die Werke der alten Meister vertiefen. Nicht um in Kleinigkeiten sie nachzuahmen, sondern um ihre Grundsätze kennen zu lernen; das soll unsre nächste Aufgabe sein.

ZWEITER VORTRAG.
Die Druckwerke der alten Meister und ihre Grundsätze.

Der erste Vortrag wollte eine Übersicht der zu erledigenden Fragen geben. Bevor wir aber auf die heutigen Aufgaben im einzelnen eingehen, ist zunächst ein Wort zur Verständigung nötig. Die Führung im Buchgewerbe gebührt dem Buchdruck. Wer seine heutigen Ziele und Aufgaben würdigen will, muss die Hauptepochen des Buchdrucks der Vorzeit kennen, nicht um des historischen Wissens willen, sondern ihres ästhetischen Gehaltes halber. Ehe wir uns also fragen, was unserm jetzigen Gewerbe not thut, wollen wir uns darüber klar werden, wie die alten Meister die Sache angefasst haben. Denn gerade vom rein praktischen Standpunkt aus ist es heute unbedingt erforderlich, dass jedermann ein klares Verständnis für die alten Meister habe, besonders für die drei grossen Gruppen, deren jede in ihrer Art einen unvergleichlichen Höhepunkt in der Entwickelung der Buchdruckerkunst darstellt: Das Buch des 15. Jahrhunderts (die Gotik), das Buch der italienischen Renaissance und das Buch der deutschen Renaissance. Die Kenntnis dieser drei grossen Epochen ist, wie gesagt, für den Fachmann, der den Aufgaben und Anforderungen unserer Zeit gerecht werden will, unerlässlich, und ich will versuchen Ihnen in folgendem einen Überblick über dieselben zu geben.

1. Das Buch der gotischen Zeit.

Die Erfinder der Buchdruckerkunst und ihre Nachfolger zielten bekanntlich nur darauf, das geschriebene Buch zu ersetzen. Sie mussten daher notwendigerweise ausgehen von den Schriften und dem Schmuck der Handschriften ihrer Zeit, also um das Jahr 1450. Auch für uns ist es daher von Wert zu wissen, wie die Handschriften damals aussahen,

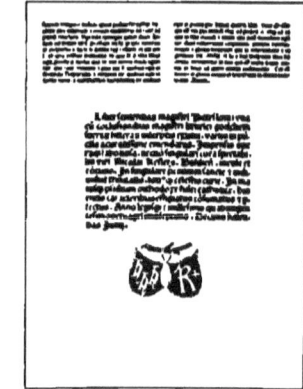

Fig. 2. Seite mit Explicit und Druckzeignet. Strassburger Druck des 15. Jahrhunderts.

Fig. 1. Französischer Druck des 15. Jahrhunderts.

Alle *Schriften* des Mittelalters, Kapital, Unzial, Halbunzial, Gotisch und wie sie sonst in späterer Zeit benannt worden sein mögen, waren in sich konsequent und einheitlich, jede Stufe wurde durch Generationen geübt und entwickelt. Jeder einzelne Schreiber blieb in seinem gewohnten, engen Formenkreis, namentlich die Mönche, die ja oft ihr ganzes Leben mit Abschreiben verbrachten. Und das sieht man den Schriften an: alle sind sie der Feder gemäss, man sieht, hier hat eine Hand die Feder geführt. Im 5. bis 6. Jahrhundert herrschte, im Anschluss an die antiken Inschriften, eine eckige Kapitalschrift, welche nur aus Versalien bestand. Unter der Hand der Schreiber rundete sich diese allmählich zur sogenannten Unzialschrift, die im 7. Jahrhundert zur Herrschaft gelangte, doch sie besteht zunächst nur aus Versalien, allmählich aber begann man, gewisse Buchstaben über und unter die Linie zu ziehen. So entstehen die Minuskeln, die dann steiler, schlanker und wieder mehr eckig gestaltet, in der gotischen Schrift vorherrschen. Neben der Schrift interessiert uns in den alten Manuskripten auch der *Buchschmuck*. Die ältesten Handschriften waren fast ganz ohne Verzierungen, seit dem 6. Jahrhundert werden die Zeilenanfänge durch Initialen hervorgehoben. Die Initialen blieben auch für die Folge der wesentlichste Schmuck, und es ist sehr lehrreich, wie dieselben überall dem Seitenbild eingefügt wurden. Es galt den alten Meistern als selbstverständlich, ein Rechteck zu schaffen, ein geschlossenes Seitenbild. Und diese dekorative Einheit ist um so bewundernswerter, als ja mehrere

Hände an einer solchen Handschrift arbeiteten: Schrift, Initialen und Bildschmuck wurden, namentlich in späterer Zeit, von verschiedenen Personen ausgeführt. Ausser den Initialen ist der Schmuck sehr bescheiden, höchstens läuft gelegentlich eine aus Ranken bestehende Handleiste spielend nebenher. Aber man kennt weder Kopfleisten, noch Schlussstücke, noch sonstige Ornamente. Alles dieses bleibt nun in der *Kunst der ältesten Drucker*. Gutenberg, Fust, Schöffer und ihre Nachfolger konnten eben deshalb mit einem Schlage gleich das Höchste erreichen, weil sie sich eng an die Handschriften anschlossen. Auch ihre Druckwerke zeigen federgerechte Schriften, geschlossene Seitenbilder, weise Beschränkung im Zierrat, und wir haben allen Grund auf unsere alten Meister stolz zu sein und uns das, was sie geschaffen haben, zum Vorbild zu nehmen. Nicht ohne Beschämung müssen wir es uns gestehen, dass vielfach die Engländer und Amerikaner unsere alten Meister besser kennen und sich an ihnen bilden als wir selbst.

In den frühesten Druckwerken hatte man nur den Text gedruckt, die Ausschmückung blieb zunächst noch der Hand des Malers überlassen. Bald aber schnitt man die Initialen in Holz, in kräftigen derben

Fig. 2. Ornamentrahmen der italienischen Renaissance.

Umrissen, die trefflich mit dem Charakter der Type zusammengingen. Neben den Initialen traten Handleisten auf, ebenfalls nur in Umrisszeichnung gehalten, und bald folgten auch eigentliche Illustrationen in Holzschnitt. Auch hier bleibt der einfache Umriss, fast ohne jegliche Schattierung, bestehen, und es ist nicht etwa nur mangelnde technische Fertigkeit, was die alten Meister hierzu veranlasste, sondern ein gesundes künstlerisches Gefühl. Man braucht nur so eine Seite mit einem kräftigen Holzschnitt anzusehen, der völlig in das rechteckige Satzbild eingefügt ist und mit seinen derben Umrissen so trefflich mit der Schrift harmoniert, um sich hiervon zu überzeugen (Fig. 1). Erst gegen Ende des 15. Jahrhunderts begann man, durch Schattierung eine etwas malerischere Wirkung in den Illustrationen zu versuchen, aber auch jetzt noch blieb der einheitliche Eindruck der Seite massgebend. Selbst die Druckersignete wurden im gleichen schwarz-weissen Charakter gehalten. Vor allem aber blieb die Schrift stets die Hauptsache, ja die alten Drucker waren sich so vollkommen im Klaren darüber dass die Schrift an und für sich ein dekoratives Element ist, dass sie gelegentlich eine Seite nur mit dem Schlusssatz, dem ›Explicit‹, und höchstens noch mit ihrem Signet abschlossen, und doch eine ausgesprochene dekorative Wirkung erreichten. Mit Recht sagten sie sich: Meine schöne Schrift wirkt hier selbst als Ornament; ich brauche kein Ornament (Fig. 2).

So können wir, was geschaffen werden kann, wenn wir unsere alten Meister mit Verständnis studieren und benutzen. Sehen Sie sich immer und immer wieder die guten alten Vorbilder an, versetzen Sie sich, ohne in sklavische Nachahmung zu verfallen, in den Geist der alten Meister. Benutzen Sie auch in verständnisvoller Weise gute Nachbildungen alter Drucke, wie z. B. das von der Reichsdruckerei herausgegebene Werk ›Druckschriften des 15. Jahrhunderts‹, ein Werk, das in keiner Druckerei und Giesserei fehlen sollte. Nicht Einzelheiten sollen wir natürlich daraus entnehmen oder nachahmen; den Geist und die Grundsätze der alten Drucker aber müssen wir uns zu eigen machen, wollen wir selbst Erspriessliches leisten.

2. Die italienische Renaissance.

Wenn wir die drei grossen Epochen des Buchdrucks der Vorzeit gegeneinander abwägen, so möchten wir fast diese auf der Schreibarbeit unmittelbar fussende Buchkunst der gotischen Zeit überhaupt als den bisher unübertroffenen Gipfel dieser Kunst ansehen. In vorbildlicher, sagen wir geradezu kunstpädagogischer Hinsicht kommt ihr jedenfalls der erste Platz zu. Wetteifern kann mit dem gotischen Buche höchstens das der *italienischen Renaissance*. Es liegt ja ein eigner Zauber in dem Worte ›Renaissance‹, und auch auf dem Gebiete des Buchdruckes hat diese gewaltige Bewegung zweifellos die köstlichsten Blüten getrieben. Es war an und für sich schon eine ganz unerhörte Leistung, dass die Italiener im Verlauf von wenigen Jahrzehnten eine ganz neue Schriftart, die

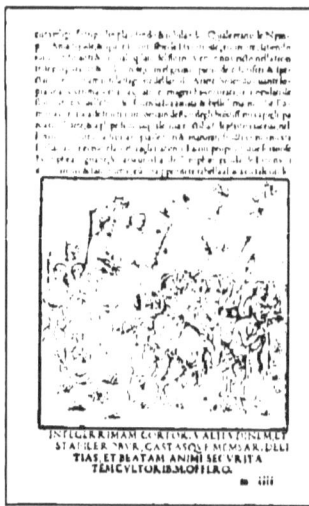

Fig. 3 Buchseite der italienischen Renaissance mit Holzschnitt-Illustration (Polifilo).

Antiqua, schufen, indem sie die Versalien der antiken Inschriften mit den Minuskeln der spätern Manuskripte so organisch zu etwas neuem verbanden, dass vier Jahrhunderte nichts daran zu verbessern fanden. Aber auch die Ornamentik haben die Italiener in enger Fühlung mit den übrigen dekorativen Künsten wesentlich bereichert und belebt. Die Kopf- und Seitenleisten, die vollständigen Umrahmungen, sind eine Schöpfung der italienischen Renaissance, und dabei durchdrang das hohe Schönheitsgefühl, das der grossen Kunst der Italiener eigen ist, auch die Buchkunst. In formaler Hinsicht darf auch das Buch der italienischen Renaissance als klassisch, als ein absoluter Höhepunkt bezeichnet werden. Dabei blieben sie auch dem ausgesprochenen Flächenstil treu, sei es nun dass sie im engsten Zusammenhang mit dem Charakter der Type blosse Umrisszeichnungen gaben, oder den Untergrund ihrer Initialen und Ornamente durch zierliches Handwerk, anderwärts durch Intarsiamuster zur Schrift stimmten (Fig. 3).

Ebenso beschränkten sich die Illustratoren nur auf Umrisszeichnungen, überall herrscht die köstlichste Harmonie des in sich geschlossenen Seitenbildes, und man kann nur jedem Fachmann raten, diese herrlichen Druckwerke so oft und eingehend als möglich zu betrachten (Fig. 1). Es ist zu wünschen, dass in Deutschland mehr und mehr gute Vorbildersammlungen angelegt und auch zugänglich gemacht würden. In Leipzig besitzt z. B. der Börsenverein der Deutschen Buchhändler die kostbare Sammlung von Hirsch, ohne dass dieselbe bis jetzt für den praktischen Gebrauch in genügender Weise erschlossen worden ist.

3. Die deutsche Renaissance.

Den Bahnen der Italiener folgten die Franzosen der Frührenaissance. Ihre eigenen Wege gingen jedoch die Deutschen; lag bei den Italienern der Schwerpunkt in der formalen Schönheit und in der monumentalen Wirkung, so liegt die Grösse und Kraft der *deutschen Renaissance* vorwiegend im geistigen Gehalt. Die Italiener beschränkten sich auf das Flächenornament und verzichteten auf malerische Wirkung, der geistige Inhalt ist bei ihnen nicht sonderlich gross. Die grossen Meister der deutschen Renaissance, besonders Dürer, Schongauer und Holbein, durchdrangen ihre Stiche und Holzschnitte mit der ganzen Macht

Fig. 4 Ornamentrahmen der deutschen Renaissance.

ihrer Phantasie, sie gingen zugleich auf malerische Wirkung auch im Druckwerk aus (Fig. 5). Allen voran

EPIGRAM

GALVANO VON EINER AUTOTYPIE AUS DER KUNST-
ANSTALT J. G. SCHELTER & GIESECKE, LEIPZIG.

AUTOTYPIE NACH
EINEM STAHLSTICH.

Aus »von Wolzogen,
Grossmeister deutscher Musik«

Dunkmannsche Verlagsbuchhandlung
Hannover.

Ω Archiv für Buchdruckerkunst Druck von Alexander Waldow, Leipzig.

Albrecht Dürer, der mit einem Schlage in höchster Vollendung alles das erreichte, was die deutsche Kunst überhaupt erstrebte: grösste malerische Wirkung, höchste Kraft der Anschauung, tiefste Phantasie. Kein Wunder, dass sein gewaltiges Vorbild auch weiteren Einfluss ausübte, ja für den gesamten Buchschmuck massgebend wurde; es ist ein hoher Genuss, allen diesen Meistern in ihren Bildern nachzugehen, der Fülle ihrer Einfälle und Gedanken zu folgen — aber: es giebt hier doch ein »Aber«!

Über der Ausbildung des malerischen Charakters ging doch allmählich die formale Harmonie, der Einklang zwischen der Zeichnung und der Type, verloren, und damit geriet eine der wichtigsten Grundlagen der Buchkunst ganz bedenklich ins Schwanken.

Fig 6. Seite aus dem Theuerdank.

An vorbildlichem Wert stehen daher die italiener höher für uns, als die deutsche Renaissance. Gewiss gab es auch, namentlich in Augsburg, deutsche Meister, die mehr unter italienischem Einflusse standen und im Geiste der italienischen Renaissance zu schaffen versuchten; so in erster Linie Burkmair. Aber auch dort erfahren die italienischen Motive eine wesentliche Umgestaltung, und im ganzen kann man doch nur sagen, dass der Zug zum Malerischen, wie er der deutschen Renaissance inne wohnte, eine Auflösung des formalen Prinzipes, den beginnenden Verfall der Buchkunst, bedeutet.

Auch die *Menge* des Ornamentes hielt sich nicht immer in den nötigen Grenzen. Die überquellende Phantasie der Künstler schuf eine solche Fülle von Illustrationen, Initialen, Leisten, Signeten usw., dass die Schrift völlig erdrückt wurde. Verlangte man doch damals selbst von den bescheidensten Flugschriften einen prunkvollen Titelrahmen. Als dann in der Hoch- und Spätrenaissance die malerische Behandlung völlig zu überwiegen begann, war der Verfall der Buchkunst besiegelt. So reizvoll und schön uns z. B. eine Seite des »Theuerdank« anmutet mit ihrer kalligraphisch verschnörkelten Schrift und den höchst interessanten Illustrationen Schäufeleins, — wenn wir das Werk ernsthaft auf seinen formalen Wert, auf die Harmonie zwischen Schrift und Bild prüfen, so müssen wir uns doch sagen: hier beginnt der Verfall (Fig. 6). Dennoch blieb noch im 17. und 18. Jahrhundert, im Zeitalter des Barock und Rokoko, mehr oder weniger das Bewusstsein bestehen, dass die Buchseite eine geschlossene Einheit und dass der Buchschmuck ein Flächenschmuck ist. Und wenn wir, wie es im folgenden geschehen soll, uns mit den heutigen Aufgaben und Zielen des Buchgewerbes im einzelnen beschäftigen wollen, so müssen wir uns dieser Grundlehren der alten Meister stets erinnern.

Das heute Gesagte sollte uns in den Geist der alten Vorbilder einführen; möchten deren Lehren in unseren Schulen und in der Praxis mehr als bisher beherzigt werden. Für uns war es jedenfalls wichtig, uns über diese Fragen klar zu werden, uns über dieselben zu verständigen, bevor wir an die modernen Aufgaben des Buchdruckers herantraten.

(Fortsetzung folgt.)

No. 141 M. 3.20   B. Georgi, Offenbach a. M.

Wilhelm Woellmer's Schriftgiesserei, Berlin.

Gesetzlich geschützt.

 ## Uncial-Gothisch.

⊱⊰⊱⊰⊱⊰

No. 1352. Corpus (corps 12).

Die mit diesem Blatte gezeigte Schrift bietet den modernen Bestrebungen eine ausserordentlich vornehme Type, die sich in ihren Formen zugleich an die besten Schnitte alter Meister anlehnt. 152 436

No. 1351. Nonpareille (corps 6).

Sammlung von Handschriften aus dem 14. Jahrhundert nach Originalen zusammengestellt vom Gewerbe-Verein

No. 1351. Petit (corps 8).

Special-Kaufhaus echt orientalischer Webstoffe, Teppiche, Seidenwaaren

No. 1359. Canon (corps 36).

Lehrbuch der Chemie

No. 1353. Cicero (corps 12).

Merkantile Accidenzen, Circulare, Karten
85 moderne Buch-Ausstattung 26

No. 1357. Missal (corps 48).

Johann Winter

No. 1354. Tertia (corps 16).

Urkunden Dank-Adressen
Diplome Ehrenzeugnisse

No. 1355. Doppelcicero (corps 24).

Hohenfriedberg
Kesselsdorf

No. 1358. Sabon (corps 60).

Gesellschaft

Die Verantwortlichkeit des Redakteurs.

Von Dr. jur. KARL SCHÄFER, München.

Nachdruck verboten. (Schluss.)

1) Welcher Redakteur hat bei periodischen Druckschriften für Drucker und Verleger als der nach § 20 Absatz 2 des Pressgesetzes strafverantwortliche Redakteur zu gelten?
2) Wer gilt in den Fällen der §§ 8, 10, 11 und 21 des Pressgesetzes bei periodischen Druckschriften als der »verantwortliche Redakteur«?

it Recht weist v. Buri darauf hin, dass der Einwand: Die lediglich als verantwortlich zeichnende, nicht aber berufsmässig sich an der Leitung der Druckschrift beteiligenden Redakteure pflegten deren Inhalt auf seine Strafbarkeit nicht zu prüfen, hätten vielmehr von diesem in der Regel gar keine Kenntnis, als ausschlaggebend für die Verantwortlichkeitsfrage nicht in Betracht kommen könne. Auch der berufsmässige und mit Verantwortlichkeit ausgerüstete Redakteur, welcher als verantwortlicher Redakteur gezeichnet habe, befinde sich häufig in derselben Lage und besitze bisweilen keine oder doch keine genaue Kenntnis von der strafrechtlichen Qualifikation des Inhaltes seiner Druckschrift; trotzdem werde er zufolge § 20 Absatz 2 des Pressgesetzes als vermutlicher Thäter von den Gerichten bestraft. Dieselbe Frage, *welcher Redakteur bei einer periodischen Druckschrift als »verantwortlich« zu gelten habe*, sei es der als verantwortlich auf der Druckschrift bezeichnete, sei es der thatsächlich mit Verantwortlichkeit handelnde Redakteur, wird übrigens noch in einigen anderen Fällen streitig. So z. B. im Falle des § 8 des Pressgesetzes. Dieser setzt fest, dass »*verantwortliche Redakteure*« periodischer Druckschriften nur solche Personen *sein dürfen*, welche verfügungsfähig, im Besitze der bürgerlichen Ehrenrechte und im deutschen Reiche domiziliert sind und gewöhnlich aufenthältlich sind. Es fragt sich, soll diese Vorschrift nur für die thatsächlich mit »Verantwortlichkeit« ausgerüsteten Redakteure periodischer Druckschriften gelten, oder bezieht sich dieselbe auch oder nur auf die auf Druckschrift als solche bezeichneten verantwortlichen Redakteure? Griffe erstere Annahme Platz, dann wäre der Fall denkbar, dass der auf der Druckschrift als verantwortlich bezeichnete Redakteur de facto gar nicht der verantwortliche Redakteur der Druckschrift ist, dass er aber deshalb als Scheinredakteur aufgestellt ist, weil er die in § 8 des Pressgesetzes bezeichneten Qualitäten in seiner Person vereinigt, während der wirkliche Redakteur, der das verantwortungsvolle Amt der Leitung der Druckschrift thatsächlich ausübt, die vom Gesetz geforderten besonderen Qualitäten nicht besitzt. — Siehe ferner auch die §§ 10 und 11 des Pressgesetzes, wo vom »verantwortlichen Redakteur« die Rede ist, daher ebenfalls die strittige Frage wieder auftaucht: Fürwen soll man sich hier entscheiden bei periodischen druckschriftlichen Erscheinungen? —

Nach § 18 Absatz 2 des Pressgesetzes soll der Verleger einer periodischen Druckschrift in Strafe genommen werden, wenn er die *fälschliche Bezeichnung* einer Person als »Redakteur« auf seiner Druckschrift wissentlich geschehen lässt. Hieraus lässt sich aber der Schluss ziehen, dass der Gesetzgeber eben mit Bezugnahme auf die in § 20 Absatz 2 aufgestellte *Rechtsvermutung*, (in dubio sei der als verantwortlicher Redakteur auf der Druckschrift Bezeichnete der Redakteur der Zeitschrift und deshalb auch als Thäter zu betrachten) der einem wahrheitsgemässen und richtigen Redaktionsvermerk bei periodischen Druckschriften ganz besonderen Wert gelegt hat.

Zu erwähnen ist, dass v. Buri zur Begründung der Anschauung, dass der auf der Druckschrift als verantwortlich bezeichnete Redakteur auch als der strafverantwortliche Thäter zu gelten habe, einige neue Gesichtspunkte sekundärer Natur ins Feld führt; v. Buri weist darauf hin, dass die gesetzlich vorgeschriebenen kurzen Verjährungsfristen hinsichtlich der Strafverfolgung von Pressdelikten sich nicht rechtfertigen würden, wenn nicht zugleich der Gesetzgeber davon ausgegangen wäre, dass der auf der Druckschrift als verantwortlich bezeichnete Redakteur ohne weiteres als der Schuldige zur Verantwortung gezogen werden könne und solle. Bedürfe es erst der genauen richterlichen Prüfung und Feststellung, ob der auf der Druckschrift benannte Redakteur mit dem für die Leitung und den Inhalt de facto verantwortlichen Redakteur identisch sei, so wären — wie v. Buri ganz richtig bemerkt — Fälle nicht ausgeschlossen, in welchen während der strafrichterlichen Suche nach dem verantwortlichen Redakteur im Wege des gewöhnlichen prozessualen Feststellungsverfahrens die kurzen Verjährungsfristen gegenüber dem wirklichen Thäter verstreichen würden und das begangene Pressdelikt möglicherweise ungesühnt bleiben müsste. Auch hätte der auf der Druckschrift als verantwortlich bezeichnete Redakteur im Falle des Vorliegens eines Pressdeliktes nicht viel besseres zu thun, als seine wirkliche Redaktionsthätigkeit einfach abzuleugnen, um auch nur den Schein einer Strafverantwortung im vorhinein von sich ab- und auf eine unbestimmte, erst näher festzustellende Person zu lenken. Als Begünstiger des wirklich verantwortlichen Redakteurs könnte aber in Fällen einer blossen redaktionellen

Schein-Verantwortlichkeit der Scheinredakteur nach v. Buri nur dann bestraft werden, wenn man ihm nachweisen könnte, dass er trotzdem vom strafbaren Inhalt der Druckschrift im gegebenen Falle Kenntnis und Verständnis besessen habe. Dieser Nachweis wird sich aber bei den mit bloss nomineller Verantwortlichkeit betrauten Redakteuren wohl in den seltensten Fällen durch die Gerichte erbringen lassen. Aus dem gänzlichen Fehlen jeder anderweiten Strafvorschrift für den *falschlich* als verantwortlich auf der Druckschrift sich bezeichnenden Redakteur, der auch unter die wegen Fahrlässigkeit bei Aufnahmen mit sträflichem Inhalt zur Verantwortung zu ziehenden Personen des § 21 des Pressgesetzes nicht gestellt werden kann — glaubt v. Buri des weiteren folgern zu müssen, dass auch dieser Redakteur unter die gesetzliche Präsumtion des § 20 Absatz 2 des Pressgesetzes bis zum erbrachten vollständigen Gegenbeweis seiner Unschuld falle, bis zur Erbringung jenes Beweises als verantwortlicher Redakteur gelten müsse. Wäre dem anders, so würde nach v. Buri die Haftbarkeit für Pressdelikte, welche das Gesetz doch begründen wollte, in erheblichem Masse abgeschwächt und es würde die Redaktionskommission des Pressgesetzes einer unverzeihlichen Unterlassungssünde bei seinerzeitiger Abfassung des Gesetzes sich schuldig gemacht haben, weil sie nicht einen Paragraphen in das Gesetz aufnahmen, welcher den Verlegern periodischer Druckschriften zur Pflicht machte, neben dem nominell als verantwortlich bezeichneten Redakteur der Behörde auch noch den wirklich verantwortlichen Redakteur der Druckschrift für die Fälle der strafrechtlichen Beurteilung bekannt zu geben.

Nicht uninteressant ist übrigens noch das Auftauchen einer dritten Meinung in der besprochenen Rechtsfrage, welche die von uns angeführten beiden Anschauungen in einer unseres Erachtens nicht glücklichen, weil noch weit strengeren Form zu vereinen sucht. Diese dritte Meinung geht dahin: § 20 Absatz 2 habe stets nur den wirklichen mit Redaktionsvollmacht ausgerüsteten Redakteur im Auge, könne also niemals einem blossen Scheinredakteur die Strafverantwortlichkeit für den Inhalt der Druckschrift aufbürden. Es greife jedoch auch die gesetzliche Vermutung der »Thäterschaft« gegen den wirklich verantwortlichen Redakteur der Druckschrift nur insofern Platz, als dieser gleichzeitig auf der in Frage stehenden Nummer der Zeitschrift (mit strafbarem Inhalte) auch benannt ist, im anderen Falle griffe § 20 des Pressgesetzes, d. h. griffen die allgemeinen Strafrechtsbestimmungen in Betreff der Thäterschaft Platz. Diese dritte noch kompliziertere Anschauung würde aber den Strafrichter zu einer zweifachen prozessualen Feststellung zwingen, bevor er wegen eines mittelst einer periodischen Druckschrift begangenen Pressdeliktes gegen eine bestimmte Person als Thäter einschreiten könnte. Vorerst müsste festgestellt werden, welche Personen unter den Redakteuren der Druckschrift mit redaktioneller Vollmacht und Verantwortlichkeit ausgestattet sind und welche Person als solche für denjenigen Teil der Druckschrift in Betracht kommt, in welchem der Aufsatz mit strafbarem Inhalt abgedruckt wurde. Wäre diese Person gefunden, so müsste weiter festgestellt werden, ob diese mit der auf der Druckschrift als »verantwortlich« bezeichneten Person identisch sei, und erst dann, wenn beides festgestellt wäre, würde die gesetzliche Vermutung der Thäterschaft gegen diese Person nach § 20 Absatz 2 des Pressgesetzes Platz greifen können. In anderen Fällen, in denen jene beiden Feststellungen nicht gemacht werden könnten, käme die Bestimmung von § 20 Absatz 2 gar nicht in Betracht, sie hätte sohin im allgemeinen alsdann gar keinen praktischen Wert. Es verbliebe als Endergebnis auch für die Verfolgung von mittelst periodischer Druckschriften begangenen Pressdelikten lediglich die allgemeine Strafvorschrift: Untrügliche Feststellung des wirklichen Thäters bzw. redaktionellen Veranlassers ad hoc. Ohne sie gäbe es keine Bestrafung wegen eines Pressdeliktes in einer periodischen Druckschrift.

Diese Grundsätze dürfen bis zur Anwendung in der Rechtspflege kommen müssten, dem redaktionellen »Verantwortlichkeitsvermerk« auf periodischen Druckerscheinungen fast jede rechtliche Bedeutung und Tragweite absprechen.

Eine klarere Fassung von § 8, § 20 Absatz 2 und § 21 des Pressgesetzes wäre jedenfalls allgemein wünschenswert, damit man wüsste, wer als »verantwortlicher Redakteur« vom Gesetz gemeint sei, der als solcher auf der Druckschrift bezeichnete, oder nur der mit Verantwortlichkeit handelnde Redakteur der Druckschrift.

Vignette aus
Schriftgiesserei C. F. Rühl
Leipzig

...Strebungen des Gustav-Adolf-Vereins wie bisher auch fernerhin zu Teil werden zu lassen.

Der Vorstand.

Halle, den 1. Februar 1899.

Gesetzlich geschütztes Original-Erzeugnis.

ARTISTIC · H. Berthold, Berlin SW. · Bauer & Co., Stuttgart.

No. 916. Cicero (12 Punkte). Min. 4 kg à ½ kg M 4.—

Roman 4 Kinder des Südens 5 Voss
Wohltätigkeitskonzert des Liederfels
ARMINHALLE 5 MASSENCHOR

No. 917. Tertia (16 Punkte). Min. 6 kg à ½ kg M 3.90.

Rügamers Universalbibliothek
Gedichtsammlung von Grothé
8 WALDESRAUSCHEN 5

No. 918. Kanon (36 Punkte). Min. 10 kg à ½ kg M 3.50

Maschinenfabrik Johannisberg
ZIER 8 INDUSTRIE 9 PLAN

No. 919. Text (20 Punkte). Min. 10 kg à ½ kg M 3.75.

Station deutscher Schiffe
FRISCHE TRAUBEN

No. 919. Doppelm. (20 Punkte). Min. 10 kg à ½ kg M 2.65.

Buchdruckerkunst
2 STERNHEIM 7

No. 921. Kl. Missal (48 Punkte). Min. 18 kg à ½ kg M 3.60.

Deutsches Buchgewerbe
64 KUNSTDRUCK 70

Eine hervorragende technische Leistung.

Die Firma König & Bauer in Würzburg hat ein Illustrationsdruck-Tableau herausgegeben, das in mehrfacher Hinsicht die besondere Beachtung aller Fachkreise verdient: es ist dies ein auf der variablen Rotationsmaschine von endlosem Rollenpapier mit einer Geschwindigkeit von ca. 4000 Exemplaren pro Stunde zweiseitig bedruckter Bogen starken Kunstdruckpapiers im Format von 104 Centimeter Breite und 126 Centimeter Länge. Die eine Seite enthält neben der kräftig geschnittenen Firmenzeile die Beschreibung der variablen Rotationsmaschinen und die Angabe der durch Austausch der Wechselräder druckfähigen verschiedenen Formate; daneben sehen wir eine Ansicht der Fabrik, der Maschine selbst und ausserdem ein Modelbild im Format von 45×60 cm, sowie 4 Reproduktionen vorzüglicher Holzschnitte bezw. Autotypien, welche zusammen noch einmal den Raum des Modelbildes einnehmen.

Bietet schon diese Vorderseite des Bogens durch die Zusammenstellung des leichten Textes mit den tiefschwarze Flächen zeigenden Bildern grosse technische Schwierigkeiten, so sind dieselben auf der Rückseite durch die Mannigfaltigkeit von 20 bildlichen Darstellungen, die neben Accidenzen, Musiknoten usw. zum Abdruck gelangten, noch gesteigert worden.

Geleitet von der Überzeugung, dass die König & Bauer'schen variablen Rotationsmaschinen auch zum Druck der schwierigsten Formen geeignet seien, hat der Berliner Vertreter der Firma, Herr Obermaschinenmeister Gustav Jahn, die aus 33 Bildern und 15 anderen Objekten bestehenden Formen unter absichtlicher Anhäufung technischer Schwierigkeiten zusammengestellt und die Aufgabe glänzend gelöst.*)

Die Klischees wurden zu dieser Arbeit *nicht* extra angefertigt, sondern leihweise überlassen; es wurden sowohl ziemlich offene wie auch unklare Klischees gewählt, um zu zeigen, bis zu welchem Grade der Feinheit des Schnittes oder der Ätzung man beim Rotationsdruck überhaupt gehen kann; von einzelnen Bildern waren bereits 10000 Exemplare auf der Flachdruckmaschine gedruckt worden, bevor sie für den Rotationsdruck abgeprägt wurden. Dem geübten Auge des Fachmannes bietet auch nach dieser Richtung hin das Tableau Gelegenheit zu interessanten Studien.

Jede Druckfläche wird gebildet aus vier rund gebogenen Galvanos im Format von 52×61 cm; vor wenigen Jahren noch hätte man die Herstellung solcher Platten für unmöglich gehalten und ihre Anfertigung wurde nur möglich durch die vorzüglichen Spezialmaschinen. Auch hier schon traten die Schwierigkeiten zu Tage, die dadurch bedingt waren, dass grosse, dunkle Flächen, die beim Abformen einen ungeheueren Druck erfordern, dicht neben leichtem Linienwerk standen. Die Platten wurden rund gebogen, nachdem sie bereits hintergossen, gehobelt und gerichtet waren. Welche Zähigkeit das Kupfer der Galvanos haben muss, geht daraus hervor, dass die drei Cicero starken Platten beim Biegen sich um ca. 3 Centimeter strecken. Merkwürdigerweise ist hiervon aber auf den Bildern nichts zu sehen.

Der Druck des vorliegenden Illustrationsbogens erfolgte auf einer variablen Rotationsmaschine No. 3, in der Buchdruckerei Hempel & Co. unter Leitung des Maschinenmeisters Günther.

Die Maschine selbst gestattet eine Ausnutzung von 104:126 cm, doch liefern unsere Papierfabriken zur Zeit Kunstdruckpapier in Rollen nicht breiter als 102 cm; das hier verwendete, von Karl Scheufelen in Oberlenningen hergestellte Kunstdruckpapier ist das breiteste, welches bisher in Deutschland in der Rolle angefertigt wurde. Einen Begriff von der enormen Leistungsfähigkeit einer solchen Maschine gewinnt man am besten durch die Thatsache, dass man auf derselben 6 Bogen Oktav auf einmal drucken kann, das ergiebt, da die Maschine pro Stunde 4000 bis 5000 zweiseitige Drucke liefert, in einer Stunde 24 bis 30000 Bogen eines Oktavwerkes.

Die zum Druck verwendeten Platten, deren jede 50 Kilo wiegt, gestatten Auflagen bis zu 800000 Exemplaren.

Die Maschinenfabrik König & Bauer baut solche Rotationsmaschinen für wechselnde Formate nach dem gleichen Prinzip auch für Zweifarbendruck, sie hat einfarbige bisher in 23 Exemplaren an die in dem Tableau näher bezeichneten Firmen geliefert bezw. in Auftrag, zweifarbige dagegen sieben.

Über die Einzelheiten in der Konstruktion dieser Maschinen, welche sich ihrer vielseitigen Verwendbarkeit wegen auch für feinen Illustrationsdruck eignen, sei noch folgendes bemerkt.

Durch Verwendung verschiedener Wechselräder lassen sich etwa von Millimeter zu Millimeter alle Formate bis herab zur Hälfte des Maximalformates erzielen. Das Abschneiden des Papiers von der Rolle

*) Eine ähnliche und eben so hervorragende Druckleistung wie die hier besprochene ging uns in den letzten Tagen von der Firma Oskar Brandstetter in Leipzig zu. Auch in diesem Falle ist ein Bogen von 104:126 cm beiderseitig mit Schrift und Illustrationen bedruckt. Die Firma Oskar Brandstetter hat Wert darauf gelegt, mit dem in Rede stehenden Prospekte nur Leistungen der eigenen Anstalt vorzuführen. Zeichnung und Ätzung auf der ersten und letzten Folioseite, sowie selbstverständlich das Gesamtarrangement des Prospektes und alle Stereotypplatten und Galvanos, sowie die photographische Aufnahme der Geschäftsgebäude sind vom ständigen Personal geliefert worden. Interessenten wird von der Firma Oskar Brandstetter in Leipzig auf direkt an sie gerichtetes Verlangen gern ein Exemplar des Prospektes übermittelt.

geschieht vor dem Druck; der Transport der geschnittenen Bogen über beide Druckzilinder erfolgt vermittelst eines Saugeapparates ohne Greifer und Bänder, der so exakt arbeitet, dass ein absolut genaues Register erzielt wird. Diese bänderlose Führung der Bogen über Druckzilinder bietet den Vorteil einer leichten und bequemen Zurichtung; die Druckzilinder besitzen zum Festmachen der Zurichtebogen und Aufzüge Klemmvorrichtungen wie die einfachen Schnellpressen. Das Farbwerk ist ein sehr vollkommenes, es hat vier Auftragwalzen, sechs Nacktzilinder, davon fünf mit rascher seitlicher Verreibung, fünf Massewalzen und eine Eisenwalze mit schraubenförmiger Oberfläche, welche die Farbe gleichmässig auf beide Auftragwalzenpaare verteilt. Das Abziehen des Schöndruckes auf den Widerdruckzilinder wird durch die Abschmutzvorrichtung vermieden, die an Stelle eines Ölbogens durch die Maschine führt und selbstthätig wieder aufwickelt. Der Bogenausgang ist derart geregelt, dass durch einen Bogenverteiler die aufeinander folgenden Bogen abwechselnd dem einen oder dem andern Ausleger zugeführt werden, auf diese Weise erfolgt das Auslegen auch bei der Maximalgeschwindigkeit (die in der Stunde 6000 Bogen beträgt) immer noch in geordneter Weise.

Das von der Firma König & Bauer herausgegebene Illustrations-Tableau liefert den besten Beweis, in welch vollkommener Weise die variable Rotationsmaschine ihre nicht leichte Aufgabe zu lösen vermochte.

Ein neuer Walzengiess-Apparat.

Als eine wirklich empfehlenswerte Neuheit ist der nachstehend abgebildete, gesetzlich geschützte neue Walzengiess-Apparat zu bezeichnen, der die alte Forderung erfahrener Walzengiesser und Maschinenmeister erfüllt, dass die *Walzenmasse bis zum eigentlichen Giessen in die Matrize dem Einfluss des Warmwassers nicht entzogen werden soll*. Aus diesem Grunde ist der Schmelzkessel (S) in Verbindung mit dem ihn umgebenden kupfernen Wasserkessel auf- und niederzustellen, je nachdem es die Höhe der in Verwendung kommenden Matrize erfordert. Der Wasserbehälter hat einen Stutzen (St), welcher die Beobachtung des Wasserstandes und das Nachfüllen des Wassers ermöglicht, ohne dass man die Masse dem Bade entnimmt. Die Auf- und Niederstellung der Kessel erfolgt dadurch, dass man die beiden Gegengewichte (A) vom Gestell durch Aufschrauben löst und so die durch (über die oben rechts und links sichtbaren Rollen gehenden) Drahtseile verbundenen Kessel in senkrechter Richtung beweglich macht. — Von dem Massekessel aus durch den Wasserkessel geht der Einfüllhahn (H) hindurch, der vor einer durch schräge Lage des Massekessels erzeugten Vorratskammer geschmolzener Masse liegt. Dadurch wird erzielt, dass die oberhalb eines Siebes geschmolzene Masse nur in ihren untersten Lagen, d. h. in unbedingt flüssigen bestimperierten Bestandteilen in den Ausfluss- bezw. Einfüllhahn eintreten kann. Dieser gestattet die Regulierung des Ausflusses in beliebiger Weise. — Die Heizung erfolgt durch Gas- oder Spiritusflammen.

Der Apparat erfordert wenig Platz, auf Wunsch wird er auf Rollen laufend geliefert. — Die Utensilienhandlung von *Alexander Waldow* steht gern mit Prospekten zu Diensten. Preis incl. Verpackung M. 120.—, excl. Rollen.

Ein französisches Urteil über deutsche Drucksachen.

Unterstützt von deutschen Buchdruckereien sowie von Giessereien sendet der Schreiber dieser Zeilen, dem daran liegt, dass das in manchen Kreisen Frankreichs herrschende schiefe Urteil über die Leistungen der deutschen Buchdruckerkunst mit der Zeit verschwinde, dem Professor der Pariser Fachschule für Buchdrucker, Victor Breton, hin und wieder Drucksachen zu. Wie kein anderer ist dieser Fachlehrer und Mitarbeiter an mehreren französischen Organen der Typographie geeignet, seinen Landsleuten ein richtiges Bild von dem gegenwärtigen Stande unserer Kunst zu geben.

Vor kurzem sandte ich Herrn Breton wieder Drucksachen zu, die der Accidenzfaktor der Julius Klinkhardtschen Buchdruckerei in Leipzig, Herr Oscar Böhme, die Güte hatte, für mich zusammenzustellen, und erhielt ich einige Tage später folgendes Dankschreiben, das ich hiermit im Auszuge sinngetreu übersetzt folgen lasse:

(*Ecole municipale Estienne, 18, Boulevard d'Italie*.)

Lieber Kollege! Gestern empfing ich die schöne und vollständige Sammlung von Drucksachen, die Sie die ausserordentliche Güte hatten, mir zu übersenden. Ich weiss nicht, wie ich mich ausdrücken soll, um Ihnen meinen Dank für Ihre Freundlichkeit zu bezeugen — so gross ist das Vergnügen, das ich beim Betrachten dieser wunderschönen Drucksachen empfinde ... Ich kann Ihnen versichern, dass diese Arbeiten eine wertvolle Hilfe für unsere Schüler sein werden, die unter diesen sehr guten Beispielen ihre Wahl treffen können. Ich danke Ihnen also nicht nur in meinem, sondern auch im Namen aller meiner Zöglinge für das Ihnen gemachte wertvolle Geschenk.

Die so schön ausgestatteten Drucksachen haben mir sehr gefallen. Man sieht, dass ein ausgewähltes und reiches Material zur Verfügung stand und von Arbeitern verwendet wird, die wirkliche Künstler sind. Sehr zu statten kommt uns, dass Klinkhardt alle graphischen Hilfszweige vereinigt finden ... Teilen Sie bitte Ihrem Chef mit, wie sehr ich die seinem Hause Ehre machenden Arbeiten bewundere, die der deutschen Buchdruckerkunst das schönste Zeugnis ausstellen. Meine Glückwünsche auch den verschiedenen Mitarbeitern für die Herstellung der ihnen anvertrauten Arbeiten.

Sehr freut es mich, dass Sie neben Luxusarbeiten auch kaufmännische Drucksachen mir zugesandt haben — diese sind mir für meinen Unterricht von grossem Nutzen.

Bezeugen muss ich auch, dass ich von Deutschland am besten unterstützt werde — von da erhalte ich die meisten Druckmuster. Mein Grundsatz ist es, meinen Schülern die Art zu zeigen, wie man in anderen Ländern arbeitet, um so ihren Geschmack zu bilden. Von allen diesen Ländern ist es Ihr Vaterland, werter Herr Kollege, woher ich die besten typographischen Studien erhielt und freue ich mich, den deutschen Buchdruckern diese Ehrung aussprechen zu können. Seien Sie, liebster V., der Dolmetscher meiner Gefühle gegen Ihre Landsleute und empfangen Sie die besten Grüsse und tausend Dank von Ihrem *V. Breton*.

Wie vorstehendes beweist, habe ich mich mit Freuden dieses Auftrages erledigt. Vielleicht auch bewegen diese Zeilen manchen Leser, Dubletten unter seiner Sammlung auszuscheiden und Herrn Breton zuzusenden.

Leipzig-R. *Otto Vetter*.

Originalsatz von Julius Klinkhardt, Leipzig.   Gedruckt mit Farben von Jaenecke & Schneemann, Hannover
N. Archiv für Buchdruckerkunst   Druck von Alexander Waldow, Leipzig

Neujahrs-Drucksachen.

I.

er Jahreswechsel giebt vielen Druckanstalten und graphischen Fachgeschäften die erwünschte Gelegenheit, ihren Geschäftsfreunden die eigene Leistungsfähigkeit durch effektvoll ausgestaltete Kalender, Glückwunschkarten oder -Briefe in empfehlende Erinnerung zu bringen; daneben hat sich der schöne Brauch eingebürgert, dass die Angehörigen der Druckgewerbe auch ihre Privat-Glückwunschkarten in eine gefällige und originelle Form zu kleiden bestrebt sind. So entstehen denn alljährlich viele schöne Drucksachen, denen die Fachpresse gern ein lobend Wort spendet. Der Redaktion des Archiv sind um die letzte Jahreswende eine Reihe solcher Drucksachen zugegangen, die im folgenden die gebührende Würdigung — wenn auch nur in knapper Form finden sollen.

Unter den Kalendern befinden sich einige Arbeiten, die als künstlerische Originalschöpfungen von besonderem Werte sind und die deshalb zuerst genannt werden sollen. Der Wandkalender von R. v. Waldheim in Wien imponiert durch seine prächtige, sinnige Zeichnung, die durch eine sattere Färbung sicher noch gewonnen hätte; lobenswert ist die übersichtliche Anordnung und klare Darstellung des Kalendariums. Hamburger & Birkholz in Budapest druckten ihren Kalender in leuchtenden Farben mit goldglänzendem Hintergrund. Der Wandkalender von Julius Sittenfeld in Berlin wurde im modernen Plakatstil ausgestattet; der sehr lebhaft wirkende Schmuck lässt leider zu wenig Raum für das Kalendarium, das nur aus einer zweiundfünfzigmaligen Wiederholung der Namen der Wochentage: Sonntag, Montag usw. bis Sonnabend, besteht; das Blatt ist ein gutes Reklamebild, aber kein Kalender. Sehr wirkungsvoll ist der Kalender der Joh. Conr. Herbert'schen Hofbuchdruckerei (Fr. Herbert) in Darmstadt; das Kolorit der hübschen Zeichnung halten wir aber für verfehlt, die geraungnroten Haare, Gesichts- und Armkonturen der weiblichen Figur wollen uns gar nicht gefallen. Einen schönen und wirklich praktischen Tafelkalender schuf die Huelsdruckerei A. Ganghofer in Ingolstadt; das Kalendarium ist in deutlicher Schrift und übersichtlicher Anordnung quartalsweise in einem schön gezeichneten Rahmen gedruckt und auf die vier Seiten zweier im Falz zusammenhängender Papptafeln geklebt, deren Ränder mit Kaliko umfasst sind. Dasselbe Lob verdient der Kalender der Haenel'schen Hofbuchdruckerei in Magdeburg, die das Kalendarium gleichmässig auf zwei Seiten um eine schöne allegorische Originalvignette gruppiert hat. Die Schriftgiesserei Nebiolo & Co. in Turin, deren Kalender in den früheren Jahren wundernswerte Satzkompositionen darstellten, verwendete diesmal eine gutze moderne Originalzeichnung grossen Umfanges zum Schmuck ihres Wandkalenders, dessen vielfarbiger Druck das beste Lob verdient. Die Schriftgiesserei Richard Gans in Mainz wählte eine Dekoration in japanischem Geschmack für ihren Plakatkalender; eine schwierige, aber geschickt durchgeführte Satzleistung und vortrefflich gedruckt. Bloschen & Sartorius in Amsterdam sandten einen sorgfältig ausgestatteten Wandkalender, dessen schlichter Schmuck hauptsächlich durch geschickt gebogenen Linien gebildet wurde. Solide und geschmackvolle Satzarbeiten zeigen die Wandkalender der k. k. Hofbuchdruckerei Jos. Feichtingers Erben (Haas Drouol) in Linz a. D. und Gebrüder Gotthelft in Cassel.

Der Kalender von Gebrüder Jaenicke in Hannover ist auf vier Quartblätter verteilt, die durch eine Seidenschnur zusammengehalten werden; jedes Blatt ist stimmungsvoll der Jahreszeit entsprechend dekoriert, das sehr deutliche Kalendarium wird durch die Verzierungen gefällig umrahmt. Sehr gut in den Farben und im Druck ist der Kalender von Gebrüder Grunert in Berlin; auch die Gruppierung des Satzes ist äusserst gefällig, die Verzierungen aber — so schön sie für sich sind — passen im Charakter und in den Grössenverhältnissen gar nicht zusammen.

Die bisher besprochenen Kalender waren glatte Wandkalender; wir kommen nun zu einer Gruppe von Kalendern, die auf einer reich ausgestatteten Tafel das Kalendarium in Form von Abreissblocks tragen, also gewissermassen mit Abreisskalender kombinierte Reklameplakate sind. Unter den uns vorliegenden Kalendern dieser Art verdient als die feinste Arbeit derjenige von J. J. Wagner & Co. in Zürich genannt zu werden; die Ausführung ist bis auf die Prägung zweier Medaillenpaare Buchdruckerarbeit von einer tadellosen Sauberkeit und Schärfe. Die Schriftgiessereien C. F. Rühl in Leipzig, A. Numrich & Co. in Leipzig und die Rudhard'sche Giesserei in Offenbach a. M. stattetn ihre Kalendarium gleichartig aus und benutzten dazu ihre neuesten Erzeugnisse. Hübsch und praktisch ist der Abreisskalender von Gebrüder Gotthelft in Cassel; dem Abreissblock mit Wochenblättern gegenüber wurde ein Notizblock angeordnet. Recht gefällig und brauchbar eingerichtet ist auch der Kalender von J. L. Stich in Nürnberg, die Ausstattung ist vorzüglich, das Deckblatt des Abreissblocks enthält in einer schönen Originalvignette den Glückwunsch des Spenders. Modern in Zeichnung und Farben ist der Kalender von Wilhelm Gronau's Schriftgiesserei in Berlin. Die Grossbuchbinderei Otto Vogel in Berlin liefert in der Tafel zu ihrem Abreisskalender eine prächtige Probe des Buchbinder-Farbendrucks; die Farben der schönen Komposition sind von bewundernswürdiger Reinheit und Tiefe. Einen Drehkalender sandte die Buch- und Steindruckerei Louis Passmos in Stettin; unter einer sechseckigen, reich in Rokokostil dekorierten Tafel ist der Kalender auf einer runden Scheibe so angebracht, dass er sich in der die beiden Blätter in der Mitte verbindenden Öse drehen lässt; ein Ausschnitt des Deckblattes lässt das Kalendarium eines Monates hindurchsehen und durch Drehen der Kalenderscheibe kommen die Monate nacheinander zum Vorschein. Der Abreisskalender der Langenscheidtschen Verlagsbuchhandlung in Berlin ist seines reichhaltigen Textes wegen interessant; jedes Tagesblatt enthält geschichtliche Notizen, Zitate und meistens ein Porträt von litterarisch bedeutenden Persönlichkeiten. Die L. V. Eudersche Kunstanstalt (Bosch & Schleif) in Neutitschein sandte einen Abreisskalender, dessen Rückwand und Block-Deckblatt in Chromolithographie ausgeführt sind.

Die Farbenfabrik Heit & Co. in Hamburg spendet ihren Geschäftsfreunden einen Abreisskalender, dessen Rückwand eine Eule darstellt, die trefflich in Chromolithographie ausgeführt und ausgestanzt ist; die Flügel, Augen und Ohren sind nach Art der Zielfiguren beweglich; der Abreissblock ist auf der Brust der Eule, die an einem blauen Bande aufzuhängen ist, befestigt. Dieser Kalender ist unstreitig der originellste aller erschienenen und eine wirksame Reklame.

Als letzte Gruppe haben wir noch einige Kalender in Buchform zu besprechen. Der Notizkalender in Querokitiv, den die Buchdruckerei Otto Elsner in Berlin seit mehreren Jahren herausgiebt, ist auch diesmal wieder sehr sorgfältig ausgestattet; die jedem Monat vorgehefteten Titelblätter zeigen den gleichen Text in zwölf verschiedenen Ausführungen als Beispiel für die Möglichkeit der mannigfaltigsten Gestaltung eines Druckauftrages, sie sind ganz ausgezeichnete Proben der Leistungsfähigkeit der renommierten Offizin, wie denn überhaupt die gesamte Ausstattung des Buches eine wirksame Empfehlung bildet. Der niedliche Taschenkalender von J. P. Bachem in Köln ist wie seine Vorgänger wieder eine Probe eines guten Geschmackes und eines seltenen technischen Könnens. Das gleiche gilt von dem Kalender der Hofbuchdruckerei Julius Krampe in Braunschweig, der in Oktavformat vorliegt; der Umschlag ist durch eine schöne Originalvignette geschmückt, die Kalenderseiten enthalten in einer gefälligen Handverzierung je eine Ansicht aus Braunschweig und lassen neben dem Kalendarium Raum für Notizen; hinter dem Titel ist ein Porträt des am 23. Juni v. J. verstorbenen Mitinhabers der Firma, des Herrn Julius Krampe, eingefügt. Eine treffliche Satz- und Drucklistung ist endlich auch der Notizkalender in Quartformat, den die Firma Viktor Hornyánszky in Budapest herausgab; der Titel ist ein ganzer Dreifarbendruck, den Monatsseiten gegenüber sind in abwechselnder Ausstattung Empfehlungen der Firma eingeschaltet.

Schriftgiesserei-Neuheiten.

Die in diesem Hefte vorgeführte Uncial-Gotisch von *Wilhelm Woellmer's Schriftgiesserei* lehnt sich den Schriftformen alter Meister der Buchdruckerkunst an, sie hat auch sehr viel Ähnlichkeit mit der Troy type und Chaucer type von William Morris (s. Heft 8.9 1898). Die Uncial-Gotisch wird für Drucksachen in moderner Ausstattung vorzüglich geeignet sein, die grösseren Grade sind dort deutlich, während uns die kleineren Grade etwas zu eng erscheinen.

Eine moderne Antiqua-Accidenzschrift, die sicher viele Freunde finden wird, gaben die vereinigten Schriftgiessereien *H. Berthold* in Berlin und *Bauer & Co.* in Stuttgart unter dem Namen *Artistic* heraus. Wir konnten die Schrift bereits im 1. Heft erwähnen und führen sie im heutigen Heft in allen Graden, von Cicero bis 4 Cicero vor. Die energischen und originellen Züge der Schrift werden auf Reklamedrucksachen aller Art von guter Wirkung sein, wenn es der Setzer versteht, bei Beachtung von Ruhe und Übersichtlichkeit die Schrift geschickt anzuordnen.

Die Firma *D. Georgi* in Offenbach a. M. veröffentlicht in diesem Hefte eine Auswahl *moderner Inserat-Vignetten*, die wir der Beachtung empfehlen.

Wilhelm Woellmer's Schriftgiesserei in Berlin sendet uns eine Anzahl Probeblätter, die verschiedene sehr beachtenswerte Neuheiten bringen. Die Reklameschrift *Roland* ist unseren Lesern bereits aus einem frühern Hefte bekannt; die Schrift eignet sich, wie auf einem der vorliegenden Blätter bewiesen, auch vortrefflich für den Druck kleinerer Plakate. Eine vorzügliche Neuschöpfung ist die *fette Globus*, eine Gotisch mit schmalen, kräftig und deutlichen Bilde, deren Formen auch den modernen Ansprüchen genügen. Wir finden ferner mehrere Vignetten in modernem Charakter und eine Serie schwungvoller Schreibschriftzüge. Diese neuen Proben geben aufs neue Zeugnis von dem eifrigen Streben der Firma, dem Buchdrucker ein zeitgemässes Material in gefälliger Form darzubieten.

Die k. k. *Hof-Schriftgiesserei Poppelbaum* in Wien hat vor kurzem Heft 11;12 ihrer *Typographischen Neuigkeiten* als »Kaiser Jubiläums-Ausgabe« herausgegeben. Das Heft wird durch ein Porträt Kaiser Franz Josephs eingeleitet und bringt im textlichen Teile Aufsätze über das Papier, die Schriftgiesserei und Reise-Erlebnisse eines Buchdruckers. Unter den Schriftproben fallen zunächst die Originalschnitte einer »Kräftigen Fraktur« und einer Renaissance-Antiquaschrift »Renata« auf; zu letzterer sind eine entsprechende Kursiv und halbfette »Renata« vorhanden. Es folgen: halbfette Mediaeval und breite fette Mediaeval; »Romana« und »Romana-Kursiv«; Reklame-Kursiv und Reklame-Elzevir; »Washington« und »Cleveland«, zwei Groteskschriften, erstere in magerm, letztere in halbfettem Schnitt; »fette Spleen-Script«, eine auffällige Reklame- und Inseratenschrift; »Goliath«, eine sehr breite fette Renaissance; drei gute Accidenzschriften sind: »Dynamo«, »Lincoln« und »Atlanta«. Von dem Ziermaterial verdienen besondere Erwähnung: Gelegenheits-Vignetten, Streublumen, stumpffeine Ornamente, Untergrundmuster, Palmetto-Ornamente, Linien-Verzierungen, Rosen- und Myrthen-Einfassung, Zeilenschmuck, Nationale Ornamente mit Initialen, Inserat-Einfassungen, Vignetten, Wappen. Die Schlussseite füllt eine Serie »Sezessionistische Einfassungen«.

Ein Heft mit »*Neuheiten* im Charakter der modernen Kunstrichtung« hat die *Aktiengesellschaft für Schriftgiesserei und Maschinenbau* in Offenbach a. M. herausgegeben. Das Heft enthält eine grosse Auswahl von Blumen-Vignetten, die zum Teil in Anwendungen vorgeführt sind. Umschlag und Titel erinnern an japanische Dekorationsweise, sind aber etwas zu bunt ausgefallen, auch sind zu viele Motive aufeinander gehäuft. Die Vignetten sind in verschiedenen Grössen hergestellt und dadurch für mannigfache Zwecke geeignet.

No. 1461 M. g.—.  No. 1462 M. 1.—.

Wilhelm Woellmer.

Zeitschriften- und Bücherschau.

—° *Ein Missale speciale*, Vorläufer des Psalteriums von 1457. Beitrag zur Geschichte der ältesten Druckwerke von Otto Hupp 1898. Druck und Verlag der Nationalen Verlagsanstalt, Buch- und Kunstdruckerei, A.-G., München-Regensburg. — Das älteste datierte, mit Typen gedruckte Buch ist der Fust-Schöfferische Psalter von 1457; nachweislich älter als dieser sind die 42 zeilige und die 36 zeilige Bibel, Ablassbriefe aus den Jahren 1454 und 1455, die »Mahnung der Christenheit wider die Türken« von 1454, der »Donat« und ein Kalender für 1454. — Nun überrascht der als Künstler in Buchgewerbekreisen wohlbekannte *Otto Hupp* uns mit der Mitteilung, dass noch ein bisher ganz unbekanntes Buch vorhanden ist, dessen ganzer Charakter ihm dem Alter nach einen Platz neben den beiden Bibeln, wenn nicht gar vor ihnen anweist. In einer sehr anziehend geschriebenen und durch zahlreiche Lichtdruck-Faksimile illustrierten Broschüre führt Hupp den Nachweis, dass ein von ihm aufgefundenes Missale speciale mit den kleineren Typen des Psalters von 1457 gedruckt ist, und zwar, wie an vielen Eigentümlichkeiten des Druckes zu erkennen ist, bereits *vor* dem Psalterdruck. Die gesamte Ausführung des Missale lässt erkennen, dass der Drucker noch ungeübt war, während der Psalter als ein Meisterstück der Druckkunst gilt; im Missale ist nur eine Schriftgrösse vertreten, während der Psalter noch einen grösseren Grad enthält, die Inzialen und die Versuszeichen sind im Missale noch eingeschrieben, im Psalter bereits gedruckt; der Rotdruck des Psalters ist sehr vollkommen durchgeführt, während im Missale in zwei verschiedenen Verfahren und mangelhaft erscheint. Hupp ist geneigt, den Druck des Missale Gutenberg zuzuschreiben und der Zeit nach vor die Bibeldrucke zu setzen, er meint, dass der Erfinder seine Kunst zuerst an einem kleinen Werke versucht haben dürfte, bevor er das Riesenwerk des Bibeldruckes unternahm. Das Missale speciale ist aller Wahrscheinlichkeit nach ein Überrest der allerersten Drucke Gutenbergs und wäre damit das *älteste* bekannte mit Typen gedruckte Buch.

—° *Der Stereotypeur*. Herausgegeben von Karl Kempe in Nürnberg. Die soeben erschienene Winterausgabe 1898/99 hat folgenden Inhalt: Jahresschluss. Zum neuen Jahre. An der Schwelle des Jahrhunderts. Die Kosmos-Schnellpresse mit Zylinderbremse. Gehört die Bleiasche dem Stereotypeur? Das Oxydieren der Schriften. O welche Lust, Buchdruckereibesitzer zu sein? Seefahrende Buchdrucker. Unfall-Entschädigung in England. Das Rutschen der Treibriemen. »Aha« () weh! Was kostet eine galvanoplastische Werkstatt-Einrichtung? Spezial aus des Kempewerkes. Technischer Briefkasten des Kempewerkes. Litterarisches. Die Graphischen Künste der Gegenwart. Erfahrungen in der Trocken-Stereotypie.

—° *Meisterwerke der Baukunst und des Kunstgewerbes* aller Länder und Zeiten. Mit Bildmassen und Lebensbeschreibungen ihrer Schöpfer. Herausgegeben von Hubert Joly. — Verlag von K. F. Köhler in Leipzig. Preis des Heftes mit 23 Abbildungen 2 M., alle Monate erscheint ein Heft. Was Menschenhände Gewaltiges und Bewundernswertes geschaffen haben in Architektur und Kunstgewerbe, in alter und neuer Zeit, das soll hier in einem gross angelegten Sammelwerke in Bild und Wort dargestellt werden. Das erste Heft enthält in vorzüglichen, bei Fr. Richter in Leipzig gedruckten Autotypien Meisterwerke der Baukunst und des Kunstgewerbes aus den verschiedensten Epochen Italiens, die weiteren Hefte sollen Kunstwerke aus Deutschland, Italien, Frankreich, Grossbritannien, Belgien, Holland, Österreich-Ungarn, Schweiz, Dänemark, Schweden-Norwegen, Spanien, Portugal, Russland, Türkei, Griechenland, Ägypten, Amerika, Indien, Japan und China bringen. Das Werk bildet für jeden Kunstfreund eine Fundgrube, ein Musterbuch aller Kunstformen und -Richtungen, das auch für unsern Beruf manche gute Anregung bringt. Das Unternehmen verdient aufrichtige Anerkennung und Empfehlung.

— Die uns heute vorliegenden Hefte 7 bis 10 von *Bühne und Welt*, Verlag von Otto Elsner, Berlin) versammeln eine Reihe der angesehensten Namen der deutschen Schriftstellerwelt und beweisen damit, dass die schon vielfach gerühmte Zeitschrift sich in der kurzen Zeit ihres Bestehens thatsächlich einen ersten Platz erobert hat.

Verschiedene Eingänge.

Eine Sammlung von Druckproben bunter Illustrationsfarben versandte die Firma *Berger & Wirth* in Leipzig. Zwei Autotypien ein hübsches Kinderporträt in Rokokorahmen, umgeben von einem Landschaftsbilde als Randverzierung sind auf 13 Blättern in eben so viel Farbenpaaren sauberst gedruckt, das Bild in einer gebrochenen dunklen Farbe, der Rand in einer mit ersterer harmonierenden Tonfarbe. Die Blätter werden von ihren Empfängern sicher gern bei der Auswahl von Illustrationsfarben benutzt werden und ihren Zweck als Empfehlung der Farben erfüllen.

Die *Fuldaer Aktiendruckerei* hat zur Feier ihres 25jährigen Geschäftsjubiläums eine sorgfältig ausgestattete Gedenkschrift herausgegeben. Die genannte Offizin wurde am 5. Dezember 1873 zum Zwecke des Druckes der »Fuldaer Zeitung«, die damals in beschiedenen Interessen dienen sollte, gegründet. Das Geschäft begann mit einem Betriebskapital von 12000 Mark in bescheidenen unmöblierten Räumen. Die wöchentlich dreimal erscheinende Zeitung war zuerst das hauptsächlichste Druckarbeit, dann mehrten sich auch die Accidensarbeiten, es wurde das »Schulblatt« noch in Druck und später der »Fuldaer katholische Volkskalender«, der seit 1886 den Titel »Fuldaer Bonifaziuskalender« führt, in Verlag genommen. Von 1884 an erscheint die Fuldaer Zeitung täglich, die Druckerei wurde in ein ehemaliges Kloster verlegt und weitere Verlagsunternehmungen mehrten die Arbeit. 1891 bezog die Druckerei ein neues, eigenes Heim, wo sie sich in allen Teilen ausdehnen konnte. Gegenwärtig beschäftigt das Haus ein Personal von 46 Personen. — Wir wünschen dem Hause zu seinem Ehrentage fernere Blühen und Gedeihen.

Von der Lithographischen Anstalt, Stein- und Buchdruckerei *F. Barwolf* in Greifswald gehen uns einige Ansichts-Postkarten zu, die nach einem als Gebrauchsmuster geschützten Verfahren der Vereinigung des Steindrucks mit dem Lichtdruck ausgeführt worden; die Farben wurden lithographisch vor- und die Kontur im Lichtdruck darüber gedruckt. Die Wirkung der Bilder ist wirklich vorzüglich und naturgetreu, die gesamte Ausführung sehr sauber; trotzdem werden die Karten zu einem mässigen Preise geliefert (40 Mark für 1000 Stück), so dass die genannte Firma einen guten Erfolg erwarten darf.

Die Beilagen zum 3. Heft.

No 3100 M. 3.
C. F. Kahl

Die dem vorliegenden Hefte seitens der Firma J. G. Schelter & Giesecke in Leipzig beigesteuerte **Illustrationsbeilage** beweist in mehrfacher Hinsicht die grossen Fortschritte der neueren Reproduktions-Verfahren. Das schöne Porträt Beethovens ist eine **Halbtonätzung** nach einem **Stahlstich**, die alle Feinheiten des Originals erkennen lässt. Zum Druck des Blattes wurde ein *Galvano* der Ätzung benützt und damit auch ein Beweis für die Leistungsfähigkeit der galvanoplastischen Anstalt der genannten Firma gegeben; der Druck von dem Galvano steht demjenigen von einer Originalätzung durchaus nicht nach.

Von unseren **Accidenzbeilagen** möchten wir zuerst das *Diplom* erwähnen, das trotz seiner schlichten Ausstattung von trefflicher Wirkung ist. Die beiden Einfassungen, die zum Satze des Randes verwendet wurden, sind neuere Erzeugnisse von *Wilhelm Woellmer's Schriftgiesserei* in Berlin; die Zeilen wurden einheitlich aus der prächtigen Renaissance-Fraktur der Schriftgiesserei *E. J. Genzsch* in München gesetzt, einer Schrift, deren gediegene Formen alle Wandlungen der Mode überdauern werden. Die zum Druck verwendeten Farben bezogen wir von *H. Gauger* in Ulm a. D.

Den Satz der auf Blatt N abgedruckten Accidenzarbeiten verdanken wir der Schriftgiesserei *Julius Klinkhardt* in Leipzig. Der Quartbriefkopf und die erste und vierte Seite einer Besuchsanzeige sind vorzügliche Beispiele der modernen Accidenzausstattung, die verwendeten neuen Schriften und Verzierungen der genannten Firma kommen hier zu bester Wirkung. Die beiden Farben: Helles Rot und helles Oliv lieferte die Farbenfabrik von *Gebr. Jaenecke & Fr. Schneemann* in Hannover.

Auf Blatt F kamen drei neue Vignetten von *A. Numrich & Co.* in Leipzig zur Anwendung, die sich durch hübschen, flotten Entwurf auszeichnen. An Schriften kamen im oberen Beispiel die modernen Versalien von *Bauer & Co.* in Stuttgart, im mittleren die Zierschriften »Wodan« und »Walküre« (zur Zeile Adalbert Wending als Zweifarbenschrift »Gudrun« zusammengedruckt) von *J. G. Schelter & Giesecke* in Leipzig und im unteren Beispiel die »Moderne Grotesk« von *C. F. Rühl* in Leipzig zur Verwendung. Wir druckten das Blatt mit Blaulack und Olivgrün von *Kast & Ehinger* in Stuttgart.

Die Fabrik für Buch- und Steindruckfarben, Firnisse und Walzenmasse *Hermann Gauger* in Ulm a. D. (Inhaber Hermann Kraft) giebt dem heutigen Hefte ein Empfehlungsblatt bei, das wir freundlicher Beachtung unserer Leser empfehlen.

Von *Wilhelm Woellmer's Schriftgiesserei* in Berlin ist diesem Hefte ein Musterblatt beigegeben, das in gefälliger Gruppierung alle Grade der *fetten Globus* dieser Firma vorführt.

Eine Beilage der *Schnellpressenfabrik Worms, Ehrenhard & Gramm*, bringt eine mit Illustrationen

No 1054 M. 1 bis
J. John Söhne
Hamburg.

versehene Beschreibung einer Spezial-Schnellpresse für feinsten Autotypie- und Chromotypiedruck. Die Beilage ist ein neuer erfreulicher Beweis dafür, dass sich unsere deutschen Schnellpressenfabriken des Baues einer den heutigen Anforderungen entsprechenden Druckmaschine ernstlich annehmen und dass sie auf dem besten Wege sind, ihren Erzeugnissen wieder den hervorragenden Platz zu erobern, der ihnen eine zeitlang von anderen Nationen streitig gemacht wurde.

Zwei diesem Hefte beigegebene Doppelblätter mit *Illustrations-Proben* aus der Illustrierten Zeitung (Verlag von J. J. Weber in Leipzig) sind vorzügliche Leistungen des Holzschnittdruckes und können unseren Druckern als Muster dienen. Ihre Blätter sind gleichzeitig Proben einer Illustrations-Farbe W C N I der Fabrik von *Gebr. Jaenecke & Fr. Schneemann* in Hannover und Newark bei New-York; der saubere Druck, das tiefe Schwarz sind Kennzeichen einer feinen Farbe. Die beiden Blätter werden ihre Aufgabe auch nach dieser Seite hin erfüllen.

Die diesem Hefte beigegebene Preisliste über Buch- und Steindruckfarben, Bronzefarben, Blattmetalle, Blattgold und verschiedene andere Waren der Firma *Carl Iserlen* in Leipzig sei ebenfalls eingehender Beachtung bestens empfohlen.

In einem Briefumschlage finden unsere Leser diesem Hefte eine Einladung zum *Beitritt zum Deutschen Buchgewerbeverein* beigegeben, der wir besten Erfolg wünschen.

Mannigfaltiges.

Jubiläum. Am 7. Februar beging der langjährige Druckereifaktor der Buchdruckerei A. Wohlfeld in Magdeburg, Herr *Carl Diesel*, das Fest seiner 50jährigen Thätigkeit in genannter Anstalt. In diesem Zeitraume hat sich das 1830 gegründete kleine Geschäft unter seiner Mitwirkung zu einem blühenden Betriebe entwickelt. Diesem seltenen Fleisse und noch seltener Ausdauer entsprechend wurden dem Jubilar reiche Geschenke von seinem Chef gemacht, dem sich die Spenden des Personals und ungezählte Ehrungen von nah und fern anschlossen. Den verdienten Lorbeerkranz stiftete ihm der Magdeburger Prinzipal-Verein. Dem drei und mehr Jahre in der Buchdruckerei A. Wohlfeld beschäftigten Personal ist anlässlich dieses Tages von dem jetzigen Firmen-Inhaber, Herrn Paul Wohlfeld, der Zinsgenuss eines Kapitals von vorläufig 18000 Mark überwiesen worden. Die Zinsen sollen alljährlich verteilt und das Grundkapital bei besonderen Anlässen durch weitere Spenden erhöht werden.

— *Gestorben:* In Pilsen am 28. Januar der ehemalige Buchhändler und Buchdruckereibesitzer Herr *Karl Maasch*, in Militsch am 4. Februar Herr Buchdruckereibesitzer *Hugo Lachmann*.

— *Auszeichnung.* Dem verdienstvollen Vorkämpfer der »Kunst im Buchdruck«, Herrn Dr. *Peter Jessen*, Direktor der Bibliothek des Kgl. Kunstgewerbemuseums in Berlin, wurde der rote Adlerorden 4. Kl. verliehen.

— O. V. Zum Gedächtnis des am 15. Juli v. J. verstorbenen Kommissionsrats *Oskar Bonde*, Buchdruckereibesitzer in Altenburg, haben die Inhaber dieser Firma eine Stiftung im Betrage von 10000 M. begründet und deren Zinsen zu Unterstützungszwecken für das Geschäftspersonal bestimmt.

—* Die Firma *Giesecke & Devrient* in Leipzig giebt unterm 2. Januar bekannt, dass sie Herrn Raimund Giesecke und Herrn Alphonse Devrient als Teilhaber aufgenommen hat. Die Prokura des Herrn Alphonse Devrient ist demnach erloschen, während diejenige des Herrn Richard Brunner für das Berliner Haus der Firma in Kraft bleibt. Ferner wurde Herrn Johannes Giesecke für das Leipziger und Berliner Haus Prokura, ausserdem den Mitarbeitern Herren Otto Armbrecht und Wilhelm Heydenbluth Kollektiv-Prokura für das Leipziger Haus erteilt mit der Massgabe, dass jeder der beiden letztgenannten Herren die Firma in Gemeinschaft mit einem andern Prokuristen rechtsverbindlich zeichnet.
— Herr *Gustav Butz*, Buchdruckereibesitzer und Verleger der Hagener Zeitung in Hagen i. W., hat seinem Sohne, Herrn Eduard Butz, für Buchdruckerei und Verlag Prokura erteilt.
—* Die Firma *H. H. Ullstein* in Leipzig hat wieder ein neues Musterbuch mit *Umschlagpapieren* herausgegeben, das zwanzigste, Abteilung VIII, enthaltend die Blätter 1680 bis 1801. Die Blätter, im Format etwas über Postkartengrösse, führen 222 verschiedene Pressungen auf zahlreiche Papierfarben vor und gewähren eine bequeme Auswahl für jeden Bedarf.
—* Die *Graphische Verlagsanstalt* in Halle a. S. hat zwei weitere Muster ihrer *Graphischen Künstler-Postkarten* erscheinen lassen. No. 3 zeigt in reicher ornamentaler Umrahmung die Gutenberg-Presse und Porträts von Gutenberg, Fust und Schöffer; No. 4 bringt in gefälliger Gruppierung ein Gutenberg-Medaillon und Ansichten der ältesten Mainzer Druckhäuser.
— *Dem Deutschen Buchgewerbeverein* können bekanntlich nach den neuen Satzungen auch buchgewerbliche Vereine im ganzen beitreten; in Leipzig haben nun zwei angesehene Vereine sogleich hiervon Gebrauch gemacht: die Typographische Gesellschaft und der Xylographen-Verband. Wie wir hören hat auch der Leipziger Künstlerverein die Absicht, sich dem Deutschen Buchgewerbeverein anzuschliessen. Zweifellos werden andere Städte bald folgen.
— Die typographische *Gesellschaft* in Leipzig veranstaltete auf Anregung des Deutschen Buchgewerbevereins am 17. Februar einen Diskussions-Abend, der sich unmittelbar an den fünften Vortrag des Herrn Dr. Jessen anschloss. Der Abend verlief äusserst angeregt, und Herr Vortragende gab bereitwilligst Auskunft über alle Fragen, welche über den Inhalt seiner bisherigen Ausführungen aufgetaucht waren.
— *Im Sächsischen Kunstverein zu Dresden* hielt am 19. Februar der Direktor des Buchgewerbemuseums zu Leipzig, Herr Dr. R. Kautzsch, einen Vortrag über die durch Vermittelung des Deutschen Buchgewerbevereins dort veranstaltete Holzschnitt-Ausstellung. Wir werden einen ausführlichen Bericht hierüber nach Abschluss der Jessen'schen Vorträge bringen. Es ist erfreulich, dass der neue Leiter des Buchgewerbemuseums so bald Gelegenheit gefunden hat, auch ausserhalb Leipzigs anregend zu wirken.
— *Spezialkursus an der k. k. Graphischen Lehr- und Versuchsanstalt in Wien.* Am 9. Januar wurde an der k. k. Graphischen Lehr- und Versuchsanstalt in Wien ein Spezialkursus über »Skizzieren und Zeichnen, mit besonderer Berücksichtigung der Typographie« eröffnet. Die Beteiligung der bereits in der Praxis thätigen Buchdrucker war an diesem Kursus war eine sehr rege. Trotzdem 30 Arbeitsplätze im Zeichensaale für diesen Kursus reserviert waren, überstieg die Zahl der sich Anmeldenden die Zahl der verfügbaren Plätze. Die Dauer des Kursus beträgt 3 Monate.

—O.V. In der letzten Sitzung der Aufnahmekommission für die *Pariser Weltausstellung* wurde mitgeteilt, dass in Gruppe 13 (Buchdruckerei) bis jetzt 109 Anmeldungen eingegangen seien. Der der Typographie eingeräumte Platz ist dreimal überzeichnet.
— o. *Zeitungsfabrikation auf photographischem Wege.* In der »Post« lesen wir: Der Typographen-Streik in Antwerpen hat dem »Petit Bleu« in Brüssel auf eine merkwürdige Idee gebracht. Er wollte zeigen, dass man eine Zeitung ohne Druckbuchstaben, ohne Mitwirkung von Druckern und Setzmaschinen, mit einem Worte ohne Anwendung des von Gutenberg erfundenen und von seinen Nachfolgern verfeinerten Druckverfahrens herstellen kann. Und er gab wirklich am Sonntag, den 8. Oktober, eine zwei Seiten starke, reichlich illustrierte Beilage heraus, die auf den ersten Blick erkennen lässt, dass die üblichen Typen nicht zur Herstellung des Satzes gedient haben. Alle Manuskripte waren mit der Schreibmaschine kopiert und auf Metall photograviert worden. Dieses Metall wurde dann graviert, wie das jedeu Tag mit der Zeichnungen des »Petit Bleu« geschieht. Man kann nicht behaupten, dass der Anblick dieser Beilage den Kennerauge erfreut. Der Text ist dünn und unleserlich, die ganze Anordnung mittelmässig, und das Publikum würde sich bald beschweren, wenn man ihm jeden Tag ein so kuriöses Blatt vorlegte. Aber man muss die Schwierigkeiten dieses ersten, gewissermassen improvisierten Versuchs in Erwägung ziehen. Die photographischen Platten, die nur für die Reproduktion von Zeichnungen bestimmt sind, erwiesen sich als zu klein für den Text. Man musste eine ganze Anzahl nebeneinandersetzen und die Zusammenfügungen waren sehr unvollkommen. Ausserdem wurde, gerade als man bei der Arbeit war, die städtische Wasserleitung in Isezirk des Blattes wegen Reparatur gesperrt, und da man die Klischees »mit phialichem liszz« im Wasser baden muss, musste man das Wasser durch Kellerwasser ersetzen. Der Versuch des »Petit Bleu« war also immerhin interessant. Er beweist, dass man im Notfalle ein Blatt ohne Typographen drucken kann, ja, er lässt sogar vermuten, dass man dereinst vielleicht die Photographie anwenden wird, die rascher und billiger arbeitet, als die Typographie.

Inhalt des 3. Heftes.

Die neue Kunst und das Buchgewerbe. — Die Verantwortlichkeit des Redakteurs. — Eine hervorragende technische Leistung. — Ein neuer Walzenguss-Apparat. — Ein französisches Urteil über deutsche Druckmachen. — Neuheiten Druckmachen. — Mannigfaltiges. — Buchgewerbliches und Bücherschau. — Verschiedene Eingänge. — Die Beilagen zum 3. Heft. — Mannigfaltiges. — Inserate.

Beilagen: 1 Briefumschlag mit Einladung zum Beitritt zum Deutschen Buchgewerbeverein. — 1 Blatt Autotypie. — 1 Blatt Diplom. — 1 Blatt Briefkopf und Briefschlussfolge. — 1 Blatt Briefköpfe. — 1 Empfehlungsblatt der Farbenfabrik Hermann Ganger, Ulm a. D. — 1 Probeblatt »Fette Globus« von Wilhelm Woellmers Schriftgiesserei, Berlin. — 1 Beilage über »Spezial-Schreibpressen für Autotypiedruck etc.« der Schnellpressenfabrik Worms, Ehrenhard & Grumm. — 2 Probeblätter über »Illustrationsfarbe« W. C. N. & der Farbenfabrik Gebr. Jänecke & Schneemann in Hannover. — 1 Preisliste über »Buch- und Steindruckfarben etc.« von Carl Iberson, Leipzig.

Textschrift von Benj. Krebs Nachf., Frankfurt a. M. — Titelzeilen von Genzsch & Heyse, Hamburg. — Xylographie-Initialen von H. Hoffmeister, Leipzig. — Doppeltitel-Linien zu den Schriftproben-Seiten und Inserat-Begleitung von H. Berthold, Berlin. — Vignetten zur Umrahmung Titelseite von J. G. Schelter & Giesecke, Leipzig. — Textpapier von N. M. Offenberg, Leipzig. — Beilagenpapier von Ferd. Flinsch, Leipzig. Gedruckt mit Illustrationsschwarz von Berger & Wirth, Leipzig. Umschlagpapier von Emil Kränzer, G. m. b. H., Stuttgart auf einer Schnellpresse der Maschinenfabrik Johannisberg (Kieln, Foerl & Bohn Nachf.), Geisenheim a. Rh.

Inserate.

Anfang April erscheint das SECHSTE HEFT (Schlussheft):

Dritte, vollständig neu bearbeitete Auflage

DIE LEHRE VOM ACCIDENZSATZ

Mit vielen ein- und mehrfarbigen Satzbeispielen

Herausgegeben von
ALEXANDER WALDOW

Bearbeitet von
FRIEDRICH BAUER

Sechs Hefte, à 1 Mark 50 Pf. Komplett broschiert Mark 9.—.

Jedes Heft enthält 3 Bogen reichillustrierten Text und 2 Tafeln mit Satzmustern in Farbendruck

Alle Buchhandlungen nehmen Bestellungen entgegen.

← Wir empfehlen unsere

Kräftige ☙
Eigene für Bierzeitungsdruck von uns geschnittene Brotschrift

Fraktur!

Benjamin Krebs Nachfolger
Frankfurt a. M.

Gebr. Jänecke & Fr. Schneemann

Hannover und Newark New York.

Fabrik von Buch- und Steindruckfarben.

Firnisse und Walzenmasse.

Gegründet 1843.   16 Preismedaillen.

A. HAMM
Heidelberg.
Gegründet 1850 in
Frankenthal.

Erstklassiges Fabrikat.

Korrespondenz nach Heidelberg richten.

Schnellpressen aller Art.

Inserate

Zilinder-Überzüge
liefert
Alexander Waldow
Leipzig

Einfach bei der Firma... (unleserlich)
per Meter M. 4
Gummituch 1 cm breit pro Meter M. —
Prima Druckfilz, per cm breit pro Meter M. 12,—
Schmutztuch bei 71,50 cm breit pro Meter M. 1.50

Modern
originell und künstlerisch
können Sie Ihre Drucksachen
ausstatten mit unserm sehr
praktischen Zierrat. Die
Prachtmappe steht bekannten Druckereien zu Diensten.

Rudhard'sche Giesserei
Offenbach am Main.

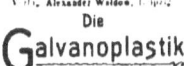

Die Galvanoplastik
und ihre Anwendung
in der Buchdruckerkunst.
— Von A. Haring —
Zweite Auflage
in vollständig neuer Bearbeitung
von Fried. Metz
Mit 36 Abbildungen und Skizzen
Broschiert M. 4.—
Gebunden M. 5.—

Geschäfts-Verkauf!

Das seit 38 Jahren unter der Firma **Alexander Waldow** in Leipzig bestehende renommierte

typographische Verlagsgeschäft mit Buchdruckerei und Utensilienhandlung

ist infolge Ablebens seines Begründers und bisherigen Inhabers sehr preiswert zu verkaufen.
Reflektanten wollen sich in direkte Verbindung mit der Besitzerin Privat-Adresse: Brandvorwerkstr. 19 setzen.

EDM. KOCH & Co.
fertigen sämmtliche
Schriften u. Gravuren
für Buchbinder.
MAGDEBURG

Zeitungsdruckereien sollten nicht versäumen,
sich mein neues **Messingmaterial für Inserate**
bei dem jede Abnutzung durch den Druck oder Beschädigung durch Kalt- oder
Warmstereotypie ausgeschlossen ist, anzuschaffen. • Bei einfachster Satzweise höchste Wirkung! Anwendungsbeispiele, Probenblätter u. Probestücke
auf Verlangen.
Ausser in kompletten **Messinglinienfabrik Julius Klinkhardt**
Sortimenten wird
dieses Material auch in Einzelstücken abgegeben. ~~~ **LEIPZIG.** ~~~

C. F. Rühl Schriftgiesserei · Messinglinien-Fabrik · Galvanoplastik · Stereotypie

Leipzig · Grenzstrasse 7 und 8 · Gegründet 1860

Neu! Moderne Schriften und Initialen, Bordüren, Vignetten und Leisten. Buchdruckerei-Einrichtungen nach Normalsystem stets am Lager. Schnellste Lieferung bei billigsten Preisen.

Wilhelm Woellmer's Schriftgiesserei und Messinglinienfabrik

Moderne Neuheiten
Selecta, Globus, Roland, Studio-Zierrath, Barock-Ornamente, Silhouette-Bordüren, Vignetten.

Berlin SW.

Kalander= Troden- und Nass- **Stereotypie**
System Kempe.
Wir bitten, unsere kostenfreie Gebrauchsanweisung zu verlangen.

Maschinen=Fabrik · Kempewerk · Nürnberg.
Spezialfabrik für das gesamte Stereotypiewesen.
Maschinenfabrik für den gesamten eisernen Druckereibedarf.
Schnellpressenfabrik.

BERGER & WIRTH Farben-Fabriken
BERLIN · FLORENZ · LEIPZIG · LONDON · NEW YORK · MOSKAU

Als Accidenz-Setzer

sucht junger, strebsamer Mann, zur Zeit in einer ersten Fachblattdruckerei beschäftigt, per 1. April entsprechende Stellung. Gefl. Offerten unter **T. Z. 82** an die Expedition dieses Blattes.

Hamburg **Beit & Co.** Druckfarben-Fabriken

Reinhardt's Metallutensilien für Buchdruckereien

Nur erhältlich durch:

G. E. Reinhardt Leipzig, Bayer'sche Str.

Buchdruck-Metallutensilien- und Maschinenfabrik.

Gegründet 1859

Neu! Carl Hofmann's **Kasten- und Satzbrett-Reinigungs-Apparat**

◀ Preis Mark 85. ▶

Carl Hofmann, Leipzig R
Fachgeschäft für Buchdruckereibedarf

Neuheiten:

Druckplatten mit Schraffuren, Netzen, Punktierungen, Korn u. dergl., für Stich-, Strich- und Kupferdruck, zum Überdruck auf Druckplatten, für Landkarten, Pläne, Untergrund-Platten, Papier-Ausstattungen etc. etc.

Kornraster, in Glas geätzt, für Autotypie und Photolithographie.

Ferner empfiehlt:

Glasraster verschiedener Systeme, sowie alle autotypischen und photozinkischen Ausführungen

Edm. Gaillard, Berlin S.W.

Gebrüder Brehmer, Leipzig-Plagwitz

Filialen: London E. C. — Paris — Wien V.

haben als Spezialität

Draht- und Faden-Heftmaschinen für Bücher und Broschüren. **Falzmaschinen** für Werk- und Zeitungsdruck in den verschiedensten Ausführungen.

Preislisten, Heftproben, Falzmuster stehen gern zur Verfügung.

Letzte höchste Auszeichnungen: Chicago 1893 — Lübeck 1895 — Leipzig 1897 — München 1898

Schriftgiesserei A. Numrich & Co. LEIPZIG

Messinglinien- und Messingtypen-Fabrik

Spezialität:
Künstlerisch ausgeführte Vignetten in allen Genres
Moderne Reklame-Vignetten

Zur Herstellung eleganter Gedenktafeln, Gelegenheitsgedichte, Diplome, Adressen etc.
empfiehlt

Blanko-Vordrucke

in verschiedenen Formaten und auf verschiedenen Papieren

Alexander Waldow, Leipzig.

Hervorragend ist unsere neueste Accidenz- und Inseraten-Schrift, aus der die Hauptzeilen dieser Annonce gesetzt sind.

✿✿✿✿✿✿✿✿✿✿✿✿✿
Bitte verlangen Sie
Musterblätter und Preise,
welche Ihnen gratis
und franko
zur Verfügung stehen.
✿✿✿✿✿✿✿✿✿✿✿✿✿

Kräftig und dabei elegant, besitzt diese Schrift eine unbeschränkte Verwendbarkeit und gereicht jeder Druckarbeit, auf welcher sie verwendet ist, zur Zierde.

Schwungvoll sind die Formen, äusserst klar ihre Zeichnung.

„**Perfekt**" haben wir diese Schrift genannt und diesen Namen trägt sie mit Recht.

Ludwig & Mayer

Schriftgiesserei.   Frankfurt am Main.   Stempelschneiderei.

Inserate

Verlag von Alexander Waldow

Anleitung
zum
Ornamentieren
im
Buchdruckgewerbe.

SCHRIFTGIESSEREI
A. NUMRICH & CO., LEIPZIG

Goldene Medaille
· Leipzig ·
1897

Adalbert Wendling
Buchdruckerei * Verlagshandlung
Frankenberg

STEINERT & FREIHER
PAPIERHANDLUNG
REELLE BEDIENUNG DRESDEN BILLIGSTE PREISE

F. Archiv für Buchdruckerkunst
Druck von
Alexander Waldow
Leipzig
Gedruckt mit Farben
von Kast & Ehinger
Stuttgart

ARCHIV FÜR BUCHGEWERBE
BEGRÜNDET VON ALEXANDER WALDOW
HERAUSGEGEBEN VOM
DEUTSCHEN BUCHGEWERBEVEREIN.

| 36. Band. | 1899. | Heft 4. |

Die neue Kunst und das Buchgewerbe.
Von Dr. PETER JESSEN.

* Vorträge gehalten im Deutschen Buchgewerbeverein zu Leipzig. *

(Fortsetzung.)

DRITTER VORTRAG.
Die heutigen Aufgaben des Buchdrucks.

1. Die Schrift.

Durch die Betrachtung der alten Meister und ihrer Werke, die den Inhalt unseres letzten Vortrages bildeten, sind Sie, hoffe ich, mit dem Gedankenkreise vertraut geworden, aus dem heraus ich nunmehr auch die heutigen Aufgaben des Buchdrucks im einzelnen betrachten werde. In erster Linie steht auch hier wiederum die *Schrift*, sie ist ja die Grundlage alles Buchdrucks, und die Verzierungen müssen unbedingt gegen sie zurückstehen. — Es ist Ihnen allen bekannt, dass die Gesundheit, Kraft und Schönheit, die ursprüngliche Frische der alten Schriften sich schon gegen Ende des 18. Jahrhunderts allmählich verlor. Dies war noch mehr der Fall im 19. Jahrhundert, und die hauptsächliche Schuld daran trugen die ausserordentlich grossen technischen Vervollkommnungen auf dem Gebiete der Schriftgiesserei. Wie so oft die all zu weit ausgebildete Technik sich, vom künstlerischen Gesichtspunkt aus betrachtet, verhängnisvoll erwiesen hat, so auch hier. Stolz auf das neuerworbene Können, neigten die Schriftschneider zu übertriebener Verfeinerung der Haarstriche, zu denen dann ebenso übertrieben starke Grundstriche in unharmonischem Gegensatz standen. Dieses und die Neigung zu Künsteleien, zu welchen gleichfalls die grosse technische Fertigkeit verführte, brachte eine Unruhe in die Schriften, die sich von der Gesundheit und Frische der alten Druckwerke sehr unvorteilhaft abhob. In Fachkreisen hat man sich diesem Eindruck auch nicht entziehen können, und schon seit längerer Zeit macht sich eine Reaktion hiergegen bemerkbar. Man wurde sich wieder klar über die notwendigen Ziele, die wir auch heute im Auge behalten müssen, man sagte sich wieder dass die Schrift sein muss 1. *zweckentsprechend*, d. h. vor allen Dingen einmal lesbar, und 2. *von kräftiger dekorativer Wirkung*. Dazu dient aber am besten Vereinfachung und ein breiter, kräftiger Schnitt im Sinne der alten Meister, die auch hierin die besten Vorbilder sind.

Die lateinische Schrift, die Antiqua, um zunächst von dieser zu sprechen, war wie wir früher gesehen haben von den alten Italienern in den Verlauf von wenigen Jahrzehnten in einer meisterhaften, federngemässen Weise ausgebildet worden. Sie hatten viel kräftigere, malerischere Schnitte als die uns jetzt meist geläufige Antiqua des 19. Jahrhunderts mit ihren überfeinen Haarstrichen und den dicken Grundstrichen. Auf die eine Reaktion hiergegen vorbereitete, und so entstand denn zunächst die sogenannte *Mediaeval*, deren Name eben darin nicht ganz glücklich gewählt ist, dass sie nicht dem Mittelalter, sondern der italienischen Renaissance entstammt. Heute streben wir aber nach einer noch energischeren Wirkung, und manche Drucker haben mit Geschick ›halbfette‹ Schriften zu diesem Zwecke verwandt, namentlich eine halbfette Mediaeval, die z. B. mit kräftigen Strichzeichnungen ganz trefflich im Tonwert zusammengeht, wie etwa in dem Programm des Düsseldorfer Musikfestes mit Zeichnungen von Pankok. Noch weiter gingen die Amerikaner, die im Anschluss an alte Italiener noch

10

kräftigere und dabei doch weich und malerisch gezeichnete Schriften auftrachten, so Bradley mit seinem »Old Style«, dem ja neuerdings auch bei uns ähnliches

Elzevir-Schrift
Elzevir der Bauer'schen Giesserei.

zur Seite zu stellen ist. Namentlich ist auch der »Romanisch« von Schelter & Giesecke eine vorzügliche Leistung in dem hier gekennzeichneten Sinne.

Romanische Antiqua
Romanisch von Schelter & Giesecke.

Die deutsche Schrift, die Fraktur, geht bekanntlich nicht auf die beste Zeit des Buchdrucks, die Gotik, zurück, sondern sie entsprang der deutschen Renaissance um 1550. Sie geht auf Dürer's Kreis und die Kanzleischreiber des Kaisers Maximilian zurück, entstammt also nicht der eigentlichen Blüte, sondern schon der beginnenden Verfallzeit des deutschen Buchdrucks. Ein treffliches Beispiel hierfür ist der »Theuerdank« mit seinen Schriften voll kalligraphischer Laune mit allerlei Schnörkeln und Anhängseln. Wir Deutschen hätten vielleicht besser gethan, nicht an diese Schriften anzuknüpfen als es galt eine nationale deutsche Druckschrift auszubilden, sondern an die gotische Schrift. Es war daher ein glücklicher Griff als die kunstgewerbliche Bewegung der 70er Jahre die nie ganz vergessene »Schwabacher« neu belebte, einen ursprünglich älteren Schnitt aus der Zeit um 1500, der noch in den früheren Musterbüchern alter Firmen, wie Breitkopf & Härtel, zu finden ist. Ganz besonders war es Otto Hupp in München, der die Schwabacher mit feinem Verständnis wieder in Aufnahme brachte, und auf weite Kreise anregend damit wirkte.

In neuester Zeit ist man über die Schwabacher Schrift hinaus auf noch ältere gotische Schriften eckigen Charakters zurückgegangen, und zwar waren es auch hier wieder in erster Linie die Amerikaner,

Altgotisch
Reitmannsgotisch von Julius Klinkhardt

von denen die Anregung ausging. So brauchbar nun diese Schriften namentlich für den Accidenzsatz sind, so ist diese eckige gotische Manier doch nicht geeignet, als Werkschrift verwandt zu werden. Das aber ist es vor allen Dingen, woran es uns fehlt und was die nächste Zeit als ihre Aufgabe betrachten muss: eine den modernen Ansprüchen entsprechende nationale Gebrauchsschrift. Um diese zu erhalten, müsste meines Erachtens auf rundlichere gotische Typen zurückgegangen werden, wie sie etwa Erhart Ratdolt in Augsburg und Venedig verwendet hat. Man ist dieser auch heute schon wieder näher gekommen, und namentlich der Engländer William Morris hat einen bedeutsamen Schritt in dieser Richtung gethan. Dieser rundliche gotische Charakter, den wir geradezu als gotische Rundschrift bezeichnen können, kann uns vielleicht mit der Zeit eine klare, lesbare deutsche Werkschrift bringen, und dass unsere Giessereien bereits auf dem besten Wege sind, etwas derartiges zu schaffen, zeigt die neue Schriftprobe (»Original-Gotisch«) von Bauer & Co. in Stuttgart. Hier haben

Original-Gotisch
Original-Gotisch von Bauer & Co.

wir meiner Meinung nach schon eine wirklich brauchbare deutsche Brotschrift. (Vergl. auch die Beilage von Schelter & Giesecke in Heft 2. Die Red.)

Es ist merkwürdig, wie lange solche Grundsätze oftmals schon festgelegt und ausgesprochen sind, ehe sie in die That umgesetzt werden. Heinrich Wallau, der fein empfindende Mainzer Buchdrucker, der bei Anton Springer Kunstgeschichte studierte, hat bereits im Jahre 1885 einen Aufsatz veröffentlicht, der zum besten gehört, was über diese Fragen geschrieben worden ist. Er ist betitelt »Die Aesthetik der Druckschrift«, und wurde in den Studien zur Kunstgeschichte, Festschrift für Anton Springer, abgedruckt. Vor über zehn Jahren hat dieser Mann schon alle die Grundlehren, die wir erst heute verwirklichen, klar ausgesprochen, ja er hat schon ganz direkt auf die »gotische Rundschrift« hingewiesen.

Nun noch ein Wort über die vielen sogenannten »Zierschriften« welche die Giessereien in unserem Jahrhundert in so reicher Fülle und mit so staunenswertem technischen Raffinement hervorgebracht haben. Da muss ich denn sagen, ich bin gegen solche Zierschriften von vorn herein etwas misstrauisch, und ich glaube Sie werden mir Recht geben, wenn Sie sich dieselben im einzelnen ansehen. Es fehlt ihnen meistens nur zu sehr die Ruhe und Einheit, durch die jede Schrift erst wahrhaft ziert. Man kann oft schon kaum mehr von einer Schriftkunst, sondern nur von einer Schriftkünstelei reden. Eine Schrift, die es nicht verträgt in mehreren Zeilen untereinander zu stehen, vielmehr nur in einzelnen Worten als sogenannte »Auszeichnungsschrift« wirkt, taugt oft nicht viel. Halten wir uns lieber an das Gesunde und Einfache.

Eine besondere Erwähnung verdienen endlich die sogenannten Schreibschriften, d. h. solche Schriften, welche unsere heutige Kurrentschrift in Typen umzusetzen versuchten. Ich möchte nicht missverstanden werden. Gewiss muss jede wirklich gute Schrift, wie ich mehrfach betonte, federgemäss sein, doch nur in dem Sinne der eigentlichen Schreibkunst, der aus der Rohrfeder geflossenen Schrift. Für eine fehlerhafte Imitation halte ich es dagegen, wenn der Buchdruck heutzutage den Eindruck moderner Kurrentschrift zu erzielen sucht, und ich glaube man wird davon auch abkommen, wenn der erste Reiz der Neuheit vorbei ist. Dass man auch heute Schriften zu schaffen vermag, die im besten Sinne federgemäss sind, zeigt das Beispiel der »Carola-Grotesk«, die aussieht als wäre sie aus dem Pinsel geflossen.

Carola-Grotesk

Carola-Grotesk von H. Berthold.

Die vielumstrittene Frage, ob Antiqua oder Fraktur, welche jetzt vielfach sogar mit patriotischen Gesichtspunkten verquickt wird, will ich hier nicht näher erörtern. Meiner Meinung nach, und ich glaube die Thatsachen bestätigen das, wird die Antiqua ganz von selbst den Sieg davon tragen, wenn es uns nicht gelingt, eine einfache, klare deutsche Werkschrift zu schaffen. Uns eine nationale deutsche Schrift zu erhalten, dazu kann einzig und allein der Weg führen, den ich vorhin anzudeuten versuchte. Vor allem aber möchte ich die Aufmerksamkeit aller Fachkreise auf eine einfache, klare, dekorative Wirkung überhaupt lenken. In unseren Lehrbüchern wie in unseren Fachschulen wird heutzutage mehr Accidenzkünstler als Schriftkunde gelehrt, gerade der Schrift aber müsste unbedingt die grösste Sorgfalt gewidmet werden. In Berlin haben wir es neuerdings eingeführt, dass die Schüler der Fachschule mit der Feder Buchstaben schreiben müssen, und wir haben gute Erfolge damit erzielt. In der That giebt es kaum eine bessere Schulung für das Auge, als wenn man möglichst viele gute klare Schriften selbst zu schreiben sich die Mühe nimmt. Die grössten buchgewerblichen Künstler unserer Zeit sind denn auch zugleich Meister der Kalligraphie: so William Morris, der eine ganze Reihe kunstvoller Handschriften hergestellt hat, so auch Otto Hupp und Melchior Lechter.

2. Die Verzierungen.

Nach den Schriften kommen als zweite Gruppe die *Verzierungen* in Betracht. Nun, Sie alle wissen ja, wie es damit heute steht, dass von den Schriftgiessereien geradezu eine Überfülle hervorgebracht wird, dass wir mit Verzierungen förmlich überschüttet worden sind. Wir sahen, dass die alten Meister das Ornament als reines Flächenornament auffassten; wir sahen ferner, dass die Verwendung des Ornamentes überhaupt eine sehr bescheidene, massvolle war. Initialen und einfache Leisten, höchstens Umrahmungen wandten sie an; selbst die heute so beliebte Schlussvignette ist eigentlich erst eine Erfindung des 18. Jahrhunderts. Dagegen war ihnen die Schrift selbst noch ein dekoratives Element. Bei der Schrift haben wir ja gesehen, wie dieselbe infolge technischer Verfeinerung gerade den kräftigen, dekorativen Charakter verloren hat. Bei den Verzierungen nun war ganz das Gleiche der Fall. Eine ungeheure Kraft wurde vergeudet, die Ornamente immer mehr zu verfeinern und mit grösstem technischem Raffinement stellte man Verzierungen her, welche vor lauter Feinheit kaum mehr zu sehen waren. Sie wirkten nicht mehr deutlich, klar, dekorativ, sondern nur noch grau und verschwommen, und gingen mit der Schrift nicht zusammen. Der zweite Fehler war der, dass man den Flächencharakter des Buchornamentes vergass. Ornamente, welche in einem andern Material, in Holz, Stuck oder Stein, gedacht und in diesem Material durchaus sinngemäss und berechtigt waren, übertrug man ohne weiteres auf die Buchdruck-Verzierungen. So schön solche Ornamente an sich sein können, wie z.B. die gotischen Zierleisten, die plastische Steinmetzarbeit nachahmen, so müssen wir doch heute sagen,

Gotische Einfassung.

dass dies ein Abweg war. Das Übelste, was in dieser Hinsicht geleistet worden ist, waren die sogenannten Rokoko-Ornamente, die in den achtziger Jahren aufkamen. Da übertrug man denn plastische Motive aus

Rokoko-Ornamente.

Stuckdecken u. dergl. rücksichtslos in die Buchornamentik, während die Schriftgiesser der Rokokozeit selbst immer noch den Flächenstil in ihren Erzeugnissen gewahrt hatten, wie uns Proben von französischen Giessereien des vorigen Jahrhunderts zeigen. Prachtvolle Flächenornamente schuf dagegen Otto Hupp in Anlehnung an die deutsche Renaissance. Seine bei E. J. Genzsch in München erschienenen Renaissance-Einfassungen sind durchaus mustergültig zu nennen. — Aber nicht nur darauf kommt es an, dass man am Flächenstil festhält, sondern es ist auch wichtig, dass wirkliche *Künstler* für die Buchornamentik herangezogen werden, dass man in jedem Erzeugnis die Hand eines schaffenden, echt künstlerisch empfindenden Meisters fühlt. Ein solcher Künstler, der sich ganz in die Aufgaben des Buchdruckes eingelebt hatte, der im Geiste der alten Meister und doch ganz frisch und selbständig an die künstlerische Ausgestaltung der Druckwerke herangetreten ist, war William Morris.

»Zoologie für Buchdrucker«. Auch das Figürliche wird im Buchdruck mehr und mehr sein Recht fordern.

Zoologie für Buchdrucker von Breitkopf & Härtel.

Die alte, jedem typographischen Geist fernstehende »Vignette« ist ja glücklicherweise überwunden, und verschiedentlich sind schon gute neue Ansätze zu beobachten. Gerade dieses scheint mir ein Gebiet zu sein, auf dem an der Hand von echten Künstlern noch viel zu thun wäre. Die neuen Ornamente selbst also sind gewiss sehr gut und brauchbar, die Art, wie sie angewendet werden, ist aber häufig noch falsch. Wir stehen noch zu sehr unter dem Einfluss der frühern Manier, haben noch nicht die neu gebotenen Anregungen richtig verarbeitet; häufig wiederum wird der Massstab der Verzierungen noch zu gross gewählt. — Das Wesentlichste ist und bleibt aber das Zusammenstimmen von Schrift und Ornament, und da ist noch vieles nicht auf dem richtigen Wege. Die neuere Accidenzsetzerei arbeitet ja mit einem Element, welches den alten Meistern gänzlich fremd war: mit der *Linie*, und die Linienzierrate sind es besonders, die viel Unheil angerichtet haben. Vor lauter Linien und Schnörkeln ging in dieser sogenannten »freien Richtung« die Einheitlichkeit und Geschlossenheit des Seitenbildes verloren. Die Setzer wetteiferten geradezu mit gewissen Künsteleien der Lithographen, und dies hängt uns zum Teil heute noch an, auch in vielen vermeintlich »modernen« Druckarbeiten. Es hatte seinen guten Grund, dass die alten Meister die Linie so wenig verwandten. Meiner Meinung nach ist die Linie überhaupt nur für technische Zwecke berechtigt, wo sie für Kataloge und dergleichen völlig unentbehrlich ist, und auf diesem Gebiete kann man sich nur der ausserordentlichen Fertigkeit freuen, mit der dieses Material heute hergestellt wird. Die Linie als Ziermaterial müsste dagegen so sehr als möglich vermieden werden, denn Flächenwirkung ist die Grundlage, auf der allein wir weiterbauen können. Es gilt heute, mit Nachdruck und bei allen Aufgaben den Buchdruck als eine Kunst der *Flächendekoration* durchzuführen, und da scheint es mir, als wären manche der Grundsätze und Regeln, welche noch allenthalben gelehrt werden, doch der Reform bedürftig. Was ich damit meine, will ich schon jetzt andeuten: nicht von der *einzelnen Zeile* werde ich in den folgenden Betrachtungen ausgehen, sondern von der geschlossenen einheitlichen Fläche, von der *Buchseite*. — (Fortsetzung folgt.)

Buchseite von William Morris.

Auch bei uns mehrt sich schon die Zahl der echten Buchkünstler; ich erinnere nur an Otto Eckmann. Die Verzierungen moderner Art, welche unsere Giessereien in neuester Zeit in so reicher Fülle gebracht haben, sind fast durchweg wieder gut im

Kressen-Ranke von Wilhelm Gronau.

Flächencharakter gehalten. Auch in der Wahl der Motive sind sie gut, weil sie direkt auf die Natur zurückgehen. Vorwiegend sind es ja Pflanzen und Blumen, doch hat man mit Glück auch Tiere herangezogen, wie Breitkopf & Härtel in der humorvollen

O. Archiv für
Buchdruckerkunst
Druck von
Alexander Waldow
Leipzig
Gedruckt mit Farben
von Kast & Ehinger
Stuttgart

*H*albfette ✶ *Kursiv* *P*erfekt

Eingetragen in das Musterregister.   No. 2966. Corps 72. Min. 31,5 kg. 10 a 4 A.

No. 2976. Corps 12. Min. 6 kg. 64 a 24 A. 4 Initialen.   No. 2977. Corps 14. Min. 7 kg. 44 a 18 A. 4 Initialen.

Sprachenkurse für junge Kaufleute   Einfuhr spanischer Produkte
2 *K*OLONIALE *U*NTERNEHMEN 9   6 *E*NRIQUETA *R*OMERO 8

No. 2978. Corps 16. Min. 8 kg. 40 a 16 A. 4 Initialen.   No. 2979. Corps 20. Min. 10 kg. 28 a 10 A. 2 Initialen.

Leipziger Palmengarten   Muster-Sammlung
5 *I*NDUSTRIEHALLE 7   39 *P*REUSSEN 41

No. 2980. Corps 60. Min. 28 kg. 10 a 4 A.

*S*onntagsblatt

No. 2980. Corps 28. Min. 14 kg. 24 a 8 A. 2 Initialen.   No. 2981. Corps 36. Min. 16 kg. 20 a 6 A.

Leben 32 *E*hre   *W*endekreis

No. 2982. Corps 40. Min. 18,5 kg. 16 a 6 A.   No. 2983. Corps 48. Min. 21 kg. 10 a 4 A.

8 Romana   *V*ortrag 1

No. 2984. Corps 54. Min. 27,5 kg. 10 a 4 A.

*L*udwig & Mayer
FRANKFURT A. M.

Das Galvano im Buchdruck.

1. Einleitung.

Wenn der Buchdrucker unsere heutigen erstklassigen illustrierten Zeitschriften mit denen früherer Jahre vergleicht, fällt ihm besonders die sich immer mehr vervollkommnende Technik des ein- und mehrfarbigen Druckes der Illustrationen ins Auge, die ein glänzendes Zeugnis des Fortschrittes ablegen, den der Buchdruck und die ihm dienenden Zweige der graphischen Gewerbe gemacht haben. Diese Fortschritte werden uns fast täglich durch unsere Fachblätter vor Augen geführt, denn Beschreibungen und Beispiele der neuesten Erzeugnisse der Farbenfabriken, Schriftgiessereien, Reproduktions-Anstalten und des Maschinenbaues füllen ihre Spalten. Auch diese Zeitung ist dazu berufen, uns nach und nach vom Standpunkt einer vorurteilsfreien Kritik ein Gesamtbild der heutigen hohen Entwicklungsstufe der graphischen Gewerbe zu geben. — Es ist aber nicht allein dieser Fortschritt in den technischen Zweigen, welcher den Anteil am Fortschritt in allgemeinen trägt.

Die hohe Kunst ist ein weiterer mächtiger Faktor dazu geworden, indem sich das Buchgewerbe ihr wieder genähert hat. Sie ist es, welcher der frische, fröhliche Geist, der jetzt in den Tempeln Gutenbergs wohnt, zu danken ist, und damit ist ein weiterer wichtiger Grund des mächtigen Emporblühens aller graphischen Gewerbe gefunden. — Diese Wandlungen sind auch der altehrwürdigen Holzschneidekunst zum Segen geworden, und wenn auch die modernen Reproduktionsverfahren ihr einen Teil des Feldes streitig machen, wird sie doch in vielen Fällen die Siegerin bleiben.

Es scheint uns kein Kampf um Leben und Tod mehr zu sein, den Holzschnitt und Ätzung miteinander führen, wie vor einigen Jahren; eher ein edler Wettstreit, der später sicher durch teilweises Verschmelzen beider in schöne Harmonie umgestaltet wird, wovon kleine Anfänge sogar schon zu bemerken sind. Dass der Holzschnitt im Kampfe mit der Ätzung nicht unterlegen ist und nie wird, ist nächst dem sich stetig vergrössernden künstlerischen Verständnis im Buchgewerbe einem vielfach für unbedeutend gehaltenen Zweige der graphischen Gewerbe zuzuschreiben, nämlich der Galvanoplastik.

Was wäre aus dem empfindlichen Holzschnitt im Kampfe mit der widerstandsfähigen Ätzung geworden, wie wenig könnte er zur Zeit, in welcher kurze Liefertermine und billige Preise die Anwendung aller denkbaren Vorteile beim Druck nötig machen, ausrichten, und wie selten könnten seine Schönheiten auch der Allgemeinheit zugänglich gemacht werden, wenn nicht eine *gute* Vervielfältigung desselben möglich wäre.

Dass auch die Galvanoplastik fortgeschritten ist, ist bekannt und der, welcher sie als rein mechanisches Vervielfältigungsverfahren ansieht, hat sicher nie Gelegenheit gehabt, den Unterschied zu beobachten zwischen dem Ausfall des Druckes von einem guten und einem schlechten Galvano oder die Zeitersparnis in der Zurichtung bei guten resp. schlechten Reproduktionen.

Was nützt es dem Holzschneider oder dem Ätzer, wenn er sein Werk mit den grössten Feinheiten ausstattet, mit Abstufungen in den Schattierungen und im Ton, die im Chinesen und im Probedruck vom Original prächtig wirken, wenn das davon abgenommene Galvano gerade diese Feinheiten nicht sehr getreu wiedergiebt? Wie falsch ist der Standpunkt, für das Original Zeit und Geld reichlich aufzuwenden, um beim Galvano von beiden recht mehr zu sparen. Der gute Galvanoplastiker, der es ernst mit seiner Sache nimmt, findet nur selten das nötige Verständnis für die Wichtigkeit und Bedeutung seiner Arbeit, und nur wenige Drucker erkennen vollständig, dass zwischen Galvano und Galvano zahllose Unterschiede bestehen, die für den Ausfall des Druckes ebenso wichtig und ausschlaggebend sind als Farbe, Papier, Zurichtung und der übrigen Faktoren.

Bei Herstellung eines wirklich guten Galvanos kommen ausser der sorgfältigen Überwachung der mechanischen, fabrikmässigen Herstellung eine grosse Anzahl Hilfsmittel zur Verwendung und Erfahrungen zur Beobachtung, die erst die vollkommene Druckfähigkeit und Verwendbarkeit herbeiführen.

Die rein mechanische Herstellungsweise des Galvanos sowie die dazu benötigten Einrichtungen etc. sind schon in mehreren Werken recht ausführlich behandelt. So von Dr. Georg Langhein im »Handbuch der Galvanischen Metall-Niederschläge« und von A. Hering in »Die Galvanoplastik und ihre Anwendung in der Buchdruckerkunst«. Es erübrigt sich deshalb, vorläufig genauer darauf einzugehen. Über die zum Teil sehr wichtigen Einzelheiten bei der Herstellung des Galvanos ist noch wenig bekannt und wollen wir in folgendem näher darauf eingehen, indem wir auch die in andern Ländern üblichen Verfahren erwähnen.

Das Bestreben des Galvanoplastikers muss sich vor allem darauf richten; 1. das Original getreu wiederzugeben; 2. das Galvano so fertig zu stellen, dass seine Zurichtung nicht zeitraubender und schwieriger ist als die des Originals; 3. Material und Stärke des Niederschlages so zu wählen, dass trotz einer eventuell hohen Auflage und der viel schonungsloseren Behandlung, die dem Galvano im Gegensatz zu den Originalen zu Teil wird, ersteres während des Druckes weder an Schärfe, noch sonst in seiner Druckfähigkeit nachlässt; 4. muss es sein Bestreben sein, um den Anforderungen der Jetztzeit gerecht zu werden, unter Beobachtung aller dieser Punkte so schnell als möglich zu liefern.

Die scharfe d. h. die genaue Wiedergabe des Originales hängt zum Teil schon von der Behandlung desselben vor dem Prägen ab. Es ist vor allem festzustellen, ob sich in den Bunzen, zumal von Originalen, welche vorher abgezogen oder gedruckt wurden, Schmutzteile festgesetzt haben. Ein sorgfältiges Waschen gleich nach dem Druck mit gutem Benzin verhindert zwar derartiges Verschmutzen, aber nur zu oft wird zur Reinigung minderwertiges Benzin oder gar Terpentin genommen, dessen sich nicht verflüchtigenden Teile mit den Farberesten nach vollständigem Trocknen eine harzige, sehr schwer zu entfernende Masse bilden. Nur oft wiederholtes Waschen mit Benzin durch gute Schweinsborstenbürste, im äussersten Notfall Waschen mit Kalilauge wird diese Masse aufweichen. Ein zu scharfes Bürsten von ungeübter Hand wird dem Holzschnitt stets schaden und können schon neue Schnitte, bei welchen der photographische Grund stark aufgetragen ist, dadurch vollständig verunstaltet werden. — Der Stichel des Holzschneiders dringt namentlich bei den feinen Partien des Bildes nur in diesen Grund und nicht oder nur wenig in das Holz ein. Wird nun dieser zu fette d. h. starke und daher auch weiche Grund durch scharfes Bürsten entfernt, fehlen damit auch die feinen Partien ganz, während die tiefer geschnittenen erheblich an ihrer Schärfe einbüssten.

Bunzen mit scharfen Kanten vor dem Waschen.   Bunzen mit abgerundeten Kanten nach dem Waschen.
(Vergrössert.)

Ähnliche wenn auch nicht gleich grosse Mühe macht das Reinigen von Ätzungen, welche zur Verhütung vor dem Oxidieren mit Spirituslack überzogen sind oder stark mit Talg eingefetteten Originalen. — Der Holzschnitt ist weiter auch daraufhin zu prüfen, ob er Luft- oder Leimrisse aufweist, welche zum Teil durch Auflegen von feuchtem Löschpapier zusammengezogen werden können, wodurch wenigstens teilweise die Arbeit des Verlötens dieser Risse im Galvano, wo sie sich natürlich auch zeigen, erspart wird. Auch ist festzustellen, ob sich der Stock verzogen hat, damit durch Abdrehen resp. -hobeln der Rückseite, durch Geradeziehen oder sonstiges Ausgleichen mit Papier auf der Rückseite einem Zerspringen während des Prägens vorgebeugt werden kann. Holzschnitte, Ätzungen und zumal Schriftsätze, welche durch kaltes Lager oder beim Transport an kalten Tagen stark abgekühlt sind, müssen vor dem Prägen leicht erwärmt werden. Zumal beim Schriftsatz macht sich ein Prägen in kaltem Zustande durch konkave Buchstaben im Galvano bemerkbar. Eine weitere Aufmerksamkeit ist bei montierten Ätzungen oder sonstigen abzuprägenden Klischees dem Holzfusse zuzuwenden. Sind die Holzfüsse verquollen oder verzogen, hat sich dies auch dem darauf montierten Klischee mitgeteilt, was durch Abhobeln des Holzfusses auf beiden Seiten und durch Richten des Klischees abzustellen ist. Füsse von weichem Holz sind als Unterlagen für zu prägende Klischees ganz zu verwerfen, da sich dieselben schon bei der ersten Prägung setzen, d. h. in der Mitte zusammendrücken und eine hohle oder wellige Wachsprägung ergeben, was für die Bearbeitung und den Ausfall des Galvanos von Nachteil ist. Autotypien werden meist vom Holzfuss gelöst und auf einer Bleiunterlage befestigt, geprägt. Stöcke und Ätzungen, welche stärkeren Druckes bedürfen oder von erheblicher Grösse sind, müssen genau wie Schriftsatz geschlossen geprägt werden, um einerseits Beschädigungen des Originales zu verhindern und andererseits gute Schärfe an den Rändern der Prägung zu erzielen. Schriftsatz mit tiefem Ausschluss gesetzt und mit im Satz stehenden Klischees, bedarf besonders sorgfältiger Vorbereitung. Klischees sind durch Unterlagen von Karton in gleiche Höhe, schwere Bilder eine Wenigkeit höher als der umgebende Satz zu bringen, damit Schärfe derselben in der Prägung erzielt wird. Stehen im Satz Messinglinien von schwachem Durchschuss getrennt dicht nebeneinander, so ist, damit das zwischen die Linien sich pressende Wachs die Linien nicht verbiegt, der Durchschuss von hinten in die Höhe zu treiben, dass er bis an die Achsel der Linie reicht. Das Wachs kann alsdann nicht tief zwischen die Linien eindringen, was auch das Abheben der Form erleichtert und ein Verdrücken der Matrize hierbei verhindert. Dies sowie das Ausfüllen von leeren Feldern, die oft mitten im Satz stehende Klischees umgeben, ist eine mühsame, zeitraubende Arbeit, die aber zum Gelingen des Galvanos nötig ist. Anstatt dieses Verfahrens war früher häufig und jetzt noch teilweise das Ausgipsen der Form gebräuchlich, welches jedoch aus Mangel an Zeit (es sind Stunden für das Trocknen des Gipses nötig) und infolge der beim Ablegen von eingegipsten Formen entstehenden Schwierigkeiten nicht sehr zu empfehlen ist. Das Prägen von Formen, welche mit hohem Ausschluss gesetzt sind, gestaltet sich natürlich viel einfacher. Die mit dem abzuprägenden Original vorzunehmenden Arbeiten sind nun bis auf die bekannten Handgriffe des Graphitierens etc. hiermit erschöpft und können wir uns nun der Arbeit des Prägens selbst zuwenden. (Fortsetzung folgt.) *M. M.*

Typen für Inschriften.

Für die originalgetreue Wiedergabe von Inschriften auf Denkmälern, Münzen, Siegeln etc. des Mittelalters gab es bisher keine besonderen Typen. In den Probenbüchern der Schriftgiessereien fehlte eine entsprechende Schrift. Verleger und Buchdrucker waren im Bedarfsfalle gezwungen, solche Inschriften entweder in Holz schneiden oder auf phototypischem Wege herstellen zu lassen. Die Buchstabenformen solcher Inschriften sind zum Teil nicht nur wesentlich verschieden von denjenigen unserer heutigen Schriften, sondern es finden sich oft in einer Inschrift auch mehrere Formen für denselben Buchstaben, deren genaue Wiedergabe wichtig ist. Ebenso verhält es sich mit den Ziffern, die im Mittelalter zum Teil anders geschrieben wurden als heute, und endlich sind bei vielen Inschriften auch die Zeilenfüllstücke und die Zeichen zu Anfang und zu Ende des Textes sowie die Interpunktionen von Bedeutung.

Einer der besten Kenner des mittelalterlichen Schriftwesens, Herr *Otto Hupp* in München, hat nun, und zwar zunächst zur Verwendung in dem von ihm herausgegebenen Werke »Wappen und Siegel der deutschen Städte« der Firma *E. J. Genzsch*, Schriftgiesserei in München, die Zeichnungen zu Typen für Inschriften geliefert. Die genannte Giesserei liess die eigenartigen Buchstaben und Zeichen schneiden und nahm sie unter der Bezeichnung *Numismatisch* in ihre Proben auf. Für die historische Richtigkeit und den künstlerischen Wert der Numismatisch dürfte der Name Otto Hupps genügend bürgen.

Aus der beigefügten Tafel können unsere Leser sowohl die Gestalt der sämtlichen Buchstaben und Zeichen der Numismatisch ersehen, wie auch nach einigen praktischen Beispielen die Wirkung der Schrift in ihrer Zusammensetzung beurteilen.

Die Numismatisch hat in der kurzen Zeit seit ihrem Erscheinen bereits in vielen Druckereien, die zur Herstellung geschichtlicher und besonders numismatischer Werke und Zeitschriften berufen sind, Eingang gefunden und wird noch in vielen Fällen gern angeschafft werden, wenn sie in den beteiligten Kreisen erst bekannt ist.

L. Archiv für Buchdruckerkunst. Druck von Alexander Waldow, Leipzig

Gedruckt mit Farben von Kast & Ehinger, Stuttgart.

Autographische Presse für Handbetrieb.

Zur Herstellung von Prospekten, Preiskuranten, zur Vervielfältigung von Zeichnungen etc. findet neuerdings das Umdruckverfahren immer mehr und mehr Anwendung. Der Grund dafür ist in der ausserordentlichen Schnelligkeit und Einfachheit des Vervielfältigungsverfahrens zu suchen. Firmen, die häufig Zirkulare etc. herzustellen haben, haben nicht selten schon ihre eigene Werkstatt eingerichtet, wo die Vervielfältigung durch Umdruck geschieht. Die Einrichtung eigener Druckereien würde noch in viel grösserem Masse stattgefunden haben, wenn nicht der verhältnissmässig sehr hohe Preis der dazu nöthigen Pressen hindernd im Wege gestanden hätte. Alle bisher bekannt gewordenen Konstruktionen sind ziemlich komplizirt, daher teuer. Ihre Bedienung ist mehr oder weniger umständlich und erfordert, neben Kenntniss der Wirkungsweise, auch eine ziemliche Fertigkeit in der Behandlung von Maschinen. Fast alle bekannten Umdruckpressen verwenden Schraubspindeln zum Anpressen des Papierbogens an die Druckplatte. Die Folge davon ist, dass die Bedienung der Presse eine Drehung und Zurückdrehung der Spindel erfordert. Da man nun die Spindel meist nicht direkt dreht, sondern durch Vermittelung eines beliebigen Vorgeleges, so folgt daraus, dass zum Drucken mehrere Kurbelumdrehungen in der einen Richtung notwendig sind, denen nach dem Drucke eine gleiche Anzahl Drehungen in dem entgegengesetzten Sinne entsprechen.

Zu den Drehungen braucht man aber Zeit; die Folge ist also, dass das Drucken mit derartigen Maschinen nur langsam von statten geht, und dass deren Leistungsfähigkeit eine verhältnismässig sehr beschränkte ist. — Die autographische Handpresse System Doepke vermeidet, wie uns das Internationale

Patentbureau von Carl Fr. Reichelt, Berlin NW. 6 mitteilt, in glücklichster Weise die erwähnten Übelstände. Das Drucken erfordert eine einfache Hin- und Zurückbewegung eines mit Handgriff versehenen und am Fussgestell der Presse angelenkten Hebels, in dessen gabelförmig geschlitzten Armen sich die Zapfenenden einer schweren Druckrolle führen, die über die Druckplatte rollt. Der Drucktisch ist eben; es kann also sowohl von Stein- wie auch von Aluminium- oder Zinkplatten gedruckt werden. Die Pressung, welche die Rolle in allen Punkten ihres Weges auf den Drucktisch ausübt, ist überall genau dieselbe; die Drucke werden also an allen Stellen scharf ausfallen. Der Tisch der Doepke'schen Handpresse ist mit seitlichen Verlängerungen versehen, auf deren einer das Papier und auf der andern die Einfärbwalzen etc. ihren Platz finden. Das Papierblatt wird

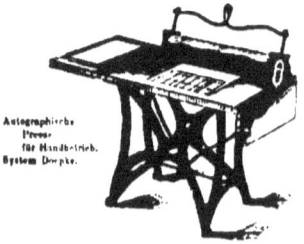

Autographische Presse für Handbetrieb. System Doepke.

während des Darüberfahrens der Druckwalze mit einer Papptafel etc. bedeckt, um Beschmutzung desselben zu vermeiden. Während man bei den bisher gebauten Handschnellpressen für Umdruck 40 bis 50 Abzüge pro Stunde als eine sehr gute Leistung eines gut geschulten Arbeiters bezeichnen konnte, wird bei der Doepke'schen Presse ein weniger geschulter Arbeiter mit Leichtigkeit das Doppelte liefern, und eine geschulte Kraft könnte es leicht auf das Dreifache bringen. Der Preis der Maschine ist ein verhältnismässig niedriger.

GEDENKBUCH VON OBERZELL.

Kloster Oberzell — welchem Buchdrucker klingen diese Worte nicht vertraut, und doch wie wenige haben das Kloster Oberzell selbst gesehen oder wissen auch nur das Geringste über diese Geburtsstätte des deutschen Schnellpressenbaues. Am 27. August 1817 betrat der Erfinder der Schnellpresse, Begründer der Firma *Koenig & Bauer*, nach seiner Rückkehr aus England in das deutsche Vaterland zum ersten Male Kloster Oberzell bei Würzburg. Zur dauernden Erinnerung an diesen Tag haben die gegenwärtigen Inhaber der Firma ein Gedenkbuch herausgegeben, eine Chronik des Hauses Koenig & Bauer, das nun vollendet in einer dem Gegenstande entsprechenden würdigen Ausstattung vorliegt. Die schriftstellerische Ausarbeitung des von der Firma gesammelten Materials wurde von dem bewährten Biographen Friedrich Koenigs, Herrn Theodor Goebel, in trefflicher Weise besorgt. Zahlreiche Illustrationen, Autotypien nach Originalaufnahmen, ein reicher sinniger Vignettenschmuck sowie ein Titelbild in Lichtdruck machen das Buch auch äusserlich zu einem Prachtwerke.

Die ehemalige Prämonstratenser-Abtei Oberzell liegt eine kleine Stunde unterhalb Würzburgs am linken Mainufer. Das Kloster wurde in den Jahren 1128 bis 1130 gebaut und diente im ersten Jahrhundert seines Bestehens sowohl Mönchen wie Nonnen vom Orden des heiligen Nobertus zur Unterkunft; 1259 siedelten die Nonnen in das eine Viertelstunde stromabwärts gelegene Kloster Unterzell über. Unter den Schrecken des Bauernkrieges und des dreissigjährigen Krieges hatte das Kloster viel zu leiden; die Gebäude wurden im Laufe der Zeit so baufällig, dass deren gänzliche Niederlegung beschlossen und 1749 mit dem Neubau begonnen wurde, der 1763 vollendet war. Nicht lange sollten sich die Mönche des neuen Heims erfreuen; die französische Revolution machte ihren Einfluss auch auf Deutschland geltend und das Kloster Oberzell wurde mit vielen anderen säkularisiert und vom Staate verkauft; es fiel jedoch bald wieder an den Staat zurück, der in den Kriegsjahren 1812 bis 1814 ein grosses Militärlazareth in den Klostergebäuden errichtete. Später wurde das Kloster dem Juliusspital in Würzburg überwiesen, ohne von diesem jedoch übernommen zu werden. Die Gebäude waren gänzlich verwahrlost. In diesem Zustande des Verfalls blieb das Kloster, umgeben von Schutt und Unrat, bis *Friedrich Koenig* ihm seine Aufmerksamkeit zuwandte und es zu der Stelle erkor, an welcher er im Verein mit seinem Freunde *Andreas Friedrich Bauer* seine in England vollendete Erfindung für Deutschland fruchtbringend zu verwerten gedachte.

Das »Gedenkbuch von Oberzell«, dem wir diese Daten auszugsweise entnehmen, schildert in eingehender Weise die Erfindung der Schnellpresse, die Bemühungen Koenigs, um für die Ausführung seiner Erfindung die ihm mangelnden Mittel zu erlangen, die vielen Enttäuschungen und bittern Erfahrungen und den endlichen Erfolg. Im April 1811 wurde die erste Schnellpresse zum ersten Male zum Druck verwendet. Diese erste Maschine war eine Art mechanisch betriebene Handpresse. Der Druck erfolgte durch einen auf- und niedergehenden Tiegel. Die Maschine hatte Karren und Rähmchen, das Auftragen der Farbe geschah jedoch durch mechanisch betriebene Lederwalzen. Die Unvollkommenheiten dieser Maschine waren die Ursache, dass beim Bau der zweiten Maschine zum ersten Male der zilindrische Druck versucht wurde; diese Maschine wurde im Dezember 1812 in Betrieb gesetzt und deren Leistungen bewogen den Besitzer der »Times«, zwei Doppelmaschinen zu bestellen, deren Bau, nachdem eine eigene Maschinenwerkstatt errichtet war, so gefördert wurde, dass am Abend des 29. Novembers 1814 die »Times« auf den Maschinen gedruckt werden konnte. Die Erfindung der Schnellpresse ist von diesem Tage zu datieren.

Einer der glücklichsten Umstände für die Ausführung der Ideen Koenigs war jedenfalls derjenige, dass Koenig in seinem Landsmann *Andreas Friedrich Bauer* einen Mitarbeiter fand, dessen treffliche wissenschaftliche Bildung und praktische Tüchtigkeit als Maschinenbauer die sich einstellenden Schwierigkeiten zu überwinden vermochten.

Am 10. August 1817 verliess Koenig England, um in Deutschland eine Maschinenfabrik einzurichten. Das säkularisierte Kloster Oberzell war Koenig von einem frühern Aufenthalte in Würzburg bekannt. Ein Freund Bauers hatte es übernommen, die Gebäulichkeiten zu untersuchen und womöglich zu kaufen oder zu pachten. Nach Überwindung vieler Schwierigkeiten war am 10. April 1817 der Kauf abgeschlossen, durch welchen das Kloster Oberzell um den Preis von 35000 Gulden und unter für Koenig von der bayerischen Regierung gewährten günstigen Bedingungen in den Besitz Koenigs kam. Laut einem schon in London abgeschlossenen Vertrage sollten die zu erwerbenden Realitäten Koenigs ausschliessliches Eigentum bilden, die Fabrik jedoch mit allen Maschinen und Einrichtungen gemeinschaftlicher Besitz sein. Später wurde völlige Gleichstellung in Besitzrecht und Gewinnanteil vereinbart. Die Firma des Unternehmens lautet seit dessen Begründung »Koenig & Bauer«.

Am 27. August 1817 betrat Koenig das Kloster Oberzell als Besitzer. Nachdem er die notwendigsten Anordnungen für die Einrichtung der Gebäude zum Betriebe der Maschinenfabrik getroffen, reiste er nach Berlin, wo es ihm gelang, einen Auftrag auf zwei einfache Maschinen zu erhalten. Am 28. Mai 1818 traf auch Bauer in Oberzell ein und nun begann unter den schwierigsten Verhältnissen die Arbeit. Es fehlte sowohl an Arbeitsmaschinen wie an menschlichen Arbeitskräften; erstere mussten geschaffen und letztere aus vollständig ungelernten Leuten herangebildet werden. Nachdem inzwischen noch zwei Komplettmaschinen bestellt waren, konnte am 25. Januar 1823 die erste in Deutschland gebaute Schnellpresse in Betrieb gesetzt werden und die vom Nr. 11 der Haude- und Spenerschen Zeitung vom selben Jahre ist die erste auf dem Kontinent auf einer Schnellpresse gedruckte Arbeit. Die drei übrigen für Berlin bestellten Maschinen waren bis Juli desselben Jahres in Betrieb. Der nächste Auftrag wurde erst am 31. Oktober abgeschlossen, er betraf eine Komplettmaschine für die Augsburger Allgemeine Zeitung. Dann mehrten sich die Aufträge. 1826 waren bereits 60 Personen in der Maschinenfabrik thätig und 1830 waren 70 Schnellpressen geliefert; die Arbeiterzahl betrug damals 120.

Die Julirevolution in Paris hatte einen plötzlichen und anhaltenden Rückgang des Geschäftes zur Folge, die Aufträge blieben vollständig aus und die Arbeiterzahl musste bis auf 14 Personen reduziert werden. In diese trübe Zeit fiel der Tod Koenigs, der am 17. Januar 1833 starb. Fast zwanzig Jahre hindurch ruhte nun die ganze Arbeitslast auf Bauer, der die Fabrik allmählich wieder zu ihrer alten Blüte brachte und die Schnellpresse vervollkommnete. 1849 trat der älteste Sohn Koenigs, Wilhelm, in die Fabrik ein, 1857 der zweite Sohn, Friedrich. Am 27. Februar 1860 starb Andreas Friedrich Bauer, 76 Jahre alt.

Es kann hier nicht unsere Aufgabe sein, die weitere Entwickelung der Maschinenfabrik Koenig & Bauer zu schildern. Die mächtige Entwickelung der Geburtsstätte der Schnellpresse mag zum Schlusse nur noch durch einige Ziffern veranschaulicht werden. Bis Ende 1895 waren 5500 Maschinen vollendet und gegen 600 Arbeiter und Beamte sind gegenwärtig an der aus kleinen Anfängen hervorgegangenen Stätte thätig.

11*

Neujahrs-Drucksachen.

II.

ie zweite Gruppe der Neujahrs-Drucksachen bilden *Glückwunschkarten* und *-Zirkulare*, und unter den uns vorliegenden Arbeiten dieser Gruppe befinden sich ebenso wie unter den im vorigen Heft besprochenen Kalendern wirkliche Meisterwerke der typographischen Kunst. Mit ganz wenigen Ausnahmen lassen diese Arbeiten erkennen, dass die neueste Richtung der Accidenzausstattung wohl überall Boden fasste, dass aber auch die »freien Richtungs« und die »englische Manier« noch nicht ganz vergessen sind.

Der erste und allgemeine Eindruck der zahlreichen Drucksachen ist der, dass erstens noch *zu viel* verziert wird und dass zweitens die Verzierungen oft gesucht, oder — wie man auch wohl sagt — recht weit hergeholt sind; wenn auch die Schrift auf einer Glückwunschkarte durchaus nicht aufdringlich zu wirken hat, so darf sie doch nicht von einer Unmasse von Ornamenten erdrückt werden. Die verarbeiteten Motive sind mitunter recht unmotiviert herangezogen.

Am stilgerechtesten ist jedenfalls ein Druckwerk, dessen Verzierungen aus der Schrift hervorgehen, dessen Schrift also auch zugleich Ornament ist. Nur eine von den vielen Arbeiten entspricht dieser Forderung: die Karte des Herrn *Martius Truelsen* in Kopenhagen. Ein prächtiger gotischer Initial J, in Schwarz, Rot, Gold und Grün gedruckt, bildet eine reizende Handverzierung, neben welcher die mit Goldlinien unterstrichenen Zeilen schlicht und unter sich in gleicher Länge angeordnet sind; der Karton ist kräftig orangegefärbt geölfet, die Ecken sind abgerundet und an der Schnittfläche vergoldet, die Schrift dunkelbraun gedruckt. Man findet nichts Überflüssiges an der Karte und doch ist deren Wirkung eine reiche und gediegene. Als stilvolle Arbeit steht dieser Karte am nächsten diejenige von *Fredr. Wagner* in Stockholm, obwohl sie grundverschieden ausgestattet ist, sie ist zweiteilig, das Titelblatt ist mit geprägten Blumen geschmückt und enthält im übrigen nur die Jahreszahl; die dritte Seite bringt den Glückwunsch in ganz schlichten, aber vorzüglich angeordneten Zeilen. Dann folgt nach unserem Geschmack die Karte von *August Kirchhoff* in Stuttgart; auf grau getöntem Karton in Querformat steht vorn ein hübsches Blumenornament mit weissem Grunde und daneben in schlichten Zeilen der Glückwunsch; Schrift und Ornament sind fein abgewogen.

Unter den Glückwunschkarten zeichnen sich noch viele durch eine geschmackvolle Ausstattung aus, vor allem diejenige der Herren *Ernst Guth* in Nürnberg, die sehr hübsch in den Farben wirkt; *August Blumhardt* in Stuttgart, auf welcher nur die schräge Zeile nicht zum Charakter der übrigen Ausstattung passt; *N. Malmström* in Kuopio, vortrefflich in Entwurf, Satz und Druck; *Bruno Grunert* in Berlin, eine starke Karte aus grauem Karton mit schrägem Rotschnitt, die mit Schrift und Verzierungen in Braun, Dunkelblau und Oliv bedruckt ist; *O. Rotzler* in Leipzig, gefällig entworfen und mit der Hoffmeisterschen Stiefmütterchen-Ranke in den Farben hübsch dekoriert; *Julius Wernicke* in Stuttgart, von zwei Tonplatten in Grünblau und Braun gedruckt; *Richard Ende* in Leipzig, auf welcher nur die in sehr kleinem Massstabe gehaltene heraldische Vignette nicht zu

No. 1445 M. g. 45. Wöllmer.

den grossen naturalistischen Blumen passt; *Hermann Lischke* in Worzen, die nur durch einige Linien mit einer Raute und einem verlaufenden Kreise geschmückt wurde; *Otto Krüger* in Hagen, mit einer selbstgeschnittenen Vignette verziert, deren Eisberge und Mitternachtssonne sich nur schwer mit dem »Prosit Neujahr!« vereinbaren lassen; *C. Kulle* in Berlin, von deren Vignette, eine Fabrikenkolonie darstellend, das ebengesagte gilt. *Fritz Ubrecht* in Bern, sehr hübsch gedruckt, doch ist das Grün und Rot der Vignette etwas zu lebhaft; *Chr. Scherpf* in Stuttgart, eine phantasievolle Komposition, bei deren Ausführung sich geschickter Linienarbeit mit Tonplattenschnitt vortrefflich ergänzen; *Rudolph de Grosche* und *Alfred Merzberger* in Turin, eine prächtig gedruckte Arbeit, deren mächtiges Distelornament aber auf einer Glückwunschkarte nicht am rechten Platze ist; *E. Kleine* in Leipzig, eine hübsche kleine zweiteilige Karte mit dem Miniatur-Porträt des Gratulanten. — Alle diese Karten wahren trotz ihrer zum Teil reichen Ausstattung den Charakter als Privatdrucksache und verdienen auch aus diesem Grunde lobende Erwähnung.

Wir wenden uns nun zu einer Serie von Glückwunschkarten, die ihre Entstehung mehr der Absicht einer geschäftlichen Empfehlung verdanken und deshalb reich, ja zum Teil überreich verziert sind. Als eine der besten möchten wir in erster Linie die Karte der Hofbuchdruckerei *G. P. J. Bieling-Dietz* in Nürnberg nennen, die mit einer hübschen Kornblumen-Vignette geschmückt ist. Die *Bruhlsche Druckerei* in Giessen sah von der Verwendung des gewöhnlichen Typenmaterials ab und liess ihre Karte von einem Künstler zeichnen, der ein mittelalterlich anmutendes Bild mit musizierenden Kugeln, die in den Wolken über der aufgehenden Sonne stehen, lieferte. Für die Hofbuchdruckerei *Stephan Giebel & Co.* in Altenburg schuf *A. M. Watzulik* eine Karte, die wohl die originellste dieses Jahres ist: der bewährte Satzkünstler griff aber diesmal nicht zu den von ihm sonst bevorzugten Linien, sondern zur Zeichenfeder; es ist schwer, die Wirkung dieser Karte zu beschreiben, deren Motive uns an die Wiener Künstler-Postkarten erinnern; die sehr lebhaften Farben der innern Seiten sind recht gesucht zusammengestellt. Die Firma *E. J. Genzsch*, Schriftgiesserei in München, schmückte ihre Karte mit neuen Vignetten von *Otto Hupp*; die Ausstattung dürfte auch modernen Ansprüchen genügen, wie denn auch die prächtige Römische Antiqua kaum von einer »modernen« Schrift übertroffen wird. *Carl Hofmann* in Leipzig verwendete seine lebhaft-originell ausgestattete Geschäftskarte, um seine Freunde zu beglückwünschen. Die bei *Luhn* in Barmen gedruckte Karte der *Maschinenfabrik Johannisberg* ist fein gedruckt, leidet aber im Satz etwas an »Lanternismus«. In Entwurf und Ausführung, namentlich in den Farben, vortrefflich gelungen ist die Karte von *Julius Klinkhardt* in Leipzig; die neuen Vignetten und Schriften kommen zu bester Wirkung. Die Karte der Schriftgiesserei *Heinrich Hofmeister* in Leipzig wirkt durch noble Einfachheit und die Schönheit ihrer Schriften und Vignetten. Die sehr sauber gedruckte Karte der Buchdruckerei *Kunfuke & Wiedemann* in Stuttgart wirkt infolge ihrer grauen Farbentöne fast etwas zu bescheiden, ist aber im übrigen eine Arbeit, die volles Lob verdient. *Strecker & Moser*, Buchdruckerei in Stuttgart, versandte eine zweiteilige Karte im schmalen Hochformat, die sich durch saubern Druck und schöne Farben auszeichnet. Die Karte der Schriftgiesserei

Benjamin Krebs Nachf in Frankfurt a. M. ist eine gefällige Probe verschiedener Neuheiten und im Entwurf eine Verbindung von altem und neuem Stil. Die Glückwunschkarte der Buchdruckerei *Hermann Hampel* in Zullichau ist eine gute Arbeit in strenger Richtung. Auch die bei Julius Klinkhardt in Leipzig sehr gut gedruckte Karte für die Firma *G. E. Reinhardt*, Buchdruckutensilien- und Maschinenfabrik in Leipzig neigt noch mehr zur freien als zur modernen Richtung. Die Karte der Schriftgiesserei *Succesores de J. de Neufville* in Barcelona-Gracia führt in sauberm Farbendruck verschiedene Neuheiten in Schrift- und Schmuckmaterial vor. Eine sehr hübsche Arbeit ist auch die von Förster & Borries in Zwickau für *C. Rüger*, Messinglinienfabrik in Leipzig gedruckte Karte, deren Schmuck gänzlich aus Messingmaterial gesetzt wurde. Endlich ist noch als eine vorzügliche Leistung die bei B. Leopold gedruckte Karte des *Typographischen Fortbildungsvereins* in Königsberg i. Pr. zu erwähnen, deren Schmuck, eine Blumenvignette und der Doppeladler des Buchdruckerwappens als Untergrund angewendet und schwach geprägt wurde, die Farben: Mattgrün für die untergedruckten Vignetten, Hellgrün für die umfassenden Linien und Violett für die Schrift, sind gut gewählt, doch sollte das Violett kräftiger sein.

In Form von *Zirkularen* liegen uns noch folgende Neujahrsdrucksachen vor. In schlichten Zeilen aus der Barock-Schreibschrift druckte *A. Ganghofers* Buchdruckerei in Ingolstadt ihren Glückwunsch auf einem Bogen Billet-Postpapier. Die Schriftgiesserei *Ludwig & Mayer* in Frankfurt a. M. wählte als Schmuck der Titelseite ihres Neujahrszirkulars eine grosse farbige Vignette in englischem Geschmack und zum Text auf der dritten Seite ihre vorzügliche Karolinger-Schreibschrift; den Druck besorgten *Weiss & Hameier* in Ludwigshafen, die dieselbe Ausstattung für ihren Glückwunsch verwendeten; der setzer der Arbeit, Herr *Paul Haarfeld*, benutzte die Dekoration der Titelseite zum Druck einer hübschen Karte. Ein gefällig im Rokokogeschmack ausgestaltetes Zirkular sandte die K. K. Hofbuchdruckerei *Jos. Feichtingers Erben* (Hans Brodt) in Linz a. D. Die Schriftgiesserei *J. Ch. Zanker* (Friedr. Hart) in Nürnberg schmückte ihr Zirkular mit ihren Sonnenblumen-Ornamenten und *Wilhelm Gronaus Schriftgiesserei* in Berlin liess ihr Zirkular aus ihrer neuen Fraktur-Schreibschrift «Hohenzollern» setzen. *L. Altmüllers Buchdruckerei* in Marne erzielte in ihrem Zirkular mit einfachen Mitteln eine ansprechende Wirkung.

Schriftgiesserei-Neuheiten.

Eine halbfette Kursiv *Perfekt*, in elf Graden von Cicero bis 6 Cicero, führt die rührige Schriftgiesserei *Ludwig & Mayer* in Frankfurt a. M. in dem vorliegenden Hefte vor. Die genannte Schrift wird hauptsächlich im Accidenzsatz vorteilhaft Verwendung finden, ihr exakter Schnitt und ihr klares Bild sind schätzenswerte Vorzüge; durch verzierte Versalien kann einzelnen Zeilen, die besonders hervorgehoben werden sollen, eine lebhafte Wirkung verliehen werden.

Die Nachahmung der deutschen Handschrift durch Typen ist bisher nur selten versucht worden, denn technische Schwierigkeiten und ein nur kleines Absatzgebiet liessen diese Aufgabe nur wenig lohnend erscheinen. Die Schriftgiesserei *Benjamin Krebs Nachfolger* in Frankfurt a. M. hat die Aufgabe nun von einer neuen Seite erfasst, indem sie eine Schrift schneiden liess, die weniger «schön» als originalgetreu ist. Die Schrift ist durch Vermeidung zu feiner Striche und aller Überlänge dem praktischen Gebrauch gut angepasst und dürfte auch aus diesem Grunde ihre Liebhaber finden.

Bericht über neue Erfindungen.

Mitgeteilt durch das Internationale Patent-Bureau von Heimann & Co., Oppeln.

(Auskünfte und Rat in Patentsachen erhalten die praktizierten Abonnenten des «Archivs» gratis.)

Druck und Druckmaschinen.

Auf eine *Liniiervorrichtung* für Buch- und Steindruckschnellpressen hat Herr Bernhard Grosse in L.-Lindenau unter No. 110074 ein Patent erhalten. Die zwischen Druckzylinder und Farbwalze in schwingbaren Hebeln gelagerten, mit einer Farbübertragungswalze in Berührung stehenden Liniierscheiben liegen während der Drehbewegung des Druckzylinders auf diesem auf und werden am Ende der Drehbewegung von den sich öffnenden Greifern derart gehoben, dass die Farbübertragungswalze mit der Farbwalze in Berührung tritt und neue Farbe erhält.

Eine *Bogen-Auslegevorrichtung* für Schnellpressen ist Herrn Ludwig Gerö in Budapest unter No. 110061 patentiert worden. Der nur Aufnahme des Papierstosses dienende Tisch ist auf einer Welle drehbar angeordnet und wird zwecks Lockerung des abzunehmenden Bogens durch ein Gegengewicht gegen den Bogenmitnehmer gehoben und durch eine Kurvenscheibe vermittelst eines Sperrwerkes, welches durch Rollenhebel und Zugstange von ersterer beeinflusst wird, gesenkt. Beim Heben des Tisches folgt diesem das Sperrwerk, bis seine selbstthätige Auslösung erfolgt, während zum Zwecke des Senkens des Tisches seine Sperrklinke sich wieder in ihre Verzahnung einlegt, sobald das Gegengewicht den Papierstoss gegen den Bogenmitnehmer gepresst hat.

Ein *Bogenablegapparat* für Tiegeldruckpressen ist der Firma J. G. Schelter & Giesecke in Leipzig unter No. 100375 patentiert worden. Am Tiegel ist in bekannter Weise ein Rahmen drehbar befestigt, welcher ein Tragband trägt. Das Abheben des Rahmens und somit des Tragbandes vom Tiegel, um den bedruckten Bogen zum Herabgleiten vom Tiegel seiner Stütze zu berauben, wird mittelst einer am Tiegel gelagerten Welle, welche mit einem losen und zwei festen Hebeln versehen ist, dadurch bewirkt, dass der lose Hebel beim Rückgange des Tiegels von der Druckform mit der Welle gekuppelt wird und gegen einen festen Anschlag stösst, dadurch die Hebel unter Aufhebung des Rahmens so lange mitnimmt, bis er über den festen Anschlag hinweggegangen ist. Beim Vorgange des Tiegels gleitet der lose Hebel infolge seiner losen Verbindung mit der Welle ohne Einwirkung auf das Tragband am Anschlag vorüber.

Auf einen *Universal-Tabellensatz* haben Daniel Czettel und Joseph Benditner in Budapest unter No. 106980 ein Patent erhalten. Damit beim Setzen von Tabellen nur die Linien nicht aber auch die Ausschliessungen gesetzt zu werden brauchen, wird ein bleibender, in einem Rahmen einschliessbarer Grundsatz aus quadratischen Stäbchen gebildet, deren Oberteile an je zwei entsprechenden Flächen derart abgesetzt sind, dass in die dadurch entstehenden, sich senkrecht kreuzenden Kanäle die Linientypen beliebig eingesetzt werden können.

Papierbearbeitung.

Eine Greifervorrichtung zum *Einstellen der Bogen in Falzmaschinen* o. dergl. ist A. Alenstaedt in Bitterfeld unter No. 98998 patentiert worden. Der auf dem Falzmaschinentisch angeordnete Schlitten bewegt sich mit den durch die Feder angehobenen Kontaktnadeln gegen den Bogen, bis das Gewicht durch den festen Knaggen umgelegt wird und infolgedessen die federnden Kontaktnadeln freigegeben werden und sich auf das Papier legen. Bei der nun erfolgenden Rückwärtsbewegung des Schlittens sind die Greifer noch angehoben, während die Nadeln auf dem Papier schleifen, bis sie von der Vorderkante des Bogens abgleiten und auf ein darunter befindliches Kontaktstück stossen. Hierdurch werden elektrische Stromkreise geschlossen, in welchen die über den Greifern angeordneten Elektromagnete eingeschaltet sind, so dass die letzteren die Greifer anziehen und somit ihr anderes Ende gegen den Bogen drücken und den letzteren mitnehmen, bis er sich in der richtigen Lage unter dem Falzmesser befindet. Bei schräg eingeführten Bogen wird die zweite Nadel erst dann von der Kante desselben abgleiten, wenn er durch den zuerst in Wirkung tretenden Greifer gerade eingestellt ist.

No. 114 M. 2.50.
B. Georgi
Offenbach a. M.

Zeitschriften- und Bücherschau.

— * *Technisches Wörter-Verzeichnis der graphischen Branchen* in deutscher, englischer und französischer Sprache. Bearbeitet von *Max Pellnitz*. Wien, Pest, Leipzig, A. Hartlebens Verlag. Preis geb. 2 Mark. — Die technischen und künstlerischen Fortschritte in den graphischen Gewerben sind nicht im geringsten durch die gegenseitige Mitteilung der Erfolge und den Austausch der Erfahrungen unter den wichtigsten in Betracht kommenden Nationen gefördert. Es genügt heutzutage nicht mehr, die Veränderungen innerhalb unseres Gewerbes nur im Kreise unserer Heimat zu verfolgen, und vor allem gilt dies für alle diejenigen, die nicht in ausgetretenen Wegen der grossen Menge folgen, sondern in idealer oder geschäftlicher Beziehung an der Führung des Gewerbes teilnehmen wollen. Auch der internationale Geschäftsverkehr hat sich in unserm Berufe in den letzten Jahren bedeutend gehoben. Für alle diese Fälle sind nicht nur Sprachkenntnisse im allgemeinen von hohem Werte, sondern es ist auch die Kenntnis der zahlreichen Fachausdrücke, die sich nur selten auch den gewöhnlichen Sprachregeln übersetzen lassen, unerlässlich. Die gewöhnlichen Wörterbücher geben in Bezug auf die Fachausdrücke in der Regel nur unvollkommene Auskunft oder geben gar zu Irrtümern Anlass. Diesem Mangel durch ein technisches Wörterbuch abzuhelfen, war ein thatsächliches Bedürfnis. Das vorliegende Werkchen ist mit vielem Fleiss zusammengetragen, und wenn natürlich hie und da ein Irrtum unterlaufen ist, so kann dadurch der Wert des Ganzen nur unwesentlich beeinträchtigt werden. Bei der Zusammenstellung des Wörterverzeichnisses wurden alle graphischen Zweige berücksichtigt. Die wirklich verdienstvolle Arbeit ist der besten Empfehlung wert, das Buch wird in den Geschäftskontoren der graphischen Branchen und im Privatgebrauch beim Studium der ausländischen Fachlitteratur oft gute Dienste thun; seine praktische Einteilung wird ihm sicher auch manchen Käufer in England und Frankreich sichern.

— * *Schrift- und Buchwesen in alter und neuer Zeit* von Prof. Dr. O. Weise, geheftet M Pf., gebunden 1,15 Mark. («Aus Natur und Geisteswelt», Sammlung wissenschaftlich-gemeinverständlicher Darstellungen aus allen Gebieten des Wissens. 12 monatliche Bändchen zum Preise von je 80 Pf., gebunden zu je 1,15 Mark oder 54 wöchentliche Lieferungen zu je 20 Pf. Verlag von B. G. Teubner in Leipzig. — Schreiben und Lesen sind wie der Anfang jeder höheren Kultur, so die notwendige Grundlage für jeden, der an ihr teilnehmen will. Mit Interesse wird darum jeder auch einmal hören, was wir über Entstehung und Entwickelung dieser beiden Künste wissen, zumal wenn es in so gefälliger Form, in abgerundeten in sich geschlossenen Kulturbildern auf Grund der neuesten Forschungen geboten wird, wie in dem vorliegenden Bändchen. Der Verfasser verfolgt durch mehr als vier Jahrtausende die einschlägigen Erscheinungen, wir hören von den Bibliotheken der Babylonier, von den Zeitungen im alten Rom, vor allem aber von der grossartigen Entwickelung, die »Schrift- und Buchwesen« in der neuesten Zeit, insbesondere seit Erfindung der Buchdruckerkunst, genommen haben. Das Büchlein gliedert sich in drei Teile, von denen der erste die Entstehung und Vervollkommnung der Schrift sowie die zum Schreiben erforderlichen Gerätschaften, sodann die Geschichte und die verschiedenen Arten des Druckverfahrens schildert;

der zweite die kleinen Schriftstücke (Briefe, Zeitungen. In- und Aufschriften) in ihrer allmählichen Ausbildung vorführt, und der dritte das Buchwesen (Buchhandel, Bibliotheken, Bücherliebhaberei) behandelt. Überall sind die im Laufe der Jahrhunderte gemachten Fortschritte betont, und wenn auch naturgemäss die Errungenschaften unseres Volkes in den Vordergrund gerückt werden, so ist doch durch vergleichende Zusammenstellung mit anderen Nationen reichlich dafür gesorgt, dass man einen Überblick über die entsprechenden Zustände bei den wichtigsten Völkern unseres Erdteils erhält. Das Teehnische durfte nicht ausgeschlossen werden, ist aber dem Kulturgeschichtlichen durchweg untergeordnet worden. Eine Auswahl von mehr als 30 Abbildungen, die zum besseren Verständnis der erörterten Ansichten dienen, erhöht den Wert des Buches, dessen Preis im Vergleich zu dem Gebotenen ein ausserordentlich niedriger genannt werden kann und das nach Inhalt und Ausstattung aufs beste empfohlen werden darf.

— * Unter dem Titel *Moderne Ziermotive für Kunst und Gewerbe* erschien im Kunstverlag »Kosmos« (Köhler & Jordan) in München, Blüthenstrasse 13, die erste Lieferung eines Verlagswerkes, das ausschliesslich die neue Stilart in künstlerisch durchgearbeiteten Entwürfen vor Augen führt. Durch die Mitwirkung von namhaften Künstlern der modernen Richtung wird eine grosse Vielseitigkeit und Mannigfaltigkeit der dargebotenen Motive erreicht. Um einen allgemeinen Überblick über das Werk zu geben, bringt die erste Lieferung eine Reihe dekorativer Vorlagen, die zur Verwendung für die verschiedensten künstlerischen Arbeiten geeignet sind, während die späteren Lieferungen alle Gebiete des Kunsthandwerks und der Liebhaberkünste durch spezielle Entwürfe berücksichtigen sollen, so dass jedem Künstler und Gewerbetreibenden für sein besonderes Fach leicht verwendbare Vorbilder zum Schaffen in modernem Stile geboten werden. Das Werk soll 10 Lieferungen mit je 5 mehrfarbigen Doppeltafeln umfassen und innerhalb Jahresfrist zur Ausgabe gelangen. Bei dem Preise von M. 1,50 pro Lieferung werden die Modernen Ziermotive für Kunst und Gewerbe gewiss in manche künstlerische Arbeitsstätte Eingang finden und so die neue Bewegung im Gebiete der »angewandten Kunst« fördern helfen; auch für die moderne Druckausstattung wird sich manches in den gebotenen Motiven verwerten lassen und sicher wird das Unternehmen auch in unseren Kreisen Freunde finden.

— Dem greisen Maler Adolph Menzel verlieh Kaiser Wilhelm II. den Schwarzen Adlerorden; wenige Tage darauf stattete der Monarch, durch Menzel aufmerksam gemacht, dem Atelier des jungen Bildhauers Harro Magnussen einen Besuch ab, befahl den Ankauf des ergreifend wirkenden Bildwerkes »Der Philosoph von Sanssouci« in seinen letzten Lebenstagen« und erteilte dem Künstler ferner einen Auftrag für die weitere Ausschmückung der Berliner Siegesallee. Wie es sich genauer um diese aussergewöhnlichen Ehrungen verhält, das ist im neuesten Hefte von *Über Land und Meer* durch Wort und Bild fesselnd geschildert.

— Heft 12 von *Bühne und Welt* (Otto Elsner, Berlin), mit dem diese interessante Zeitschrift ihr 2. Quartal beendet, giebt ein gutes Bild der mannigfachen künstlerischen Aufgaben, deren geschmackvolle Durchführung Redaktion und Verlag sich erfolgreich angelegen sein lassen.

Verschiedene Eingänge.

Die Maschinenfabrik *Kochstroh & Schneider Nachfolger* in Dresden-Löbtau hat einen Prospekt ihrer Viktoria-Tiegeldruckpresse in Form eines Prachtwerkes in Folioformat herausgegeben. Das Buch enthält eine sehr eingehende Beschreibung der Presse und bringt alle Vorzüge in sehr klaren Holzschnitten auch bildlich zur Darstellung. Ein Anhang mit Druckproben aus verschiedenen bekannten Druckereien bestätigt die Leistungsfähigkeit der Maschine für alle Arten des Buchdrucks; die Blätter enthalten ausgezeichnete Farben- und Illustrationsdrucke, die bei voller Ausnützung der Pressen gedruckt wurden. Selbst die Einbanddecke wurde auf einer Viktoriapresse gedruckt und geprägt und bekundet dadurch deren Brauchbarkeit für Buchbinderzwecke. Den Druck des Textes besorgten Förster & Borries in Zwickau mit bekannter Akkuratesse.

Die Firma *Rudolph Necker* in Leipzig sendet uns ihr neues Preisverzeichnis über Maschinen, Utensilien und Materialien für Buch- und Steindruckerei, Lithographie, Stereotypie, Blechdruck, Zinkographie, Lichtdruck, keramischen Buntdruck usw.; ein stattlicher Oktavband von 280 Seiten, dessen Druck in sehr sauberer Ausführung von C. G. Naumann in Leipzig besorgt wurde. Das Verzeichnis enthält in übersichtlicher Anordnung alle nur denkbaren Gebrauchsartikel für die genannten graphischen Zweige; fast sämtliche Gegenstände sind in sauberen Abbildungen dargestellt und ausführlich erläutert. Das Buch wird von allen Empfängern in Bedarfsfällen gern zu Rate gezogen werden.

»Wollen Sie Raum und Geld sparen?«. Mit dieser Frage als Stichwort überschrieb die Firma *Schumacher & Co.*, Reform-Utensilienfabrik in Barmen, die ebenso praktisch wie elegant ausgestattete Preisliste ihrer eigenen Buchdruckerei-Utensilien. Nach den vorliegenden Illustrationen und Beschreibungen zu urteilen, sind die eisernen Setz-, Formen- und Trockenregale thatsächlich praktisch, sie sind jedenfalls dauerhafter als die entsprechenden aus Holz gefertigten Utensilien und nehmen auch weniger Raum ein. Sicherlich ist die erwähnte Preisliste für den Fachmann interessant genug, um Beachtung zu finden.

Die graphische Kunstanstalt *Brend'amour, Simhart & Co.* in München hat ein Probeheft mit Abzügen von Autotypien, Zinkographien und Chromotypien herausgegeben, das die hohe Leistungsfähigkeit dieser Firma aufs beste bekundet. Die verschiedenen in dem Hefte vereinigten Bilder sind von tadelloser Schärfe und Feinheit und bilden eine wirksame Empfehlung der genannten Kunstanstalt. Der Druckmannschen Buchdruckerei gebührt für den ausgezeichneten Druck die beste Anerkennung.

Die Kunstanstalt von *Körner & Dietrich* in Leipzig übersandte uns soeben ihr neuestes Reklameheft, das eine ganze Reihe sorgfältig ausgeführter Autotypien enthält und Zeugnis giebt von der Leistungsfähigkeit der Anstalt. Die Firma befasst sich neuerdings auch mit der Herstellung von Dreifarbendruckplatten und können die in dem vorliegenden Hefte gegebenen zwei Proben nach Chromotafeln als sehr beachtenswerte Arbeiten werden ebenso wie das reproduzierte vierzehnfarbige Plakat der Firma Grimme & Hempel. Die Druckausführung dieser Probensammlung, die, wie aus dem begleitenden Text zu ersehen ist, von der Firma selbst besorgt wurde, kann als mustergiltig bezeichnet werden, und dürfte das mit effektvollem Umschlag versehene Heft die Firma aufs beste empfehlen.

No. 2173 M 4. H. Hoffmeister, Leipzig.

Von den diesem Hefte beigegebenen **Accidenzbeilagen** bringt Blatt O den Titel einer *Speisekarte* in dem für diese Art Drucksachen beliebten schmalen Hochformat. Schrift und Ornamente sind einheitlich in Renaissancecharakter gehalten; die Zierleisten, die Spitzenumfassung wie auch der Initial und der Schlusszug unter »Speisen-Karte« sind Schöpfungen *Otto Huppes*; das gesamte Material, mit Ausnahme der Linien, lieferte die Schriftgiesserei *E. J. Genzsch* in München. Die zum Druck verwendeten Farben: Grüner Lack, Geraniumrot und violetter Ton bezogen wir von *Kast & Ehinger*, Stuttgart.

Der trotz seiner Einfachheit recht wirkungsvolle *Titel* auf Blatt L wurde aus der neuen Zierschrift Artistic der Schriftgiesserei *H. Berthold* in Berlin und *Bauer & Co.* in Stuttgart gesetzt; die Vignette ist ein Erzeugnis der Schriftgiesserei *A. Numrich & Co.* in Leipzig. Die Farben: Schwarz, Chromgelb und helles Geraniumrot lieferten *Kast & Ehinger* in Stuttgart.

Auf Blatt H bringen wir zwei für die Praxis recht verwendbare kleine Muster: einen *Programmtitel* und ein *Konzertprogramm*; in beiden Arbeiten wurde die Zeilenanordnung den modernen Anschauungen entsprechend ausgeführt, auch wurden zur Verzierung neuere Formen gewählt. An Schriften kam auf dem Titel die Antique von *Wilhelm Woellmer's Schriftgiesserei* in Berlin zur Verwendung, während die Titelzeilen des Programms aus dem Original-Gotisch von *Julius Klinkhardt* in Leipzig und der Text aus der Original-Gotisch von *H. Berthold* in Berlin und *Bauer & Co.* in Stuttgart gesetzt wurden. Die Farben: Olivgrün und Korinthrot sind wie die Farbe der beiden vorausgehenden Blätter Erzeugnisse der Farbenfabrik *Kast & Ehinger*.

Zwei *Rechnungsköpfe* für Quartformat bringt Blatt P; der obere wurde ganz aus der neuen Accidenz-Kursivschrift »Perfekt« von *Ludwig & Mayer* in Frankfurt a. M., die Titelzeilen des zweiten sind aus der *Accidenz* von *H. Berthold* in Berlin und *Bauer & Co.* in Stuttgart gesetzt. Die Vignette des obern Kopfes, die Medaille der Sächsisch-Thüringischen Ausstellung zu Leipzig 1897 in gefälliger Umrahmung darstellend, ist ein Erzeugnis von *Joh. Hartleth*, Berlin; die Verzierungen des untern Kopfes wurden aus den Rokokoranken von *J. G. Scheiter & Giesecke* gesetzt. Wir druckten das Blatt mit aufgelichtetem Oliv und Violett von *Berger & Wirth* in Leipzig.

Wie den vorigen so hat auch dem heutigen Hefte der Firma *Gebr. Jänecke & Fr. Schneemann*, Farbenfabriken in Hannover und Newark bei New-York, zwei schöne *Illustrationsproben* beigegeben. Die Blätter wurden mit einer vorzüglichen Illustrationsfarbe WCN I (pro 100 Kg 400 M.) bei J. J. Weber in Leipzig gedruckt. Die der Illustrierten Zeitung entnommenen Bilder sind ausgezeichnet gedruckt und können als Muster für die Zurichtung von Holzschnittdrucken dienen; bei eingehender Prüfung der Bilder ist deutlich zu erkennen, wie durch die Ausschnitte des Druckers die einzelnen Partien zur richtigen Wirkung gebracht worden.

Ein modernes Plakat als Farbenprobe legt die Firma *Berger & Wirth*, Farbenfabriken in Leipzig, diesem Hefte bei. Auch dieses Blatt wird nicht nur seinen Zweck als Farbenprobe bestens erfüllen, sondern es kann auch für ähnliche Arbeiten als Vorlage Verwendung finden.

Mannigfaltiges.

— ° Die *Maschinenfabrik Johannisberg* hat in Leipzig, Gabelsbergerstr. 5, eine *Reparatur-Werkstätte* eingerichtet, deren Leitung dem langjährigen Monteur der Fabrik, Herrn Martin Schneider übertragen wurde.

— ° Die Firmen *J. D. Hauert* und *M. Pittius* in Sorau, Buch- und Steindruckerei, Verlagshandlung, Geschäftsbücherfabrik, Buchbinderei und Papierhandlung, haben sich zu einer Gesellschaft mit beschränkter Haftung unter der Firma *Hauert & Pittius* vereinigt.

— In der Bibliothek der Königlichen Kunstgewerbeschule zu Dresden, Antonsplatz No. 1, II., waren vom 18.—27. Januar ausgestellt: eine Anzahl Dreifarbendrucke nach dem Verfahren der Photo-Chromotype Engraving Co., Philadelphia, hergestellt von der Firma Gutenberg-Haus, Franz Franke, Berlin-Schöneberg. Aus den Beständen der Bibliothek wurde die Ausstellung durch Proben geschätzterer und ähnlicher Druckverfahren ergänzt. Unter anderem waren auch die beiden Konkurrenzdrucke nach derselben Vorlage: Der Dreifarbendruck von Franz Franke, Schöneberg-Berlin, und der Vierfarbendruck von C. Angerer, Wien vorhanden. Die Bibliothek ist von früh 8 bis abends 8 Uhr ununterbrochen geöffnet. Bei dieser Gelegenheit sei auch darauf hingewiesen, dass sich in der Bibliothek ein ziemlich reichhaltiges Material von buchgewerblichen Werken und Vorlagen befindet, wie überhaupt die Bibliotheksleitung dem Interesse der graphischen Gewerbe die weitgehendste Beachtung entgegenbringt. Dieser Umstand ist auch in den betreffenden Fachkreisen dadurch anerkannt worden, dass eine ganze Reihe von graphischen Etablissements ihre neuen Erscheinungen, wie Plakate, Festschriften, Musterbücher etc. regelmässig der Bibliothek schenkungsweise zugehen lassen. Die Königliche Bibliothek wird auch in Zukunft solche Zuwendungen gern entgegennehmen.

— ° *Papyrolith*. Unter diesem Namen wird jetzt ein Material auf den Markt gebracht, das sich zur Herstellung warmhaltender, feuersicherer und fugenloser *Fussböden* in Drucker- und Setzersälen vorzüglich eignen dürfte. Das Papyrolith, das teils trocken, teils feucht zum Versand gelangt, wird an Ort und Stelle für den Gebrauch ein einfache Weise fertiggestellt und dann estrichartig in zwei Schichten von insgesamt 10—12 mm Stärke auf Holz-, Beton-, Ziegel-Unterlage oder schadhafte Dielung aufgetragen. Die erste mit der Unterlage vollständig abbindende Schicht des Papyrolithestrichs besteht aus grober, die zweite aus feiner Papyrolithmasse, letztere wird auf die zuerst hergestellte Schicht aufgetragen, nachdem diese während eines Tages etwas erhärtet ist. Nach 5—6 Tagen bilden beide Schichten ein einziges, festes, äusserst widerstandsfähiges Ganzes, das immer mehr erhärtet und wohl nur im Laufe

Prätorius & Meisner

Tapeten-Fabrik
Teppich-Weberei
Linoleum

Fabrikation
Universal

FRANKFURT a.M. LEIPZIG

Rechnung für
Den 18

Andtwig & Steckner

MAHLNAU i. S.

ATELIER FÜR
KUNSTMÖBEL

Rechnung

für

der Jahre durch Begaben oder Befahren ganz minimal beeinträchtigt wird. Im allgemeinen hat das Papyrolith äusserlich grosse Ähnlichkeit mit dem sogenannten Steinholz (Xylolith), doch kann dieses nicht ohne Fugen verlegt werden, die, wie schon erwähnt, beim Papyrolith in Wegfall kommen. Auch ist ein Verziehen, Werfen oder Rissigwerden eines aus Papyrolithmasse angefertigten Fussbodens infolge der chemischen Bestandteile und der Eigenartigkeit der Verarbeitung des Materials nicht möglich; da er keine Fugen hat, so lässt er sich ferner leicht reinigen. Das Papyrolith wird auch in Plattenform abgegeben; ein uns vorliegendes Probestück bestätigt die mannigfachen Vorzüge dieses eigenartigen Materials, das vom Papyrolithwerk Paul Becker in Dresden-Löbtau hergestellt wird.

— Nebenstehend bringen wir eine verkleinerte Abbildung des schon an dieser Stelle in Heft 12 des vorigen Jahrganges erwähnten *Zeilenmaess* von *G. E. Reinhardt* in Leipzig. Das Zeilenmaass wird ausser mit deutscher auch mit holländischer und russischer Bezeichnung ausgeführt.

— * Herr Verlagsbuchhändler Eugen Diederichs in Leipzig hat in der »Zukunft« vom 21. Januar 1899 einen »Offenen Brief an Herrn Geheimen Kommerzienrat Kröner, Inhaber der J. G. Cottaschen Verlags-Buchhandlung Nachf. in Stuttgart« erscheinen lassen, in welchem er seinem Bedauern über den hohen Preis und die sehr mittelmässige Ausstattung von Bismarcks »Gedanken und Erinnerungen« lebhaften Ausdruck giebt. Wir entnehmen dem »Briefe« das folgende: Seit den Tagen unserer klassischen Litteraturperiode hat der Name der J. G. Cottaschen Buchhandlung in ganz Deutschland einen guten Klang, denn jeder Deutsche mit geistigen Interessen verdankt auch dem Verleger von Schiller und Goethe eine Erweiterung, eine Vertiefung seines Innenlebens. Sie hatten jetzt, Herr Geheimrat, die Ehre, den Deutschen ein Vermächtnis seines Fürsten zu übermitteln. Als Fürst Bismarck seine Gedanken und Erinnerungen niederschrieb, wollte er gewiss nicht nur zu den Wohlhabenden reden, sondern zu jedem Deutschen, der sein Vaterland liebt. Sie haben das Vermächtnis des Altreichskanzlers mindestens um das Doppelte unnötig verteuert. Was soll aber das deutsche Nationalgefühl dazu sagen, dass sowohl Frankreich wie England eine Ausgabe besitzen, die bei gleichem Preis die deutsche an Ausstattung weit übertrifft? Bismarck, der grosse Individualist, hat in seinem Vaterland eine Buchausstattung erhalten, die sich in den ausgetretensten Bahnen bewegt. Heute, wo unser Kunstgewerbe auf Eigenart zu fussen sucht, wo man im Buchgewerbe sich besinnt — ich erinnere nur an das thatkräftige Beispiel

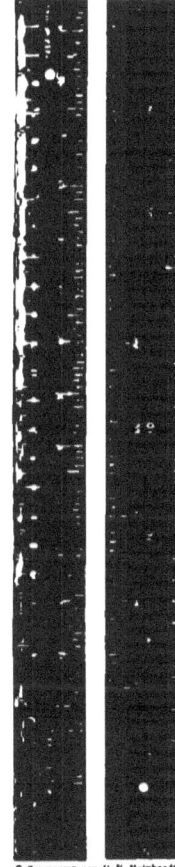

Zeilenmesser von G. E. Reinhardt
Leipzig.

des Direktors des Kunstgewerbe-Museums zu Berlin, des Dr. Jessen —, dass beim Publikum des Unvermögen künstlerischen Sehens auch durch charakterlose Buchausstattung geförtert ist, beschämt uns das Ausland. Noch nie war eine so günstige Gelegenheit wie diese vorhanden, der grossen Masse ein Erzieher zu sein; Sie haben sie versäumt. Herr Geheimrat. Bismarck braucht keinen illustrativen Prunk; in ein paar Jahren wird es aber hoffentlich dahin kommen, dass nur der Verleger in Ehren genannt wird, der es versteht, seinen Büchern ein individuelles Gewand zu geben.

— *Preisausschreiben.* Die von uns mehrfach erwähnte Zeitschrift »Bühne und Welt« veröffentlicht ein Preisausschreiben für Novelletten, Skizzen, Plaudereien aus der Theater- und Kunstwelt mit 3 Preisen von 400, 250 und 100 Mark. Der Maximalumfang soll 420 Druckzeilen betragen. Als Preisrichter fungieren Heinr. Hart und Otto Sommerstorff in Berlin, Wilh. Weigand in München und Universitäts-Professor R. M. Werner in Lemberg. Aus No. 12 von »Bühne und Welt« sind die näheren Bedingungen des interessanten Ausschreibens zu ersehen.

— OV. *Typographische Neuigkeiten aus Russland.* Einer Mitteilung der in Tomsk erscheinenden Zeitung »Sibirisches Lebens« zufolge, soll in diesem Jahre in St. Petersburg eine grosse Tageszeitung herausgegeben werden, die jedoch nicht dort gedruckt, sondern gleichzeitig nach Omsk, Tomsk, Krasnojarsk und Irkutsk telegraphiert und in diesen Städten gesetzt und gedruckt werden soll. Ein eigener Telegraphendraht von 5011 Werst Länge soll gezogen werden. Um das Unternehmen zu fundieren, bedarf es eines Kapitals von 1½ Millionen Rubel und eines Absatzes von 40000 Exemplaren. Das Jahresabonnement soll 15 bis 20 Rubel betragen. — Für dies Jahr gleichfalls ist ein Kongress der Vertreter der graphischen Gewerbe in Russland geplant. Die Gründung einer Lehranstalt für Buchdrucker, Lithographen usw. wird hier zur Sprache kommen. — Die Druckerei der Akademie der Wissenschaften druckt Bücher in chinesischer Sprache, die den Bewohnern des Reiches der Mitte einen Begriff von der Macht und Grösse Russlands beibringen sollen. — Ohne der Präventivzensur unterworfen zu sein, durften bis jetzt Originalwerke von 10, Übersetzungen von 20 Bogen gedruckt werden. Deren Umfang war jedoch nicht genau bestimmt worden. Dies ist nun geschehen und als Norm sind 33000 Buchstaben festgesetzt. — In Port Arthur wird demnächst eine russische Druckerei eingerichtet werden. — Graf Leo Tolstoi erhielt für seine neueste Erzählung »Woskresenje« (Auferstehung) 40000 Rubel, das macht 1000 Rubel pro Druckbogen.

12

— *Ein Wörterbuch der lateinischen Sprache* wird seit mehreren Jahren von den vereinigten Akademien zu Berlin, Göttingen, München und Wien vorbereitet, mit reichlicher Unterstützung seitens der betreffenden Regierungen. Es handelt sich dabei um ein Unternehmen grössten Stils. Das Wörterbuch soll den ganzen Wortschatz der lateinischen Prosalitteratur von den ältesten Zeiten bis ins zweite Jahrhundert nach Christi Geburt, den der Dichter bis in noch jüngere Zeit hinab, in bisher unerreichter Vollständigkeit enthalten. Die Vorarbeiten sind jetzt soweit gediehen, dass mit einiger Bestimmtheit das Schicksal des Werkes vorausgesagt werden kann. Man meint, dass im Jahre 1900 der gesamte Stoff zusammengebracht sein wird und mit der Ausarbeitung der einzelnen Artikel begonnen werden kann. Es soll dann die ganze Arbeit in München zentralisiert werden, wo Professor Wölfflin, der die Seele des ganzen Unternehmens ist, an der Universität wirkt. In ungefähr fünfzehn Jahren hofft man dann das ganze gewaltige Werk zu vollenden oder wenigstens zum grössten Teil fertigzustellen.

— *Ansichtskartenstatistik.* Die Versendung von Ansichtspostkarten, teils zur Übermittelung von Nachrichten, teils zu Sammelzwecken, hat in den letzten Jahren einen ganz bedeutenden Umfang angenommen. Dieser lässt sich wohl am besten an dem Verbrauch der Sorte von Postwertzeichen nachweisen, die gewöhnlich zur Frankierung der Ansichtskarten in deutschen Reichspostgebiete verwendet wird, nämlich der 5 Pfg.-Freimarken. Wir sehen aus der folgenden Zusammenstellung, die die Jahre 1893 bis 1896 umfasst, in denen der Ansichtspostkartenversandt besonders zugenommen hat, wie sehr der Verkauf von 5 Pfg.-Freimarken in die Höhe gegangen, der von frankierten Postkarten dagegen zwar auch noch gestiegen, prozentual aber hinter dem von 5 Pfg.-Freimarken zurückgeblieben ist. Es sind verkauft worden: im deutschen Reichspostgebiete ausschliesslich Bayern und Württemberg: Freimarken zu 5 Pfg. 1893: 202 302 771, 1894: 245 146 875, 1895: 311 082 735, 1896 (weiter reicht die veröffentlichte Poststatistik des Reichspostamts nicht): 352 700 312 Stück; gegen das Vorjahr mehr 1894: 12 754 104, 1895: 19 716 858, 1896: 37 637 579 Stück; Steigerung in Prozenten rund 1894: 4,5, 1895: 6,7, 1896: 12,0; Postkarten zu 5 Pfg. 1893: 251 278 592, 1894: 247 930 815, 1895: 256 515 796, 1896: 262 302 578 Stück, gegen das Vorjahr mehr 1894: 6 652 283, 1895: 12 654 910, 1896: 11 786 784 Stück; Steigerung in Prozenten rund 1894: 2,9, 1895: 5,3, 1896: 4,7. Einen Anhalt für die Zahl der beförderten Ansichtspostkarten ergiebt diese Übersicht allerdings nicht, man wird sich indes nicht zu weit von der Wirklichkeit entfernen, wenn man sie allein bei uns auf gegenwärtig 100 Millionen Stück jährlich schätzt. Auf diese Zahl kommt man bei folgenden Betrachtungen. Der Erlös für Postwertzeichen hat in den Jahren 1891 bis 1896 um ca. 25 Prozent zugenommen. Da seit 1890, wo die Drucksachen-Portostufe von 5 Pfg. eingeführt wurde, irgend welche Taxänderungen, die auf den Verbrauch einzelner Sorten Postwertzeichen hätten von Einfluss sein können, nicht vorgekommen sind, so müsste auch der Verbrauch von 5 Pfg.-Freimarken in diesem Verhältnis zugenommen haben und der Bedarf im Jahre 1896 gegen den für das Jahr 1891, wo 245 507 110 dieser Wertzeichen erforderlich waren (+ 25 Prozent), auf 306 863 888 Stück angewachsen sein. Thatsächlich sind aber 352 700 312, also 40 Millionen Stück mehr, als nach der regelmässigen Steigerung des Postverkehrs zu erwarten war, verkauft worden. Dieses Mehr ist unstreitig auf Rechnung des Ansichts-Postkartenversandtes zu setzen. Angenommen nun, es wären 1891 schon 20 Millionen Ansichtspostkarten jährlich verschickt worden, so hätte deren Zahl 1896 20 + 40 = 60 Millionen betragen, und jetzt, seit die Herstellung und der Vertrieb solcher Karten einen so gewaltigen Aufschwung genommen haben, ist die oben angeführte Zahl 100 Millionen sicher nicht zu hoch gegriffen. Ihr Reichs-Postverwaltung bringt dieser Sport das nette Sümmchen von 5 Millionen Mark ein, dabei braucht sie nicht einmal das Papier zu den Karten herzugeben.

— *Löschpapier als Putzmaterial.* In verschiedenen grossen Maschinenanlagen verwendet man neuerdings zum Reinigen von Maschinenteilen gewöhnliches Löschpapier. Wie uns das Internationale Patentbureau Carl Fr. Reichelt, Berlin NW. 6 mitteilt, wird dadurch nicht allein der Verbrauch an Putzfäden beträchtlich vermindert, sondern es fallen auch die Putzlappen vollständig weg. Bisher erhielt der Maschinist im Allgemeinen in der Woche 250 Gramm Putzfäden, die einer gründlichen Reinigung unterworfen waren. Neuerdings dagegen wird ihnen nur eine beträchtlich geringere Menge von Putzwolle zugeteilt, nämlich 150 Gramm, dagegen erhalten sie 8–10 Bogen gewöhnliches Löschpapier. Die dadurch erzielte Ersparnis beträgt mehr als 50%. Beim Reinigen mit Papier kann die Maschine nicht durch Fasern verunreinigt werden, wie das bei der Verwendung von Tüchern oder Fäden immer geschieht. Papier ist ferner nicht so leicht entzündlich, wie mit Öl getränkte Putzwolle. Der Hauptvorteil besteht aber augenscheinlich darin, dass, wenn beim Reinigen gebundene Zeugen das Putzmaterial von demselben erfasst wird, dasselbe sofort zerreisst und die Hand des Arbeiters nicht nachziehen kann.

— *Ein für die ganze Geschäftswelt höchst praktischer Vorschlag* wird im allgemeinen Interesse von Herrn Elm. Gaillard in Berlin gemacht. Beim Registrieren etc. von denjenigen vielen Firmen, die nicht auf blosse Namen lauten, werden in den Kontoren und Bureaux etc. die Schriftstücke, Buchungen etc. mal unter dem Namen, mal unter der Branchenbezeichnung, und hierbei wieder unter verschiedenen Stichworten registriert, gebucht und abgelegt, wodurch Zeitversäumnisse und auch sonst viele sehr störende Vereitelungen entstehen. Um diesem Übelstande, der sich durch die Vorschriften des bürgerlichen Gesetzbuches bezw. der, vielen Firmen hinzuzufügenden weiteren Bezeichnungen ungemein steigern wird, abzuhelfen, macht Herr Gaillard den Vorschlag, dass alle solche Firmen, die nicht ausschliesslich auf Namen lauten, auf allen ihren Formularen angeben möchten, unter welchem Stichworte sie ein- für allemal registriert zu werden wünschen. Lautete z. B. die Firma »Älteste Norddeutsche photochemische Klicheefabrik von Edm. Gaillard in Berlin SW.«, so erstrebt dieselbe, wenn sie auf ihrem Formular angestellt: »Registriermarke: Gaillard«, nicht mal unter »Älteste«, »Norddeutsche«, »Photochemographisches« oder »Klicheefabrik« registriert zu sein. Diese Anregung eines alten Praktikers ist so einleuchtend, dass wir die schnelle und allgemeine Einführung finden wird. Herr Gaillard würde es mit Genugthuung begrüssen, wenn diejenigen Firmen, welche seinem Vorschlage Folge leisten, ihm s. Z. ein Formular mit Angabe ihrer Registriermarke übersenden würden.

Inhalt des 4. Heftes.

Die neue Kunst und das Buchgewerbe. — Das Galvano im Buchdruck. — Typen für Inschriften. — Autographische Pressen für Handbetrieb. — Gedenkblech von Oberzell. — Neujahrs-Druckarbeiten. — Schriftgiesserei-Neuheiten. — Bericht über neue Erfindungen. — Zeitschriften- und Bücherschau. — Verschiedene Eingänge. — Die Beilagen zum 4. Heft. — Mannigfaltiges. — Inserate.

Beilagen: 1 Blatt Titel einer Speisenkarte. — 1 Blatt Trink- 1 Blatt Programmzettel und Konzertprogramm. — 1 Blatt Rechnungsköpfe. — 2 Probeblätter über Illustrationsfarbe W C N 1, der Farbenfabrik Gebr. Janecke & Schneemann in Hannover. — 1 Farbenprobe der Farbenfabrik Berger & Wirth, Leipzig.

Textschrift von Benj. Krebs Nachf., Frankfurt a. M. — Titelschrift von Genzsch & Heyse, Hamburg. — Xylographie-Initialen von M. Hoffmeister, Leipzig. — Doppellinie Linien zu den beschriebenen setzen und Inserat-Systemen von R. Berthold, Berlin. — Material zur Umsetzung Platten von J. G. Schelter & Giesecke, Leipzig. — Textpapier von H. M. Ullstein Leipzig. Beilagenpapier von Ferd. Flinsch, Leipzig. — Gedruckt mit Illustrations- schwarz von Berger & Wirth, Leipzig und Umschlagfarben von Kast & Ehinger, G. m. b. H., Stuttgart auf einer Schnellpresse der Maschinenfabrik Johannisberg (Klein, Forst & Bohn Nachf.), Geisenheim a. Rh.

Bezugsbedingungen für das Archiv etc.

Erscheinen: In 12 Monatsheften (Heft 8 und 9 stets als Doppelheft). Für komplette Lieferung, insbesondere vollständige Beilagen, kann nur den vor Erscheinen des 1. Heftes ganzjährig Abonnierenden garantiert werden.

Bezugsquelle: Jede Buchhandlung; auch direkt von der Geschäftsstelle des Deutschen Buchgewerbevereins unter Kreuzband.

Preis: M 12.—, unter Kreuzband direkt M 13.20, nach aussereuropäischen Ländern M. 14.50. Einzelnummern M. 1.20.

Inserate: Preis der dreispaltigen Petitzeile oder deren Raum für Mitglieder des Deutschen Buchgewerbevereins 25 Pf., für Nichtmitglieder 35 Pf. Stellengesuche für Mitglieder und Nichtmitglieder 15 Pf. für die dreispaltigen Petitzeile. Beiträge vor Abdruck zu zahlen. Als Beleg dienen Ausschnitte; Belegheft auf Verlangen gegen Vergütung und Portoersatz.

Beilagen: Für das einfache Quartblatt M 10.—, für das doppelte M. 20.—, Grössere Beilagen unterliegen besonderer Vereinbarung.

Novitäten in Originalzeug- Linien-Anwendung im Text und auf den Musterblättern ohne Berechnung, doch wird bedungen, dass dieselben als Entschädigung für die durch die Aufnahme erwachsenen Mühen und Kosten Eigentum des Verlages bleiben. Glossereien, die dies nicht wünschen, wollen sich besonders mit uns vereinbaren.

Klischees von den eigenen reserve-losen Original-Platten geben wir ab, von allen Inseraten haben wir Klischeevordrucke vorrätig.

    Inserate.

Soeben erschien im Verlage von ALEXANDER WALDOW in Leipzig:

Dritte, vollständig neu bearbeitete Auflage

DIE LEHRE VOM ✔ ✔ ACCIDENZSATZ

Mit vielen ein- und mehrfarbigen Satzbeispielen

Herausgegeben von **ALEXANDER WALDOW**   Bearbeitet von **FRIEDRICH BAUER**

Komplett broschiert Mark 9.—, elegant gebunden Mark 10.50.

Jedes Heft enthält 3 Bogen reichillustrierten Text und 2 Tafeln mit Satzmustern **in Farbendruck**

Alle Buchhandlungen nehmen Bestellungen entgegen.

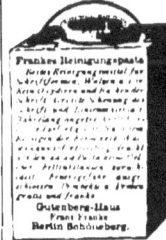

Pa. Walzenmasse per 50 kg M. 120.
Alexander Waldow in Leipzig.

Preis per Stück M. 4.50.
Dieser Blasebalg ist ganz aus Holz gefertigt, ein Lädieren der Buchstaben somit vollständig ausgeschlossen.
Alexander Waldow
Leipzig.

☞ Wir empfehlen unsere

Kräftige

Eigens für Stereotypeendruck von uns geschnittene Bratschrift

Fraktur!

Benjamin Krebs Nachfolger
Frankfurt a. M.

A. HAMM Heidelberg.
Gegründet 1850 in
Frankenthal.

Erstklassiges Fabrikat. Korrespondenz nach Heidelberg richten.
Schnellpressen aller Art.

Inserate.

C. F. Rühl
Leipzig

Schriftgiesserei
Messinglinien-Fabrik
Galvanoplastik
Stereotypie

Neu! Moderne Schriften und Initialen,
Bordüren, Vignetten und Leisten.
Buchdruckerei-Einrichtungen nach Normalsystem
stets am Lager.
Schnellste Lieferung bei billigsten Preisen.

Wilhelm Woellmer's
Schriftgiesserei und Messinglinienfabrik

Moderne Neuheiten
Selecta, Globus, Roland, Studio-
Zierrath, Barock-Ornamente
Silhouette-Bordüren, Vignetten.

Berlin SW.

Schließzeug „Combi"
Bewährtestes aller Systeme
Normalstücke, 10 cm lang, M. 2.00
Normalschlüssel ohne Stift M. 1.50
Lagerlängen
von 5 bis 60 cm vorrätig

Maschinen-Fabrik · Kempewerk · Nürnberg.

Ein Oberfaktor gesucht, Lebensstellung.

Für die technische Leitung unseres grösseren Geschäfts wird ein in allen Buchdruck-Fächern erfahrener, tüchtiger und gebildeter Mann von tadellosem Charakter gesucht, der im Stande ist, auch der Kundschaft gegenüber die Besitzer zu vertreten. Offerten mit Lebenslauf und Zeugnissen, sowie mit Gehaltsansprüchen versehen, nehmen entgegen F. Hessenland's Buchdruckerei in Stettin.

* **Maschinenfabrik Johannisberg** *

Gegründet 1846

Klein, Forst & Bohn Nachfolger

Geisenheim im Rheingau.

Schnellpressen für Buch-, Stein-, Blech- und Lichtdruck

in bester Konstruktion und Ausführung.

Über 4500 Maschinen geliefert.

Preislisten stehen auf Wunsch gratis zur Verfügung.

Hervorragend

ist unsere neueste Accidens- und Inseraten-Schrift, aus der die Hauptzeilen dieser Annonce gesetzt sind.

Kräftig

und dabei elegant, besitzt diese Schrift eine unbeschränkte Verwendbarkeit und gereicht jeder Druckarbeit, auf welcher sie verwendet ist, zur Zierde.

Bitte verlangen Sie Musterblätter und Preise, welche Ihnen gratis und franko zur Verfügung stehen.

Schwungvoll

sind die Formen, äusserst klar ihre Zeichnung.

„*Perfekt*"

haben wir diese Schrift genannt und diesen Namen trägt sie mit Recht.

Ludwig & Mayer

Schriftgiesserei.   *Frankfurt am Main.*   Stempelschneiderei.

Verlag Alexander Waldow, Leipzig

Die
Galvanoplastik

und ihre Anwendung
in der Buchdruckerkunst.

—·— Von A. Hering —·—

Zweite Auflage
in vollständig neuer Bearbeitung
von Fried. Meta

Mit 36 Abbildungen und Skizzen
Broschiert M. 4.—.
Gebunden M. 5.—.

Zilinder-Überzüge
liefert
Alexander Waldow
Leipzig.

Kupferb. Leder, Prima, 67 cm breit,
pro Meter M 4.—.
Gummituch, 97 cm breit, pro Meter M. 6.—.
Prima Druckfilz, 100 cm breit, pro Meter
M. 18.—.
Schmutztuchstoff, 70 cm breit, pro Meter
M. 1.70.

Modern

originell und künstlerisch
können Sie Ihre Drucksachen
ausstatten mit unserm sehr
praktischen Alerteil. Die
Druckmappe steht bekann-
ten Druckereien zu Dienst.

F. P.

Hierdurch teilen Ihnen ergebenst mit,
daß in unserer
Galvanoplastischen Anstalt
von Autotypien mit feinstem Raster
tadellos druckfähige dem Original an
Schärfe vollkommen gleiche Galvanos
hergestellt werden.
Desgleichen fertigen wir von Holzschnitten, Strichätzungen, Schriftsätzen,
Annoncen, Clichées u. s. w. Galvanos
mit starken Kupferniederschlägen in
kürzester Frist zu mäßigen Preisen an.
Hochachtungsvoll
Leipzig. **Zirrow & Meusch.**

Geschäfts-Verkauf!

Das seit 38 Jahren unter der Firma **Alexander Waldow**
in Leipzig bestehende renommierte

typographische Verlagsgeschäft
mit Buchdruckerei
und Utensilienhandlung

ist infolge Ablebens seines Begründers und bisherigen Inhabers
sehr preiswert zu verkaufen.

Reflektanten wollen sich in direkte Verbindung mit der
Besitzerin (Privat-Adresse: Brandvorwerkstr. 19) setzen.

Antike Gotisch

ist die in den Arbeiten
moderner Richtung am
. meisten verwendbare .
* Titelschrift *

Sie sollte in keiner Werk-, Zeitungs- und Accidenzdruckerei fehlen und verdient unter allem neueren
Schriften den Vorzug! — Speziell geeignet zur einheitlichen Ausstattung von Drucksachen aller Art.
Original-Erzeugnis! • Sofort lieferbar! • Tadelloser Guss!

Schriftgiesserei Julius Klinkhardt, Leipzig
Proben und Anwendungs-Beispiele ... Messinglinienfabrik ...
auf Verlangen!

Gesetzt aus: Antike Gotisch 514-521.

Verantwortlicher Redakteur: Friedrich Bauer, München. — Druck von Alexander Waldow, Leipzig.

Verantwortlicher Redakteur: Friedrich Bauer, München. — Druck von Alexander Waldow, Leipzig

Deutscher Buchgewerbeverein, Leipzig.

Hiermit bringen wir zur gefälligen Kenntnis, dass das von Herrn *Alexander Waldow* begründete und durch Kauf in unseren Besitz übergegangene »Archiv für Buchdruckerkunst« nach einer kurzen Übergangszeit nunmehr in eigene Verwaltung genommen wurde und von jetzt ab den Titel

Archiv für Buchgewerbe

führen wird. Die Schriftleitung wurde in die Hände des Herrn *Heinrich Schwarz*, Vorsitzenden der Typographischen Gesellschaft zu Leipzig, gelegt. Der Bezugspreis für 12 Monatshefte beträgt M. 12.—, unter Kreuzband direkt bezogen M. 13.20, für das Ausland M. 14.40. Die Zusendung erfolgt nur auf Verlangen und nur gegen bar. Die Bezugszeit ist das Kalenderjahr, jedoch kann der Bezug auch vom 1. Juli ab erfolgen. Abbestellungen innerhalb der Bezugszeit sind unzulässig. Einzelhefte berechnen wir mit M. 1.20.

Der Anzeigenpreis beträgt für die Mitglieder des Deutschen Buchgewerbevereins 25 Pfg. für die dreigespaltene Petitzeile oder deren Raum, für Nichtmitglieder beträgt der Anzeigenpreis 35 Pfg. Bei öfterer Wiederholung wird entsprechender Rabatt gewährt. Stellengesuche werden für Mitglieder und Nichtmitglieder mit 15 Pfg. für die dreigespaltene Petitzeile oder deren Raum berechnet. Beilagen kosten für das einfache Quartblatt M. 20.—, für das doppelte M. 30.—; grössere Beilagen unterliegen besonderer Vereinbarung.

Gleichzeitig bitten wir zu beachten, dass von nun ab alle Bestellungen, Anfragen oder Sendungen für das »Archiv für Buchgewerbe« (früher »Archiv für Buchdruckerkunst«) an die Geschäftsstelle des Deutschen Buchgewerbevereins in Leipzig zu richten sind.

Leipzig, den 1. Mai 1899.

Der Vorstand des Deutschen Buchgewerbevereins

Dr. Oskar von Hase,
1. Vorsteher.

Bekanntmachung.

In den Deutschen Buchgewerbeverein sind folgende Mitglieder aufgenommen worden:

1. *Josef Ostermaier* i. Fa. Neuke & Ostermaier, Stein- und Lichtdruckerei, Dresden.
2. *Max Rockstroh* i. Fa. Rockstroh & Schneider, A.-G., Maschinenfabrik, Dresden-Heidenau.
3. *W. Diebener*, Verlagsbuchhändler, Leipzig.
4. *Paul Wold. Schellenberg* i. Fa. G. Schönfelds Verlagsbuchhandlung, Dresden.
5. *Eugen Diederichs*, Verlagsbuchhändler, Leipzig.
6. *Karl Klimsch* i. Fa. Karl Klimsch & Co., Stein- und Lichtdruckerei, Frankfurt a. M.
7. *B. A. Dathe*, Steindruckereibesitzer, Leipzig.
8. *Georg Hartmann* i. Fa. Bauer'sche Giesserei, Schriftgiesserei, Frankfurt a. M.
9. *Karl Hörning* i. Fa. J. Hörning, Universitätsbuchdruckerei, Heidelberg.
10. *Karl Kempe* i. Fa. Maschinenfabrik Kempewerk, G. m. b. H., Nürnberg.
11. *B. Jacob* i. Fa. Gustav Jacob, Hannover.
12. *C. Klingspor* i. Fa. Rudhardsche Giesserei, Schriftgiesserei, Offenbach a. M.
13. *Ferd. Bruno Diesel* i. Fa. A. Numrich & Co., Schriftgiesserei, Leipzig.

Leipzig, den 1. Mai 1899.

Geschäftsstelle des Deutschen Buchgewerbevereins

Arthur Woernlein,
Geschäftsführer.

Die neue Kunst und das Buchgewerbe.

Von Dr. PETER JESSEN.

Vorträge gehalten im Deutschen Buchgewerbeverein zu Leipzig
(Fortsetzung.)

VIERTER VORTRAG.

Der glatte Satz und seine Brechungen.
Der Titel- und Accidenzsatz.

m Schlusse des vorigen Vortrages suchte ich bereits auszuführen, es sei wohl richtiger, dass der Setzer nicht die *einzelnen Zeilen* zuerst ins Auge fasse, wenn er einen schön und einheitlich wirkenden Satz herstellen will, sondern dass er von der *ganzen Fläche* ausgehe, und in diese Schrift und Ornamente richtig zu verteilen suche. Daher empfiehlt es sich auch heute, wo ich von den Aufgaben des Satzes im einzelnen zu sprechen habe, mit dem Einfachen, dem glatten Satz zu beginnen, und dessen verschiedenartige Brechungen und Unterbrechungen dann stufenweise zu verfolgen und zu beobachten. Das ist wohl das Folgerichtigste und Natürlichste. So lernt der Lehrling in der Werkstatt, und so sollte man auch beim Fachunterricht in unseren Schulen vorgehen. Da aber will es mir scheinen, als ob man diesen naheliegenden Grundsatz, vom Einfachen zum Schwierigen fortzuschreiten, manchmal nicht ganz genügend berücksichtigte und so gewissermassen das Pferd am Schwanz aufzäumte.

Schon beim Werksatz ist es bekanntlich schwer, die beiden Forderungen des Zweckes und der Schönheit, gute Lesbarkeit und geschlossene Flächenwirkung zu vereinen. Sie wissen alle, dass die Alten voller und enger setzten und druckten, als wir dies heute thun, da wir an die Lesbarkeit mit Recht höhere Ansprüche stellen. Wie viele Drucksachen aus der unendlichen Menge der heutigen Produktion sind denn überhaupt bestimmt, langsam und in Ruhe gelesen zu werden! Die meisten davon wollen wir nur überfliegen, denn wir haben wenig Zeit und wollen schnell orientiert sein; und ich möchte ganz besonders betonen, dass ich die Berechtigung dieser Forderung durchaus anerkenne. Von unseren praktischen Ansprüchen an Lesbarkeit und Deutlichkeit, die natürlich ganz andere sind wie bei den Alten, wollen wir *nichts* aufgeben; ich muss das hier ausdrücklich hervorheben, um ja nicht missverstanden zu werden. Im Gegenteil, wir wollen diese Ansprüche voll aufrecht erhalten, und das gerade ist es, worin wir vor längst nicht so leicht haben wie die Alten, deren Aufgaben in dieser Hinsicht weit einfacher lagen. Die Vereinigung von Zweck und Schönheit ist heute viel schwerer als damals, das muss zweifellos anerkannt werden, und deshalb braucht auch der moderne Setzer eine sehr vielseitige und durchgreifende Bildung.

Wenden wir uns nun zu den verschiedenen Bereicherungen und Unterbrechungen des glatten Satzes. Die einfachste Art der Hervorhebung ist das *Sperren* einzelner Worte oder der Druck in *Versalien*, der freilich nur in lateinischer Schrift und auch da nur in beschränktem Masse anwendbar ist. Da ist es denn eine sehr wichtige Aufgabe, die Auszeichnungsschriften stets in Einklang mit den Brotschriften zu wählen, damit sie auszeichnen ohne aus dem Gesamtbild herauszufallen. Es ist dies auch sehr gut möglich, aber freilich ist hierzu erforderlich, dass die Giessereien ihr Augenmerk darauf richten, zu jeder Brotschrift auch die völlig übereinstimmende Auszeichnungsschrift zu schaffen, und dass die Drucker diese auch kaufen und konsequent verwenden. Gerade hier ist noch weit verbreitet die Sitte, möglichst zu variieren, durch die Wahl möglichst vieler verschiedenartiger Schriften aufzufallen, während doch die gute, ruhige Wirkung gerade darauf beruht, auch die Auszeichnungsschriften ganz einheitlich durchzuführen. Sehr lehrreich sind hierin wieder die alten Meister; sehen wir uns z. B. eine Seite von Gutenberg daraufhin an, so müssen wir staunen, mit welcher Sorgfalt selbst bei zweispaltigem Satz die Anmerkungen in gleichem Schriftcharakter künstlich um den eigentlichen Text herumgebaut sind, nur um die einheitliche Wirkung nicht aufzugeben. Jeder von Ihnen kann ja selbst am besten beurteilen, mit welcher unendlichen Mühe dies verbunden war. Nun, die Alten hatten eben Zeit und Ruhe, dergleichen durchzuführen, und gewiss dürfen wir ihre Verhältnisse nicht einfach auf die unsrigen übertragen*. — Auch in den ersten Brechungen des glatten Satzes, den *Überschriften* der Kapitel und Abschnitte, konnten es sich die Alten in der ersten Zeit des Buchdruckes verhältnismässig sehr leicht machen. Es ist Ihnen bekannt, dass zunächst nur der glatte Text gedruckt wurde, die Überschriften aber vom Miniator eingemalt wurden, zumeist in roter Farbe, — daher die Bezeichnung »Rubriken«. Als man später auch die Überschriften mit druckte, behielt man die rote Farbe dafür bei. Man brauchte also noch keine besonderen Auszeichnungsschriften,

* Der verehrte Vortragende gestatte uns hier eine Bemerkung. Gewiss war die Zeit, in der die alten Meister arbeiteten, nicht so rastlos wie die heutige; allein auch für sie war eine derartige Durchführung bis ins kleinste schlechterdings unmöglich und die meisten gingen sehr bald an ihr zu Grunde. Es ist uns so rührender, wie bei aller Not und Sorge, mit der sie zu kämpfen hatten, doch die künstlerischen Gesichtspunkte stets im Auge behielten.
Die Schriftleitung.

da sich die Zeilen durch die Farbe schon genügend abhoben. Die herrliche Wirkung dieser alten zweifarbigen Drucke ist ja noch heute bewundernswert. Diese einfachste Art der Überschriften hat neuerdings William Morris mit Glück wieder eingeführt, doch ist nicht zu leugnen, dass dies immerhin etwas antiquarisch anmutet, und für unsere Ansprüche nicht auf die Dauer genügen kann. Die Italiener andererseits setzten ihre Überschriften meist in Versalien, und erreichten damit eine unübertroffene monumentale Wirkung. Die schnelle Lesbarkeit, die Deutlichkeit, die wir verlangen müssen, litt jedoch hierunter, denn Versalzeilen sind nicht schnell genug zu lesen, was wir doch zur raschen Orientierung brauchen. Es ist eben nicht möglich, die Alten in allen Einzelheiten zu befolgen oder nachzuahmen, wenn sie uns auch stets gleichsam als ein fernes Schönheitsziel vorschweben werden; ihre Grundsätze sind es, die wir uns zu eigen machen müssen. Im 18. Jahrhundert kam die Sitte auf, grössere Abschnitte durch eine Kopfleiste hervorzuheben, unter welcher dann die Überschriftzeilen in einem etwas grösseren leeren Raum gleichsam schwammen. Immerhin hielt hier die Kopfleiste den Schriftbild noch einigermassen zusammen; das 19. Jahrhundert jedoch liess nun die Kopfleiste weg, behielt aber den »Vorschlag«, den leeren Raum von ¼—⅓ Seite, bei, in welchem die Überschrift angebracht wurde. Wir müssen uns aber doch fragen, ob dieser tief eingewurzelte und noch jetzt fast allgemein gültige Brauch irgend welche innere Berechtigung hat, ob er nicht vielmehr eine nutzlose Raumverschwendung ist, die noch dazu der Schönheit der Wirkung Eintrag thut. Neuere Beispiele zeigen, dass man diesen »Vor-

Fig. 2. Seite aus »King Arthur« mit Initialbildchen von Beardsley.

schlag« bei Überschriften sehr wohl vermeiden kann, ohne an Auffälligkeit der Überschriften zu verlieren. In besonders geschickter Weise haben dies amerikanische Zeitschriften dadurch erreicht, dass sie die Überschriften rechteckig mit schmalen Einfassungsleisten umgaben; auf diese Weise kommt eine Überschrift selbst mitten in der Seite voll zur Geltung, ohne dass freier Raum gelassen und die Einheit des Seitenbildes zerstört wird. Ebenfalls trefflich gelöst erscheint diese schwierige Aufgabe in Maeterlincks »Schatz der Armen«, Verlag von E. Diederichs in Florenz und Leipzig (Fig. 1); auch hier heben sich die Überschriften selbst in der Mitte der Seite gut ab, ohne dass freier Raum gelassen ist. Allerdings sind die Zeilen jeweilig besonders gezeichnet, und der Druck ist, wie bei den Alten, zweifarbig.

Einen anderen Weg, Kapitelanfänge ohne Zerreissung des Seitenbildes hervorzuheben, können wir gewissen alten Werken absehen: kleine Bilder wurden da manchmal in der Art wie Initialen an den Anfängen der Kapitel eingefügt. Gegen die Initialen selbst kann man ja mancherlei Bedenken äussern, so oft und gut die alten Meister sie verwendet haben. Besonders im Deutschen mit seinen vielen Diphthongen und Umlauten wirken sie oft undeutlich und verbieten sich von selbst. Da scheinen mir solche »Initialbildchen« ein sehr gutes Mittel zu sein, und thatsächlich haben neuere Künstler sie in diesem Sinne angewandt. So der jung verstorbene Engländer Beardsley in seinem King Arthur (Fig. 2). Auf diesem Gebiete ist wohl der Erfindungsgabe des modernen Druckers noch ein weiter Spielraum gelassen; ich führe nur das Beispiel eines amerikanischen Fahrrad-Kataloges an, wo die Nummern der Fabrikate in Verbindung mit Ornamenten in dieser Weise angewandt sind, um die einzelnen Abschnitte deutlich von einander zu scheiden (Fig. 3).

Hier sind also noch mancherlei neue Mittel und Wege zur Erlangung der nötigen Auszeichnungsmittel zu finden. Gegen mancherlei moderne Versuche in dieser Richtung lassen sich allerdings doch Bedenken äussern, gerade auch bei den Engländern. Hierhin gehören die übertrieben grossen Initialen, die aus dem Ganzen herausfallen, und die allzustarke Anwendung der Versalien, welche, wie schon angedeutet, in längeren Zeilen schlecht lesbar sind. Ich heisse nun nicht etwa alles Neue gut, gar manche Dinge muss man zweifellos als Auswüchse bezeichnen. Es wäre sehr falsch, nun einseitig nur auf das schöne Bild zu achten und alles andere dem unterzuordnen. So leicht ist die Sache nicht, unsere Aufgabe liegt viel tiefer: es gilt eben die beiden Forderungen der Schönheit und des Zweckes zu versöhnen.

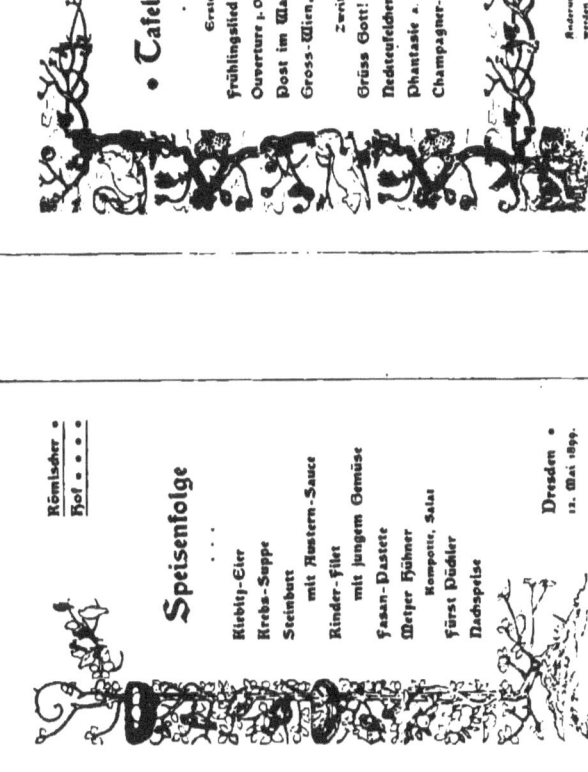

Römischer Hof

Speisenfolge

Kiebitz-Eier
Krebs-Suppe
Steinbutt
  mit Austern-Sauce
Rinder-Filet
  mit jungem Gemüse
Fasan-Pastete
Metzer Hühner
  Kompotte, Salat
Fürst Pückler
Nachspeise

Dresden
12. Mai 1899.

Tafelmusik

Erster Teil

Frühlingslied . . . . . Gounod
Ouverture z. Op. Rienzi Wagner
Dost im Walde . . . Schäfer
Gross-Wien, Walzer Strauss

Zweiter Teil

Grüss Gott! Marsch Komzak
Necksteufelchen . . . . Eilers
Phantasie a. "Faust" Gounod
Champagner-Galopp Wiegand

Aenderungen des Programms
  werden vorbehalten. . . .

Wenn wir nun zu den *Abarten des glatten Satzes* übergehen, so kommen vielleicht zunächst die heute so wichtigen *Kataloge* in Betracht. Auch hierbei wird es sich nicht darum handeln, möglichst vielerlei Schriften anzuwenden. Neuere Versuche zeigen vielmehr, dass man bei Durchführung eines einheitlichen Schriftcharakters doch genügende Mittel besitzt, um einzelne Stellen hervorzuheben. Das Gleiche gilt von Speisekarten und ähnlichen Arbeiten.

Seine ganz besonderen Gesetze hat der *Gedichtsatz*, und gerade dieser ist ein Gebiet, dem überhaupt wohl noch nicht die gebührende Aufmerksamkeit gewidmet worden ist. Beim Gedicht müssen wir unbedingt davon ausgehen, dass es seiner Natur nach unsymmetrisch ist; verschiedenartige Zeilenausgänge hat; es lässt sich nur an den Anfängen der Zeilen in eine Achse bringen. Hierin liegt eine Schwierigkeit, mit der sich selbst die Alten nicht recht abzufinden wussten. Mir persönlich scheint es, als entspreche eine seitlich verschobene Anordnung von Überschriften und Zierat am besten dem unsymmetrischen Charakter des Gedichtsatzes, indessen will eben jede einzelne Aufgabe aus ihrer besonderen Tektonik heraus neu gelöst sein. Sie sehen, hier harren noch mehr Fragen der Lösung, als man gewöhnlich meint. Am glücklichsten haben sich vielleicht bis jetzt wiederum die Engländer mit dem Gedichtsatz abgefunden, die eine Ornamentleiste am linken Rand entlang führten, welche oben umgebogen ist, und, einer Fahnenstange vergleichbar, die Achse bildet, an der alles Übrige in schönstem Gleichgewicht schwebt (Fig. 4).

Eine andere Abart des glatten Satzes ist die *Briefform*, die für Cirkulare, Einladungen, Anschreiben, Traueranzeigen u. s. w. unentbehrlich ist. Bezeichnend für sie ist die durch unsere Gewohnheit beim Briefschreiben bedingte Teilung in Anrede, Text und Unterschrift. Diese Form ist

Fig. 4. Moderner englischer Gedichtsatz.
Aus Spencer's *Faerie Queene*.

keineswegs unbequem für den Setzer, ja er kann mit wenig Mitteln das beste Gleichgewicht aller Teile erzielen, wenn er die Sache nur im Sinne der geschlossenen Fläche behandelt, nicht aber im Sinne des sogenannten Titelsatzes.

Wir stehen ja alle noch unter dem Zeichen des »titelförmigen Satzes«, ja in der Praxis sowohl wie in unseren Lehrbüchern des Accidenzsatzes wird der *Titel* übermässig in den Vordergrund gerückt, so dass man sich oft versucht fühlt zu fragen, auf wieviele Seiten Satz wohl eigentlich ein Titel zu kommen pflegt. — In der ersten Zeit des Buchdruckes hatte man bekanntlich überhaupt kein besonderes Blatt für den Titel. Das Buch begann ganz einfach mit einer Überschrift; Angaben über Verleger und Drucker, Ort und Zeit standen am Schlusse des Werkes. Als man dann ein besonderes Titelblatt einführte, beschränkte sich der Titel zunächst auf wenige Zeilen, die als geschlossene Gruppe, oft in dreieckiger Anordnung und etwa noch durch ein Bild oder Signet bereichert, auf die freie Seite gesetzt wurden. Später wurden auch die Verlagsangaben mit auf das Titelblatt gebracht, und man behielt dann oft An-

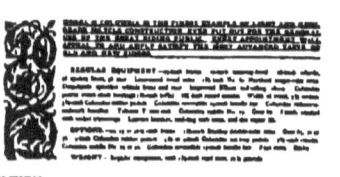

Fig. 3. Zeile aus dem Verzeichnis der »Columbia Bicycles«.

klänge an die alte Dreiecksform bei; in der Hauptsache aber suchte man doch auch die Titel als in sich geschlossene Füllung der rechteckigen Seite zu gestalten. Eine schärfere Abhebung der einzelnen Zeilen, auf Kosten der Flächenwirkung, verlangte erst die Barockzeit, doch wahrte auch sie noch die einheitliche Schrift und hatte die Neigung, einzelne kleinere Gruppen innerhalb des Titels zu bilden, die immerhin noch das Streben nach Flächenwirkung bekunden. Die vollständige Auflösung der Zeilen hat sich dann besonders im 18. Jahrhundert in Frankreich vollzogen und hat im 19. Jahrhundert ihren Gipfelpunkt erreicht. Ganz im Widerspruch zu jeder einheitlichen, dekorativen Wirkung hat man die Heraushebung der Zeilen auf das äusserste übertrieben, ja man hat geradezu ein System hieraus konstruiert, das man heute den angehenden Kunstjünger lehrt. Auf Kosten der Deutlichkeit leidet aber die Schönheit gar zu sehr, ja die zu grosse Mannigfaltigkeit der angewandten Schriften ist oft nicht einmal deutlich, da das Auge sich für jeden neuen Schriftcharakter immer erst wieder accommodieren muss. Das konnte nicht der Weg sein, der uns weiter führte, und schon seit geraumer Zeit hat sich auch in Fachkreisen Widerspruch dagegen erhoben. Neuere Arbeiten auf dem Gebiete des Titelsatzes beweisen, dass man bei geschickter Anordnung auch hier die Ansprüche der Deutlichkeit und der Schönheit völlig in Einklang bringen kann. Viele der besten modernen Titel, namentlich aus Amerika, sind allerdings gezeichnet und geätzt; aber der Setzer kann mit dem ihm zu Gebot stehenden Material dasselbe erreichen. Wir können uns natürlich für die heutigen Bedürfnisse nicht den naiven Wortbrechungen der alten Meister begnügen, wir dürfen aber auch nicht die Übertreibungen der Verfallzeit mitmachen. Man braucht deshalb die symmetrische Anordnung gar nicht einmal aufzugeben; durch geschickte Bildung einzelner *Gruppen*, die in sich flächig wirken, ist schon viel zu erreichen. Gelegentlich möchte ich hier andeuten, dass ein Umschlagtitel seiner Natur nach etwas ganz anderes ist als ein Innentitel; er muss meiner Meinung nach tektonisch von links ausgehen, im Anschluss an den Rücken des Buches. —

Die vermeintlichen Gesetze des Titelförmigen Satzes sind nun mit Unrecht auch auf vielerlei *Accidenzarbeiten* übertragen worden, die besser aus dem Grundsatz der Flächenwirkung heraus zu lösen gewesen wären. Eine allgemeine Regel giebt es freilich nicht, und glauben Sie nicht, dass ich Ihnen hier bestimmte »Recepte« geben will. Man kann auch nicht alle Aufgaben aus der Flächenwirkung lösen — wohin würde das z. B. bei einer Visitenkarte führen! Nicht in Regeln wollen wir uns zwängen, sondern es gilt, jede Arbeit von Neuem selbständig und sicher zu bewältigen. Nehmen wir als Beispiel etwa einen Briefkopf; wie oft erdrücken da die Ornamente die Schrift, die doch die Hauptsache sein soll, oder das Ganze ist simplos durch Linien zerschnitten u. dgl. mehr. Es ist ganz unmöglich, hier eine Regel aufstellen zu wollen; wohl

Fig. 5. Seite aus dem Plan-Prospekte.

aber zeigen neuere Beispiele, dass der Setzer recht gut alle Teile in Einklang bringen kann, wenn er seine Aufgabe selbständig durchdringt. Mit ein paar neuen Moden und Manieren ist es eben nicht abgethan, es wird vielmehr Jahre ernsthafter Arbeit kosten, um uns Ziel zu gelangen.

Besondere Aufgaben stellt schliesslich noch der *Inseratensatz*; da werden Sie mir antworten, und ich muss Ihnen recht geben, dass man auf diesem Gebiete gar zu sehr vom Besteller abhängig ist. Im Kampfe ums Dasein pflegt der zu siegen, der die stärksten Ellbogen hat; ähnlich suchen die Inserenten durch fette Schriften einander zu übertrumpfen. Indessen, die starken Ellbogen allein thun es auch nicht immer, und wenn ich auch wie gesagt die Rücksicht auf die Wünsche der Besteller keineswegs unterschätze, so möchte ich hier doch wenigstens anregen, dass die Inseratseite dort, wo der Drucker freie Hand hat, etwas weniger widerwärtig gestaltet werde, als sie es heute leider meistens ist. Gute Vorbilder liefern uns auch hier die Amerikaner, oder sehen Sie sich etwa den bei W. Drugulin hergestellten Pan-Prospekt an, der ein kleines Musterbuch des Inseratensatzes ist Fig. 5'.

Nachdem wir so die mannigfachen Hrechungen des glatten Satzes im Einzelnen verfolgt haben, werde ich im nächsten Vortrag zeigen, wie die Aufgaben des Setzers im *Buch* und seinem Schmuck zusammenklingen.

(Fortsetzung folgt)

Das Hand in Handarbeiten von Buchdrucker und Buchbinder.

I.

it dieser Abhandlung soll keineswegs die Geschichte der Buchbinderei berührt, noch über den kolossalen Aufschwung derselben berichtet, noch einzelne Funktionen dieser Branche *eingehend* erläutert, noch Maschinen und Werkzeuge besprochen werden, ich will vielmehr mitten hineingreifen in den heutigen Betrieb und zu skizzieren versuchen, was der *Buchdrucker* speciell von der Buchbinderei wissen muss, um sich vor Schaden zu bewahren und um seinen Kunden sowohl wie sich selbst durch richtige sachgemässe Ausführung und Ablieferung der Drucksachen vielen Ärger und Verdruss, sowie auch Mehrausgaben zu ersparen.

Zuerst bin ich zu der Überzeugung gekommen, dass der Buchdrucker nichts an die Buchbinderei ausliefern darf, was nicht ordentlich abgezählt, nachgesehen, in die Lieferbücher eingetragen und vom Buchbinder quittiert ist, denn es ist unzählige Male vorgekommen, dass der Buchbinder nach Jahr und Tag behauptet hat, von den einen Bogen nur so viel, von dem andern aber so und soviel erhalten zu haben, ja dass ganze Bogen überhaupt nicht aufzufinden waren, dass keine Defekte mit abgeliefert sein sollten, dass zuviel Makulatur und Abgang dabei gewesen sei, dass die Bogen wegen Fehlens einer Signatur verwechselt wurden u. s. w.

Es kommt sogar häufig vor, dass nach Jahren der Verleger noch vom Drucker verlangt, die zu wenig gelieferten Exemplare zu schaffen, oder auf Schadenersatz dringt, oder die Rechnungen kürzt, oder wohl gar seine Arbeiten einer anderen Firma überweist. Solche Fälle sind für den, der den kaufmännischen Betrieb einer grösseren Druckerei kennt, gar nichts Seltenes, sie gehören vielmehr zu dem Alltäglichen, und es ist daher gut, wenn man klipp und klar nachweisen kann, wann und wieviel von jedem Bogen an den Buchbinder abgeliefert worden ist. Ich hatte erst in der letzten Zeit wieder Gelegenheit, einem Verleger, dessen Buchbinder behauptete, von einem vor fünf Jahren gedruckten Werke von einem Bogen etwa 30, von einem anderen einige 40, von wieder anderen sogar 60 u. s. w. Bogen zu wenig erhalten zu haben, den Nachweis zu erbringen, dass nicht nur die volle Auflage, sondern weit mehr abgeliefert worden war. Ich erinnere mich ferner, dass von einem populären Werke, welches in grosser Auflage gedruckt worden war, von dem aber vorerst nur ein Teil gebunden wurde, einige Bogen nach Jahr und Tag noch in den am Druck mit beteiligt gewesenen Druckereien lagerten und vom Buchbinder in Vergessenheit gekommen waren. So unglaublich dies auch klingen mag, so wird es doch derjenige entschuldigen, der da weiss, welch ungeheure Mengen, besonders im Spätherbst bis kurz vor Weihnachten, aber auch zu jeder andern Zeit, in die Buchbindereien mittlerer und grösserer Druckorte wandern, um dort ganz oder teilweise in der denkbar kürzesten Zeit fertiggestellt und auf den Büchermarkt gebracht zu werden. Welch ungeheure Lagerräume müssten zur Verfügung der Buchbindereien zur Verfügung stehen, wenn die oftmals viele Jahre lagernden Bestände nicht in hohen Stössen aufeinandergetürmt würden, und wie leicht kann es dann nicht sein, dass diese Arbeit besorgenden Hilfspersonal unterlaufen, dass zusammengehörige Bogen eines Werkes auf verschiedene Stösse kommen, um dann erst nach vielem Suchen und Umwühlen derselben wieder gefunden zu werden. Das geschieht trotz aller Vorsichtsmassregeln, wie gute Führung der Lagerbücher, Einlegen von Zeichen zwischen die einzelnen Signaturen, Hand in Handgehen der verschiedenen Organe u. s. w., denn sonst würden solche Fälle und Reklamationen beim Drucker eben nicht vorkommen. Dass natürlich auch der Drucker oft der schuldige Teil ist, glaube ich mit Bestimmtheit aussprechen zu dürfen, und deshalb wiederhole ich, dass der Buchdrucker, wenn er sich vor Schaden wahren will, nichts unabgezählt oder ohne

Empfangsbestätigung und gute Buchung ausliefern darf und gerade zu diesen Arbeiten einen tüchtigen und ordentlichen Mann anstellen muss. Oft ist es ja der Buchdruckerei, die umfangreiche Werke in grossen Auflagen zu drucken hat, auch gar nicht möglich, die gewaltigen ausgedruckten Stösse bis zur Vollendung der oftmals jahrelang laufenden Werke im Hause zu behalten, sondern sie arbeitet umgesetzt dahin, diese der Buchbinderei zu überweisen.

Ein Übelstand, den ich auch häufig beobachten konnte, ist der, dass das abholende Hilfspersonal oder die Lehrlinge nicht immer mit den gedruckten Bogen so umgehen, als es dem Buchdrucker lieb wäre, sondern dass diese Sachen beinahe wie Makulatur behandelt und mitunter auf ungeeignete Wagen oder Karren geladen werden, die bei ungünstigem Wetter nicht genügend geschützt sind und Regen oder Schmutz eindringen lassen. Wie muss es dem Buchdrucker peinlich berühren, wenn er z. B. sieht, wie seine mit feinen Illustrationen bedruckten Bogen, auf die er beim Druck, Trocknen und Glätten soviel Sorgfalt und Mühe verwandte, auf diese Weise verunglimpft und teilweise verschmiert werden!

Es ist ferner sonderbar, dass so viele Auftraggeber bei der Verteilung ihrer Drucksachen immer nur die billigsten Kalkulationen berücksichtigen, ohne auch wirklich die Gewissheit zu haben, dass diese Kalkulationen die vorteilhaftesten für sie sind. So habe ich einen Schulbücher-Verleger gekannt, der, obwohl er durchaus nicht über schlechte Zeiten und Verdienstlosigkeit zu klagen hatte, seine Verlagswerke stets den billigsten Firmen übergeben und, meiner Überzeugung nach, am schlechtesten dabei wegkam. Die Druckerei brauchte durchschnittlich 6—7% Zuschuss, was bei einer Auflage von 3000 Exemplaren 180—210 Bogen ausmacht, während eine andere mit 2—2½%, also 60—70 Bogen ganz gut auskam. Das ist ein Unterschied von 120—140 Bogen. Wieviel billiger muss also die schlechtere Druckerei sein, wenn der Auftraggeber dennoch glaubt, günstiger bei ihr wegzukommen?! Dasselbe gilt vom Buchbinder. Oft erhält er solche Auflagen ungeglättet und unaufgestossen, was sich beim Schneiden und der weiteren Verarbeitung mitunter sehr fühlbar macht; durch seine billigen Offerten geht naturgemäss auch noch ein Teil der Auflage verloren, schlechte und verschnittene Bogen werden vielleicht nicht entfernt, und am Ende fehlen dem Verleger eine Anzahl von guten Exemplaren, die den Unterschied in den Offerten ganz wesentlich beeinflussen. Und sieht man dann die grosse Anzahl von Remittenden-Exemplaren, die wegen schlechter Arbeit zurückkommen, so muss man sich fragen, wie die Auftraggeber bei der Verteilung ihrer Werke bisweilen so unüberlegt vorgehen können. Das sind Thatsachen, über die man nie genug sprechen kann; solche Dinge müssen immer wieder in die Öffentlichkeit kommen, denn das ist das beste Mittel zur Bekämpfung der Schmutzkonkurrenz.

Ein weiterer Punkt, auf den der Buchdrucker acht haben muss, ist der, dass dem Buchbinder keine allzufrischen Drucke übergeben werden. Beim Schneiden der Bogen oder Beschneiden der Exemplare wird bekanntlich der Pressbalken fest auf das Papier aufgesetzt; wenn nun die Drucke nicht genügend trocken sind oder mit viel Farbe gedruckt worden ist, so zieht sich der Druck leicht ab und die Auflage sieht verschmiert aus. Auch beim Falzen und den anderen Manipulationen, besonders aber beim Walzen der Bücher, macht sich das sehr bemerkbar, und die verschmierten Streifen auf den Seiten haben nicht selten die allzufrische Verarbeitung zur Ursache. Der Verleger schiebt natürlich die Schuld des Verschmiertseins an erster Stelle auf den Drucker, und selbst wenn dieser ganz unschuldig sein sollte, so wird er dies dem Verleger nicht immer klar machen können. Ich habe ausser ganzen Werken eine grosse Anzahl von Accidenzen in Händen gehabt, die auf diese Weise ganz bedeutend an Würde, Wert und Ansehen verloren hatten. Es empfiehlt sich hier, die Buchbinderei auf den frischen Druck aufmerksam zu machen, damit beim Schneiden und Beschneiden der Pressbalken nicht mehr als unbedingt nötig angezogen wird und auch bei der weiteren Hantierung etwas vorsichtig umgegangen wird. Bei manchen Arbeiten ist es ratsam, die Drucke mit Makulatur zu durchschiessen, was allerdings die Arbeiten nicht unwesentlich verteuert, aber dafür ein wirklich gutes Mittel gegen das Abschmieren sowohl beim Druck wie beim Verarbeiten in der Buchbinderei ist. Auch das Abreiben mit Talkum (Speckstein) leistet gute Dienste. Besonders aber spricht das verarbeitete Papier viel mit: Kunstdruck- wie überhaupt sehr glattes Papier zieht sich viel leichter ab als rauhes und weiches. Bei Illustrationsdruck, ich erinnere an Werke mit Vollbildern, ist es angebracht, wenn zwischen die Blätter vom Buchbinder Seidenpapier gelegt wird; beim Binden des Jahrganges wird es natürlich wieder entfernt, da dann die Bogen völlig trocken sind.

Eines der wichtigsten Kapitel ist aber das Ausschiessen der Formen. Ich muss mich der

CARL BRUNOW

Leipzig und Solnhofen

Telegramme:
• Brunow Leipzig •

Telephon:
Nr. 1358

Preisliste
... über ...
Lithographie-Steine

Kürze halber mir auf einige Hauptsachen beschränken, möchte aber von vornherein betonen, dass der Buchdrucker in zweifelhaften Fällen nie unterlassen sollte, sich mit der Buchbinderei darüber ins Einvernehmen zu setzen, da sonst die Preise für die Broschur oder den Einband wesentlich auseinandergehen können. So ist es bei gewöhnlichen Drucksachen oft angebracht, die Bogen nicht in 8° sondern in 16° auszuschiessen, da dann zwei Brüche und das Einstecken oder Zusammentragen des zweiten Bogens erspart werden. Dies ist natürlich nicht bei allen Sachen möglich, sondern es hängt lediglich von dem Charakter des Buches, dem Format, dem Papier und der Auflage ab. Stärkeres und hartes Papier lässt sich schwer 4-Bruch falzen, Karton nicht einmal 3- oder 2-Bruch, da sonst Falten entstehen würden. Karton wird gewöhnlich nur 1-Bruch gefalzt und werden dann die anderen Bogenteile eingesteckt. Ganz kleine Miniaturformate, die manche Buchdrucker fälschlicherweise in 32° ausschiessen, werden oft besser und richtiger in 8° ausgeschossen, obwohl auch hier das Papier sowie die Einrichtungen der Buchbinderei den Ausschlag geben. Ich will hierbei nicht unerwähnt lassen, dass gerade bei einem sehr bekannten Miniatur-Werkchen selbst die Meinungen der Buchbindereien auseinandergingen, da nämlich zwei derselben für 3-Bruch eintraten und auch ein Vertreter der dritten Buchbinderei, welche den Auftrag überwiesen bekam, sich ebenso anschloss, erklärte nachher diese Firma den 4-Bruch für richtig und sollte der Drucker für den Schaden verantwortlich gemacht werden. Bei etwas grösseren Formaten, wie z. B. dem der Miniatur-Bibliotheken, ist natürlich der 4-Bruch das richtigste, und hat der Maschinenmeister beim Formatmachen besonders auf den Bundsteg zu achten, damit beim Falzen die Seitenzahlen aufeinander zu stehen kommen.

Drucksachen von nur einigen Bogen Umfang sind oftmals vorteilhaft zum Ineinanderlegen auszuschiessen, es kann dann die *Drahtheftung* sehr vorteilhaft zur Verwendung kommen, welche billiger als Fadenheftung ist. Werden die Bücher seitlich geheftet, so dürfen die Bogen nur gewöhnlich 3- oder 4-Bruch gefalzt und müssen anstatt des Einsteckens zusammengetragen werden. Wie schon erwähnt, lässt sich das Ineinanderlegen der Bogen nur bei Broschüren von geringerem Umfang anwenden, während es bei solchen grösseren Umfanges thunlichst unterbleiben sollte.

Oft werden ferner der Titel- und Schlussbogen unzweckmässig ausgeschossen, wodurch sich nicht unwesentlich die Buchbinderarbeit verteuert. Be-

merken will ich hier gleich, dass die besseren Buchbindereien jeden Teil des Bogens als ganzen Bogen berechnen, somit einen Schlussbogen, der in vier Teile geschnitten werden muss, als vier Bogen berechnen. Wenn z. B. ein Viertelbogen Titel mit ¼ Bogen Schluss als ganzer Bogen gedruckt wird, so sollte das auf zwei Weisen geschehen: entweder wird der Bogen vor dem Falzen in einen halben und ¼ Bogen zerschnitten, der ¼ Bogen Titel dann vorn und der ¼ Bogen Schluss hinten angeklebt, oder der ¼ Bogen Titel wird nach dem Falzen des ganzen Bogens vom Buchbinder herausgeschnitten, das übrige dann als ganzer Bogen aber geheftet und weiter behandelt. Natürlich kann auch der abgeschnittene ¼ Schlussbogen in den gefalzten halben Bogen eingesteckt werden, was sogar billiger ist, als wenn er hinten angeklebt wird. Beim Ausschiessen eines solchen Bogens ist weiter darauf zu achten, dass der vom Buchbinder abzuschneidende ¼ Bogen nach innen oder in die Mitte kommen muss, es ist selbstredend, dass der Buchbinder viel mehr Arbeit haben würde, wenn er ihn zwischen den anderen Bogenteilen herausholen müsste. Das Kleben sollte überhaupt nach Möglichkeit vermieden werden, da es nicht nur teurer, sondern auch, wenn es gut gemacht werden soll, zeitraubender ist. Viele Buchdruckereien schiessen deshalb auch gleich, wenn angängig, den Titelapparat vorn an; es entstehen auf diese Weise keine Bogenteile und die Herstellungskosten werden naturgemäss billiger.

Aus den vorerwähnten Gründen ergiebt sich weiter, dass auch die Anzeigen am Schlusse eines Werkes gleich mit angeschossen und nicht für sich gedruckt werden sollten. Wenn ⅔ Bogen vorn oder hinten sind, ist es zu empfehlen, ein weisses Blatt stehen zu lassen, um einen halben Bogen zu erhalten, da dieses dem Aussehen des Buches nur nützen kann und die geringen Papierkosten durch Ersparnis beim Druck und beim Binden reichlich aufgewogen werden.

(Fortsetzung folgt.)

Eine neue Fadenheftmaschine.

ie Firma *Gebrüder Brehmer* in Leipzig-Plagwitz hat eine neue Heftmaschine gebaut, die den bisherigen Systemen der Firma in mancherlei Hinsicht überlegen ist. Bei Neuanschaffungen würden nach den Angaben der Firma entweder die 1898 gebaute No. 38 oder die neueste No. 39 in Betracht kommen, wie es aus folgender kurzen Erläuterung zu ersehen ist.

Die Maschine No. 38 arbeitet ähnlich wie die Brehmerschen Draht-Buchheftmaschinen mit versetzten Stichen, d. h. der in der zweiten Lage liegende Stich befindet sich an einer anderen Stelle, als der in der ersten Lage. Die Heftung geschieht in der Weise, dass abwechselnd die von je zwei rechts und links von einer Hakennadel sitzenden Nähnadeln gebildete Fadenschlinge durch Greifer ausgezogen und unter die Hakennadel gebracht wird, welche sie kettenstichartig mit der vorhergehenden verhäkelt, so dass in dem Buche an der Stelle unter der Hakennadel ein von Bogen zu Bogen gehender Kettenstich liegt, welcher die einzelnen Lagen fest miteinander verbindet. Die Nähnadeln besitzen seitlich verstellbare Verschiebung und ist es dadurch ermöglicht, sowohl auf Band in zwei Breiten, als auch auf Gaze und auf Bindfaden heften zu können. Bei dieser Art Heftung ist selbst bei Verarbeitung von verhältnismässig starkem Faden der Falz des Buches auf ein Minimum herabgedrückt. Schaltet man die Seitwärtsbewegung aus, so liefert die Maschine sogenannte »Holländer«-arbeit. Der Fadenverbrauch ist bei der Maschine No. 38 ein ausserordentlich geringer und kann durch Verkürzung des Heftstiches noch nach Belieben verringert werden.

Im Gegensatz zu dieser Maschine, welche infolge der versetzt liegenden Stichanordnung höchstens die Hälfte der Lage mit Faden versehen kann, da die andere Hälfte in der folgenden Lage liegt, haben wir in der No. 39 eine Maschine gebaut, welche ebenfalls mit Doppelfaden arbeitend, fast die ganze Lage mit Faden versieht. Dadurch fallen der No. 38 eigentümlichen Vorteile des geringen Falzes und geringen Fadenverbrauches; man ist gezwungen, bei schwachen Lagen ganz dünnen Faden zu verwenden oder man wird zu viel Falz erhalten. Die Heftweise dieser zweiten Maschine kann man sich dadurch entstanden denken, dass jede Lage auf der ersten Maschine zweimal geheftet wird. Die Anordnung der Nadeln ist dieselbe, wie oben beschrieben, nur werden die Nähnadelschlingen nicht abwechselnd, sondern beide zu gleicher Zeit ausgezogen und unter die zwischen den Nähnadeln sitzende Hakennadel gebracht, woselbst sie in der Weise verhäkelt werden, dass zunächst die eine Schlinge durch die andere gesteckt und dann erst die letztere auf dem Buchrücken herausgezogen wird, woselbst die Verhäkelung mit der Schlinge des vorhergehenden Bogens stattfindet. Auch bei dieser Maschine können die Nähnadeln seitlich verstellt werden zwecks Verarbeitung von Rückenmaterial verschiedener Breite — auch kann auf dieser Maschine durch Ausschaltung der Seitwärtsbewegung »geholländert« werden. Die grösste Zahl der im Buche nebeneinander möglichen Stiche ist 4 bei No. 38, 3/Doppelstiche, bei No. 39, Bänderzahl 8 resp. 6. Grösstes zu heftendes Buch: 33½ cm Höhe und 23½ cm Breite bei unbeschränkter Dicke.

Aus dem Gesagten geht hervor, dass die Maschine No. 38 überall da vorteilhafter ist, wo es darauf ankommt, möglichst wenig Falz zu erzielen, andererseits, wie z. B. beim Holländern, den Fadenverbrauch auf ein Minimum zu beschränken. Die Maschine No. 39 ist hingegen überall da vorzuziehen, wo es bei besseren Verlagswerken (bei nicht zu schwachen Lagen) auf eine möglichst solide Heftung ankommt.

Buch-Fadenheftmaschine mit Kraftbetrieb No. 39.

No. 2001. Cicero. Min. 6,5 kg.

ZICK-ZACK ✳ Nordhausen LONDON 3 Waldheim
Palmengarten Frankfurt a. M.

No. 2002. Doppelmittel. Min. 11 kg.

Telephon 18 DÜRKHEIM 45 Karlsbad

No. 2003. Tertia Min. 7 kg.

Feuerberg Merseburg
RUDOLSTADT i. Th.

No. 2004. Text. Min. 9 kg.

Mainz 5 BERLIN

No. 2005. Mittel. Min. 5 kg.

BERGEDORF 4 Bremen
Sauerwein Osnabrück 8

No. 2006. Doppelcicero. Min. 10 kg.

NOTA Badenia

No. 2007. Korpus. Min. 5 kg.

GROSSENHAYN & NAUMANN
Rauenthaler Feuerberg Niersteiner

No. 2008. Dreicicero. Min. 14 kg.

Landshut MERKUR Bamberg
——— ✠ ———

Schriftgiesserei Ludwig & Mayer, Frankfurt a. M.

11*

Zum Kapitel Kunstholzschnitt.

ie im vorliegenden Hefte des Archivs enthaltenen Kunstbeilagen, beide Bilder aus dem demnächst erscheinenden 6. Hefte der Meisterwerke der Holzschneidekunst, bilden den Anfang einer Serie von Beilagen für das Archiv für Buchgewerbe, die den heutigen Stand des Kunstholzschnittes darstellen sollen. Nachdem wir unsern Lesern in den nächsten Heften eine Anzahl dieser Schnitte vorgeführt haben werden, werden wir uns mit einer Untersuchung über den Wert des heutigen Holzschnittrichtung, über die Daseinsberechtigung des Holzschnittes zu befassen haben und dabei einesteils den vorhandenen falschen Ansichten über die Aufgaben des heutigen Holzschnittes berichtigend entgegentreten, anderenteils nachweisen müssen, dass die mageren Jahre für ein edles Kunstgewerbe vorüber sind und dass wir am Anfang eines neuen und hoffentlich dauernd bleibenden Aufschwunges der deutschen Holzschneidekunst stehen. Wir werden entwickeln, dass die Holzschneidekunst nicht in der Konkurrenz mit mechanischen Vervielfältigungstechniken ihre Aufgabe zu finden hat, sondern aus sich selbst heraus allen Reproduktionsarten vorausschreitend, alles das den Reproduktionsverfahren zu überlassen hat, was deren Technik erreichen kann. Wir bitten deswegen unsere Leser, ein strenges Mass an die in dieser Absicht von uns veröffentlichten Schnitte zu legen und sich überall zu vergegenwärtigen, ob ein anderes Reproduktionsverfahren (natürlich mit Ausnahme der Radierung u. s. w.) zu einer gleich guten Wiedergabe der betr. Bilder geeignet erscheint.

Das Zusammenbacken der Schrift.

s ist allgemein bekannt, dass stereotypierter Satz, oder solcher, der lange unbenutzt gestanden hat, fest zusammenbackt und die einzelnen Typen beim Ablegen kaum auseinanderzubringen sind. Die verschiedensten Versuche zur Verhinderung dieser unangenehmen Erscheinung sind gemacht worden; Waschen der Formen mit Seifenwasser, Übergiessen mit Lauge, Reinigen mit Dampf, Aufklopfen der Satzstücke (Griffe) auf Fundament oder Formbretter u. a. m. Nichts hat es versucht, den Setzer vor offenen Fingern und Zeitverlust, dem Prinzipal vor zerschlagenem Material zu verschonen und wenn daher von fachmännischer Seite Versuche und Anstrengungen gemacht worden sind, so ist dies sehr erfreulich. Ein solcher Versuch und zwar der bis jetzt am meisten erfolgreiche ist der des Herrn J. J. Marschner in Leipzig, Kurze Str. 7, welcher eine sogenannte Auflösungsflüssigkeit zusammengestellt hat, die sich

in vielen Offizinen gut bewährt. Diese Flüssigkeit besitzt die Eigenschaft, sich schnell überall hin zu verbreiten und infolge ihrer chemischen Zusammensetzung auf Fett- und Farbteile, sowie Waschmittelrückstände, Schmutz u. s. w. auflösend zu wirken.

Mit einem Kilo des Auflösungsmittels lassen sich 30 und mehr Liter zum Anfeuchten der Schrift herstellen, wenn man ca. 8—10 Gramm in 1 Liter Wasser auflöst. Die Auflösung kann in heissem oder kaltem Wasser stattfinden, ersteres ist vorzuziehen. Die Verwendung der Flüssigkeit ist wie folgt: Um eine vorzügliche Lockerung der Schrift herbeizuführen, nehme man eine Waschbürste und wasche die bereits von Farbe gereinigte, zum Ablegen bestimmte Schrift nochmals mit der Flüssigkeit tüchtig ab; damit dieselbe aber recht eindringen kann, löse man die Schnüre von den Kolumnen oder entferne sofort die Schliessrahmen von der Form, spüle aber die Lösung noch nicht ab. Nach ca. 15 Minuten sieht man nach, ob sich die Schrift löst, resp. lockert; ist das noch nicht der Fall, so feuchte man diese nochmals mit der Flüssigkeit an und es bedarf nur noch einer kurzen Zeitdauer bis zur Lösung. Spürt man dann der Lockerung der Typen, so feuchte man den Satz mit Wasser tüchtig an, damit die Auflösungsflüssigkeit abläuft — und der Setzer hat nach dieser Procedur gutes, bequemes Arbeiten. Auch zur Lockerung von Formen, die lange Jahre gestanden oder immer nur geändert werden, bewährt sich das Mittel, wie folgender Fall zeigt: Bei einigen Seiten, die aus Schrift, Blei- und Messinglinien bestanden und zwei Jahre im Magazin aufbewahrt worden war das Material ordentlich miteinander verwachsen, so dass es geradezu zur Unmöglichkeit wurde, dasselbe auseinander zu bringen. Mit obengenannter Auflösungsflüssigkeit tüchtig gewaschen und dieser noch einige Mal angefeuchtet, bedurfte es nur einiger Stunden und die Typen sowie die Linien liessen sich zum Ausschluss so ab, dass das Auftrennen dieses Satzes rasch erfolgen konnte.

Es ist wohl selbstverständlich, dass der Satz, obgleich er mit dem Lösungsmittel gelockert worden ist, doch jedesmal vor dem Ablegen wiederum mit Wasser angefeuchtet werden muss.

Diese Wasch- und Auflösungsmethode hat auch noch den Vorteil, das Formen, die wegen grosser Auflagen längere Zeit in den Maschinen bleiben und öfter mit Benzin u. s. w. gewaschen werden, wodurch der Schmutz sich überall in den Zwischenräumen ansammelt, durch vorgenannte Procedur eine vollständige Reinigung des Materials hervorbringen, d. h. der Schmutz löst sich auf und wird durch das öftere Anfeuchten mit Wasser teils weggespült, teils geht er beim Ablegen selbst ab, so dass die Schrift zum Setzen wert sauberer wird, als dies gewöhnlich der Fall ist. Vorteilhafter ist es, solchen Satz nach der Lösung mit heissem Wasser auszuspülen. Zu empfehlen ist, die festgebackene Schrift eine oder mehrere Stunden vor dem Ablegen mit der Flüssigkeit anzufeuchten, damit sie bei Gebrauch sich vollständig gelockert hat. Erzielt man durch das hier angeführte Mittel vielleicht auch noch nicht ganz das, was man vielleicht erwartet, ein sofortiges Auseinanderfallen der Satzteile, so ist es aber doch geeignet, den bereglen Übelstand wesentlich herabzumindern und sollte man schon deshalb der Sache Beachtung schenken.

L. M.

KUNSTHOLZSCHNITT.

Beilage zum „Archiv für Buchgewerbe", Heft 3, 1901

Aus Meisterwerke der Holzschneidekunst, neue Folge, Heft VI
Druck und Verlag von J. J. Weber, Leipzig

HANS AM ENDE, PORTRÄTSTUDIE.

Nach einer Zeichnung.

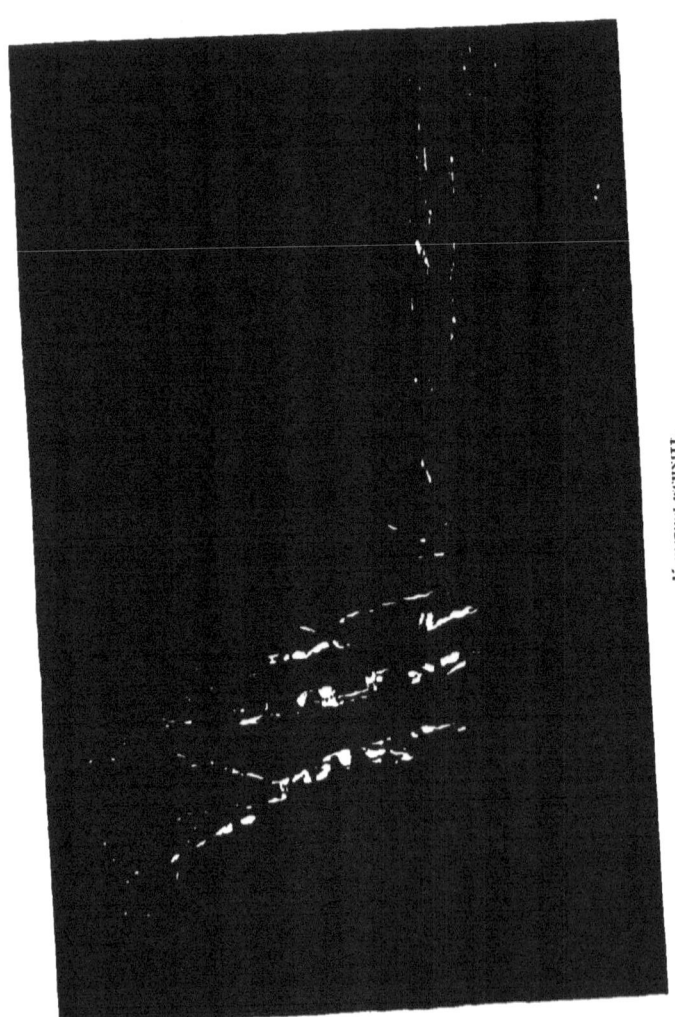

KUNSTBEILAGE.
Beilage zum „Archiv für Buchgewerbe", Heft 5, 1899.

HAUS AM ENDE: STURM.
Nach einem Gemälde.

Aus Meisterwerke der Holzschneidekunst, neue Folge, Heft VI.
Druck und Verlag von J. J. Weber, Leipzig.

Schriftgiesserei - Neuheiten.

In einem handlichen Oktavhefte hat die Schriftgiesserei Gentzsch & Heyse in Hamburg die verschiedenen Arten ihrer Römischen Antiqua zusammengestellt. Diese Schriftgarnituren — Römische

Römische Antiqua
Römische Antiqua
Römische Antiqua
Römische Antiqua
Römische Antiqua

Antiqua, Römische Kursiv, lichte Römische Antiqua — entsprechen in allen Teilen den Anforderungen, die die Neuzeit an das typographische Schriftwesen stellt. Die Satz- und Druckausführung des genannten Heftes ist eine sehr gute und kommt darin die so wünschenswerte Einfachheit ebenso wie die Übersichtlichkeit der Satzanordnung zur besten Geltung.

Zierat für Bücher und Accidenzen in reicher Auswahl und für die verschiedensten Zwecke bestimmt, veröffentlicht in einem Quartheft die Firma Roman & Sermann in Leipzig.

Die Schriftgiesserei Wilhelm Woellmer in Berlin übersendet uns Probeblätter ihrer neuesten Erzeugnisse: Barock-Ornamente, -Linien und -Kreise, Uncial-Gotisch, Cirkular-Edschrift, Neue Schreibschrift Selecta, Fette Gibbus und eine Anzahl hübscher Anwendungsbeispiele.

Von der Firma Ludwig & Mayer in Frankfurt a. M. zeigen wir eine Zick-Zack-Accidenzschrift sowie die ein- und zweifarbig zu druckenden Floral-Ornamente.

Die Schriftgiesserei Emil Gursch in Berlin versendet ein Probeblatt ihrer deutschen und lateinischen Briefschrift.

Auf einem besonderen, diesem Hefte beigegebenen Anwendungsblatte zeigt die Schriftgiesserei Bauer & Comp. in Stuttgart ebenso wie nachstehend ihre neugeschnittene Original-Gotisch, eine Schrift, die den neueren Forderungen nach kräftiger Gestaltung der Drucktype wesentlich nahe kommt.

Die Firma Wilh. Gronau in Berlin hat, dem Zuge der Zeit folgend, eine Hohenzollern genannte deutsche Briefschrift sowie eine gleiche Schrift in lateinischer Form, Germania genannt, geschnitten und führt beide auf einem diesem Hefte beigegebenen Probeblatt vor.

Auf einem diesem Hefte beigegebenen Probeblatt zeigt die Schriftgiesserei Otto Weisert in Stuttgart ihre neue Briefschriftschrift.

Die galvanoplastische Anstalt B. Georgi in Offenbach a. M. bemustert auf mehreren Probeblättern Neuheiten moderner Richtung, Amoretten-Vignetten und modernen Zierat.

Original-Gotisch
Eigenes Erzeugnis.

No 925. Nonpareille (6 Punkte) Min 4 kr
Der grosse König hatte unter seinen Generalen manche, die dem schlichten Zielen an organisatorischem Talent und strategischer Schulung weit überlegen waren, aber denen, der ihm an schärferer Erkennung des Augenblicks, zu Einheit und Entschlossenheit des Handelns überragt, und so lebt er neben

No 926. Petit (8 Punkte) Min 5 kr
Der grosse König hatte unter seinen Generalen manche, die dem schlichten Zielen an organisatorischen Talent und strategischer Schulung weit überlegen waren, aber

No 927. Korpus (10 Punkte) Min 6 kr
Der grosse König hatte unter seinen Generalen manche, die dem schlichten Zielen an organisatorischem Talent und strategischer Schulung weit

No 928. Cicero (12 Punkte) Min 6 kr.
Der grosse König hatte unter seinen Generalen manche, die dem schlichten Zielen an organisatorischem Talent und strategischer Schulung

Schriftgiesserei
Bauer & Comp.
Stuttgart.

Zeitschriften- und Bücherschau.

Initial von P. Bürck
Aus »Deutsche Kunst und Dekoration«.

Die im Verlag von Alex. Koch in Darmstadt erscheinende Zeitschrift *Kunst und Dekoration* hat es sich zur Aufgabe gemacht, auch die graphische Kunst durch Wort und Bild zu fördern und ihr die Pflege angedeihen zu lassen, die ihr mit Recht als Glied des Kunstgewerbes zukommt. Das vorliegende Heft 8 der genannten Zeitschrift bringt eine zeitgemässe Abhandlung über Moderne Buchkunst, resp. über die nothwendigen Eigenschaften des Buches, wenn es als wirkliches Kunstwerk erscheinen soll. Es wird dabei besonders auf die Werksamkeit der neueren, für das Buchgewerbe thätigen Künstler, wie Hans Christiansen, Peter Behrens, Otto Eckmann u. a., hingewiesen und daneben die Kunst der neuen jugendfrischen, zeichnerischen Kraft, Paul Bürck in München in eingehender Weise geschildert. Im Allgemeinen deckt sich die Tendenz der erwähnten Abhandlung mit den Ausführungen und Forderungen des Herrn Dr. Jessen in Berlin — siehe die laufende Artikelserie im »Archiv für Buchgewerbe« — und es ist erfreulich, dass sich nunmehr auch weitere Kreise für die künstlerische Ausgestaltung des leider arg vernachlässigten Buchgewerbes interessieren. Wir empfehlen das genannte reichhaltige Heft der Beachtung unserer Leser. Dem Herausgeber der Zeitschrift wollen wir für seine thatkräftige Förderung der buchgewerblichen Kunst und die gute Ausstattung seines Unternehmens unsere Anerkennung nicht

vorenthalten. Einige sich dem Format unseres Blattes anpassende Proben aus dem reichillustrierten Heft 8, von Paul Bürck gezeichnet, bringen wir hier zum Abdruck.

Bücherschluss-Stück von P. Bürck. Aus »Deutsche Kunst und Dekoration«.

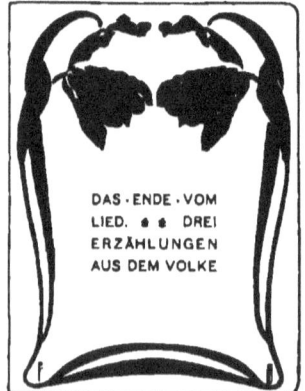

Vorsatztitel von P. Bürck. Aus »Deutsche Kunst und Dekoration«.

— Das *Neue Adressbuch des Deutschen Buchhandels und der verwandten Geschäftszweige für 1899*, herausgegeben von Walther Fiedler in Leipzig, liegt in einem ca. 700 Seiten enthaltenden stattlichen Bande vor. Dieser IV. Band des in vieler Hinsicht praktischen Handbuches zeigt wieder mancherlei Vorteile gegen seine Vorgänger. Das Werk wird sich im Gebrauche wie bisher als ein zuverlässiges Nachschlagebuch sicherlich bewähren und die geringen Anschaffungskosten M 4,50 geb. sich bald bezahlt machen. Als Neuerungen an dem auch gut gedruckten Buche ist die beigegebene Verleger-Auslieferungs-Tabelle und nach den hauptsächlichsten Geschäftszweigen geordnetes Firmenverzeichnis zu bezeichnen. Weniger praktisch will es uns erscheinen, dass ein Teil des Textes mit Inseraten von Firmen aller Branchen, auch nicht graphischen, durchschossen ist, wodurch die Handlichkeit wie auch die Übersichtlichkeit wesentlich beeinträchtigt wird. Das dem Ganzen angehängte Bezugsquellen-Register wird gewiss in manchen Fällen eine erwünschte Nachschlagestelle sein, müsste aber, wenn es für den Suchenden zugleich ein richtiger Wegweiser sein soll, wesentlich vollständiger sein und mehr erste Firmen aufweisen. Eine sehr gefällige illustrative Beigabe ist das dem Titel vorangestellte, bei H. Gustav Brinckmann in Leipzig gestochene und gedruckte Bildnis des Dichters Konrad Ferdinand Meyer.

— *Dr. Theodor Matthias, Katechismus des guten Deutsch.* Leipzig, Max Hesse 1899. Max Hesses illustrierte Katechismen. No. 46, II u. 289 S. Preis brosch. 2 M., geb. 2.50 M. Der Sammlung illustrierter Katechismen des Hesseschen

Verlages reiht sich mit diesem Buche auch ein Ratgeber in Sprachfragen ein. Der Katechismus zerfällt in einen längeren Teil über **Sprachrichtigkeit** mit den Unterabteilungen: **Wortschatz, Wortbiegung, Wortfügung**, Satzfügung und einen kürzeren von der **Sprachschönheit**. Was das Buch besonders empfiehlt, sind ausser der sachlichen Zuverlässigkeit seine Reichhaltigkeit und der darin waltende Geist, der sich gleich entschieden gegen unkundige Veruneinstaltung und willkürliche Massregelung der Sprache richtet. Namentlich der Mann der Praxis wird darin über jede Sprachschwierigkeit sicher leitende Auskunft und auch zur Sprachschönheit führende Fingerzeige erhalten, und zwar in einer Weise, wie er sie braucht: männlich ernst, aber doch nicht ohne Laune werden die Belehrungen als Erläuterungen zu rund 500 charakteristischen Beispielen geboten, die meist in Frageform an die Spitze der Abschnitte gesetzt sind und sich mit Hilfe eines ausführlichen Inhaltsverzeichnisses bequem auffinden lassen. Wir können das Werkchen jedem Setzer und Korrektor empfehlen und glauben sicher, dass es sich neben bereits vorhandenen Hilfsbüchern gut bewähren wird.

— Es kann nicht unsere Aufgabe sein, die Legion von litterarischen Erscheinungen, die jeder Tag bringt, zu verzeichnen, sofern sie indessen auch erhöhtes graphisches Interesse erheischen, verlohnt es sich schon, eine Ausnahme zu machen. Die neueste Erscheinung dieser Art auf dem Gebiete der periodischen Presse ist die in Berlin erscheinende, von Aug. Scherl herausgegebene wöchentliche Zeitschrift *Die Woche*. Der Herausgeber erklärt die Gründung seines Unternehmens wie folgt: «Ich bin der Ansicht, dass die illustrierten Zeitschriften Deutschlands in ihrer Entwickelung zurückgeblieben sind, ich bin überzeugt, dass wir keine illustrierte Zeitschrift besitzen, die den berechtigten Ansprüchen breiter Schichten der Bevölkerung genügt. Im Ausland sieht es in dieser Beziehung viel besser aus. Das wird jeder bestätigen, der sich in anderen Ländern umgesehen hat. Und doch ist gerade Deutschland das Geburtsland der wichtigsten Druck- und Reproduktionsverfahren. Deutsche Erfindungen sind bahnbrechend gewesen für die gesamte Illustrationstechnik; ohne sie würden die Zeitschriften des Auslandes wohl schwerlich ihre gegenwärtige Höhe erreicht haben. Unsere Zeitschriften besitzen, von wenigen Ausnahmen abgesehen — Ausnahmen, die erst in den jüngsten Jahren entstanden — noch heute eine Form und Ausführung, die schon zu unserer Väter Zeiten gang und gäbe waren. Die veraltete Schablone von dazumal passt nicht in die heutige Zeit. Den Gebildeten befriedigen solche Blätter längst nicht mehr. Er verlangt eine wahrhaft moderne, illustrierte Zeitschrift grossen Stils, ein Wochenblatt, das, in Wort und Bild von lebendigster Aktualität erfüllt, ausschliesslich den wichtigsten Interessen der Gegenwart dient.» Inwieweit und auf welche Weise der Herausgeber dieses weite Ziel zu erreichen gedenkt, lässt sich aus den bis jetzt erschienenen Nummern noch nicht beurteilen. Die Ausstattung des Blattes ist in Anbetracht des niedrigen Preises von 20 Pfg. pro Nummer und der dadurch bedingten Massenauflage eine gute zu nennen. Der Text ist im Gegensatze zu fast allen Zeitschriften aus Schwabacher gesetzt, ein wesentlicher Vorzug; da vierzig

Seiten starke reichillustrierte Wochenheft wird geheftet, aufgeschnitten und mit Kartonumschlag versandt, so dass der Leser ein handliches, bequem lesbares Quartheft in Händen hat. Der Umschlagentwurf stammt von Otto Eckmann, Professor am Kunstgewerbemuseum in Berlin, und ist trotz seiner Einfachheit ausserordentlich wirksam. Ein besonders charakteristisches Signum des ganzen Unternehmens ist die nebenstehend verkleinert wiedergegebene «T», eine vorzügliche Idee Eckmanns für die Symbolisierung der «Woche». Nicht recht geschmackvoll will uns die Inkonsequenz in der Schriftenwahl zu den Kapitelüberschriften erscheinen. Warum nicht überall Schriften, die dem Charakter der Textschrift entsprechen? Die typographische Einheitlichkeit leidet ganz wesentlich durch die an mehreren Stellen unpassend verwandten amerikanischen Antiquaschriften.

— Lebendig bewegte Scenen aus den Tagen der Unruhen und Kämpfe auf Samoa finden wir im neuesten Hefte der beliebten Familienzeitschrift *Über Land und Meer*, das auch sonst reich ist an Darstellungen, welche die bedeutsamsten Ereignisse der jüngsten Vergangenheit veranschaulichen. In einer Reihenfolge von Abbildungen wird vorgeführt, wie *Fürst Bismarck*, der Neubegründer des Deutschen Reiches, an der von ihm selbst erwählten Stätte im rauschenden Sachsenwalde zur ewigen Ruhe gebettet ward; und ein würdiges Gedenkblatt an jene Zeit, da der deutsche Einheitsgedanke noch vergeblich verfochten wurde, aber doch ruhmvolle Thaten zeitigte, bringen die Erinnerungen an den Tag von Eckernförde, wo es deutschen Landtruppen gelang, zwei feindliche Kriegsschiffe zum Streichen der Flagge zu zwingen. Wie zum Dienst auf unseren Kriegsschiffen die weibmännliche Jugend erzogen und vorbereitet wird, das lehren anschaulich die vom Marinepfarrer Rudolf Schneider entworfenen, von zahlreichen Abbildungen begleiteten und bei allem Ernst der Sache von gutem Humor getragenen *Marinebilder*. Verschiedene Personen, die in der jüngsten Zeit auf politischem, künstlerischem oder litterarischem Gebiete die Öffentlichkeit beschäftigten, sehen wir im Porträt dargestellt. Neben diesen und andern aktuellen Beiträgen und Abbildungen fehlt es auch nicht an sorgfältig vorbereiteten Kunstblättern, wovon zwei, italienische Volkstypen von E. v. Blaas, im Schmuck der Farbe erscheinen.

— Heft 14 von *Bühne und Welt* (Otto Elsners Verlag, Berlin) eröffnet *Gerhard von Amyntor* mit einer warmherzigen und beherzigenswerten Betrachtung: «Ist die Kunst ein Luxus?» Der illustrative Teil steht wie immer in «Bühne und Welt» in engstem Zusammenhange mit den aktuellen Darbietungen. Alle musikliebenden Kreise, nicht zum wenigsten die zahllosen Verehrer Lortzings, Joachims und Tschaikowskys, seien auf das eigenartige und reichhaltige Heft der erwähnten Zeitschrift aufmerksam gemacht.

Schlussleiste von P. Bürck. Aus «Deutsche Kunst und Dekoration».

Ausführung von Dekorationen zu billigen Preisen   Besteht seit dem Jahre 1855   Blumenkörbchen und Boukets von frischen Blumen

Gustav Senn
Blumenhandlung und Handelsgärtnerei
ERFURT

Ausführung von Neuanlagen
Anschläge und Pläne billigst

Gärtnerei: Dresdenerstrasse 12 * Blumenhandlung: Rossplatz 2
Telephonruf-Nr. 1122.

§ Archiv für
Buchdruckkunst
Druck von
Alexander Waldow
Leipzig
Gedruckt mit Farbe
von Karl & Ebinger
Stuttgart

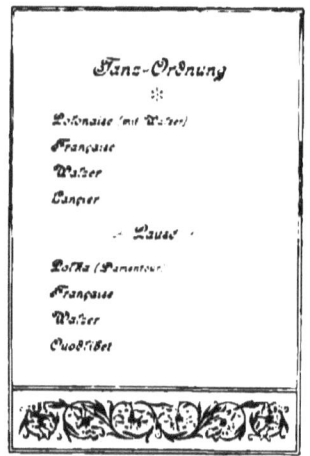

Ausführung von
Dekorationen zu
billigen Preisen

Besteht seit dem Jahre 1855

Blumenkörbchen
und Doubets von
frischen Blumen

Gustav Senn
Blumenhandlung und Handelsgärtnerei
ERFURT

Ausführung von Neuanlagen
Anschläge und Pläne billigst

Gärtnerei: Dresdenerstrasse 12 ✽ Blumenhandlung: Rossplatz 2
Telephonruf-Nr. 1122.

Archiv für
Buchdruckerkunst,
Druck von
Alexander Waldow
Leipzig
Gedruckt mit Farbe
von Karl & Ebinger
Stuttgart

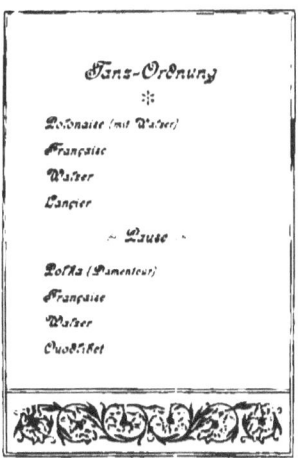

Der Ernährungsprozess des Deutschen Buchgewerbehauses

Eine kulinarische Erörterung beim Kantateschmaus 1914

Weise: O Tannenbaum.

Ihr Männer vom Kantateschmaus
Habt Ihr es schon vernommen?
Es hat der Bücherhändler Haus
Jüngst einen Sohn bekommen.
Der ist dem grossen Vater schier
Schon übern Kopf gewachsen,
Ein solch Gedeihen wundert hier
Sogar die hellen Sachsen.

Erstaunlich war ja überhaupt
Schon dies Haus, gross und prächtig,
Doch keiner hätte je geglaubt,
Dass es noch werde mächtig.
Ihm ist (aus Eisen, Stein und Holz)
Der grosse Wurf gelungen,
Nun renommierts mit Vaterstolz
Von seinem „strammen Jungen".

Dies ist das **Buchgewerbehaus**,
Ein Werk von vielen Wochen.
Es sieht gesund und kräftig aus
Die Milch der frommen Denkart.
Von seiner besten Eigenschaft
Will singen ich und sagen:
Es hat sehr grosse Fassungskraft
Und einen Straussenmagen.

Sein Appetit ist riesengross,
Gern nimmt es auf Gedrucktes,
Selbst ganze Balken mühelos
Mit Appetit verschluckt es.
Maschinen, Typen, Eisen, Blei
Dürft ihr ihm anvertrauen,
Es wird selbst eine Druckerei
Mit Haut und Haar verdauen.

Ja, es verspeist wie eine Nuss
Sogar ein Marmorstandbild,
Wie Eierkuchen, mit Genuss
Verschläng's das grösste Wandbild.
Steht irgend wo vielleicht parat
Ein Erz-, ein Marmordenkmal?
Ist einer da, der das bejaht,
Der gehe hin und schenk' mal.

Ist so verpflegt das edle Tier
Durch manche wackre Schenkart,
So produziert es Euch dafür
Die Milch der frommen Denkart.
Dann tragen Früchte, reif und echt,
Stets alle Eure Gaben,
Daran sich mag noch manch Geschlecht
In fernster Zeit erlaben.

Drum wer will mit Gevatter stehn, der meide sich bei Zeiten!
Wir können dann auch wunderschön den Kindtaufschmaus bereiten.
Da zeichnen unsern Täufling aus vielleicht selbst Potentaten:
Drum hoch das Buchgewerbehaus und alle seine Paten.

Nahrungsmittel aller Art nimmt die Geschäftsstelle des Deutschen Buchgewerbevereins, Leipzig,
Deutsches Buchhändlerhaus entgegen.

Die Beilagen zum 5. Heft.

Die dem vorliegenden Hefte beigegebenen zwei *Holzschnitt-Beilagen* werden ihrer vollendeten, künstlerischen Ausführung halber gewiss allseitiges Interesse erwecken und verweisen wir unsere Leser an dieser Stelle nur auf die Spalte 215 gegebenen Begleitworte zu den beiden Kunstblättern. Die Blätter sind den Meisterwerken der Holzschneidekunst, Heft 4: Die Worpsweeder, 22 Kunstholzschnitte, Druck und Verlag von *J. J. Weber* in *Leipzig*, entnommen und uns für das »Archiv« bereitwilligst überlassen worden.

Auf Beilage 7 geben wir einen *vierfarbigen Titel* einer *Preisliste* aus der Praxis in moderner Ausführung. Statt zeitraubender Satzarbeit fand eine besonders gefertigte Ranke Verwendung, die dem Ganzen ein dekoratives und im vorliegenden Falle auch der Reklame Genüge leistendes Aussehen giebt. Satz und Druck des Blattes: *Breitkopf & Härtel, Leipzig*.

Zwei weitere Proben wirksamer Accidenzausstattung finden unsere Leser auf der einen *Speisenfolge* und ein *Programm* enthaltenden Beilage 6. Satz: *Julius Klinkhardt, Leipzig*, Druck: *Breitkopf & Härtel, Leipzig*.

Ein Blatt mit einer textreichen *Adresskarte* und zwei verschiedenen *Tanzkarten* bildet unsere Beilage 8, die in nur einer Farbe gedruckt, eine erwünschte Vorlage für kleinere Druckereien sein dürfte, deren Aufgabe mehr in der Lieferung einfach-sauberer als satz- und druckschwieriger Arbeiten liegt. Satz und Druck: *A. Winkler, Leipzig*.

Mannigfaltiges.

— *Geschäftliches*. Herr *Oscar Siegel* in Dresden teilt unterm 1. April cr. mit, dass er die Dresdener Handelsdruckerei und Verlagsbuchhandlung Hans K. von Tasch ohne Aktiva und Passiva übernommen hat und das Geschäft Schäferstrasse 11 unter der Firma *Oscar Siegel*, Buch- und Kunstdruckerei, Verlagsbuchhandlung fortführt. — Aus der Firma *Ilgner & Endriss* in Leipzig ist Herr Hugo Ilgner ausgeschieden und dafür Herr Paul Friedrich, seither Mitinhaber der Firma E. O. Friedrich, eingetreten. Die Firma lautet nach wie vor Ilgner & Endriss. — Herr *Paul Lange* in Militsch zeigt an, dass er die H. Lachmannsche Buchdruckerei sowie den Verlag des Militscher Kreisblattes käuflich erworben hat und unter der Firma *H. Lachmanns Nachf. (Paul Lange)* weiterführt. — Die Schriftgiesserei *C. F. Rühl* in Leipzig ging infolge Ablebens des Herrn Robert Herkling in den alleinigen Besitz des Herrn Wilhelm Ewert über.

— *Auszeichnung*. Der König von Sachsen hat dem Prokuristen bei der Firma F. A. Brockhaus in Leipzig, Herrn *Ziegenbalg*, das Ritterkreuz 2. Klasse vom Albrechtsorden verliehen.

— *Jubiläen*. Am 14. April cr. beging Herr *Georg Beck*, Setzer in der Buchdruckerei J. L. Stich in Nürnberg, sein 25jähriges Berufsjubiläum und damit gleichzeitig die Feier seiner 25jährigen Thätigkeit in genanntem Hause. Aus diesem Anlass wurde der Jubilar an seinem mit Blumen geschmückten Platz seitens des Chefs und Personals beglückwünscht und ihm von ersterem, Herrn Karl Stich, eine mit entsprechender Widmung versehene goldene Uhr mit Kette überreicht. Auch von dem Verleger der Allgemeinen Brauer- und Hopfen-Zeitung wurde der Jubilar, der seit langen Jahren an deren Satz-Herstellung mit beschäftigt ist, durch ein Geschenk bedacht. — Herr *Paul Geissler*, Faktor im Hause Julius Hager, Buchbinderei in Leipzig, feierte am 9. April cr. in genanntem Hause. Bei der gleichen Firma feierte am 4. April cr. Herr Schriftgiesser *J. G. Roder* sein 25jähriges Berufsjubiläum. Ebendort ein 6. Mai cr. Herr *W. Schultze* sein 40jähriges Berufsjubiläum. Herr Schultze bekleidet seit langen Jahren das Amt des Metteurs der »Gartenlaube«. Allen Jubilaren wurden seitens des Personals und der Firma Ehrungen und Geschenke mannigfachster Art zu teil. — In der Steindruckerei von C. G. Naumann in Leipzig feierte am 27. April cr. deren Faktor Herr *Hermann Mauch* sein 25jähriges Geschäftsjubiläum. Aus diesem Anlass wurde der Jubilar von seinen Kollegen und seiner Prinzipalität herzlich beglückwünscht und mannigfach beschenkt. — Geheimer Kommerzienrat *Adolf Kröner* in Stuttgart konnte am 23. April cr. ein Jubiläum feiern, das ihn beim Rückblick auf den vergangenen Zeitraum gewiss mit Befriedigung erfüllt hat. An diesem Tage hatten sich nämlich vierzig Jahre vollendet, seit Herr Adolf Kröner durch Übernahme der Gebrüder Mäntlerschen Druckerei in Stuttgart Selbständigkeit erlangt hat, denen er heute als leitender Chef und Mitbesitzer vorsteht. Mit der Mäntlerschen Druckerei wurde ein Verlag verbunden und dieser im Jahre 1867 durch den A. Becherschen, 1873 durch den Adolph Krabbeschen Verlag vergrössert. 1877 traten Carl und Paul Kröner in das Geschäft ein, das darauf auch für die Verlag der Firma Gebrüder Kröner annahm. 1881 erwarb Adolf Kröner die Cottasche Druckerei in Stuttgart und 1889 den gesamten Cottaschen Verlag samt der Allgemeinen Zeitung in München, deren Besitz er später an eine Gesellschaft m. b. H. wieder abtrat. 1890 vereinigte er mit seiner Firma die beiden grossen Stuttgarter Verlagshandlungen W. Spemann und Hermann Schönlein die der »Union«, einer Verlagsgesellschaft, die von ihm als dem Vorsitzenden des Aufsichtsrates geleitet wird. Daneben ist er leitender Chef der Cottaschen Buchhandlung, die er durch neue weitreichende Verlagsunternehmungen zu neuer Blüte geführt hat, und des Ernst Keilschen Verlages, für dessen »Gartenlaube« er gleichfalls die Direktion führt. Leipzig ernannte ihn bei der Einweihung des Deutschen Buchhändlerhauses zum Ehrenbürger, und der König von Württemberg zeichnete ihn durch die Ernennung zum Geh. Kommerzienrat aus.

— *Todesfall*. Am 26. April cr. starb in Dresden der in weiten Kreisen bekannte Buchhändler *Alexander Köhler*, der durch seine Veröffentlichungen über Sachsens Grenzen hinaus einen guten Namen hat.

— Am 16. März cr. beging die *Typographische Gesellschaft in Leipzig* im Deutschen Buchhändlerhause ihr 22. Stiftungsfest, das einen sehr schönen Verlauf nahm. Eine besondere Weihe erhielt das Fest durch eine reiche Auswahl von geschmackvoll hergestellten Drucksachen. Die

Einladungskarte war mehr zarten Charakters und sehr geschmackvoll von der Firma C. G. Naumann hergestellt. Das Programm des Abends zeigte eine farbenfreudige Stimmung und machte der ausführenden Firma J. G. Schelter & Giesecke alle Ehre. Die Tafelkarte passte sich in ihrer einfach-geschmackvollen Ausstattung, die ihr die Firma Breitkopf & Härtel gegeben hatte, sehr gut den vorgenannten Arbeiten an. Mehrere Festlieder, an deren Herstellung sich die Firmen Otto Spamer, W. Drugulin, Edg. Herfurth & Co., Ilgner & Euslin beteiligt hatten, trugen zur Belebung der Feststimmung ebenso bei wie die auswärtigen Wunschschreiben, die in grösserer Zahl eingelaufen waren.

— An der *Königlichen Kunstakademie und Kunstgewerbeschule zu Leipzig* werden bekanntlich auch Kurse für reifere Typographen unterhalten, ebenso besteht eine Abteilung für graphische Reproduktionsverfahren. Verschiedene im Jahrgang 1898/99 entstandene Arbeiten aus diesen Kursen waren in der Osterzeit ausgestellt und gaben ein gedrängtes Bild von dem Geleisteten. Es ist zu bedauern, dass die Kurse nur von einer geringen Anzahl Teilnehmer, man kann sagen zum Schlusse nur noch von wenigen, frequentiert werden, zumal gute künstlerische Lehrkräfte vorhanden sind und der Nutzen der Kurse ein anerkannter ist. Die Arbeiten der Reproduktionsabteilung waren ebenfalls beachtenswert. Die Gruppe Buchornamentik, Umschlagzeichnen etc. (Lehrer Prof. M. Honegger), zeichnete sich durch Reichhaltigkeit und kunstvolle Leistungen besonders aus.

— Die *Osterprüfungen an der Buchdrucker-Lehranstalt zu Leipzig* fanden in der Zeit vom 20. bis 23. März er. statt und erstreckten sich auf folgende Fächer: Rechnen, Geometrie, Latein, Deutsch, Französisch, Englisch, Griechisch, Hebräisch, Maschinenlehre und Fachunterricht. Die Prüfungen ermöglichten einen Einblick in die Lehrmethode und den Lehrstoff und ist der Nutzen eines dem Gewerbe angepassten Unterrichts nicht zu unterschätzen. Die Entlassung der abgehenden Schüler fand am 24. März er. statt. Eine während der Prüfungen veranstaltete Ausstellung von Schülerarbeiten bot viel Interessantes und zeugte von dem Fleiss der Schüler, wie auch von der sachgemässen Thätigkeit der Lehrer. Durch eine grössere Anzahl Bücher, Utensilien etc. konnten die besten Schüler ausgezeichnet werden.

— Wie alljährlich hielt auch dies Jahr der *Börsenverein der Deutschen Buchhändler* am Kantate-Sonntag (30. April) seine Ordentliche Hauptversammlung im Deutschen Buchhändlerhause zu Leipzig ab. Dieselbe war sehr stark besucht und oblag ihr in der Hauptsache die Begutachtung des Geschäftsberichtes, der von der lebhaften Thätigkeit des Vereins ein anschauliches Bild gab und zeigte, dass es eine grosse Anzahl geschäftlich einschneidender Fragen zu erledigen gab und noch giebt. Der Oberbürgermeister der Stadt Leipzig, Herr Dr. Georgi, wurde zum Ehrenmitgliede des Vereins ernannt. Das am 1. Mai stattgehabte, von über 800 Personen besuchte Kantatefest, dessen Mittelpunkt das solenne Festmahl bildete, nahm einen sehr schönen Verlauf und wurden auch diesmal die Teilnehmer wieder durch eine Fülle schöner Druckerzeugnisse, an deren Herstellung sich erste Firmen beteiligt hatten, erfreut. Auch das dichterische Element auf einzelnen dieser Festgaben in vorzüglicher Weise zum Ausdruck gebracht worden und

dürfte das vorstehende, in der auf einer unserer Beilagen angedeuteten Ausstattung hergestellte Poem »Der Ernährungsprozess des Deutschen Buchgewerbehauses« auch für weitere Kreise von Interesse sein. Die anlässlich des Kantatefestes alljährlich veranstaltete Ausstellung buchhändlerischer Neuigkeiten ist diesmal eine sehr vielseitige und verdient besonders die sie ergänzende Abteilung mit Druck-Erzeugnissen graphischer Firmen erhöhtes Interesse. Wir werden im nächsten Heft diese Ausstellung noch eingehender würdigen.

Briefkasten.

Herrn C. Pf. in Tr.: Die uns übersandten Druckarbeiten sind beachtenswerte Proben der Leistungsfähigkeit der P.-Dr. Sie bewegen sich allerdings noch ganz in Fahrwasser der freien Richtung und raten wir Ihnen, den Bestrebungen nach geschlossener Satzwirkung recht bald Beachtung zu schenken. Mit dem schönen Material werden Sie gewiss Gutes zuwegebringen. — Herrn A. H. in Br.: Für die Zusendung der Festdrucksachen zum III. Stiftungsfeste des V. Hr. G. n. F. danken wir Ihnen bestens. Das oben Gesagte gilt auch für die dortigen Offizinen, die durch mehr Einfachheit im Satze bessere Wirkung erzielen werden und daneben viel Mühe und Geld sparen. — Herrn E. Br. in O.: Ihre Drucksachensendung haben wir empfangen und aus den einzelnen Sachen ersehen, dass Sie im Accidenz- und Farbendruck Gutes zu leisten bestrebt sind. Einzelne Drucke gefallen uns recht gut, während uns der Satzausführung noch etwas zu zerflattert vorkommt. Es dürfte Ihnen bei eifriger Beobachtung unserer Bestrebungen bald gelingen, den Arbeiten Ihrer Offizin ein noch ruhigeres Gepräge zu geben.

Inhalt des 5. Heftes.

Amtliches. — Der neue Kunst und das Buchgewerbe. — Das Band in Handarbeiten von Buchdrucker und Buchbinder. — Eine neue Fadenheftmaschine. — Zum Kapitel Kunstlederhaut. — Die Zusammenhänge der Schrift. — Schriftgiesserei-Neuheiten. — Zeitschriften- und Bücherschau. — Vereinsleben Leipziger. — Der Krabbenspaziergang des Deutschen Buchgewerbehauses. — Die Beilagen zum 5. Heft. — Mannigfaltiges. — Briefkasten. — Inserate.
Beilagen: Zwei Blätter Kunstholzschnitte, 1 Preislistenblatt, 1 Blatt Speisenfolge und Programm, 1 Blatt Adresskarte und Tonkarten und je 1 Schriftprobenbeilage der Firmen: Bauer & Comp., Stuttgart, Wilh. Gronau, Berlin, Otto Weisert, Stuttgart.

Bezugsbedingungen für das Archiv etc.

Erscheint: In 12 Monatsheften. Für komplette Lieferung, insbesondere vollständige Beilagen, kann nur bei vor Beginn des 1. Heftes gemachter Abonnierung garantiert werden.
Bezugsquellen: Jede Buchhandlung; auch direkt von der Geschäftsstelle des Deutschen Buchgewerbevereins unter Kreuzband.
Preis: M 14.—, unter Kreuzband direkt M 15.20, nach aussserdeutschen Ländern M 16.40. Einzelexemplar M 1.80.
Anzeigen: Preis der dreigespaltenen Petitzeile oder deren Raum für Mitglieder des Deutschen Buchgewerbevereins 40 Pf. für Nichtmitglieder 45 Pf. für die dreigespaltenen Petitzeile. Bei Stellengesuchen für Mitglieder und Nichtmitglieder 15 Pf. für die dreigespaltene Petitzeile. Beiträge vor Abdruck zu zahlen. An Ablegen eines Ausschnittes: Belegheftes 50 Verlangen gegen Vergütung von Portospesen.
Beilagen: Für das einfache Quartalsblatt M 30.—, für das doppelte M 50.—. Grössere Beilagen unterliegen besonderer Vereinbarung.
Neuheiten von eingehenden Schriftgiesserei-Erzeugnissen können im Inhalte oder auf den Beilagen abgedruckt werden. Die Bezugsquellen von Neuheiten werden auf Anfrage durch die Geschäftsstelle des Deutschen Buchgewerbevereins unentgeltlich und brieflichst mitgeteilt.

Herausgeber: *Deutscher Buchgewerbeverein.* — Verantwortlicher Schriftleiter: *Heinrich Schwarz.* — Druck: *Breitkopf & Härtel.* Sämtlich in *Leipzig.*

15*

Soeben erschien im Verlage von ALEXANDER WALDOW in Leipzig:

DIE LEHRE VOM ACCIDENZSATZ

Dritte, vollständig neu bearbeitete Auflage

Mit vielen ein- und mehrfarbigen Satzbeispielen

Herausgegeben von ALEXANDER WALDOW
Bearbeitet von FRIEDRICH BAUER

Komplett broschiert Mark 9.—, elegant gebunden Mark 10.50.

Jedes Heft enthält 3 Bogen reichillustrierten Text und 2 Tafeln mit Satzmustern **in Farbendruck**

Alle Buchhandlungen nehmen Bestellungen entgegen.

Eisensteg

Blanco!
Besser, billiger
•• als Blei ••

Muster von Bordüren auf Verlangen.

Zierow & Meusch
Messinglinienfabrik
Leipzig.

Messing-Züge und -Ausläufer.
Vignetten, freie Kreise
Chemigraphien
Ovale
Pauken

Eiserne Format-, Satz- und Stereotypdrucksiege!

Pro Stück 20 Pf. 2, 3, 4 × 8 Cicero lang.
„ „ 35 „ 2, 3, 4 × 12, 16, 20 „
„ „ 45 „ 3, 4 × 24, 28 „
„ „ 60 „ 4 × 32 × 36 „

Pro Stück 40 Pf. 6, 8 × 12, 16, 20 lang.
„ „ 65 „ 6, 8 × 32, 36 „
„ „ 80 „ 6, 8 × 40, 44 „
Auf Pariser System meist vorrätig.

In Sortimenten:

No. I. = 220 div. Stege m. 100.—, No. II. = 152 div. Stege m. 75.—,
„ III. = 100 „ „ „ 50.—, „ IV. = 52 „ „ „ 25.—.

Maschinenfabrik Kempewerk, Nürnberg.

Vollständige Buchdruckerei-Einrichtungen

Geschäfts-Verkauf!

Das seit 38 Jahren unter der Firma **Alexander Waldow** in Leipzig bestehende renommierte

typographische Verlagsgeschäft
und Utensilienhandlung

ist infolge Ablebens seines Begründers und bisherigen Inhabers sehr preiswert zu verkaufen.

Reflektanten wollen sich in direkte Verbindung mit der Besitzerin (Privat-Adresse: Brandvorwerkstr. 19) setzen.

Schriftgiesserei

A. Numrich & Co.

LEIPZIG

Messinglinien-
und Messingtypen-Fabrik

Spezialität:
Künstlerisch ausgeführte
Vignetten in allen Genres
Moderne Reklame-Vignetten

Setzer
sucht dauernde Stellung an eine Zeitung
L. Koch, Schriftsetzer, Bruchstedt
bei Tennstedt i. Th.

A. HAMM Heidelberg.
Gegründet 1850 in Frankenthal.

Erstklassiges Fabrikat. Korrespondenz nach Heidelberg richten.

Schnellpressen aller Art.

Gebr. Jänecke & Fr. Schneemann
Hannover und Newark N.Y.

Fabrik von Buch- und Steindruckfarben.
Firnisse und Walzenmasse.

 Gegründet 1843. 16 Preismedaillen.

Diesjährige 5 graph. **Neuheiten** der Firma Edm. Gaillard in Berlin SW.
Kornraster für Photochemigraphie
Metallraster für die verschiedensten Druckwerke
Lichtpaus-Verfahren für prima. Anlagen, Militär u. Photolithographie
Ton-Drucktypen
Elastische Druckplatten für Walzen etc.
Clichés, Photolithographien etc.
gut, schnell und billig

---

* Maschinenfabrik Johannisberg *
Gegründet 1846

Klein, Forst & Bohn Nachfolger
Geisenheim im Rheingau.

Schnellpressen für Buch-, Stein-, Blech- und Lichtdruck

in bester Konstruktion und Ausführung.

Über 4500 Maschinen geliefert. 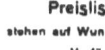 Preislisten stehen auf Wunsch gratis zur Verfügung.

Im Anschluss an mein Probeheft „Modernes Schmuckmaterial" 1897 erschien soeben mein reichhaltiges

Neuheitenheft 1898

das ich auf Verlangen zusende. Vor Neuanschaffungen wollen Sie sich von der Vorzüglichkeit der darin enthaltenen Erzeugnisse aller Art überzeugen und besonders meine wirklich künstlerischen Neuschöpfungen in moderner Manier beachten.

Schriftgiesserei Julius Klinkhardt, Leipzig

Fortwährend Neuheiten in Vorbereitung! Messinglinienfabrik — Utensilienhandlung.

Reinhardt's Metallutensilien für Buchdruckereien

Nur erhältlich durch:
Utensilienhandlungen,
Schriftgiessereien,
Farbefabriken.

G. E. Reinhardt Leipzig

gegründet 1865

Wilhelm Woellmer's Schriftgiesserei und Messinglinienfabrik

Moderne Neuheiten
Selecta, Globus, Roland, Studio-Zierrath, Barock-Ornamente Silhouette-Bordüren, Vignetten.

Berlin SW.

Gebrüder Brehmer, Leipzig-Plagwitz

Filialen: London E. C. Paris Wien V.

bestens als Spezialität

Draht- und Faden-Heftmaschinen | Falzmaschinen für Werk- und Zeitungsdruck
für Bücher und Broschüren. | in den verschiedensten Ausführungen.

Preislisten, Heftproben, Falzmuster stehen gern zur Verfügung.

Letzte höchste Auszeichnungen: Chicago 1893 — Lübeck 1895 — Leipzig 1897 — München 1898

Original-Gotisch

Eine moderne deutsche Brotschrift
im Sinne der alten
Meister

Schriftgiesserei ✄
Bauer & Co.
in Stuttgart ✄ ✄

Der Ernährungsprozess des Buchgewerbehauses.

Ihr Männer vom Kantateschmaus
Habt ihr es schon vernommen?
Es hat der Bücherhändler Haus
Jüngst einen Sohn bekommen.
Der ist dem grossen Vater schier
Schon übern Kopf gewachsen,
Ein solch' Gedeihen wundert hier
Sogar die hellen Sachsen.

Erstaunlich war ja überhaupt
Schon dies Haus, gross und prächtig,
Doch keiner hätte je geglaubt,
Dass es noch werde trächtig.
Ihm ist (aus Eisen, Stein und Holz)
Der grosse Wurf gelungen,
Nun renommiert's mit Vaterstolz
Von seinem „strammen Jungen".

Gedichtsalz.

Der Deutsche Buchgewerbeverein
früher Centralverein für das gesamte Buchgewerbe • • •

Der deutsche Buchgewerbeverein wurde in dem Jahr 1884 als „Centralverein für das gesamte Buchgewerbe" ins Leben gerufen, mit dem Sitz in Leipzig, aber mit der ausdrücklichen Absicht der Verbreitung über das gesamte deutsche Sprachgebiet. Sein Zweck ist die Förderung des gesamten Buchgewerbes unter Ausschluss aller socialpolitischen Bestrebungen, insbesondere soll die Entwickelung der Technik aufmerksam verfolgt und ein erhöhter Einfluss der bildenden Künste auf das Buchgewerbe herbeigeführt werden. Er umfasst demgemäss in seinen verschiedenen Abteilungen alle Zweige des Buchgewerbes, also nicht nur Buch-, Kunst- und Musikalienhändler, Buch- und Steindrucker, Kupferdrucker, Notenstecher usw., sondern auch Lichtdrucker, Chemigraphen, Schriftgiesser, Holzschneider, Galvanoplastiker, Papier- und Farbefabrikanten, Fabrikanten von Maschinen und Geräten für das Buchgewerbe, Buchbinder, Graveure und Stempelschneider. Naturgemäss begann der Verein seine Thätigkeit in erster Linie in Leipzig, als dem Centrum, von welchem seine anregende Wirksamkeit gewissermassen ausstrahlen soll. Hier ist inzwischen bereits ein fester Boden gewonnen, der die beste Gewähr für die Zukunft bietet, hier haben die Resultate der Arbeit des Vereins zuerst greifbare Gestalt angenommen. Das Deutsche Buchgewerbemuseum ist unter der hochherzigen Unterstützung seitens der Sächsischen Regierung und durch die Förderung seitens zahlreicher Firmen und Privatpersonen zu einer einzig dastehenden Vorbilder-Sammlung für alle graphischen Gebiete erwachsen, und nachdem dasselbe eine Reihe von Jahren hindurch die Gastfreundschaft des Börsenvereins der deutschen Buchhändler im Deutschen Buchhändlerhause genossen hat, wird es demnächst in das eigene Heim des Vereins, das Deutsche Buchgewerbehaus, übersiedeln, welches soeben stattlich emporsteigt. So ist denn gerade jetzt der rechte Augenblick gekommen, auf weitere Kreise auch ausserhalb Leipzigs in erhöhtem Masse einzuwirken und thatsächlich das gesamte deutsche Buchgewerbe zu einer geistigen Gemeinschaft zusammenzufassen, um die uns jeder andere Berufskreis und das ganze Ausland beneiden wird. Diesem Zwecke soll in erster Linie unsere neuerworbene Monatsschrift, das Archiv für Buchdruckerkunst und verwandte Geschäftszweige, künftig mit dienen, für das wir die Teilnahme aller unserer Mitglieder voraussetzen, sodann aber werden wir zu erreichen suchen, dass unsere Mitglieder innerhalb aller grösseren und kleineren Druckorte sich zu Ortsgruppen des Deutschen Buchgewerbevereins zusammenschliessen, deren Bestrebungen dann von der Leipziger Geschäftsstelle aus nachdrücklich unterstützt werden können, z. B. durch Überlassung von Ausstellungsmaterial, Veranstaltung von Vorträgen und dergleichen. Denn es kann gar nicht genug betont werden, dass der Zweck des Vereins nur dann als völlig erfüllt zu betrachten ist, wenn seine Einrichtungen nicht einseitig nur Leipzig zu gute kommen. Dazu aber ist nötig, dass alle, denen die Hebung des Buchgewerbes ernstlich am Herzen liegt, mitwirken an der gemeinsamen Aufgabe. Dadurch, dass buchgewerbliche Vereine als solche die Mitgliedschaft, unter besonders zu vereinbarenden Bedingungen, erwerben können, ist dieser Zusammenschluss ganz wesentlich erleichtert und vereinfacht. Möge die Zeit nicht fern sein, wo alle vorwärts strebenden Glieder der verschiedenen in unser Arbeitsgebiet fallenden Gewerbe, die ja stets an der Spitze modernen Fortschrittes marschiert sind, zu gegenseitiger Förderung und lebendiger Regung ihrer Kräfte sich einen im Deutschen Buchgewerbeverein.

Werksatz.

6 Vorträge von Dr. Peter Jessen

• Direktor der Bibliothek des Königlichen Kunstgewerbemuseums in Berlin •

Freitags, den 20. u. 27. Januar, 3., 10., 17. u. 24. Februar 1899, abends 8½ Uhr
♪ ♪ ♪ ♪ im Saale des Vereinshauses zu Leipzig, Rossstrasse 14 ♪ ♪ ♪ ♪

Eintrittspreis für die ganze Vortragsreihe:
a) für Mitglieder des Vereins . . . . . 3 Mk.
b) für deren Angestellte . . . . 1 Mk.
c) für andere Personen . . . . 4 Mk.

Sämtliche Vorträge werden durch Lichtbilder und Vorlagen erläutert werden.

✦ ✦ ✦

Zur Teilnahme an diesen Vorträgen laden wir Sie hiermit ein und ersuchen Sie, auch den Gehilfen Ihres Hauses Gelegenheit zum Besuche zu geben, damit sie dadurch ihren Geschmack bilden und ihre Kenntnisse erweitern. Herr Dr. Peter Jessen wird Ihnen als hervorragender Kenner der buchgewerblichen Künste und als Mann von Verständnis für die praktischen Bedürfnisse des Gewerbes bekannt sein. Wie die Praxis mit den Forderungen des Geschmackes in modernem Geiste zu verbinden ist, darüber sollen diese Vorträge aufklären und beleben. Ihren Bedarf an Eintrittscheinen wollen Sie auf beigefügter Karte möglichst bald angeben. Vielleicht nehmen auch Sie eine entsprechende Anzahl Karten zur Verteilung an Angestellte. ♪♪♪♪♪♪♪♪♪♪

Der Vorstand des Deutschen Buchgewerbevereins.

♪ ♪ ♪ ♪ ♪ Inhalt: Die neue Kunst und das Buchgewerbe ♪ ♪ ♪ ♪ ♪

I. Die moderne künstlerische Bewegung und ihre Anwendung auf das Buchgewerbe. Die Ansprüche des Zwecks, des Stoffes und der Technik. Die neuen Zierformen. Der Wert der alten Vorbilder. ♪ II. Die Druckwerke der alten Meister und ihre Grundsätze. Das Buch der gotischen Zeit; die Renaissance; Barock und Rokoko. ♪ III. Die heutigen Aufgaben des Buchdrucks. Die Schrift. Die Verzierungen. Der Satz und seine mannigfachen Ansprüche. ♪ IV. Die Illustrationsverfahren und ihre künstlerischen Bedingungen. Der Farbendruck als Faksimile und als freie Kunst. ♪ V. Die Illustration im Zusammenhang des Buches. Die moderne Buchdekoration in Deutschland und im Auslande. ♪ VI. Das äussere Kleid des Buches. Die Buchbinderei.

♪

Accidenzsatz.

Schriftgießerei Otto Weisert, Stuttgart.

Neue Telegramm-Adresse: Schriftweisert Stuttgart. · Telephon Nr. 463.

Stuttgart, Datum des Poststempels.

J. P.

Die zu diesem und den zwei umseitig abgedruckten Cirkularen verwendete Schreibschrift ist meine neue

Briefschreibschrift

welche in meiner eigenen Stempelschneiderei in Stahl geschnitten worden und ein gesetzlich geschütztes Originalerzeugniss meines Hauses ist.

Dieselbe ist von ruhiger vornehmer Wirkung, repräsentirt eine schöne deutlich lesbare Handschrift und dürfte sich daher vortheilhaft vor anderen ähnlichen Erzeugnissen auszeichnen.

Hochachtungsvoll

Schriftgiesserei Otto Weisert

P. S.

Die Proben dieser neuen, in vier Graden und zwei in Curso, Titel, Text und Bopreimittel geschnittenen Briefschreibschrift stehen den Herren Interessenten gerne gratis und franco zu Diensten.

Bitte gefl. umwenden

Schriftgießerei
OTTO WEISERT
STUTTGART.

Stuttgart, Jahresdatum

P. P.

Zum Neuen Jahre gestatte ich mir, Ihnen hiermit meine

herzlichsten Glückwünsche

darzubringen und bitte Sie zugleich, mir auch fernerhin Ihr gütiges Wohlwollen bewahren zu wollen.

Hochachtungsvoll

Otto Weisert

Schriftgiesserei
OTTO WEISERT
STUTTGART.

Stuttgart, Postdatum

P. P.

Ich beehre mich, Ihnen hiedurch anzuzeigen, dass meine neue Telegramm-Adresse ab 1. Januar 99

Schriftweisert Stuttgart

ist, und bitte ich, Ihre Depeschen an mich unter dieser Bezeichnung künftighin aufgeben zu wollen.

Hochachtungsvoll

Schriftgiesserei Otto Weisert

Buchdruckerei Strecker & Moser in Stuttgart.

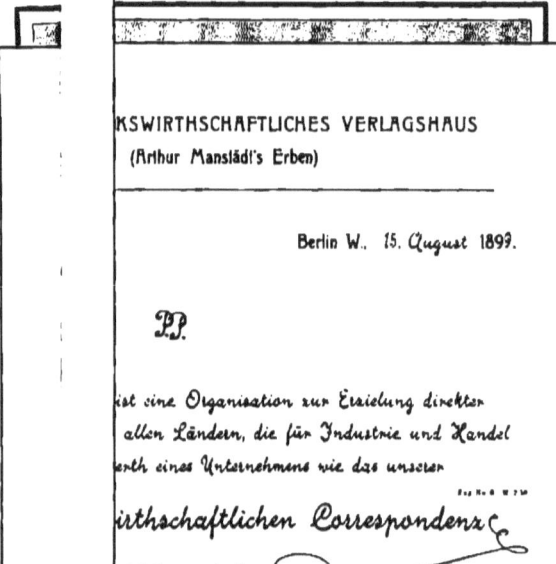

BEGRÜNDET VON ALEXANDER WALDOW
HERAUSGEGEBEN VOM
DEUTSCHEN BUCHGEWERBEVEREIN.

| 36. Band. | 1899. | Heft 6. |

Die neue Kunst und das Buchgewerbe.
Von Dr. PETER JESSEN.
Vortrag gehalten im Deutschen Buchgewerbeverein zu Leipzig.
(Fortsetzung.)

FÜNFTER VORTRAG.
1. Druck und Illustration der Bücher.

um Abschluss unserer Betrachtungen über den *Buchdruck* erübrigt es noch, einiges über das Zusammenwirken aller Elemente im Buche zu sagen. Denn alles, was bisher vom Satz gesagt worden ist, findet seine vornehmste und endgültige Anwendung im Buche, wo alle Aufgaben gewissermassen zusammenklingen. Alle Wünsche, die wir bei der Besprechung der mannigfachen Ansprüche des Satzes äusserten: nach klaren, kräftigen, malerischen Schriften; nach sparsamen, zur Schrift stimmenden, von Künstlern gezeichneten Ornamenten; nach geschlossenen Satzbildern und einheitlicher Flächenwirkung — alle diese Wünsche finden ihr letztes Ziel im *Buche*.

Wenn ich nun ein heutiges Buch aufschlage, und zwar gerade ein recht sorgsam ausgestattetes, vielleicht sogar ein sogenanntes Prachtwerk, so finde ich zunächst einen Schmutztitel; ich blättere um, und sehe auf der Rückseite — nichts. Es folgt der eigentliche Titel; auf seiner Rückseite wiederum nichts. Ebenso geht es bei Vorwort und Inhalt, dann folgt vielleicht noch ein Zwischentitel, und im Inneren des Buches wiederum eine Zahl von Untertiteln, ebenso auch von Tafeln — alle mit leeren Rückseiten. Ja, wenn man so ein Buch durchblättert, so ist man geradezu versucht zu glauben, dass wir das weisse Papier heute als den vornehmsten Schmuck des Buches betrachten.

Sehen wir uns nun dagegen die Drucke der alten Meister an, so sehen wir, dass es auch ohne diesen Massenverbrauch an weissem Papier ganz gut geht. Die Alten pflegten zwar breite Papierränder neben dem Druckspiegel stehen zu lassen, waren aber weit weniger verschwenderisch als wir mit leeren Seiten, freien Räumen über den Kapitelanfängen und dergleichen. Nehmen wir z. B. einen alten Lübecker Bibeldruck. Auf der Vorderseite des ersten Blattes steht der Titel, auf der Rückseite beginnt sogleich der Text, der nun ohne Unterbrechung fortläuft; selbst wo das Alte Testament schliesst, bricht der Drucker ganz naiv mit einer halbgefüllten Kolumne ab, und führt auf der folgenden Seite, ohne weisses Blatt und ohne Vorschlag, einfach mit dem Neuen Testament fort. Auf diese Weise erreichten die alten Meister eine schöne Geschlossenheit ihrer Druckwerke, die uns heute oft abgeht, sie hatten zugleich den Vorteil, dass stets zwei bedruckte Seiten einander gegenüberstanden, und so immer neue und interessante Kombinationen ermöglicht wurden. Sie hatten das sehr richtige Gefühl, dass man im Buche nicht eine Seite für sich allein betrachten kann, dass vielmehr die *Seitenpaare* zusammengehören und eine dekorative Einheit bilden. Es ist mir leider nicht möglich, diesen Gedanken hier im einzelnen weiter zu verfolgen; ich muss mich mit diesen Andeutungen begnügen, und möchte eben nur den Gedanken anregen, ob es nicht möglich ist, mit etwas weniger Papierverschwendung doch eine grössere, geschlossenere Wirkung zu erreichen.

Wenn ich mich nun zur *Illustration* der Bücher wende, so muss ich zunächst auf einiges zurückgreifen, was bereits teilweise in meinen früheren Vorträgen gestreift wurde. Die Illustration der frühen Drucke beschränkte sich auf Holzschnitte im Umriss, entsprechend dem Charakter der Schrift.

Nur die Linienzeichnung ist der Schrift wesensverwandt; denn auch die Schrift selbst ist eben Zeichnung, nicht ein Ton. Die alten Meister gingen auch nicht mit ihren Illustrationen auf den Rändern der Seite spazieren, wie es teilweise die Japaner und in deren nicht immer glücklicher Nachahmung vielfach die modernen Franzosen thun; es war ganz selbstverständlich, dass das Bild dem Rechteck der Schrift eingefügt und angepasst wurde. (Vergl. Fig. 1 im zweiten Vortrag.) Wir sahen auch, dass der Holzschnitt allerdings bei diesem reinen Umrissstil nicht stehen blieb, und dass es besonders die Deutschen waren, die bald auf malerische Wirkung, auf Schattierung und Helldunkel, ausgingen, angeregt namentlich durch *Dürers* Beispiel (vgl. Fig. 5 und 6 im zweiten Vortrag). Dadurch ging ein gutes Teil der Harmonie zwischen Bild und Schrift verloren, und wir mussten es als einen Vorzug der Italiener bezeichnen, dass sie länger bewusst am blossen Umriss festhielten (vgl. Fig. 4 im zweiten Vortrag, der sogar in ganzseitigen Illustrationen streng durchgeführt wurde. Selbst wissenschaftliche Werke wussten sie mit ihrem ausgesprochenen Schönheitssinn zu durchdringen; ein schlagendes Beispiel dafür ist Luca Paciolis Buch »De divina proportione«, wo das Satzbild rechteckig geschlossen blieb, aber so schmal gewählt wurde, dass die mathematischen Figuren auf dem Rande Platz fanden und dort geradezu dekorativ wirken.

Im Laufe des 17. und namentlich des 18. Jahrhunderts verdrängte nun nach und nach der *Kupferstich* den Holzschnitt, und dieser suchte in noch weit höherem Masse malerische Wirkungen zu erreichen, als es der spätere Holzschnitt schon gethan hatte. So zierlich und anmutig aber die Kupferstich-Illustrationen des vorigen Jahrhunderts an sich oft sein mögen, so ist hier doch die Harmonie zwischen Schrift und Bild verloren gegangen. Seitdem sind die graphischen Verfahren in unserem Jahrhundert immer mehr auf Tonwirkung ausgegangen, ja man hielt die bescheidene Linienzeichnung geradezu für minderwertig, für etwas Veraltetes. Die Lithographie, der zum förmlichen Holzstich gewordene Holzschnitt, und endlich die Autotypie, alle wetteiferten in der Wiedergabe von Tonwirkungen jeder Art, und haben in diesem Wettstreit eine staunenswerte technische Ausbildung erfahren. Ich bin weit davon entfernt, die grossartigen Erfolge unserer modernen Reproduktionsverfahren zu verkennen oder irgendwie herabsetzen zu wollen. Im Gegenteil, ich stehe nicht an, speciell die photomechanischen Verfahren geradezu für die weittragendste Erfindung auf graphischem Gebiete seit der Erfindung der Buchdruckerkunst selbst zu halten. Insbesondere für alle Zwecke wissenschaftlicher, thatsächlicher Illustration, für alle Zwecke der Belehrung, können wir uns heute ja schon kaum mehr vorstellen, wie man ohne Autotypie hat auskommen können. Wie es also nur auf die genaue Wiedergabe, auf die Bereicherung unserer Kenntnis — und dahin gehört auch die Kenntnis hervorragender Gemälde und anderer Kunstwerke — ankommt, dort sind die auf Tonwirkung abzielenden Illustrationsverfahren ganz an ihrem Platze, und wir wollen uns ihrer Vervollkommnung erfreuen und stolz auf die Erfolge unserer Technik sein.

Wir müssen aber, was die Art der Illustration anlangt, zweierlei Bücher wohl unterscheiden: Bücher, wo die Illustration belehren, Kenntnisse vermitteln soll, und andererseits Bücher, die nur dem künstlerischen Genusse dienen wollen, wo also auch die Illustration uns nur den Genuss des Lesens erhöhen soll. Hierhin gehört die ganze sogenannte schöne Litteratur, und hier dürfen wir wohl wünschen, dass der bildenden Kunst noch etwas mehr Einfluss und Wirkung gegönnt werde, als es bisher meist der Fall ist. Hier sollten wir doch vor allem nach künstlerischer Harmonie zwischen Schrift und Bild streben, und diese wird eben nicht erreicht durch Tonwirkung, sondern am besten durch weise Selbstbeschränkung im Sinne der alten Meister, durch Verzicht auf Tonwerte und Anwendung der einfachen Strichzeichnung. Wenn wir die heute noch bei uns üblichen illustrierten Klassikerausgaben u. dgl. betrachten, so müssen wir doch sagen, das sind nicht die richtigen Bahnen, die da eingeschlagen sind. Wir finden dort neben der Schrift Bilder mit ausgesprochener Tonwirkung, und beides verträgt sich nicht; das aufdringliche Bild stört beim Lesen, und der zeichnerische Charakter der Schrift beeinträchtigt das in Halbtönen gehaltene Bild. Ja, am liebsten hielte man beim Lesen ein solches Bild einfach zu. Hierzu kommt noch, dass durch eine solche realistische Illustrationsmanier, welche uns die im Buche geschilderten Vorgänge möglichst naturgetreu vor Augen führen will, die Phantasie des Lesers bevormundet, gleichsam in spanische Stiefel gezwängt wird. Wir missverstehen leider noch immer sowohl Form als Geist der Illustration. Wie viel wohlthuender als solche aufdringlich erläuternde Bilder ist eine blosse Dekoration des Buches, wo der Bildschmuck sich nicht selbständig neben der Dichtung zur Geltung bringen, sondern sie nur gleichsam musikalisch begleiten will, um uns dadurch den Genuss des Lesens zu erhöhen. Dies haben die heutigen englischen Buchkünstler (siehe unsere Beilage: Seite aus »The Works of Geoffrey Chaucer«) mutig aufgegriffen und grosse Erfolge damit errungen. Betrachten Sie die Werke eines *William Morris*, *Walter Crane*, *Anning Bell* und anderer, so werden Sie finden, dass hier der Geist des Buchschmuckes wieder richtig erfasst ist. Und dieser Geist ist in England heute allgemein durchgedrungen. Nicht illustrierte, sondern dekorierte

Fig. 1 Seite aus Max Klingers »Amor und Psyche«.

Bücher sind es, was man dort will. — Auch in Deutschland sind erfreuliche Ansätze zu einer solchen Buchkunst vorhanden, und nicht erst in letzter Zeit. Unsere deutschen Meister haben schon vor zwei Generationen ganz reizende Schöpfungen dieser Art hervorgebracht. Auf der Ausstellung »Die Kunst im Buchdruck«, die wir voriges Jahr in Berlin veranstaltet hatten, war eine ganze Gruppe aus den Werken unserer Romantiker zusammengestellt, die in vieler Hinsicht Vorbildliches enthielt. Ganz besonders ist es *Ludwig Richter*, der es in der reizvollsten Weise verstanden hat, Schrift und Bild zusammenzustimmen, und zu dem wir noch heute nur mit Stolz und Ehrfurcht aufblicken sollten Fig. 1. Auch die Münchener Renaissanceströmung hat viel wirklich Gutes geschaffen, in erster Linie wieder *Otto Hupp*, der z. B. im Münchener Kalender Schrift, Ornament und Bild trefflich zu einer geschlossenen Einheit zusammenzufassen verstanden hat. In modernem Geiste hat dann Ihr grosser Landsmann *Max Klinger* schon in den achtziger Jahren ein Meisterwerk der Buchdekoration geschaffen: Amor und Psyche, wo gleichfalls die Zeichnungen im Tonwert so ausserordentlich fein mit der Schrift zusammenstimmen, und wo zugleich durch das Ganze der Zug von monumentaler Grösse geht, der *Klinger* eben eigen ist Fig. 2. Hier ist von einem einzelnen Meister schon alles erreicht, was wir nur erstreben können. Eine ganze Reihe tüchtiger Künstler ist auch jetzt bei uns für die Buchdekoration thätig, ich nenne nur *Otto Eckmann*, *Joseph Sattler*, *Melchior Lechter*; Sie sehen, an Künstlern fehlt es uns nicht, und es gilt nur, sie heranzuziehen zu gemeinsamer Arbeit, damit die Kunst in der Ausstattung unserer Bücher wieder ihr Recht werde.

Die Franzosen sind andere Wege gegangen, sie waren mehr auf das Malerische gerichtet als auf die Linienzeichnung. Wenn wir aber ein Werk des in Frankreich jetzt tonangebenden Meisters der Illustration, *Grasset*, ansehen, etwa »Die vier Haymonskinder«, so müssen wir doch sagen, dass da gar nicht alles gesund und für uns vorbildlich ist. Bei aller Anerkennung für *Grassets* hohe künstlerische Fähigkeit müssen wir uns doch sehr hüten, etwa seine Wunderlichkeiten, wie den in die Schrift hineinlaufenden Farbton und Ähnliches, bei uns nachzuahmen. Es ist das ein missverstandener Japonismus, vor dem man nur warnen kann.

Ein Gebiet kann ich hier nur streifen, welches bei uns heute noch ganz besonders wenig den künstlerischen Ansprüchen entspricht: die Notentitel. Was da im Durchschnitt geleistet wird, steht auf einem sehr niedrigen Niveau, und nur vereinzelt sind bereits wirkliche Künstler an die Aufgabe herangetreten. Man sollte sich vielleicht die Aufgaben einfacher stellen, wenn für eine künstlerische Durchführung die Mittel nicht langen, nicht aber dürfen künstlerische Aufgaben mit minderwertigen Kräften durchgeführt werden. Wo es gilt, etwas Ganzes zu schaffen, da ziehe man echte Künstler heran.

Von einem Gesichtspunkte aus möchte ich Sie aber ganz besonders bitten, alle Druckwerke zu betrachten: von dem der *Farbe*. Über unserem ganzen Kunstgewerbe liegt es heute noch immer wie ein Mehltau; bestärkt durch die Renaissancesbewegung mit ihren gebrochenen Farben bevorzugen wir noch zu sehr die flauen und matten Töne. Alles erscheint bestaubt und grau, wir leiden förmlich an Farbenblindheit, auch im Buchgewerbe. Lassen Sie uns die Farbenfreude wieder finden, wie sie die alten Meister hatten. Unsere Farbenfabriken liefern uns das herrlichste Material, wir brauchen nur den Mut zu haben, es richtig anzuwenden. Nicht an dem, was andere Buchdrucker gemacht haben, dürfen wir uns aber hierzu schulen, sondern an den Werken unserer grossen Künstler. —

2. Die künstlerischen Bedingungen der graphischen Verfahren.

Es ist nicht möglich, in dem engen Rahmen eines Vortrages erschöpfend über die verschiedenartigen graphischen Verfahren und ihre Bedingungen zu sprechen; wir können hier nicht ins einzelne gehen, nur die wichtigsten Grundzüge seien angedeutet. Auch auf die Verfahren der graphischen Kunst ist vor allem der oberste Grundsatz des gesamten Kunstgewerbes anzuwenden, dass jedes Verfahren aus seiner besonderen Arbeitsweise heraus seine eigene Technik entwickeln soll. Jede Technik soll zu den ihr eigentümlichen Wirkungen ausgenutzt werden, sie muss deshalb ihre eigenen Wege suchen und sich nicht in der Imitation anderer, vermeintlich edlerer, Techniken gefallen. — Ein grosser Teil der heutigen graphischen Arbeit ist ja nun zweifellos auf *Nachbildung* gerichtet. Für alle wissenschaftlichen und belehrenden Zwecke ist die möglichst getreue Nachbildung unentbehrlich, und es ist ein hohes Verdienst, ja ein Ruhmestitel unserer Zeit, die Fertigkeit in genauester Reproduktion auf das höchste ausgebildet zu haben. Hilft doch diese Reproduktionsfertigkeit auch dazu, den Genuss an schönen Landschaften, oder an Werken der bildenden Kunst, zu verbreiten und zu vervielfachen. Dabei wirkt es nur belebend,

Verkleinerte Probeseite aus »The Works of Geoffrey Chaucer«.
Beilage zur Abhandlung »Die neue Kunst und das Buchgewerbe«. Archiv für Buchgewerbe, Heft 6, 1899.

dass die peinliche Handarbeit — wie der Faksimile-Holzstich und die Chromolithographie — in scharfen Wettkampf mit den hoffnungsvollen photomechanischen Verfahren — wie Netzätzung und Dreifarbendruck — treten musste, wodurch auf beiden Seiten die Anspannung aller Kräfte, eine immer sorgfältigere und freiere zeichnerische und malerische Schulung aller Beteiligten erfordert wird. Wer in diesem Wettstreit einmal der Sieger sein wird, wer vermöchte das heute zu sagen; dazu müsste man ein Prophet sein. Wir wollen uns beider Arten naturgetreuer Nachbildung freuen und stolz auf jeden technischen Fortschritt sein, den sie in gegenseitiger Befruchtung erringen. —

Aber — diese Fertigkeit im Reproduzieren, die ihrer Natur nach nur den einen Zweck im Auge hat, nachzubilden, ein täuschendes Faksimile zu schaffen, sich selbst aber thunlichst zu verbergen, sollte doch der *freien* künstlerischen Verwertung der graphischen Verfahren nicht im Wege sein. Das ist aber heute vielfach der Fall: wir bleiben im Faksimile stecken, anstatt die Technik jeweilig zu den ihr angemessenen eigenartigen Wirkungen zu bringen. Es ist der grösste Triumph unserer Chromolithographen, wenn ihre Arbeiten täuschend wie Gemälde, etwa wie Aquarelle, aussehen, wenn man nicht bemerkt, dass man eine Lithographie vor sich hat. Das ist aber von Grund aus falsch. Ein Künstler, der seine Technik richtig handhabt, kann, ohne ihre Eigenart zu verschleiern, oft mit geringerem Aufwand, Reize erzielen, die kein Raffinement des Faksimiles erreicht. Daher schreibt sich der ausserordentlich grosse Erfolg der *Originallithographie*, die unsere Künstler neuerdings mit Recht wieder pflegen, darin liegt auch die Bedeutung der modernen *Plakatkunst*, deren Anregungen hoffentlich auch für den industriell und merkantil betriebenen Buntdruck nicht verloren sein werden. Wenn weite Kreise in neuerer Zeit der Plakatkunst eine so eingehende Beachtung geschenkt haben, eine Beachtung, die weit über die eigentliche Bedeutung des Plakates an sich hinausgeht, so war der Grund hierfür nur der, dass man das Plakat als ein neuerschlossenes und sehr geeignetes Versuchsgebiet ansah, um mit einfachen künstlerischen Mitteln grosse und eindringliche Wirkungen zu erzielen. Hier wird auch unsere Chromolithographie einzusetzen haben; denn wenn sie leider trotz grosser technischer Fertigkeit in einen gewissen Misskredit gekommen ist, so liegt dies eben daran, dass sie im Faksimilestil stecken bleibt, anstatt ihre eigene Arbeitsweise offen und ehrlich zur Geltung zu bringen und sich zu sagen:

wenn ich mich nicht mehr beschränke, wenn ich auf manche technische Raffinements verzichte, kann ich grössere und meiner Eigenart besser entsprechende Wirkungen erzielen.

Nun möchte ich aber noch einem Missverständnis vorbeugen. Natürlich ist es nicht möglich und nicht einmal nötig, dass der Erfinder auch stets der Ausführende sei. Es giebt noch einen zweiten Grad von Originalkunst: wenn der Erfinder und der ausführende Techniker Hand in Hand arbeiten. Auch *Dürer* hat bekanntlich seine Holzschnitte nicht eigenhändig geschnitten, und doch legen wir ihnen mit Recht die Bedeutung von Originalen bei. Er hatte dem Holzschneider so vorgearbeitet, dass die Blätter als vollgültige Kunstwerke wirken. Und das müssen wir auch heute fordern, dass der Künstler, welcher für die Reproduktion arbeitet, mit den besonderen Bedingungen der betreffenden Technik durchaus vertraut ist. Wie selten aber findet man es, dass der Künstler überhaupt angiebt, für welche Technik er seine Entwürfe gedacht hat. Ich erinnere mich einer Ausstellung von Originalen zu Ansichts-Postkarten: kaum einer der Künstler hatte angegeben, ob z. B. Dreifarbendruck oder Chromolithographie in Aussicht genommen sei. Und doch sind diese beiden Verfahren in ihren künstlerischen Bedingungen so unendlich verschieden; für die buntesten Vorlagen eignet sich der Dreifarbendruck am besten, die Lithographie arbeitet besser mit einfachen Umrissen und glatten, neben einander gelegten Farbflächen. Der Künstler also sollte sich vollständig in die Technik einleben und jederzeit bewusst für diese oder jene Art der Reproduktion arbeiten. Der Graphiker seinerseits sollte mit künstlerischem Sinne die Arbeit des erfindenden Künstlers aufzufassen und zu verwerten suchen. Wenn auf solche Weise Künstler und Techniker Hand in Hand arbeiten, dann werden wir uns auch von dem leidigen Faksimilestil lösen, der heute der schlimmste Feind der graphischen *Künste* ist.

Mit diesen wenigen Andeutungen muss ich mich begnügen, obgleich sich über diese Fragen allein eine ganze Reihe von Vorträgen halten liesse.

(Fortsetzung folgt.)

Das Deutsche Buchgewerbehaus ⚜ und der Deutsche Buchgewerbeverein.

Ein Bericht über den Bau des Deutschen Buchgewerbehauses. Hierzu eine Beilage und sechs Abbildungen.

In der dem vorliegenden Hefte angehängten Beilage geben wir unseren Lesern eine auf zwei Drittel der Masse des Originals verkleinerte Wiedergabe einer Seite des Berichtes, den der Deutsche Buchgewerbeverein über den Bau des Deutschen Buchgewerbehauses herausgegeben hat. Dieser »Werbebrief« ist geeignet, nach jeder Richtung das Interesse unserer Leser zu erwecken, wir wollen deshalb versuchen, die ihm zu Grunde liegenden Aufgaben, sowie die Art der Lösung derselben kurz zu skizzieren.

Der textliche Hauptinhalt war gegeben, an Abbildungen sollten die Ansicht des Buchgewerbehauses und dessen Grundrisse aufgenommen werden, einige erläuternde Texte und das Verzeichnis der Mitglieder des Deutschen Buchgewerbevereins waren anzuhängen. Die Aufgabe war, mit diesem Inhalt ein in Anlage, Druckausstattung und Technik voll-

endetes Erzeugnis von monumentaler Form zu schaffen, das innerhalb der Kreise unseres Gewerbe den Buchgewerbeverein würdig vertreten könne und auch allen künstlerischen Anforderungen genügte. Es war ferner bestimmt, dass nur deutsches Material verwendet werden und der Charakter der ganzen Arbeit ein rein deutscher sein solle.

Anfangs lag nun die Absicht vor, das Druckwerk ganz auf den Boden neuzeitlicher Kunstanschauung zu stellen und es ausschliesslich aus modernstem Materiale zu fügen; jeder Versuch aber in dieser Richtung scheiterte schon bei Beginn des Satzes daran, dass für das grosse Format eine monumentale deutsche Schrift modernen Stils fehlte; auch der Ornamentenschatz der neuen Typographie erwies sich als höchstens für kleine Formate genügend, und die Frage, ob sich die heutige deutsche Kunst schon so vertraut mit dem graphischen Gewerbe beschäftigt habe, dass man von ihr eine *neue* Schrift und einen *neuen* Schmuck verlangen könnte, musste leider verneint werden.

Nun musste also von der »Moderne« absehen und ging auf die Suche nach historischen Schriften; alle Schriften im Antiquaschnitte mussten als nicht »Deutsch« ausgeschlossen werden, und von guten deutschen Schriften fanden sich die

Abbildung 1. Initial aus dem »Werbebrief«.

einzig guten Proben in den Druckwerken der alten Meister, deren Typen den Manuskripten nachgeschnitten waren; so kam es, dass man, verlassen von der Kunst unserer Zeit, um fünfhundert Jahre rückwärts gehen musste, um gesunde buchgewerbliche Kunst zu finden. — Wir wollen gern die Bestrebungen jüngerer Künstler auf graphischem Felde anerkennen, es fehlt aber bis heute noch ein deutscher *Morris*, der unser Material in solcher Weise durchgearbeitet hätte, dass er uns einen neuen grossen Stil schenken könnte, den die Kritik des eigenen Gewerbes nicht nur als einseitig künstlerische, sondern auch als technisch fertige Leistung anerkennen möchte. Ein halbes Jahrtausend deutscher Buchdruckerkunst hat nur eine verschwindende Anzahl von Erzeugnissen aufzuweisen, die innere Kraft genug besitzen, um der Grundlage der in den Manuskripten liegenden Buchkunst entbehren zu können. Die stolze Zurückhaltung der deutschen Künstler

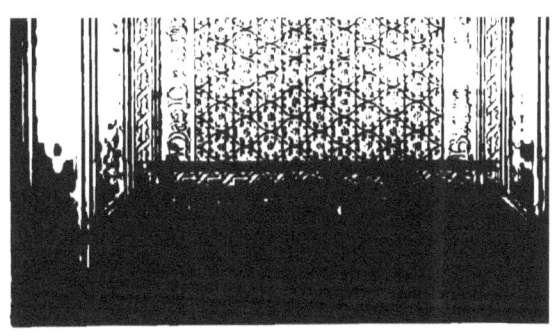

vom Gewerbe hat den Buchdrucker gezwungen, immer wieder aus dem Quickborn der alten Kunsthandwerksmeister zu schöpfen; während er seine Technik immer weiter entwickelte, blieb sein Kunstgefühl zurück und der Konflikt moderner Technik mit alter Kunst trübte seinen Blick und fügte dem Gewerbe manch schweren Schaden zu.

So soll denn die Denkschrift des Deutschen Buchgewerbevereins zwar nochmals das Mustergültigste der alten Meister zusammenfassen, aber auch zugleich eine eindringliche Mahnung an die deutsche Kunst sein, sich ihrer Pflichten gegen das deutsche Gewerbe zu erinnern.

Nach vielmaligen Korrekturen wurden die auf Holzplatten aufgeklebten nur 1 Cicero hohen Buchstaben in Wachs geprägt, in starkem Kupfer getrieben und sorgfältig gerichtet; dann konnten die Platten in die farbigen Formen zerlegt werden. Der Titel Abb. 2, von Deitzsch gezeichnet, und die Ansicht und Grundrisse des Hauses nach den Skizzen des Architekten Haglerg wurden in Strichätzung hergestellt, die am Schlusse des Bandes beigegebenen Notizen und das Mitgliederverzeichnis konnten gesetzt werden, aber auch hier war die Anfertigung von starken Galvanos erforderlich, denn das gewählte Papier ist ein Stoff, der an Aussehen

Abbildung 1. Unciale aus dem Werkbrief.

Ein wundervoll gearbeitetes Benediktiner-Evangeliar gab die Vorlagen zum Schriftmaterial und zu den Uncialen und Initialen des Werbebriefes. Der Zeichner E. Deitzsch vervollständigte das Fehlende; die Alphabete wurden in Holz geschnitten und auf galvanoplastischem Wege vervielfältigt. Dem Alphabet der Textschrift Abb. 5 schloss sich das der Unciale an Abb. 4). Die grossen Initiale Abb. 1 wurden nicht in vollständigem Alphabet geschnitten. Zeile für Zeile wurde textlich so lange umgearbeitet, bis die Schrift natürlich breit lief, schlechte Teilungen vermieden waren und alle Abschnitte mit vollen Zeilen schlossen; dazu mussten vielerlei Ligaturen (Abb. 6) geschaffen, grössere Anfangsbuchstaben eingesetzt und Type für Type auf gute Weite geprüft werden.

echtem Pergament nicht nachsteht, es an Härte aber bedeutend übertrifft, so dass unter der Wirkung des notwendigen starken Druckes Bleitypen schon nach wenigen Abzügen unbrauchbar geworden wären.

Die Farben wurden ebenfalls dem Benediktiner-Evangeliar angepasst und so zubereitet, dass sie auf dem glasharten Papier «fassten» und auch trockneten.

Die Leuchtkraft des auf der Buchbinderpresse aufgelegten Blattgoldes, die kräftigen Farben und der matte Glanz des Papieres geben eine trefflich gestimmte Gesamtwirkung. Dem Inhalt angepasst ist der von Professor Homegger gezeichnete Einband Abb. 3; zwei schwere Ganzlederdeckel geben

dem Druckwerke den äusseren Halt, in einfacher grosser Weise ist die Zeichnung heiss in das Leder geprägt und tritt dunkelbraun auf dem hellen Grunde hervor.

Auch hier stehen wir vor einer tüchtigen Leistung moderner Technik, die die namentlich durch das grosse Format des Bandes 50 × 70 cm gebotenen Schwierigkeiten bestens überwunden hat.

Das Prachtwerk wurde an diejenigen Firmen versandt, die sich durch Übernahme von Anteilscheinen am Bau des Deutschen Buchgewerbehauses beteiligt bezw. ihr Interesse an den Arbeiten des Deutschen Buchgewerbevereins zum Ausdruck gebracht hatten.

Noch ist aber mancher Baustein zu beschaffen und noch mancher Name aus dem grossen Gebiete des deutschen Buchgewerbes würde freudig in den Reihen der Bauleute begrüsst werden; möge es uns gelingen, noch manchen für dies alldeutsche Unternehmen des Deutschen Buchgewerbevereins zu begeistern; wir sind gern bereit, allen Fragen

Abbildung 5. Aus dem Alphabete der Textschrift der «Werbebriefe».

Abbildung 6. Ligaturen zur Textschrift der «Werbebriefe».

und Wünschen auch direkt brieflich gerecht zu werden soweit es in unserer Macht steht.

Zum «Werbebrief» lieferte den Satz und Druck *J. J. Weber*, das Papier von Schöllershammer *Ferd. Flinsch*, die Ätzungen *Meisenbach, Riffarth & Co.*, die Schrift des Anhanges *W. Drugulin*, die Farben *Berger & Wirth*, den Einband übernahmen *Hubel & Denck* in *Leipzig*.

Das Galvano im Buchdruck.
II. Über Nickelgalvanoplastik.

Seitdem der Illustrationsdruck einen so grossen Aufschwung gewonnen, hat es nicht an Bestrebungen gefehlt, die zum Druck benötigten Clichés, in den meisten Fällen also Galvanos, haltbarer beim Druck von hohen Auflagen als auch widerstandsfähiger dem Einfluss gewisser Farben gegenüber zu machen. Diese Bestrebungen sind auf jeden Fall, da sie einen Fortschritt im Auge haben, mit Freude zu begrüssen, andererseits ist vor einer Überschätzung der bis jetzt erreichten Resultate zu warnen. In den meisten Fällen wird ein vom Holzschnitt abgenommenes gutes Galvano für eine Auflage von 100—150000, welche beim Illustrationsdruck nicht sehr häufig ist, sicher ausreichen und Farben, welche das Kupfer angreifen, verhältnismässig selten verwendet. Anders verhält es sich allerdings bei sehr grossen oder auch schweren Bildern und bei den vom Auto abgenommenen Galvanos. Für solche kommt seit einiger Zeit eine Vervollkommnung, Nickelgalvanoplastik genannt, in Frage, der wir etwas näher treten wollen.

Die Nickelgalvanoplastik, wie unten beschrieben, gilt als eine Erfindung des Amerikaners William Smitt und wurde diesem für Amerika im Jahre 1896 patentirt.

In Deutschland ruht kein Patent auf dem Verfahren, würde wohl auch angefochten worden sein, da hier schon ähnliche Herstellungsweisen vorher ausgeübt wurden, wenn sie sich auch bis in letztere Zeit noch nicht eingebürgert hatten. Erst nachdem sich der Autotypiedruck stark entwickelte, kann man auf eine Verwertung in der Praxis zurück, da die für den Druck derselben nötige hartes Zurichtung, verbunden mit der Verwendung von gestrichenem Papier, welches Galvanos viel stärker angreift als selbst stark satiniertes Papier, sehr grosse Anforderungen an die Haltbarkeit derselben stellt. Das früher zuweilen gehandhabte Verfahren, das Galvano nach Fertigstellung zu vernickeln, ist bei denen von Autotypen nicht anwendbar, da hierdurch die zarten Punkte stärker werden und das Galvano deshalb eine Nuance dunkler drucken würde als das Original. Nun gelang es nach langen mühsamen Versuchen einen reinen Nickelniederschlag anstatt des von Kupfer herzustellen. Von praktischem Werte waren diese Versuche jedoch schon aus dem Grunde nicht, weil ein derartiges Galvano in Folge des teuren Nickelmetalles viel zu kostspielig werden würde. Die Versuche glückten aber auch ohnedies nicht in der erhofften Weise, da der Nickelniederschlag die unangenehme Eigenschaft zeigte, sobald er etwa die Stärke von $^1/_{10}$ mm erreicht hat, sich von der Matrize abzuheben und aufzurollen. Das neueste Verfahren gipfelt nun darin, auf eine, auch noch zu beschreibende Weise hergestellte Matrize im Nickelbad einen Niederschlag von etwa $^1/_{10}$ mm Stärke zu erzielen und diesen dann im gewöhnlichen Kupferbad bis zur üblichen Dicke mit Kupfer zu verstärken.

Fig. 1. Druck vom Kupferniederschlag.
Franz Joseph I., Kaiser von Österreich. Aus dem Werke
Das XIX. Jahrhundert in Wort und Bild.

Die Neuerung des Herrn Smitt erstreckt sich beinahe über die ganze Herstellungsweise des Galvanos, ist jedoch grösstenteils schon lange bekannt, so dass wir nur einiges Interessante herausgreifen wollen. Er behandelt in einer darüber vorhandenen Erklärung zunächst das Prägen und behauptet, dass durch Abprägen eines Autos in Wachs und Niederschlagen von Kupfer auf dem Wachsabdruck eine Verminderung der Schärfe entsteht. Er schlägt deshalb ein Verfahren zur Prägung in Guttapercha oder anderen nichtleitenden Substanzen vor, welche vor der Pressung erwärmt und noch unter Druck mit dem Original zusammen wieder abgekühlt werden sollen.

Eine ähnliche Manipulation ist auch bei der Herstellung der vor Jahren einmal aufgetauchten Celluloidclichés nötig. Diese Prägeart erfordert naturgemäss erheblich mehr Zeit als die allgemein übliche und wird bei sehr empfindlichen Originalen (von Holzschnitten etc. ganz abgesehen) auch nicht ohne Gefahr für dieselben sein.

Es wird deshalb auch diesem Vorschlag wohl nirgends mehr gearbeitet, man hat ihn vielmehr zahlreichen Abänderungen unterworfen, welche mehr oder weniger als Geheimnisse der betreffenden Anstalten gehütet werden. Die Verwendung von anderem Material als Wachs zu Prägezwecken hat jedoch neben den mancherlei Nachteilen auch Vorteile, welche nicht zu verkennen sind. So vor allem die grössere Widerstandsfähigkeit in der Wärme, das Nichtschrumpfen der Matrizen, die kleinere Empfindlichkeit der Prägung, Vorteile, die schwer ins Gewicht fallen. — Nach der Beschreibung des Prägens geht Smitt zum Graphitieren der Matrize über, welches seiner Ansicht nach wie folgt am besten geschieht. Die Matrize wird zuerst mit weichem Pinsel mit einer breiigen Mischung von Graphit und Spiritus überzogen, alsdann getrocknet und hierauf mit trockenem Graphit sorgfältig nach-

Fig. 8. Druck vom Nickelgalvano
Franz Joseph I., Kaiser von Österreich. Aus dem Werke:
»Das XIX. Jahrhundert in Wort und Bild.«

graphitiert und alsdann sauber ausgeblasen. Auf diese Arbeit wird besonderes Gewicht gelegt und es ist thatsächlich die gute Leitungsfähigkeit der Matrize für einen Nickelniederschlag von grösster Wichtigkeit. So befürwortet Smitt auch anstatt der üblichen 1—2, vier Verbindungen mit der Stromleitungsstange (d. h. Katode). Es ist alsdann noch nötig, die Matrize vor dem Einhängen in das Bad mit einer schwachen Lösung von Phosphor in Spiritus oder nur mit Spiritus zu übergiessen, damit sich nicht an fettigen Stellen, welche im Bade trocken bleiben, Luftblasen ansetzen können.

Der Herstellung der Leitungsfähigkeit durch Graphitieren in der oben beschriebenen Weise stehen aber wiederum zahlreiche Bedenken entgegen und sind deshalb auch eine grosse Anzahl anderer Verfahren im Gebrauch, welche teilweise den erstrebten Zweck besser, aber etwas umständlicher erreichen, andererseits recht gesundheitsschädlich oder im fabrikmässigen Betrieb nicht gut ausführbar sind.

Zusammensetzung des Nickelbades.

Das Nickelbad selbst weist keine Verschiedenheit von den allgemein gebräuchlichen Lösungen auf, wie sie z. B. in Langbein, »Handbuch der galvanischen Metallniederschläge« erschöpfend und klar aufgeführt sind. Als eine der gebräuchlichsten wird dort aufgeführt:

Schwefelsaures Nickeloxydulammon . . . . 725 g
Schwefelsaures Ammon . . . . 225 g
Zitronensäure, kryst. . . . . 50 g
Wasser . . . . 10—12 l.

Die Herstellung des Bades geschieht, indem die Salze in kochendem Wasser gelöst werden, mit so viel Zusatz von Ammoniak, bis blaues Lackmuspapier schwach reagiert. Diese Zusammensetzung bewährt sich bei einem Strom von 2 Volt und gewalzten Nickelanoden ganz vorzüglich, doch sind auch andere Zusammensetzungen zweckentsprechend, je nach den besonderen Umständen, welche bei der Arbeit mitsprechen.

Das Nickelbad erfordert eine aufmerksamere Behandlung als das Kupferbad, und wird die Haltbarkeit desselben viel von der mehr oder weniger grossen Sorgfalt abhängen, die der Galvanoplastiker auf dasselbe verwendet. Die Matrize wird, wenn sie mit dem genügend starken Nickelniederschlag versehen ist, was bei einer Stromspannung von 2 Volt ca. 10 Minuten in Anspruch nimmt, wie schon gesagt, in das Kupferbad umgehängt. Der Kupferniederschlag verbindet sich mit dem Nickel untrennbar, wenn das Umhängen so schnell erfolgt, dass die Matrize nicht trocknen kann.

17*

Es ist einleuchtend, dass, da die Nickelschicht beim sogenannten Nickelgalvano nur eine Stärke von ca. ³/₁₀₀ mm hat, auf sehr grosse Vorteile bei dieser Neuerung noch nicht gerechnet werden kann. Wenn auch die Herstellung der Nickelgalvanos nur wenig mehr Zeit erfordert als die des gewöhnlichen, so hat sich das Nachbessern, d. h. die Gravierarbeit an demselben, als schwierig erwiesen. Die sich bei einem, nach gerissenem oder sonst beschädigtem Original hergestellten Galvano zeigenden Sprünge etc., können nicht oder nur unvollkommen beseitigt werden. Der Druck vom Nickelgalvano ist leichter und fällt bei kleinerer Mühe des Druckers bei schwierigen Sujets gleich gut aus als der von Kupfer, da das Nickel die Farbe viel besser abgiebt und sich auch in anderer Hinsicht, z. B. bezüglich des »Zuschmierens« als geeignet erwies. Versuche, Nickel- und Kupfergalvano oder Nickelgalvano und Originalätzung in einer Form zu drucken, fielen ungünstig aus, da die Farbstellung für beide verschieden sein muss.

Über die äusserste Haltbarkeitsgrenze liegen noch keine Erfahrungen vor, es ist aber anzunehmen, dass das Nickelgalvano eine mindest doppelt so grosse Auflage aushält als das gewöhnliche Galvano. Hierbei ist nicht allein die Härte, sondern auch die Zähigkeit des Nickels ausschlaggebend. Die erstere ist nicht immer eine Gewähr für gute Haltbarkeit. Es wurden z. B. mehrere Autotypien in Zink, da doppelt eingehoben wurde, mit davon abgenommenem Kupfergalvano in einer Form gedruckt. Schon nach 7000 schmierten die Ätzungen an den Rändern zu, während das Zink noch einen tadellosen Druck ergaben. Die Ursache lag in diesem Falle an zu hartem, sprödem Zink.

Die Kostspieligkeit des Nickelmetalles und die etwas umständliche Herstellungsweise hat zur Folge, dass der Preis für Nickelgalvanos sich gegenüber dem für Kupfergalvanos etwas erhöht, was mitunter natürlich für die allgemeine Einführung das grösste Hindernis bildet. Es ist jedoch möglich, dass bei einer allgemeineren Nachfrage nach der ersteren die Galvanoplastiker mit grösseren, vorteilhafteren Einrichtungen arbeiten können, wodurch wohl eine Preisreduktion eintreten könnte.

Die beigedruckten Beispiele eines Kupfer- und Nickelgalvanos aus »XIX. Jahrhundert in Wort und Bild«, Berlin, Deutsches Verlagshaus Bong & Co., zeigen keinen wesentlichen Unterschied, und sind wir der Meinung, dass ein Nickelgalvano ein gutes Kupfergalvano an Schärfe nicht übertrifft.

Ein Unterschied im Druck würde sich jedoch sehr wohl nach einer Auflage von 80–100000 zeigen, auch welcher die Vorteile des Nickelgalvanos auffällig ins Auge springen.

Es wäre erfreulich, wenn aus Druckereikreisen etwa gesammelte Erfahrungen über den Druck von Nickelgalvanos an uns gelangen würden, die zu einem endgültigen Urteil über ihre Verwendbarkeit führten.
M. M.

Das Hand in Handarbeiten von Buchdrucker und Buchbinder.

II.

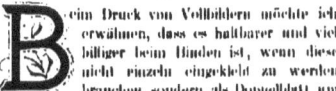

eim Druck von Vollbildern möchte ich erwähnen, dass es haltbarer und viel billiger beim Binden ist, wenn diese nicht einzeln eingeklebt zu werden brauchen, sondern als Doppelblatt um den Bogen herumgelegt werden können. Das ist jedoch mehr Sache der Verleger, da diese ja angeben, wo die Bilder Platz finden sollen; ich glaube jedoch auch hier sagen zu können, dass es nichts schaden kann, wenn der Drucker zur rechten Zeit auf diese Vorteile aufmerksam macht. Die Herausgeber und Verleger erscheinen nicht immer so recht zu wissen oder zu überlegen, was der Druck und die Buchbinderkosten von einzelnen Blättern sowie ¹/₄ und ¹/₂ Bogen betragen, denn sonst würden sie nicht so oft ihre Zeitschriften und Werke in so zerstückelter Weise auf den Markt bringen. Allerdings sprechen hier ja auch noch andere Fragen, wie Honorar, Papier, Gewicht u. s. w. mit. Beim Druck des Vor- und Rücksatzes kommt es auch mitunter vor, dass falsch ausgeschossen wird. Nehmen wir z. B. an, es handele sich um einen Viertelbogen Papier, auf dessen drei freie Seiten zwei Seiten Anzeigen gedruckt werden sollen; welche Seiten haben nun frei zu bleiben? Da der Entscheid zumeist auf den Ansichten des Verlegers beruht, so empfiehlt es sich, die Seiten schon auf den Korrekturabzügen richtig zu stellen, da sonst leicht Unannehmlichkeiten entstehen können.

Bisweilen beklagen sich die Buchbinder auch darüber, dass das Formatmachen nicht sachgemäss geschehe; sie bekommen Bogen, deren eine Hälfte nach dem Falzen weit über die andere hinausragt, während das Papier an der anderen Hälfte nicht ausreicht; wenn nun beim Beschneiden der knappe äussere Rand einen breiten Abschnitt nicht zulässt, so trifft das Messer nicht die ganzen Blätter und ein Teil bleibt unbeschnitten. Besonders macht

Bund Schlesischer Privat-Forstleute
Einladung zum Achten Stiftungsfest
im Tivoli zu Liegnitz.

Der unter dem Protektorate Sr. Durchlaucht des Fürsten Hermann von Liebenwerda stehende Bund Schlesischer Privat-Forstleute beehrt sich hiermit Sie zu seinem am 12. Juli er. stattfindenden Stiftungsfeste ergebenst einzuladen ♪♪♪♪♪♪♪
♬ ♬ ♬ ♬ ♬ ♬ ♬

Fest-Ordnung und Tänze umstehend.

V. Beilage zum »Archiv für Buchgewerbe«. Heft 6, 1899.
Schriften von J. G. Schelter & Giesecke und Julius Klinkhardt in Leipzig.
Vignette, Satz und Druck von Breitkopf & Härtel in Leipzig.

sich das beim Marmorieren und Schnittmachen sehr fühlbar, weil dann die vom Messer nicht getroffenen Blätter keinen Schnitt erhalten. Dasselbe gilt auch für den unteren Rand. Für den Beschnitt sollten mindestens überall ca. 3 Millimeter Raum vorgesehen werden.

Ich will hier noch eine Art von Drucksachen erwähnen, die bisweilen überhaupt nicht gefalzt und geheftet werden, wie Musterbücher, Abreisskalender, Kursbücher u. s. w. Diese Sachen müssen beim Ausschiessen ganz besonders behandelt werden, weil sie der Buchbinder nach dem Zusammentragen der ganzen Bogen gewöhnlich in Blätter zerschneidet und dann in Exemplare zusammenträgt. Unter diesen Drucksachen will ich z. B. nur Hendschels Telegraph herausgreifen. Ich habe ihn für die Zeit, wo er gültig war, für vollkommen haltbar gefunden, möchte aber nicht unerwähnt lassen, dass so hergestellte Bücher zum späteren Einbinden fast untauglich sind. Auch der kleine Deutsche Reichstag von Kürschner war früher so broschirt, wenngleich ich hier in Bezug auf Haltbarkeit nicht dasselbe sagen kann wie von Hendschels Telegraph, was jedenfalls an dem stärkeren Papier und dem kleineren Format liegt. Auf diese Herstellungsart komme ich jedoch später noch einmal zurück. — Nun einige Worte über den Umschlag. Bei diesen ist der Buchbinder nach dem Gerndestossen oft im Unklaren, wie er ihn schneiden und einhängen soll. Wenn keine Innenseiten angedruckt sind und wenn das Papier undurchsichtig ist, hat er nicht den geringsten Anhalt, an welcher Stelle er den Umschlag umbiegen soll, um den Rückentitel ordentlich in die Mitte zu bringen. Es muss bedacht werden, dass diese Arbeiten ausserordentlich schnell gehen müssen, da es z. B. für das Einhängen von 1000 Umschlägen bei einer Broschur bis zu 13 Bogen nach dem 1897er Leipziger Tarif nur M. 1.30 giebt. Meiner Ansicht nach könnte es nur nützen, wenn man bei einem Umschlag, dessen Innenseiten bedruckt sind, eine kleine Linie oder ein anderes Zeichen an der Stelle anbringen würde, wo der Umschlag umzubrechen ist. Bei Umschlägen ohne Innenseiten wird das leider der Kosten halber nicht immer möglich sein. Auch die Breite des Rückentitels lässt mitunter zu wünschen übrig. Oft ist derselbe zu breit und der Text geht über den Rücken hinaus. Ich kenne Druckereien, die sich deshalb stets ein komplettes Exemplar broschieren lassen, ehe sie den Satz des Umschlags vornehmen. Mit dem blossen Ausmessen von losen Bogen oder Multiplizieren der Bogenzahl mit Viertelpetit seitens des Setzers ist es nicht immer gethan, da ein broschiertes Exemplar oft ganz anders ausfällt, als es sich der Setzer gedacht hat. Auch der Stand

und die Grösse des ganzen Titels lassen sich dann besser einrichten, zwei Punkte, die noch viel zu wenig beachtet werden. Wie oft sieht man Umschläge, deren Rückseiten oder die Druckfirma einen anderen Stand haben, als es das Schönheitsgefühl erheischt, und wie oft muss nicht an dem Titel in der Maschine herumgeändert werden, um ihn in das richtige Format zu bringen!

Vielleicht ist es manchem der Leser schon begegnet, dass durch die Unvorsichtigkeit des Druckers auch beim *Beschneiden* viel Unheil angerichtet werden ist, woran der Buchbinderei nicht allein die Schuld trägt, weil sie vom Drucker keine richtige Weisung erhalten hatte. Ich erinnere hierbei nur an die Remittenden-Fakturen, die bekanntlich nicht zerschnitten werden dürfen, aber mehr als zu oft zerschnitten worden sind.

Richten wir nun unser Augenmerk etwas auf die Broschur, als das gewöhnlichste und primitivste Einbindeverfahren.

Als die billigste und schlechteste darunter ist jedenfalls die anzusehen, bei welcher die Bogen ungeheftet in den Umschlag geleimt werden. Schneidet man ein solches Buch beim Lesen auf, so klebt zwar das äussere Blatt an dem Umschlag, die inneren Blätter hingegen haben nicht den geringsten Halt und fallen heraus. Diese Art von Broschur hat nur für denjenigen Käufer Wert, der die Bücher erst dann liest, wenn sie vom Buchbinder in einen festen Umschlag gebunden sind, und in diesem Falle allerdings den Vorteil, dass die Drahtklammern oder die Heftfäden nicht entfernt zu werden brauchen, das Buch sich somit leichter bearbeiten lässt. Sonst aber wüsste ich keinen. Denn, wenn eine solche Broschur aufgeschnitten wird, so werden die Bogen leicht defekt und der Buchbinder kann keine ordentliche Arbeit, sondern in vielen Fällen bei erhöhten Kosten nur ein verunstaltetes Buch liefern. Wie bekannt, wird schon das Falzen oft so nachlässig gehandhabt, dass ein Teil der Bogen beim Binden nachgefalzt werden muss, und es ist daher ganz unverständlich, wie Verleger eines ganz geringen Vorteils halber zu dieser Herstellungsweise greifen können.

Etwas besser ist schon die Broschur, deren Bogen einzeln mit Draht oder Faden geheftet und dann in den Umschlag gehängt werden. So hergestellte Bücher haben jedoch nicht viel mehr Haltbarkeit, als die erstgenannten, weil einzelne Bogen sich leicht vom Umschlag ablösen und herausfallen können.

Die zwei gebräuchlichsten Arten sind zweifelohne die, wo entweder die Bogen mit Draht auf Gaze geheftet oder aber geholländert werden. Die Drahtheftung geht bedeutend schneller als die bessere Fadenheftung und wird daher mit Vorliebe bei populären Werken angewandt. Für Schulbücher ist in einigen Staaten die Drahtheftung seit etwa zwei Jahren beanstandet, ob mit dem behaupteten Recht, wird vielfach angezweifelt.

Die Fadenheftung wird meist noch mit der Hand ausgeführt, obgleich es auch schon eine ganze Anzahl von Maschinen und Apparaten, die diese Arbeit der menschlichen Hand entzogen haben. Das Broschurenheften mit Zwirn wird im allgemeinen mit »Holländern« bezeichnet, doch verstehen Fachschriftsteller, wie Goebel, Paul u. a. unter Holländern etwas anderes. Goebel schreibt darüber in seinem Werke »Die Graphischen Künste der Gegenwart« wie folgt:

»Das Holländern besteht darin, dass die gefalzten Bogen, nachdem sie am Rücken glatt aufgestossen, in eine Presse gespannt und quer über den Rücken zwei- oder dreimal eingesägt werden. Die so entstandenen Rinnen füllt man dann mit Leim, und wird das Heft oder Buch in Umschlag broschiert, so wird nach Bestreichen des ganzen Rückens mit Leim oder Kleister dieser jetzt angelegt und fest angedrückt. Das Holländern sollte indes niemals angewandt werden, wenn der zu bindende Gegenstand nur einen Bogen stark ist, und namentlich ist es bei Büchern, die gleich gelesen werden sollen und für deren Binden in einen festen Einband vor dem Lesen keine Zeit mehr übrig bleibt, ganz zu vermeiden, denn es würden dann in den meisten Fällen nicht nur die Bogen, sondern auch den Aufschnitten auch alle Blätter aus diesem Pseudo-Einband herausfallen und einen höchst lästigen Makulaturhaufen bilden.«

Und Paul erklärt das »Holländern« ähnlich in seinem »Hülfsbuch bei Herstellung von Druckwerken«, denn er schreibt:

»Beim Holländern werden die Bogen nicht geheftet, sondern auf dem Rücken zweimal eingesägt, die so entstandenen Einschnitte mit Leim gefüllt, und so wie oben in den Umschlag eingeklebt. Dieses, seines billigen Preises wegen, vielfach zur Anwendung kommende Verfahren hat gegenüber dem oben beschriebenen Broschieren den Nachteil, dass auch ganz kurzem Gebrauch oft schon bei dem Buchhändler vor dem Verkauf die Bücher auseinanderfallen und der Leser an Stelle eines Buches mehrere einzelne Bogen in der Hand hält, die natürlich sehr leicht verloren werden können.«

Das würde denn ungefähr dasselbe sein, was ich bei meiner ersten Art von Broschuren gesagt habe.

Andere Schriftsteller, besonders aber die Fachschriftsteller der Buchbinderbranche, verstehen unter Holländern eine wirklich einfache Fadenheftung; ich verweise hier auf das, was ich schon weiter oben darüber mitgeteilt habe; ich verweise auch besonders auf die verschiedenen Lohntarife, wo Holländern mit zwei oder vier Stichen angeführt ist.

Es ist eigentlich unverständlich, dass man sich über die Eigenart technischer Manipulationen, wie z. B. das Holländern, in den beteiligten Kreisen nicht ganz einig ist, solche technische Begriffe sollten feststehen.

(Fortsetzung folgt.)

Schriftsystem-Reform in England.

Von HERMANN SMALIAN.

en meisten Lesern dürfte bekannt sein, dass das englische Schriftsystem eine Einheit, wie sie die veralteten deutschen Systeme in ihrer Viertelpetit und das Didotsystem in seinem typographischen Punkte besitzen, nicht kennt. Man hat sich begnügt, festzusetzen, dass eine gewisse Anzahl Zeilen von jedem Kegel der Länge eines englischen Fusses entsprechen müssen, also z. B. 144 Nonpareil oder 72 Pica = 1 Fuss engl., man ist aber nicht weiter gegangen und hat nicht festgesetzt, dass diese Pica in bestimmte Teile zu zerlegen und einer dieser Teile die Einheit bilden soll, aus welcher sich die verschiedenen Kegel zusammensetzen in ähnlicher Weise wie im Didotsystem. Es ist daher auch keine Übereinstimmung der Kegel miteinander vorhanden: 10 Petit sind nicht immer = 5 Tertia, 10 Korpus nicht immer = 5 Text u. s. w. Dieser Missstand wird nun noch dadurch erhöht, dass jede englische Schriftgiesserei ein System hat, welches mit dem ihrer Kolleginnen nur zum Teil, in einzelnen Kegeln, übereinstimmt. Die Long-Primer (ungefähr unserer Korpus entsprechend) ist in der einen Giesserei schwächer, in der zweiten stärker wie in der dritten, und wer aus irgend einer Veranlassung gezwungen ist, aus drei Giessereien Long-Primer-Schriften zu kaufen, muss von jeder auch den Ausschluss und die Quadraten mitkaufen, da die vorhandenen in den meisten Fällen nicht passen. Diejenigen deutschen Buchdrucker, welche schon vor 1870 thätig waren und die Misere der verschiedenen deutschen Hauskegel kennen gelernt haben, werden sich am besten eine Vorstellung machen können von den Zuständen, die heute noch in den englischen Buchdruckereien herrschen.

Die Nachteile dieser Systemlosigkeit sind allseitig empfunden worden und man wäre auch nicht abgeneigt gewesen, zu einer Reform zu schreiten, wenn die Beteiligten, die Buchdrucker wie die Schriftgiesser, bereit gewesen wären, eine Reihe von Jahren grössere Unbequemlichkeiten mit in den Kauf zu nehmen und im Interesse der Gesamtheit sich auch einige materielle Opfer aufzuerlegen. Es ist das ganz besondere Verdienst der rühmlichst bekannten Londoner Schriftgiesserei *H. W. Caslon & Co.*, einen praktischen Reform-Vorschlag gemacht zu haben. Im Jahre 1886 empfahl dieselbe nämlich die Einführung eines typographischen Punktes, derart, dass die Pica (Cicero) = ⅙ Zoll, und ein Zwölftel dieser

An Gutenberg

Die Menschheit lag in tiefer Nacht,
Bis ihr dein Genius erwacht;
Er hob sie aus der Träume Dunst
Zum Licht empor durch seine Kunst.

Sie goss der Wahrheit Strahlen aus,
Bis in des Landmanns kleines Haus;
Das Volk, ein träger Pfuhl zuvor,
Stieg zum bewegten Strom empor.

Der Strom rollt sonder Aufenthalt
Nun ewig vorwärts mit Gewalt,
Und jeder Tropfen, so darin,
Empfindet seinen Wert und Sinn.

Probedruck aus neuer Werkschrift »Germanische« von Julius Klinkhardt, Leipzig.

Pica die Systemeinheit, den Punkt, bilden, 72 Pica also gleich einem englischen Fuss sein sollen. Nach den Mitteilungen des englischen Fachmannes *Robert Grayson* ergeben die Systeme von fünf grossen englischen Schriftgiessereien folgende Differenzen:

Stephenson, Blake & Co.: auf 1 engl. Fuss 72 $^1/_2$ Pica
H. W. Caslon & Co. . . . . . 71$^{19}/_{24}$ "
V. & J. Figgins . . . . . 71$^{17}/_{24}$ "
Sir Chas. Reed & Son . . . . . 71 $^2/_3$ "
Miller & Richard . . . . . 71 $^1/_2$ "

Der Caslonsche Vorschlag verlangte also, dass diese fünf Giessereien ihre Systeme in der Art verlängerten resp. kürzten, dass in Zukunft jede Firma 72 Pica per Fuss zu liefern habe und dass sich nach einem Zwölftel dieser Pica fortan die übrigen Kegel bilden sollten, — ein Vorschlag, der nicht nur mit Rücksicht auf die Festlegung des Schriftsystems höchst lobenswert, sondern auch bei einigem Entgegenkommen von allen Seiten durchführbar ist. Trotzdem Caslon diesen Vorschlag im Jahr 1892 wiederholte, fand er doch keinen Anklang und die Systemlosigkeit herrscht bis heute in England.

Inzwischen begann das Ausland den englischen Markt mit Typen zu versorgen, hauptsächlich veranlasst durch den Umstand, dass die englischen Giessereien in der Schöpfung von modernen Schriften und Einfassungen hinter dem Auslande zurückgeblieben waren. Der Import geschah teils von Amerika, teils von Deutschland, und zwar lieferte Amerika die Schriften und Einfassungen nach dem inzwischen in den Vereinigten Staaten von Nordamerika eingeführten amerikanischen Punkt-System, welches ungefähr dem System von Stephenson, Blake & Co. anhe kommt, Deutschland dagegen Einfassungen und Schreibschriften nach dem Didot-System, Titelschriften jedoch nach einem englischen System, welches sich ungefähr den verschiedenen englischen Systemen anpasste. Natürlich wurde dadurch die Systemlosigkeit nur vermehrt und der englische Accidenzsetzer befindet sich keinesfalls in einer beneidenswerten Lage.

Während also die alten englischen Schriftgiessereien immer noch zögern, den entscheidenden Schritt zu thun, erklärt sich die Firma *Wood, Miles & Co.* oder richtiger *The Caxton Typefounding Syndicate*, bereit, Schriften nach dem Punkt-System zu liefern, 72 Pica gleich einem Fuss; auch erbietet sie sich, bei grossen Aufträgen nach dem Didot-System zu giessen. Die Gewohnheit, auch dann in die Ferne zu schweifen, wenn das Gute nahe liegt, tritt ferner in einem Vorschlage zu Tage, den *Frederick Wicks*, der Erfinder der Rotations-Giessmaschine, im »The British and Colonial Printer and Stationer« macht. Er empfiehlt ein System, ebenfalls davon ausgehend, dass die Pica = $^1/_6$ Zoll sei, will diese Pica aber zerlegt haben in 24 Einheiten, so dass sein Punkt also die Stärke von $^1/_{144}$ Zoll hat, während der Caslonsche Punkt $^1/_{72}$ Zoll stark sein würde.

Dieser Wickssche Punkt ist so minimal, dass er nur rechnerisch in Betracht kommen könnte, da Material aus Schriftmetall in dieser Stärke gar nicht angefertigt werden kann oder doch zum mindesten praktisch ganz zwecklos wäre. Deshalb verdient der Reformvorschlag des Herrn Wicks auch keine besondere Beachtung.

Zur Vermehrung der Schwierigkeiten scheint aber nun noch ein Missverständnis unterlaufen zu sein. Die Buchdrucker, welche die englischen Schriftgiessereien zu einer Schriftsystem-Reform drängen und die Einführung des amerikanischen Punkt-Systems verlangen, lassen ganz aus dem Auge, dass die amerikanische Pica nicht $^1/_6$ Zoll stark ist, sondern nur 0,1663 Zoll, denn auf einen englischen Fuss kommen 72,2892 amerikanische Pica. Dieses amerikanische Punktsystem könnte also leicht die Schriftgiesserei Stephenson, Blake & Co. und die von ihr eingerichteten Druckereien annehmen, für die übrigen Giessereien und von diesen versorgten Buchdruckereien wäre der Übergang aber ein zu grosser und thatsächlich auch ein Rückschritt, denn die theoretische Forderung, dass 72 Pica = 1 Zoll englisch, 1 Pica = $^1/_6$ Zoll und der Punkt = $^1/_{72}$ Zoll sein soll, ist nur in der Praxis zu verwirklichen durch die Annahme des Caslonschen System-Vorschlages, nicht durch die Einführung des amerikanischen Punktsystems. Die letztere würde die Systemlosigkeit nur vermehren.

Jedenfalls steht aber eine Entscheidung bezüglich des englischen Schriftsystems bevor, da England das einzige Land ist, dessen Schriftsystem einer festen und unveränderlichen Basis entbehrt. Ich werde nicht unterlassen, die Leser von dem Fortgange dieser Bewegung auf dem Laufenden zu erhalten.

Autotypie aus der Kunstanstalt für Hochätzung
J. G. Schelter & Giesecke ,: Leipzig

Gedruckt auf einer Tiegeldruck-Schnellpresse Phönix
der Maschinenfabrik J. G. Schelter & Giesecke, Leipzig

Nach einer freundlichst zur Verfügung gestellten
Photographie von Hoffmann & Jursch in Leipzig

Ausstellung dänischer Bucheinbände
In Leipzig.

In der Aula der Kgl. Kunstakademie und Kunstgewerbeschule zu Leipzig war während sechs Tagen eine Sammlung von dänischen Bucheinbänden zur öffentlichen unentgeltlichen Ausstellung gebracht, die so recht den Unterschied vor Augen führte zwischen der Arbeit eines kunstgeübten Handwerkers und derjenigen, die auf maschinellem Wege in Masse hergestellt wird. Es soll nun nicht gesagt sein, dass die Maschinenarbeit über Bord geworfen werden soll, denn die heutige Produktion mit ihren Massenauflagen und kurzen Lieferfristen erfordert und verlangt die Maschinenarbeit, bei der aber auch eine Wandlung zum Besseren möglich ist, deren Anfänge man schon hier und da bemerkt. Aber es ist unseres Erachtens eine unbedingte Notwendigkeit, dass der Handwerker durch Ausbildung in der Kunstkenntnis, durch Förderung des Kunstsinnes auf eine solche Stufe der Leistungsfähigkeit kommt, dass seine Arbeiten das Gepräge eines künstlerisch durchdachten Schaffens tragen und hoch über denjenigen der Maschine stehen. Der Einwand, dass es bei uns an einem kaufkräftigen Publikum fehle, ist nicht stichhaltig. Man biete ihm nur einmal gediegene künstlerische Erzeugnisse, bald wird sich der Begehr nach Besserem bemerklich machen und allmählich steigern.

Am hervorragendsten war in der Ausstellung von dänischen Bucheinbänden der »Verein für Buchhandwerk in Kopenhagen« vertreten, dessen herrliche Erzeugnisse prächtige Arbeiten in der Handvergoldung und in Ledermosaik aufwiesen. Die Zusammenstellung der Farben zeugte von hohem künstlerischen Geschmack, die selbstgefertigten Decken- und Vorsatzpapiere in ihren frischen Farben und wundervollen Zeichnungen waren von grossartiger Wirkung. Leider können wir bei dem beschränkten Raume nicht auf Einzelheiten eingehen, das aber später bei passender Gelegenheit nachgeholt werden soll. Bei den Arbeiten von Anker Kyster in Kopenhagen konnte mit Freude durchweg ein künstlerisches Schaffen und Gestalten wahrgenommen werden, von staunenswerter Feinheit aber war die Farbenzusammenstellung. Die Einbände aus Philipsens Verlag in Kopenhagen trugen alle ein vornehmes Gewand, ganz besonders hervorragend war der fein abgestimmte Einband der »Edda«. Der »Nordische Verlag« zeigte in allen seinen Einbänden eine einfache, aber durchaus künstlerische Arbeit. Erwähnen wollen wir hier das in 2 Exemplaren vertretene »Rolandskundet«, von denen das eine in Leder, das andere in Leinen gebunden war, beide aber eine ungemein einfach vornehme Wirkung machten. Aus Schubothes Verlag sei der hübschen Buchdecke zu Shakespeares Sommernachtstraum gedacht. Mit ausgezeichneten Arbeiten waren ferner noch vertreten D. L. Clement Nachf. (Inunau. Petersen), Buchhandlungsgehilfenverein, der Typographische Verein und Gyldendahl & Reitzels Verlag, alle in Kopenhagen. Sämtliche Arbeiten zeichneten sich durch massvolle Formen- und Farbengebung aus, die überaus den Künstler oder doch einen hochkünstlerischen Einfluss zeigten. Von Künstlern, die Entwürfe oder Zeichnungen zu den Bucheinbänden lieferten, sind zu nennen: Thorwald Bindesböll, Hans Tegner, Gerhard Heilmann und Lorenz Fröhlich, welch letzterer zu vielen Büchern ein farbenfrisches, feindurchdachtes Vorsatz- oder Deckenpapier zeichnete.

Hoffentlich haben wir bald einmal Gelegenheit, unsere deutschen Buchbinder mit einer Sammlung von Bucheinbänden vor der Öffentlichkeit zu sehen, damit der Beweis gebracht wird, dass auch bei uns noch das »Buchhandwerk« in voller Blüte steht. Vielleicht zeigen sie in Paris 1900 eine Sammlung, zu der jedes Geschäft je nach der Grösse einen oder mehrere künstlerisch ausgeführte Bände liefert.

—r.

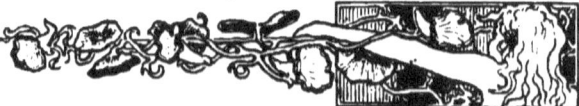

Über Zierschriften im Dienste der Kunst.

ie Schrift hat in der »Moderne« eine hervorragende Bedeutung, sie bildet zum Teil den alleinigen Schmuck ganzer Flächen. Bedauerlicherweise erfährt aber das Buchstabenbild seitens der Künstler noch nicht die erwünschte und notwendige künstlerische Behandlung, die ihm eigentlich zukommt. Man versucht ja hier und da auch der Schrift einen eigenen Zug zu geben, sagen wir eine moderne, abstrakte Form, die weder der Antike entlehnt ist, noch sich irgend welcher historischen Handschrift nähert. Vermag eine solche, vielleicht individuell empfundene oder vielleicht auch nur zufällig erfundene Schrift dem damit ausgestalteten Druckwerk einen eigenartigen Charakter zu geben, so ist aber der eigentliche Zweck des Druckwerkes, die Lesbarkeit bei weitem nicht erreicht; es fehlt die Deutlichkeit. Nicht wundern darf es daher, dass sowohl der Leser, besonders aber der Buchdrucker und der Stempelschneider, manches moderne, von Künstlerhand entworfene graphische Kunstwerk hinsichtlich der an Hieroglyphen grenzenden Typenformen den Kopf schütteln und sich fragen, welche Vorbilder den betreffenden Künstler zur Schaffung der angewandten Schriftformen veranlasst haben. Zumeist ist von einem Studium, von einem Erkennen des Wesens der Schriftformen bei vielen modernen Künstlern gar nicht die Rede, und es erscheint daher nicht nur zur rechten, sondern zur höchsten Zeit, ein Werkchen, welches diese brennende Frage in den Vordergrund der modernen künstlerischen Bewegung rückt. Es heisst: *Über Zierschriften im Dienste der Kunst.* Von Adolf von Larisch. Verlag von Jos. Albert, München. Preis Mk. 1.50. Der Verfasser tritt energisch gegen die schlechte Schrift in der Kunst und im Kunstgewerbe auf und wenn man vom Standpunkte des Buchdruckers aus in mancher Hinsicht ein noch schärferes Urteil über einzelne berührte Schriftthorheiten gewünscht hätte,* so

---
* Als eine moderne Verirrung muss z. B. die immer häufiger auftretende Verwendung des V als U bezeichnet werden, nachdem man doch das U als Ersatz für das alte V hat. Übertroffen wird dieser Gebrauch noch durch die Form V für U, welche, vermutlich nach einem Wiener Vorbilde, neuerdings auch in der Druckstadt Leipzig auf einem Denkmal in Stein gemeisselt ward und das Auge des Typographen geradezu verletzt.

Umschlag und Titel des Buches: »Über Zierschriften im Dienste der Kunst«.

ist das mit viel Verständnis abgefasste Werkchen doch ein hervorragender Beitrag zur Schriftverbesserung in unserer sonst so erfreulichen, allgemeinen Kunstbewegung. Der Verfasser stellt den Typographen das beste Zeugnis für die Schriftdarstellung aus, indem er sagt: »Hier mag auch Erwähnung finden, dass die *Handwerker* unseres Faches, das sind die Schildermaler und die *Typographen*, gegen die Grundregeln der Kalligraphie weniger arg verstossen, als die Kalligraphen und bildenden Künstler der letzten Jahrzehnte. Unter Typographen verstehe ich sowohl die Verfertiger der Typen, welche meist gefällige Buchstabenfiguren in den Verkehr bringen, als die Setzer, welche, obwohl sie beim Aneinanderreihen der Typen grosse Schwierigkeiten zu überwinden haben, doch gewöhnlich richtig verteilen und selbst schwierige Accidenzsätze oft tadellos herausbringen.« Das reich illustrierte Werkchen ist für jeden Schriftinteressenten, ebenso wie für Künstler beachtenswert und lehrreich. *S.*

Der Wechselvordruck.

Der *Altmärkische Handelsverein* in *Stendal* hat eine Druckschrift herausgegeben, in der der gebräuchliche deutsche Wechselvordruck einer eingehenden Kritik unterworfen und dessen jetzige Form als eine unzulängliche, unständliche bezeichnet wird. Es werden in ausführlicher Weise die Mängel des jetzigen Formulars vorgeführt und endlich folgende, gesetzlich ebenfalls richtige Form des Vordrucks der deutschen Kaufmannschaft zur Annahme vorgeschlagen:

Der genannte Verein schreibt uns:

»Ein grosser Teil der Leser des ›Archivs für Buchgewerbe‹ beschäftigt sich zweifellos auch mit der Anfertigung von Wechselformularen; wir nehmen deshalb Veranlassung unter Überreichung der Druckschrift ›Der deutsche Wechselvordruck‹ Sie ganz ergebenst zu bitten, unsere Bestrebungen dadurch zu unterstützen, dass Sie unsere Druckschrift in Ihren Spalten besprechen und den Herren Druckern dringend ans Herz legen, bei Neudruck von Wechseln das in der Druckschrift vorgeschlagene Formular anzuwenden.«

Ein auf dem Gebiete des Wechseldruckes sehr erfahrener Mitarbeiter unseres Blattes äussert sich nach Prüfung der Sache wie folgt:

»Der Altmärkische Handelsverein geht in seiner Schlussfolgerung an die falsche Adresse, da der Buchdrucker bei einem Wertpapier die offizielle Form einhalten muss, wie diese durch das Gesetz oder den Gebrauch vorgeschrieben ist. So viel die Sache auch für sich hat, einerseits kann sie schon wegen des Auslandes nicht geregelt werden. Auch hat der Gebrauch von Wechseln infolge der Check-Zahlung ganz wesentlich nachgelassen. Wechsel-Vordrucke aber eigenmächtig zu ändern, würde selbst den kleinen Konsumenten Schaden bringen.«

Th. N.

So sehr wir auch die Vereinfachungs-Bestrebungen des genannten Vereins billigen und anerkennen, müssen wir uns doch betreffs der fast ausschliesslich kaufmännischen Frage der »Wechselform« ebenfalls auf den Standpunkt unseres erfahrenen Mitarbeiters stellen, zumal mit der Änderung des Wechsel-Wortlautes allein nur ein Geringes der vielen eingewurzelten kaufmännischen Sprach- und Schreibeigentümlichkeiten getroffen würde.

Schriftgiesserei-Neuheiten.

Als ein erfreuliches Ergebnis der neuzeitlichen Bestrebungen, die Buchausstattung in künstlerische Bahnen zu lenken und auch die Werkschriften buchgemässer zu gestalten, muss die auf Spalte 270 abgedruckte, in drei Graden geschnittene neue Werkschrift

Germanisch

der Schriftgiesserei Julius Klinkhardt in Leipzig

bezeichnet werden. Es ist wohl kaum daran zu zweifeln, dass diese Schrift sich ebenso wie bereits vorhandene Schriften, die von gleichen Gesichtspunkten aus geschnitten wurden, gute Aufnahme in Werk- und Accidenzdruckereien finden wird.

Von derselben Firma liegt uns eine reiche Auswahl moderner Druck-Verzierungen vor, die zur wirkungsvollen Ausschmückung von Accidenzarbeiten vielfache Verwendung finden werden. Die auf Spalte 250, 273 und 274 verwendeten Vignetten entstammen dieser Sammlung.

Auf einer diesem Hefte beigegebenen Beilage veröffentlicht die *Schriftgiesserei Wilhelm Gronau* in *Berlin* eine grössere Anzahl moderner Vignetten, die zur Ausschmückung von Accidenzen aller Art geeignet sind.

Die Schriftgiesserei *Wilhelm Woellmer* in *Berlin* zeigt auf mehreren Anwendungsblättern ihre Barock-Ornamente in den verschiedensten Stärkenabstufungen. Die nachstehende Serie 8 eignet sich in Verbindung mit den Barocklinien No. 8 besonders für den Inseratensatz. Die nachstehend gezeigte

Cirkular-Eilschrift

bildet eine weitere Neuheit der genannten Firma, wohingegen auf einer diesem Hefte beigegebenen Beilage die schon etwas ältere Reklame-Mediaeval vorgeführt wird.

Leider etwas zu spät, um bei unseren Ausführungen auf Spalte 197 Heft 5 noch darauf hinweisen zu können, gelangte das Anwendungsheft der Uncial-Gotisch — in Heft 3 des »Archiv« abgedruckt — von *Wilhelm Woellmer* in *Berlin* in unseren Besitz und nehmen wir hiermit Veranlassung, dies nachzuholen. Diese

Uncial-Gotisch

obgleich amerikanischer Herkunft, ist eine brauchbare moderne Schrift, sie eignet sich ebenso zum Werksatz wie für die Herstellung von Accidenzen, Diplomen u. s. w., was in dem genannten Anwendungsheft übrigens gut verdeutlicht ist.

Barock-Ornamente von Wilhelm Woellmer, Berlin.

Die *Rudhardsche Giesserei* in *Offenbach a. M.* beunruhigt uns eine reiche Auswahl ihrer letzten Neuheiten, u. a.: Bock- und Schlachtfest-Vignetten, Rechnungs-, religiöse und moderne Vignetten. Be-

Halbfette Schwabacher der Rudhardschen Giesserei, Offenbach a. M.

sonders wirkungsvoll sind auch die Karnevals-Vignetten. Zu der vor einiger Zeit veröffentlichten halbfetten Schwabacher hat die genannte Firma noch den 7 und 8 Cicero-Grad geschnitten und die Garnitur dadurch vorteilhaft ergänzt.

Im Anschluss an die bereits früher veröffentlichten zwei Abteilungen »Typographischer Motivenschatz« brachte die Firma *J. John Söhne* in *Hamburg* vor kurzem den dritten Teil dieses Zierates heraus. In einem uns vorliegenden Anwendungs-heft wird die vielfältige Anwendbarkeit des figurenreichen Materials — der dritte Teil besteht aus 63 Figuren — gezeigt. Die ganze Serie steht in ihrer Anlage etwas im Gegensatze zu den modernen Bestrebungen, die das Kräftige, Flächenartige auch in der typographischen Ausschmückung zur Geltung bringen wollen.

In Heft 4 veröffentlichte die Firma *Ludwig & Mayer* in *Frankfurt a. M.* ihre neue Kursivschrift

PERFECT

in allen Graden; inzwischen wurde die nachstehende Lichte Kursiv Halbfette

RŒMISCH

in fünf Graden geschnitten, und bilden diese beiden Schriften durch Übereinanderdruck eine wirkungsvolle Zweifarbenschrift. Wir werden gelegentlich die Wirkung beider Schriften zusammen verwendet auf einer Satzbeilage zeigen.

Aus den graphischen Vereinigungen.

Altenburg. Eine *Graphische Vereinigung* hat sich vor kurzem hierorts gebildet, die gleiche Ziele wie ähnliche Gesellschaften anderer Städte verfolgt. Zum Vorstanden wurde in der konstituierenden Versammlung Herr C. Böllgke gewählt.

Breslau. Wie in anderen Städten, hat sich vor längerer Zeit auch in Breslau ein *Faktoren-Verein* gebildet, welchem bis auf wenige Ausnahmen alle Breslauer Faktoren und Obermaschinenmeister angehören. Neben humanitären Bestrebungen verfolgt der Verein auch technische Ziele durch Vorträge, Ausstellungen u. s. w., und wird es ihm bei der Rührigkeit seines Vorstandes nicht an guten Erfolgen fehlen.

Leipzig. In der hiesigen *Typographischen Gesellschaft* hielt am 18. Mai cr. Herr Hermann Jahn einen Vortrag über »Die zwei grössten National-Druckwerke der Deutschen« und errät wohl jedermann, dass sich dieser Titel auf die beiden grossen Lexika »Meyers« und »Brockhaus« bezieht. In interessanter Form gab der Vortragende in diesem ersten Teile seines Vortrages ein Bild der Entstehung und geschichtlichen Entwickelung der beiden Werke, sich für den zweiten Teil die Behandlung der technischen Seite derselben vorbehaltend. Von besonderem Interesse war eine mit dem Vortrage verbundene Ausstellung des im Besitz der Gesellschaft befindlichen reichen Tafel- und Druckbogenmaterials beider Werke. Ebenso war das mit dem »Ex-libris« der Typographischen Gesellschaft versehene neueste Auflage des grossen »Meyers«, sowie die neueste revidierte Auflage des grossen »Brockhaus« ausgestellt. Vollständige Exemplare der sehr seltenen ersten und einiger späteren Auflagen beider Lexika konnten durch das freundliche Entgegenkommen der Leitung des Bibliographischen Instituts und der Firma F. A. Brockhaus auch vorgelegt werden und ermöglichten interessante Vergleiche.

[¹] Mit freundlicher Genehmigung des Vorstandes der Typographischen Gesellschaft bringen wir das derselben von Professor M. Hoerder in Leipzig gewidmete Ex-libris zum Abdruck. Dasselbe ist im Original schwarz und rot gedruckt und auch in doppelter Grösse im Gebrauch.
Die Schriftleitung.

— Am 1. Juni cr. hielt Herr Max Prillnitz einen Vortrag über die neue Kunst im Buchgewerbe und das moderne Schmuckmaterial. Die sehr stark besuchte Sitzung nahm den interessanten Vortrag mit Beifall auf, während in der sich anschliessenden Debatte verschiedene wichtige Punkte berührt wurden, deren besondere Behandlung einer späteren Sitzung vorbehalten bleibt.

Leipzig. Die im Buchgewerbemuseum zu Leipzig vom *Deutschen Buchgewerbeverein* veranstaltete Ausstellung von Drucksachen und graphischen Kunstblättern aller Art, Schriftproben, Dreifarbendrucken u. s. w. erfreut sich nach wie vor eines regen Besuches und ist jedermann, der die interessante Ausstellung noch nicht besichtigte, ein Besuch nur zu empfehlen. Die gleichzeitige Ausstellung buchhändlerischer Neuheiten bietet ebenfalls in ihrer gruppenweisen Anordnung viel Interessantes für Bücherfreunde jeden Standes.

München. Die hiesige *Typographische Gesellschaft* plant für den diesjährigen Sommer einen Zeichenkursus für ihre Mitglieder, in dem das Zeichnen von Pflanzen nach der Natur und das Stilisieren derselben gelehrt wird.

Stuttgart. Vor kurzem hielt Herr Faktor *August Kirchhoff* im Stuttgarter Graphischen Klub einen Vortrag über ältere und neuere Buchausstattung. Am gleichen Abend fand die Generalversammlung des Klubs statt. Der Vorstand besteht aus folgenden Herren: Faktor *Fritz*, 1. Vorsitzender, Faktor *Aug. Kirchhoff*, 2. Vorsitzender, C. *Murr*, Schriftführer, Faktor *Link*, Kassierer, und neun Beisitzern.

Wien. Die von der *Wiener Graphischen Gesellschaft* begründete Graphische Revue Österreich-Ungarns, zugleich Organ der Vereinigung, liegt nunmehr in fünf Heften vor. Die Hefte sind inhaltlich interessant und ersieht man aus denselben, besonders aus der sauberen Ausführung, dass fachtüchtige Männer bei der Entstehung der Hefte thätig sind. An das ursprünglich ungewohnte längliche Format hat man sich nach und nach gewöhnt; als eine wesentliche Verbesserung würden wir es übrigens halten, wenn die Textkolumnen von der uns nicht recht zusagenden »Umschnörkelung« befreit würden. — Die Sitzungsberichte der Gesellschaft geben ein anschauliches Bild von deren Thätigkeit.

Winterthur. Den Städten Leipzig, Berlin, Stuttgart, München, Görlitz, Zürich, Bern u. s. w. folgend, haben sich die Geschäftsleiter, Faktoren und Accidenzsetzer von Winterthur zu einem *Typographischen Klub* vereinigt und ersucht der Vorstand des Klubs in einem Rundschreiben die graphischen Firmen um Unterstützung durch Übersendung von Proben und anderen Zuwendungen für die Bibliothek. Der Vorsitzende des Klubs ist Herr *Paul Vonwerstreeten*, Veltheim-Winterthur. Wir wünschen der Gründung des strebsamen Kollegenkreises gutes Gedeihen.

Zeitschriften- und Bücherschau.

Ein graphisches Prachtwerk. In der von dem Deutschen Buchgewerbeverein zu Leipzig in dem Deutschen Buchhändlerhause veranstalteten Buchgewerblichen Ausstellung, die eine teilweise Übersicht über die von Kantate 1898 bis 1899 neu erschienenen Werke des Buch-, Kunst- und Musikalienverlages bietet, befindet sich auch ein in dem Verlage von *Franz Jäger* in *Goslar* erschienenes Prachtwerk »Die alte Kaiserstadt Goslar«, das in Folge seiner hervorragenden Ausstattung einen ersten Platz einnimmt und mit Recht den Titel eines »graphischen Prachtwerkes« verdient. Der junge Kunstverlag, dessen erstes Werk uns hier vorliegt, hat es verstanden, sich bei Künstlern und Kunstfreunden in gediegener Weise einzuführen und sich einen guten Ruf zu verschaffen, denn sein Erstlings-Unternehmen trägt das Gepräge einer künstlerischen Gestaltung. Das Werk umfasst 16 Seiten Text einschliesslich des Titels und der Widmung, sowie 12 Aquarelle von Albert Hertel, die in einer Mappe von 49x56 cm Grösse vereinigt sind. Den Text schmücken prächtige, von dem Maler Th. Kutschmann in Charlottenburg gezeichnete Zierleisten und Initialen, in reicher romantischer Farbenpracht ist der von dem Künstler gezeichnete Titel gehalten. Der zum Buchdruck nötigen Platten für die Initialen, Zierleisten u. s. w. wurden von der graphischen Kunstanstalt Meisenbach, Riffarth & Co., Berlin-Schöneberg ausgeführt, die hier wieder ein Zeugnis ihrer Leistungsfähigkeit gegeben hat. Den Buchdruck führte die Firma Otto von Holten in Berlin, der wir schon so viele prächtige Druckwerke verdanken, in kräftiger Farbe mit grosser Sauberkeit und Schönheit aus. Die Hertel'schen Aquarelle bezeugen dessen künstlerische Meisterschaft, die es versteht, alle Schönheiten der Natur und alle Feinheiten der Architektur in hervorragender Technik und vollendeten Eindrücken wiederzugeben. Die Wiedergabe der Hertel'schen Aquarelle durch Faksimiledruck erfolgte in der chromolithographischen Kunstanstalt Meissner & Buch in Leipzig in vollendeter Weise, so dass man glaubt in Stimmung und Farbenwirkung die Originale vor sich zu haben. Jedes einzelne Blatt ist ein Kunstwerk für sich und muss jeden Beschauer mit Freude erfüllen.

Bietet sohin der Inhalt ein durchaus künstlerisches Ganze, so ist auch das Äussere, die Mappendecke, ein üppiges Erzeugnis unserer Buchbinderkunst. Die mit reichen Ornament-Motiven des XIII. Jahrhunderts geschmückte, von Professor Honegger in Leipzig entworfene Decke wirkt überaus prächtig, deren Ausführung ist eine vortreffliche Leistung der Leipziger Buchbinderei-Aktiengesellschaft vormals Gustav Fritzsche in Leipzig. Das ganze Werk dürfte sohin in Folge seiner künstlerisch durchgeführten Ausgestaltung eines der ersten Prachtwerke unter den Erscheinungen unseres letzten Jahre sein. — n.

— Dr. *Theodor Matthias*, *Vollständiges kurzgefasstes Wörterbuch der deutschen Rechtschreibung* mit zahlreichen Fremdwortverdeutschungen und Angaben über Herkunft, Bedeutung und Fügung der Wörter. Leipzig, Max Hesse, 1899. Preis geb. M. 1,50. Wie der Titel sagt, ein Buch von seltener Vielseitigkeit und Reichhaltigkeit; vor allem aber steht es einzig da hinsichtlich des Masses, in welchem es beim Nachweis des Ausdrückens an der Sprache, der richtigen Schreibung, die Einheit der Schrift und die Deutlichkeit der Darstellung zu fördern geeignet ist. Das Buch bleibt in jedem Bundesstaate gleich brauchbar, da in allen Fällen, wo in dem einen eine in andern nicht geduldete Schreibung ausdrücklich gefordert wird, dies kenntlich gemacht ist, natürlich nicht ohne einen Hinweis darauf, welche sprachgeschichtlich den Vorzug verdient.

Verschiedene Eingänge.

— *Bericht der Buchdrucker-Lehranstalt zu Leipzig für das Schuljahr 1898/99.* Dieser von der Direktion der genannten Anstalt herausgegebene Bericht giebt ein anschauliches Bild von der Jahresarbeit, sowie von den vielfachen Bewegungen, die sich an der jährlich von ca. 474 Lehrlingen besuchten Schule im abgelaufenen Schuljahre abspielten und die seit ihrem Bestehen in thatkräftigster Weise für die systematische Ausbildung der Schüler Sorge trägt. Der nachstehende Stundenplan giebt eine Übersicht über die Klasseneinteilung sowohl wie auch über die verschiedenen Lehrfächer der Anstalt.

Fächer	Setzerabteilung			Druckerabteilung		
Deutsch	—	1	2	—	1	2
Lateinisch	—	—	1	—	—	—
Französisch	—	1	1	—	—	—
Englisch	—	1	1	—	—	—
Fremdsprachlich (Griech., Russ., Hebr.)	—	—	1	—	—	—
Rechnen	1	1	1	1	1	1
Geometrie	—	—	1	—	—	1
Mechanik	—	—	—	1	1	1
Maschinenlehre	—	—	—	—	1	1
Chemie	—	—	—	—	1	1
Zeichnen	2	2	2	2	2	2
Fachgeschichte	—	1	1	—	1	1
Fachunterricht	2	2	2	2	2	2
Stundenzahl jeder Klasse pro Woche	5	8	6	5	8	6

— Eine kleine, reizvolle Sammlung *farbig gedruckter Postkarten* gab die Firma *Seitz & Schauer in München* unter der Bezeichnung »Ährenchen-Postkarten« heraus. Die kleinen anmutenden Motive sind von guter Wirkung, die durch die oft sinnreichen Verschen noch erhöht wird. Die farbige Ausführung lässt an Sauberkeit nichts zu wünschen übrig.

— Die *Vereinigten Dampfbuchbindereien in Brumbach & Co.* in *Leipzig* übersandten uns den beim Kantatefest den Teilnehmern überreichten Taschenkalender für 1899, ein hübsches Bändchen, dessen Ausführung nicht ohne Interesse ist und mit dessen praktischem Zweck auch eine geschickte Reklame in Verbindung gebracht wurde.

— Die Firma *Beit & Co.*, Farbenfabrik in *Hamburg*, versendet ein Dreifarbendruckblatt, das ihre besonders für dieses Druckverfahren geeigneten Farben Gelb, Rot, Blau vorzuführen bestimmt ist. Das Blatt selbst — Frauenkopf nach einem französischen Modell — wurde in der Hausdruckerei der Firma gedruckt und kann als eine effektvolle Leistung bezeichnet werden. Das reiche Blumenbeiwerk lässt die Farbtöne zur besten Geltung kommen und soll die Wirkung des Bildchens der des Originals fast gleichen.

Die Beilagen zum 6. Heft.

Von dem Gedanken geleitet, unseren Lesern nicht nur Satz- und Druckbeilagen aus der täglichen Praxis zu bieten, sondern mehr und mehr auch den Geschmack für künstlerische Leistungen und kunstgerechte Arbeit zu fördern, bringen wir in diesem Hefte eine Anzahl Druckproben von hervorragendem Interesse wie auch drucktechnischer Vollendung.

In erster Linie im Anschlusse an die dem Heft 5 beigegebenen zwei Kunstholzschnitte ein weiteres *Kunstholzschnittblatt*, das sich durch besondere Grösse und vorzügliche Licht- und Schattenbehandlung auszeichnet. Das Blatt, das dem Leser in ungebrochenem Zustande zugeht ist eine verkleinerte Wiedergabe des Hauptbildes im Thronsaal des Palastes Caffarelli ,deutsche Botschaft in Rom: ,Der Sieg des Sonnengottes über die Winterriesen». Nach dem Gemälde von Hermann Prell. Als moderne Holzschnittleistung des xylographischen Instituts von J. J. Weber in Leipzig, dem wir die Beilage verdanken, wird das Blatt ebenso fachmännische Beachtung finden, wie als ausserordentliche Druckleistung der Buchdruckerei der ,Illustrierten Zeitung». Auch auf dieses Blatt wird eine in nächsten oder übernächsten Heft beginnende Abhandlung über die Holzschneidekunst Bezug nehmen.

Als Illustration zu unserer Abhandlung ,Die neue Kunst und das Buchgewerbe» bringen wir eine nur wenig verkleinerte Wiedergabe einer Seite aus dem hervorragenden William Morrundruck: *The Works of Geoffrey Chaucer*. Das im Besitz des Buchgewerbemuseums zu Leipzig befindliche Werk, dem wir die Seite entnahmen, umfasst 554 ähnliche Seiten im Satzformat von 20½/30 cm bei einer Papiergrösse von 29/42 cm. Das auf einem ganz matt getönten Handpapier gedruckte Werk macht einen überraschend einheitlichen, schönen Eindruck. Schrift, Illustration und Verzierung wirken wie ein Ganzes, und sollte jedermann diese hervorragenden Druckleistungen nicht aus gelegentlich reproduzierten Bruchstücken, sondern im Original, in ihrer ganzen Vollendung kennen zu lernen, sich angelegen sein lassen.

Eine weitere Beilage von allgemeinerem Interesse ist die *mehrfarbige Probeseite* aus dem ,Werbebriefe» des Deutschen Buchgewerbevereins. Das Blatt dient gleichzeitig als Illustration zu unserer Abhandlung über das genannte monumentale Druckwerk, das für Interessenten im Buchgewerbemuseum zu Leipzig zur Einsicht ausliegt.

Unsere Satzbeilage X bietet zwei verschiedenartige *Adresskarten* in moderner Satzausführung. Das Arrangement giebt die Wege an, welche man für die Herstellung einfacher Arbeiten einschlagen kann. Material, Satz und Druck: J. G. Schelter & Giesecke in Leipzig.

Eine sehr hübsche Lösung der Aufgabe, eine *Einladung* in grösserem Formate einfach und doch wirkungs-

voll zu gestalten, ist die Beilage V, deren Gesamtbild durch die angewandte Vignette aus der Breitkopf & Härtelschen Zierbuge sehr stimmungsvoll wurde. Satz und Druck: Breitkopf & Härtel in Leipzig.

Ein hübscher *Dreifarbendruck* Platten von Körner & Dietrich in Leipzig ist die Beilage der Firma Berger & Wirth in Leipzig.

Mannigfaltiges.

Geschäftliches.

— Die Firma *Bernhard Taurhnitz* in *Leipzig* hat Herrn Paul Hempel an Stelle des vor kurzem verstorbenen Herrn Gustav Zierold Prokura erteilt.

— Herr *Friedrich Westermann*, in Firma *George Westermann* in *Braunschweig* zeigt unterm 1. Mai cr., dass er seinen Sohn, Herrn *Georg Westermann*, als Teilhaber aufgenommen hat. Herr *Robert Brandt* bleibt wie bisher Prokurist der Firma.

— Die Firma *Heinrich Hoffmeister*, Schriftgiesserei in *Leipzig*, zeigt durch Rundschreiben an, dass sie ihre Kontor- und Lagerräume nunmehr auch nach ihrem Fabrikgebäude, Leipzig-Plagwitz, Karl Heine-Strasse 41 verlegt hat und neuerdings ihren Betrieb wesentlich zu vergrössern Anlass hatte.

— Die Farbenfabrik *Hans Wunder* in *Berlin* macht durch ein Rundschreiben bekannt, dass sie ihre Vertretung für Leipzig und Umgegend Herrn Heinrich Willig, Leipzig, Hospitalstrasse 14, übertragen hat.

Auszeichnung.

— Herr *Dr. jur. Hans Meyer*, Mitinhaber des *Bibliographischen Instituts* in *Leipzig* wurde von Sr. Maj dem König von Sachsen zum Professor ernannt.

Jubiläen und Stiftungen.

— Am 1. Mai cr. beging die Firma *Gebrüder Lüdeking* in *Hamburg* das Fest ihres 25jährigen Bestehens

— Herr Schriftsetzer *Fritz* in der *Kohlhammerschen Offizin* in *Stuttgart* feierte sein 25jähriges Geschäftsjubiläum.

— Herr Schriftsetzer *Luther* in der *Metzlerschen Druckerei* in *Stuttgart* konnte am 13. Mai cr. auf seine 50jährige Berufsthätigkeit zurückblicken.

— Herr Faktor *Eduard Starke* im Hause *B. G. Teubner* in *Leipzig* feierte am 18. Mai cr. sein 25jähriges Geschäftsjubiläum.

— Sein *fünfzigjähriges Jubiläum* feiert am 3. Juli das *Memeler Dampfboot* in *Memel*, Verlag von F. W. Siebert.

— Aus Anlass des 25jährigen Bestehens der Deutschen Sprachschule übergab die Firma *Julius Klinkhardt* in *Leipzig* in Vorlegung in Gemeinschaft mit den Herren Schuldirektoren Baron, Junghaus und Schindler in Dresden als Verfassern des bezeichneten Werkes hochherzigen Sinnes am 1. April d. J. dem Sächsischen Pestalozzi-Vereine die Summe von eintausend Mark in Wertpapieren.

— Herr Geheimer Kommerzienrat *Adolf Krüner* in Stuttgart hat aus Anlass seines 25jährigen Geschäftsjubiläums dem Vorstande des Börsenvereins der Deutschen Buchhändler zu Leipzig 20000 M. mit der Bestimmung überwiesen, diese als ,Krüner-Stiftung» zu verwalten und zunächst die Zinsen noch so lange zum Kapital zu schlagen, bis dasselbe einen jährlichen Zinsertrag von 1000 M. ergiebt. Von da an soll es dem jeweiligen Vorstande überlassen bleiben, die Zinsen zu Nutz und Frommen des deutschen Buchhandels und seiner Angehörigen, oder auch zur Erhaltung und weiteren Ausschmückung des Buchhändlerhauses zu verwenden. Weiter hat der Jubilar dem Vorstand des Unterstützungs-Vereins deutscher Buchhändler und Buchhandlungs-Gehülfen 5000 M. überwiesen.

— Die von *Frau Kommerzienrat Klinkhardt* in Leipzig dem Deutschen Buchdrucker-Verein und der Leipziger Buchdrucker-Innung zur Erinnerung an ihren verstorbenen Gatten schenkungsweise vermachten je 5 Anteilscheine am Deutschen Buchgewerbehaus à M. 1000,— werden von den betreffenden Vereinen als »Frau Klinkhardt-Stiftung« verwaltet und deren Zinsertrag zu Unterstützungszwecken verwendet.

— Wie die »Zeitschrift« berichtet, feiert den siebzigsten Jahrestag seiner Geburt am 29. Juni Herr *Friedrich von Koenig*, der in der ganzen Buchdruckerwelt wohlbekannte und hochgeachtete Alterschef der Fabrik zu Oberzell, welcher er, als der einzige noch lebende Sohn des Erfinders der Schnellpresse, in voller Geistesfrische und grosser körperlicher Rüstigkeit noch heute vorsteht. Seit 1854 hat er der Schöpfung des Vaters seine Thätigkeit ausschliesslich gewidmet, dabei gleichzeitig aber auch der körperlichen und geistigen Wohlfahrt seiner Arbeiter grosse Aufmerksamkeit geschenkt.

Todesfälle.

— Am 1. Mai er. starb Herr Buchdruckereibesitzer *H. Kutzner in München* im Alter von 65 Jahren.

— Am 3. Mai er. verstarb der Schriftgiessereibesitzer Herr *F. W. Assmann in Berlin*.

— Am 8. Mai er. ist Herr Buchdruckereibesitzer *C. Ch. Fr. la Motte*, in Firma C. F. la Motte jun., in *Sonderburg* im Alter von 76 Jahren gestorben.

— Am 24. Mai er. verschied der privatisierende K. S. Hofbuchhändlerneister Herr *Gustav Fritzsche*, Ritter des Königl. Sächs. Albrechtsordens I. Kl., Mitglied der K. Sächs. Kammer, in seinem 63. Lebensjahre.

— Am 3. Juni er. starb Herr *Emil Voerster*, der älteste Chef der Firma *F. Volckmar in Leipzig*. Der Verstorbene genoss in Buchhändler- und graphischen Kreisen hohes Ansehen und hat auch den Bestrebungen des Deutschen Buchgewerbevereins und anderer Korporationen viel Interesse entgegengebracht.

Vereinswesen.

— Die diesjährige ordentliche Hauptversammlung des *deutschen Buchdrucker-Vereins* findet am Sonnabend, den 1. Juli er., Vormittags 10 Uhr in Kiel statt. Den Hauptpunkt der Tagesordnung bildet die Besprechung über den gegenwärtigen Stand der Innungsbewegung.

— Die *Innung Dresdner Buchdruckereibesitzer* hielt am 14. April ihr Osterquartal ab, welches durch den stellvertretenden Vorsitzenden Herrn Stadtrat *Schirer* geleitet wurde. Zunächst wurden durch Herrn *Arthur Schönfeld* 36 Lehrlinge, welche ihre Gehilfenprüfung bestanden, besprochen und dem Gehilfenstande überwiesen. Hierauf gedachte der Vorsitzende des verstorbenen Mitgliedes *August Amm* und gab von verschiedenen internen Angelegenheiten Kenntnis. Der Innungsbibliothek sind Zuwendungen von den Firmen *Reclam jun.*, *Julius Klinkhardt*, *Heinrich Hoffmeister*, *Bibliogr. Institut*, sämtlich in Leipzig, gemacht worden, ebenso hat Herr Geh. Rat e. *Dürsch* mehrere Gedenkstücke an vaterländische Festtage überwiesen. Dem Berichte des Herrn *Max Lehmann* über die Fachschule war

zu entnehmen, dass sich dieses Institut erfreulicherweise fortentwickelt. Herr *Heinrich Nischer* erstattete Bericht über die Prüfungsarbeiten der Ausgelernten. Dieselben sind im allgemeinen gut ausgefallen. Aus dem durch den Innungssekretär *Pietzig* erstatteten Bericht über den Arbeitsnachweis und die Unterstützungskassen des Deutschen Buchdrucker-Vereins ging hervor, dass der Arbeitsnachweis sehr stark benutzt wurde und dass sich die Unterstützungskassen seit Ausgliederung der Krankenkasse einer immer steigenden Beliebtheit erfreuen. Am Schlusse gab der Vorsitzende noch bekannt, dass laut behördlicher Verfügung die Zwangsinnung für die Stadt Dresden am 1. Juni d. J. in Kraft tritt.

— Am 27. April er. fand im Deutschen Buchhändlerhause die erste diesjährige *ordentliche Innungsversammlung der Innung Leipziger Buchdruckereibesitzer* Zwangsinnung statt. Herr *Johannes Baensch-Drugulin* erstattete den Jahresbericht der Innung. Derselbe bezeichnet das verflossene Geschäftsjahr ebenso wie die vorhergehende als ein gutes für das Leipziger Buchdruckgewerbe und konstatiert, dass die Zahl der Buchdruckereien gegenwärtig 173 beträgt. Den Bericht des Ausschusses für das Gehülfen- und Herbergswesen erstattete Herr *Ottomar Wittig*. Der dem Ausschuss unterstehende Arbeitsnachweis, sowie die Unterstützungskasse haben sich auch im vergangenen Jahre gut bewährt. Der Ausschuss für das Lehrlings- und Schulwesen, über dessen Thätigkeit Herr *Julius Mäser* berichtete, hat im verflossenen Jahre 8 Sitzungen abgehalten, in denen neben der Verwaltung der Buchdrucker-Lehranstalt, sowie die Annahme und Lossprache der Lehrlinge betreffenden Angelegenheiten auch eine Anzahl Fälle von Streitigkeiten in Bezug auf die Lehrverhältnisse erledigt worden sind. Über die Thätigkeit des Ausschusses für das Pressen- und Schnelldrucker berichtete schliesslich Herr *Wilhelm Bär*. Dasselbe behandelte im verflossenen Jahre 19 Fälle, von denen sechs die Abgabe von Gutachten über die Berechnung von Buchdruckarbeiten und dreizehn Beschwerden wegen ungerechtfertigter Preisunterbietung betrafen. Die Versammlung gab sodann in einer Resolution den Behörden zu erkennen, dass die Leipziger Buchdruckereibesitzer in ihrer Mehrheit die Zwangsinnung für das alleinige und richtige Mittel zur Zusammenfassung und Hebung des Gewerbes halten und darauf hoffen, in dieser ihrer Überzeugung von den massgebenden Behörden schliesslich bestärkt und gefördert zu werden. Diese Resolution wurde von der Versammlung mit 81 gegen 5 Stimmen angenommen. — Hierauf trug Herr Dr. *Alfred Giesecke* den Rechnungsabschluss für 1898 sowie den Haushaltplan für 1899 vor. Das Vermögen der Innungskasse betrug Ende 1898 74 737,57 M. Die im Besitze der Innung befindlichen Stiftungen hatten Ende 1898 zusammen 85 491,29 M. Vermögen. Das Budget für die Innungskasse für 1899 balanciert in Einnahme und Ausgabe mit 40 440 M. Der Rechnungsabschluss der Buchdrucker-Lehranstalt für das Schuljahr 1898/99 balanciert in Einnahmen und Ausgaben mit 15 385,21 M., das Budget für 1899/1900 mit 11 000 M.

Verschiedenes.

— In Heft 7, 1899, der Zeitschrift »Kunst und Handwerk« macht Herr *Max Schorss* in längerer Ausführung einen *Vorschlag zur Förderung der graphischen Künste*, und zwar ist die Quintessenz der Abhandlung die Gründung einer graphischen Akademie in einer Druckstadt Deutschlands, an der besonders die Reproduktions-Verfahren geübt

ereinigung von
Kunstfreunden
der Städte Dresden,
Nürnberg, München

Vereinsbaus: Nürn-
berg, Klostergasse 16

Zweite Ausstellung
von Bildnissen der
Holzschneidekunst

Weinhandlung Türkheimer

Verschank
u. Versand
der ersten
spanischen
Weinsorten

Giulio Edmondo

General- ~
~ Vertrieb
des Hauses
Ms. Bonnel
in Mailand

Altes Lager von
Cognac und Rum • **Tetschen** • Anerkannt feinste
Spezialgerichte ..

Zeitschriften des In- und Auslandes vorhanden.

und gelehrt werden. Ist der Wert des Vorhandenseins einer solchen Institution an und für sich, besonders in theoretischer Hinsicht, nicht zu unterschätzen, so sind die erzielten Resultate an ähnlichen akademischen und viel Geld kostenden Instituten des Auslandes im Gewerbe selbst noch recht wenig verspürt worden. Die Praxis stellt nach dieser Richtung hin eben ganz andere Anforderungen; unsere eilende Zeit kann Halbkräfte kaum dauernd gebrauchen, und so möchte man denn eher wünschen, dass, wie in anderen graphischen Branchen, mehr für fachgemässe Ausbildung von Kräften im Werkstatt gesorgt würde, statt nach wie vor mit theoretisch wohl bewanderten, aber praktisch wenig tüchtigem Personal zu experimentieren und viel Geld zu opfern. Wir behalten uns vor, die Stellung Leipzigs in dieser Frage — das ja, nebenbei bemerkt, ein ähnliches Institut, wie es der genannte Verfasser wünscht, hat — gelegentlich noch zu präcisieren. —o—

— Die Firma *Edm. Gaillard* in *Berlin* legt uns Skizzen von *Ton-Drucktypen* vor. Diese, mit Kornbildungen, Schraffierungen, Punktierungen, Netzen oder anderen, den gleichen Zweck verfolgenden Mustern versehen, gestatten es, Schriften in verschiedenen Ton-Nuancen mit einmaligem Buchdruck von ein und derselben Farbe zu drucken, was für Plakatschriften, in welchen seit langer Zeit keine neuen Erscheinungen gebracht wurden, sowie für Zierschriften von reizvollem Effekt sein dürfte. Da die Firma nicht beabsichtigt, die Typenfabrikation selber zu betreiben, will sie ihre Rechte aus dem D. R. G. M.-Schutz verkaufen. Ihre Modelle zu Ton-Drucktypen können schnell und billig auf verschiedenen Wegen hergestellt werden. Die Ausführung derselben im Zink, nach von einsendenden korrekten Konturzeichnungen der gewünschten Schriften würde sich auf ca. 6 Pf. pro ☐cm bei einem grösseren Tableau stellen.

— *Zur Leipziger Buchhändlermesse.* Die deutschen Buchhändler sind zu einer einheitlichen Vereinigung erst am 26. Februar 1833 gelangt. Anläufe dazu wurden schon früher gemacht. So gelang es dem berühmten »Fürsten der Leipziger Buchhändler«, Philipp Erasmus Reich, seit der Ostermesse 1765 (10. Mai) 55 Firmen zu einem Buchhändlerverein zusammenzubringen, aber derselbe hielt sich nur bis zu seinem Tode (3. Dezember 1787). Um wenigstens die jährlich stattfindende Abrechnung bequemer zu machen, mietete der Leipziger Buchhändler Paul Gotthelf Kummer 1792 Zimmer im Dufourschen Hause links Kekhaus der Katharinenstrasse und des Bröhls und dann 1797 Horvath aus Potsdam das spätere Konvikt im Paulinum. Aus letzterem Unternehmen entstand der Verein der deutschen Buchhändler. Einen idealeren Zweck verfolgten deutsche Buchhändler, die in der Leipziger Jubilatemesse 1814 folgende Vollmacht erliessen: »Da sich nach der glücklichen Wiederbefreiung Deutschlands auch die Wiederbelebung, Reinigung und eine bessere Organisation seines so wichtigen Buchhandels höchst nötig macht und diese in gegenwärtiger sehr günstiger Periode sicher zu hoffen steht, so haben sich folgende, mit warmem und thätigem Eifer für die gemeinsame gute Sache der Litteratur und des Buchhandels belebte Männer, nämlich Paul Gotthelf Kummer, Franz Christian Wilhelm Vogel, C. Fr. Enoch Richter in Leipzig, Dr. J. G. Cotta in Tübingen, Joh. Friedr. Hartknoch in Leipzig und Legationsrat Fr. Just. Bertuch in Weimar, zusammen verbunden, mit vereinter Kraft und im Namen und im Auftrage aller soliden und redlich gesinnten Deutschen Buchhandlungen zur Erreichung des obgedachten heilbringenden und dem Deutschen Buchhandel allein sichernden Zwecks von jetzt an zu arbeiten und thätigst zu wirken. Wir bevollmächtigen also dieselben hiermit, und durch unsere eigenhändige Unterschrift, als unsere Deputierten für das Geschäft in unserem Namen, nach ihren besten Einsichten und erprobten praktischen Kenntnissen in dieser Sache zu handeln und thätigst zu wirken, und genehmigen vorläufig jeden Schritt, den sie gemeinschaftlich zur Erreichung dieses für ganz Deutschland so keilsamen Zwecks beschliessen und thun werden.« Es folgen dann die Unterschriften von 81 Buchhändlern aus Leipzig.

Briefkasten.

Herrn R. F. in L. Empfangen Sie besten Dank für die schönen Accidenzen, die Zeugnis von Ihrem guten Geschmack, wie auch von der Leistungsfähigkeit der Offizin J. Th. E. in L. geben. — Herrn C. Pd. in Fr. (P.-Dr.): Es war uns angenehm, aus Ihrer Zuschrift zu ersehen, dass Sie sich auch dem modernen Geschmack anzupassen versucht haben, und mit Ihrer übersandten Probe bereits höhere Beweise dafür, dass Sie sich auf dem richtigen Wege befinden und gewissen Erfolg haben werden.

Inhalt des 6. Heftes.

Die neue Kunst und das Buchgewerbe. — Das Deutsche Buchgewerbehaus und der Deutsche Buchgewerbeverein. — Das Quittenc im Buchdruck. — Das Hand in Handarbeiten von Buchdrucker und Buchbinder. — Schriftguss-Reform in England. — Ausstellung deutscher Buchembände in England. — Über Zierschriften im Dienste der Kunst. — Der Wochenkalender. — Schriftgiesserei-Neuheiten. — An den graphischen Vereinigungen. — Zeitschriften- und Bücherschau. — Vorschiedenes Eingänge. — Die Beilagen zum 6. Hefte. — Mannigfaltiges. — Briefkasten. — Inserate.

Beilagen: 1 Kunstblatt nach William Morris, 1 Notabeilage: Adresskarten, 1 Salzbeilage: Einladung, 1 verkleinerte Probenseite aus dem »Werbebrand« des Deutschen Buchgewerbevereins, 1 Umrahmendruckblatt der Firma Harper & Worth in Leipzig und je 1 Schriftprobenblatt der Firma Wilh. Gronau und Wilh. Woellmer in Berlin.

*Ausser vorstehenden Beilagen gehört zu Heft 6 das demnächst in Rollenform briefgebene **Kunstholzschnittblatt** nach einem Gemälde von Hermann Prell.*

Bezugsbedingungen für das Archiv etc.

Erscheint: In 12 Monatsheften. Für komplette Lieferung, insbesondere vollständiger Beilagen, kann nur bei der Erwerbung des 1. Heftes ganzjähriger Abonnements garantiert werden.

Bezugsquelle: Jede Buchhandlung; auch direkt von der Geschäftsstelle des Deutschen Buchgewerbevereins unter Kreuzband.

Preis: M. 15.—, unter Kreuzband direkt M. 15.80, nach nussereuropäischen Ländern M. 16.—. Einzelnummern M. 1.80.

Anzeigen: Preis der dreigespaltenen Petitzeile oder deren Raum für Mitglieder des Deutschen Buchgewerbevereins 25 Pf., für Nichtmitglieder 35 Pf. Stellengesuche für Mitglieder und Nichtmitglieder 15 Pf. für die dreigespaltene Petitzeile. Beträge vor Abdruck zu zahlen. Als Beleg dienen Ausschnitte; Belegheste auf Verlangen gegen Vergütung von Portoauslagen.

Beilagen: Für das einfache Quartblatt M. 20.—, für das doppelte M. 30.—. Grössere Beilagen unterliegen besonderer Vereinbarung.

Neuheiten von selbständigen Schriftgiessereikreationen können im Inhalte oder auf den Beilagen abgedruckt werden. Die Bezugsquellen der Neuheiten werden auf Anfrage durch die Geschäftsstelle des Deutschen Buchgewerbevereins unentgeltlich und bereitwilligst mitgeteilt.

PERFECT und
Lichte Kursiv Römisch
bilden Zweifarbenschrift

A B C D E
F G H I K
L M N O P
Q R S T U
V W X Y Z
.. 1 2 3 4 5 ..

Verlangen Sie Probenblätter

Tert. Einfarbig No. •••• Zweifarbig No. ••••
Maas RECHNUNG Ruhr

Corpus.
Einfarbig No. •••• *Radolin* Zweifarbig No. ••••

Doppeltertia. Einfarbig No. •••• Zweifarbig No. ••••
FORST REIZE

Doppeltert.
Einfarbig No. •••• *Hagenow* Zweifarbig No. ••••

Doppelmittel. Einfarbig No. •••• Zweifarbig No. ••••
Friedrich Panzner

Schriftgiesserei **Ludwig & Mayer, Frankfurt a. M.**

No. 1464 Tertia   *Cirkular-Eilschrift.*   No. 1465 Doppelcicero
Min. 5 kg   Min. 6 kg

Vorliegende Eilschrift ist für alle jene Drucksachen bestimmt, welche die Eigenart einer direkten schriftlichen Mitteilung wahren und dadurch unbedingte Beachtung finden sollen.

Die Verwendbarkeit der Eilschrift für
Cirkulare, Prospekte, Einladungen
aller Art ist eine allgemeine.

Wilhelm Woellmer, Berlin.

Umrahmung Barock-Ornamente
Serie 8

PHÖNIX TIEGELDRUCK-SCHNELLPRESSE

Eigenes Erzeugnis unserer Maschinenfabrik

Deutsche Reichs-Patente
No. 75699
„ 78868
„ 95106
„ 94931

Vorgelege für Transmissions-
oder elektrischen
Antrieb

Fünf Grössen

No. 5 ist mit
Heizvorrichtung
versehen
und vorzüglich
zum Prägen
geeignet

120
Phönix-
Pressen
in
Betrieb

Vorzüge der Phönixpresse: Sicheres Register durch zuverlässige Anlagevorrichtung. Umlegen der Greifer mittelst Fusstritthebel. Schnelle und sichere Regulung der Druckstärke. Feinste Farbeverreibung durch Wechselbewegung der Farbecylinder. Gleichmässige und sehr bessere Einfärbung der Form. Iriswechseltreiber für Zwei-, Mehrfarben- und Irisdruck. Stellbarkeit der Walzenlaufbahn. Walzenraster zum Freilegen der Walzen. Aushebung der Form durch Fusstritthebel. Ordnete Druckkraft für Karton- und Deckel-Prägung und Ausstanzung. Nutzbarkeit für mit einem Male vollständig herzustellende Faltschachteln, Etiketts etc. Konzessionslose Benutzung unserer Patente etc. und die Mittel zur Faltschachtelfabrikation etc. ✦ ✦ ✦ ✦ ✦

~~~~~~~ Ausführliche Prospekte stehen zu Diensten. ~~~~~~~

J. G. SCHELTER & GIESECKE · LEIPZIG

* Maschinenfabrik Johannisberg *

Gegründet 1846

Klein, Forst & Bohn Nachfolger
Geisenheim im Rheingau.

Schnellpressen für Buch-, Stein-, Blech- und Lichtdruck

in bester Konstruktion und Ausführung.

Über 4500 Maschinen geliefert.

Preislisten stehen auf Wunsch gratis zur Verfügung.

Geschäfts-Verkauf!

Das seit 38 Jahren unter der Firma **Alexander Waldow** in Leipzig bestehende renommierte

 typographische Verlagsgeschäft und Utensilienhandlung

ist infolge Ablebens seines Begründers und bisherigen Inhabers sehr preiswert zu verkaufen.

Reflektanten wollen sich in direkte Verbindung mit der Besitzerin (Privat-Adresse: Brandvorwerkstr. 19) setzen.

Modern
originell und künstlerisch können Sie Ihre Drucksachen ausstatten mit unserm sehr praktischen Alerrat. Die Prachtmappe steht bekannten Druckereien zu Dienst.

Rudhard'sche Giesserei
Offenbach am Main.

☞ Wir empfehlen unsere

Kräftige Fraktur!

Preis für Normaltypendruck von uns geschnittene Druckschrift

Benjamin Krebs Nachfolger
Frankfurt a. M.

Inserate.

Nach Skandinavien

wird ein tüchtiger Fachmann zur Leitung einer neu eingerichteten **Reproduktionsanstalt** gesucht. Offerten mit Gehalts-Ansprüchen wolle man unter Chiffre **II. 200** an die Geschäfts-Stelle des Deutschen Buchgewerbevereins einsenden.

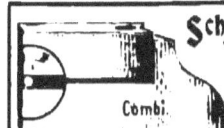

Zu kaufen gesucht:

Frühere Jahrgänge des Archiv für Buchdruckerkunst bis zum Jahrgang 1883.

Angebote mit Preisangabe an die Geschäftsstelle des Deutschen Buchdrucker-Vereins erbeten.

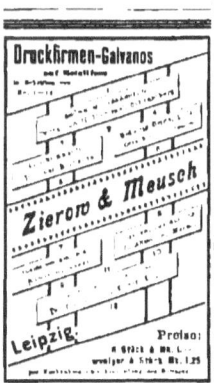

Gebrüder Brehmer, Leipzig-Plagwitz

Filialen: London E. C., 33 u. 35 Moor Lane · Paris 60 Quai Jemmapes · Wien V, Margaretenstrasse 2.

bauen als Spezialität

Draht- und Faden-Heftmaschinen für Bücher und Broschüren. | **Falzmaschinen** für Werk- und Zeitungsdruck in den verschiedensten Ausführungen.

Preislisten, Heftproben, Falzmuster stehen gern zur Verfügung.

Letzte höchste Auszeichnungen: Chicago 1893 4 Preise · Lübeck 1896 Staatsmedaille · Leipzig 1897 Staatsmedaille · München 1898 Staatspreis.

Uncial-Gothisch

🙦🙦🙦🙦🙦🙦🙦

Die mit diesen Zeilen vorgeführte Uncial-Gothisch bildet eine in der Mitte zwischen Antiqua und eckiger Gothisch stehende Schrift von hohem künstlerischen Werth. Nach den besten Vorbildern alter Meister geschnitten, wird diese Uncial-Gothisch von allen Kennern und Freunden als edle Buchschrift hochgeschätzt.

Zugleich aber bildet die Uncial-Gothisch eine Accidenzschrift von grossem Reiz. Bei buchhändlerischen und kaufmännischen Arbeiten findet dieselbe in bester Weise ebenfalls Verwendung.

Die Uncial-Gothisch wird in den elf Graden Nonpareille, Petit, Corpus, Cicero, Mittel, Tertia, Zweicicero, Canon, Missal, Babon und gr. Babon gegossen.

 **Wilhelm Woellmer's**
Schriftgiesserei und
Messinglinienfabrik
Berlin SW., Friedrichstr. 226

A. HAMM Heidelberg.
Gegründet 1850 in
Frankenthal.

Erst-
klassiges **Schnellpressen** aller
Fabrikat. Art.

Korrespondenz nach Heidelberg richten.

Soeben erschien im Verlage von ALEXANDER WALDOW in Leipzig:

DIE LEHRE VOM ACCIDENZSATZ

Dritte, vollständig neu bearbeitete Auflage

Mit vielen ein- und mehrfarbigen Satzbeispielen

Herausgegeben von
ALEXANDER WALDOW

Bearbeitet von
FRIEDRICH BAUER

Komplett broschiert Mark 9.—, elegant gebunden Mark 10.50.

Jedes Heft enthält 3 Bogen reichillustrierten Text und 2 Tafeln mit Satzmustern **in Farbendruck**

Alle Buchhandlungen nehmen Bestellungen entgegen.

Beachten Sie die **Vorzüge** meiner **Antiken Gotisch**

Diese deutliche Schrift eignet sich vorzüglich für die moderne Ausstattungsweise und enthält keinerlei verzerrte Buchstabenbilder.

Original-Erzeugnis

Soeben vollendete ich im Schnitt die hier abgedruckte moderne Schrift **Germanisch**. Dieselbe entspricht vollständig den Anforderungen, die man neuerdings an eine Werk- und Accidenzschrift stellt und harmoniert vorzüglich mit nebenstehender Antiken Gotisch.

Schriftgiesserei • Messinglinienfabrik • Julius Klinkhardt, Leipzig.

Geeignet für geschäftliche Mittheilungen, Empfehlungen etc. sind die von der Schriftgiesserei Emil Gursch, Messinglinien-Fabrik, Berlin S. 42 herausgegebenen Schriften, die unter dem Namen Deutsche und Lateinische Briefschrift bereits sehr verbreitet sind. Beide Schriften sind miteinander zu verwenden. Es ist dies ein Vorzug, der solchen Arbeiten zu statten kommt, welche eine Nachbildung geschriebener Circulare sein sollen. Außer den auf Textkegel vorliegenden Schriften sind weitere Grade noch in Vorbereitung.

Wilhelm Woellmer's Schriftgiesserei und Messinglinienfabrik, Berlin.

RECLAME-MEDIAEVAL.

1

No. 1195. 1196. Blatt No. 344.

Wilhelm Woellmer's Schriftgiesserei und Messinglinienfabrik, Berlin.

Reclame-Mediaeval.

Fortsetzung von Blatt 343.

Bekanntmachung.

In den *Deutschen Buchgewerbeverein* zu Leipzig sind folgende Mitglieder aufgenommen worden:

1. *E. Herm. Haussmann*, Fabrik gummierter Papiere, Leipzig-Lindenau.
2. *Rudolf Frau*; *Wild*, i. Fa. Wild & Lang, Papiergeschäft, Leipzig.
3. *Curl Langenberg*, Kommissionsgeschäft, Leipzig.
4. *Georg Rübner*, i. Fa. Louis Schopper, Mechanische Werkstätte, Leipzig.
5. *Franz Max Hennig*, Papier-Agentur, Leipzig.
6. *Carl Apel* i. Fa. Kerngut & Apel, Papierwarenfabrik, Leipzig.
7. *Richard Arnold* i. Fa. Gebr. Arnold, Buch- und Steindruckerei, Leipzig.
8. *Herm. Findel*, Papier-Agentur, Leipzig.
9. *Johannes Richter*, Papier- und Pappen-Agentur, Leipzig.
10. *Alexander Winschmann* i. Fa. O. Th. Winckler, Leipzig.
11. *C. Werner Leonhardt*, Prokurist der Firma Hermann Fasshauer, Papier-Grossgeschäft, Leipzig.
12. *Hermann Heyfelder*, i. Fa. R. Gaertners Verlagsbuchhandlung, Berlin.
13. *M. Haulzinger*, Buchdruckereibesitzer, Königshütte, Oberschlesien.
14. *Emil Borchardt*, i. Fa. Wilhelm Woellmers Schriftgiesserei, Berlin.
15. *H. Worms*, Prokurist des Bibliographischen Instituts, Leipzig.
16. *Hermann Lazarus* i. Fa. Harmonie Verlagsgesellschaft für Kunst und Litteratur, Berlin.
17. *Philipp Dessauer*, Kgl. Kommerzienrat, i. Fa. Aktiengesellschaft für Buntpapier- und Leimfabrikation, Aschaffenburg.
18. *Dr. phil. Walter de Gruyter* i. Fa. Georg Reimer, Verlagsbuchhandlung, Berlin.
19. *Alexander Koch*, Verlagsbuchhändler, Darmstadt.
20. *Dr. Gustav Fischer*, Verlagsbuchhändler, Jena.
21. *Dr. L. Dorn* i. Fa. Kast & Ehinger, Farbenfabrik, Stuttgart.
22. *E. Heyd* i. Fa. Kast & Ehinger, Farbenfabrik, Stuttgart.
23. *Emil Rümmler* i. Fa. Rümmler & Jonas, Kunstanstalt, Dresden.
24. *Carl Grunmann* i. Fa. Emil Gursch, Schriftgiesserei, Berlin.
25. *Wilhelm Felsing* i. Fa. Otto Felsing, Kunstkupferdruckerei, Berlin.
26. *C. J. Ludwig* i. Fa. Ludwig & Mayer, Schriftgiesserei, Frankfurt a. M.

Leipzig, den 1. Juli 1899.

Geschäftsstelle des Deutschen Buchgewerbevereins

Arthur Woernlein,
Geschäftsführer.

Die neue Kunst und das Buchgewerbe.

Von Dr. PETER JESSEN.

Vortrag gehalten im Deutschen Buchgewerbeverein zu Leipzig.
(Schluss.)

SECHSTER VORTRAG.
Das äussere Kleid des Buches.

Die Buchbinderei als Handarbeit — Der Massenband und seine Gesetze. — Die Vorsatzpapiere. — Rückblick und Ausblick.

enn wir heute in unserer letzten Besprechung das äussere Gewand des Buches betrachten wollen, so kann ich nicht auf alle Einzelheiten eingehen, sondern nur kurz das erörtern, was für die Praxis am wichtigsten ist. Unsere *Buchbinderkunst* hat sich bekanntlich in den letzten dreissig Jahren im Anschluss an die grosse kunstgewerbliche Bewegung die alten Vorbilder erfolgreich zu nutze gemacht, und hat in den leider noch immer seltenen Fällen, in denen in Deutschland kunstvoll gebundene, durch Handarbeit verzierte Bände verlangt werden, manches Tüchtige geleistet. Neuerdings, wo es sich um die Einführung neuer Formen handelt, ist uns das Ausland — Amerikaner, Engländer und Franzosen sowohl als auch in letzter Zeit Skandinavier und Holländer — leider ein gutes Stück voraus. Auch auf diesem Gebiete sind bei uns zu den höchst achtbaren und trefflichen Technikern noch nicht die genügenden künstlerischen Kräfte gewonnen worden, um Vollwertiges hervorzubringen. Wir müssen uns hier sehr ernsthaft zu Gemüte führen, dass ein paar Ansätze mit einigen äusserlichen Motiven nicht genügen, ja dass es für uns das Allerschlimmste wäre, wenn wir uns der sogenannten »neuen Richtung« im Sinne einer Mode hingeben wollten. Ernste künstlerische Grundsätze sind es, die uns allein weiter bringen können. Es ist ja freilich nicht möglich, überall Handvergoldung und dergl. anzubringen, aber auch auf den einfacheren Gebieten des Halbfranz- und Halbleinenbandes ist noch viel zu thun. Es gilt hier, die einfachen Materialien zu ihrer höchsten Wirkung an Stoff und Farbe zu bringen, und es ist mit Freuden zu begrüssen, dass sich allmählich doch eine gesundere Richtung Bahn bricht, die echte Stoffe und kräftige, harmonische Farben bevorzugt. Auch das Zusammenstimmen der Farben des Rückens und des Bezugpapieres ist von grosser Wichtigkeit. Ich habe die Erfahrung gemacht, dass es richtiger ist, beides möglichst gleichwertig im Ton zu halten, also nicht auf Farbenkontraste hinzuwirken, damit die Einheitlichkeit des Bandes nicht leide.

In erster Linie handelt es sich aber für uns um den *Verlegerband*, den Massenband, der gerade in Leipzig eine so bedeutende Rolle spielt, und hierfür kommt hauptsächlich der Ganzleinenband in Betracht. Beim Ganzleinenband hat man zunächst die Motive der Handvergoldung auch auf die Plattenprägung übertragen, und man hat sehr Achtenswertes damit erreicht, zumal da man auch

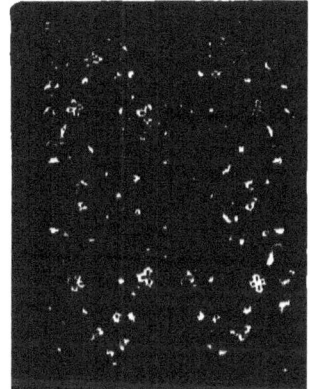

Fig. 1. Italienischer Einband aus dem 16. Jahrhundert.

Künstler — freilich zumeist Architekten — herangezogen. Indessen erscheint es doch nicht immer angängig, die Motive einer Technik so ohne weiteres für eine andere anzuwenden. Die Pressung im ganzen erfordert breitere, kräftigere Motive als die zierliche Handstempelarbeit.

In jüngster Zeit haben die Fortschritte im Farbendruck, verbunden mit der wachsenden Reklamesucht, die Buchbinder dazu verleitet, den Einbänden bunte, naturalistisch gehaltene Bilder aufzudrucken. Es ist dies eine ebenso aufdringliche als stilwidrige Manier, die glücklicherweise jetzt — leider erst durch vom Auslande übernommene Anregungen! — einem besseren Geschmacke, einer auf ruhigere Wirkung gerichteten

Tendenz weicht. Man sieht allmählich ein, dass es sinnlos und stilwidrig ist, das wenn auch bescheidene aber doch echte Material durch Bilder gänzlich zu verdecken; man sucht die natürliche Struktur des Stoffes wieder zur Geltung zu bringen. Wir freuen uns wieder an interessanteren Geweben, und verschmähen es, unserer achtbaren Leinwand durch Pressung den Anschein von Leder zu geben. Ja, wo ein einfaches, natürliches Material nicht zu haben war, hat man neuerdings mit Glück lieber die glatte Rückseite, als die gepresste Vorderseite des Kaliko verwendet. Hand in Hand

Fig. 1. Französischer Einband aus dem 16. Jahrhundert.

damit geht der Sinn für frischere Farben und massvolle Verzierung. Die Ornamente werden mehr linear gehalten, nicht eine naturalistische Bildwirkung versucht, man begnügt sich mit wenigen kräftigen Farben, die rein und klar nebeneinandergestellt sind, ohne, wie früher, aquarellartig übereinandergelegt zu werden.

Was müssen wir nun thun, um auf diesem Wege *selbständig* weiter zu gehen, um nicht erst wieder auf dem Umwege durch das Ausland zu gesunden Grundsätzen zu gelangen? Vor allen Dingen müssen wir uns von seichter Nachahmung und nur äusserlicher Erfassung sogenannter »moderner« Motive hüten. Dann aber müssen wir den Bucheinband als ein Ganzes ansehen, als eine Einheit, die auch einheitlich dekoriert, nicht nur auf dem Vorderdeckel mit irgend einem Bild versehen sein will. Betrachtet man den Einband so als ein Ganzes, gewissermassen als eine Schale, die das Buch umfasst, so wird man vielleicht in einer Dekoration vom *Rücken* aus die folgerichtigste Lösung erblicken, ohne sie als die einzig mögliche erklären zu wollen. Um Ihnen aber zu zeigen, worauf es ankommt, muss ich Sie in aller Kürze durch die *Geschichte des Bucheinbandes* führen. Die kostbaren Einbände der Handschriften des Mittelalters waren nicht Bucheinbände in unserem Sinne. Man denke nur an die Art der Aufbewahrung; nicht Buch an Buch stehend haben wir uns ja jene alten Folianten zu denken, sondern auf Tischen oder Pulten liegend. Die schweren, mit Metall beschlagenen Deckel hatten dort ihren guten Sinn, sie dienten dazu, das widerspenstige Pergament glatt zu halten. Als dann im 15. Jahrhundert die gedruckten Bücher aufkamen, die bestimmt waren, aufrecht nebeneinanderstehend aufbewahrt zu werden, da besassen die Buchbinder genug natürlichen Takt, die Einbände flach zu gestalten. Der Schmuck wurde dabei in mässigen Grenzen gehalten und der handwerklichen Praxis angepasst. Diese gesunden Grundsätze erhielten sich, wenn auch die Einzelformen mit den grossen Stilperioden wechselten, in der italienischen (Fig. 1) wie in der deutschen Renaissance. Die Ornamente tragen durchweg Flächencharakter, und sie dienten dazu, das Material zu schmücken, nicht, es zu verdecken. Selbst im Barock und Rokoko (Fig. 2) finden wir noch, dass bei allem Reichtum des Ornamentes doch das Material des Einbandes die Hauptsache, der Grundton des Ganzen, blieb. Erst unser Jahrhundert hat das Gefühl für diese wichtigsten Grundbestimmungen verloren. Wir haben also allen Grund, in uns zu gehen. Man wende nur nicht ein, es fehle uns an entsprechenden Aufgaben, kostbare Einbände, wie sie die alten Meister schufen, würden heute zu wenig verlangt. Ich brauche da nur an ein Gebiet zu erinnern, auf dem grosse Summen ausgegeben werden: den Einband von *Adressen*, Diplomen und dergleichen. Hier hat es fast nur der Lederschnitt im Anschluss an alte Vorbilder zu breiter, kräftiger Wirkung gebracht. Bei den übrigen Arbeiten ist die Sucht zum Kleinlichen und Bunten bisher nur in wenigen Fällen überwunden worden, wenn nämlich Künstler und Handwerker miteinander gearbeitet haben. Das schöne Material, das Leder, ist zumeist unter der Fülle der Verzierungen und namentlich der Metallbeschläge förmlich erstickt, statt dass man es zu möglichster Geltung gebracht hätte. Dabei sind die schweren, beschlagenen Deckel bei einem dicken Pergamentband wohl angebracht; was sollen sie aber bei einer Adresse, die doch nur aus wenigen Blättern besteht. Äusseres und Inhalt steht da oft in einem Gegensatz, der geradezu lächerlich wirken kann. Dazu kommt noch eins, und das wird jeder wissen, der einmal mit einer derartigen Adresse beglückt worden ist: man kann solche Bände weder aufeinander legen noch nebeneinander stellen, weil sie sich mit ihren schönen Beschlägen, Bierknöpfen u. s. w. unfehlbar gegenseitig in kürzester Zeit ruinieren. Man kann sie eigentlich nur in ihrem Original-Karton aufheben. Nicht Reliefverzierung ist also hier das Richtige, sondern Flächenornament, und vereinzelte Beispiele zeigen zur Genüge, dass dies nicht nur möglich ist, sondern sogar die vornehmsten und reinsten künstlerischen Wirkungen erschliesst (Fig. 3).

Doch auch bei einfacheren Aufgaben sind eigenartige und künstlerische Leistungen sehr wohl möglich, wenn wir sie nur richtig begreifen und innerlich durchdringen. Ich möchte hierbei auf einen Punkt zurückgreifen, der bereits bei Gelegenheit meines letzten Vortrages zur Sprache kam: den Unterschied zwischen Innentitel und Umschlag; denn was für den Umschlag gilt, ist sinngemäss auch auf den Einband anzuwenden. Der Titel wird mit dem Buch zusammen gedruckt, er ist die erste Seite eines Bogens; der Umschlag resp. Einband ist eine selbständige Einheit, er wird dem fertigen Buche umgelegt, um es wie eine Schale einzuschliessen. Wenn man ihn so auffasst, so ist es keine Willkür, sondern tektonisch wohl zu rechtfertigen, dass man bei der Dekoration vom Rücken ausgeht, wo das Ganze seinen Halt findet. Gut hat Eckmann (Fig. 4) in der Einbanddecke zu Lauffs Herodias das alte Motiv der Spangen, die vom Rücken aus über den ganzen Band gehen, in modernen Formen selbständig aufgegriffen. Ich will diese Art der Auffassung durchaus nicht als die einzig mögliche oder als eine immer zu befolgende Regel hinstellen;

Fig. 3. Einband der Adresse für Ludwig Bamberger.

ich wollte nur an diesem einen Beispiel Ihnen zeigen: Das ist es, was ich eine originelle, persönliche, künstlerische Lösung nenne, eine Lösung, für die ich im ganzen englischen und amerikanischen Buchgewerbe keine Parallele zu finden wüsste. Eine ähnliche Tendenz zeigt Ludwig v. Hofmanns Decke zur Kunstzeitschrift «Pan», und die neueste Zeit hat eine Reihe trefflicher Beispiele im In- und Auslande hervorgebracht.

Vom Standpunkt des Verlegers aus bieten die Einbände der Werke Gerhart Hauptmanns besonderes Interesse. Der Verleger hat hier für die verschiedenen Bände stets die gleiche Leiste verwandt, doch immer in anderen Farben: rot auf grün, gelb auf grau u. s. w. Zu dieser Farbe ist die Farbe des Schnittes und des Vorsatzpapieres entsprechend gewählt und dadurch bei aller Einheitlichkeit ein angenehmer Wechsel erzielt. Der hier eingeschlagene Weg ist gewiss noch sehr ausbildungsfähig, und erscheint mir der Beachtung wert für alle Unternehmungen, bei denen es gilt, planmässig innerhalb eines gegebenen Rahmens vorzugehen. Lassen Sie mich schliesslich noch auf einen Einband Ihres grossen Mitbürgers Max Klinger hinweisen, den er für seine Brahms-Phantasie vergl. die Abbildung auf der nächsten Seite geschaffen hat. Diese vornehme, ruhige Schrift in Verbindung mit der in einfachen Linien gezeichneten Figur ist von wahrhaft monumentaler Wirkung. Sie könnte an jedem Denkmal stehen. Sie werden es gleich mir empfinden: hier ist *grosse* Kunst.

Ein grosses Hemmnis für die künstlerische Entwicklung unseres Gewerbes bildet nun aber die immer mehr um sich greifende Unsitte der *Submissionen* von privater Seite. Man sollte diese ebenso bekämpfen, wie die Übertreibungen des öffentlichen Submissionswesens. Hier aber findet es sich, dass oft diejenigen, die am lautesten über öffentliche Submissionen klagen, selbst Muster-Offerten von so und so vielen Seiten einholen, wodurch denn immer nur Mittelmässiges hervorgebracht wird. Die Besteller haben leider noch kein Vertrauen zum eigenen Geschmack, das weiss jeder, der überhaupt mit solchen Dingen zu thun hat, und es ist eine unserer wichtigsten Aufgaben, die Sicherheit der Besteller zu stärken. Dann wird man wieder den einzig richtigen Weg einschlagen, man wird zu *einem* Künstler gehen, von dem man überzeugt ist, dass er der Aufgabe gewachsen ist, und ihm den Auftrag erteilen. Nur auf diese Weise kann wirklich Künstlerisches geschaffen werden.

Wenn ich nun noch kurz von dem *Zubehör* des Einbandes zu sprechen habe, so kann ich zunächst die erfreuliche Thatsache feststellen, dass es mit einem sehr wichtigen Faktor gar nicht schlecht bestellt ist; an guten *marmorierten Buntpapieren* ist bei uns kein Mangel. Ganz besonders treffliche Arbeiten verdanken wir auch hier wieder Otto Eckmann. Dagegen liegen die *lithographierten Vorsatz-Papiere* noch sehr im argen, sowohl in Bezug auf die Musterung als besonders auf die Farbe. Unzulängliche, handwerkliche Zeichnung und farbenscheue Tönung herrschen hier noch durchweg, und das Neueste auf diesem Gebiete ist nicht in den Grundeigenschaften, sondern nur in zufälligen, modischen Äusserlichkeiten »modern«.

Das Aushängeschild »Neue Richtung« bedeutet eben an sich noch gar nichts, und es ist immer noch besser, ganz glatte Vorsatzpapiere zu wählen, die man wenigstens in der Farbe harmonisch zum Ganzen aussuchen kann. Auch Kleinigkeiten, wie die Farbe des *Kapitalbändchens* oder des *Lesezeichens* sollte man nicht unbeachtet lassen; nichts ist gleichgültig, wenn wir eine wirklich künstlerische Durchführung erstreben, und gerade an solchen Dingen sieht man oft, ob der Ausstattung eines Buches

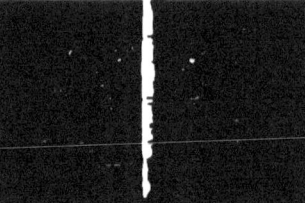

Fig. 4. Otto Eckmann. Einband zu Laufts Heroldin.

Fig. 5. Max Klinger. Einband zur Brahms-Phantasie.

durchweg die nötige Liebe und Sorgfalt gewidmet worden ist.

Ich bin am Schlusse meiner Vortragsreihe, und ich schliesse am besten mit dem Wunsche, dass möglichst viele mit Frische und Selbständigkeit die hier gegebenen Anregungen ergreifen möchten. Der Gedanke, der mich überall geleitet hat, war der, der *echten, grossen Kunst* wieder mehr Eingang in unser Buchgewerbe zu schaffen, nicht etwa wollte ich einer bestimmten Richtung das Wort reden, auch nicht der sogenannten »Neuen Richtung«. Wollen wir aber eine ernste dekorative Kunst in unser Buchgewerbe hineintragen, so gilt es vor allem, Künstler heranzuziehen, und zwar deutsche Künstler. Weder vom Ausland, noch vom Nachbar und Konkurrenten wollen wir das Wesentliche absehen, sondern wir wollen unsere Ehre darein setzen, national und künstlerisch *selbständig* zu sein.

Hoffen wir, dass wir mit Ehren bestehen werden, wenn unser deutsches Buchgewerbe in nicht zu langer Zeit auf der Pariser Ausstellung vor das Urteil der Welt tritt. Technisch und merkantil sind wir ja überraschend schnell fortgeschritten und brauchen uns unserer Leistungen vor niemand zu schämen. Hoffen wir, dass nun auch die Kunst aufhöre, das Stiefkind im Buchgewerbe zu sein, dass sie vielmehr die Lieblingstochter werde, damit es wieder mit Recht heissen möge wie in dem guten alten Spruch, mit dem ich schliessen will:

»Gott grüss die Kunst!«

Das Hand in Handarbeiten von Buchdrucker und Buchbinder.

III

Betreffs der Fadenheftmaschinen möchte ich kurz erwähnen, dass seit einigen Jahren ausser den älteren Bücherheftmaschinen auch solche für die Heftung einzelner Bogen auf den Markt gekommen sind, die sich ihres billigen Preises und ihrer leichten Bedienung wegen sehr schnell eingeführt haben. Die Maschinen — oder richtiger gesagt: Apparate — hohländern viel schneller als die menschliche Hand und haben ausserdem den Vorteil, dass sie gleich in der Falzmaschine angebracht werden können, sodass die Bogen fix und fertig gefalzt und geholländert die Maschine verlassen. Der Buchbinder hat durch sie aber noch einen andern wesentlichen Vorteil; denn während er früher erst mit dem Heften beginnen konnte, wenn die Broschur komplett war, kann er jetzt schon jeden ausgedruckten Bogen einzeln heften, sodass später nichts zu thun bleibt, als die Bogen zusammenzutragen und weiter zu bearbeiten.

Was die eigentlichen Bücherfadenheftmaschinen anbetrifft, die sich ihres komplizierten Mechanismus wegen ohne erläuternde Abbildungen nur schwer beschreiben lassen, so will ich nur erwähnen, dass die älteren Maschinen, um den Faden von einer Lage auf die andere übergehen zu lassen, die Bogen oben und unten aufritzten, während das bei den neueren nicht mehr der Fall zu sein braucht. Ich verweise hierzu auf die Brehmerschen Maschinen No. 38 und 39, die eine gute Aufnahme bei den Buchbindern gefunden haben, obwohl sie ihres hohen Preises wegen nur von grösseren Firmen aufgestellt werden können. Wenn nun auch die mit diesen Maschinen gehefteten Bücher an Haltbarkeit nichts zu wünschen übrig lassen, so sind doch die meisten Buchbinder und besonders die Gross-Buchbindereien entschiedene Anhänger der Drahtheftung und haben sich deshalb auch sehr gewehrt, als vor einigen Jahren die Drahtheftung für Schulbücher in mehreren Ländern verboten wurde. In anderen Ländern dagegen, wie z. B. in Frankreich, war bisher die Drahtheftung verpönt, und konnte man es als einen Zufall betrachten, einmal ein mit Draht geheftetes Buch in die Hand zu bekommen.

Mitunter findet man auch Broschüren, deren Bogen zum Teil mit dem Holländerapparat, zum Teil mit der Drahtheftmaschine geheftet sind, je nachdem man die betreffenden Maschinen zur Verfügung hatte. Bei der Drahtheftung ist darauf zu achten, dass die Drahtklammern nicht übereinander zu liegen kommen, weil sonst das Buch an der Heftstelle viel dicker ausfallen würde als an den anderen Stellen.

Andere Broschüren wieder, die keinen Umschlag erhalten, werden nur gefälzelt. Diese Gattung umfasst besonders Tarife, Rechenschaftsberichte, Operntexte, Dissertationen u. s. w., überhaupt kleinere Drucksachen von nur einem oder einigen Bogen Umfang. Die Dissertationen werden fast ausnahmslos auf diese Weise broschiert und spielt dabei sogar die Farbe des Rückenstreifens mitunter eine Rolle.

Bei den Broschüren mit seitlicher Heftung sollte möglichst der Umschlag nicht mit durchheftet, sondern lieber angeklebt werden, weil man sich sonst leicht an den Drahtklammern verletzen kann. Diese letzteren sollten deshalb aus recht starkem Draht bestehen und womöglich aus einem nicht oxydierenden Metall angefertigt werden.

Die meisten Broschüren haben den Nachteil, dass der Umschlag sich nicht fest anlegt, besonders wenn starkes oder Lederpapier als Umschlag dient. Oft wird daher mit gutem Erfolg der Rücken bis über die Drahtklammern hinaus mit Leim bestrichen und der Umschlag bis dahin angeklebt, was etwas langsamer geht und deshalb teurer ist, aber auch entsprechend besser hält.

Als letzte Broschurart erwähne ich diejenige, wo das ganze Buch nur aus Blättern besteht, die am Rücken gerade geschnitten, mit einer Kautschuklösung mehrere Male bestrichen, sodann mit einem dünnen Leinwand- oder Seidenstreifchen beklebt, nochmals darüber geleimt und in den Umschlag gehängt werden. Diese Methode ist besonders in England und Amerika gebräuchlich und scheint uns auch von dort überbracht worden zu sein. Die Engländer und Amerikaner fertigen sogar gebundene Bücher so an, was ich bei uns noch nicht zu beobachten Gelegenheit hatte. Einen Vorteil haben diese Bücher allerdings vor vielen anderen, und zwar den, dass beim Auseinanderschlagen die Blätter bequem offen liegen bleiben, was bei der heutigen Massenherstellung von Büchern oft sehr zu wünschen übrig lässt.

Die Preise der Buchbindereien für das Broschieren variieren gewöhnlich zwischen Mk. 2.— und Mk. 2.50 pro 1000 Bogen Oktav; es würde also eine Broschur von 10 Bogen Mk. 20.— bis Mk. 25.— pro 1000 Expl. kosten. Bei grossen Auflagen dürften sich diese Preise mitunter noch etwas reduzieren. Gewisse Buchhändler behaupten allerdings oft, die Broschurarbeit noch weit billiger geliefert zu erhalten, so z. B. wollte ein Berliner Verleger neun Bogen starke Romanbände besseren Genres für Mk. 6.— pro 1000 Expl. broschiert erhalten, während die Löhne dafür nach dem 1897er Leipziger Tarif ca. Mk. 13,50 betragen.

Mit diesen wenigen Ausführungen will ich die Broschur beschliessen, möchte aber nochmals betonen, dass es nur ein kleiner Teil der verschiedenen Arten und Methoden ist, die heute gang und gäbe sind. Man braucht, um andere zu finden, gar nicht weit zu gehen, sondern z. B. nur das gewöhnlichste 10 Pfennig-Notizbuch zur Hand zu nehmen, und wird dann beobachten können, dass es von den aufgeführten Methoden ganz abweicht. Anstatt in Bogen gefalzt zu sein, besteht es aus dicken Lagen, die durch in der Mitte durchgeheftete Drahtklammern miteinander vereinigt und so zusammengehalten sind. Andere Broschuren wieder werden seitlich schon mit seidenen Schnüren durchzogen u. s. w.

Fragen wir uns nun, warum sich trotz ihrer Mängel die Broschur ein so weites Feld erobern konnte, so liegt das wohl an erster Stelle an der grossen Billigkeit im Vergleich zu den andern Buchbinde-Verfahren. Bei den industriellen Sachen spricht sodann die kurze Zeitdauer, wo sie Wert haben, mit, und beiden buchhändlerischen die heutige Überschwemmung des Büchermarktes. Wie sie kannt, versieht der Verleger die Sortimenter sofort nach Erscheinen eines Werkes mit Exemplaren, die diesen à condition geliefert und, wenn nicht verkauft, als Remittenden zurückgegeben werden. Wie oft kommt es nun vor, dass von den Tausenden von Exemplaren, die gedruckt wurden, nur einige Hundert abgesetzt werden sind, und wie gross würde nicht der Schaden des Verlegers sein, wenn die ganze Auflage vollständig gebunden worden wäre und dann in die Stampfe wandern müsste?! Es würde dies in vielen Fällen den Ruin der kleineren Verleger bedeuten.

Lenken wir nun unser Augenmerk ein wenig auf die Kartonnage, bisweilen auch steife Broschur genannt. Diese darf eigentlich schon zu den Einbänden gerechnet werden, da in der That ein Einbinden nicht mehr nötig ist, um das Buch haltbar und leicht lesbar zu machen. Sie wird auch wieder auf vielerlei Art hergestellt, doch würde es zu weit führen, auf alle einzugehen. Die Bogen werden wie bei der Broschur gefalzt und geheftet, sodann geleimt und in einen leichten Einband von Pappe oder Schrenz gehängt, welcher innen kaschiert und aussen mit buntem Papier oder Leinwand überzogen wird. Wird das zum Überziehen verwendete Papier vom Buchdrucker bedruckt, so ist beim Anlegen und Formatmachen besonders darauf zu achten, dass Titel, Rückentitel und eventuell die Anzeigenseite auf die richtige Stelle geklebt werden können, worauf nicht immer entsprechende Rücksicht genommen wird. Auch darf das Papier nicht zu kurz geschnitten werden, weil es bisweilen auf den drei Seiten umgeschlagen wird. Am haltbarsten und nicht viel teurer ist die Leinwand-Kartonnage, die daher auch immer mehr an Ansehen und Verwendung gewinnt, während die Papier-Kartonnage vorzugsweise noch bei Schulbüchern, Jugendschriften und Bilderbüchern Verwendung findet, wo ein schöner bunter Deckel mit zum Ankauf locken soll. Schon beim Verpacken leiden diese leichteren Bände sehr oft durch das Einschneiden des Bindfadens oder das Brechen der Pappen und machen das Buch unscheinbar. Um das Abbrechen der Ecken zu vermeiden, rundet man sie sehr oft ab. Bezüglich des Beschnittes sei noch erwähnt, dass bisweilen alle drei Seiten glatt mit dem Deckel abgeschnitten werden, bisweilen aber auch die Deckel den Text etwas überragen, die Bogen also vor dem Einhängen beschnitten werden müssen; in anderen Fällen wird das Papier gar nicht beschnitten, wie das besonders bei der englischen Kartonnage geschieht. Der Verleger hat dann gleich die richtige Papiergrösse in Händen und der Drucker bei Neuauflagen das richtige Format.

Nach der Kartonnage verbleiben noch die wirklichen Einbände, und zwar an erster Stelle der Pappband, der besonders bei Schulbüchern angewandt wird, sodann der Halbleinwandband, dessen Rücken und Ecken, wie schon der Name sagt, aus präparierter Leinwand (Kaliko) bestehen, der Ganzleinwandband, der eben ganz mit Leinwand überzogen ist, der Halbfranzband, dessen Rücken und Ecken statt mit Leinwand mit Leder bekleidet sind, und der Franzband oder Lederband, der ganz mit Leder überzogen ist. Ferner wären noch zu nennen der Celluloid-, Elfenbein-, Holz-, Sammet-, Seidenband u. s. w. Alle diese Einbände werden fast ausnahmslos in eigentlichen Buchbindereien und nicht mehr in den Geschäftsräumen der Buchdruckereien hergestellt, weshalb ich mich nicht weiter damit beschäftigen will.

Bemerken will ich noch, dass, wenn Kupferoder Stahlstiche in ein Buch kommen sollen, dasselbe keinen farbigen Schnitt bekommen darf, weil das angeleimte Papier die nassen Farben aufsaugt. Auch bei Einlagen, wie Tabellen, Karten u. s. w., die infolge ihrer Grösse eine oder mehrmals zusammengefalzt werden müssen, ist acht zu geben, dass beim Beschneiden diese Einlagen nicht zerschnitten werden, wie das schon vorgekommen ist; es muss daher genau berechnet werden, wo die Brüche hinzukommen haben. Eine Hauptsache ist aber, dass die Bogen- oder Bogenteile, also auch einzelne Blätter, fortlaufend signiert werden und dass die Norm bezüglich des Bandes oder Teiles keinen Zweifel aufkommen lässt. Erwähnt sei auch noch, dass bei einfachen Büchern aus leichtem Papier, die gewalzt werden, der Buchbinder oft nicht nötig hat, die Bogen zu glätten, weil die Walzmaschine die Schattierung zum grössten Teil beseitigt.

Die handwerksmässigen Arbeiten werden in grösseren Buchbindereien zumeist im Accord hergestellt, weshalb sich die grossen Städte Tarife geschaffen haben, die aber lange nicht die Verallgemeinerung gefunden haben, wie z. B. der deutsche Buchdruckertarif. Einen allgemein gültigen deutschen Buchbindertarif giebt es zur Zeit noch nicht und wird es wohl auch infolge der ganz verschiedenen Einrichtungen und dem Mangel an genügend starken Organisationen so bald nicht geben. Erfreulich ist es, dass gerade das wichtigste, was ein buchgewerblicher Tarif enthalten muss, nämlich die Grössenangabe der Formate, im Leipziger Tarif enthalten ist, während sie im Tarif für Deutschlands Buchdrucker fehlt. Denn wo im Buchdruck bezüglich des Umbruchs Oktav aufhört und Quart anfängt, oder welcher Bogen als Oktav oder als Sechs anzusehen ist u. s. w., ist schwer zu sagen, obwohl das doch sehr wichtig ist. Ich glaube nicht, dass es ganz gleich ist, ob man z. B. einen kleinen Oktav-Roman oder ein wissenschaftliches Werk grossen Formates zu umbrechen hat, ebensowenig will mir einleuchten, dass ein aus Perl- oder Nonpareille-schrift gesetztes Werk sich so bequem behandeln lässt, wie ein solches aus Korpus- oder Cicero-schrift. Auch ist es keine Seltenheit, dass vom Buchhändler Werke als Klein-Folio verkauft werden, die der Setzer als Oktav umbrochen hat.

Wie beim Buchdrucker, so herrscht auch beim Buchbinder eine grosse Meinungsverschiedenheit um nicht zu sagen Wirrwarr bei der Abgabe von Kalkulationen. Es ist z. B. dagewesen, dass für eine kleine Broschüre von zwei ineinandergelegten Bogen Text und Umschlag die eine Buchbinderei bei 1000 Auflage M. 12.50 pro 1000 verlangte, während sie die zweite M. 9.50 und die dritte gar nur M. 7.50 offerierte. Die Broschüre einer andern Arbeit offerierte die eine Firma mit M. 65.— pro 1000 Exemplare, die zweite mit M. 48.—, und was die dritte, der der Auftrag überwiesen wurde, kalkuliert hat, bleibt besser verschwiegen. Die Auflage war allerdings eine sehr grosse.

Erwähnt sei ferner, dass auch der Buchdrucker mitunter sündigt, wenn er die Buchbinderarbeit seiner Drucksachen zum Selbstkostenpreise anbietet, wie das bisweilen geschieht. Stellt er sich selbst her, so hat er ausser den eigentlichen Buchbinderkosten noch viele Spesen und Scherereien, für die natürlich etwas aufgeschlagen werden muss; weiter muss er häufig die Buchbinderrechnung umgehend begleichen, während er selbst erst den Betrag dafür zur Ostermesse des folgenden Jahres oder noch später angewiesen erhält. Führt er aber die Arbeit selbst aus, so sollte er wohl bedenken, dass die gezahlten Arbeitslöhne oft das Wenigste vom ganzen Betrag ausmachen, dass dazugegen ein hoher Prozentsatz für Miete und Steuern, Kranken-, Invaliden- und Unfallbeiträge, Amortisation und Abnützung der Maschinen, Materialverbrauch, Verzinsung der gezahlten Löhne und Auslagen, Heizung, Beleuchtung, Betriebsspesen u. s. w. aufgeschlagen werden muss.

Hiermit mögen meine Ausführungen ihr Ende finden. Habe ich mit denselben auch nicht gerade etwas Neues geboten, so dürften sie aber doch anregend wirken und ist nur zu wünschen, dass auch andere Fachmänner aus ihrer Praxis gelegentlich der Allgemeinheit etwas mitteilen, denn ein Meinungsaustausch oft vor vielem Schaden bewahrt und zur Klärung falscher Anschauungen beiträgt.

* * *

Der Inhalt vorstehender Abhandlung entspricht einem vor kurzem von Herrn *E. Hirschel* in der Typographischen Gesellschaft zu Leipzig gehaltenen und sehr beifällig aufgenommenen Vortrag und zweifeln wir nicht daran, dass die Ausführungen des erfahrenen Fachmannes auch für unsern Leserkreis manchen praktischen Hinweis enthalten.

Die Schriftleitung.

Ein „Gutenbergs-Album" von 1840.

Ein Beitrag zur 500jährigen Jubelfeier der Geburt unseres Altmeisters Johannes Gutenberg.

Von HANS NAETER.

In den Tagen vom 23. bis 26. Juni des kommenden Jahres wird im goldenen Mainz, der Geburtsstätte Johannes Gutenbergs und seiner Erfindung, von berufenen Vertretern nicht nur des gesamten Buchgewerbes, sondern auch der gelehrten Welt die fünfhundertste Wiederkehr seines Namenstages in würdiger Weise gefeiert werden, d. h. also die fünfhundertste Wiederkehr desjenigen Jahres, in welchem er nach den Ergebnissen archivalischer Forschung wahrscheinlicherweise geboren wurde. Aus Anlass dieser Feier sind natürlich die mannigfaltigsten Schriften über Gutenberg, seine Erfindung und seine Zeit erschienen, so dass es sich erübrigen dürfte, diesen Reichtum auch noch durch die Fachpresse vermehren zu helfen. Das ist denn auch nicht meine Absicht, sondern ich will die Berufsgenossen nur mit einem eigenartigen Presserzeugnis bekannt machen, das bei der 4. Säkularfeier der Erfindung der Buchdruckerkunst im Jahre 1840 erschien und, da es nur in beschränkter Anzahl an Subskribenten zur Ausgabe gelangte, heute zu den Seltenheiten gehören dürfte.

Es ist ein stattlicher Quartband in der Grösse von 24 zu 30 cm, XXI und 348 Seiten stark, herausgegeben von Dr. Heinrich Meyer, im Verlage von Johann Heinrich Meyer in Braunschweig und gedruckt ebendaselbst bei Friedrich Vieweg & Sohn. Der Herausgeber ist derselbe Dr. Heinrich Meyer, der den Berufsgenossen als Begründer des angesehenen »Journals für Buchdruckerkunst« bekannt ist. Das Titelbild zeigt in vorzüglichem Kupferstich den ausdrucksvollen Kopf Gutenbergs, für das Album gestochen von Eduard Eichens in Berlin, gedruckt von L. Fischer. Das Titelblatt trägt neben den Titelzeilen das Familienwappen der Gensfleische, deren berühmtester Spross allerdings mehr den Namen seiner Mutter Else zum Gutenberg, als den seines eigenen Geschlechts zu hohen Ehren brachte. Auf der Rückseite des Titelblattes fehlt natürlich auch nicht das »Imprimatur« eines damaligen braunschweigischen Zensors namens Dedekind.

Heinrich Meyer.

Das ganze Album, das übrigens die in der Überschrift dieses Artikels beibehaltene Schreibweise »Gutenbergs-Album« führt, umfasst drei Teile, die ihrem Inhalte nach nur lose miteinander zusammenhängen. Der erste Teil giebt zunächst einen kurzen Abriss der Geschichte von Gutenbergs Verfahren, die bei den damaligen sich wiederholenden Zwistigkeiten zwischen den Zünften und Geschlechtern im kurfürstlichen Mainz auf Seiten der Patrizier eine führende Rolle spielten, an der Gutenberg selbst sich allerdings nie beteiligt hat. Darauf folgt eine eingehendere Schilderung der Kämpfe und Nöte aus Gutenbergs Strassburger Zeit (1434 bis 1444), des weiteren über seine erste Druckereigründung und das dabei obwaltende Verhältnis zu Johann Fust und dessen späterem Schwiegersohn Peter Schöffer (1450 bis 1455) und schliesslich über Gutenbergs zweite Druckereigründung mit Hilfe des Dr. Konrad Homery in Mainz und über seine letzten Lebensjahre in Eltville am Hofe des Erzbischofs Adolf von Nassau (1457 bis 1498). In einem längeren Schlusswort verbreitet sich dann der Herausgeber noch über die nachfolgende Entwickelung der übrigen Zweige des graphischen Kunstgewerbes, in dem er der Holzschneidekunst, des Congrevedruckes, wie auch der Versuche Breitkopfs um die Mitte des vorigen Jahrhunderts, Musiknoten mit beweglichen Typen zu drucken, Erwähnung thut. Weiter berichtet er als gewissenhafter Chronist über den Bau der ersten Schnellpresse durch Friedrich König und über die Erfindung der Lithographie durch Aloys Senefelder.

Dieser ganze erste Teil ist mit zahlreichen Illustrationen geschmückt, die zugleich in ihrer Ausführung die verschiedenen Druckmethoden dem Leser vor Augen führen. Das Titelbild, Gutenbergs Brustbild in Linienmanier in Kupfer gestochen, habe ich bereits erwähnt, dem folgt eine Ansicht von Mainz vom gegenüberliegenden Rheinufer aus gesehen, in Stahl gestochen von H. Fincke in Berlin, dann ein ganz vorzügliches Schabkunstblatt von Gustav Lüderitz in Berlin, den reichen Patrizier Johann Fust in federgeschmücktem Barett darstellend, und ein in Tuschmanier gehaltenes Bildnis Peter Schöffers, gestochen von Sixdeniers in Paris. Ein lithographischer Bronzedruck von Oehme und Müller in Braunschweig stellt das Mainzer Gutenberg-Denkmal dar und ein Clair-Obscur-Druck der gleichen Firma das Standbild Schöffers, beide

Erzeugnisse in ihrer heutigen Wirkung äusserst nüchtern. Die damalige Kunst des Holzschnittes zeigt das Bild eines Edelfräuleins, das von Ferd. von Exter, einem Schüler des Professors Hötel in Wien, geschnitten wurde, von welchem Erzeugnis der Herausgeber behauptet, dass es den Holzschnitt auf einer nie geahnten Stufe der Vollendung zeige! Danach wäre ich begierig auf das Entzücken gewesen, das der Herausgeber bei dem Beschauen der heutigen Meisterwerke der Holzschneidekunst

Satzbeispiel.   Mitglieds-Karte.

unzweifelhaft empfinden müsste, wenn er noch am Leben wäre. Das ist denn doch ein Unterschied wie Tag und Nacht! Das Porträt Friedrich Königs, das nun folgt, ist von F. Knolle in Braunschweig radiert und zeigt die grossen klugen Augen und die kräftige gebogene Nase des genialen Konstrukteurs, während der ausdrucksvolle Charakterkopf Senefelders in lithographischer Kreidemanier wiedergegeben ist. Ein Porträt des Pariser Achille Collas in Reliefstich, dessen Erfinder er ist, vervollständigt diese interessante Sammlung.

Der zweite Teil des Gutenberg-Albums von 1840 wird auf seinem ersten Blatte geschmückt durch eine farbenreiche Widmung, dessen Zeichnung von Heinrich Asmus in Berlin entworfen wurde, den Stich und Druck in Congreveманier besorgte Eduard Haenel in Berlin, die jetzige W. Gronausche Buchdruckerei in Berlin-Schöneberg, der zuerst den Congrevedruck in Deutschland ausgeführt hat. Die Widmung in breiter Gotisch auf blassgrünem Untergrund gestochen, so dass die Schrift weiss erscheint, lautet: «Dankbar reicht Germania des Verdienstes Krone, Glückliche Mogantia, deinem grossen Sohne!» Das nächste Blatt trägt als Motto einen Ausspruch Luthers: «Die Buchdruckerei ist summum et postremum donum, das höchste und letzte Geschenk.» Nun folgt eine etwas langatmige Erläuterung des Herausgebers, die mit zahlreichen lateinischen und griechischen Citaten gespickt ist und worin er sorgsam die Vorteile und Nachteile abwägt, welche die Erfindung der Buchdruckerkunst der Menschheit gebracht hat. Zum Schluss dieser Abhandlung kommt der Herr Verfasser aber doch zu der Überzeugung, dass «demungeachtet nämlich ungeachtet der von ihm aufgeführten Nachteile diese Erfindung eine der segensreichsten für die Menschheit gewesen ist». Nach dieser befriedigenden Erklärung erteilt dann der Herausgeber seinen Mitarbeitern das Wort, die in alphabetischer Reihenfolge ihrer Namen der Ruhmesthat Gutenbergs mehr oder minder schwungvolle Lobeshymnen weihen. Zuerst führt ein Herr L. Aegidi aus Königsberg die Sprachen der verschiedenen Völker in ihren Dankesbezeugungen auf, und ich nenne deshalb hierbei seinen Namen besonders, weil er noch der einzig Überlebende von allen Mitarbeitern an diesem Album sein dürfte. Damals spendete er — wie Dr. Meyer besonders hervorhebt — als 14jähriger Sekundaner des Königsberger Gymnasiums diesen durchaus gelungenen Beitrag in gebundener Sprache, heute ist er, 74 Jahre alt, Geheimer Legationsrat a. D. und Honorarprofessor an der königl. Friedrich-Wilhelms-Universität zu Berlin. Dann folgen in der Reihe der Mitarbeiter von bekannten Persönlichkeiten Berthold Auerbach, Ludwig Bechstein, Ernst Freiherr von Feuchtersleben, de la Motte Fouqué, Fr. Kind, Fr. Rückert, Gustav Schwab und die beiden Verleger E. G. Schwetschke in Halle und Georg Wigand in Leipzig. Den Schluss dieser Abteilung bildet ein «Schreiben der Gänse an den Herausgeber des Gutenberg-Albums», in welchem diese nützlichen und wohlschmeckenden Vögel als Träger und Produzenten der Gänsekiele dem Gutenberg ihre Dankbarkeit zum Ausdruck bringen, da er durch seine Erfindung die Bücherabschreiber überflüssig gemacht habe und sie nunmehr ihre Gänsekiele behalten könnten u. s. w. Der Verfasser dieses an dieser Stelle sich etwas sonderbar ausnehmenden geistreichelnden Schreibens, das offenbar humoristisch wirken soll, diese Wirkung aber verfehlt, hat sich nicht genannt: es hätte auch ruhig heraus-bleiben können.

Den dritten und letzten Teil des Albums eröffnet ein lithographisches Kunstblatt, entworfen von dem schon genannten Heinrich Asmus und in Farben gedruckt bei J. Storch in Berlin, auf welchem die durch sechs weibliche Figuren dargestellten Völker der Typographie, die ebenfalls durch eine weibliche Idealgestalt veranschaulicht ist, ihre Huldigung darbringen. Oben in den beiden Ecken thronen die Wissenschaft und die Kunst. Das Ganze ist mit einer gefälligen Rocke umgeben und trägt in Golddruck auf blauem Grunde oben die beiden Jahreszahlen »1440—1840« und unten die Worte »Die Typographie vereinigt alle Völker«. Als Motto trägt dieser Teil einen Spruch aus 2. Buch Mosis, Kapitel 20, Vers 15: »Und das ganze Volk sahe die Stimmen«. Nun folgen auf 183 Seiten kürzere und auch umfangreichere Lobsprüche und Gedichte auf Gutenbergs Errungenschaft in den verschiedensten lebenden und toten Sprachen, die in den entsprechenden Typen zum Ausdruck gebracht und von Gelehrten wie Gesenius und Moses Mendelson übersetzt worden sind. Es würde zu weit führen, die verschiedenen im Gutenberg-Album aufgenommenen Sprachen-Charaktere hier aufzuzählen, da sie nur ein lückenhaftes Bild des gewaltigen Sprachgebietes gewähren können; es sei nur darauf hingewiesen, dass die meisten Schriften zu diesem Teil von Friedrich Nies in Leipzig geliefert wurden, einige andere stammen von Strauss Witwe in Wien, Karl Tauchnitz in Leipzig, F. A. Brockhaus in Weimar (?), F. G. H. Culemann in Hannover, J. D. Lorenz in München und Sparny in Prag. Den Beschluss bildet eine kleine Anzahl Schriftproben (Hieroglyphen, Keilschrift, Aramäisch, Palmyrenisch u. s. w.) und eine Tafel chinesischer Buchstabenbilder, letztere von A. Beyerhaus in Berlin. Dann folgen noch als Anhang die »Autographa der Mitarbeiter«, unter denen auch die Namen der beteiligten Kunsthandwerker nicht fehlen, und schliesslich die Liste der Subskribenten, der ich noch einige Worte widmen möchte.

Es ist ja selbstverständlich, dass ein Gutenberg-Album nur in den Fachkreisen ein regeres Interesse erwecken konnte, und daher finden wir denn auch die weitaus grösste Zahl der Abnehmer unter den Buchdruckern und Buchhändlern, während die übrigen Subskribenten sich zum Teil aus Gelehrten, Bibliotheken und Gönnern zusammen-setzen. An der Spitze der Liste figurieren: Se. Majestät der König Friedrich August (I.) von Sachsen, die Grossherzöge von Baden, Mecklenburg-Schwerin und Oldenburg, fünf Erzherzöge von Österreich, Se. königl. Hoheit der Kronprinz von Preussen der spätere König Friedrich Wilhelm (V.) und schliesslich eine ganze Anzahl von Fürstlichkeiten aus nicht

Festkarte.

regierenden Häusern, unter denen merkwürdigerweise der Wiener Hofadel (Metternich, Lobkowitz, Schwarzenberg) besonders stark vertreten ist. Hierauf folgen die Angehörigen unserem gentium, die in alphabetischer Reihenfolge der Städte, in denen sie wohnen, angeordnet sind. Und von diesen will ich noch einige Namen, die für das Buchdruckgewerbe ein besonderes Interesse haben, in kurzer Bemerkung anführen. Da sind zunächst die Buchhändler Wilh. Besser und Ernst Siegfried Mittler in Berlin, dieser der Begründer der Firma E. S. Mittler

& Sohn, jener der Besserschen Buchhandlung; dann der Buchdruckereifaktor Deuter, später Mitinhaber der noch heute blühenden Firma Deuter & Nicolas. Aus Braunschweig führe ich an Eduard Vieweg, damals Inhaber der Firma Friedrich Vieweg & Sohn, und George Westermann, aus Karlsruhe Albert Knittel, der Vater des jetzigen Inhabers der Braunschen Hofbuchdruckerei Heinrich Knittel, aus Celle den Farbenfabrikanten Chr. Hostmann, aus Essen den C. J. Meinhold, Hofbuchdrucker, aus Essen den Buchhändler G. D. Baedeker, aus Frankfurt a. O. die Hofbuchdrucker Trowitzsch & Sohn, deren Personal auch ein Exemplar des Gutenberg-Albums bestellte (wo mag dasselbe wohl geblieben sein?), aus Halberstadt den Vater des jetzigen Inhabers der alten angesehenen Buchdruckerei Doelle gegründet 1580, aus Halle die Buchhändler Carl Ferdinand und C. G. Schwetschke, aus Hannover die Buchdrucker Culemann und Schlüter, aus Königsberg den Hofbuchdrucker G. F. Hartung (Begründer der Hartung'schen Königsberger Allgemeinen Zeitung), aus Leipzig K. F. Koehler, Georg Wigand und die Weidmannsche Buchhandlung, aus Mainz die Seifertsche Buchdruckerei (Inhaber Prickarts), aus Marienwerder die Kantersche Hofbuchdruckerei, aus Oldenburg Gerh. Stalling, aus Stuttgart die Cottasche und J. B. Metzlersche Buchhandlung und aus Zürich Orell, Füssli & Comp., Buchhändler und Buchdruckereibesitzer.

Das sind alles klangvolle Namen, deren Träger damals und auch in den nachfolgenden Generationen dem Stande zur Zierde gereicht haben, weshalb ich sie hier nicht unerwähnt lassen wollte. Ob nun auch die Nachkommen jener Subskribenten in ihren Familienarchiven nachforschen werden, ob das Gutenberg-Album sich noch in ihrem Besitze befindet? Zu wünschen wäre es, denn als ein historisches Denkmal behält dasselbe immer seinen Wert, und da es auch nur in einer beschränkten Anzahl gedruckt worden ist, ich zählte 286 Subskribenten mit 302 Exemplaren, so wird es — wie ich schon im Eingang dieses Artikels erwähnte — bereits zu den Seltenheiten gehören.

Den würdigen Abschluss des Albums macht das in farbigem Druck hergestellte Buchdruckerwappen, wie es vom Kaiser Friedrich III. (1440 bis 1493) den Buchdruckern verliehen worden ist. Die zum Druck erforderlichen acht Holzplatten wurden vom Hofkammersekretär Pfnor in Darmstadt geschnitten, den Druck besorgte die Hofbuchdruckerei W. Hasper in Karlsruhe.

Wird das Gutenberg-Album von 1840 im Jubeljahre 1900 einen Nachfolger erhalten? — Angesichts der ungeheuren Fortschritte in der Technik innerhalb der verflossenen 60 Jahre wäre das auf das lebhafteste zu wünschen! — *Wer wagt's?*

Nach Abschluss des vorstehenden Artikels erhalte ich von dem Schriftleiter dieses Blattes, Herrn H. Schwarz, die erwähnenswerte Mitteilung, dass neben der oben besprochenen grossen Quartausgabe auch noch eine ganz einfach ausgestattete Oktavausgabe des »Gutenberg-Albums« von 1840 vorhanden ist. Ich war zuerst geneigt, diese Ausgabe für ein Plagiat der grossen Quartausgabe zu halten, nach den mir gewordenen Angaben unterliegt es aber keinem Zweifel, dass wir es hier mit einer wohlfeileren Originalausgabe zu thun haben. Der Oktavband hat XXVI und 372 Seiten und umfasst nur zwei Teile, indem der dritte Teil der Quartausgabe in Wegfall gekommen ist. An Illustrationen ist als Titelbild nur ein Porträt Gutenbergs in lithographischer Kreidemanier (Verkleinerung des Stiches der grossen Ausgabe) aufgenommen. Der Herausgeber der Oktavausgabe war ebenfalls Dr. Heinrich Meyer. Während der Druck der Quartausgabe von Friedrich Vieweg & Sohn in Braunschweig besorgt wurde, hat der Herausgeber den Druck dieser kleinen Oktavausgabe in seiner eigenen Offizin Hofbuchdruckerei Joh. Heinr. Meyer in Braunschweig herstellen lassen. Auch bei der Oktavausgabe bildet ein Verzeichnis der Subskribenten den Schluss des Bandes.*   *H. N.*

Zur Pariser Weltausstellung 1900.

Von HERMANN SMALIAN.

Es ist ausser allem Zweifel, dass die deutschen Giessereien auf der Ausstellung in Paris zahlreich und mustergültig vertreten sein werden. Dank der gewaltigen Fortschritte in Zeichnung und Schnitt von Schriften wie Ornamenten wird die deutsche Abteilung Schriftgiesserei-Erzeugnisse vorführen können, welche sich nicht nur den besten Leistungen aller Länder ebenbürtig an die Seite stellen, sondern letztere teilweise noch übertreffen werden.

* Ausser dem im Besitz der Schriftleitung befindlichen Exemplare besitzt auch das Buchgewerbemuseum Klemmsche Sammlung in Leipzig beide Ausgaben des »Gutenberg-Albums«. Auffallenderweise ist in den Hauptwerken der Fachlitteratur stets nur die grosse Ausgabe erwähnt, während in Waldows Encyklopädie beide Ausgaben aufgeführt sind.
Die Schriftleitung.

Aber nicht bloss in der Zeichnung und dem Schnitte der Schriften u. s. w. werden die Fortschritte sichtbar werden, welche Deutschland darin seit Wiederaufrichtung des deutschen Reiches gemacht hat, sondern auch in dem korrekten Guss der Typen und in der Güte des dazu verwendeten Materials. Erst wenn die schön gezeichneten und gut geschnittenen Typen exakt aus bestem Material gegossen sind, haben sie für den Buchdrucker dauernden Wert. Das Fehlen einer dieser vier Eigenschaften macht sie minderwertig.

Durch die Ausstellung von Schriftproben, Stempeln und Typen werden die Besucher sich leicht von der Zeichnung, dem Schnitt und Material der Typen überzeugen können. Schwerer dürfte es sein, sich auch von der Genauigkeit des Kegels und der Höhe zu überzeugen. Es dürfte im Auslande noch nicht genügend bekannt sein, dass in Deutschland die alten Systeme über den Haufen geworfen, das Didot-System an deren Stelle gesetzt, auf das Meter basiert und zur genauesten Beibehaltung ein Normalstab bei der Normal-Aichungs-Kommission in Berlin hinterlegt wurde.

Diese Ruhmesthat der deutschen Schriftgiessereien müsste meines Erachtens in einer passenden Form auf der Pariser Ausstellung zur Kenntnisnahme gebracht werden, denn die Einführung und Festlegung des Didot-Systems ist auch eine nach mühevollen Kämpfen während eines Menschenalters glücklich in den Hafen gebrachte Errungenschaft des zu Ende gehenden Jahrhunderts, über welches die Pariser Weltausstellung gleichsam eine Rückschau halten soll.

Diese Bekanntgabe halte ich im Interesse der deutschen exportierenden Schriftgiessereien für dringend nötig. Die letzteren werden mir aus eigener Erfahrung beipflichten, dass mancher schöne Auftrag aus überseeischen Ländern gar nicht oder erst nach grossen Zeitverlusten ausgeführt werden konnte, weil Angaben über Kegel und Höhe fehlten. Die Besteller hatten bei ihren Bezügen aus Frankreich niemals nötig, darüber Angaben zu machen. Über die Anfrage der deutschen Schriftgiessereien wurden sie nun zunächst stutzig, dann unwillig über die Verzögerung und nicht selten geneigt, von dem Bezuge deutscher Typen ganz abzusehen in der Befürchtung, die in Deutschland gefertigten könnten zu ihren früheren Bezügen aus Frankreich nicht genau passen.

Diese Befürchtung der überseeischen Buchdrucker kann nur durch eine klare Darlegung der Thatsache beseitigt werden, dass Deutschland zu seinem Normalsystem das Didot-System angenommen hat. Jeder, welcher aus Frankreich oder aus einem anderen Lande Typen nach dem Didot-System kaufte, kann daher seinen Auftrag deutschen Giessereien in der Gewissheit erteilen, dass deren Lieferungen in jeder Beziehung mit denen anderer Nationen genau übereinstimmen.

Ich hielt es für angezeigt, diese Angelegenheit zur Sprache zu bringen und zweifle nicht, dass die deutschen Giessereien eine passende Form für diese Bekanntgabe finden werden zum Nutzen des deutschen Exportes im allgemeinen und zu dem der Giessereien im besonderen.

Zwei drucktechnische Neuheiten.

Die nachfolgenden Abbildungen veranschaulichen einen gesetzlich geschützten *Zahlapparat*, den die *Maschinenfabrik J. G. Schelter & Giesecke* in *Leipzig* neuerdings gebaut hat. Der Apparat ist dazu bestimmt, die erfolgten Drucke zu zählen, resp. zu jeder beliebigen

Zeit eine leichte Prüfung dahingehend zu ermöglichen, wieweit eine Auflage im Drucke vorgeschritten ist. Bislang brachte man Zählapparate zumeist nur an Rotationsmaschinen, vereinzelt auch an Schnellpressen an. Der nachstehend in seinen verschiedenen Stellungen gezeigte Apparat ist besonders für Tiegeldruckpressen geeignet, daneben aber auch für jede andere Druckmaschine anbringungsfähig. In dem beschreibenden Prospekte, der Interessenten zu Diensten steht, werden folgende Vorzüge dieser Neuheit hervorgehoben. Die Zifferu befinden sich unter einer Glasplatte. Infolgedessen ist ein Zerkratzen derselben durch Ahle oder Schraubenzieher ausgeschlossen. Ein sprungweises Verstellen der Zifferräder ist ohne Schlüssel unmöglich. Erst hierdurch kann eine wirkliche Kontrolle seitens des Geschäftsinhabers oder Obermaschinenmeisters stattfinden. Die Stellung auf Null geschieht nicht durch umständliche Änderung jedes einzelnen Rädchens, sondern sämtliche Räder werden durch eine einzige

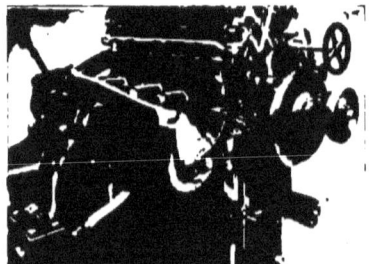

Stellung des Zählers im Augenblick des Druckes.

Umdrehung des Schlüssels auf Null zurückgeführt. Der Apparat zählt nur, wenn ein Druck stattfindet. Das Zählwerk wird durch sehr zweckmässige Antriebsvorrichtungen mit den genannten Maschinen verbunden.

Stellung des Zählers bei offener Presse.

Eine weitere Neuheit derselben Firma sind eiserne *Unterlegplatten für Halbtonätzungen*.

Diese Platten bilden eine vollständig unnachgiebige und ebene Unterlage für den Druck von Halbtonätzungen (Autotypien) und erleichtern infolgedessen die Zurichtung derselben in hervorragender Weise. Sie sind in ihrer Massen dem typographischen System angepasst, lassen sich demnach mit Typensatz zusammen sehr gut verwenden. Die Autotypie kann auch, wenn der Untersetzer bereits in die Form geschlossen ist, auf demselben befestigt werden, lässt sich jederzeit vom Untersetzer, ohne dass derselbe aus der Form entfernt zu werden braucht, abheben, hinterlegen oder gegen eine andere Autotypie austauschen.

Ausnutzbar ist die ganze Fläche der Platte bis auf einen Rand von 5 mm auf der Seite der beweglichen und einen solchen von 2 mm auf der Seite der festen Facetten. Man kann also Schrift bis auf wenige Millimeter an die Autotypien heransetzen und dieselben so auf die beste Art und Weise mit dem Satz zusammen drucken.

Die Unterlegplatten werden 2⁵⁄₈ mm unter Schrifthöhe gehobelt.

Um die Platten voll und ganz ausnützen zu können, ist es allerdings erforderlich, die Facetten der Ätzungen immer und von jedem Lieferanten gleichmässig zu erhalten. Es empfiehlt sich deshalb der Ankauf eines Lehrmasses, welches bei Bestellung

von Klischees einzusenden ist. Die Lehre giebt an, wie die Facette beschaffen sein muss, um gut gefasst werden zu können und gut in die Facettenhalter zu passen.

Da die eisernen Voll-Unterlegplatten, die aus einem Stück bestehen, sich mehr für feste Formate eignen, werden, wo verschiedene Formate zu drucken sind und die Anschaffung einer ganzen Kollektion Vollplatten in mehreren Grössen der Kosten wegen gescheut wird, eiserne Teil-Unterlegplatten nebst entsprechenden Ausfüllstücken geliefert. Mit diesen können durch Zusammensetzen die verschiedensten Formate gebildet werden. Die äussere Grösse der Teilplatten ist 8×8 und 8×12 Cicero. Die Ausfüllstücke, welche ebenfalls aus Eisen bestehen, haben 2 bezw. 4 Cicero Stärke und werden in verschiedenen Längen angefertigt.

Die Art und Weise, wie die Teilplatten zusammengesetzt werden, geht aus vorstehender Abbildung hervor.

Ein österreichisches Bilderwerk.
Von *J. Bürg.*

Ein hervorragendes Bilderwerk, das in weiteren Kreisen bekannt zu werden verdient, und zwar sowohl seiner pädagogischen Bedeutung, wie auch seiner künstlerischen und technischen Vollkommenheit wegen, sind die *Bilderbogen für Schule und Haus*, von denen zwei Lieferungen vorliegen, die dritte in Kürze erscheinen wird.

Durch dieses gross angelegte Unternehmen, das die *Gesellschaft für vervielfältigende Kunst* in Wien mit Unterstützung des österreichischen Unterrichtsministeriums herausgibt, wird endlich dem thatsächlichen Mangel nach einem gediegenen Bilderwerk, das die vielfach zweifelhafte Marktware zu verdrängen geeignet ist, abgeholfen. War los vor kurzem in dieser Beziehung der Rückstand Österreichs gegenüber anderen Kulturnationen ein ausserordentlicher, so kann man angesichts dieses Unternehmens ruhig sagen, dass damit fast alle ähnlichen Erscheinungen des Auslandes übertroffen werden.

Mit diesem umfassenden Werke hat sich die Herausgeberin die Lösung einer schwierigen Aufgabe gestellt. Denn es soll nicht nur der lernenden Jugend ermöglichen, den Lehrstoff lebensfrisch zu erfassen, sondern es soll auch dem Erwachsenen die Welt mit der Fülle ihrer Erscheinungen in künstlerischem Rahmen anziehend vorführen. Und das ist ein um so dankenswerteres Beginnen, als wir Älteren uns mit aufrichtigem Bedauern erinnern, an welch meist stümperhaften Lehrbehelfen sich unsere Vorstellungen von den Dingen der Welt zu entwickeln begannen.

Gewöhnlich glaubt der Mensch, wenn er nur Worte hört, es müsse sich dabei auch etwas denken lassen, wie Goethe sagt. Das mag wohl von den streng abstrakten Gebieten menschlichen Wissens zutreffen, von den geschichtlichen Vorgängen und den realen Dingen kann aber selbst die voll-

Bruchstück aus »Bilderbogen für Schule und Haus« No. 13. Zeichnung von J. Benczur. Zinkographie von Jan Vilím in Prag. Verlag der Gesellschaft für vervielfältigende Kunst in Wien.

Ungarischer Krieger.

tönendste Bezeichnung kaum eine scharf umrissene Vorstellung gewähren; dem Auge allein ist es gegönnt, das Bild eines Gegenstandes in sich aufzunehmen. Deshalb bemüht sich die moderne Pädagogik bereits seit längerer Zeit, nicht nur Worte dem Munde geläufig zu machen, sondern den Geist mit Sinnesanschauungen zu erfüllen. Je künstlerischer vollendet nun der betreffende Gegenstand in die Erscheinung tritt, um so wirksamer wird das Ziel des Anschauungsunterrichtes erreicht; Die Phantasie der Jugend anzuregen und zugleich in richtige Bahnen zu lenken, zugleich aber auch jedem gebildeten oder bildungsbedürftigen Erwachsenen eine frisch sprudelnde Quelle reichsten Genusses zu bieten.

Dieses wahrhaft ideale Programm konnte daher nicht mit toten Einzel-Ausschnitten aus der Natur und steifen Rekonstruktionen geschichtlicher Vorgänge oder harber Wiedergabe legendärer und märchenhafter Stoffe verwirklicht werden. Es wurde deshalb der altbewährte Weg der Münchener Bilderbogen gewählt, um im Formate dieser jene lebensfrischen Gesamtdarstellungen aus Natur und Geschichte bieten zu können, wie sie Grösse und Ausstattung des Lehrbildes nicht zulassen. Es handelte sich also darum, die Hauptgestalten der Geschichte mitsammt der an ihren Namen sich knüpfenden Ereignisse vorzuführen, Sagen und Märchen duftig zu verkörpern, die wichtigsten Erscheinungen der Erdoberfläche, der Tier- und Pflanzenwelt lebensvoll festzuhalten, die bedeutendsten Denkmale menschlicher Entwicklung richtig und zweckkundend wiederzugeben, sowie die hauptsächlichsten technischen Errungenschaften in anschaulicher Weise vor Augen zu führen. Nach planvoller Vorbereitung und unter dem Beistande hervorragender Künstler und tüchtiger Gelehrter wurde an die Ausführung dieses Programmes geschritten. Das war auch nötig zum Erfolge. Denn nur der wahre Künstler kann abgerundete Gesamt-Darstellungen aus dem vollen Leben greifen, lebendig erschauen und eindrucksvoll gestalten. Er allein vermag uns zu offenbaren, wie es in Natur und Leben jetzt ist und einst war.

Über dem Bilde ist aber auch das Wort nicht vergessen. Die einzelnen Bilderbogen enthalten, so weit es notwendig erscheint, auf der Rückseite erläuternde Texte. In knappster Form wird darin alles Bemerkenswerte erklärt und die vom Künstler verwerteten historischen, naturwissenschaftlichen, technischen oder künstlerischen Einzelheit hervorgehoben, damit sie auch dem flüchtigeren Beschauer nicht verloren gehe. Diese textlichen Erläuterungen erscheinen in acht österreichischen Unterrichtssprachen: deutsch, tschechisch, italienisch, polnisch, ruthenisch, slowenisch, kroatisch und rumänisch.

Die bisher erschienenen zwei Lieferungen à 25 Bogen rechtfertigen die gehegten Erwartungen vollkommen und verdienen uneingeschränktes Lob. Zeigte schon die erste Serie, dass man nicht nur ein vorzügliches Programm zu entwerfen verstand, sondern auch die Kraft besitzt, es durchzuführen, so wird dies erfreuliche Thatsache auch durch die neue Folge bestätigt. Vor allem wirkt es auf den Beschauer unzweifelhaft anregend, dass nicht in strenger Reihenfolge ein Thema erschöpft, sondern die verschiedenen Wissenszweige, wie Geschichte, Sage, Märchen Erdkunde, Volksleben, Technik u. s. w. diese abwechslungsreichen Inhalt jeder Lieferung bilden. Es ist bereits eine ansehnliche Reihe anerkannter Künstler, welche sich in die Entwürfe für die Bilderbogen teilen. F. Jenewein, H. Schwaiger, H. Leffer, A. Dak, A. Hirschl, G. v. Kempf, R. Bernt, O. Friedrich, J. Urban, H. Russ, E. v. Lichtenfels, F. Rumpler, K. Maser, J. Bouvier, H. Altwirth, V. Brožík, H. Charlemont, F. Hannuck, C. Hausmann, St. Simony, M. Suppantschitsch u. a. m. Jeder von ihnen hat sich auf dem ihm zusagendsten Gebiete in seuer Eigenart bethätigt. Es gleicht wohl einem müssigen Unterfangen, etwelche aus deren Schöpfungen hervorzuheben, weil diesem jenes und jenem wieder dieses zusagender erscheinen mag. Deshalb seien nur einige allgemeiner interessierende Titel aus Geschichte, Ethno- und Geographie angeführt: Germanisches Dorf (siehe die nur einen Bruchteil dieses Bogens 10 bildenden Abbildungen im Kopfe Z.; Romanische Burganlage; Mittelalterliche Stadt; Lihussa; Stefan, der erste König Ungarns; Kaiserin Maria Theresia; Das Leben der Bauern im XII. Jahrhundert; Das Leben auf der Landstrasse im XIV. Jahrhundert; Die Donau von der Quelle bis Ulm; Die Donau von Passau bis Greifenstein in Niederösterreich; Das Salzbergwerk in Wieliczka in Galizien; Hochgebirge; Tiroler Trachten u. s. w. Eine gute Idee ist die Wiedergabe der legendären Stoffe und Märchen durch Farbenbilder, deren das erste Heft drei enthält, darunter Hänsel und Gretel, sowie Der Wolf und die sieben jungen Geislein. Die zweite Lieferung bringt nur ein einziges solches, aber reizendes Farbenbild — Dornröschen — das gewiss nicht nur sorgenlose Kinderaugen entzücken, sondern auch den vom harten Lebenskampfe bedrückten Grossen eine heitere Miene abzugewinnen vermag.

Was die Art der Reproduktion anbelangt, so kam ausser dem Holzschnitt vornehmlich die Zink- und Kupferätzung in Anwendung, auf einzelnen Bilderbogen auch Holzschnitt und Zinkätzung kombiniert. Die Farbenbilder sind sämtlich Zinkätzungen von C. Angerer & Göschl in Wien, aus deren Anstalt auch eine ansehnliche Zahl der einfarbigen Klischees stammt. Die nächstmeisten und noch zufriedenstellenden Zink- und Kupferätzungen besorgen die Anstalten von Johann Vilím in Prag und Petiet & Krampolek in Wien; weiter stammen einige Zinkklischees von M. Perlmutter in Wien.

Wenn hier vom Holzschnitt als künstlerischem Reproduktionsverfahren zuletzt die Rede ist, so geschieht es nur, um einige Worte des Bedauerns anzufügen, dass die älteste typographische Illustrationsweise so verhältnismässig stiefmütterlich zur Schaffung dieses Bilderwerkes herangezogen wurde. Es erscheint dies wie eine Art Undank, denn die erste Anregung zu dem Unternehmen entstammt eigentlich dem xylographischen Ateliers der k. k. Hof- und Staatsdruckerei in Wien. Man suchte dort begreiflicherweise nach Ersatz für die Lücke, welche die baldige Beendigung des Prachtwerkes »Österreich in Wort und Bild« verursachen wird. So kam man schliesslich auf die Gedankenreihe, die den Bilderbogen zu Grunde liegt. Da machten sich jedoch auswärtige Einflüsse — wahrscheinlich in der Erwartung eines sogenannten Bombengeschäftes — geltend, so dass die genannte Anstalt selbst von der Verwirklichung der Sache abstand. Was aber ein künstlerischer Holzschnitt zu bedeuten hat, beweist wieder einmal eine ganze Reihe von Blättern, wie: Rudolf v. Habsburg, Romanische Burganlage, Hunnen, Hochgebirge und Ebene, Kreuzfahrer, Weinbau u. a. m., die zu den Perlen der Sammlung gehören. Mit Ausnahme zweier Blätter des verstorbenen Krahl stammen alle Holzschnitte aus dem Atelier der k. k. Hof- und Staatsdruckerei, dessen Vorstand Professor Hecht mit Genugthuung auf solche Meisterleistungen zurückblicken darf. Man will oft auf den ersten Blick nicht glauben, dass solche malerische Wirkungen mit so einfachen Ausdrucksmitteln erreicht werden«.

Der Druck des Bilderwerkes, in der bekannten Offizin Friedrich Jasper ausgeführt, genügt allen Anforderungen modernen Illustrationswesens. Der Vorwurf jedes Blattes, mag er nun in Holzschnitt, Zink- oder Kupferätzung wiedergegeben sein, erscheint in der Zurichtung verständnisvoll herausgearbeitet. Besonders die Holzschnittbilder werden ab der Reinheit und Deutlichkeit, womit sich das oft vielfache Detail abhebt, nicht nur stets den Fachmann entzücken, sondern thatsächlich die Magnete des Unternehmens werden. Deshalb schon aus Geschäftsklugheit den Holzschnitt mehr als bisher bedenkt! Dass auch die Wiedergabe der Farbenzinkographen der Jaspers'schen Anstalt alle Ehre macht, ist eigentlich unnötig zu erwähnen. Wurden ja in dieser Offizin die ersten derartigen Klischeeproben Angerers vorgenommen.

Die Bilderbogen für Schule und Haus bilden ein wahrhaft volkstümliches Werk, das bei klein und gross, in Hütte und Palast gleich geschätzt und beliebt zu werden verdienen. Bleibt, wie zu hoffen ist, das Unternehmen auf der Höhe, die es erreicht hat, so wird die ausgesprochene Voraussetzung sicher in ausgedehntem Masse in Erfüllung gehen. Der Preis ist ganz danach gestellt; er beträgt 1 fl. 45 kr. pro Lieferung zu 25 Blatt in starkem mappenartigen Umschlag nebst modern ausgestatteten Titelbogen und Inhaltsverzeichnis. Um jedoch auch ärmeren Volkskreisen die Anschaffung des Werkes zu ermöglichen, werden die Bogen auch einzeln abgegeben, und zwar die schwarzen zu 5 kr., die farbigen zu 10 kr. Auch das ist eine gute Idee. Es wäre gut und schön zu leben, wenn man sich über alle Dinge in Österreich so lobend äussern könnte, wie wir hier mit Hecht über dieses bedeutende Verlagsunternehmen geschehen ist.

---

  * Durch die freundliche Entgegenkommen der Gesellschaft für vervielfältigende Kunst in Wien wurde es uns ermöglicht, einige Abbildungsproben aus den Bilderbogen für Schule und Haus dieser der kulturellen und graphischen Bedeutung des Unternehmens angemessenen, etwas ausführlicheren Besprechung unserer Mitarbeiters beizufügen, die den Leser zugleich von der technischen Vollendung der betreffenden Druckplatten überzeugen werden. Die Schriftleitung

Hunnischer Krieger.

Empfang einer Gesandtschaft durch Attila.

Bruchteil aus: „Bilderbogen für Schule und Haus" Nr. 11 (Hunnen I). Verlag der Gesellschaft für vervielfältigende Kunst in Wien.
Zeichnungen von H. Schwaiger. — Holzschnitte aus dem Xylographischen Institut der k. k. Hof- und Staatsdruckerei in Wien.

Schriftgiesserei-Neuheiten.

Neuheitenheft der Schriftgiesserei Emil Gursch in Berlin. In einem umfangreichen Folioheft hat die vorgenannte Firma ihre letzten Neuheiten zusammengestellt und veröffentlicht. Neben zahlreichen modernen Schriften enthält das Heft auch Initialen- und Dekorationsmaterial verschiedenster Art, das bei der jetzigen Vorliebe für die auch von uns befürwortete neuere Geschmacksrichtung gute Aufnahme finden dürfte.

Die *Schriftgiesserei Julius Klinkhardt in Leipzig* übersendet uns ihre modernen Initialen, Garnitur

viel angewandten Barock- oder Wellenlinien bezeichnet werden. Auf einem grossen Anwendungsblatt wird die verschiedene Verwendbarkeit der Serie gezeigt. Durch geringere Anhäufung der Stücke dürfte indessen eine grössere und ruhigere Wirkung erzielt werden.

Polytypen der Rudhardschen Giesserei in Offenbach a. M. Ausser zahlreichem Vignettenmaterial, bemustert uns vorgenannte Firma eine Auswahl schwungvoller Polytypen, von denen wir nachstehend einige Proben geben. Auf das uns noch vorliegende moderne Material dieser Firma werden wir im nächsten Hefte näher Bezug nehmen.

Moderne Initialen-Garnitur der Schriftgiesserei Julius Klinkhardt, Leipzig.

59, 60, 61, die einesteils eine vorteilhafte Ergänzung der in Heft 2 abgedruckten Garnitur Antike Gotisch Nr. 514—523 bilden, aber auch in Verbindung mit

Zierlinien-Sätze von Julius Klinkhardt, Leipzig.

Polytypen der Rudhardschen Giesserei, Offenbach a. M.

anderen Schriften passende Verwendung in Werken und auf Accidenzen finden können. — Ein hübsches Ziermaterial sind ferner die Zierstücke und Zeilenansätze, von denen wir vorstehend einige zeigen. Dieselben sind in 3 Grössen vorhanden.

Flora-Ornamente von Genzsch & Heyse in Hamburg. Diese aus 198 Figuren bestehende Serie ist in der Art der bekannten stumpffeinen Ornamente gehalten, d. h. die letzteren setzen sich mehr aus rein linearen Motiven zusammen, während hier mehr das Blatt- und Blumenwerk zur Geltung gebracht ist. Diese neueste Schöpfung der genannten Firma kann als zeitgemässe Ergänzung zu den jetzt

Modernes Ziermaterial von B. Georgi in Offenbach a. M. Diese Firma, deren Erzeugnisse unseren Lesern aus früheren Heften des »Archivs« bekannt sind, hat ihre sämtlichen neueren Probeblätter zu einem Hefte zusammengestellt und dieses zum Versand gebracht. Es wird sich für viele Fälle etwas Passendes unter dem hübschen Material vorfinden.

Rokoko-Ranken der Schriftgiesserei J. G. Schelter & Giesecke in Leipzig. Zu den in Heft 8,9 1898 des »Archivs« abgedruckten Rokoko-Ranken hat die Firma J. G. Schelter & Giesecke jetzt ein Oktavheft mit praktischen Beispielen zur vielseitigen Verwendbarkeit dieses stilvollen Ziermaterials herausgegeben.

Neben einfarbigen Beispielen ist auch die mehrfarbige Wirkung veranschaulicht und wird das Heft bei der Verwendung des Materiales ein guter Wegweiser sein.

Neuheiten von Wilhelm Woellmer in Berlin. Eine Auswahl gut verwendbarer Accidenzschriften beaustert diese Firma auf verschiedenen uns vorliegenden Anwendungsblättern, darunter die Reklameschrift Roland, eine enge Antiqua, ferner eine sehr schwungvolle Schrift »Japonica«, eine russische Schreibschrift »Selecta« und vieles andere. Auf einer diesem Hefte beigegebenen Beilage empfiehlt die Firma ihre bereits gut eingeführte Anzeigen-Handschrift.

Aus den graphischen Vereinigungen.

Berlin. Die *Typographische Gesellschaft* hat sich laut Beschluss einer Sitzung vom 13. Juni er. als korporatives Mitglied zum Deutschen Buchgewerbeverein angemeldet.

Hamburg. Eine *Ausstellung von Erzeugnissen der Buchdruckpresse* findet im Oktober d. J. in Hamburg in den Räumen des »Museums für Kunst und Gewerbe« statt. Gemeinschaftlich veranstaltet vom *Maschinenmeisterverein Hamburg-Altonaer Buchdrucker* und dem *Buchdruckerverein in Hamburg-Altona* soll dieselbe dem Fachgenossen sowohl wie dem grossen Publikum ein umfassendes Bild der Fortschritte und Leistungen auf dem Gebiete des Buchdruckgewerbes bieten. Erfreulicherweise sind bereits von einer Reihe namhafter Firmen Anmeldungen zur Beschickung der Ausstellung eingelaufen und das Zustandekommen und der Erfolg derselben ist nunmehr gesichert, als auch von seiten der Leitung des genannten Museums die reichhaltigen Sammlungen desselben dem Komitee zur Verfügung gestellt sind. Die Ausstellung dürfte dadurch jedenfalls vollständiger und interessanter werden und vielfachen Nutzen stiften. Anfragen, die Ausstellung betreffend, sowie Zusendungen für dieselbe sind an Herrn C. Schädlich, Hamburg-Eimsbüttel, Vereinsstrasse 11, zu richten. *R. H.*

Leipzig. Am 1. Juli er. empfing in Dresden König Albert von Sachsen eine Abordnung des Deutschen Buchgewerbevereins, die unter Führung des Vorsteher, der Herren Dr. Oskar von Hase und Johannes Weber erschienen war, um dem König ein Exemplar der Denkschrift des Deutschen Buchgewerbevereins zu überreichen. Se. Majestät der König gab seiner hohen Freude über die Thätigkeit des Vereins Ausdruck und erklärte sich auf die ihm von der Abordnung vorgetragene Bitte bereit, das Protektorat über den Deutschen Buchgewerbeverein und das Deutsche Buchgewerbehaus zu übernehmen. — Mit der neuerlichen Versendung seines »Werbebriefes«, den wir in Heft 6 des »Archiv« eingehender besprachen, hat der Deutsche Buchgewerbeverein einen schönen Erfolg erzielt, indem eine weitere Zeichnung von Anteilscheinen in Höhe von über M. 10000 erfolgte, ein erneuter Beweis dafür, dass die Bestrebungen des Vereins Anerkennung finden und gewürdigt werden. — Infolge Übereinkommens mit dem Deutschen Buchdruckerverein übernimmt der Deutsche Buchgewerbeverein von nun ab die Weiterführung des Internationalen Graphischen Musteraustausches, das Unternehmen wird unter der neuen Leitung gewiss eine gedeihliche Fortentwickelung finden und nach wie vor nutzbringenden und anregenden Einfluss auf das Druckwesen ausüben. *—r—.*

Leipzig. In der Sitzung vom 15. Juni er. beschäftigte sich die *Typographische Gesellschaft* mit dem Werbebriefe des Deutschen Buchgewerbevereins. Die zwei ausgestellten Exemplare des hervorragenden Prachtwerkes fanden vollste Anerkennung und wurde insbesondere die hervorragende Druckleistung der Firma J. J. Weber in Leipzig gewürdigt. Das gleichfalls ausgestellte Druckmaterial und die Prägplatten zum Einbande gewährten einen Einblick in die technische Herstellung des Werkes, das gewiss von den Empfängern als neuzeitliche Druckleistung volle Anerkennung finden wird. — Am 29. Juni er. hielt Herr H. Sünnenpeck einen Vortrag über den farbigen Accidenzdruck in der modernen Richtung unter Berücksichtigung der von O. P. Jessen gemachten Vorschläge. *—r—.*

Wien. Ein von der *Wiener Graphischen Gesellschaft* veranstalteter Vortrag im Klub der Buchdrucker in Wiener-Neustadt, gehalten von Herrn Fritz Wilhelm, war äusserst gut besucht. Den wirklich interessanten Ausführungen des Vortragenden, die an einer der tüchtigsten Farbendrucker sein Thema: »Über Farbendruck« ausgezeichnet beherrschte, wurde allgemein die grösste Aufmerksamkeit geschenkt. Verbunden mit dem Vortrage war eine Ausstellung von Farbendrucken aus einer Kollektion holländischer Druck-Erzeugnisse. Diese, der Firma Corn. Immig & Zoon in Rotterdam entstammend, bot eine reizende Auswahl, speciell in Autotypiedrucken, die in der Mehrzahl nicht mit unseren Accidenzen übereinstimmen, trotzdem ihnen zum Teil Originalität nicht abgesprochen werden kann. *Gr. R.*

Zeitschriften- und Bücherschau.

— *Über Land und Meer* (Stuttgart, Deutsche Verlagsanstalt). Die neuesten Hefte dieser beliebten Familienzeitschrift bieten wieder einen vielseitigen und interessanten Inhalt. Neben zahlreichen Illustrationen und Aufsätzen fehlt es natürlich nicht an Aktualitäten aus der Zeitgeschichte. Auch finden wir eine stattliche Anzahl Porträts von Persönlichkeiten, die gerade im Vordergrunde des öffentlichen Interesses stehen, Wiedergaben hervorragender neuer Kunstwerke und Bauten, sowie a. m.

— *Bühne und Welt.* Die Hefte 15, 16, 17, 18 dieser Zeitschrift Otto Elsners Verlag, Berlin) bringen ausser dem gewohnten interessanten Inhalt zahlreiche zeitgemässe Illustrationen, die jedem Freunde theatralischer Kunst willkommen sein werden.

— *Die Worpsweder.* 22 Kunstholzschnitte nach Gemälden, Radierungen und Zeichnungen. Text von Aemil Fendler. Meisterwerke der Holzschneidekunst. Neue Folge, Heft VI. In Mappe 10 Mark. Verlag von J. J. Weber in Leipzig. Die vorliegende Mappe ist eine künstlerische Erscheinung ersten Ranges sowohl hinsichtlich der in den Blättern liegenden malerischen Kunst wie auch in Bezug auf die hochvollendete Ausführung der Kunstholzschnitte. Wer hätte nicht schon von der Worpsweder Malerschule gehört? Dem Namen nach ist ja diese hochst beachtenswerte Künstlervereinigung in ganz Deutschland bekannt Aber auch mit ihrem hocherfreulichen Können bekannt zu machen, bietet vorliegende Mappe ausgiebige Gelegenheit. Eine stille, ernste Kunst, genährt durch innigstes Zusammenleben mit der vaterländischen Natur, ist es, die aus diesen hingebungsvollen Schilderungen schwermütiger Moor- und Heidelandschaften und ihrer anwachsenden Bevölkerung spricht. Sechs Maler sind es, deren Schöpfungen uns hier begegnen. Fritz Mackensen, Otto Modersohn und Hans am Ende, die 1884 in dem weltverborgenen hannoverschen Dörfchen Worpswede ihr Heim aufschlugen, und Fritz Overbeck, Karl Vinnen und Heinrich Vogeler, die sich später angeschlossen haben. Durch das freundliche Entgegenkommen der Firma J. J. Weber in Leipzig konnten wir dem Heft 5 des »Archivs« zwei Blätter aus der Worpsweder Mappe als Kunstbeilagen beigeben. Es waren dies zwei der kleinsten, unserem Format sich am besten anpassende Sujets, die auf dem Grossfolio-Papierformate der Mappe noch zu wesentlich günstigerer Wirkung gelangen. Muss das künstlerische Können der Worpsweder Malerschule an und für sich schon interessieren, so bildet die vorliegende Erscheinung aber auch für die graphischen und Verleger-Kreise einen trefflichen Beweis von der Leistungsfähigkeit des deutschen Holzschnittes, zu dessen Hebung und Rettung vor der immer noch drohenden Konkurrenz der Reproduktionsverfahren beizutragen eine ehrenvolle Aufgabe ist und die die Firma J. J. Weber sich wie keine zweite gestellt hat. Der niedrige Preis der Mappe sollte jeden Kunstfreund und vor allem jeden Freund des Holzschnittes zur Anschaffung des Werkes veranlassen.

— Von der zwanglos erscheinenden Zeitschrift »*La procédés modernes d'illustration et les industries qui s'y rattachent*« liegt uns Heft 1 der 4. Serie vor. Diese von der Société anonyme des Arts graphiques in Genf herausgegebenen Hefte bieten in ihren Spalten stets eine Fülle interessanten Stoffes und hübsche Abbildungen, die auch von der Strebsamkeit und Leistungsfähigkeit der genannten Anstalt Zeugnis ablegen. Mit Recht wird in einem Artikel gegen die Sucht angekämpft, die sich darin äussert, dass manche Anstalten von der Überlegenheit ihrer amerikanischen Verfahren so viel Wesens machen, während es sich in der That nur um Verfahren handelt, die seit Jahr und Tag Allgemeingut geworden sind und mit Amerika gar nichts zu thun haben.

— *La Fonderie typographique* ist der Titel eines neuen französischen Fachblattes, das unter der Ägide der Chambre syndicale des maîtres-fondeurs français herausgegeben wird. Die Tendenz des Blattes ist eine vielseitige. In erster Linie sollen die Erzeugnisse des genannten Schriftgiesserringes vorgeführt werden, daneben aber allerhand technische und geschäftliche Fragen in diesem Syndikats-Organe besprochen werden. Auch dem angeblich über- und nehmenden Eindringen ausländischer Erzeugnisse, dem Import, soll das Blatt entgegentreten. Die erste Nummer enthält auffallenderweise eine ganze Anzahl Proben von Schriften, deren Matern von den betreffenden Giessereien erst in Deutschland erworben wurden, eine merkwürdige Erscheinung.

Verschiedene Eingänge.

Die *Graphische Verlagsanstalt in Halle a. S.* übersendet uns zwei verschiedene in Lichtdruck ausgeführte graphische Ansichtspostkarten. Beide Sujets, Gutenbergs erster Druck und Gutenberg in seiner Werkstatt, dürften gerne gekauft werden und für die Empfänger von Interesse sein.

Statut der k. k. Graphischen Lehr- und Versuchsanstalt in Wien. Dritte Auflage. 1899. Das Heftchen giebt Aufklärung über die Ziele, den Unterricht und die Einrichtung der genannten Anstalt und ist auch nach anderer Richtung von besonderem Interesse. Als Deinkleistung der Anstalt verdient das Heftchen alle Anerkennung.

Moderne Erzeugnisse für Buchbinderwerke der Firma Edm. Koch & Co. in Magdeburg. Im Anschluss an ihre früheren Veröffentlichungen bringt die genannte Magdeburger Firma jetzt dem Zuge der Zeit folgend in einem Oktavheft allerlei Schmuckmaterial für den Prägedruck, das in seiner praktischen Beschaffenheit mancher Buchbinderei, die nicht erst mit zeichnerischen Kräften in Verbindung treten kann, ein schätzenswertes Hülfsmittel sein wird. Das Vorstehende gilt besonders von einer in einem besonderen Quartausserwendungshefte vorgeführten zusammenmetzbaren Chrysanthemum-Garnitur Nr. 1025, die von *Paul Adam* in *Düsseldorf* entworfen, die mannigfachste Ausschmückung der Deckelflächen möglich macht.

Farbige Accidenzen von Schürmann & Co. in *Braunschweig a. H.* Durch Herrn Gustav Schmidt, Braunburg a. H. ging uns eine grössere Anzahl Druckproben aus der täglichen Praxis zu, die sich durch farbenfreudige Ausstattung besonders auszeichnen. Satz und Druck lassen anerkennenswertes Streben erkennen, auch die Tonplattenherstellung liegt in guten Händen. Es will uns erscheinen, als wäre durch eine geringere Anzahl Farben, besonders mit dezenteren, gebrochenen Farbtönen vielleicht eine bessere Wirkung erzielt worden und auch der Eindruck des zu bunten abgeschwächt worden zu Gunsten einer ruhigeren Wirkung. Es wird uns angenehm sein, weitere Proben der leistungsfähigen Offizin zu sehen.

Ein effektvolles Geschäftszirkular übersendet uns die Firma *Conrad Weigl*, Buchdruckerei in *Andernach a. Rh.* Dasselbe ist eine vorzügliche Satz- und Druckarbeit, die dem strebsamen Inhaber der Firma und seinen Kräften alle Ehre macht.

Preisliste und Urteile über A. Hamms neue Presse »Ideal«. Die Firma A. Hamm, Maschinenfabrik in Heidelberg, fügt ihrer neuesten Preisliste über die Flachdruck-Rotationsmaschine »Ideal«, die die Leser des »Archivs« auf der Sächsisch-Thüringischen Ausstellung zu Leipzig 1897 zuerst gesehen haben dürften, ein Heft mit Urteilen der Fachwelt über die Maschine bei und verweisen wir bestens auf diese. Das Prinzip des rotativen Flachdruckes erregte z. Z. hohes Interesse und ist wohl anzunehmen, dass sich die wesentlich vervollkommnete Presse nunmehr einbürgern wird.

Die Beilagen zum 7. Heft.

Nachdem wir in den Heften 5 und 6 des »Archiv für Buchgewerbe« bereits drei hervorragende Kunstholzschnitte vorgeführt haben, bringen wir heute zwei weitere Blätter. Das erste zeigt die künstlerische Wiedergabe einer Vorlage mit Hunderten von Nuancierungen, die auch ohne Vergleich mit einer photographischen Reproduktion die überlegene Modulationsfähigkeit des Holzschnittes darthun. Das zweite zeigt neben den kräftigsten Kontrasten die weichsten Übergänge von Ton zu Ton, die Strichlage der Augen, der Nase und der Lippen unterstützen im Auge des Beschauers das Bestreben nach plastischer Anschauung, und heben den Kopf im Gegensatz zur flauen Darstellung aller Linsenbilder aus der Fläche heraus.

Um jedem Missverständnis vorzubeugen, bemerken wir nochmals unter Hinweis auf unsere einleitende Notiz in Heft 5, dass die Kunstholzschnittblätter als Einleitung dienen zu einer in Heft 8 des »Archiv für Buchgewerbe« zum Abdruck gelangenden Abhandlung über den Kunstholzschnitt. Eine Serie von 8 bis 10 grossen Blättern wird den Artikel im nächsten Hefte begleiten.

Eine weitere illustrative Beilage zu diesem Hefte ist eine *Autotypie nach einer Tuschzeichnung* aus der Kunstanstalt für Hochätzung von J. G. Schelter & Giesecke in Leipzig. Das Blatt gilt zugleich als eine Druckprobe der von vorgenannter Firma gebauten Schnellpresse »Windsbraut«, deren Vorzüge für den Druck solcher Bilder durch das Blatt zur besten Geltung gelangen.

Unsere *Satzbeilage* Bb zeigt zwei Briefköpfe, die ohne viel Satzaufwand und in nur zwei Farben eine gute Wirkung ergeben. Beide Köpfe tragen durch die Eigenart des verwendeten Materials ein zartes Gepräge und werden für Anhänger dieser Ausstattungsweise gute Vorlagen sein. Satz und Druck: Breitkopf & Härtel in Leipzig.

Zwei weitere *wirkungsvolle Satzbeispiele* in moderner Anordnung drucken wir im Text ein (Spalte 333 und 335). Die Sätze wurden uns auf Verlangen von der Firma J. G. Schelter & Giesecke in Leipzig freundlichst überlassen.

Zur Illustrierung des Artikels: »Ein österreichisches Bilderwerk« bringen wir auf Spalte 333 bis 334 einige *Illustrationsproben*, die ebenso interessieren werden wie die zu dem Artikel gehörende Beilage »Germanisches Dorf«. Es sind hier neben wirkungsvollen Zinkographien einiger Anstalten zugleich auch mehrere sehr gute Holzschnitte, Leistungen aus dem xylographischen Institut der k. k. Hof- und Staatsdruckerei in Wien vorgeführt, die nicht ohne Interesse für unsere Leser sein werden, zumal bei diesen Platten eine ganz andere eigenartige und dem Zweck angepasste Technik angewandt wurde. Der Gesellschaft für vervielfältigende Kunst in Wien danken wir auch an dieser Stelle für die Überlassung der betr. Druckplatten.

Ausser vorstehenden Blättern enthält das Heft noch *zwei Blatt Schriftproben* »Anzeigen-Rundschrift« der Firma Wilhelm Woellmer in Berlin und eine *Farbenprobe* der Firma Beit & Co. in Hamburg, auf die wir unsere Leser hinweisen möchten.

Mannigfaltiges.

Geschäftliches.

— Herr *J. Adolf Schwarz in Lindenberg im Allgäu* macht durch ein gut ausgestattetes Zirkular bekannt, dass er im genannten Orte eine allen modernen Anforderungen entsprechende Buchdruckerei eröffnen wird.

— *Graphische Union in Wien*. Unter dieser Firma wurde in Wien VII/1, Zieglergasse 41 eine Kunstanstalt für photo-chemigraphische Reproduktions-Verfahren und Photogravur errichtet. Die Gesellschafter der Graphischen Union sind die Herren: Wilhelm Schäfer, Anton Hub, Emil Hub, Reinhold Schreiber, Heinrich Ansorge. Für die Firma zeichnen die Herren Heinrich Ansorge und Emil Hub.

— Die Firma *Klimsch & Co. in Frankfurt a. M.* macht durch Rundschreiben bekannt, dass Herr Karl Klimsch seither alleiniger Inhaber des Geschäftes aus demselben ausscheidet und an dessen Stelle sein Sohn Herr Eugen Klimsch und die beiden Schwiegersöhne Herr August Hofer und Herr Dr. Peter Schumacher als gleichberechtigte öffentliche Teilhaber treten. Während die Prokura des Herrn Jacob Hothum seitherem bleibt, erlischt die Prokura der Frau Louise Klimsch. Die oben genannten drei Söhne des Herrn Klimsch übernehmen das Geschäft mit allen Aktiven (Passiva sind nicht vorhanden) und werden dasselbe in seitheriger Weise weiterführen.

— Die Firma *Kaspar Brunner*, Graphische Kunstanstalt in *München*, teilt mit, dass sie Herrn *Max Bohne* als Mitarbeiter gewonnen und ihm Handels-Vollmacht erteilt hat.

Auszeichnungen.

— Herr *Hugo Fritzsche*, Direktor der Leipziger Buchbinderei-Aktiengesellschaft vormals Gustav Fritzsche, erhielt vom König von Sachsen den Titel eines Kommissionsrates.

— Drei Mitglieder des Xylographischen Instituts der »Illustrierten Zeitung« J. J. Weber in Leipzig, die Herren *Hunitzsch*, *Näther* und *Siegel*, erhielten das tragbare Ehrenzeichen für Treue in der Arbeit.

— Der bekannten Firma *Emil M. Engel* in Wien wurde der Titel einer k. u. k. Hofbuchdruckerei verliehen.

— Herr Oberfaktor *Zinber* in Berlin wurde zum Betriebs-Inspektor der Reichsdruckerei ernannt.

— Buchdruckereibesitzer *Felix Friedrich* und *Hermann Klinkworth* in Hannover erhielten das Prädikat Kgl. Preuss. Hof-Buch- und Steindrucker.

— Herr Verlagsbuchhändler und Buchdruckereibesitzer *Max Bobenstein* in Rathenow erhielt den Türkischen Medschidie-Orden IV. Klasse.

— Herr Verlagsbuchhändler und Buchdruckereibesitzer *Heinrich Theissing* in Köln a. Rh. erhielt vom Papste den Titel eines Verlegers des Apostolischen Stuhles, mit der Ermächtigung, das päpstliche Wappen zu führen.

Jubiläen.

— Am Johannistage beging Herr Buchdruckereibesitzer *Heinrich Hornung*, Verleger des »Hofer Anzeigers«, sein 40jähriges Berufsjubiläum. Er kann, trotz mancherlei Ungemaches, das er durchzukämpfen hatte, stolz sein auf den Erfolg seiner rastlosen zielbewussten Thätigkeit. Unter ihm und durch ihn hat sein Geschäft eine beständige Erweiterung und Vervollkommnung erfahren und eine grosse Leistungsfähigkeit erlangt. Möge es ihm vergönnt sein, in Gesundheit noch lange mitschaffend, des Erfolges seiner Thätigkeit sich zu freuen.

— Sein 50jähriges Jubiläum feierte am 1. Juli d. J. der Faktor der Firma R. L. Friderichs & Co. in Elberfeld, Herr *L. H. Hornemann*. Der im 74. Lebensjahre stehende Jubilar beging dieses seltene Fest noch in voller geistiger Frische und körperlicher Rüstigkeit. Seitens der Chefs der Firma, seiner Mitarbeiter und zahlreicher Freunde wurden ihm an diesem Tage mancherlei Ehrungen zu teil.

— Am Samstag den 17. Juni feierten die sämtlichen Mitarbeiter der Firma König & Bauer, Schnellpressenfabrik in Kloster Oberzell bei Würzburg, den siebzigsten Geburtstag ihres Chefs, des Herrn *Friedrich von König*, durch solenne Festlichkeiten.

— Das 50jährige Bestehen feierte am 1. Juli die Buchdruckerei von *O. Bernstein*, Inhaber Herr Hugo Bernstein in Berlin.

— Die Verlagsbuchhandlung von *Friedr. Vieweg & Sohn* in Braunschweig beging vor kurzem das Jubiläum ihres 100jährigen Bestehens.

— Maschinenmeister *H. Fleke* feierte dieser Tage sein 25jähriges Arbeitsjubiläum bei der Hauptverschen Geschäftsbücherfabrik W. Oldenmeyer Nachf.

— Die Gewerbeschule der Buchdrucker- und Schriftgiessernehrlinge in Wien feierte am 1. Juli das Fest ihres fünfundzwanzigjährigen Bestehens. Am Vormittag des 2. Juli fand im Festsaale des Niederösterreichischen Gewerbevereins eine Jubiläumsfeier statt. Es erschienen zu dieser Feier, in Vertretung des Unterrichtsministeriums Ministerialsekretär Emil Foech, in Vertretung der Handels- und Gewerbekammer kaiserlicher Rat Julius Hitter v. Kink, als Vertreter der Gewerbeschul-Kommission Regierungsrat Dr. Maresch, ferner Regierungsrat Dr. J. M. Eder, Inspektor der Staatsdruckerei Nagy, sowie zahlreiche Buchdruckereibesitzer und Faktore. Ausserdem waren anwesend der gesamte Lehrkörper mit Direktor Holzabek und etwa 250 Abiturienten und Prämianten der Schule. Eingeleitet wurde die Feier durch einen Chor, den der Männergesangverein »Gutenbergbund« zum Vortrag brachte. Der Obmann der Schulausschusses, Rudolph Brzezowsky, hob in seiner Ansprache mit Genugthuung hervor, dass die Wiener Buchdruckerschule in Fachkreisen nicht nur in Wien und Oesterreich, sondern auch im Auslande Anerkennung finde. Er schloss mit einem eindringlichen Appell an die Schüler, an ihrer Fortbildung eifrig weiterzuarbeiten. Sodann hielt Direktor Holzabek die Festrede, in der er die Entwicklung der Lehranstalt vor 25 Jahren schilderte. Zu den Kosten der Schule, die sich auf 130000 fl. beziffern, wurden 100000 fl. von den Wiener Buchdruckern beigesteuert. Diese Schule war die erste ihrer Art und wurde zum Muster für andere ähnliche Anstalten im In- und Auslande. Direktor Holzabek brachte schliesslich ein dreifaches Hoch auf den Kaiser aus, in das die Versammlung begeistert einstimmte. Gremialvorsitzer Friedrich Jasper sprach über die Notwendigkeit des fachlichen Unterrichtes, worauf kaiserlicher Rat Hitter v. Kink namens der Handels- und Gewerbekammer erklärte, dass diese von grossem Interesse an den sachlichen Fortschritten der Wiener Buchdruckerschule nehme. Er brachte drei silberne Medaillen an drei vorzügliche Schüler zur Verteilung. Regierungsrat Dr. Maresch beglückwünschte den Schulausschuss und den Lehrkörper zu seinen anerkennenswerten Erfolgen. — Nach der Verteilung von zahlreichen Prämien besichtigten die Gäste die in den Räumen des Gewerbevereins veranstaltete Ausstellung von Schülerarbeiten und Lehrmitteln. Nach der Festfeier fand im Restaurant »zum Weingarten« ein Bankett statt, bei welchem dem Direktor Johann W. Holzabek von dem Lehrkörper eine prachtvoll ausgestattete Adresse überreicht wurde.

— Wie wir bereits in Heft 6 des »Archivs« mitteilten, feierte das *»Memeler Dampfboot«* am 3 Juli er. das Fest seines Fünfzigjährigen Bestehens. Aus diesem Anlass erschien die uns vorliegende Festnummer, die interessanten Inhalts ist und eine gedrängte Chronik des angesehenen Blattes giebt. Von besonderem Interesse sind die litterarischen Beiträge der mit dem Blatte in angenehmen Beziehungen stehenden Männer der Feder, wie Max Wittenberg, Alwin Römer, Paul Block, Friedr. Thimm, Richard Skrowneck, Dr. F. Skrowneck, Ernst Wichert, Hermann Sudermann u. a. Die Festnummer ist höchst ausgestattet und bringen wir dem Verleger und Drucker des Blattes, der Firma F. W. Siebert in Memel, noch post festum unsere Glückwünsche dar.

Todesfälle.

— Am 25. Mai er. starb der langjährige Geschäftsleiter der Buchdruckerei Carl Gerold's Sohn in Wien, Herr *Theodor Lampertti*, ein geschätzter und erfahrener Fachmann, der Ende der siebziger Jahre auch in Deutschland thätig war.

— Am 8. Juni starb in Bonn Herr Verlagsbuchhändler *Hugo Koenen*, Seniorchef der Firma Fredebeul & Koenen, Buchhandlung und Buchdruckerei, in Essen, 57 Jahre alt.

— Am 27. Juni starb in München der Teilhaber der Buchdruckerei- und Verlagsanstalt G. Schuh & Co., Monsignore *Josef Kuch*, im 53. Lebensjahre.

— In Lugano starb Hofbuchhändler *Warnots*, früher Mitinhaber der Firma Warnatz & Lehmann in Dresden und seit 1888 Mitinhaber der Firma Otto Hendel, Verlag der Saale-Zeitung.

— In Hannover starb Kommerzienrat *Heinrich Ebhardt*, Seniorchef der Geschäftsbücherfabrik König & Ebhardt.

Vereinswesen.

— Die diesjährige Hauptversammlung des *Deutschen Buchdrucker-Vereins* fand am 1 Juli er. in Kiel statt. Die Tagesordnung war folgende: 1. Geschäftsbericht des Vorstandes. 2. Rechenschaftsbericht für das Jahr 1898 und Voranschlag für 1900. 3. Rechenschaftsbericht über die Unterstützungskasse für das Jahr 1898. 4. Berichterstattung über den internationalen Muster-Austausch des Deutschen Buchdrucker-Vereins und Überführung desselben an den Deutschen Buchgewerbeverein. 5. Besprechung über den gegenwärtigen Stand der Innungsbewegung. 6. Bestimmung des Ortes für die nächstjährige Hauptversammlung. 7. Anträge aus der Mitte der Versammlung.

— Die *Buchdrucker-Innung (Zwangs-Innung) zu Dresden* hielt am 18. Juni er. ihre erste ordentliche Innungs-Versammlung im Saale der Odd-Fellow-Logen ab, welche von Herrn Ratssekretär Bahmann als Vertreter der Aufsichtsbehörde geleitet wurde. Die Vorstands- und Ausschusswahlen ergaben folgendes Resultat: als Vorsitzender wurde Herr H. Grünberg, als Vorstandsmitglieder die Herren Stadtrat Schröer, O. Neubert, Arthur Schönfeld, Ferd. Heinrich, W. Ulrich, F. Schnffenhauer, Walter Meinhold und M. Lehmann gewählt. Zu Mitgliedern des Ausschusses für das Gehülfen- und Herbergswesen wurden die Herren O. Kühn und F. Schwinge, in den Ausschuss für das Lehrlingswesen die Herren H. Becker und Hermann Schönfeld, zu Mitgliedern des Schulausschusses die Herren C. Engelmann, B. Knauth und M. Lehmann als Innungsmitglieder, sowie die Herren Faktor Wolff, Faktor Liebe und Obermaschinenmeister Schifner als Gehülfenmitglieder gewählt. Zu Rechnungsprüfern ernannte man die Herren J. Henkler, J. Philipp und R. Chares. Ferner wurde noch beschlossen in die bei der bisherigen Innung bestandenen Verträge einzutreten, sowie die Fortbildungs- und Fachschule in der bisherigen Weise fortzuführen.

— Über die Organisation der *Xylographen des Deutschen Sprachgebietes* giebt ein Bericht im »Correspondent C. D. B.« eingehenden Aufschluss. Derselbe schliesst mit folgenden Zeilen: Um in dem Wettbewerbe mit den photomechanischen Vervielfältigungsverfahren nicht ins Hintertreffen zu kommen, widmen die Verbände nach wie vor die grösste Aufmerksamkeit dem Lehrlingswesen und treten für eine künstlerische Ausbildung der Lehrlinge ein. Ferner sind die Verbände bestrebt und dadurch zugleich dem Geschmacke der Zeit Rechnung tragend, durch Holzschnittausstellungen dem Fachmann und dem Publikum zu zeigen, dass der Holzschnitt kein mechanisches Erzeugnis ist und besser als Zinkographie ist. Durch den Ausschluss des Leipziger Verbandes an den Deutschen Buchgewerbeverein hat jener das Ziel erreicht, jedes Jahr eine Ausstellung arrangieren zu können, an welcher die Berufsgenossen des ganzen deutschen Sprachgebietes sich beteiligen können. Die Holzschnittausstellungen werden in Zukunft immer einen Teil der jährlich im Buchhändlerhause zu Leipzig abzuhaltenden buchgewerblichen Jahresausstellungen bilden. Die Gesamtzahl der Xylographen im deutschen Sprachgebiet wird nach der letzten im xylographischen Berufe vorgenommenen Berufsstatistik auf 1600 geschätzt, so dass heute ungefähr 63 Prozent organisiert sind. Blickt diese verhältnismässig kleine Zahl von Berufsgenossen, welche über ein grosses Gebiet verbreitet sind, heute auf ihren Entwickelungsgang zurück, so darf sie mit dem Resultate ihrer Mühe und Arbeit zufrieden sein.

— Ein *Verein Schweizerischer Zeitungsverleger* wurde auf Betrieben des Vereins Schweizerischer Buchdruckereibesitzer am 14. Juni er. in Olten im Prinzip gegründet. Das umfassende Programm des Vereins wird eine weitere in Basel tagende Versammlung noch zu genehmigen haben.

— Der *Verband deutscher Buchdrucker* hielt am 19. Juni er. und folgende Tage seine ordentliche Generalversammlung in Mainz ab.

— Der *deutsche Faktorenbund* hielt seine diesjährige Generalversammlung am 25. Juni er. in Kassel ab. Der deutsche Faktorenbund zählt zur Zeit in 42 Ortsvereinen und vereinzelt zusammen 771 Mitglieder und verfügt über ein Vermögen von 12 692 M. Die nächste Generalversammlung findet in 2 Jahren und zwar in Leipzig statt.

Verschiedenes.

— *Paul Bürck-Ausstellung im Deutschen Buchhändlerhause zu Leipzig.* Das vom Deutschen Buchgewerbeverein ins Leben gerufene Buchgewerbemuseum in Leipzig leidet vorläufig noch stark an Platzmangel, dem erst abgeholfen werden kann, wenn die Sammlungen in das neue Haus des Vereins übergesiedelt sein werden. Trotz dieses Übelstandes sucht die Leitung des Museums doch auch in dieser Übergangszeit die Verbindung mit der Öffentlichkeit aufrecht zu erhalten. Sie wendet sich daher mit einer kleinen Ausstellung wirklich vorbildlichen modernen Buchschmucks an die Fachgenossen und alle Freunde vornehmer, frischer Buchausstattung. *Paul Bürck*, der junge, vielversprechende Münchener Maler, dessen kürzlich in der deutschen Kunst und Dekoration veröffentlichte Entwürfe berechtigtes Aufsehen gemacht haben (siehe auch Heft 5 des »Archivs«) hat dem Buchgewerbemuseum 38 Blätter aus seinen reichen Mappen zur Ausstellung anvertraut. Diese schönen Arbeiten sind zur Zeit, in den Rahmen der Jahresausstellung des Buchgewerbevereins eingegliedert, im Museum zu sehen. Es sind Entwürfe für Umschläge zum Teil farbig, Vignetten, Illustrationen, Ex libris u. dgl. Aus allen Blättern spricht eine ungewöhnliche Frische und Kraft der Erfindung und ein hohes dekoratives Geschick. Was es heisst, eine Fläche mit Bild und Schrift zu schmücken, das kann man hier an einer ganzen Reihe von Beispielen trefflich studieren.

— *Gutenbergfeier.* Der hessische Staatsminister Rothe hat nachstehendem Aufruf zur Gutenbergfeier in Mainz, den die Allgemeine Zeitung bekannt giebt, seine Zustimmung erteilt: »Am Johannistag (24. Juni) 1900 begeht die Stadt Mainz die fünfhundertjährige Geburtstagsfeier ihres grossen Sohnes Johannes Gutenberg. Gutenbergs Andenken zu ehren hat die Geburtsstätte der Buchdruckerkunst das erste Anrecht und die besondere Pflicht. Mit Mainz aber fühlt die ganze Welt an diesem Tag sich eins im Preis der edlen Kunst, die den mächtigsten Kulturfortschritt bildet im Kulturleben der Menschheit. Wie Gutenbergs Werk den Erdkreis umspannt und die Völker vereint, so muss auch an einer Gedächtnisfeier für ihn, dem Wohlthäter der Gesamtheit, die gesamte Menschheit dankbaren Anteil nehmen. Gutenbergs Mainz und seiner Kunst zu huldigen, rufen deshalb die Unterzeichneten, Angehörige der verschiedensten Nationen, die ganze gebildete Welt auf und laden zur allgemeinen Teilnahme an dem Fest ein, zu dessen würdiger Durchführung die altehrwürdige Mutterstadt am Rheinstand rüstet. Der Plan der Feier im einzelnen wird noch bekannt gegeben werden; zur bleibenden Erinnerung ist als Ehrendenkmal für den grossen Meister vor allem die Gründung eines Gutenberg-Museums in Aussicht genommen.

— *K. k. Graphische Lehr- und Versuchsanstalt in Wien, VII. Werthbulstrasse 25, (Sektion für Buch- und Illustrationsgewerbe).* Die Schüleraufnahmen in diese Sektion für das Schuljahr 1900/1901 finden am 16. und 18. September l. J. während des Vormittagstunden in der Direktionskanzlei der Anstalt statt. In dieser Sektion wird Buchdruck (Satz und Druck, die Herstellung der Drucke von Klischees in der Buchdruckpresse, sowie die Illustrierung von Druckwerken mittels der verschiedenen Arten der graphischen Reproduktionsverfahren theoretisch und praktisch gelehrt. Der Unterricht umfasst drei Kurse und erstreckt im ersten und zweiten Kurse auf den gesamten Buchdruck, auf Schriftgiesserei, Lithographie und Photographie, dann auf Mechanik, Chemie, Physik, Materiallehre, Buchhaltung, Kunstgeschichte, Geschichte der Buchdruckerkunst u. s. w., während der dritte Kurs nur von jenen Schülern zu absolvieren ist, die eine specielle Ausbildung in den photomechanischen Reproduktionsverfahren austreten. Jede Auskunft sowie Programme sind durch die Direktion der k. k. Graphischen Lehr- und Versuchsanstalt in Wien erhältlich.

— Aus Anlass des zehnjährigen Regierungsjubiläums Sr. Majestät des Kaisers hatte der *Kaiser Wilhelm-Dank, Verein der Soldatenfreunde*, der deutschen Verleger aufgerufen, ihm eine »Kaiser-Bücherei« zu stiften, aus der die Kriegervereine in den sprachlich gemischten Landesteilen mit Vereinsbüchereien ausgestattet werden sollten. Auf diesen Aufruf hin sind dem Vereine bereits über 12000 Bände überwiesen worden. — Dieser schöne Erfolg hat den Gedanken reifen lassen, die »Kaiser-Bücherei« als eine besondere Stiftung der deutschen Verlags-, Buchdruck-, Papierfabrik- und verwandten Gewerbe weiter zu führen als Mitarbeit an der Verbreitung und Befestigung des Deutschtums in den Landesteilen mit teilweise Französisch, Polnisch bezw. Dänisch sprechender Bevölkerung. An alle Kollegen ergeht die Bitte, durch Stiftung von Büchern oder Geldbeiträgen die »Kaiser-Bücherei« zu unterstützen und ihr die Bedeutung zu verleihen, welche würdig ist ihrer Bestimmung als Dankesgabe für Se. Majestät den Kaiser und würdig der Bedeutung unserer Gewerbe. Bücher und Geldsendungen sind unter der Bezeichnung »für die Kaiser-Bücherei« zu richten an den Kaiser Wilhelm-Dank, Verein der Soldatenfreundes, Berlin W., Linkstrasse 11. Sendungen über Leipzig vermittelt Herr Karl Fr. Pfescher in Leipzig.

— *Über begriffserweiternde Ausdrücke des Kunstverlags und der graphischen Künste.* In Nr. 136 des »Börsenblattes« für den deutschen Buchhandel wird für eine einheitliche Bezeichnung bestimmter graphischer Verfahren mit Recht eingetreten. Es heisst u. a.: In Nr. 105 der »Wiener Photogr. Korrespondenz« wird über den Inhalt eines Vortrages berichtet, den Herr Eugen Klimsch am am 9. Mai im Verein zur Pflege der Photographie und verwandten Künste in Frankfurt a. M. gehalten hat. Nachdem er über den Dreifarbendruck, die Photolithographie, Photogravüre, Photogalvanographie, Heliotypie und das Woodburyverfahren gesprochen hatte, äusserte er sich nach dem Bericht der »Photographischen Korrespondenz« wörtlich weiter: »Viele andere Verfahren unterscheiden sich nur wenig von den geschilderten, wie: Glasdruck, Autodruck, Glyptogravüre, Leontype, Chalkochemigraphie, Merkurographie, Metallographie u. s. w. Mit der Nomenklatur in den photomechanischen Verfahren ist es noch sehr schlecht bestellt, und es könnte sich hier jemand ein grosses Verdienst erwerben, wenn er zur Einführung einheitlicher Bezeichnungen beitragen würde. So wendet man für Zinkätzung im Deutschen die Worte Chemigraphie, Chemitype, Zinkotypie, oder selbst Phototype an, obwohl Phototype im Französischen z. B., sowie Phototypia im Spanischen ausdrücklich Lichtdruck bezeichnet. Für Lichtdruck wendet man im Französischen ausserdem den Ausdruck Photocollotypie, und im Englischen Collotype, von col, der Leim an. Dagegen verwendet man im Französischen ausser anderen Bezeichnungen für Zinkätzung auch das Wort Photogravure, ähnlich dem spanischen Photograbado, obwohl dies sonst ausdrücklich das Tiefätzverfahren auf Kupfer bezeichnet. Für Photogravüre wird überall auch Heliogravüre gesagt. Für Autotype, das englische shallfune engraving, findet man im Französischen die folgenden Bezeichnungen: Autotypie, Autogravure, Photogravure, Phototypogravure, Typo-

gravure, Typophotographie, Similgravure, Linéographie und Demi-teinte, ausser noch weiteren Specialbezeichnungen mancher Firmen, wie Sadagtypie u. s. w. Dass durch eine solche Auswahl von Bezeichnungen nur Verwirrung entstehen kann, liegt auf der Hand. Ebenso ist es mit vielen anderen Worten und Bezeichnungen, wie: Halbtonnegativ statt Tonnegativ, Kodkadium statt Kadkadium, der Raster oder das Raster u. s. w. Was hier allein richtig ist, ist noch nicht entschieden.« Würde sich nun wie bei verschiedenen andern wichtigen Fragen nicht einmal eine Umfrage bei allen grösseren Anstalten des In- und Auslandes empfehlen? Jedenfalls erscheint es höchst wünschenswert, dass man am Schluss des zu Ende gehenden Jahrhunderts, das die fraglichen Begriffe und ihre Verwirrung erst schuf, sich über eine einheitliche Nomenklatur im klaren wäre, da sonst, mit Aussicht auf die vielen Neuerungen, das uns das 20. Jahrhundert bringen wird, diese Verwirrung immer grösser werden dürfte.

— *Druckfehler im 16. Jahrhundert.* Im Jahre 1523 wurde der Buchdrucker Wolfgang Stöckel, der bis dahin in Leipzig thätig gewesen, vom Herzog Georg von Sachsen nach seiner Residenz Dresden berufen, um die neue Kunst auch dorthin zu verpflanzen. Stöckel gab nun bereits im folgenden Jahre ein Buch heraus. Am Schlusse enthielt dasselbe ein Druckfehler-Verzeichnis mit folgendem ergötzlichen Zusatze: Die anderen Buchstaben, so zuweilen verrückt oder gar ausgeblieben, muss ein verständiger Leser dem Sinne nach lesen, denn es ist im Winter bei dem schlechten Lichte, als die Stuben warm und die Drucker faul und schläfrig sein, bald was übersehen. *P.-K.*

Inhalt des 7. Heftes.

Amtliches. — Die neue Kugel und das Buchgewerbe. — Das Band in Handarbeiten von Buchdrucker und Buchbinder. Das »Gutenberg-Album«, von Lein. — Zur Pariser Weltausstellung 1900. — Zwei drucktechnische Neuheiten. — Ein österreichisches Bilderwerk. — Schriftgiesserei-Neuheiten. — Aus den graphischen Vereinigungen. — Zeitschriften- und Bücherschau. — Verschiedene Eingänge. — Die Beilagen zum 7. Heft. — Mannigfaltiges. — Inserate.

Beigaben: 1 Blatt Illustrationen aus Bilderbogen für Schule und Haus, 1 Satzbeilage Briefköpfe, 1 Blatt Kunstholzschnitte der Firma J. J. Weber in Leipzig, 1 Blatt Autotypie von J. B. Obernetter & Giesecke in Leipzig, 1 Blatt Farbenprobe von Bent & Co., in Hamburg, 1 Blatt Schriftproben von Wilh. Woellmer in Berlin.

Bezugsbedingungen für das Archiv etc.

Erscheint: In 12 Monatsheften. Für komplette Lieferung, insbesondere vollständige Beilagen, kann nur die vor Erscheinen des 2. Heftes eingehende Abonnementen garantirt werden.

Bezugsquelle: Jede Buchhandlung; auch direkt von der Geschäftsstelle des Deutschen Buchgewerbevereins unter Kreuzband.

Preis: M. 18.—, unter Kreuzband direkt M. 11.90, nach ausserdeutschen Ländern M. 14.—. Einzelnummern M. 1.80.

Anzeigen: Preis der dreigespaltenen Petitzeile oder deren Raum für Mitglieder des Deutschen Buchgewerbevereins 25 Pf., für Nichtmitglieder 30 Pf. Stellengesuche für Mitglieder und Nichtmitglieder 15 Pf. für die dreigespaltene Petitzeile. Beträge vor Abdruck zu zahlen. Als Beleg dieses Abschnittes Belegheft auf Verlangen gegen Vergütung von Portoauslagen.

Beilagen: Für das einfache Quartblatt M. 25.—, für das doppelte M. 30.— nach besonderer Vereinbarung.

Neuheiten von erstklassigen Schriftgiesserei-Erzeugnissen können im Inhalte oder auf den Beilagen abgedruckt werden. Die Bezugsquellen der Neuheiten werden auf Anfrage durch die Geschäftsstelle des Deutschen Buchgewerbevereins unentgeltlich und bereitwilligst mitgetheilt.

Adresse: Alle den textlichen Teil des »Archiv für Buchgewerbe« betreffenden Briefe und Sendungen sind an die Adresse der Schriftleitung: Leipzig-R., Stötteritzerstrasse 6 II zu richten, den Anzeigentheil betreffende und andere geschäftliche Anfragen u. s. w. dagegen an die Geschäftsstelle des Deutschen Buchgewerbevereins.

Hochstämmige Rosen
Nutz- und Ziersträucher
Garten- und Topfpflanzen

RUDOLF HESSE
Kunst- und Handelsgärtner

Entwürfe
für Gartenanlagen

Erfurt, den

SPECIALITÄT:
Elektrische Bleicherei
Patent HAAS
und Dr. OETTEL
PATENTE
in allen Kultur-
staaten.

Elektricitäts-Aktien-Gesellschaft

HAAS & STOLZE
Alt-Chemnitz

Fernsprecher No. 131.

Elektrische Lichtanlagen
Elektrische Kraftübertragung
Elektrochemische Einrichtungen

Alt-Chemnitz, den

Von der „Hamburg-Amerika-Linie in Hamburg" freundlichst zur Verfügung gestellt

Autotypie nach einer Tuschzeichnung aus der Kunstanstalt für Hochätzung J. G. Schelter & Giesecke in Leipzig

Gedruckt auf einer „Windsbraut", Schnellpresse mit Zweifarbenzylinder — — der Maschinenfabrik von — — J. G. Schelter & Giesecke in Leipzig

Beilage zum „Archiv für Buchgewerbe"

Berlin München Leipzig Breslau
Otto von Bismarck

Konstantinopel Jerusalem
Bayern und Österreich
Führer durch die Schweiz

·UNIVERSAL·
Schriftgiesserei Ludwig & Mayer
Frankfurt a. M.

Noël Jadassohn Gade
Hensel Chopin Bargiel

Leipziger Rosenthal
Rüdesheimer Blume

Rhein Mosel Saar
Isar Donau Lech

12 Bürgerliches Gesetzbuch 34 | Die Wacht an der Brücke

Hermann und Dorothea | Hamburg-Helgoland

Ludwig XII. | Sachsenwald

Hohenzollern-Kaufhaus

Schmale Munster-Gotisch.

Spezialgeschäft für Ausstattung
einfacher und feiner Wohnräume

Rudolf Sandrok

München-Gladbach Maximilians-Platz 68

Verkauf und Vermietung

Einrichtung von ganzen Bureaux

Prämiirt: Philadelphia 1874, Chicago 1876, Moskau 1886, New-York 1886, Paris 1884, Petersburg 1866, Berlin 1896, Leipzig 1897, München 1898 mit Medaillen und Diplom

Vornehmste Kunstmöbel-Fabrik
Erstes Dekorations-Atelier

Kunstgewerbliche Gegenstände und Lager
echt orientalischer Teppiche

Reiche Auswahl in geschmackvoll gerahmten Kunstblättern. Grosses Lager von Portraits berühmter Männer sowie Bilder von denkwürdigen Ereignissen in tadelloser Ausführung und zu civilen Preisen

Die permanente Ausstellung von Muster-Zimmern beachtenswert

A. HAMM

Heidelberg.
Gegründet 1850 in
Frankenthal.

Erstklassiges Fabrikat.

Korrespondenz nach Heidelberg richten.

Schnellpressen aller Art.

Internationaler graphischer Musteraustausch
Jahrgang 1889—1891 und 1894 billig zu verkaufen.
Alexander Waldow, Leipzig.

Zu kaufen gesucht:
Frühere Jahrgänge des Archiv für Buchdruckerkunst bis zum Jahrgang 1881.
Angebote mit Preisangabe an die Geschäftsstelle des Deutschen Buchdrucker-Vereins erbeten.

– Wir empfehlen unsere

Kräftige Fraktur!

Eigens für Stereotypendruck von uns geschnittene Brotschrift

Benjamin Krebs Nachfolger
Frankfurt a. M.

Natur-Kunstdruckpapier

Billiger
als gestrichenes Kunstdruckpapier
und
weniger empfindlich.

mit tadelloser Druckfähigkeit
für Autotypien, Holzschnitte etc.
Proben bitte zu verlangen.

Ferd. Flinsch, Leipzig.

Uncial-Gothisch

ie mit diesen Zeilen vorgeführte Uncial-Gothisch bildet eine in der Mitte zwischen Antiqua und eckiger Gothisch stehende Schrift von hohem künstlerischen Werth. Nach den besten Vorbildern alter Meister geschnitten, wird diese Uncial-Gothisch von allen Kennern und Freunden als edle Buchschrift hochgeschätzt.

Zugleich aber bildet die Uncial-Gothisch eine Accidenzschrift von grossem Reiz. Bei buchhändlerischen und kaufmännischen Arbeiten findet dieselbe in bester Weise ebenfalls Verwendung.
Die Uncial-Gothisch wird in den elf Graden Nonpareille, Petit, Corpus, Cicero, Mittel, Tertia, Zweicicero, Canon, Missal, Sabon und gr. Sabon gegossen.

Wilhelm Woellmer's
Schriftgiesserei und Messinglinienfabrik
Berlin SW., Friedrichstr. 226

Geeignet für geschäftliche Mittheilungen, Empfehlungen etc. sind die von der Schriftgiesserei Emil Gursch, Messinglinien-Fabrik, Berlin S. 42 herausgegebenen Schriften, die unter dem Namen Deutsche und Lateinische Briefschrift bereits sehr verbreitet sind. Beide Schriften sind miteinander zu verwenden. Es ist dies ein Vorzug, der solchen Arbeiten zu statten kommt, welche eine Nachbildung geschriebener Circulare sein sollen. Außer den auf Textkegel vorliegenden Schriften sind weitere Grade noch in Vorbereitung.

Schriftgiesserei

A. Numrich & Co.

LEIPZIG

Messinglinien-
und Messingtypen-Fabrik

Spezialität
Künstlerisch ausgeführte
Vignetten in allen Genres
Moderne Reklame-Vignetten

Wilhelm ☙ ☙ ☙
Woellmer's ☙
Schriftgiesserei und
Messinglinienfabrik

❋ ❋
Moderne Neuheiten
Selecta, Globus, Roland, Studio-
Zierrath, Barock-Ornamente ❋
Silhouette-Bordüren, Vignetten.
❋ ❋

Berlin SW.

Gebrüder Brehmer, Leipzig-Plagwitz

bauen als Spezialität:

Filialen: London E. C. — Paris 33 u. 35 Moor Lane 60 Quai Jemmapes
Wien V, Margaretenstraße 2.

Draht- und Faden-Heftmaschinen | Falzmaschinen für Werk- und Zeitungsdruck
für Bücher und Broschüren. In den verschiedensten Ausführungen.

Preislisten, Heftproben, Falzmuster stehen gern zur Verfügung.

Letzte höchste Auszeichnungen: Chicago 1893 — Lübeck 1895 — Leipzig 1897 — München 1898
I. Preis — Staatsmedaille — Staatsmedaille — Staatspreis.

Maschinenfabrik Johannisberg

Gegründet 1846

Klein, Forst & Bohn Nachfolger

Geisenheim im Rheingau.

Schnellpressen für Buch-, Stein-, Blech- und Lichtdruck

in bester Konstruktion und Ausführung.

Über 4500 Maschinen geliefert. ❊ Preislisten stehen auf Wunsch gratis zur Verfügung.

Soeben erschien im Verlage von ALEXANDER WALDOW in Leipzig:

Dritte, vollständig neu bearbeitete Auflage

DIE LEHRE VOM ACCIDENZSATZ

Mit vielen ein- und mehrfarbigen Satzbeispielen

Herausgegeben von ALEXANDER WALDOW
Bearbeitet von FRIEDRICH BAUER

Komplett broschiert Mark 9.—, elegant gebunden Mark 10.50.

Jedes Heft enthält 3 Bogen reichillustrierten Text und 2 Tafeln mit Satzmustern **in Farbendruck**

Alle Buchhandlungen nehmen Bestellungen entgegen.

Beilage zum „Archiv für Buchgewerbe."

Diese

No. 1074—1076. | Blatt No. 308.

Wilhelm Woellmer's Schriftgiesserei und Messinglinien-Fabrik.
BERLIN.

Anzeigen-Rundschrift.

Wilhelm Woellmer's Schriftgiesserei und Messinglinien-Fabrik,
BERLIN.

Anzeigen-Rundschrift

No. 1077 1079.

Blatt No. 309.

Die Vorträge des Herrn Dr. Peter Jessen in der Fachpresse.

Von Dr. RUDOLF KAUTZSCH.

Nach dem Abschluss der Berichte über die Vorträge des Herrn Dr. Jessen dürfte es sich wohl empfehlen, einmal kurz Umschau zu halten, wie sich denn die Fachpresse zu den mannigfachen Anregungen äussert, die der Berliner Reformator dem Buchgewerbe geboten hat.

Da können wir zunächst mit Befriedigung feststellen, dass mit ausnahmsloser Einmütigkeit nicht nur der Ernst und die Hingabe des Redners anerkannt, sondern auch die Bedeutsamkeit seiner Lehre betont worden ist. Berichte, bald länger, bald kürzer gehalten, erschienen im »Archiv für Buchgewerbe« (Heft 2 ff.), im »Graphischen Beobachter« (Heft 3, Sp. 69 ff.), im »Deutschen Buch- und Steindrucker« über Jessens gleichinhaltliche Vorträge in Berlin unter dem Titel »Grundzüge einer Formenlehre für Buchdrucker«, (Heft 4 ff.), in den »Typographischen Jahrbüchern« (Heft 3, S. 11 ff.), in den »Schweizer Graphischen Mitteilungen« (Heft 17 f. S. 277 ff.), im »Ratgeber für die gesamte Druckindustrie« (Nr. 4 ff.) und in der »Zeitschrift für Deutschlands Buchdrucker« (Nr. 4 ff.).

Auch besondere zustimmende Artikel bewiesen den Eindruck, den die Forderungen und Wünsche der neuen Lehre gemacht hatten. So schloss sich der Verfasser eines Aufsatzes in der »Zeitschrift für Deutschlands Buchdrucker« (Heft 5: Ein Wort über die moderne Richtung) den Ausführungen Jessens im wesentlichen an und wandte sich dabei mit Recht energisch gegen den jetzt so mächtig aufspriessenden Dilettantismus im Gebiet des Schmuckzeichnens. In der That scheint neuerdings jeder zeichnende Dilettant zu glauben, die Zusammenstoppelung hier und dort abgesehener flüchtiger Motive ergebe »modernen« Buchschmuck. Gegen diese Hochflut schlechter Arbeiten dritten und vierten Ranges gilt es, sich zu wappnen. Es giebt nichts Schrecklicheres als die Mittelmässigkeit.

Im selben Sinne wurde der Wunsch laut (Ratgeber für die gesamte Druckindustrie Nr. 11, S. 2), die Künstler möchten doch Fühlung mit den Buchdruckern nehmen. Viele Bedürfnisse sind noch gar nicht oder doch nicht genügend erfüllt. Auch dieser Wunsch trifft einen Kernpunkt der neuen Bewegung. Und man kann den Verlegern, den Schriftgiessereien u. s. w. nur entschieden immer und immer wieder raten, an wirkliche Künstler zu gehen, diese aber auch auf die Bedürfnisse des Druckers aufmerksam zu machen und so zwischen beiden zum Heil fürs Ganze zu vermitteln.

Endlich zog ein Aufsatz des »Graphischen Beobachters« unter dem Titel: »Was lehren uns die Vorträge des Herrn Dr. Peter Jessen« noch einmal in klarer, entschiedener Sprache die Summe aus dem reichen dargebotenen Stoff Heft 7, S. 107 ff. und betonte dabei besonders treffend, dass sich für all das Neue bestimmte Regeln nicht aufstellen lassen, dass vielmehr das Feingefühl des Setzers immer neu entscheiden müsse.

Wenn sich die genannten Aufsätze wesentlich zustimmend aussprachen, ohne bemerkenswerte Ausstellungen zu machen oder neue Gesichtspunkte vorzutragen, so hat es nun doch auch nicht an Stimmen gefehlt, die bald dies, bald jenes einwarfen. Unter dem Stichwort »Moderne Richtung« erschien im »Allgemeinen Anzeiger für Druckereien« ein Artikel (Heft 10, S. 319 ff.), dessen Verfasser zwar erklärt, er stehe der modernen Richtung sympathisch gegenüber und bekämpfe nur ihre Auswüchse, im Verlauf aber zu erkennen giebt, dass er in das Wesen der Sache recht wenig eingedrungen ist. Wir können an dieser Stelle auf eine eingehende Erörterung des Artikels verzichten, um so mehr, als uns alles, was sich noch einigermassen hören lassen kann, an anderer Stelle in treffenderer Form wieder begegnet.

Ebensowenig brauchen wir uns mit den Bemerkungen zu befassen, die unter dem Titel: »Der moderne Zeilenfall in der Accidenz« im »Ratgeber« Heft 3 erschienen. Auch hier ist das Wesentliche nicht getroffen und die Entgegnung (ebenda No. 6) hatte leichtes Spiel.

Weit interessanter schon ist der Aufsatz »Einheitliche Schriftenwahl« in den »Schweizer Graphischen Mitteilungen« Heft 3. Hier wird der Verwendung je einer und derselben Schrift in verschiedenen Graden für vornehme ruhige Drucksachen das Wort geredet. Dabei erklärt sich der Verfasser gegen die hässlichen »Worttrennungen«. Wir merken dies hier an, weil dieser Punkt noch mehrfach auftaucht.

Ebenso sachlich und recht bemerkenswert sind die Ausführungen, die unter der Aufschrift »Die Kunst im Werkdruck« im »Ratgeber« No. 10 abgedruckt wurden. Im wesentlichen sind es vier Einwände, die hier laut werden:

1. Die empfohlenen Schriften laufen zu breit. Dieser Umstand macht den Druck nicht nur teuer. Er giebt auch Anlass zu hässlichen Lücken (vgl. Jessens Führer: Die Kunst im Buchdruck. Berlin 1898).

2. Wenn man im laufenden Satz die Einzüge wegfallen lässt, muss man auch die Ausgänge wegbringen.

3. Ganz lassen sich die weissen Seiten (Vakats) nicht vermeiden. Der Titel muss auf Seite 1 rechts bleiben. Bedruckt man dessen Rückseite, so wirkt die Schattierung des Widerdrucks störend.

4. Die neue Kunst lässt sich wohl auf Liebhaberarbeiten, aber nicht auf billige Tageserzeugnisse anwenden.

Diese Bedenken treffen in der That wichtige Punkte. Ich darf vielleicht ein paar Bemerkungen dazu einstreuen: ad 1 sagt der Verfasser selbst: »Man könnte da wohl durch freiere Worttrennung zum Teile abhelfen. Aber wer möchte der erste sein, der unsere bewährten Regeln über den Haufen wirft?« Nun, ich denke, man könnte sich einmal recht nüchtern fragen, was denn diese Regeln eigentlich sollen. Ich vermag schlechterdings nicht einzusehen, warum man zwar abteilt (Buchdruck, aber nicht abteilen soll be-gehren. Des soll hässlich sein. Warum denn? Die Lücke in der Zeile ist viel hässlicher. Es soll das Lesen erschweren. Aber was man beim Schreiben abtrennen darf, das darf man im Druck doch erst recht trennen, denn man liest im Druck rascher darüber weg, als in der Schrift. Also: ich möchte entschieden einer Revision der Trennungsregeln das Wort reden, damit wäre viel geholfen. ad 2 möchte ich zustimmen. Es wird davon noch weiter die Rede sein. ad 3 ist zu sagen, dass man doch vielfach sehr wohl den Titel auf Seite 1 bringen und dennoch die Rückseite dekorieren kann. Ein breites Ornamentband, das ein Feld von der Grösse des gegenüber auf S. 3 stehenden Textblocks einrahmt, oder ein ähnlicher Schmuck der Seite 2 dürfte auf Seite 1 schon weit weniger unangenehm durchscheinen, als gewöhnlicher Text. Wirkt auch da noch die Schattierung zu stark und störend, so geht vielleicht eine Linienornament an. Und wenn das Papier auch das nicht zulässt, so mag man dann die Rückseite des Titels frei lassen. Ein Vergehen wider den neuen Stil ist das noch nicht. Übrigens sei doch hier darauf hingewiesen, dass neuerdings mehrfach Versuche gemacht werden, die angedeutete Schwierigkeit zu heben. ad 4 möchte ich ein starkes Fragezeichen machen. Es kann gar nicht genug betont werden, wie wichtig es ist, für jede Aufgabe ihr zukommende ästhetisch befriedigende Lösung zu finden. Natürlich schickt sich nicht eins für alle. Aber auch das Schullesebuch, auch eine Abhandlung über Nahrungsmittelchemie müssen zeigen, dass sie des Geistes einen Hauch verspürt haben. Warum soll man nicht mit allen Mitteln darauf hinarbeiten, dass auch diese Bücher kräftige gesunde Seitenbilder zeigen, dekorativ wirksam angeordnete Titel und Überschriften und einen ruhigen, vornehmen Umschlag. Der einzige Punkt, der ernsthaft in Frage kommt, sind die Kosten. Und da wäre es denn sehr interessant, wenn uns einmal zahlenmässig an ein paar praktischen Beispielen am besten einigen wirklich vorhandenen Schulbüchern nachgewiesen würde, was die Herstellung mittels schlechter eng laufender Schrift und was sie bei der Wahl kräftiger breit laufender Schrift kostet. Es wäre sehr lehrreich, wenn eine solche Aufstellung der Öffentlichkeit zur Diskussion übergeben würde. Die zahlreichen Laien, die sich für die Frage interessieren, würden dann einerseits wohl etwas vorsichtiger urteilen, andererseits eine feste Unterlage für weitere Überlegungen haben.

Wie wir sehen, sind hier in der That Fragen berührt, die noch eine eingehende Erörterung erfordern — aber unlösbar sind sie nicht. Und der von den Verfassern der genannten Artikel eingeschlagene Weg sachlicher Prüfung führt am schnellsten zum Ziele.

Um so peinlicher berühren diesen erfreulichen Erscheinungen gegenüber andere Auslassungen, die den Mangel an guten Gründen durch Leidenschaftlichkeit des Tons zu decken suchen. Da sind zwei in ihrer Tendenz mannigfach mit einander verwandte Aufsätze zu nennen, die in den »Schweizer Graphischen Mitteilungen« (Die moderne Richtung und ihre Auswüchse, Heft 9 und 10 und im »Ratgeber« (Die Buchdruckerkunst eine eigene Kunst, No. 8 und 9, erschienen sind. Hier wird der Versuch gemacht, die ganze Bewegung auf die Sucht

Stand dieser primitiven Kunst zurückschrauben wollten. Dem geläuterten Geschmack der Gegenwart entspreche das jedenfalls gar nicht. Indessondern würde der rechtwinklige Satz »das Grablied sein für die von der Leipziger Typographischen Gesellschaft geschaffenen Titelregeln«, »die einzige Grundlage, auf welcher ein guter Titelsatz aufgeführt werden kann«. Diese Sätze beweisen, dass man mit den beiden Verfassern schwer streiten kann. Das, was sich etwa gegen ihre Ausführungen sagen lässt, ist überdies kurz und treffend schon im »Graphischen Beobachter« (Heft 10 und 11) erwidert worden. Ich will nur eines hier scharf betonen. Es handelt sich bei der neuen Richtung

nach Neuem, auf Effekthascherei, auf die Nachäfferei der Amerikaner und Engländer und etwa noch auf die antiquarischen Neigungen und Liebhabereien einiger Gelehrten zurückzuführen. Es wird behauptet, die ganze gepriesene Schönheit der alten Druckwerke beruhe auf dem mangelhaften Können der alten Meister, auf ihrer primitiven Technik. Ebenso sei es in Amerika und England. Dort verstände man ebenfalls nichts von der höheren Technik (»von komplizierten Rahmeneinfassungen und schwieriger Linienarbeit, kurzum allen jenen mühseligen Techniken, welche die Basis der eigentlichen Kunst der Typographie bilden«?!.. Daher verfalle man auf die rechteckigen Titel oder gar auf den trichterförmigen Satz. Für uns aber bedeute es einen Rückschritt, wenn wir die hochentwickelte Typographie der Gegenwart auf den

nicht um eine Geschmacksrichtung gleich den älteren Geschmacksrichtungen, sondern es handelt sich um die neue Frage: wollt Ihr, dass eine bedruckte Seite noch eine andere Aufgabe hat, als die, uns einen Inhalt klar und deutlich zu übermitteln. Wollt Ihr, dass eine gedruckte Seite zugleich als dekorierte Fläche wirkt? Wird diese Frage bejaht, so fällt all das Gerede von der primitiven Technik und von amerikanischer Effekthascherei und so fort in nichts zusammen. Denn darüber kann gar kein Streit sein; die Alten haben es verstanden, mit dem Druck zu dekorieren, die Amerikaner und Engländer verstehen es noch und wir verstehen es nicht. Man vergleiche doch einmal zwei Seiten wie die obenstehend skizzierten mit einander. Will man wirklich behaupten, *a* gebe ebenfalls ein harmonisches Seitenbild«. Sobald man versucht, von der

Bedeutung der Schrift ganz abzusehen, und die Textzeilen als Ornamentstreifen, ihre Vereinigung als Ornamentfeld zu betrachten, ist man sich auch schon darüber klar, dass die Verzettelung, wie sie a aufweist, alles andere bedeutet, nur keine Dekoration der Fläche. Wer irgend Auge und Gefühl für dekorative Wirkung hat, sieht das. Die Frage kann also nur noch sein, wie vereinigt man die Erfordernisse klarer Übersichtlichkeit des Inhalts mit dem Streben nach dekorativer Wirkung. Und diese Frage ist natürlich eine sehr wichtige. Sie

beiden Artikel* eine Verständigung kaum zulässt, sofern dort der Kern der neuen Bewegung gar nicht erfasst ist, so soll uns das doch nicht hindern, anzuerkennen, dass wenigstens in dem zweiten Aufsatz im «Ratgeber» einige Punkte berührt sind, über die man diskutieren kann. Sie begegnen uns wieder in der letzten Äusserung zur Sache, die wir zu erwähnen haben, in den erfreulichen Erörterungen «Über ältere und neuere Buchausstattung» in den «Schweizer Graphischen Mitteilungen» Heft 19 ff. An gut gewählten Beispielen wird da eingehend erörtert,

KÖNIGLICHE MUSEEN • BERLIN
KUNSTGEWERBE-MUSEUM

SONDERAUSSTELLUNG
DIE KUNST IM BUCHDRUCK
VERANSTALTET AUS ANLASS DES FÜNFZIGJÄHRIGEN
BESTEHENS DER KORPORATION
DER BERLINER BUCHHÄNDLER.

EINLADUNG ZUR VORBESICHTIGUNG AM
DIENSTAG DEM 1. NOV. 1898
10-12 UHR VORMITTAG PRINZ ALBRECHTSTRASSE 7.

Satzprobe.   Einladungskarte.

muss über ernsthaft und sachlich und vor allem mit einem wirklichen Verständnis für die künstlerische Seite der Sache gelöst werden. Ob die Lösung auf Grund der hoch entwickelten Technik der Neuzeit erfolgt, oder nicht, ist für das Ergebnis, echte Flächendekoration, höchst gleichgültig. Im übrigen wollen wir doch nicht allzu stolz sein auf jene hoch entwickelte Technik und noch weniger auf den geläuterten Geschmack der Gegenwart. Denn jene hat mitunter den bedenklichen Beigeschmack der Künstelei und dieser ist — gar nicht vorhanden.

Wenn wir uns indessen auch überzeugen mussten, dass der Standpunkt der Verfasser jener

was von den neuen Forderungen erfüllbar ist, wo sie auf Schwierigkeiten stossen, und wo sie nebst recht sind. Interessant ist die Kritik, die der Verfasser dem schon erwähnten Führer durch die Berliner Sonderausstellung »Die Kunst im Buchdruck« angedeihen lässt. Dass im laufenden Text dieses Schriftchens in der That störende Lücken stehen, wird jedermann anerkennen müssen. Allein der Vergleich der abgedruckten Textseite mit der

---

* Ganz ähnlich äussert sich in Nr 27 des »Allgemeinen Anzeigers für Druckereien« ein anderer Fachgenosse. Der Ton seines Aufsatzes ist ruhiger. Aber neue Gedanken finden sich nicht. Und die Hauptsache ist so wenig erfasst, wie in den beiden ausführlicher besprochenen Stücken.

KUNSTVERLAG

ILLUSTRIRTE WERKE · KUNSTBLÄTTER
KUNST-ARCHÄOLOGIE · ÄSTHETISCHE
UND KUNSTHISTORISCHE WERKE
ANATOMIE FÜR KÜNSTLER
∞ ∞ BILDNISSE ∞ ∞

BUCHVERLAG

ROMANE · NOVELLEN · ERZÄHLUNGEN
MÄRCHEN · EPISCHE UND LYRISCHE DICH-
TUNGEN · THEOLOGIE UND ERBAUUNGS-
SCHRIFTEN · JURISTISCHES · LEBENS-
BESCHREIBUNGEN UND BRIEFE · MUSIKALISCHE
SCHRIFTEN · LIEDER-SAMMLUNG (VOLKS-
UND KINDERLIEDER) · SAMMLUNG MUSI-
KALISCHER VORTRÄGE

vom Verfasser daneben gestellten verbesserten Fassung fällt meines Erachtens doch zu Gunsten der ersteren aus. Die enger laufende Schrift wirkt entschieden unklarer und ermüdet mehr als die andere. Dass es nicht an den kleineren Zwischenräumen zwischen den Worten an sich liegt, beweist ein Blick in Morris Gothic Architecture: da ist (in kleinem Format) der vom Verfasser befolgte Grundsatz (nur so viel Zwischenraum zwischen den Worten, als gerade nötig ist, um sie deutlich von einander zu trennen) ebenfalls innegehalten. Und dennoch ist das Ganze weit klarer und lesbarer. Der Grund ist meines Erachtens vielmehr in der Schrift zu finden. Sie wirkt an sich keineswegs so günstig, wie die fettere Jessens und läuft überdies zu eng. Für mein Gefühl ist das Gesamtbild lange nicht so befriedigend, wie das des genannten Führers.

Nächst den Lücken im Text (die sich ja durch skrupellosere Worttheilungen grossenteils würden beseitigen lassen) bemängelt der Verfasser die Beseitigung der Einzüge, während die Ausgänge stehen geblieben sind. Ich meine, so ist doch wenigstens die eine Hälfte der störenden Löcher weggeschafft. Will man aber des Inhalts wegen noch schärfere Trennung der Abschnitte voneinander, so kann man ja ein Zeichen an die Stelle der Einzüge setzen (ein Blättchen oder sonst ein geschickt erfundenes Ornament), und entsprechend liessen sich dann auch die Ausgänge beseitigen.

Was der Verfasser über die Marginalien sagt, trifft gewiss in vielen Fällen zu. Aber ich möchte ihnen doch wieder nicht ein für allemal die Berechtigung absprechen. Bei einigermassen breitem Format lassen sie sich sehr wohl zum geschlossenen Text in ein ge-

fälliges Verhältnis bringen. Und wenn man einigermassen dafür sorgt, dass die Marginalien auf den Aussenrändern der einander gegenüberliegenden Seiten einander das Gleichgewicht halten, so ist der Grundsatz der Flächendekoration gewahrt. Gegen die Aufnahme in den Text als Überschriften ist natürlich (namentlich in kleineren Formaten) gar nichts zu sagen, vorausgesetzt, dass sie entsprechend

KATALOG
DER AUSSTELLUNG NEUZEITIGER BUCHAUSSTATTUNG KAISER WILHELM-MUSEUM KREFELD MÄRZ-APRIL 1899

Satzprobe. Umschlag.

hervorgehoben werden. Die Eigenart des erwähnten Führers indessen, der einen fortlaufenden Text haben und doch ganz übersichtlich gruppiert sein soll, kommt bei der angedeuteten Verbesserung nicht ganz zu ihrem Recht.

Wir begnügen uns mit dem Vorstehenden und bemerken nur noch, dass die Besprechung weiterer Beispiele seitens des Verfassers ebenso sachlich und in allen Hauptpunkten treffend verläuft. Der Standpunkt des Verfassers weicht von dem Jessenschen kaum ab.

Zum Schluss der genannten Artikelreihe sind die Leitsätze des Verfassers knapp gefasst noch einmal zusammengestellt S. 371 in No. 22. Eins bis drei und sechs decken sich mit den Forderungen Jessens. Leitsatz 4 lautet: »Der Ausschluss der Zeilen soll ein gleichmässiger und der Abstand zwischen den Wörtern nicht grösser sein, als ihre deutliche Trennung voneinander bedingt«. Dem ist durchaus beizupflichten. Aber wenn der Verfasser noch hinzufügt »Drittelgeviertsatz« und »Zur Trennung der Sätze sind nur Halbgevierte zu verwenden«, so kann ich ein Bedenken doch nicht unterdrücken. Ein feststehendes Grössenverhältnis der Ausschlussstücke zur Schrift wird der »deutlichen Trennung der Wörter voneinander« nicht in jedem Falle gerecht. Nicht nur Weite mit Grad der Schrift bestimmt die nötigen Abstände der Wörter und Sätze, auch die Zeichnung kommt sehr in Betracht. Je klarer sie ist, um so weniger Zwischenraum wird zwischen den Wörtern nötig sein, um sie deutlich voneinander zu trennen.

Zu den Leitsätzen fünf: »Die Einzüge nach Ausgängen im Text sind auf das geringste Mass zu beschränken« und sechs: »Der Papierrand ist nicht mit Schrift (Marginalien u. s. w.) zu bedrucken, damit die geschlossene, rechteckige Form der Kolumnen nicht beeinträchtigt wird« vergleiche man das oben Gesagte.

Alles in allem, auch diese bemerkenswerten Aufsätze haben gezeigt, dass wohl der eine und andere Punkt noch der Erörterung und vor allem praktisch-ästhetischer Erprobung bedarf; der Kern der neuen Lehre ist nicht angetastet worden.

Vor einem aber möchte ich zum Schlusse warnen: man hoffe nicht, diesen Kern auf eine Anzahl von Regeln bringen zu können. Das Beispiel, das wir eben besprechen (Leitsatz 4 des letzten Artikels) zeigt, dass stets ein Rest bleibt, dessen freie Erledigung dem Feingefühl des Druckers anheimfällt. Dasselbe lernen wir aus den Schriften Rudolfs von Larisch im selben Artikel mit Recht warm empfohlen; vgl. auch »Archiv für Buchgewerbe«, Heft 6, aus der Diskussion über Dreizeilenfall und geschlossenen Titel u. s. w. Immer wieder drängt sich das Bewusstsein auf: mit Regeln ist nichts gethan. Wer nicht sieht und empfindet, was gut ist, der wird nie sicher gehen. Und somit wird die Forderung dringender als je: *künstlerische Erziehung des Druckers*. Darüber aber zu sprechen fällt für heute ganz aus dem Rahmen unserer Betrachtung.

Dr. Peter Jessen.

Nachdem wir in den Heften 2 bis 7 des »Archiv für Buchgewerbe« die von Herrn Dr. Jessen in den ersten Monaten dieses Jahres im Deutschen Buchgewerbeverein zu Leipzig vor einer äusserst zahlreichen Zuhörerschaft gehaltenen Vorträge über die neue Kunst und das Buchgewerbe veröffentlicht haben und im Anschlusse hieran im vorliegenden Hefte von berufener Seite die von der Fachpresse geäusserten Ansichten über diesen Vortragscyklus zusammengefasst und beleuchtet wurden, dürfte es denjenigen Teile unserer Leser, der Herrn Dr. Jessen nicht bereits persönlich kennen lernte, gewiss angenehm sein, dass wir diesem Bekanntschaft wenigstens durch ein diesem Hefte beigegebenes Bildnis vermitteln. Wenige Notizen mögen das letztere begleiten: Dr. Peter Jessen, Kunstgelehrter, ist am 11. Juli 1858 zu Altona geboren, wo sein Vater, Otto Jessen, als Schuldirektor wirkte. Dr. Peter Jessen wurde 1883 Assistent, 1884 Bibliothekar und 1894 Bibliotheksdirektor am Königl. Kunstgewerbe-Museum in Berlin. Er veröffentlichte eine Anzahl Schriften, u. a. Monographie des Weltgerichtes, Das Ornament des Rokoko und seine Vorstufen, den Katalog der Ornamentstichsammlung des Kgl. Kunstgewerbe-Museums, u. a. Gegenwärtig arbeitet Herr Dr. Jessen an einem Werke »Grundzüge einer Formenlehre für Buchdrucker«. Neben seiner Thätigkeit als Direktor der Bibliothek des Kgl. Kunstgewerbe-Museums wirkt er noch durch Vorträge über die verschiedenen Zweige des Kunstgewerbes, zuletzt sei es, der wird seine in verschiedenen Städten Deutschlands gehaltenen Vorträge über die Kunst im Buchdruck um unser Buchgewerbe ganz besonders verdient gemacht.

Kunst und Können im Holzschnitt.

Beiträge zur Charakterisierung des Holzschnittes als Kunstgewerbe.

Von JOHANN WEBER.

Seit der Verallgemeinerung der photographischen Reproduktionsverfahren ist unter diesen selbst, wie auch zwischen ihnen und den älteren Reproduktionsverfahren aller Art ein scharfer Kampf um die Vorherrschaft ausgebrochen. Die Photomechanik beherrscht heute bereits ein Gebiet grössten Umfanges, sie hat wesentlich zur Verbreitung der Bildung beigetragen und ohne sie wäre wohl nie ein Bilderbedürfnis in weitesten Kreisen geweckt worden, wie es jetzt der Fall ist.

Mit selbstverständlichem Rechte versucht die Photographie daher ihr Arbeitsfeld mehr und mehr auszudehnen und andere Kunstausübungen zu verdrängen. Es erzeugt der Kampf um umstrittene Gebiete stets neue Fortschritte der Technik und er bedeutet auch so lange einen Fortschritt der Kultur, als er ein ehrlicher bleibt, das heisst, um wirtschaftlichen oder künstlerischen Gewinn, nicht aber mit der Absicht geführt wird, ohne eigenen Vorteil dem Gegner wirtschaftlich oder künstlerisch zu schädigen.

Das wirksamste Kampfmittel auf dem Felde der graphischen Künste ist die Beeinflussung von Angebot und Nachfrage. So lange eine graphische Kunst ihre Erzeugnisse verwerten kann, und sie auch ihren Jüngern immer neue Kraft spenden; entfällt aber die Möglichkeit der Verwertung dadurch, dass sie durch andere gleich gute oder bessere Erzeugnisse verdrängt wird, so werden die Träger dieses Kunstzweiges sich von ihm abwenden und ihn dem Absterben überlassen müssen.

Das ist Naturgesetz. Wenn aber minderwertige Erzeugnisse, durch Reklamekunst geführt, noch lebensfähige gute Kunst zu verdrängen suchen, oder wenn graphische Fachgelehrte aus einseitiger Vorliebe für eine bestimmte Kunstausübung die gute Kunst schädigen helfen, so wird der Kampf ungleich. Die Aufgabe des berufenen Kampfrichters, der Kritik, wäre dann, jeden in seine Schranken zu verweisen, mit anderen Worten, die Existenzmöglichkeit ganzer Gewerbegruppen durch Aufklärung derer zu sichern, die Angebot und Nachfrage regeln können.

Da nun aber heute eine graphische Kritik auf alles überschauender Warte nicht existiert und die sich als solche ausgebende einseitig urteilt, so heisst es für die einzelnen Mitkämpfer, sich ihrer Haut selber wehren, jeden Angriff mit kräftigem Gegenstosse zurückzuweisen und vor allem gegen jede Halbheit und Phrase zu protestieren, bis derjenige erscheint, der unser deutsches Volk die guten Früchte von den minderwertigen unterscheiden lehrt.

Ich will im nachstehenden versuchen, den Kampf, soweit er sich mit der Feder führen lässt, auf den Plan des *Archiv für Buchgewerbe* zu übertragen, weil sich dort am ehesten die Möglichkeit berufener Kritik durch unsere Fachgenossen finden wird, weil das Archiv auch den Fachgelehrten und den graphischen Künstlern zugänglich ist und ich die Überzeugung habe, dass die geschätzte Schriftleitung jedermann zu Worte kommen lassen wird. Unsere Fachgenossen im weiteren Sinne sind auch zugleich diejenigen, die Angebot und Nachfrage am meisten beeinflussen können, und so erhoffe ich uns dem Streite der Meinungen einen Vorteil fürs Ganze!

Es ist besonders die Holzschneidekunst, die angeblich unter der Ausbreitung der photomechanischen Vervielfältigungsarten zu leiden hat, und viele Holzschneider klagen über Arbeitsmangel und das Zurückgehen des Interesses an ihrer Kunst. Man hat geglaubt, aus diesen Klagen einen Niedergang der Holzschneidekunst erkennen zu sollen und ist für den Versuch einer Wiederbelebung des Holzschnittes namentlich von künstlerischer und kunstgelehrter Seite eingetreten. Die Akademien und kunstgewerblichen Lehranstalten hatten dem Holzschnitt wieder erhöhte Aufmerksamkeit zugewandt. Da jedoch bei allem guten Willen nur ein negatives Resultat erzielt wurde, da die Züchtung xylographischer Reinkulturen auf dem von kunsthistorischer oder kunstakademischer Seite geschaffenen Nährboden nicht gelingen wollte, so hat man schliesslich die Bemühungen aufgegeben, und sicheres Absterben der Holzschneidekunst geschlossen und das Interesse am Holzschnitt ist ins Gegenteil umgeschlagen.

Nun giebt es aber trotzdem kunstfrohe Holzschneider in ganz erklecklicher Zahl, die manches gute Blatt schaffen und redlich teilnehmen an der Gesamtarbeit der graphischen Künste, die deren grosse Aufgabe lösen helfen, durch Wort und Bild dem Fortschritt der Kultur die Wege zu ebnen.

Die früheren kunstakademischen Schützer der Holzschneidekunst weigern aber den Erzeugnissen dieser Holzschneider die Anerkennung, weil sie sich nicht den Traditionen akademischer Kunst anschliessen, die Kunsthistoriker verurteilen sie, weil sie andern Wesens sind, als die Holzschnitte der deutschen Renaissance oder der auch schon historisch gewordenen Zeit Schwinds und Richters."

Endlich die »wirklichen« Künstler, d. h. diejenigen, die durch Kundmachung sehr individueller Ansichten der heutigen Kunst den Stempel aufzudrücken glauben und mit lautester Stimme der lauschenden Mitwelt täglich nagelneue Evangelien verkünden, bekämpfen die Holzschneider mit unversöhnlichem Hass, weil diese nicht jede Modethorheit mitmachen, sich zu den Stillen im Lande der Kunst halten und das Wort des Altmeisters Goethe achten: Bilde Künstler, rede nicht!

Diese Holzschneider sind nämlich ihren eigenen Weg gegangen und haben das Wesen des *Kunstgewerbes* richtig ergriffen, ihre Thätigkeit bewegt sich auf der Mittelstrasse zwischen Kunst und Handwerk und hat heute eine Höhe der Vollendung erreicht wie *nie* zuvor. Ginge die Holzschneidekunst wirklich ihrem Ende entgegen, so könnte kein noch so begeisterter Verfechter den Verfall aufhalten. Sie steht aber heute nur im Nachteile des ungleichen Kampfes und es gilt durch Hinweis auf ihre Vorzüge ihre wirtschaftliche Lage wieder zu normaler Höhe zu heben, damit ihr die künstlerischen Kräfte erhalten bleiben können.

Die in jüngster Zeit erschienenen Aufsätze im »Börsenblatt für den deutschen Buchhandel«, die Aufsätze und Reproduktionen des »Pan« und die mancherlei andern Veröffentlichungen lassen vielfach erkennen, dass den Verfassern eine eingehendere Kenntnis der verschiedenen *graphischen Verfahren* abgeht. Da die Holzschneidekunst nicht von aller andern Kunst abgerissen, aber auch nicht von den andern graphischen Gewerben getrennt betrachtet werden darf, so erscheint eine Verständigung über die graphischen Techniken nötig zu sein um bei Entwicklung der künstlerischen Ansichten Kunst und Technik im Einklange zu erhalten.

Ausgeschlossen von der Besprechung überhaupt müssen werden alle diejenigen Reproduktionsverfahren, die lediglich gewerblicher Natur sind; nach dem Tausendpreis berechnete Lithographie, Maschinenholzschnitt, Strichätzung und Autotypie in roherer Ausführung, da an diese Reproduktionsverfahren einzig der Masstab der Billigkeit angelegt wird. Als wesentliche, aus der Menge der in der reichen Nomenklatur enthaltenen Verfahren sind herauszugreifen: Radierung und Heliogravüre mit ihren Abarten als Tiefdruckverfahren, alle Arten des Steindrucks als Flachdruckverfahren, als Hochdruckverfahren Autotypie, Strichätzung und Holzschnitt.

Für die Radierung, sowohl Original- als auch Reproduktionsradierung, sind alle Vorwürfe zur Wiedergabe geeignet. Es steht dieses Druckverfahren ausschliesslich unter dem Zeichen der Kunst und wird sich stets zur Anerkennung bringen, wenn die Radiernadel vom Künstler allein geführt wird. Die Radierung ist künstlerisch genommen das wertvollste Druckverfahren, denn sie giebt die Handschrift des Künstlers am unmittelbarsten wieder, nur durch Vermittlung des Druckers, der bei einiger Geschicklichkeit und unter Aufsicht des Künstlers selbst stets die besten Resultate hervorbringen wird. Die Heliogravüre mit ihren Abarten wird schon durch den Preis ihrer Drucke auf gute, d. h. künstlerisch wertvolle Vorlagen beschränkt. Der Heliogravüre-Techniker muss vornehmlich Kunstplatograph sein, der seine Vorlagen der Technik entsprechend auswählt, bezw. unter Eingehen auf die Intentionen des Künstlers retouchiert. Schon hier aber ist die Handschrift des Künstlers einer reproduzierenden Kraft überlassen, der der Künstler während der Arbeit nicht zur Seite stehen kann."

Von den Flachdruckverfahren sind ebenso wie die Heliogravüre, Photolithographie und Lichtdruck auf rein photographischer Grundlage beruhende Verfahren, mit denen zwar nicht die tiefe Wärme, die höchsten Lichter und feinen Übergänge eines Heliogravürdruckes erzielt werden, die aber doch durch geschulte, mit künstlerischem Blick begabte Drucker zu recht gutem Resultate geführt werden können. Die Billigkeit ihrer Herstellung jedoch hat dahin geführt, dass durch Konkurrenztreibereien eine künstlerisch gute Arbeit selten entsprechende Bezahlung findet.

Ähnlich verhält es sich mit der eigentlichen Lithographie, deren Mittel sehr wohl die Möglichkeit bieten, gute Reproduktionen zu erzielen, die aber auch einen durch und durch künstlerisch geschulten

---

* Dass auch dieser vornehme Zweig des Kunstgewerbes unter den Angriffen einseitiger Kunstanschauung zu leiden hat, beweist ein kürzlich in der »Frankfurter Zeitung« erschienener Artikel des Radierers Prof. Mannfeld, der allerdings den Teufel durch Beelzebub austreiben möchte, indem er die »Schädigung graphischer Kunst durch die Heliogravüre« durch die Gründung einer graphischen Börse auszugleichen wünscht und nicht mehr und nicht weniger als den Terminhandel mit Kunst vorschlägt.

Lithographen beansprucht. Die Lithographie bietet in ähnlicher Weise wie die Radierung in ihrer Hauptsache eine zeichnerische Technik, so dass mit gutem Erfolg zeichnende Künstler versucht haben, ihre Motive selbst auf den Stein zu übertragen. Wie bei der Radierung ist auch hier die Technik selbst in den Hintergrund getreten und räumt dem zeichnenden Stift des Künstlers den ersten Platz ein.*

Anders steht es mit dem Hochdruckverfahren. Die Strichätzung verlangt für sich in der Art der Federzeichnung hergestellte Originale, die meist mit photographischer Genauigkeit wiedergegeben werden; nur bei feineren Nuancierungen einer Bleistiftzeichnung zum Beispiel ergiebt das spröde Material der Zinkplatte und das harte weisse Licht der Bogenlampe keinen genügenden Erfolg.

Die Autotypie verlangt von vornherein ein völlig für ihre Technik vorbereitetes Original. Ist ein solches nicht vorhanden, so muss entweder auf ein gutes Resultat verzichtet oder der Holzschneider zum Nacharbeiten herangezogen werden. Die Autotypie besitzt in abgeschwächtem Masse die Vorzüge der photographischen Techniken der Heliogravüre und des Lichtdruckes, leidet aber in verstärktem Masse an dem Nachteile aller photographischen Techniken; sie kopiert rein sachlich kalt das, was der Apparat sieht, an innerem Gehalt nur annähernd so viel bietend, als im Original vorhanden ist.

Was ist nun über das Arbeitsgebiet des Holzschnittes? Wohl bemerkt, wir haben hier den fertigen, künstlerisch gebildeten Holzschneider im Sinne, der der berufene Vertreter der modernen Holzschneidekunst ist, und dieser antwortet gelassen: »Alles, was künstlerisch vervielfältigungswert ist und nicht zur Geldfrage gemacht wird«. Der Holzschneider kann natürlich in künstlerischem Sinne die einzige direkte Wiedergabe der Handschrift des Künstlers, die Radierung, nicht übertreffen, er kann sie im günstigsten Falle ersetzen; der Holzschnitt hat vor allen photographischen Verfahren das voraus, dass er Farbe, Stimmung und Tonwerte richtig wiedergeben kann, seine Technik übertrifft die Verfahren der Lithographie, der Heliogravüre, des Lichtdruckes, der Autotypie besonders dadurch, dass sie sich den Eigentümlichkeiten des Originals anpassen kann.

* Als Beispiele unter manchen guten Erscheinungen: Aus Worpswede, Radierungen im Verlag von Fischer & Franke, Berlin gedruckt bei Otto Felsing; und die Lithographien des Vereins für Originalradierung in Karlsruhe.

Dass überall da, wo die photomechanischen Illustrationsverfahren den geringen künstlerischen Ansprüchen genügen, der Holzschnitt weichen muss, ist aus dem Angebot billigerer Preise bei gleichem Erfolge erklärlich und gerechtfertigt. Es wäre thöricht, über den Verlust dieser Gebiete des Holzschnittes zu klagen, wenn auch die schnelle Ausbreitung jener neueren Vervielfältigungsverfahren den einzelnen Holzschneider wirtschaftlich schwer getroffen haben mag. Die schon oben erwähnte Thatsache der Verallgemeinerung des Bilderbedürfnisses und die starke Steigerung der Bilderproduktion hat sogar läuternd auf den Holzschnitt gewirkt. Auch der Geschmack und das Kunstverständnis wurden im ganzen wesentlich gehoben und man versteht das Gute von dem weniger Guten zu trennen. Man hat erkannt, was die mechanische Arbeit leistet, aber auch, wo ihr die Grenze gezogen ist. Naturgemäss sind dadurch die Ansprüche an den Holzschnitt höhere geworden, der Holzschnitt hat jetzt zu zeigen, was er gegenüber den mechanischen Verfahren zu leisten vermag und die wirklich tüchtigen Holzschneider können nunmehr ein zwar engeres, aber ihnen nun so sicherer verbleibendes Arbeitsfeld bebauen. Der mit allen Zweigen der Reproduktionstechnik vertraute Fachmann kann schon heute völlig sicher beurteilen, in welcher Richtung die Entwicklung der mechanischen Verfahren liegt und wie weit sie vorgetrieben werden kann. Die Zahl der Holzschneider hat sich wohl vermindert, die Holzschneidekunst aber hat vieles gewonnen, vor allem die Berechtigung, sich wieder eine Kunst nennen zu dürfen. Am Ende der siebziger und in den achtziger Jahren unseres Jahrhunderts war der Holzschnitt völlig zum Handwerk herabgesunken, da er allein die wesentlichen Gebiete der Illustration beherrschte und durch keine Konkurrenz kontrolliert und verbessert wurde. Hätte damals der Ansturm der Autotypie noch nicht eingesetzt, so wäre uns vielleicht durch die Lässigkeit der Holzschneider ein schwerer künstlerischer Schaden erwachsen, es hätten sich vor allem nicht einmal noch so viel Kräfte gehalten, als nötig waren, um jetzt auf das engere Gebiet xylographischer Kunst fruchtbringenden Samen auszustreuen.

(Fortsetzung folgt.)

Die Ansichtspostkarte.

Ein Kulturbild von HANS NAETER.

Die Welt am Ende des neunzehnten Jahrhunderts steht im Zeichen des Verkehrs. Diese treffende Charakteristik der vielseitigen und lebhaften Beziehungen zwischen den einzelnen Kulturvölkern aller fünf Erdteile hat in jüngster Zeit eine neue Bestätigung erhalten durch ein Verkehrsmittel, das — in seinen Anfängen unscheinbar — sich in verhältnismässig wenigen Jahren zu einer kaum glaublichen, umfangreichen Verwendung gesteigert hat und dadurch zu einem Handelsobjekt von nicht zu unterschätzender Bedeutung geworden ist. Wer kennt und sammelt sie nicht, die *Ansichtspostkarte*, dieses modernste aller Verkehrsmittel echt fin de siècle?

Gehen wir einmal zurück auf die ersten Anfänge der Ansichtspostkarte. Es mag ungefähr ein Dutzend Jahre her sein, als zuerst in Badeorten und auf solchen Aussichtspunkten, die sich in der Touristenwelt einer besonderen Beliebtheit erfreuten, Postkarten auftauchten, welche in primitivem, schwarzem oder braunem lithographischen Druck die Schönheiten des betreffenden Ortes darzustellen suchten. Auf denselben konnte man Tannenbäumchen und die Häuserchen in ähnlich naiver Auffassung zu schauen, wie sie die Spielschachteln unserer lieben Kleinen zeigen; waren nun gar Gestalten darauf, so konnte man da die merkwürdigsten Menschen- und Tierfiguren zu Gesicht bekommen! Doch diese ersten Ansichtspostkarten fristeten wohl nur ein kurzes Dasein und bildeten damals auch noch kein »Objekt«, das des Sammelns für wert erachtet wurde. Die Empfänger freuten sich, dass man ihrer auch in der Ferne gedacht hatte, lasen die vielleicht humoristisch abgefasste Begrüssung und — die damalige Ansichtspostkarte hatte ihren Zweck erfüllt und wandelte den Weg alles Vergänglichen. Dieses bescheidene Veilchendasein der Ansichtspostkarte änderte sich aber mit dem Fortschritt der Drucktechnik; sie trat in buntem Gewande auf und erfreute sich zuweilen einer geradezu künstlerischen Behandlung, und damit war ihr »Glück« gemacht. Sie beschränkte sich auch nicht mehr auf die Darstellung von Badeorten, Städteansichten und Bergesgipfeln, sondern trat in den öffentlichen Dienst der *Reklame*. Da waren es vor allem die verschiedenen *Ausstellungen*, die sich mit unleugbarem Erfolge der Ansichtspostkarten zur Ankündigung ihrer Sehenswürdigkeiten bedienten und die Herstellung derselben mit grosser Sorgfalt unter Benutzung aller technischen Hilfsmittel veranlassten. In dieser Zeit fing denn auch die Ansichtspostkarte an, ein Gegenstand eifrigen Sammelns zu werden, und da dieser Eifer auch heute noch in immerwährendem Steigen begriffen ist, so folgte die feinfühlige Industrie der ihr dadurch gegebenen Anregung, und in kurzer Zeit wimmelte der Markt förmlich von »Ansichtspostkarten« aller Art.

Es darf hierbei nun nicht verschwiegen werden, dass sich bei dem dadurch entstandenen Wettbewerb die einschlägige Industrie eine Zeit lang in Bahnen bewegte, die dem Begriff »Ansichtspostkarte« in keiner Weise gerecht wurden. Ging man noch vor etwa einem Jahre einmal durch die Hauptstrassen einer grossen Stadt und musterte die Auslagen der grossen, kleineren und kleinsten Papierwarengeschäfte, du lieber Himmel, was konnte man da nicht alles als sogenannte Ansichtspostkarten zu sehen bekommen! »Ansichten« wie die Schamlosigkeiten der Prinzessin Chimay, die Entkleidungsscenen Pariser Cocotten, die Zärtlichkeiten einer unangezogenen Chansonette mit ihrer kleinen Mieze und dergleichen mussten dazu herhalten. Ganz abgesehen von der ethisch und moralisch verwerflichen Seite dieser Art Abbildungen, waren dergleichen Sujets schon aus dem Grunde entschieden zu missbilligen, dass sie gar keine Berechtigung hatten, auf einer *Ansichts*postkarte dargestellt zu werden. Aber auch die eine kurze Zeit lang beliebte Wiedergabe der Porträts unserer Tagesgrössen, von Kunstgegenständen, bekannten Gemälden u. s. w. überschritt die Grenzen, die der Ansichtspostkarte naturgemäss zu setzen sind. Man machte damit lediglich den Kunsthandlungen eine jedenfalls unwillkommene Konkurrenz.

Von solchen falschen Bahnen hat sich denn auch in letzter Zeit die Ansichtspostkarten-Industrie entschieden abgewandt in der richtigen Erkenntnis, dass ein planloses Arbeiten auf diesem Gebiete zu einer nachteiligen Überproduktion führen muss. Es herrscht ja auch durchaus kein Mangel an geeigneten Vorwürfen für die Ansichtspostkarte, und besonders in den gegenwärtig so vorzüglich arbeitenden photographischen Apparaten haben die Fabrikanten ein Mittel an der Hand, das ihnen alle nur wünschenswerten Vorwürfe für Ansichtspostkarten verschafft. Eine nicht zu unterschätzende Steigerung ihres Wertes und ein ganz bedeutender Aufschwung ihrer Absatzfähigkeit trat aber für die Ansichtspostkarte mit dem Augenblick ein, als

Künstler von dem Rufe eines Adolf Menzel, Paul Meyerheim, Liebermann, Doepler, Passini u. a. ihre Kunst bereitwillig in den Dienst dieser Industrie stellten. Damit wurde die Ansichtspostkarte aus dem Schmutz der Gasse emporgehoben und zu einem allseitig geschätzten Kunstprodukt und Sammelobjekt gestaltet. Die sächsische Regierung war es, die in dieser Richtung bahnbrechend gewirkt hat, indem sie schon im vergangenen Jahre berufene Künstler veranlasste, Zeichnungen von Ansichten sächsischer Städte, aus der sächsischen Schweiz, dem Plauenschen Grunde u. s. w. zur Verwendung auf Postkarten herzustellen und einzureichen. Dieser Vorgang fand seitens der Industrie Nachahmung und veranlasste, dass die Produktion in ein gewisses System gebracht wurde, d. h. dass von den einzelnen Verlegern sogenannte Serien zusammengestellt und herausgegeben wurden, die sie vor Nachahmung schützen liessen.

Welchen Umfang diese Industrie bisher erreicht hat, zeigt annähernd eine *Ansichtspostkarten-Ausstellung*, die vom 15. bis 23. Juli in Berlin stattgefunden hat und mich zu den vorstehenden Betrachtungen anregte. Aber nicht nur die gegenwärtige Vielseitigkeit dieses dankbaren Produktes unseres graphischen Kunstgewerbes ist hervorzuheben, nein, auch der gewaltige Unterschied in der sorgfältigeren und künstlerischen Ausstattung dieses Verkehrsmittels gegenüber den Mittelmässigkeiten und Sudeleien der früheren Jahre! Und dafür bietet die genannte Ausstellung ein wahrhaft herzerquickendes Zeugnis. Ich habe schon erwähnt, dass sich im allgemeinen das Bestreben zeigt, Karten in Serien zusammengestellt herauszubringen, z. B. Städteansichten und Landschaftsbilder nach Ländern geordnet, Volkstypen aller Nationen,

Verkleinerter Umschlag

Künstlerkarten u. s. w. Auch hierüber giebt die erwähnte Ausstellung ein reichhaltiges und farbenprächtiges Bild, das ich nach den bemerkenswerteren Objekten unter nicht zu umgehender Nennung der betreffenden Firmen kurz skizzieren will. Bezüglich der Herstellungsart ist natürlich jedes Vervielfältigungsverfahren vertreten: Buntdruck, Lithographie, Autotypie, Heliogravüre, Kupferstich, und es soll hier ausgesprochen sein, dass unter dem Gebotenen sich vieles befindet, was durch künstlerische Ausführung Anspruch auf dauernden Wert erheben darf, sowohl in Bezug auf den behandelten Vorwurf, als auch bezüglich einer oft tadellosen Ausführung.

Von den einzelnen Ausstellern muss die *Internationale Ansichtspostkarten-Gesellschaft* an erster Stelle genannt werden, eine Gesellschaft, die ihre im wahrsten Sinne des Wortes »Weltansichtspostkarten« ihren Abonnenten aus aller Herren Länder zustellen lässt. Sie bringt neben ihren schon bekannten Künstlerpostkarten erster deutscher Meister eine ganz neue Serie zur Anschauung, die nach Entwürfen Emil Doeplers d. J. ausgeführt ist und Deutschlands Kulturaufgaben in den einzelnen Erdteilen kennzeichnet. So wird Deutschland für Europa als den Frieden schirmende Germania dargestellt, während sie einem Bewohner des Bismarck-Archipels eine Bibel darreicht und in Asien als wohlausgerüstete Seemacht auftritt. Auch eine von dem Maler Plockhorst entworfene Weihnachtskarte erregt Interesse, die am kommenden Weihnachtsfeste den internationalen Abonnenten dieser Gesellschaft zugestellt werden soll. Von *Berliner* Ausstellern seien besonders erwähnt die zahlreichen und geschmackvoll in Autotypie und Lichtdruck ausgeführten Karten der Firma *Meisenbach Riffarth & Co.*

und die Kollektion von *H. Maas*, dessen Kupferstiche und Aquarellkarten, sowie eine interessante Serie von Frauentypen hervorgehoben zu werden verdienen. Eine Specialität bilden die originellen Ulkkarten von *Otto Seiffert Nachfolger*, die den beissenden Spott des Berliners charakteristisch zum Ausdruck bringen und dadurch, dass sie sich an bemerkenswerte Tagesereignisse aus dem Berliner Leben anlehnen, eine zeher unerschöpfliche Quelle für Neuheiten sich erschlossen haben. Der bekannte Sammler und Kunsthistoriker *Dr. H. Brendicke* ist mit einer reichhaltigen Serie japanischer Karten vertreten, die Scenen aus dem Volksleben nach japanischen Aquarellen in Lichtdruck wiedergeben, und das *Deutsche Kolonialhaus* zeigt in einer geschmackvoll durchgeführten Zusammenstellung Ansichtspostkarten von sämtlichen deutschen Postagenturen in unseren überseeischen Kolonien, eine hoffnungsreiche Illustrierung eines anderen ebenso bekannten und charakteristischen Ausspruches: Deutschlands Zukunft liegt auf dem Wasser! Aus *Leipzig* möge *Kurt Giech* erwähnt sein, der nach einem eigenen Verfahren — Lichtdruck mit mehrfachem Überdruck — reizende Städte- und Landschaftsbilder herstellte, während *Ludwig Fischer* sich die Wiedergabe der Geburtshäuser berühmter Männer zur Aufgabe gesetzt hat. — *Th. Heubschel* in *Meissen* und *Herbst* in *Charlottenburg* betreiben die Herstellung von Karten mit den verschiedensten Städtewappen als Spezialität. Die Heubschelschen Karten bringen dazu kurze geschichtliche Notizen über die betreffenden Städte selbst, während auf den Herbstschen Karten die Entstehung der einzelnen Städtewappen erläutert ist. — Als wirklich eigenartige Neuheiten will ich noch die Metachromkarten von *Wieland* in *Berlin* erwähnen, die mit einem dünnen Seidenpapierüberzug bedeckt sind, der zu schriftlichen Mitteilungen benutzt werden kann; entfernt man dieses Papier durch Anfeuchtung, so tritt das eigentliche Bild dieser Bilderpostkarte darunter hervor. Eine andere Neuheit sind die Postkarten und Kartenbriefe mit aus Seide in zartester Ausführung gewebten Ansichten, Porträts und Genrebildchen der mechanischen Kunstweberei von *Rudolf Kauffmann* in *Krefeld*. Es sind dies wirkliche Kunstwerke in reizendem und ansprechendem Stil. — Mit diesen Beispielen sei es genug. Im ganzen mögen wohl etwa 100 Fabrikanten und Verleger die Ausstellung beschickt haben, unter denen sich viele der bedeutendsten Firmen der graphischen Gewerbe befinden. Als Schlusswort kann nur die Befriedigung darüber wiederholt werden, dass es dem ernsten Streben der tonangebenden Firmen auf dem Gebiete dieser noch jungen Industrie gelungen ist, die Schädlinge von dem Markte verdrängt zu haben. Bei solchem Material, wie es in hervorragenden Erzeugnissen auf der bezeichneten Ausstellung vertreten war, erfüllt die Ansichtspostkarte neben der Vermittelung des Verkehrs und der Befriedigung des Sammeleifers auch einen segensreichen *pädagogischen* Zweck. Und zu diesem Erfolge kann man die Industrie nur beglückwünschen!

Einige Winke für Klischee-Bestellungen.

Rationelles Arbeiten ist heute mehr denn je beim Buchdrucker zur massgebenden Devise geworden. Grössere Auflagen werden von Platten gedruckt; der Satz von Aufträgen kleineren Formats wird vervielfältigt, um mehrere Exemplare mit einem Male drucken zu können; die in Zeitschriften sich öfter wiederholenden Inserate, zu denen oft besseres Accidenzmaterial verwendet wird, werden klischiert, um die vorzeitige Abnutzung des Materials zu verhindern; um das Original einer Abbildung zu schonen, wird ein Galvano angefertigt, das an Stelle des Originals zum Druck verwendet wird. Solche Fälle kommen in der Buchdruckerei täglich vor und verdienen sorgfältige Beachtung. Es kommt nicht nur darauf an, zu wissen, welches Verfahren für das betr. Objekt das geeignetste ist, ob Stereotypie oder Galvano, auch auf die richtige Ausnutzung der dem Buchdrucker zur Verfügung stehenden Klischierungsverfahren ist grösserer Wert zu legen, als vielfach angenommen wird.

Vor allem ist die Bestellung der den Auftrag ausführenden Anstalt in grösster Deutlichkeit zu machen, wenn Differenzen vermieden werden sollen, deren Schaden in den meisten Fällen der Buchdrucker zu tragen hat. Neben dem schriftlichen Auftrag solle man es sich zur Regel machen, diesem stets einen Abzug von dem zu klischierenden Gegenstande beizufügen, der mancherlei nicht zu unterschätzenden Zwecken dient. Bei dem Transport von Schriftsätzen und auch bei der Manipulation der Stereotypie ist es nicht ausgeschlossen, dass einige Buchstaben vom Satz abfallen oder gar ganze Zeilen eingerissen werden, die der Stereotypeur mit Hilfe des Abzuges ergänzen kann. Die Beifügung eines Abzuges ist auch in solchen Fällen erforderlich, wo es sich um die Klischierung einer Abbildung handelt, namentlich wenn das Klischee an

Duplex - Autotypie
von
Meisenbach Riffarth & Co., München

einigen Stellen auszuschneiden, auszuklinken oder scharf zu bestossen ist; diesbezügliche Angaben lassen sich auf dem Abzuge viel deutlicher und einfacher machen, als auf dem Auftragzettel möglich ist. Es empfiehlt sich auch, auf dem Abzuge die Art der Bestellung kurz anzugeben, z. B.: »eine Stereotypie auf Holzfuss«, »3 Galvanos ohne Fuss« u. s. w.

Neben genauen Angaben bei der Bestellung giebt es eine grosse Zahl wichtiger Momente, deren Beachtung dem Buchdrucker zum Vorteil gereichen. Bei illustrierten Katalogen oder ähnlichen Drucksachen kommt es häufig vor, dass man in irgend eine freie Stelle einer Abbildung Text anzubringen hat, der sich im Satz nur durch Ausschneiden des Klischees anbringen lassen würde. Hierbei wolle man erwägen, ob es nicht ratsam sei, von dem Satz, der meistens nur aus ein paar Zeilen besteht, eine Stereotypie anfertigen zu lassen, die auf den Holzfuss des betr. Klischees zu nageln wäre. Dem glatten Ausdrucken der Zinken oder Autos wird hierdurch nichts, das leidige Übel der Spiesse, aus dem Wege geräumt sein. Wohl zu beachten wäre aber dabei, welche Höhe die einzunagelnde Stereotypie haben muss, um mit dem Klischee selbst eine gleiche Fläche zu bilden. Während Galvanos immer Cicerostärke haben, sind die Zinkos und Autos meistens Nonpareille bis Petit stark. Man stelle mittels Quadraten die Höhe der Klischeeplatte fest und gebe diese bei der Bestellung mit an.

Wie schon erwähnt, lässt man aus praktischen Gründen von einem sich öfter wiederholenden Inserat ein Klischee anfertigen; handelt es sich dabei um eine Stereotypie, so ist vor Beginn des Satzes zu beachten, dass das Klischee stets etwas kleiner ausfällt. Dieses in der Natur der Stereotypie begründete Einlaufen macht sich bei den mit Rand versehenen Inseraten unangenehm bemerkbar, namentlich bei solchen von grösserer Breite; denn von einem 28 Cicero breiten Satz erhält man ein etwa 27½ Cicero breites Klischee. Von Inseraten kleineren Formates lässt man wegen der geringen Preisdifferenz Galvanos anfertigen, bei denen ein Einlaufen sich nicht bemerkbar macht. Ebenso ist es ratsam, von Inseratsätzen, die grössere schwarze Flächen, z. B. breite Linienränder, aufweisen, Galvanos anfertigen zu lassen, da diese beim Druck eine bessere Deckung gewähren als Stereotypien. Bei der Bestellung der Klischees von Inseratsätzen wolle man beachten, dass jegliche Facette in Wegfall kommen und das Klischee rund herum bis scharf aus Bild bestossen sein muss, um beim Umbrechen der Anzeigenseiten keinen Schwierigkeiten zu begegnen.

Dies sind nur einige Winke, die sich durch Erfahrungen aus der täglichen Praxis hundertfach vermehren lassen und bei deren Beachtung viel Zeit, Verdruss und Geld erspart werden.   C—r.

Duplex-Autotypie.

Über dieses Verfahren entnehmen wir der »Allgemeinen Photographen-Zeitung« folgende beschreibende Mitteilungen: Die von der Firma *Meisenbach Riffarth & Co.* Berlin-München-Leipzig, unter der Bezeichnung Duplex-Autotypie eingeführte Reproduktionsmethode beruht auf der Verwendung von zwei verschiedenartig hergestellten autotypischen Druckplatten für ein und dasselbe Bild. Jede der autotypischen Platten hat eine andere Rasterdrehung und für jede der beiden Platten sind bei der Erzeugung ihrer Negative voneinander verschiedene Expositionen zur Verwendung gelangt. Eines der Negative wird in seinen Expositionen dem Charakter des Bildes entsprechend normal gehalten und dient zur Erzeugung der Hauptplatte. Das andere Negativ wird derartig exponiert, dass die durch dasselbe herzustellende Unterdruckplatte möglichst geschlossene Tiefen, kräftige Mitteltöne und hohes Licht erhält. Durch die Verwendung zweier verschiedener Rasterlagen werden demgemäss zwei Bilder erzeugt, die sich zwar in den Tonwerten, nicht aber in den Rasterdrückungen gegenseitig decken. Hierdurch wird ausserdem die Zeichnung wie die Kraft der Töne wesentlich verstärkt und gehoben, während trotzdem anderseits eine grosse Weichheit des Bildes erzielt wird, da die zwischen den Rasteröffnungen befindlichen weissen Flächen des Papieres teilweise durch die Farben der Unterdruckplatte, den jeweiligen Tonwerten des Bildes entsprechend, gedeckt werden, so dass die Härten, welche sich beim autotypischen Druck durch die Weisse des Papieres einesteils und die scharf abgegrenzten Farbenflächen der Rasterlinien und Rasterpunkte andererseits ergeben, verschwinden. Besonders künstlerische Beilagen für Kunstzeitschriften, ferner Kataloge u. s. w., bei welchen der doppelte Druck bezüglich des Kostenpunktes nicht wesentlich in Frage kommt, dürften, auf diesem Wege hergestellt, mit jeder vornehmen Wiedergabe des Bildes in ähnlichen ungleich teureren Reproduktionsmethoden konkurrieren können. Hervorragende Bedeutung hat die Verwendung von Duplex-Autos auch für wissenschaftliche Werke, da z. B. Krankheitsbilder der Haut oder ähnliche Reproduktionen, welche durch die Photographie oftmals nur schwach angedeutet werden, vermittels der Doppelplatten eine Klarheit und Schärfe der Zeichnung erhalten, die häufig geradezu verblüffend wirkt.

Durch das bereitwillige Entgegenkommen der genannten Firma sind wir in der Lage, vorstehende Ausführungen durch eine Beilage zu illustrieren und werden sich unsere Leser für das noch verhältnismässig wenig angewandte Verfahren gewiss interessieren.

Richtfest des Deutschen Buchgewerbehauses in Leipzig.

Am Sonnabend, den 15. Juli er., nachmittags 6 Uhr vollzog sich bei herrlichem Wetter das Richtfest des vom Deutschen Buchgewerbeverein errichteten Deutschen Buchgewerbehauses. Fröhlich flatterten die Fahnen in der Luft, stolz ragte die Richtkrone zum blauen Himmel empor; festliches Laub- und Blumengewinde zierte die Dachsparren, die in der Nähe des für den Zimmerpolier hoch oben errichteten Rednerpultes dicht von den Zimmerleuten, als lebendigem Schmucke, besetzt waren. Die Musikkapelle liess kurz nach 6 Uhr im Dachgestühl die Klänge des Liedes «Nun danket alle Gott» erklingen; dann trat Herr Zimmerpolier Hinck von der Firma Vogt & Rebock ans Pult und sprach mit weithin schallender Stimme:

»Hochverehrte Anwesende!

Hier steh' ich nun nach altem Brauch
Und freu' mich dieses Werkes auch
Und schaue kühn und froh umher,
Als wenn ich selbst der Meister wär'!
Was der erfahrne Zimmermann
Durch sein Geschick bereiten kann,
Ist jedermann bekannt.
In Mauern steht er Holzwerk ein,
Auch ganze Häuser, gross und klein,
Errichtet seine Hand.
Doch baut er nicht auf- angefahr,
Das was er zimmert, bindet er
Erst auf dem Werkriss ab
Macht zierliches Verbandstück an
Und richtet das Gebäude dann,
Wie es der Herr ihm gab
So auch mit diesem Bau geschah,
Es steht jetzt ohne Tadel da,
Denn auch das Fundament
Ist von dem Maurer so gelegt,
Dass es die Last des Hauses trägt.
Wie jeder anerkennt
Wir aber preisen Gottes Macht,
Dass er uns gnädig hat bewacht
Und immer mit uns war.
Er krönte über dieses Haus
Auch seine Huld und Gnade aus
Und schütz es vor Gefahr.
Damit wir nun haben zu dieser Frist,
Wie uns der Bau hier gelungen ist.
Ob er gehörig lang und breit,
Ob er auch trotze dem Zahn der Zeit,
Ob auch die Regel daran bewahrt,
Kurz, ob er geworden, wie er begehrt,
So frag' ich denn den Deutschen
Buchgewerbeverein vor aller Welt,
Ob ihm das neue Haus auch gefällt?

(Antwort: Ja!)

Nun wünsche ich, dass dieses liebhabe neuen Zwecke soll und ganz fernerem ...., dass es dem Deutschen Buchgewerbeverein zum Segen gereiche. So erhebe ich das Glas und trinke auf das Wohl des Deutschen Buchgewerbevereins. Der Deutsche Buchgewerbeverein, er lebe dreimal Hoch! Hoch! Hoch!

Das zweite Glas trinke ich auf das Wohl des Bauausschusses des Deutschen Buchgewerbehauses. Der Bauausschuss, er lebe dreimal Hoch! Hoch! Hoch!

Das dritte Glas dem Ehrenmann, der diesen Hau bereitet hat, ihm, der dessen mustergültig teilhat, und ihm, der weiss diesen Hau geleitet, ein voller »Lebe Hoch«. Der bauleitende Architekt, er lebe Hoch! Hoch! Hoch!

Das vierte Glas gebühret dem Baufuhrer, unter dessen Aufsicht und Kennerblicken dieser Bau schlicht für schlicht, Stock für Stock nach Vorschrift aufgeführt ist. Der Baufuhrer, er lebe dreimal Hoch! Hoch! Hoch!

Das fünfte Glas trinke ich auf das Wohl unserer Meister und aller Meister, die an diesem Bau beteiligt sind. Sämtliche Meister, sie leben dreimal Hoch! Hoch! Hoch!

Und nun beim .... und letzten Glase gedenke ich aller derer, die an diesem Bau geschafft haben, durch deren Geschick, Energie und Verstand dieser Bau emporgewachsen ist: auch ihnen ein volles »Lebe Hoch«. Sämtliche Arbeiter, sie leben Hoch! Hoch! Hoch!«

Sodann wurde noch die sehr erfreuliche Mitteilung gemacht, dass während des ganzen Baues kein ernstlicher Unfall vorgekommen ist. Glückverheissend zerplitterte das aus der Höhe herabgeworfene Glas in tausend Splitter. Zur fröhlichen Feier versammelten sich dann in den Parterreräumen an langen Tafeln alle am Bau Beteiligten. Mitglieder des Bauausschusses, des Vorstandes und des Vereins, sowie zahlreiche Gäste zum fröhlichen Richtschmaus während dessen eine Musikkapelle fröhliche Weisen ertönen liess. Im Laufe des Mahles hielt der zweite Vorsitzende, Herr Johannes Weber vom Hause J. J. Weber, folgende Ansprache:

»Geehrte Anwesende!

»Für die freundliche Begrüssung, die Sie vor wenigen Minuten dem Deutschen Buchgewerbeverein gebracht haben, darf ich im Namen des Vereins Ihnen unseren herzlichsten Dank aussprechen. Es beweist die freudige Stimmung, die in unserem Kreise herrscht, dass der Deutsche Buchgewerbeverein ein rechtschaffener Bauherr gewesen ist. Möge die Thatsache, dass alle Baubeteiligten stets freudefertig und freudig Hand in Hand gearbeitet haben, auch für unser späteres Thun im Buchgewerbehause ein günstiges Vorzeichen sein, im Deutschen Buchgewerbehause, das bestimmt ist, den Boden zu schaffen, auf dem Meister und Gesellen in friedlicher Arbeit einander die Hand reichen und einander verstehen lernen. Möge von dieser neuerrichteten Heimstätte deutscher Kunst dauernder Frieden und frohes Gedeihen stetig Ausgang nehmen und mögen die im grossen und ganzen befriedigenden Verhältnisse im deutschen Buchgewerbe auch vorbildlich sein für andere Gewerbe, in denen eine Verständigung zwischen allen schaffenden Teilen noch nicht erzielt worden ist, »dass das Deutsche Buchgewerbehaus nicht nur »den Angehörigen des Buchgewerbes selbst, sondern »auch der Stadt Leipzig und dem Vaterlande zum »Nutzen werde. Das wurde der beste Teil unseres »Dankes sein, den wir dem Allerhöchsten Protektor »des deutschen Buchgewerbes, unserem Könige, und »den Behörden der Stadt Leipzig abtragen können, denen der »Verein Förderung in reichsten Masse zu verdanken »hat. Indem wir Ihnen allen, die hier versammelt sind, »unseren herzlichsten Dank für die treue Arbeit aussprechen, die in der kurzen Zeit von elf Monaten »ein stattliches Bau emporwachsen liess, bitten wir »Sie zugleich auch dessen zu gedenken, dessen »Kunst uns hier zusammengeführt hat und unter »dessen freundlicher Leitung die mannigfachen Arbeiten am Bau in einem freundlichen Zusammenklang emporgegangen sind. Nehmen Sie, verehrter »Herr Hagberg, den herzlichsten Dank des Buchgewerbevereins und den Dank Ihrer Mitarbeiter in »dem Hofe; Herr Architekt Hagberg, er lebe hoch!«

Begeistert stimmte die Versammlung ein; dann wurde folgendes Telegramm an Se. Majestät den König von Sachsen abgesandt: »Den allerhöchsten Protektor des Deutschen Buchgewerbevereins begrüssen ehrfurchtsvoll die beim Richtfest des Deutschen Buchgewerbehauses versammelten Mitglieder des Deutschen Buchgewerbevereins und die beim Bau thätigen Gewerke. Eurer Majestät allerunterthänigster Vorstand des Deutschen Buchgewerbevereins. Johann Weber.« Ferner wurde an Herrn Generalkonsul Lorck, den Altersekretär des Vereins und eifrigen Kämpfer für die Errichtung eines Buchgewerbehauses, der sich zur Zeit in Kopenhagen aufhielt, sowie an das Ehrenmitglied des Vereins, Herrn Oberbürgermeister Dr. Georgi, Begrüssungstelegramm abgesandt. Der I. Vorsteher des Deutschen Buchgewerbevereins, Herr Dr. von Hase, hatte vom Wendelsteinhaus zum Richtfeste telegraphisch einen Gruss gesandt.

In fröhlicher Stimmung blieben die Anwesenden noch lange beisammen, bis endlich die anbrechende Dunkelheit mahnte, die noch nicht mit Beleuchtung versehenen Räume zu verlassen. Möge der fröhliche, ungetrübte Verlauf der Feier, bei der sich Bauherren, Meister und Gesellen vereint hatten, für die fernere Thätigkeit des Deutschen Buchgewerbevereins ein gutes Zeichen sein.

Am nächsten Tage (10. Juli 1899) traf von Sr. Majestät dem König von Sachsen folgende Antwort ein: »Schloss Pillnitz. Ich danke Ihnen, sowie den versammelten Mitgliedern des Deutschen Buchgewerbevereins und den Gewerken herzlichst für den mir zugesandten freundlichen Gruss. Albert.« —n.

Schriftgiesserei-Neuheiten.

Zellenschmuck der Rudhardschen Giesserei in Offenbach a. M. Diese kleine Ornamentserie zeichnet sich vor vielem neueren Zierat durch kräftige, flächenartige und exakte Zeichnung aus und wird zur Belebung und Ausschmückung mancher modernen Arbeit passende Verwendung finden können.

Auf einem Rundschreiben hat die Firma das Material vielseitig verwandt und gute Wirkungen damit erzielt. Die einzelnen Figuren ergeben auch hübsche Reihungen, Leistchen u. s. w.

Neue Quartprobe von Benj. Krebs Nachfolger in Frankfurt a. M. Die vorgenannte Firma hat ihre gesamten Erzeugnisse in einem ca. 600 Seiten starken Quartbande vereinigt und giebt damit der Buchdruckerwelt zugleich eine Übersicht über ihre reiche Materialauswahl. Es ist uns nicht möglich, auf Einzelheiten des Inhaltes der Probe näher einzugehen, was sich ja auch erübrigt, da wohl die meisten Buchdruckereien Besitzer der Probe sind oder noch werden. — Einige Worte mögen der Ausstattung gewidmet sein. Bot das gewählte Kleinquartformat auch die Möglichkeit zur effektvollen und übersichtlichen Vorführung der verschiedenen Erzeugnisse, so leidet die Handlichkeit des Bandes doch wesentlich unter der notwendigerweise eingetretenen Schwere des Buches. Der für den Einband gewählte zweifache Bronzedruck wird sich beim häufigen Gebrauche des Bandes als nicht recht praktisch erweisen. Die Anordnung der eigentlichen Schriftseiten mit roter Umrandung gefällt uns sehr gut und machen diese durch ihre Splendidität den besten Eindruck. Leider vermögen wir diese Eigenschaft bei den zwar kunstvoll gesetzten und sauber gedruckten 10 Haupt- und Abteilungstiteln der Probe nicht zu konstatieren. Wir begegnen auf diesen sämtlichen Titeln einer geradezu erstaunlichen Anhäufung von Motiven, Schildern, Kästen, Bändern, Kreisen, Rhomben, Leisten und allen nur denkbaren geometrischen und anderen Formen, die oft nur matte süssliche Töne enthalten, so dass der Eindruck eines einheitlichen Seitenbildes kaum zu gewinnen ist. Es ist schade, dass sich

Aus den graphischen Vereinigungen.

Tafel 26.

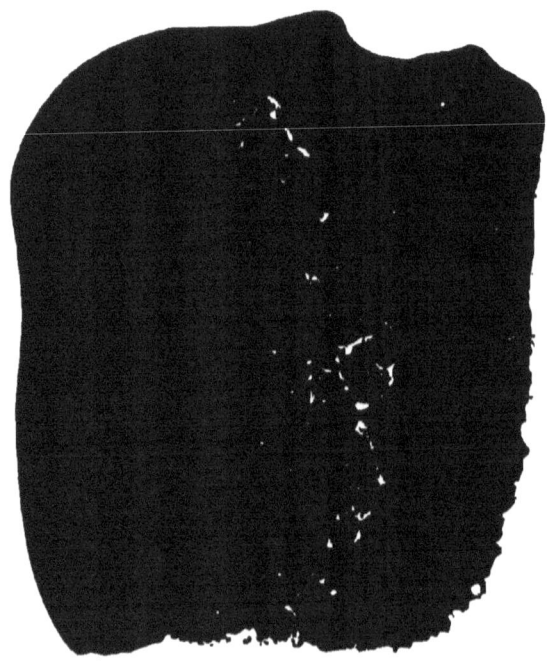

No. 52. Tuberkulöse Lobärpneumonie.

unentgeltlich geöffnet sein wird, zerfällt in sechs Abteilungen, und zwar in: 1. Plakate; 2. Accidenzarbeiten: a) für den geschäftlichen Verkehr, b für den privaten Gebrauch; 3. Drucksachen für bestimmte Zwecke (liebgemeinte Glückblätter, Urkunden, Wertpapiere u. s. w.; 4. Bücher; 5. Klischees; 6. Entwürfe. Für die Ausstellung sind seitens der Leitung des Museums für Kunst und Gewerbe in zuvorkommender Weise die reichhaltigen Sammlungen desselben von älteren und neueren Kunstdrucken zur Verfügung gestellt. Ausstellungsgegenstände, jedoch nur in *Buchdruck* ausgeführte, sind bis zum 1. September d. J. direkt an das Museum für Kunst und Gewerbe in Hamburg zu richten.

Leipzig. Am 13. Juli er. wurde in der Sitzung der *Typographischen Gesellschaft* über das Thema »Moderne Buchausstattung« referiert. Eine in der Zeitschrift »Kunst und Dekoration« enthaltene Abhandlung über modernen Buchschmuck diente als Grundlage und fanden die in derselben enthaltenen Gesichtspunkte allgemeine Anerkennung, bis auf wenige Punkte technischer Natur, die in der sich anschliessenden Debatte noch eingehender erörtert wurden. Besonderes Interesse erweckten die noch ausgestellten Holzschnitte »Die Worpsweder« von J. J. Weber in Leipzig. — In der Sitzung vom 10. August er. fand eine Ausstellung der anlässlich eines Preisausschreibens der »Schweizer Graphischen Mitteilungen« eingelaufenen 50 Umschlag-Entwürfe statt. Der Vorsitzende der Gesellschaft, Herr H. Schwarz, der bei dem erwähnten Preisausschreiben neben Herrn Dr. Jessen in Berlin, Herrn Aug. Müller in St. Gallen und Herrn Aug. Kirchhoff in Stuttgart als Preisrichter fungiert hatte, erstattete ein ausführliches Referat über das erfreuliche Ergebnis des Ausschreibens, in dem die neueren Anregungen für zweckmässige Satzgestaltung als Grundgedanken der Ausführung vorgesehen waren und sehr gut durchgeführt wurden. Eine sehr lebhafte Aussprache schloss sich dem Referat an. —o—.

Zeitschriften- und Bücherschau.

— *Handbuch der Galvanotechnik und Galvanoplastik* von Dr. Hans Stockmeier, Nürnberg. Verlag von Wilh. Knapp, Halle a. S. Preis M. 8.—. Das Werk ist nicht nur für den wissenschaftlich gebildeten Elektrochemiker von Interesse, sondern auch der mitten in der Praxis stehende Galvanoplastiker wird in ihm manchen nützlichen Wink und Erklärungen für ihm bis dahin Unverständliches finden. Wie bei dem Zweck des Buches nicht anders möglich, ist für die zu graphischen Zwecken dienliche Galvanoplastik nur ein kleiner Raum reserviert, doch lässt sich deutlich erkennen, dass der Verfasser das Praktische in demselben Masse beherrscht, als das Wissenschaftliche. Wenn wir uns auch nicht mit allem einverstanden erklären können, wie z. B. dass der Verfasser auf Seite 148 den gewalzten Anoden den Vorzug vor den elektrolytischen gibt — wir haben im Gegenteil durch mannigfaltige Versuche bei gewaltzten chemisch reinem Kupfer eine ungleichmäßige Auflösung und grössere Schlammbildung als bei rohen elektrolytischen Anoden gefunden — so dürfte das Buch bei seinen reichen, alle überhaupt möglichen Fälle behandelnden Inhalt ein wertvolles Nachschlagebuch sein. Besonders interessant ist, dass allen Neuerungen — bis auf diejenigen in der Nickel-

galvanoplastik — umfassendes Augenmerk geschenkt wurde. Wir empfehlen das Werk allen Galvanoplastikern zum Studium, zumal es durch Vermeidung von theoretischen Erläuterungen und durch seine ungemein klare Schreibweise für jeden vollständig verständlich sein wird. M. M.

— *Baron-Shakespeares Venus und Adonis.* Diesen soeben in Edwin Bormanns Selbstverlag in Leipzig erschienene Buch ist ein poetisch-wissenschaftliches Prachtwerk ersten Ranges. Es kann nicht in der Aufgabe eines graphischen Fachblattes liegen, den wissenschaftlich-poetisch-historischen und eigenartigen Stoff dieses Werkes zu beleuchten, es ist dies vielmehr eine dankenswerte, wenn auch zugleich schwierige Aufgabe für den Litterarhistoriker. Etwas anderes macht das Werk aber neben seinem für jedermann interessanten Inhalt für uns bemerkenswert; dies ist die heute so selten zu beobachtende gute graphische Ausstattung desselben. Hat man sich beim Satze lediglich auf die Verwendung von Mediaevalschriften beschränkt, und von jeder ornamentalen Zuthat abgesehen, so erzielte man von klaren und deutlichen Mediaevalschriften beschränkt, und von jeder ornamentalen Zuthat abgesehen, so erzielte man eine vornehme, mustergültige Gesamtwirkung, man hat, mit einem Worte gesagt, ein Buch geschaffen, das dem Buchdrucker Freude macht; grösser würde diese aber noch sein, wenn auch im Satze die eigentlich notwendige äusserste Sorgfalt und hier und da noch Konsequenz beobachtet worden wäre. Warum sind im Werke und im Inhaltsverzeichnisse Mediaevalziffern, zu den Kolumnentiteln und Signaturen Antiquaziffern verwandt? Weshalb wurden Wörter wie Buchdruckerei, Papierhandlung, Buchbinderei u. s. w. in Buchdruck., Papierh., Buchbind. verstümmelt, trotzdem Raum zum Aussetzen der Wörter genug vorhanden war? Warum setzte man: BUCHSTÄBLICH, PORTRÄTS, später: UEBERSETZUNG, ERWÄHNUNGEN, PORTRAETS? Weshalb Titelzeilen mit Schlusspunkt und ohne welchen? Diese Zufälligkeiten liessen sich noch vermehren, doch sollen diese kleinen Mängel das Lob, die wir dem Werke sonst zu zollen volle Ursache haben, nicht schmälern. Es ist aber erforderlich, bei einer sachlichen Besprechung der technischen Seite eines so gut ausgestalteten Werkes auf diese kleinen Sünden hinzuweisen, sie beeinträchtigen immerhin den typographischen Wert des Buches, der neben dem Inhalte eigentlich eine Hauptsache ist. In unserer Zeit neigt man leider immer mehr dazu, die satztechnische und orthographische Sorgfalt als von nebensächlicher Bedeutung zu betrachten, während diese Eigenschaften des Buches — siehe die alten Werke und solche aus früheren Jahrzehnten — eigentlich erst den Kern derselben bilden. Von besonderem Interesse sind die in dem Werke enthaltenen Illustrationen, speciell 10 Titelblatt-Reproduktionen, die als wertvolle Beiträge zur Geschichte des Titelsatzes im 16. Jahrhundert gelten können. Zahlreiche Faksimiles und Porträts in guter Reproduktion ergänzen den Text in bester Weise. Das auf Kupferdruckpapier gut gedruckte, mehrere Hundert Seiten umfassende Werk wird eine Zierde jeder Bibliothek sein und den Verfechtern des Bacon-Shakespeare-Streites viele neue Anregungen und Aufklärungen geben. S.

— *Katechismus der Buchbinderei* von Hans Bauer, Verlag von J. J. Weber, Leipzig, 1900. Preis M. 4.— Der Verfasser dieses vortrefflichen Handbuches, Herr Hans Bauer, Inhaber und Leiter der Fachschule für Buchbinder zu Gera Reuss, hat in demselben viel Wissenswertes über die Buchbinderei vereinigt und bildet das Bändchen eine erwünschte Ergänzung der Weberschen Katechismen-Sammlung. Aus dem Inhalte des Werkes spricht reiche Praxis, auch werden die zahlreichen Illustrationen manches noch verständlicher machen. Die vorgeführten Buchrücken-Muster wie auch einzelne Decken-Muster erscheinen uns als Vorlader nicht recht glücklich gewählt. Es hätte hier auf einfachere und vor allem nicht auf so veraltete, verbrauchte Motive zurückgegriffen werden sollen, da doch gewiss eine Reihe von Jahren vergeht bis zu einer Neuauflage und dadurch ohnedem Veraltung der Beispiele eintritt. Auch hätte es sich empfohlen, dem Werkchen einige Originalpressungen beizugeben, um die Technik wie auch die Wirkung von Metall, Farbe u. s. w. auf den verschiedenen Deckenstoffen zu veranschaulichen. — *r*.

— *Bühne und Welt*. Verlag von Otto Elsner, Berlin. Die neuesten Hefte dieser interessanten Zeitschrift bringen wieder einen reichen textlichen und bildlichen Inhalt. Von besonderem Interesse ist Heft 24, in dem u. a. die Fortsetzung des Leipziger Theaterbriefes enthalten ist und die verschiedenen Leipziger Theaterkräfte abgebildet sind.

Verschiedene Eingänge.

Johannisfest-Druckproben des Brandenburger Buchdrucker-Gehülfen Vereins. Die bei Schemann & Co. gedruckte Karte macht einen guten Eindruck und ist auch eine hübsche Druckleistung. Das sorgfältig gesetzte Programm leidet unter der unruhigen Wirkung des durchbrochenen Rahmenwerkes. Setzer und Drucker der Firma J. Wnuske haben bei dieser letzten Arbeit ihr Bestes geleistet und eine anerkennenswerte Arbeit zu liefern sich bestrebt.

Die Firma *Philipp & Kramer in Wien* bemustert uns die neuste Folge ihrer Wiener Künstlerspostkarten: 10 Aufnahmen des Semmering-Gebietes in zwanziger Farbenstimmung nach Aquarellen von Hans Will. Das Dreifarbendruckverfahren hat hier eine gute Verwendung gefunden, es will uns aber erscheinen, als hätte ein geübterer Farbendrucker eine noch bessere Wirkung erzielt.

Ivedenproben der Firma C. Wiegand in Posen. Die vorgenannte Firma verfolgt mit regem Interesse das Erscheinen neuer Gaessorei-Erzeugnisse und es geht ein uns vorliegendes Geschäftscirkular ein Bild von dem reichen Materialbestand dieser ausländischen Officin, die auch im Farbendruck Schönes leistet. Auf einem grossen Blatte werden Proben lithographischer Arbeiten aller Art vorgeführt.

Von der *Buchdruckerei A. Wohlfeld in Magdeburg* empfingen wir einen Druckbogen, acht Autotypien in Quartformat enthaltend, der als eine beachtenswerte Druckleistung gelten kann. Die schwierigen, in schwerer Form auf einer Gottfriedschen Zweitourenmaschine bei einer Geschwindigkeit von 1320 pro Stunde gedruckt und wird durch den Ausfall dieser Arbeit auch die Brauchbarkeit der genannten Presse für den Autotypiedruck dargethan.

Die Beilagen zum 8. Heft.

Als Fortsetzung unserer künstlerischen Holzschnittbeilagen erhalten die Abonnenten des »Archivs für Buchgewerbe« in einer besonderen Rolle, deren Inhalt genau verzeichnet ist, folgende, zu dem Artikel: »Kunst und Können im Holzschnitt« gehörige *Kunstholzschnittblätter*:

1. Faun und Nymphe. Nach einem Gemälde von Gabriel Max.
2. Im Walde. Nach einem Gemälde von Franz Courtens.
3. Winterabend im Walde. Nach einem Gemälde von L. Munthe.
4. Mondnacht an der Zuidersee. Nach einem Gemälde von Hans v. Bartels.
5. Wasserträgerinnen. Nach einer Ölskizze von Hans v. Bartels.
6. Fischerboote. Nach einer Ölskizze von Hans v. Bartels.
7. Selbstporträt von Franz v. Lenbach.
8. Christus im Olymp. Nach dem Kolossalgemälde von Max Klinger.

Dienen diese hervorragend schönen Blätter in Zusammenhang mit den in Heft 5, 6 und 7 enthaltenen in erster Linie als Illustration zu dem genannten Artikel, so bilden sie andererseits eine schöne und wertvolle Holzschnittsammlung, für die jeder Fachmann hohes Interesse haben dürfte. Der Firma J. J. Weber in Leipzig sind wir zu Dank verpflichtet, dass sie uns in die Lage versetzte, unserem Blatte diese Beilagen beigeben zu können.

Dass das *Dreifarbendruck-Verfahren* in letzter Zeit bedeutende Fortschritte gemacht hat, ersehen unsere Leser aus der beiliegenden Probetafel, die dem zweibändigen Werke, Technik und Diagnostik am Sektionstisch von Dr. R. Grawitz und Dr. F. Zimmermann entnommen ist. Das von Förster & Borries in Zwickau verlegte und gedruckte Werk enthält 65 solcher Tafeln, die ohne Ausnahme hervorragende Dreifarbendruckleistungen sind. Die Verfasser sagen im Vorworte zu dem erwähnten Werke: »Ungewöhnlich die technische Schwierigkeiten bereitete bei der Herausgabe dieses Buches die Reproduktion der von uns gefertigten Originale der farbigen Abbildungen. Es würde zu weit führen, wenn wir auf unsere Versuche näher eingehen wollten, es möge hier nur kurz das Resultat derselben angegeben werden. Kein anderes Reproduktionsverfahren für farbige Objekte leistete uns nur annähernd dieselben Dienste wie der *Dreifarbendruck*, der durch Frische und Natürlichkeit der Farben, durch Schärfe in der Zeichnung und durch plastische Wirkung nach unserer Meinung mehr als alle anderen Reproduktionsverfahren zu wissenschaftlichen Zwecken sich eignet. Allerdings gehört auch dazu, dass dieses Verfahren so exakt gehandhabt wird, wie dies von den Firmen, die bei der Reproduktion unserer Abbildungen beteiligt waren, geschehen ist. Die Anfertigung der Klischees für die Abbildungen haben die Herren Husnik & Häusler in Prag, den Druck die Herren Förster & Borries in Zwickau i. S. besorgt. Es würde überflüssig sein, wenn wir den genannten Firmen ein besonderes Lob spenden wollten, da sich dieselben durch die Herstellung der Abbildungen selbst das beste Zeugnis ihrer Leistungsfähigkeit ausgestellt haben. Wir haben es hier in der That mit einer ganz bedeutenden dreifachen Druckleistung zu thun, von der man sich erst bei der Durchsicht der 65 Tafeln ein ganzes Bild machen kann.

Ein schönes *Anhängeblatt* ist die Beilage der Firma J. G. Schelter & Giesecke, die Reproduktion eines Frauenbildnisses. Von besonderem Interesse ist der eigenartige Hintergrund des Bildes, der dem Ganzen Leben giebt und die Figur selbst besser hervortreten lässt.

Auf eine weitere illustrative Beilage: *Duplex-Autotypie* nahmen wir bereits an anderer Stelle eingehender Bezug, ebenso verwiesen wir schon auf das Blatt: Dr. Peter Jessen.

Den modernen *Titelautotypien* bringen wir in mannigfacher Hinsicht zur Geltung: Im Texte geben wir zunächst einige Sätze wieder, bei denen die neuartige geschlossene Textgruppierung in bester Weise durchgeführt wurde. Die Wirkung der betreffenden Originaldrucke ist eine sehr gute. Zwei besonders gefällige Zwischentitel eines Brentkopf & Härtel'schen Kataloges zeigen wir etwas verkleinert auf einer besonderen Beilage. Der umfangreiche Text wurde trotz der viel Raum einnehmenden, von Frau Lina Burger gezeichneten Titelblätter vorzüglich untergebracht und eine schöne, ruhige Seitenwirkung erzielt.

Endlich bringen wir noch in eine *Accidensbeilage*, die aus der Firma A. Th. Engelhardt in Leipzig drückte, einen hübsch zusammengefügten Rechnungskopf, der ebenso als Briefkopf Verwendung finden könnte.

Mannigfaltiges.

Geschäftliches.

— Herr Ed. Strache in Warnsdorf i. B. erteilte unterm 1. Juli d. J. seinem Sohne, Herrn *Robert Strache*, Prokura für seine Firma.

— Die Firma *Robert Ruffani* in Dresden zeigt an, dass sie in Dresden-Löbtau, Dorfstrasse 3, eine Fabrik für Maschinen- und Hilfsarbeit für Buchdruckereien, verbunden mit Reparaturanstalt für Buchdruck-Maschinen, errichtet hat.

— Durch Vertrag mit der Firma Gutenberg-Haus *Fenna Francke*, Schöneberg-Berlin, hat die Mergenthaler Setzmaschinen-Fabrik vom 1. Juli d. J. ab dieser Firma die Generalvertretung und den Verkauf ihrer Zeilensetz-Giess- und Ablegemaschine «Linotypes» für die Provinzen Ost- und Westpreussen, Pommern, Posen, Schlesien, Sachsen, Brandenburg, Königreich Sachsen, Anhalt und die Thüringischen Herzogtümer übertragen.

— Infolge Ableben des bisherigen Berliner Vertreters der Firma *Flieder & Iberis* in Zwickau i. S. hat letztere ihr Berliner Lager von Blanko-Vordrucken, Blankos, Goldschnitt- und Glückwunschkarten, Trauerpapieren u. s. w. Herrn *Emil Witt*, Berlin S., Sebastianstr. 20, übertragen.

— An Stelle des aus gesundheitlichen Gründen ausgeschiedenen Herrn Gustav Reinhold ist Herr Dr. Oscar Jolles eingetreten.

— Nach freundschaftlicher Uebereinkunft mit den übrigen Inhabern schied am 1. August d. J. Herr Karl Ferd. Poppelbaum aus der Firma *Benj. Krebs Nachf.* in Frankfurt a. M. aus.

Auszeichnungen.

— Der in der herzoglichen Hoftanschdruckerei von *Karl Kueppel* in Sagan i. Schl. beschäftigte Schriftsetzer Herr *Hugo von Knobelsdorff* wurde aus Anlass seines 50jährigen Berufsjubiläums mit dem Allgemeinen Ehrenzeichen ausgezeichnet.

Jubiläen.

— Die Firma *Benjamin Krebs Nachfolger* in Frankfurt a. M. konnte am 1. Juli cr. auf ein 80jähriges Bestehen zurückblicken.

— Das «Haynauer Stadtblatt» in Haynau Verlag von C. O. Rauphach's Nachflg. beging am 3. Juli sein *50jähriges Bestehen*. Am 3. Juli 1849 liess Herr Kaufmann Ed. Fischer in *Haynau* das Blatt zum ersten Male erscheinen.

— Das 25jährige Bestehen feierte am 15. Juli die Buchdruckerei und Verlagshandlung von *Hermann Sehling Nachf.* (Inhaber die Herren *Richard Fix* und *Hermann Mauruwitz*) in Leipzig.

— Am 22. Juli d. J. feierte die Firma *R. Oldenbourg* in *München* ihr 25. Hausfest, bei welcher Gelegenheit dieselbe dem schon bestehenden Unterstützungsfonds für das Personal weitere 20000 M zuwies. Fünf Angestellte konnten am gleichen Tage auf eine 25jährige Thätigkeit im genannten Hause zurückblicken, ihnen wurden zahlreiche Glückwünsche und Geldspenden zu teil.

— Am 22. Juli d. J. beging das *Bildungsgraphische Institut zu Leipzig* ein schönes Fest, nämlich eine Erinnerungsfeier an die vor 25 Jahren erfolgte Uebersiedelung des Hauses von Hildburghausen nach Leipzig. Für das Personal ward ein Sommerfest veranstaltet und zur Kenntnis gebracht, dass dem Pensionsfonds neuerdings die Summe von 70000 M seitens der Chefs zugewendet worden sei.

— Das 50jährige Arbeitsjubiläum feierte in *Dresden* der Maschinenmeister *Ernst Adolf Schultze* in der Dr. Güntzschen Stiftung. Der Jubilar trat am 1. Juli 1849 als Hilfsarbeiter in der genannten Firma in Stellung. Von 1865—69 erlernte er die Buchdruckerkunst und ist bis heute bei der technischen Herstellung des «Dresdner Anzeigers» beteiligt.

— Das Jubiläum einer 25jährigen Thätigkeit am Typographischen Institut von *Giesecke & Devrient* in Leipzig feierte Herr Maschinenmeister *Hermann Friedrich*. Dem Jubilar wurden mannigfache Ehrungen zu teil.

Todesfälle.

— Am 15. Juli cr. verstarb in Berlin Herr *Julius David*, langjähriger Mitarbeiter und Prokurist der Firma Wilhelm Wiedlinter in Berlin. Die letztere widmete dem Verstorbenen einen ehrenden Nachruf.

— In Elberfeld starb am 14. Juni nach langem, schwerem Herzleiden, erst 45 Jahre alt, Herr Buchdruckereibesitzer *Eduard Lucas*, Teilhaber der Firma *Sim. Lucas*, in deren Verlage seit vier Jahrzehnten die «Elberfelder Zeitung», ein sehr geachtetes Blatt, erscheint. Der zu früh Verstorbene war seit einer Reihe von Jahren innerhalb der Deutschen Buchdrucker-Berufsgenossenschaft thätig und hat seinen ehrenamtlichen Pflichten selbst dann noch opferfreudig ob, als bereits die tückische Krankheit seine Kräfte lähmte.

— Am 19. Juli starb der Inhaber der Buchdruckerei W. H. Köbner & Co. in Altona, Herr *Friedrich Wilhelm Didereiner*, Herausgeber des Altonaer Adressbuchs und Verleger der Altonaer Nachrichten.

— Am 4. Juli starb in Leipzig der Vorsteher der Zweigniederlassung der Firma B. Brend'amour & Co., Herr Nykograph *Otto Richter*.

— Der Senior der Buchdruckerei Berichthaus Tagblatt Herr Carl H. Ulrich-Gysie, ist am 18. Juli d. J. nach längerem Leiden verschieden. Der Verstorbene war im Jahre 1834 zu Zürich als Sohn des verstorbenen Altobrichters Ulrich zum Oberrichthaus geboren. Während 27 Jahren war er Präsident des Vereins der zürcherischen Buchdruckereibesitzer, 13 Jahre lang leitete er als Präsident auch den schweizerischen Verband und gründete seiner Zeit in Verbindung mit den Herren Wild, Schulthess u. s. w. in den siebziger Jahren in Zürich die Unterstützungskasse für Buchdruckerei-Gehülfen.

— Am 24. Juli starb nach kurzem, schwerem Leiden Herr *Reinhold Grimme*, der Begründer und Direktor der Kunstanstalt Grimme & Hempel, Aktiengesellschaft in Leipzig. In dem Verstorbenen ist ein hervorragend tüchtiger Mann aus dem Leben geschieden. Er begann vor etwa 25 Jahren sein Geschäft in bescheidenstem Umfange, indem er in Gemeinschaft mit dem Steindrucker Hempel eine Steindruckerei eröffnete, die er später allein weiterführte. Grossen Erfolg hatten seine »Diaphanien«, denen er mit der bekannt gewordenen Mahnung »Schmücke dein Heim!« die weiteste Verbreitung zu geben wusste. Sein Geschäft, das sich einen Weltruf erworben hatte, wurde 1896 in eine Aktiengesellschaft umgewandelt und nahm unter der fortdauernden rastlosen Leitung seines Begründers einen von Jahr zu Jahr weiter steigenden Aufschwung. Das unerwartete Hinscheiden des thätigen und unternehmenden Mannes ist ein beklagenswerter Verlust für Leipzigs graphische Industrie.

— In Danzig starb der Senior der dortigen Buchdrucker Herr *Blettner* im 80. Lebensjahre. Er war vor 65 Jahren als Lehrling in die dortige Wedel'sche Hofbuchdruckerei eingetreten und hat ihr fast 60 Jahre lang ausschliesslich angehört. Nach längerer Thätigkeit als Gehülfe war er zum technischen Geschäftsführer und Anfang der 1870er Jahre zum Disponenten und Gesamtleiter des ganzen Geschäfts aufgerückt. In dieser Stellung beging er sein 50jähriges Buchdruckerjubiläum und wirkte bis zum Jahre 1894, wo er mit bewilligter Pension in den Ruhestand trat.

Vereinswesen.

— Die Hauptversammlung des *Deutschen Buchdrucker-Vereins* fand am 1. Juli in Kiel unter Vorsitz des Herrn Baensch-Drugulin-Leipzig statt, nachdem am Tage vorher bereits die Deutsche Buchdrucker-Berufsgenossenschaft ihre Versammlung abgehalten hatte. Aus dem gedruckt vorliegenden Geschäftsbericht ist zu erwähnen, dass die Mitgliederzahl 1922 war und das Vereins-Vermögen am 1. Januar 1900 105.545,13 M. betrug. Ganz besonders günstig haben sich die Unterstützungskassen des Vereins entwickelt, nämlich die Arbeitslosen- und Reiseunterstützungs-Kasse, die Invaliden-Kasse und die mit dem 1. Oktober 1899 neu errichtete Witwen-Kasse. Die Gesamteinnahme der drei Versicherungszweige betrug 126.737,80 M., die Gesamtausgabe 44.640,68 M., das Gesamtvermögen 302.005,63 M. Die »Jubiläums«-Stiftung des Deutschen Buchdrucker-Vereins, die namentlich den Zweck hat, Jubilare durch Ehrengeschenke bei Jubiläen zu bedenken, hatte am Schluss des Rechnungsjahres ein Vermögen von 25.119,93 M. Dem »Internationalen graphischen Musteraustausche« des Vereins

haben sich in vergangenen Jahre Schwierigkeiten in den Weg gestellt, so dass sich der Vorstand veranlasst gesehen hat, zur erfolgreichen Weiterführung des im 9. Jahrgange stehenden verdienstvollen und für die graphischen Künste wichtigen Unternehmens den Antrag zu stellen, dasselbe unter Beibehaltung des alten Namens an den Deutschen Buchgewerbe-Verein zu übergeben. Dieser Antrag wurde angenommen. Es besteht nun die Absicht, den neunten Band des Musteraustausches so zu gestalten, dass er sowohl den Deutschen Buchdrucker-Verein, als überhaupt den Stand der graphischen Kunst der Gegenwart in würdiger Weise auf der nächstjährigen Pariser Weltausstellung zu vertreten geeignet ist. Dem Deutschen Buchgewerbe-Verein wurde ferner auf 3 Jahre ein Beitrag von je 300 M. bewilligt. In der Post-Zeitungstarifangelegenheit hat der Deutsche Buchdrucker-Verein eine sehr rege Thätigkeit entwickelt, die insofern von Erfolg gewesen ist, als der von ihm vertretene Grundsatz, die Erscheinungsweise und das Papiergewicht der zu befördernden Zeitungen in erster Linie als Elemente zur Bemessung der Beförderungsgebühren heranzuziehen, an zuständiger Stelle als richtig anerkannt ist. — In Bezug auf die Bestimmungen des Bundesrats über die Einrichtung und den Betrieb der Buchdruckereien ist es gelungen, bei der Gewerbepolizei in Leipzig und Berlin das sogenannte Dustlessöl als Ersatz für das lästige und unpraktische tägliche feuchte Reinigen der Fussböden, welches das Gesetz verlangt, in Anerkennung zu bringen. Unter Bezugnahme hierauf dürfte es auch den Buchdruckereibesitzern anderer Städte möglich sein, dasselbe zu erreichen. In Bezug auf die Innungsbestrebungen war der Vorstand noch nicht in der Lage, neue Mitteilungen machen zu können, es sei im Gegenteil eine gewisse Stagnation in der Bewegung eingetreten, deren Grund hauptsächlich in der unklaren und unzweckmässigen Fassung des Gesetzes zu suchen ist, und ferner daraus resultiert, dass noch immer der Entscheidungen über wichtige prinzipielle Punkte in Bezug auf die Charakterisierung von Fabrik und Handwerk seitens der obersten Instanzen ausstehen. Hoffentlich aber werde die allernächste Zeit endlich die so nötige wie wünschenswerte Entscheidung nach der einen oder anderen Richtung bringen. Als Ort für die nächstjährige Versammlung wurde Dresden bestimmt. — In den geschmackvoll dekorierten Sälen des Seegartens vereinigte sodann ein Diner die Buchdruckereibesitzer mit ihren Damen, bei welcher Gelegenheit sich die übliche Redefreudigkeit der Jünger von der schwarzen Kunst in ergiebigster Weise entwickelte. Aus der grossen Zahl der Reden seien als hühepunkte hervorgehoben ein zündender Toast des Geh. Kommerzienrats Jaencke-Hannover auf das deutsche Vaterland und die warmherzige Ansprache des süddeutschen Kollegen Wertzle-Stuttgart auf Schleswig-Holstein, die in den von der ganzen Versammlung stehend gesungenen Sang »Schleswig-Holstein, meerumschlungen« ausklang. *Otto Schlotke.*

Verschiedenes.

— Die Londoner Zeitschrift »The Nature« veröffentlicht eine in ihren Einzelheiten allerdings noch etwas unvollständige Beschreibung einer neuen Druckmaschine, die in ihren Leistungen nach der Ansicht des genannten Blattes »epochemachend für die Entwickelung des Farbendruckes« sein soll. Der Erbauer jener merkwürdigen Maschine ist der Chefingenieur und Verwalter der russischen Regierungsdruckerei in St. Petersburg, *Herr Orloff*, und natürlich hat

Autotypie aus der Kunstanstalt für Hochätzung
J. G. Schelter & Giesecke
Leipzig

sich auch schon eine kapitalkräftige Gesellschaft gebildet, um die Leistungsfähigkeit dieser Maschine bis zur rationellen Herstellung farbiger Illustrationen für Zeitungen und Bücher zu entwickeln und sie demnächst an den Markt zu bringen. »The Nature« kennzeichnet das Wesen der Orloff-Maschine in grossen Umrissen folgendermassen: Bisher mussten bei mehrfarbigem Druck die einzelnen Farben *nacheinander* gedruckt werden, wobei man mit dem Druck der nächstfolgenden Farbe so lange zu warten hatte, bis die vorhergehende trocken geworden war. Bei der Orloff-Maschine werden aber *sämtliche Farben eines zu druckenden Bildes mit einem Male auf das zu bedruckende Papier übertragen*, und zwar soll dies auf folgende Weise möglich sein. Ähnlich wie bei einer Rotationsmaschine werden auf einem entsprechend inspirierten Cylinder so viele Platten in der den einzelnen Farben angepassten Form nebeneinander angeordnet, als Farben zur Herstellung des gewünschten Bildes erforderlich sind. Von diesen Platten erhält nun jede einzelne die für sie bestimmte Farbe von einer besonderen (?) Auftragwalze, und zwar durch eine Umdrehung des Cylinders um seine Axe. (Dieser Vorgang erscheint in der Schilderung der »Nature« als die einfachste Sache von der Welt, aber gerade hierin muss das Geheimnis — und *jede* neue Maschine hat ein sogenanntes »Geheimnis« — an der Orloff-Maschine zu suchen sein, wenn überhaupt die Nachricht ernst zu nehmen ist.) Nachdem also auf diese sonderbare Weise jede einzelne Platte ihre Farbe in Empfang genommen hat, überträgt sie diese auf eine sogenannte *Kompositionswalze*, mit der die einzelnen Farbenplatten in der Reihenfolge der Farben in Berührung gebracht wurden, sodass dadurch auf dieser Walze das Bild bereits fix und fertig »komponiert« ist und nun von dieser unter entsprechendem Druck direkt auf das Papier übertragen werden kann. Die prinzipielle Neuerung der Orloff-Maschine besteht also darin, dass auf einer »Kompositionswalze« die einzelnen Farben zu dem Gesamtbilde vereinigt werden und dann durch einen einzigen Druckvorgang auf dem Papier zur Darstellung gelangen. Das erinnert an das Verfahren beim Tapetendruck, bei welchem das Muster ebenfalls von einer Walze dem Papier übermittelt wird. Der Cylinder, auf dem die Farbenplatten angeordnet sind, vollzieht eine Umdrehung in ⁹/₁₀ Minute, in welcher Zeit jede Farbenplatte ihre Farbe erhält und diese auch zugleich auf die Kompositionswalze überträgt. Nach der Versicherung der »Nature« sollen die Ergebnisse höchst vollkommene sein, sodass an der Verwendbarkeit der Maschine nicht zu zweifeln sei. Dies zugegeben, so vermisse ich doch bei vorstehender Auseinandersetzung den Hinweis, dass sich der Erfinder auch bereits die Erfolge und Vorteile des *Dreifarbendrucks* zu nutze gemacht hat, die doch sicherlich dem Verwalter der kaiserlich russischen Regierungsdruckerei nicht ganz unbekannt geblieben sein dürften. Im übrigen bedarf noch die Thätigkeit der Auftragwalze dringend der Aufklärung, bevor ich an die »epochemachende« Leistungsfähigkeit der Orloff-Maschine glauben kann. *hw.*

— *Die Buchkunst-Ausstellung im Münchener Glaspalast 1899.* — Dem »Börsenblatt« wird folgendes über diese Ausstellung mitgeteilt: Es war eine umfangreiche, eine allgemeine Übersicht über die Entwickelung der modernen Buchkunst gewährende Ausstellung in Aussicht gestellt; doch wurde dieses Versprechen nicht in entferntesten eingelöst; die Anzahl der ausgestellten Gegenstände war nur gering und konnten schon aus diesem Grunde keinen Überblick

über das Werden und Wachsen dieses Zweiges des modernen Kunstgewerbes bieten. Viel Neues fand man auch nicht, wodurch jedoch nicht ausgeschlossen war, dass besonders der Laie dort manches Interessante und Schöne sehen konnte. Da waren vor allem einige prächtige dänische Bucheinbände von der »Danske Forening for Boghandvark« in Kopenhagen vertreten, auf die an dieser Stelle schon hingewiesen wurde, als sie in Leipzig ausgestellt waren; ferner eine hübsche Sammlung von Ex libris von Otto Eckmann, Otto Greiner, Sattler u. a. Von der Münchener »Jugend« und dem »Simplicissimus« waren einige Einbände ausgestellt, einige neuere englische Werke, Bücher aus dem Verlage von Eugen Diederichs in Leipzig, Fontane in Berlin und der »Mopsus« von Richard Vola. Dagegen vermisste man z. B. den reich begabten jungen Paul Bürck, der dieser Buchkunst-Ausstellung mit seinen feinsinnigen Arbeiten schon ein mehr charakteristisches Aussehen gegeben hätte. *(t. tf.*

— *Einführung eines Kurses über Gewerbehygiene und Berufskrankheiten der Graphischen Gewerbe.* In Anbetracht der Wichtigkeit der Hygiene in graphischen Gewerbe hat das k. k. Ministerium für Kultus und Unterricht einen lehrplanmässigen Kurs über »Gewerbehygiene und Berufskrankheiten der graphischen Gewerbe« an der k. k. Graphischen Lehr- und Versuchsanstalt in Wien eingeführt und mit der Abhaltung dieses Kurses den Sekundararzt am k. k. allgemeinen Krankenhause, Dr. Leopold Freund, betraut.

Inhalt des 8. Heftes.

Die Vorträge des Herrn Dr. Peter Jessen in der Fachpresse. — Dr. Peter Jessen (mit Bildnis). — Einige Winke für Klischeebeurteilungen. — Duplex-Autotypie. — Richtlinie des Deutschen Buchgewerbehauses in Leipzig. — Schriftgiesserei-Neuheiten. — Aus den graphischen Vereinigungen. — Zeitschriften- und Bücherschau. — Verschiedenes Eingänge. — Die Beilagen zum 8. Heft. — Mannigfaltiges. — Inserate.
Beilagen: 1 Dreifarbendruckbild, 1 Blatt Autotypie, 1 Blatt Duplex-Autotypie, 1 Blatt Bildnis des Herrn Dr. Jessen, 1 Salzbeilage: Zwischentitel, 1 Papierbeilage: Rechnung.

Ausser vorstehenden eingehefteten Beilagen gehören zu Heft 8 die besonders in Rollenform beigegebenen auf Spalte 404 näher bezeichneten acht Blatt **Kunstbeilauschnitte.**

Bezugsbedingungen für das Archiv etc.

Erscheint: In 12 Monatsheften. ☞ Für komplette Lieferung, insbesondere vollständige Beilagen, kann nur bei der Erscheinen des 8. Heftes raschzahlen Abonnierenden garantiert werden
Bezugsquelle: Jede Buchhandlung, auch direkt von der Geschäftsstelle des Deutschen Buchgewerbevereins unter Kreuzband
Preis: M. 19.—, unter Kreuzband direkt M. 12.50, nach ausserdeutschen Ländern M. 14.60. Einzelnummern M. 1.50.
Anzeigen: Preis der dreigespaltenen Petitzeile oder deren Raum für Mitglieder des Deutschen Buchgewerbevereins 15 Pf., für Nichtmitglieder 25 Pf. Stellengesuche für Mitglieder und Nichtmitglieder 15 Pf. für die dreigespaltene Petitzeile. Beiträge vor Abdruck zu zahlen. Als Beleg dienen Ausschnitte; Belegheste auf Verlangen gegen Vergütung der Portospesen.
Beilagen: Für das einfache Quartblatt M. 90.—, für das doppelte M. 50.—, Grösseren Formaten entsprechend besonderer Vereinbarung.
Nachahmen von selbständigen Drittgrössen-Erzeugnissen können im Inhalte oder auf den Beilagen abgedruckt werden. Die Bezugsquellen der Neuheiten werden auf Antrage durch die Geschäftsstelle des Deutschen Buchgewerbevereins unentgeltlich und bereitwilligst mitgeteilt.
☞ *Adresse:* Alle den textlichen Teil des »Archiv für Buchgewerbe« betreffenden Briefe und Sendungen sind an die Adresse des Schriftleitung: Leipzig-R., Buffetstrasse 6 ☒ zu richten, den Anzeigenteil betreffende und andere geschäftliche Anfragen u. s. w. dagegen an die Geschäftsstelle des Deutschen Buchgewerbevereins. ☒

Künstlerische Ausführung!
Sorgfältige und schnelle
Erledigung!

Halbtonätzungen
(Autotypien) nach Photographie,
Lichtdruck, Tuschzeichnung etc.

Strichätzungen nach
Federzeichnung, Zeichnung und
Gravur auf Stein, Abdrücken von
Schrift-Schnitten, Stichen u. s. w.

Entwürfe und Zeichnungen für Illustrationen
ganzer Werke sowie Druck-Ausstattung jeder Art.

Galvanoplastische Anstalt für Vervielfältigung
von Holzschnitten, Autotypien
jeder Art und von Schrift- etc. -
vorzüglichster Ausführung.

Kunst-Anstalt für Hochätzung
J. G. Schelter & Giesecke
Leipzig, Geschäftsstelle Brüderstrasse 26-28

Schriftgiesserei Emil Gursch, Berlin S.

Initialen
Serie 47.

No 543. 3 Cicero.

A S F
No. 544. 4 Cicero.
C M O
No. 947. 5 Cicero.
B Z

Fette Elzevir.

No 545. Cicero (corps 12).
Dampfmaschinenbau

No. 868. Mittel (corps 14).
Actiengesellschaft

No. 871. Canon (corps 36).
DIE RIESEN

No. 867. Tertia (corps 16).
Eisenach Universum Hannover

No. 872. Grobe Canon (corps 42).
Marienhain

No. 869. Text (corps 20).
NANSENS Expedition

Original-Erzeugniss

No. 873. Missal (corps 44).
Neuendorf

No. 869. Doppelmittel (corps 28).
LUCHS Mammuth

No. 874. 4¹⁄₂ Cicero (corps 54).
Borussia

No. 870. Kleine Canon (corps 32).
Metz DOM Burg

No. 875. 5 Cicero (corps 64).
Kosmin

Initialen, deren Bild es erfordert, sind ausgeklinkt, und zwar solche auf
3 Cicero für Text-, 4 Cicero für Doppelmittel-, 5 Cicero für Canon-Kegel.

Inserate

H. H. Ullstein
in Leipzig

legt dieser Nummer einen Probebogen seines Florpost-Paperos bei, welches derselbe zum Preise von M 2.75 im Formate von 47 zu 63 cm auf Lager hält. Preis und Beschaffenheit bei leichtem Gewicht (9 Gramm) machen das Erzeugnis besonders für Prospekte, Reklamezwecke u. s. w. vorzüglich geeignet.

BUCHDRUCK-KLISCHEES IN AUTOTYPIE
PHOTOTYPIE, CHEMITYPIE UND CHROMOTYPIE.

FABRIKATION VON ZEICHENMATERIALIEN, PATENT KORN- UND SCHABPAPIEREN, KREIDE UND TUSCHE.

PAPIERMUSTER UND PROBEDRUCKE
AUF VERLANGEN GRATIS UND FRANKO.

C. F. Rühl Schriftgiesserei ·
Messinglinien-Fabrik ·
Galvanoplastik ·
Leipzig · Grenzstrasse 7 und 9
Gegründet 1860
Stereotypie

Neue Moderne Schriften und Initialen, Bordüren, Vignetten und Leisten. Sonderwerei-Einrichtungen zur Normalsystem stets am Lager. Schnellste Lieferung bei billigsten Preisen.

Verlag von Alexander Waldow, Leipzig.

Die dopp. Buch- u. Geschäftsführung für Buchdruckereien und verwandte Geschäfte. I. Teil. Herausgegeben v. J. H. Frese. 2. vollständig umgearbeitete Auflage. Preis 4 Mk.

do. II. Teil. 2. vollständig umgearbeit. Auflage. Preis 4 Mk. Einen zweimonatlichen Geschäftsgang zur Erläuterung des I. Teiles enthaltend. Der II. Teil enthält auch Anleitung zur einfachen Buchführung.

Die Zurichtung und der Druck von Illustrationen. Ein Leitfaden für Maschinenmeister und Drucker. Herausgeg. von H. Künzel. A. Waldow. 2. Aufl. Prachtausgabe. 5 Bogen gr. Quart mit 16 Kunstdruckbeilagen in allen Manieren, Titeln und Schmutztiteln, in Ton, Gold- und Farbendruck. Preis 5 Mk., elegant gebunden 7.70 Mk.

Inserate.

Beachten Sie die Vorzüge meiner Antiken Gotisch

Diese deutliche Schrift eignet sich vorzüglich für die moderne Ausstattungsweise und enthält keinerlei verzerrte Buchstabenbilder.

Original-Erzeugnisse

⌁ Soeben vollendete ich im Schnitt die hier abgedruckte moderne Schrift
⌁ ⌁ Germanisch. ⌁ ⌁
Dieselbe entspricht vollständig den Anforderungen, die man neuerdings an eine Werk- und Accidenzschrift stellt und harmoniert vorzüglich mit nebenstehender Antiken Gotisch.

Schriftgiesserei ▪ Messinglinienfabrik ▪ Julius Klinkhardt, Leipzig.

Patentverkauf od. Licenzerteilung.
Der Inhaber des D. R. P. No. 96073, welches eine „Maschine zum Aufdrucken von Adressen auf Briefumschläge und dergl." betrifft, wünscht seine Patentrechte an inländische Fabrikanten abzutreten bezw. letzteren Licenz zur Fabrikation zu erteilen und bittet, gefl. Anerbieten an den beauftragten Patentanwalt Robert R. Schmidt in Berlin W., Potsdamerstr. 141, gelangen zu lassen.

Patentverkauf od. Licenzerteilung.
Der Inhaber des D. R. P. No. 96088, welches einen „Pneumatischen Bogenanleger" betrifft, wünscht seine Patent-Rechte an inländische Fabrikanten abzutreten bezw. letzteren Licenz zur Fabrikation zu erteilen und bittet, gefl. Anerbieten an den beauftragten Patentanwalt Robert R. Schmidt in Berlin W., Potsdamerstr. 141, gelangen zu lassen.

Wilhelm ✱ ✱ ✱ Woellmer's ✱ Schriftgiesserei und Messinglinienfabrik

Moderne Neuheiten
Selecta, Globus, Roland, Studio-Zierrath, Barock-Ornamente ✦ Silhouette-Bordüren, Vignetten.

Berlin SW.

P. P.
Hierdurch teilen Ihnen ergebenst mit, dass in unserer
Galvanoplastischen Anstalt
von Autotypien mit feinstem Raster tadellos druckfähige dem Original an Schärfe vollkommen gleiche Galvanos hergestellt werden.
Desgleichen fertigen wir von Holzschnitten, Strichzeichnungen, Schriftsätzen, Annoncen, Clichés u. s. w. Galvanos mit starken Kupferniederschlägen in kürzester Frist zu mässigen Preisen an.
Hochachtungsvoll
Leipzig. **Zierow & Meusch.**

liefern **Buchdruck-Clichés** für Autotypie, in Kupfer und Zink
Leistungsfähigste Lichtdruckanstalt für Architectur u. Kunstgewerbe, Industrie-Musterbücher, Postkarten, Albums etc.
Ansichten-Verlag.

Schnellpressen-fabrik Frankenthal — Albert & Co. Act.-Ges.

in Frankenthal Pfalz

baut als ausschliessliche Spezialität:

Schnellpressen für Buch-, Stein-, Licht- und Blechdruck,

Rotationsmaschinen in allen Ausführungen

Bis 1. August 1899 verkauft: 4650 Maschinen.
Fabrikpersonal 1899: 1080.

Buchdruckschnellgangpresse für Autotypiedruck.

Lithographische Schnellgangpresse.

Variable Rotationsmaschine

Schliesszeug "Combi"
(Gesetzlich geschützt)
Bewährtestes aller Systeme
Normalstücke, 10 cm lang . . M. 2.60
Normalschlüssel mit u. ohne Stift „ 1.50
Lagerlängen
5 bis 60 cm vorrätig

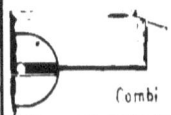
Combi

Maschinenfabrik • Kempewerk • Nürnberg.

BERGER & WIRTH
Farben-Fabriken
BERLIN · LEIPZIG · LONDON · NEW YORK

A. HAMM Heidelberg.
Gegründet 1850 in
Frankenthal.

Erst-
klassiges   Korrespondenz nach Heidelberg richten.
Fabrikat.   **Schnellpressen** aller Art.

Natur-Kunstdruckpapier

Billiger
als gestrichenes Kunstdruckpapier
und
weniger empfindlich.

mit tadelloser Druckfähigkeit
für Autotypien, Holzschnitte etc.
Proben bitte zu verlangen.

Ferd. Flinsch, Leipzig.

Modern

originell und künstlerisch
können Sie Ihre Drucksachen
ausstatten mit unserer sehr
praktischen Zierrat. Die
Prachtmappe steht Interessenten Druckereien zu Diensten.

Rudhard'sche Giesserei
Offenbach am Main.

Neubeiten:

Druckplatten mit Schraffuren, Netzen, Punktmanieren, Korn u. dergl., für Buch-, Stein- und Kupferdruck, zum Überdruck auf Druckplatten, für Landkarten, Pläne, Untergrund-Platten, Papier-Ausstattungen u. s. w., u. s. w.

Kornraster, in Glas geätzt, für Autotypie und Photolithographie.

Ferner empfiehlt:

Glasraster verschiedener Systeme, sowie alle autotypischen und photolyptischen Ausführungen.

Edm. Gaillard, Berlin S.-W.

Herausgeber: *Deutscher Buchgewerbeverein.* — Verantwortlicher Schriftleiter: *Heinrich Schwarz.* — Druck: *Breitkopf & Härtel.* Sämtlich in *Leipzig.*

Archiv für Buchgewerbe
BEGRÜNDET VON ALEXANDER WALDOW
HERAUSGEGEBEN VOM
Deutschen Buchgewerbeverein.

36. Band. | **1899.** | **Heft 9.**

Bekanntmachung.

In den Deutschen Buchgewerbeverein zu Leipzig sind folgende Mitglieder aufgenommen worden:

1. *Paul Leutemann*, i. Fa. Wittenbecher & Leutemann, Leipzig.
2. *Alexander C. Angerer*, i. Fa. C. Angerer & Göschl, Photographische Kunstanstalt, Wien.
3. *E. A. Gleitsmann*, i. Fa. E. T. Gleitsmann, Buchdruckfarbenfabrik, Dresden.
4. *Fritz Kieffer*, Direktor der Elsäss. Druckerei und Verlagsanstalt, Strassburg im Elsass.
5. *Carl Heinrich*, i. Fa. C. Heinrich, Buch- und Steindruckerei, Dresden-N.
6. *Jean Ganss*, Direktor der Schnellpressenfabrik Frankenthal Albert & Cie., A.-G., Frankenthal in der Pfalz.
7. *Paul Julius Meissner*, i. Fa. P. Meissner, Kaufmann, Leipzig.
8. *Oscar de Lingre*, i. Fa. W. Vobach & Cie., Verlagsbuchhandlung, Leipzig.
9. *Hermann Smalian*, Schriftsteller, Berlin.
10. *Richard Schulze*, i. Fa. A. Lanzendorf, Buchbinderei, Leipzig.
11. *Ernst Seidel*, i. Fa. Emil Seidel, Fabrik gummierter Papiere, Leipzig-L.
12. *Willibald Fischer*, i. Fa. Fischer & Franke, Verlagsbuchhandlung, Berlin.
13. *R. Rommel*, i. Fa. Martin Rommel & Cie., Hof-Kunstanstalt, Stuttgart.
14. *Alfred Bonz*, i. Fa. Ad. Bonz & Co., Verlagsbuchhandlung, Stuttgart.
15. *Georg D. W. Callwey*, in Fa. Georg D. W. Callwey, Verlagsbuchhandlung, München.
16. *Egon Werlitz*, i. Fa. J. B. Metzler'sche Buchhandlung und Buchdruckerei, Stuttgart.
17. *Theodor Goebel*, Schriftsteller, Stuttgart.
18. *Fritz Dornemann*, i. Fa. Edm. Koch & Co., Gravieranstalt, Messing-Schriftgiesserei, Magdeburg.
19. *Carl Engelhorn*, i. Fa. J. Engelhorn, Verlagsbuchhandlung, Stuttgart.
20. *Jacques Rosenthal*, i. Fa. Jacques Rosenthal, Buch- und Kunstantiquariat, München.
21. *R. Ruffani*, i. Fa. R. Ruffani, Tiegeldruckpressen-Fabrik, Dresden-A.
22. *Theodor Ackermann*, i. Fa. Theodor Ackermann, Königl. Hofbuchhandlung, München.
23. *Walther Marnau*, i. Fa. Eduard Baldamus (Baldamus & Marnau), Verlagsbuchhandlung, Leipzig.
24. *Carl Büchle*, i. Fa. Paul Neff Verlag, Verlagsbuchhandlung, Stuttgart.
25. *J. Schneider*, i. Fa. Braun & Schneider, Verlagsbuchhandlung, München.

Leipzig, den 1. September 1899.

Geschäftsstelle des Deutschen Buchgewerbevereins
Arthur Woernlein,
Geschäftsführer.

Ein Kaiserwort
und die Dankespflicht des deutschen Buchgewerbes.

er Deutsche Buchgewerbeverein, im Verkehrs- und Organisationsmittelpunkte des deutschen Buchhandels und Druckgewerbes zu Leipzig erwachsen und deshalb dem Protektorate Seiner Majestät des Königs von Sachsen unterstehend, hat, da er von vornherein auf eine vaterländische Thätigkeit für das Gesamtgebiet des Buchgewerbes im Deutschen Reiche wie in den Ländern deutscher Zunge begründet ist und sein hoher Protektor die allgemeinen deutschen Ziele des Deutschen Buchgewerbevereins ausdrücklich gebilligt hat, Seiner Majestät dem deutschen Kaiser die Denkschrift über die Ziele und Aufgaben des Deutschen Buchgewerbevereins übersandt und für die rechte Wirksamkeit im Reiche und im Auslande die kaiserliche Billigung seiner künstlerischen und vaterländischen Ziele erbeten.

Seine Majestät der Kaiser hat laut eines von Strassburg i. E. am 6. September 1899 an den Vorstand des Deutschen Buchgewerbevereins in Leipzig gerichteten Schreibens des Geheimen Civil-Kabinets nach Kenntnisnahme vom Inhalt der Vereinszuschrift mit besonderem Interesse Einsicht in die Denkschrift und die Pläne des neuerrichteten Deutschen Buchgewerbehauses genommen und der Freude darüber Ausdruck gegeben, dass die Vertretung des gesamten deutschen Buchgewerbes auf der nächstjährigen Pariser Weltausstellung wiederum in den bewährten Händen des Vereins liegt und dadurch eine würdige und einheitliche Vorführung der Leistungsfähigkeit der einzelnen Zweige des deutschen Buchgewerbes gesichert ist. Seine Majestät wünscht der eifrigen und verdienstvollen Arbeit des Vereins auch für die Pariser Ausstellung einen glänzenden Erfolg.

Der Deutsche Buchgewerbeverein begrüsst diesen Ausdruck kaiserlicher Gnade und Anerkennung mit ehrfurchtsvollem Danke. Darf er doch hiernach vertrauen, dass Seine Majestät der Kaiser es als der Nationalwohlfahrt förderlich erachtet, dass der Buchgewerbeverein von dem geschichtlich gewordenen Mittelpunkt des Buchhandels und Druckgewerbes aus, wie ihn die Reformation geschaffen, die klassische Blütezeit unserer Litteratur auf die Dauer gefestigt und die Begründung des Reiches zu voller Wirkung gebracht hat, dem Weltberufe des deutschen Buchgewerbes die Bahnen bereite. Der Deutsche Buchgewerbeverein, der soeben ein mächtiges eigenes Gebäude errichtet hat, in dem er den grossen Reichsverbänden der Deutschen Buchdrucker-Berufsgenossenschaft und des Deutschen Buchdruckervereins ein Heim, sowie dem buchgewerblichen Ausstellungswesen erstmalig eine dauernde Stätte bereitet, entnimmt aber aus der Kaiserlichen Vertrauenserweisung und dem Königlichen Protektorat zugleich die Pflicht, alle lebendigen Kräfte des deutschen Buchgewerbes im Reiche und Auslande in echt deutschem Sinne zu grosser, segensreicher Wirkung zusammenzufassen.

Kunst und Können im Holzschnitt.

Beiträge zur Charakterisierung des Holzschnittes als Kunstgewerbe.

Von JOHANN WEBER.

II.

Trotz der vorzüglichen Leistungen, trotz der energischen Anstrengungen, gute xylographische Blätter durch Ausstellungen und Hinweis auf ihre Qualitäten dem Kunstverständnis weiterer Kreise näher zu bringen, kann die Holzschneidekunst so lange nicht zur Anerkennung gelangen, als Künstler und Kunstfreunde über ihr Wesen und ihre Stellung in der Kunst im unklaren sind oder noch nicht gelernt haben, die graphische Kunst überhaupt als Verbindung zwischen Kunst und *Kunstgewerbe* anzusehen. Mehr als die Kunstgewerbe im allgemeinen bedürfen die graphischen Künste künstlerischer Mitarbeit; wenn sie aber den festen Boden ihrer Techniken verlassen, wagen sie trotz künstlerischer Führung den Sprung ins Leere; denn es sind Kunst *und* Können, die die graphischen Künste tragen.

Während der moderne Holzschneider unter dem Nachdrängen der Photomechanik sein Können immer mehr ausbildete, trat ein von kunsthistorischer Pietät getragenes Streben zu Tage, das für alle Zukunft an die Photomechanik verlorene Arbeitsgebiet wieder zu gewinnen; man versuchte die falsche Idee des grösseren Wertes der Handarbeit an sich auch da zur Geltung zu bringen, wo die Photomechanik genau das gleiche Resultat erzielte. Die Holzschneider lehnten aber jede dahingehende Beeinflussung ihrer Arbeitsweise ab, weil sie nicht nur mit vagen Idealen, sondern mit klaren wirtschaftlichen Realitäten zu rechnen hatten. Als nun noch gar einige »wirkliche Künstler« mit neuen Werkzeugen und anderem Material die Schnittweise der alten Meister nachahmten, mussten sich die modernen Holzschneider nachsagen lassen, dass ihr Streben jahrzehntelang eine schwere Verirrung gewesen sei. Die leicht auf das grosse Publikum durch einige Schlagworte übertragene Überschätzung jedes Details der deutschen Renaissance und überhaupt jeder »guten alten Zeit« zeitigt für den Kunstholzschnitt heute eine ernste Gefahr. Von der Notwendigkeit der Selbsterhaltung, nicht von Streitlust getrieben, sieht sich der Holzschneider gezwungen, einmal die mancherlei wunderlichen Erzeugnisse des Holzschnittes näher zu beleuchten, die in das Urteil weiterer Kreise eine so heillose Verwirrung gebracht haben, und die darüber erschienenen Artikel zu analysieren, wobei es dem leider nicht zu vermeiden ist, selbst mit dem ausgezeichneten Direktor unseres Buchgewerbemuseums in einen freundschaftlichen Widerstreit der Ansichten zu treten.

Nachdem in den Augustheften der »Grenzboten« 1899, Heft 31 und 32, ein sehr verdienstlicher Artikel von Konrad Lange über »den modernen Holzschnitt und seine Zukunft« erschienen ist, der mehr die künstlerische und kunsthistorische Seite der Frage behandelt, kann hier vornehmlich auf die graphisch-technische eingegangen werden.

Folgende Erscheinungen sind typisch für die Anschauungen der Gegner des modernen Holzschnittes: Der moderne Holzschnitt, Vortrag gehalten im Kunstverein zu Dresden von Dr. Rudolf Kautzsch, abgedruckt im »Börsenblatt« (1899 No. 53) und in der »Zeitschrift für Xylographen« (1899 No. 35). Die Aufsätze und betreffenden Illustrationen des »Pan« (1895, Heft 2, 3, 1896, Heft 1, 3, 4, 5, 1897, Heft 1, 3, 1898, Heft 1, 2, 4). Publikationen von Felix Vallotton, ein Artikel von Otto Julius Bierbaum in »Ver sacrum« und die auf der diesjährigen Dresdner Kunstausstellung befindlichen Blätter von Albert Krüger, Emil Orlik-Prag, Hans Schrödter-Karlsruhe, Peter Behrens-München, Walter Conz-Karlsruhe, Ernst Berger-München und Wilhelm Lange-Karlsruhe.

Jene Richtung, die alle graphischen Künste der dekorativen Idee unterordnen will, vertritt der Vortrag von Dr. Kautzsch; denn einem starken dekorativen Gefühl entspringt doch gewiss die grosse Hochschätzung der Holzschnitte nach Menzel,

Schwind, Rethel, Führich, Richter u. a. Wir freuen uns mit diesen Puristen, zu deren Führern auch Dr. Peter Jessen gehört, über die wundervollen Blätter, die einen Höhepunkt deutscher Volkskunst bezeichnen, der beschaulichen biederdeutschen Entwickelung der Zeichenkunst, die jedem verständlich war und dem deutschen Volke den Sinn für Poesie während der stürmischen Jahrzehnte um die Mitte unseres Jahrhunderts erhalten half. Wenn es heute noch Sitte wäre, dass Künstler wie Menzel Bleistiftzeichnungen von solcher Feinheit und gleichen künstlerischen Qualitäten nur zu Illustrationszwecken zeichneten, so würde gewiss jeder Holzschneider seinen Stichel gern zur Reproduktion leihen, weil kein anderes graphisches Verfahren eine Zeichnung wie z. B. Menzels Ziethen wiedergeben könnte. Der heutige Holzschnitt würde auch wieder Individualitäten ausbilden, die gleich Kretzschmar und Vogel jede Linie so fühlend wie sie der Meister gelegt hat gegen die Eigenschaften ihres Werkzeuges die malerische Faksimiletechnik beherrschen würden. Ein Vergleich der Blätter nach Menzel zeigt, wie verschieden Kretzschmars Technik von der Vogels ist und wie beide hoch über der Arbeit anderer Holzschneider stehen, die auch Menzels Linien nachgeschnitten haben. Kretzschmars und Vogels Kunst war in erster Linie xylographisches Können, ausgebildet an der im künstlerischen Sinne angewandten Technik des Nachschneidens der Feder- und Bleistiftzeichnungen. Gegen die durch die Form des Grabstichels gebotene Langlinienschnittweise mussten die Hunderte und aber Hunderte von weissen Dreiecken, Vierecken und anderen Figuren des Liniengewirrs der Zeichnung einzeln so ausgestochen werden, dass die stehenbleibenden Linien den Eindruck machten, als seien sie *durchgezogen*, nicht aber durch einen Negativprozess entstanden. Ein technisches Können, welches alle Schwierigkeiten spielend beherrscht, eine feine künstlerische Empfindung und ein enormer Zeitaufwand sind erforderlich, um grosse Leistungen des malerischen Faksimileschnittes zu ermöglichen. Voraussetzung bleibt natürlich, dass Originalzeichnungen in so difficiler Strichmanier vorhanden sind, dass alle andern Reproduktionsarten versagen und dass diese Zeichnungen Qualitäten aufzuweisen haben, die den Aufwand von Arbeiten für einen solchen Schnitt rechtfertigen. Man darf füglich nicht den reproduzierenden Holzschneider empfehlen, zum malerischen Faksimileschnitt zurückzukehren, man möge besser die zeichnenden grossen Künstler auffordern, für diesen fast gänzlich verlassenen Zweig xylographischer Kunst Vorlagen zu schaffen. Andere als besonders dafür gezeichnete Blätter in malerischem Faksimileschnitt wiedergeben zu wollen, ist undenkbar; sobald sich die xylographische Technik dem jeweiligen Charakter der Vorlage nicht völlig anpasst, muss ja der künstlerische Inhalt zerstört werden; man versuche, sich ein Blatt nach Böcklin, Lenbach, Stuck oder Bartels in Kretzschmars Technik wiedergegeben vorzustellen! Die Forderung, dass der Holzschnitt im malerischen Schwarzlinienschnitt seine Aufgaben löse, fällt demnach in sich zusammen; es bleibt aber der Wunsch, den Holzschnitt rein dekorativ behandelt zu sehen, wie z. B. in der unschnittenen Linie der Bilderbibel Schnorrs, dessen Linie das Merkmal des echten Stiles der Holzschneidekunst sein soll. An jedem Blatte dieser deutschen Bibel kann man herzliche Freude haben und muss doch aufs nachdrücklichste betonen, dass diese Art des Holzschnittes nie wieder eine Lebensberechtigung haben kann. Sie ist keine *Holzschneidekunst*, sie ist lediglich eine *Illustrationskunst*, die ein gut geschulter, mechanisch arbeitender Handwerksgehilfe auf einer Holzplatte druckfähig machte, weil ein anderes Verfahren nicht existierte. Das Schneiden nach vorgezeichneten Linien war nimmer eine Kunst, sondern eine einfache Handarbeit; sie verlangt nur eine einigermassen sichere Führung des Stichels. Selbst da, wo gegebenenfalls ein gewisser Ton in schwarzweisse Linienütnung vom Holzschneider übertragen wurde, wäre heute ein solcher Holzschnitt ein Unding, denn, wo der Künstler die schwarze Linie nicht vorgezeichnet hatte, zeichnete sie der Holzschneider (bezw. gar der Holzzeichner) mit dem Stichel hinterher. Für beide Fälle ist heute die einzig berechtigte Verfahren die Zinkhochätzung; denn die Holzschneider, denen die Vermittelung eines Originals weniger im Sinne der Treue, als im Sinne der Schwarzlinienkunst gestattet ist*, würde besser thun, die Vorlage mit der Feder umzuzeichnen und zinkographieren zu lassen, als für die mühselige Arbeit des Linienausschneidens sich noch dem Vorwurf auszusetzen, dass er das Original willkürlich verändert habe.

Es scheint hier am Platze, der Überschätzung der Holzschnitte der deutschen Renaissance entgegenzutreten, wenigstens insoweit sie dem Holzschnitt oder auch der typographischen Illustration im allgemeinen zum Muster gestellt werden.

Die unbestritten schönen und ewig wertvollen Blätter Dürers und seiner Zeitgenossen zeigen, wie

---

* Nach etwas zum modernen Holzschnitt von Dr. R. Kautzsch, Zeitschrift für Xylographen.

die beste Zeit deutschen Kunstfleisses veredelnd auf billige Messware eingewirkt hat, sie beweisen, wie sehr empfänglich unsere breiten Volksschichten für ihrem Verständnis angepasste Kunst waren, nie dürfen sie aber als Ideale für eine Kunst hingestellt werden, die heute mit unvergleichlich feineren Werkzeugen und Materiale arbeitet, als Schneidemesser und Langholz es waren, für eine Kunst, die ihrem Wesen nach nichts und nur noch den Namen mit alter Holzschneidekunst gemein hat. Ein Vergleich der Schnitte Dürers mit seinen Kupfern zeigt doch klar, welch fein empfindender Zeichner Dürer gewesen ist, der nur durch ein mangelhaftes Material gehindert wurde, auch den Jahrmarktblättern grössere Sorgfalt angedeihen zu lassen. Dass die von verschiedenen Seiten so scharf als beabsichtigt hervorgehobene typographische Einheitlichkeit, die Übereinstimmung des Stiles der Illustration mit dem Stile der Druckschrift wohl meistens eine zufällige, durch das ungefüge Material verursachte war, weist Konrad Lange ebenfalls nach. Wären diese typographisch-ästhetischen Gesichtspunkte allgemein erkannt gewesen, wie hätte wohl Holbein die minutiöse Feinheit der Strichlagen seiner Totentanz-Initialen rechtfertigen können? Wären diese Initialen auch mit bedeutend grösserer technischer Sorgfalt als Dürers Schnitte hergestellt, so blieben sie doch ein rein typographisches Material?

Dr. Kautzsch schreibt, wie viele andere, Bewick die Erfindung des Tonschnittes, des Prinzipes der heutigen Holzschneidekunst zu und entwickelt den Übergang vom Schwarz-Weiss-Schnitt nach Art der Blätter nach Ludwig Richter zum Tonschnitt, »zur brillanten Nachahmung der Photographie« auf künstlerischer Basis und führt sie zurück auf den Wunsch, mehr und mehr malerische Effekte in den Holzschnitt hineinzulegen. Dagegen ist festzustellen, dass Bewick dort, wo er das von ihm eingeführte neue Werkzeug und neue Material nicht zum reinen Linienschnitt anwendete, auch keinen Tonschnitt erreichte, sondern intaglio arbeitete, weisse Strichzeichnung auf schwarzem Grunde mit Schwarz-Linienschnitt auf weissem Grunde verband und damit eine Vervollkommnung der alten Schrotblätter hervorbrachte. Wie noch unsere Kritiker, hatte er den Unterschied nicht gefunden, der im kunstgewerblichen Sinne zwischen Langholz und Federmesser und Hirnholz und Grabstichel besteht, und war deshalb der Erste, der bei allen sonstigen Fortschritten seinen Grabstichel mangels anderer typographischer Illustrationsverfahren gegen dessen Natur zum Linienumschneiden missbrauchte. Das Prinzip des schwarzen oder weissen Konturschnittes ist aufrecht erhalten worden, bis die Holzschnitt so weit durch Nachahmung von Kupferstichmanier oder den Schnitt der seiner Technik gänzlich zuwiderlaufenden Bleistift- und Federzeichnungen hinaufgekünstelt war, dass die völlige Umkehrung der Schnittweise zum heutigen Tonschnitt eine Erlösung von beinahe unmöglichen Ansprüchen bedeuten musste.

Wir können nicht scharf genug die technische und wirtschaftliche Unmöglichkeit einer Schwarz-Weiss-Technik des Holzschnittes hervorheben, um zu zeigen, dass der heutige Tonschnitt, abgesehen von seinen Vorzügen der Photomechanik gegenüber, die am meisten berechtigte und lebensfähige Kunstübung der Xylographie bleibt. Eine Technik, die so sicher arbeitete, dass sie gegen ihre Natur Menzelsche Schnitte zur Zufriedenheit des Meisters reproduzierte, konnte in der in ihrem Wesen liegenden Herstellung von langgezogenen Strichlagen in kürzester Zeit die Mittel finden, jedes andern Meisters Individualität Rechnung zu tragen, wenn es sich eben nicht um Schwarzlinien-Vorlagen handelte. Mit langgezogenen, in den schwarzen Grund gestochenen Systemen, mit nochmals quer über das erste System gelegten Kreuzlagen, stellte man nicht mehr Konturen, sondern flächige Tonwerte her, deren Neben- und Gegeneinanderstehen das Bild ergab. Der Holzschnitt befindet sich aber heute auf dem Standpunkte des malerischen Sehens, er löst in Farben und Töne auf und erblickt harte Konturen nur dort, wo wirklich solche sind. Wenn der Holzschnitt heute eine Kontur oder eine Strichlage scharf betont, geschieht dies in der Regel, um durch optische Wirkung das Bild aus der Fläche herauszuheben oder unter die Fläche zurückzudrängen. Durch Verbindung der Tonwerte der Fläche mit der Abrundung, Biegung oder Brechung der bildenden Linien, mit der Möglichkeit, einzelne Liniensysteme zu optischer Wirkung zusammen- oder auseinanderlaufen zu lassen, ist dem Holzschneider in die Hand gegeben, das von ihm Darzustellende auch stofflich zu charakterisieren, und nicht wie die Photographie, nur im Tonwert, noch oft dazu noch in falschen Tonwerten, wiederzugeben. Wie trefflich sind auf dem Blatte nach Gabriel Max* die Fleischpartien wiedergegeben, wie weich sieht sich der Frauenkörper an gegen die feste, sonnengebräunte Haut des Fauns. Das Sammetgewand Lenbachs, die Marmorteile am Christus im Olymp, die Baumpartien der anderen

* Man vergleiche die den Heften 5, 6, 7 und 8 des »Archiv für Buchgewerbes« beigegebenen, zu dieser Abhandlung gehörigen Kunstholzschnittblätter.

Blätter sind besondere Beispiele dieser stofflichen Ausdrucksfähigkeit des Holzschnittes. Dabei erkennt der Holzschneider feinfühlig, wie weit er der Charakterisierung des Stoffes sich hingeben darf, wie weit er der Pinselführung des Malers Rechnung tragen muss. Dem künstlerisch gebildeten Holzschneider ist es aber auch möglich, durch Anwendung ganz feiner, dem Auge kaum sichtbarer Töne und breitester, kräftig in die Erscheinung tretender Behandlung der Flächen eine Luftperspektive zu erzielen, welche das Originalgemälde in treuester Weise wiedergibt (siehe die Wolkenpartien und das Wasser auf unserem Schnitte: Mondnacht an der Zuidersee von H. v. Bartels). Der moderne Holzschneider erstrebt also »Treue um jeden Preis«, aber keine herzlose, sklavische Treue der Photographie, sondern geistige Treue, die die Absicht und den Gesamteindruck des Originals wiedergibt, um allen, denen der Genuss eines Originals nicht vergönnt ist, in bestmöglicher, der Wahrheit am nächsten kommender Weise diesen Genuss zu ersetzen. Damit Bildung und Gesittung verbreiten zu helfen, das Kunstempfinden des ganzen Volkes, nicht nur einzelner Bevorzugter, zu höherer Stufe zu heben, ist besonders darum die grosse Aufgabe der Holzschneidekunst, weil ihr die Möglichkeiten dafür in höherem Masse zu Gebote stehen, als allen andern graphischen Verfahren.   *Schluss folgt.*

Goethes „Faust" und die bildende Kunst.

ieses Thema bildete den Inhalt eines auch für uns Graphiker interessanten Vortrages, den *Alexander Tille* aus Glasgow vor einiger Zeit im Verein für Kunst und Wissenschaft in Hamburg hielt.

Der Vortragende führte zunächst aus, dass Goethe für den »Faust« von der bildenden Kunst nur durch Teniers Hexenritte eine bestimmtere Anregung empfangen habe. Ausserdem soll er ein gleichfalls niederländisches Gemälde gekannt haben, das einen Alchymisten mit einer Phiole in der Hand in einem hohen, mit wunderlichen Geräten aller Art vollgepfropften Gemach darstellt. Kaum war aber 1808 der erste Teil des »Faust« erschienen, als sich die Maler dieses Stoffes bemächtigten.

So erhielt Goethe zu Beginn des Jahres 1811 eine Reihe Sepiazeichnungen von *Ludwig Nauwerk*, die ihm zum Ankauf empfohlen wurden. Der Dichter sprach zwar seine Anerkennung über die Darstellungen aus, kaufte sie aber nicht. Im April desselben Jahres erschien sodann Sulpice Boisserée vor Goethe mit einigen »Faust«-Darstellungen des jungen *Peter Cornelius*, dessen Genie von dem Dichter auf den ersten Blick erkannt wurde, nur die Auffassungsart des Künstlers, namentlich in Bezug auf Faust selbst, behagte ihm nicht: Cornelius stellte nämlich den alten Faust der Sage, den Kleinbürger, dar. Das war nicht Goethes Ideal. Wohl hatte er an eine gewisse altdeutsche Manier der Auffassung und Zeichnung gedacht, dabei aber doch mehr Freiheit in Form und Linie gewünscht, auch vermisste er an diesem Faust das düstere Element; er erschien ihm sozusagen zu klar. Infolgedessen verwies Goethe brieflich den jungen Künstler auf Albrecht Dürer, indem er ihm den Rat erteilte, er möge sich an diesen ein Muster nehmen. Die Blätter von Cornelius erschienen dann 1816 ohne Einleitung von Goethe, ein Beweis dafür, dass der Dichter nicht vollständig von ihnen befriedigt war.

In der Art der damals beliebten Taschenbücher-Illustrationen, die in den unterschiedlichen »Minerva«, »Kalliope«, »Urania« Platz fanden, erschien von *Näke* in der »Urania« von 1815 ein »Faust«-Kupfer, dem bald mehrere folgten. Näke hatte sich die Gestalt Gretchens zur Darstellung gewählt: Gretchen, eine Sternblume zerpflückend, vor dem Madonnenbilde kniend, und endlich eingangs des Dramas aus dem Dome tretend. Näkes Kupfer haben entschieden anregend und für die Gestalt des Gretchen in gewisser Beziehung fast typisch gewirkt.

Ganz anderer Art als diese zierlichen Kleinkunstbilder waren die nun folgenden Illustrationen von *Moritz Retsch*. Auch dieser Künstler war, ähnlich wie Cornelius, noch recht jung, 26 Jahre alt, als er sich an die Arbeit machte; ganz erklärlich übrigens, dass vornehmlich die junge Generation sich angeregt fühlte, den jugendlichen Faust im Bilde zu verkörpern. Grossartig, majestätisch ist Retschs Darstellung des Osterspazierganges, nur geht in der Menge der Volksgestalten die Hauptfigur, Faust, selbst fast verloren. Für die Gestalt des Mephisto hat dieser Künstler mehr geleistet als selbst Cornelius. Er gab uns zuerst den lageren, spöttischen Junker, der alles mit Hohn und Verachtung überschüttet.

Uneingeschränkten Beifall zollte Goethe hingegen den siebzehn Lithographien des Franzosen *Delacroix*, der sich mit genialer Kühnheit am liebsten leidenschaftlich bewegten Sujets zuwendete. Mag sein, dass hierzu auch eine gewisse Vorliebe für die überrheinischen Nachbarn mitwirkte, wie man sie dem Dichter aus manchen seiner Aussprüche zu Eckermann, Luden, Falk, Körner, Boisserée u. a. glaubt nachweisen zu können. Echt französisch ist nämlich die Art, wie Delacroix' Faust bei Gretchen sich einführt; er fragt nicht erst lange, ob sein Geleit angenommen wird, sondern legt einfach den Arm um die Taille des Mädchens, was der deutschen Auffassung doch nicht entspricht. Der Faust des Franzosen ist überhaupt ein in Liebessachen fast allzu bewanderter Mann und Gretchen neben ihm eine etwas armselige Erscheinung, aber im übrigen sind seine Darstellungen, z. B. eine zum Prolog gehörende Scene, in welcher der mit Flügeln und Klauen bewehrte Mephisto sich in rasendem Wirbel auf die unter ihm als Opfer liegende Erde stürzt, grossartig und sogar erhaben. Die absonderlichen Kupfer von Nauwerk sind nicht gut mit ihnen zu vergleichen. Mephisto hat hier einen philisterhaften Zug, der uns an sein Bündnis mit dem Teufel nicht recht glauben lässt. Der Mephisto dagegen ist besser gelungen; sein Grinsen ist echt teuflisch.

Bereits 1826 hat sich Goethe in der »Zeitschrift für deutsche Kunst und deutsches Altertum« über die bis dahin erschienenen »Faust-Illustrationen« ausgesprochen. Wenige Monate vor seinem Tode wurde ihm noch eine Reihe Umrissbilder des späterhin berühmten *Gustav Nehrlich* zugestellt, über welche Darstellungen sich der Dichterfürst recht anerkennend äusserte; in seiner Antwort hob er hervor, sie seien reich an Figuren, der Ausdruck wäre gelungen, die Gebärden der Handlung angemessen, das Lokal geschickt gewählt. Die Nehrlichschen Darstellungen waren die letzten, die Goethe zu Gesicht bekam. *Kaulbachs*, *Seiberts* und der grosse Cyklus verschiedener Berliner Künstler nach Fürst *Radziwills* Faust-Kompositionen sind erst nach Goethes Tode erschienen.   J. B.

Welche Anforderungen sind an ein druckreifes Manuskript zu stellen?

iese den Buchdrucker und den Verleger interessierende Frage, deren Lösung die technische Herstellung eines Buches vereinfacht, dem Verleger aber eine oft nicht unwesentliche Ersparnis bringt, möge einmal kurz gestreift werden. Eine der wichtigsten Forderungen ist wohl die der deutlichen Schrift, die aber so lange nur ein Wunsch und ein sehr debatabler Begriff bleiben wird, als wir eben mit Autoren zu rechnen haben, die dem Gelehrtenstande angehören. Diese haben ihre oft von Hause aus gute und deutliche Handschrift in ihren Studienjahren beim Nachschreiben während der Vorlesungen durch eine flüchtige, leicht aufs Papier geworfene ersetzt, die dann den meisten Gelehrten für immer eigen ist. Es wird daher auch ferner die seit jeher vom Setzer verlangte geistige Thätigkeit neben der mechanischen ausschlaggebend für seine Leistungsfähigkeit sein; er wird nach wie vor einen Teil der Wörter nach dem Sinne des Satzes erraten müssen, aber anderseits seiner Arbeit grösseres Interesse entgegenbringen, als wenn er nur die stumpfsinnige Thätigkeit des Aneinanderreihens der Buchstaben zu verrichten hätte.

So wenig wir daher von einer Besserung der deutlichen Handschrift zu erwarten haben, um so dringender müssten über einige bisher weniger beachtete Ansprüche an ein druckreifes Manuskript gestellt werden, die ohne weiteres von den Autoren mit etwas gutem Willen berücksichtigt werden könnten. Neben der durchs ganze Manuskript laufenden Paginierung wäre zu fordern, dass alle sich nachträglich nötig machenden grösseren Einschiebsel auf ein besonderes Blatt mit dem entsprechenden Vermerk der Zugehörigkeit zum eigentlichen Manuskriptblatt und nicht kreuz und quer auf den ohnehin oft knappen Papierrand zu schreiben sind, auf dem nur einzuschiebende Wörter stehen sollten. Das häufig beliebte Ankleben von Albongen, die oft an allen Seiten des Manuskriptblattes hängen, wäre als unzulässig und dem Setzer die Übersicht erschwerend zu bezeichnen. Dies wäre auch bei der neuen Auflage eines Werkes zu beachten, wozu dem Autor ein mit weissen Blättern durchschossenes Exemplar der vorherigen Auflage zu überreichen ist, sodass alle Zusätze und Änderungen auf den weissen Blättern angebracht werden können; diese müssen den Originalblättern entsprechende Paginas erhalten. Auch auf feinste Übersicht der Gleichung der Rubrikzeilen sollte im Manuskript vom Autor Wert gelegt werden, indem er die gleichwertigen, sofern sie nicht durch Ziffern oder lateinische Buchstaben kenntlich sind, durch Unterstreichen mit Buntstift bezeichnet.

Neben diesen die technische Herstellung eines Buches erleichternden Bedingungen mögen einige Forderungen erwähnt sein, die auf die Herstellungskosten einen vorteilhaften Einfluss haben. Zunächst wäre der Autor anzuregen, das Manuskript nicht früher aus der Hand zu geben, bis es den sachlichen und stilistischen Anforderungen des Urhebers selbst vollkommen entspricht, d. h. das Manuskript vor Beginn des Satzes noch einmal genau durchzulesen und sich etwa nötig machende grössere Änderungen im Manuskript und nicht erst in den Korrekturabzügen anzubringen. Bei neuen Auflagen wären neben den sachlichen Änderungen auch solche betreffs der Orthographie zu berücksichtigen. Die erfreuliche Thatsache, dass es in den letzten Jahren im Schriftdeutsch bedeutend besser geworden ist, hat auch auf die Rechtschreibung in gewissem Masse Bezug. Diese Beobachtung kann man namentlich bei neuen Auflagen von Werken machen, bei denen sorgfältig alles vermieden wird, was in Beziehung auf gutes Deutsch bei der Kritik Anstoss erregen könnte. Nur werden leider oft diesbezügliche Änderungen in dem Korrekturbogen statt im Manuskript gemacht, und somit die Herstellungskosten erhöht und das Erscheinen des betreffenden Buches oft unliebsam verzögert. Erwähnenswert ist ein kürzlich vorgekommener Fall, in dem ein Autor bei einem fertig gesetzten Werke von 13½ Bogen Umfang in den Revisionsabzügen alle stummen *e*s ausmerzte. Bei den Wörtern: *anderen*, *dunkelen*, *edelen*, *grösseren*, *unseren*, *vorhandenen* und vielen anderen musste das tonlose *-e-* herauskorrigiert werden, eine Arbeit, die nur der Setzer, der die Änderungen auszuführen hat, und der Verleger, der die Kosten zu tragen hat, zu schätzen wissen. — Darum ist sorgfältig geordnetes, leicht übersichtliches und sachlich sowohl wie stilistisch gut durchgearbeitetes Manuskript eine berechtigte und zeitgemässe Forderung, die immer geltend gemacht werden sollte zum Wohle des Verlegers und des Druckers.

C—r.

Das ß in der Antiqua.

Neben den verschiedenen Beinamen, mit denen das zur Rüste gehende Jahrhundert belegt wurde, verdient es auch den der nationalen Einigung: Das Deutsche Reich und Italien stiegen aus der Asche der Vergangenheit auf, neue als nationale Staatswesen empor. Während jedoch die Italiener längst auch über eine einheitliche und zwar streng phonetische Schreibweise verfügen, gestatten wir Deutschen uns in dieser Hinsicht noch immer einen Vielheitsluxus.

Doch sei hier nicht das alte Klagelied über die für den Fachmann oft so qualvolle Orthographie-Misère überhaupt angestimmt, sondern nur die auffälligste Inkonsequenz kurz besprochen, nämlich die Ersetzung des ß in der Antiqua durch andere Schriftzeichen. Nachdem wir Deutschen nun einmal Fraktur und Antiqua nebeneinander verwenden, so sollte doch logischerweise betreffs der unserer Schriftsprache eigenen ß-Ligatur Übereinstimmung herrschen. Das ist nun bekanntlich nicht der Fall.

Während in der Fraktur, und zwar sowohl im Texte wie in den Titelzeilen überall dort, wo es die Orthographie vorschreibt, regelrecht das ß angewendet wird, weil es eben einen Mittelwert zwischen f und ff in der Aussprache darstellt, wird es in der Antiqua meist mit ss oder wie in der preussischen Schul-Orthographie mit fs wiedergegeben. Forscht man nach der Ursache dieser Ungleichheit, so lässt sich eigentlich kein stichhaltiger Grund dafür auffinden. Diese Stellvertretung kann seit der Zeit in Schwang, als wahrscheinlich nach französischem Vorbild das Anlaut-f samt den verwandten Ligaturen aus den Büchern verschwand. Das geschah beiläufig um die Jahrhundertwende. In den davor gedruckten Werken war noch überall ſ, ſſ, ſi, ſl, ſt, ſt gebräuchlich, während man in den nach den Befreiungskriegen erschienenen Büchern bereits s resp. ss u. s. w. an deren Stelle sieht, letztere Zusammensetzung zugleich für ß.

Es ist unnötig, zu betonen, dass hierdurch unserer Muttersprache just von den zu ihrer Hütung mit berufenen Fachleuten Gewalt angethan wurde. Denn wenn ß und ss denselben Lautwert hätten, so könnte man ja das ß in der Fraktur ebenfalls ausmerzen resp. durch ſſ ersetzen oder gar diese beiden Ligaturen kassieren und hübsch einfach ss setzen wie in der Antiqua. Dass dies aber unzulässig ist, bewies ja auch diejenige Leipziger Schriftgiesserei, welche vor einigen Jahren bei den Fraktur-Titelschriften verschiedene Ligaturen in ihre einzelnen Buchstabenbilder trennte, um sozusagen das »tote« Gewicht zu vermindern. Das ß liess sie aber wohlweislich unangetastet.

Zu welchen orthographischen Verirrungen die beregte Inkonsequenz führen kann, möge folgendes

PREISVERZEICHNIS VON SCHULWERKEN, ATLANTEN, ZEICHENMATERIALIEN, SCHREIB- UND MALUTENSILIEN, POSTKARTEN- UND BRIEFMARKEN-ALBUMS ALLER ART. MERKANTILE DRUCKSACHEN IN MODERNER AUSFÜHRUNG. ✧ ✧ ✧ ✧

WILHELM RICHTER & CO.
POSEN
WARSCHAUERSTRASSE Nr. 23.

Beispiel aus der Praxis zeigen. In einem medizinischen Werke kam das Wort Maß nebst seinen zahlreichen Zusammensetzungen und Ableitungsformen wiederholt vor. Um den Lautwert des ß in der Antiqua möglichst analog jenem in der Fraktur wiederzugeben, wurde Mauss gesetzt. Als der Autor dies in der Korrektur sah, sagte er sich offenbar, dass es orthographischer Unsinn sei, durch Verdoppelung bezw. Dehnung des Vokals die Schärfung des Konsonanten wettmachen zu wollen, und so strich er das eine s konsequent weg. Nun sah er in der zweiten Korrektur Mous, was ihm selbstverständlich als ganz was anderes erschien und zeichnete nun auch das eine s weg, sodass schliesslich Mose gedruckt wurde, was doch eigentlich im Deutschen gar nichts bedeutet.

Und wenn nun drei s aufeinander stossen, so wird die Sache weder hübscher noch richtiger. Der Genauigkeit halber sei erwähnt, dass die österreichische Schulorthographie zwar durch die Regel, wenn drei gleiche Konsonanten aufeinander folgen, der dritte zu eliminieren sei, eine gewisse Abhilfe bietet; aber diese Regel gilt nur in dem Falle, als es sich um drei gleichwertige Mitlauter handeln würde, wie z. B. in Flußschiffahrt = Flussschiffahrt. Die Anwendung dieser Regel sehen aber manche Kunden als orthographischen Fehler an, sodass der Buchdrucker dabei meist mit einem Fusse im Makulatursacke steht.

Die Stellvertretung des ß durch ss kennt zwar die österreichische Schulorthographie nicht, sondern fordert konsequent die Anwendung des ß auch in der Antiqua überall dort, wo es in der Fraktur vorgeschrieben ist. Es müsste also immer richtig gesetzt werden: *Maßstab, Dresdener Straße, Schießstätte* u. s. w. Aber was geschieht in der Praxis? Da heisst es z. B.: Dieses Werk wird aus dieser oder jener Antiqua gesetzt, und zwar in Schulorthographie. Weil aber in den hierbei in Betracht kommenden Titelschriften die ß-Figur — leider vielleicht auf wenige und meist ungenügende Grade — nicht existiert, so wird auch im Texte das ß durch ss wiedergegeben, selbst dann, wenn in der betreffenden Brotschrift die ß-Ligatur vorhanden wäre. Nur wenn es sich um Schularbeiten handelt, giebt's keine Tauscherei, denn da muss ohne Ausnahme überall das ß an seinem Platze erscheinen; da hat man eben den einen oder andern Titelschriftgrad damit versehen, während in den vorkommenden grösseren Titeln es aus einem f und einer 3 mehr oder minder gelungen zusammengeschnitzelt werden muss. **ß**

Es mag nun etwa ein Vierteljahrhundert her sein, dass man sich in der damaligen Fachpresse mit dieser ß-Inkonsequenz befasste. Die Denkenden rügten sie und heischten entsprechende Abhilfe durch konsequente Einführung der ß-Figur in die Antiqua. Die Bequemen meinten schon damals, dass es so auch ginge wie bisher, denn jeder müsse die richtige Bedeutung der falschen Stellvertreter-Buchstaben in der Aussprache eben kennen. Schliesslich drangen doch die Denkenden mit ihrer Ansicht durch. Nun entspann sich aber der Streit über die Form der Figur, ob sie gemäss der Schreibweise so einfach ß — oder, um das z mehr zum Ausdruck zu bringen, so ß zu gestalten sei. Ich glaube, dass heute beide Formen geliefert werden, soweit sie überhaupt erhältlich sind, wenn man sie verlangt. Die Erörterungen hierüber führten zu keinem entscheidenden Resultate, die Sache schlief ein und der Wirrwarr blieb bis heute bestehen.

Durch die fortschreitende Einführung der Setzmaschinen in die Praxis ist es jedoch an der Zeit, die ß-Frage der endgültigen Lösung zuzuführen. In richtiger Erkenntnis des Lautwertes des ß haben die Unternehmungen der drei zunächst in Betracht kommenden Setzmaschinen: Linotype, Monoline und Typograph eine Taste für das ß vorgesehen. Wohl sind heute die meisten dieser Setzmaschinen nur mit Frakturmatrizen ausgerüstet, und da ist die Übereinstimmung mit den Titelschriften von selbst gegeben; aber es ist keine Frage, dass die Apparate auch für Antiqua-Arbeiten in Anwendung kommen werden. Soll dann die ß-Taste schachmatt gesetzt und die bisherige Inkonsequenz weiter aufrecht erhalten werden? Das wäre wirklich unverantwortlich. Im Text über richtig ß, in den Titeln widerspruchsvoll ss zu setzen, ist einfach undenkbar.

Vom Standpunkte des Accidenzsetzers, dar es am häufigsten mit Versalsiensatz zu thun hat, kann auch kein Einwand gegen die proponierte Lösung der ß-Frage erhoben werden. Man wird dann eben das ß auch nicht mehr durch die stellvertretenden SS, sondern mit SZ wiedergeben, also die Figur quasi in ihre Bestandteile, aus denen sie gebildet wurde, auflösen. Das ist durchaus kein so grundstürzender Vorschlag, sondern bloss eine logische Weiterbildung. Also z. B.:

MEISZENER PORZELLAN
MASZSTAB
KÄRNTNERSTRASZE

Erscheint es bei fremdsprachlichen Citaten schon als ein Vergehen, wenn man — vielleicht oft nur aus hartherziger Notwendigkeit — die Accente weglässt, so ist es jedenfalls mehr als ein solches, die eigene Sprache mit unrichtigen Schriftzeichen wiederzugeben. Das ist aber doch der Fall mit der Stellvertretung ss für ß. Diese Ligatur ist in unserer Sprache gleichsam als ein Accentbuchstabe zu betrachten, gleich den Dehnungszeichen e und h, kann und darf also nicht willkürlich durch andere Zeichen ersetzt werden. Das beste Beispiel in dieser Hinsicht findet man in Ungarn. Auch die Magyaren haben ein sogenanntes scharfes s, welches in der Antiqua eben durch sz wiedergegeben wird, weil s resp. ss gleich seh und scheeh lautet (z wird als weiches s gesprochen). Die deutschen Zeitungen in Ungarn geben nun in der Fraktur das magyarische sz mit unserer Ligatur ß wieder, wie z. B. in den Namen Tißa, Eßterhaß. Wohl findet man in den Wiener Zeitungen derlei magyarische Namen häufig so: Tißa, Eßterhaßy, darum ist aber entweder nur die Eitelkeitsucht des betr. Schreibjüngelchens schuld, das absolut seine »fremdsprachlichen« Kenntnisse leuchten lassen will, oder die Duldsamkeit bezw. Unkenntnis des Korrektors, der da nicht eingreifen will, oder nicht weiss, dass sz eben ß ist.

Es dürfte sonach den verehrlichen Schriftgiessereien wohl oder übel nichts anderes übrig bleiben, als in Zukunft bei allen Antiqua-Titelschriftgraden die ß-Figur zu schaffen und für die Übergangszeit wenigstens bei den neueren oder meist verlangten Antiquaschriften durch Nachschneiden derselben zur Behebung des besprochenen Missstandes beizutragen. Da private Anregungen begreiflicherweise resultatlos bleiben, so wäre es angezeigt, wenn sich die hierzu berufenen Körperschaften des Deutschen Reiches — vor allen der Deutsche Buchgewerbeverein — der Sache annähmen und zu einem gedeihlichen Ende führten.

J. Ihleg.

* * *

Behufs Feststellung habe ich mir die Mühe nicht verdriessen lassen, in der Wiener Hof- sowie in der Universitäts-Bibliothek und auch in jener des Benediktinerstifts Admont Steiermark eine Anzahl Werke deswegen nachzuschlagen.

Für diejenigen Berliner Kollegen, die meine Vorschläge zu weitgehend fanden, sei zuvörderst auf *Rüxners Turnierbuch* (Simmern 1532), dessen Holzschnitte von Jost Ammon stammen, hingewiesen. In der Übersicht der doppelzeiligen Tafel findet sich das erste Wort der ersten Zeile „Tyl" das ß aus t und ʒ zusammengesetzt, offenbar weil der Drucker in dieser Schrift etwa Kanon diese Ligatur nicht hatte. In der zweiten Zeile, die aus einer kleineren Schrift gesetzt wurde, ist in dem Worte „Grießwertel" dieselbe schon vorhanden.

In dem 1701 in Wien erschienenen Buche: »Theses Sistentes« sind sowohl in der Textschrift als auch in der Auszeichnungskursiv das Anlaut-ſ samt den verwandten Ligaturen ff, ff u. s. w. konsequent angewendet. Das runde s erscheint nur am Schlusse einer Silbe.

Dieselbe Anwendungsweise fand ich in dem 1765 in Edinburg edierten Werke: »An Account of the Inoculation of Small Pox in Scotland«.

Desgleichen in dem 1783 in Paris verlegten Buche: »Formule pour administrer méthodiquement L'Eau minérale antipoîrde de Beaufort«. Textschrift und Auszeichnungskursiv — beide Mediaeval — zeigen das Anlaut-ſ und die weiteren Figuren ff, ſt u. s. w. auch ei, wie z. B. in den Wörtern: fon, vaiſſeaux, circonſpection, manifeſtent, penſemens und so fort.

In (C. M. Wielands »sämtlichen Werken« Leipzig 1794, Georg Joachim Göschen), den einzigen deutschen Antiquabänden, die ich fand, konnte ich bereits eine Veränderung konstatieren. Das Anlaut-ſ und seine verwandten Zusammensetzungen sind darin verschwunden; denn es findet sich nur noch in Verbindung mit dem Rund-s zur Markierung des ß, wie z. B. in den Wörtern blofs, einzufiöſsen, dafs, grofs, Fufs, Mafs u. s. w., hingegen steht: Verfassung, Klasse, lassen, vergessen. Augenscheinlich wollte man auf diese Art den Unterschied im Lautwert hervorheben.

Vielleicht ist es auf die damaligen beschränkten Verkehrsverhältnisse zurückzuführen, dass in dem 1802 in Padua erschienenen Buche: »Delle osservazione medicopratico-meteorologiche« ſ, ff, ſt u. s. w. noch überall angewendet erscheinen; konsequenterweise auch in der Teilung z. B. Oſ-ſervatore.

Hingegen sind in der 1803 in Paris erschienenen »Pharmacopoeia Chirurgica« bereits alle einschlägigen Wörter mit Rund-s gesetzt.

Die 1803 in Zürich verlegte »Sammlung medicinischer Abhandlungen« enthält überhaupt kein ß, sondern dieses ist überall mit ſſ wiedergegeben, wie jetzt in der Antiqua mit ss. Man sieht also Gefäſſe, Gröſſe, dreiſſig, Fluſſ u. s. w.

Hoffentlich berufen sich die Gegner des ß in der Antiqua nicht auf diese »hübschen« Beispiele. Denn zum Trost aller *Rechtdenkenden* in der ß-Frage sei das 1804 in Berlin herausgegebene Frakturwerk: »Anleitung zum diätetischen Gebrauch der Bäder« noch angeführt, worin das ß natürlich stets auf seinem orthographischen Platze erscheint.

Ebenso in dem 1806 in Wien erschienenen Frakturheftchen: »Einige Nachrichten und Bemerkungen über die warmen Bäder in Piestan Pistyan, Oberungarn«. Hingegen findet man in diesem letzterwähnten Büchelchen wie in obigem Schweizer Buche ſt, ſch, ʒd und andere Ligaturen gesperrt.

J. D.

Das Galvano im Buchdruck.
III. Vom Prägen.

In der Reihe der zur Herstellung des Galvanos nötigen Arbeiten nimmt das Prägen die wichtigste Stelle ein. Vom Ausfall der Prägung hängt vor allem die Schärfe des Galvanos, die getreue Wiedergabe des Originals ab. Der Präger hat es in der Hand, dem nach der Fertigstellung das Galvano durchsehenden Graveur viel Zeit und Arbeit zu ersparen. Man vertraue deshalb diese Arbeit nur dem zuverlässigsten Manne an, denn von seiner Gewissenhaftigkeit und Geschicklichkeit hängt der Erfolg wesentlich ab. Ein amerikanischer Fachmann sagt sehr treffend: »Ein billiger Präger ist die teuerste Kraft in einer galvanoplastischen Anstalt«. Man hat zwar versucht, durch Konstruktion automatisch arbeitender Pressen sich von der Handfertigkeit des einzelnen Mannes unabhängig zu machen, doch ist damit bei der Verschiedenheit der Höhen und der sonstigen Beschaffenheit der Originale nie ein rationelles Arbeiten erreicht worden.

Man sieht diese automatisch prägenden Pressen nur in einigen Offizinen der Vereinigten Staaten mit Erfolg arbeiten, und zwar werden daselbst umfangreiche Werke vom Schriftsatz galvanisiert, welche, da die Formen stets von gleicher Höhe und Beschaffenheit waren, ein mechanisches Arbeiten zulassen. Diese Pressen werden durch eine Kette, an der sich ein verstellbarer Anrücker befindet, angetrieben. — In hergebrachter Weise wollen wir hier beide Arten des Prägens aufführen, das Prägen in Wachs und das Prägen in Guttapercha; wir sehen jedoch von einem Eingehen auf die letztere Manier ab, da sie allein noch geschichtliches Interesse hat. In modernen galvanoplastischen Anstalten findet man nur noch im dunkelsten Winkel einen verstaubten Klumpen, der dem Neugierigen als letzter Rest der »Guttapercha-Zeit« gezeigt wird. Das Prägen in Wachs hat die andere Art vollständig verdrängt, und mit Recht, denn ausser der bedeutend grösseren Schnelligkeit des Verfahrens und der erheblichen Billigkeit des Materials hat das Wachs bei richtiger Zusammensetzung dieselbe Eigenschaft der Guttapercha, die feinsten Töne des Holzschnittes und das zarteste Korn der Autotypie getreu wiederzugeben. Die Zusammensetzung des Wachses richtet sich nach der Temperatur des Raumes, in dem es verarbeitet wird, und kann als Grundmischung von den zahlreichen Rezepten das folgende als eines der einfachsten und zweckentsprechendsten gelten:

85 % reines gelbes Bienenwachs,
10 % venetianisches Terpentin,
5 % Graphit.

Zur Erzielung einer grösseren Geschmeidigkeit sind im Winter ca. 5 % Talg oder Stearin, im Sommer, um dem Wachs grössere Festigkeit resp. Zähigkeit zu geben, 5 % Burgunder Pech zuzusetzen.

Man wähle ein teures, reines Bienenwachs, da die billigeren Sorten durch grossen Wassergehalt unvorteilhafter sind. Auch eine Mischung von Erdwachs-Ceresin, Ozokerit, einem Abfallprodukt bei der Teergewinnung, und Virginia-Terpentin haben wir mit Erfolg angewendet gesehen. Die letztere Mischung ist billiger, aber auch minderwertiger und bereitet ihre Verwendung dem an Wachs gewöhnten Präger anfänglich erhebliche Schwierigkeiten. Die Zubereitung des Wachses erfolgt, indem man durch mehrstündiges Kochen desselben das darin befindliche Wasser zum Verdunsten bringt und alsdann unter fortgesetztem Umrühren die weiteren Bestandteile zusetzt. Bei dieser Arbeit bedient man sich in der Regel eines Kessels mit Gasfeuerung, um grössere Wärmegrade zu erzielen, während sonst Kessel mit Dampfheizung entschieden vorzuziehen sind, da bei ersteren eine gleichbleibende Erhitzung stattfindet, während bei letzteren leicht eine Überhitzung und Feuersgefahr entstehen kann. Will man der Mischung Wachsabfälle, sowie das Wachs der gebrauchten Matrizen zusetzen, schmelze man diese in separaten Kessel, giesse sie durch ein feines Drahtsieb und setze sie erst dann dem übrigen zu. Jede Unreinlichkeit im Wachs wirkt beim Prägen sehr störend. Neu geschmolzenes Wachs prägt sich anfangs nicht gut, auch bei richtiger Mischung, und wird erst nach und nach durch Vermengung mit dem vorhandenen seine Vollkommenheit erreichen. Zum Aufgiessen des Wachses verwendet man in der Regel Messing- oder Bleiplatten der Grösse der Bäder angepasst, von ca. 6 mm hohen Rändern umgeben oder auch ohne diese Ränder. Diese »Rahmen« sind mit durchlochten Nasen versehen, um sie mittels Haken an Bade aufhängen zu können, und müssen vor dem Aufgiessen des Wachses erwärmt werden, da sich letzteres sonst beim Erkalten loslöst. Der sich beim Aufgiessen bildende Schaum, Luftbläschen u. s. w. muss durch ein darüber gezogenes Lineal beseitigt werden. Nach dem Aufgiessen ist ein abkühlende Wachs zuzudecken, um die Bildung erbsenartiger Erhöhungen auf der Oberfläche zu vermeiden, was bei gutem Luftabschluss und langsamer Abkühlung vollkommen gelingt. In Amerika kühlt man schneller ab und schabt die Oberfläche mit der Ziehbank auf gleiche

Kupferätzung
mit 2 Tonplatten nach einer Tuschzeichnung aus dem Verlage von *Paul Wolff*, Dresden.

Platten von Körner & Dietrich, Leipzig.   Beilage zum »Archiv für Buchgewerbe« 1893.   Druck von Breitkopf & Härtel, Leipzig

Stärke. Dieses Verfahren ist jedoch nur bei automatisch arbeitenden Pressen von erheblichem Vorteil, zumal durch nicht ganz scharfe oder tadellose Messer die Oberfläche des Rahmens rissig und rauh wird. Unter Rahmen versteht man die auf die Metallplatte aufgegossene Wachstafel vor dem Prägen.

Man kann den Rahmen alsdann bald nach dem Aufgiessen, also vor dem ersten vollständigen Erkalten, gebrauchen. Andernfalls muss er vor dem Gebrauch wieder erwärmt werden, indem man ihn mit dem Gesicht nach unten auf den Aufwärmeresp. Abschmelzetisch legt, wobei Holzstege zwischen Tisch und Platte gelegt werden als Schutz gegen übermässiges Erwärmen. Ebenso verfährt man, wenn während des Prägens vieler kleiner Stöcke eine Neuanwärmung nötig wird. Zumal beim wiederholten Aufwärmen von geprägtem Schriftsatz ist dies zu beachten, da die Matrize, von der unteren Seite an aufgewärmt, sich zieht und im Galvano konkave Buchstaben erscheinen lässt.

In grossen Betrieben muss auf reichlichen Vorrat an Rahmen Bedacht genommen werden, weshalb man dieselben in Wärmeschränken unterbringt, in welchen sie durch Regulierung in der richtigen Prägetemperatur gehalten werden. Man baut zu diesem Zweck Holzschränke, deren Wandungen mit Sägespänen gefüllt sind, oder Kupferbehältnisse mit Doppelwandung zur Wasseraufnahme und erzeugt die nötige Wärme durch Dampfheizung.

Als Prägepressen findet man hydraulische, Kniehebel- und Schlagpressen in Gebrauch. Die hydraulischen sind trotz der höheren Anschaffungskosten die vorteilhaftesten, und zumal zum Prägen von Autotypien und schweren Formen unentbehrlich. Alsdann kommen die in Deutschland wenig bekannten Kniehebelpressen in Frage, welche vermöge ihrer einfachen Konstruktion und erheblichen Widerstandsfähigkeit für mittlere Betriebe vorteilhaft sind. Der Druck wird bei diesen mittels eines Speichenrades ausgeübt, welches an der Hinterseite der Presse angebracht ist, wodurch es allerdings nötig wird, zur Ausübung des Druckes um die Presse herumzugehen. Die Schlagpresse ist weniger zu empfehlen, da sie einer schnelleren Abnutzung unterliegt und bei grösseren Formen einen grossen Kraftaufwand erfordert. Von einer Beschreibung der Konstruktionen an dieser Stelle sehen wir ab, da diese in den Katalogen der Maschinenfabriken an der Hand von Illustrationen ausführlich enthalten sind. — Bei sehr grossen hydraulischen Pressen und bei automatisch arbeitenden empfiehlt es sich, eine Skala anzubringen, auf welcher ein Zeiger, der mit dem sich auf- und abwärts bewegenden Tisch in Verbindung steht, die Tiefe der Prägung anzeigt. Der mit der Presse gut vertraute Arbeiter wird diese Hilfe jedoch nur in seltenen Fällen gebrauchen. Er wird die richtige Wärme der Matrize und den nötigen Druck im Gefühl haben. Alle Hilfsmittel zur Feststellung der richtigen Wärme der Matrize und des nötigen Druckes auf mechanischem Wege sind unpraktisch, da für die Feinheit der Unterschiede z. B. in der Wärme der Matrize so empfindliche Apparate gebaut werden müssten, dass diese für den täglichen Gebrauch durchaus nicht am Platze wären. — Beim Prägen selbst legt man in der Regel das Original, dessen Vorbereitung zum Prägen wir in einem früheren Kapitel besprachen, auf die Matrize, und nur schwere Schriftformen werden in umgekehrter Weise auf den Prägetisch gebracht.

Es ist beim Prägen darauf zu achten, dass die Matrize die genügende Tiefe, die dem Original absolut gleiche Schärfe zeigt und dass das Wachs an den Rändern der Form oder, wenn leere Felder inmitten derselben sind, an diesen Stellen nicht ausweicht (wegrutscht).

Der Präger muss ferner beim Abheben der Form, zumal wenn seine Rahmen aus Hartblei bestehen, darauf achten, dieselben nicht zu verbiegen. Es gibt ein vorteilhaftes ebenbreites, gabelartiges Instrument mit kräftiger Handhabe, um das Original von der Matrize zu lösen. Grosse geprägte Formen dürfen nicht bis zur weiteren Bearbeitung schräg an die Wand gelehnt werden, da die Form sich sonst ebenso wie beim unvorsichtigen Abheben, krumm zieht. Es wird dies selten beobachtet, verdient jedoch Beachtung, da auf eine krumm gebogene Matrize sich das Kupfer in gleicher Weise niederschlägt. Die zu hintergiessende Kupferschale wird sich dann in der Pfanne werfen und das mangelhaft hintergossene Galvano alle übrigen Arbeiten sehr erschweren.

Um das Wegrutschen des Wachses zumal bei Strichätzungen und ähnlichen Sachen zu vermeiden, sowie um bei schwierigen Sujets eine scharfe Prägung zu erzielen, ist es üblich, in zwei Absätzen zu prägen. Die erste Prägung geschieht, indem man auf die graphitierte Mater ein dünnes Gummituch legt und damit bis zur genügenden Tiefe erst die groben Umrisse des Originals prägt. Die Form wird alsdann von neuem graphitiert, erkaltet etwas mehr, um alsdann mit dem vorsichtig in die erste Prägung nochmals eingesetzten Original nachgedruckt zu werden. Der Grund, warum sich hierdurch eine ganz ausserordentliche Schärfe erzielen lässt, wird dem Fachmann begreiflich sein.

Auch ohne Gummituch sind in manchen Fällen mit doppelter Prägung sehr gute Wirkungen zu erzielen, wobei natürlich auf Vermeidung des Dublierens besondere Sorgfalt verwendet werden muss. Bei groben Strichätzungen u. s. w., bei denen sich eine zweimalige Prägung kaum lohnt, leistet vor dem Prägen ein Einreiben der graphitierten Matrize mit Caput mortuum gute Dienste gegen das Wegrutschen.

Wir haben bis jetzt nur die allgemeinen Punkte aufgeführt, welche der Präger beachtet, und müssen auf ein Eingehen auf die zahlreichen kleinen Handgriffe, die dem geübten Präger zu Gebote stehen, absehen, da diese individuell sind, so dass die von einem gutgeheissene Methode den anderen unpraktisch erscheint und worüber zu entscheiden uns der Raum nicht zur Verfügung steht. Wir erwähnen als Beispiel der zahlreichen Nebenumstände nur das Prägen von zu einander gehörigen Farbplatten. Es muss hierbei, wenn nicht alle Farben infolge der Grösse auf eine Mater geprägt werden können, auf genau gleiche Temperatur der Wachsform und auf gleichmässige Abkühlung gesehen werden, da sonst von einem genauen Aneinanderpassen der Farben im Galvano nicht mehr die Rede sein kann.

Das Prüfen der Prägung auf ihre Schärfe ist an der Hand des Originals mit der Lupe vorzunehmen. Diese Arbeit kann nicht sorgfältig genug vorgenommen werden und darf sich ein Präger nie vor einer Ersatzprägung scheuen bei nicht ganz tadellosem Ausfall der ersten, um bei den späteren Arbeiten die dreifache Mühe und Kosten zu sparen. Die beim Prägen weggedrängten Wachsteile an die Form herum müssen nun, bevor die Mater vollständig erkaltet, mit einem besonders dazu geschliffenen Messer, welches leicht erwärmt wird, abgeschnitten werden. Bei kleiner Schrift mit tiefem Anschluss ist dazu eine ganz geübte Hand erforderlich, da man leicht, anstatt abzuschneiden, das überstehende Wachs in die vertieften Buchstaben schmiert. — Das Bild wird alsdann mit einem breiten Stichel umzogen, um im Kupferniederschlag einen erhöhten Rand zu gewinnen, welcher beim Hintergiessen das Darunterfliessen des Metalls verhindern soll. Wer ohne diesen Rand hintergiesst, hat den Vorteil, nicht mit dem Werfen der Schale kämpfen zu müssen, welches ausser, von schon oben angeführten

Vorderansicht mit Zifferwerk.

Gründen, auch von diesem herrührt. Das Kupfer wächst bekanntlich am Rande stärker als in der Mitte, was beim Erwärmen in der Pfanne eine ungleichmässige Ausdehnung der Teile — das Werfen — verursacht. Die Arbeit des Prägers ist hiermit beendet und gelangt die Matrize nun in die Hände des Abdeckers, der unter den Galvanoplastikern aber keineswegs in einem so üblen Geruche steht, wie sein Namensvetter. Wir wollen aber, um alle Irrtümer zu vermeiden, im nächsten Abschnitt nicht vom Abdecken, sondern vom Glätten reden. *M. M.*

Handnumerier-Maschine mit Farbwerk für Buchdruckfarbe.

Die nebenstehende, von der Firma *J. G. Schelter & Giesecke* in *Leipzig* gebaute Handnumeriermaschine besitzt ein Farbwerk, das den Einrichtungen an der Buchdruckpresse nachgebildet, aus Farbkasten, Farbkastenwalze, einer zugleich als Leckwalze fungierenden Reibewalze, einer Auftragwalze und dem Farbtisch zuführt. Der Farbkasten wird nach oben durch einen Metalldeckel, welcher die Farbe vor Staub und den Apparat vor Heraustliessen der Farbe schützt und nach unten durch die metallene Farbkastenwalze abgeschlossen. Die letztere erhält ihre Bewegung von der unter ihr liegenden Leckwalze, welche die Farbe von der Farbkastenwalze abnimmt und dem Farbtisch zuführt. Von letzterem, welcher zur besseren Verteilung der Farbe bei jedem Hub ein Stück um seine Achse gedreht wird, nimmt sodann die Auftragwalze die inzwischen gut verriebene Farbe ab und führt sie den Ziffern zu. Durch diese vorzügliche Einrichtung des Farbwerks wird erreicht, dass die Maschine einen Druck liefert, welcher vom Buchdruck nicht zu unterscheiden ist.

Ein Vorzug der Maschine besteht darin, dass in dem Augenblick, in welchem die Maschine in Ruhe versetzt wird, sämtliche Massewalzen frei schwebend in ihren Lagern ruhen und infolgedessen ihre Rundung nicht verlieren. Die Maschine wird in zehn Zifferngrössen geliefert.

Zur Kornraster-Frage.

Der Unterzeichnete erlaubt sich die Ansicht auszusprechen, dass die Kornraster dazu berufen sein dürften, namentlich in der Photolithographie in Halbtönen eine bedeutende Rolle zu spielen; ermöglicht es doch die bezügliche Übertragung auf Stein, eine leichte und bequeme künstlerische Retouche nach Licht und Schatten in umfassender Weise ausüben zu können, was bei Anwendung eines Linienrasters nicht durchführbar ist, da der Retoucheur hierbei jeder einzelnen Linie resp. jedem Punkte folgen muss, wodurch seine Thätigkeit in hohem Grade beschränkt wird; in diesem Umstande liegt auch der Grund, dass das autotypische Verfahren mit Linienrastern so selten für lithographische Zwecke zur Anwendung gekommen ist. Die Frage, ob das Rasterkorn aus gleichmässig kleinen oder aus feinen und feinsten Punkten bestehen soll, ist zunächst noch als eine offene zu betrachten; bei einem varierten Korn fallen Zeichnung und Tönung reicher aus als bei Benutzung eines vollständig gleichmässigen Korns; die Wirkung des ersteren deckt sich mit den analogen Aufgaben des Vierlinienrasters bei der Linienautotypie. Nach den wenigen praktischen Erfahrungen, die bis jetzt mit dem Kornraster für Photolithographie gemacht sind, rate ich, dass der Photograph sein Hauptaugenmerk darauf richtet, eine klare Aufnahme aller Mitteltöne zu erzielen; auf der Übertragung sind die Schattenpartieen sehr leicht zu vertiefen, eventuell auch lichter zu gestalten; die höchsten Lichter werden ausgeschabt, zu hell oder zu dunkelwirkende Tönungen entsprechend korrigiert. Schaber, Schleifschiefer, Pinsel, Feder, Kreide können vielseitig dabei gehandhabt werden. Beim Farbendruck, namentlich dem Dreifarbendruck, dürfte diese Kornbehandlung grössere Weichheiten ergeben, als dieses bei Benutzung des Linienrasters der Fall ist, während wieder ein Korn in Buchdruck-Klischees für Einfarbendruck den Wünschen derjenigen entgegenkommt, welche statt der durch den Linienraster erfolgenden gleichmässigen Zerteilung der Zeichnung und Töne eine freiere Behandlung derselben wünschen. Es liegen erst wenige Versuche mit der Kornautotypie vor: diese zeigen ein viel schöneres Resultat, als solches mit dem Linienraster in den ersten Jahren nach seinem Erscheinen erreicht wurde; es wird nun Aufgabe des Praktikers sein, mit diesem neuen Werkzeug möglichst Vollkommenes zu schaffen und die Methoden der vorteilhaftesten Anwendungen festzustellen. Hierzu gehört die Wahl eines passenden Objektivs, die Bestimmung des demselben entsprechenden Abstandes des Rasters von der Aufnahmeplatte, die Verwendung passender Blenden, richtige Exposition, Verstärkung und Ätzung des Negativs, Retouche desselben, Wahl eines richtigen Kopierverfahrens (die Puperkopie giebt die feinsten Kornvarietäten, die direkte Kopie lässt dieselben leicht aus, zuletzt entsprechende Ätzung, es wird dann die Kornautotypie auf dieselbe Höhe gebracht werden, auf der sich heute die Linienautotypie befindet; vor allem ist aber der Photolithographie durch den Kornraster die Bass zu einer ausgiebigen Entwickelung gegeben. Ich beschäftige mich jetzt damit, Muster von Photolithographieen in Kornmanier auszuführen und werde dieselben Interessenten auf Wunsch gern übersenden, ebenso Mitteilungen über verschiedene Arten von Kornrastern. Ihr obenstehend abgedruckte Korn-Autotypie wurde mit dem Gaillard-Kornraster tif. aufgenommen.

Berlin. *Edm. Gaillard.*

Korn-Autotypie von Edm. Gaillard, Berlin.

Schriftgiesserei-Neuheiten.

Bilder für Hochzeits-Drucksachen der Rudhardschen Giesserei in Offenbach a. M. Für die symbolische Ausschmückung der mannigfachen Familiendrucksachen, insbesondere solcher für Hochzeitsfeste, hat die genannte Firma eine Serie Vignetten, Schmuckstücke, Reihen-Ornamente u. s. w. geschaffen und das gesamte Material zu einem uns vorliegenden, auch Anwendungsbeispiele enthaltenden Oktavhefte zusammengestellt.

Denjenigen Teil des Materials, der in gleicher Manier ausgeführt wurde wie die hier gezeigten Proben, können wir als eine schätzenswerte Bereicherung des typographischen Dekorationsmaterials bezeichnen, was von den in wenig offener Holzschnitt- und Federmanier gehaltenen Stücken der Sammlung nicht zu sagen ist. Familiendrucksachen sind fast stets so genannte »Schnellschüsse«, bei denen nicht erst der sonst mögliche sorgfältige und mühsame Illustrationsausschnitt gemacht werden kann und ohne diesen werden sich Stücke wie z. B. Figur 2966, 2968, 2950, 2984, 2985 selbst beim besten Drucker zusetzen.

Die Sammlung wäre ohne diese aus dem Rahmen des Ganzen herausfallenden Stücke einheitlicher geworden, beim Satzbeispiele hätten wir etwas mehr Geschlossenheit gewünscht, auch müsste bei der Anwendung mehrerer Figuren auf proportionale und zeichnerische Übereinstimmung der nebeneinander-

gestellten Sujets Rücksicht genommen werden. Das Material wird am besten wirken, wenn nicht zu viel Stücke auf einer Seite vorkommen und von Linienbeiwerk möglichst abgesehen wird.

Moderne Vignetten und Zierat von J. G. Schelter & Giesecke in Leipzig. In dem Leistenschmuck dieses Heftes geben wir einige Proben aus dem unter vorstehendem Titel in Queroktavformat erschienenen umfangreichen neuen Proben- und Anwendungshefte moderner Vignetten und Schriften der Firma J. G. Schelter & Giesecke. In diesen Schmuckstücken, deren kräftige, monochrome und doch farbenreiche Wirkung ebenso wie die grosse Sauberkeit der zeichnerischen und graphischen Darstellung sie vorteilhaft vor vielen anderen modernen Zierat auszeichnet, wird nicht nur den Freunden geschlossener Satzbildung, sondern jeder Druckerei ein vornehm wirkendes Schmuckmaterial geboten, in den Anwendungen aber auch zugleich der Weg für wirksame moderne Satzanordnung gewiesen. Als neuartig vermerken wir den in dem betreffenden Hefte gegebenen Hinweis,  dass die einzelnen Vignetten auch in jeder anderen, vom Käufer gewünschten Grösse gegen etwas höhere Berechnung abgegeben werden. Neben den vielen figuralen Leisten enthält das Heft auch Dekorationsstücke verschiedenster Gestalt und für alle Zwecke passend. In den Anwendungen werden die verschiedenen Garnituren der von derselben Firma herausgegebenen Römischen Antiqua und Kursiv sowie verschiedene moderne Schriften gotischen Charakters und in kräftigem Schnitte durch gut wirkende Satzbeispiele gezeigt. Die in den Spalten 429,30, 435, 437 38, 442, 446, 456, 457, 462 und 465 abgedruckten Stücke entstammen diesem Hefte.

Aus den graphischen Vereinigungen.

Altenburg, Ende August. Der 6. Vereinsabend der *Graphischen Vereinigung Altenburg* begann mit einem Vortrage des Herrn B. Weber über die Farbenskala von Louis Prang (»The Prang Standard of Colors«). Im Anschluss an seine interessanten Ausführungen über das genannte Werk machte der Vortragende die Anwesenden mit den Ergebnissen seines Studiums jener Skala bekannt. Er führte aus: Nicht nur genau benannt soll jeder einzelne Ton werden, sondern auch *gemessen* und *gewogen* soll jede Farbennuance werden können, der Massstab, das Gewicht ist die Farbenskala, die der Farbenkünstler Prang der Fachwelt übergeben hat. Der Hauptwert der Prangschen Arbeit ist der, dass ein jeder die gewünschte Tonfarbe mit Hilfe der Skala *selbst* herzustellen vermag, d. h. sofern er mit der Gewichtsabstufung der einzelnen Farbenfelder vertraut ist. — Darauf folgte die Vorlesung eines Jessenschen Vortrags; aus der nachfolgenden Debatte ging hervor, dass immer weitere Kreise den Anregungen des Herrn Dr. Jessen Aufmerksamkeit schenken. — Der Vereinsabend am 2. August brachte uns einen lehrreichen Vortrag über das »Abklatschen«. Herr Giessermeister Weber bezeichnete das genannte Verfahren als ein unentbehrliches Hilfsmittel für den Stereotypeur resp. Buchdrucker. Mit Hilfe des Abklatschverfahrens lassen sich Duplikate rasch und ohne besondere Werkzeuge nach einiger Übung herstellen. Im Verlauf seines Vortrags führte Herr Weber die Herstellung solcher Abklatsche praktisch vor und machte dadurch das Verfahren besonders leicht verständlich. — Herr Scholz sprach hierauf über das »Komma«, speciell seine Bedeutung vor dem Worte »und«. Er erledigte sich mit Geschick seiner Aufgabe. — Eine Auslage der eingelaufenen Johannisfestdrucksachen beschloss den Abend. — Der 7. Vereinsabend (22. August) war der Besprechung der angefertigten Entwürfe zum Titel unserer Satzungen gewidmet. Herr Gust. Rosl-Leipzig hatte in hebenswürdigster Weise neben Herrn Walzuhk die Beurteilung der einzelnen Entwürfe vorgenommen. Jede Skizze — eingegangen waren 25 — wurde einer gehörigen Kritik unterzogen. Die fünf besten Entwürfe waren von den Kollegen Scholz, Julius Benndorf (No. 2 und 3), Moritz Wunderlich und Höllgeke angefertigt. In Anbetracht der ersten Versuchs dürfen wir mit dem Erfolge immerhin zufrieden sein. — Eine reichhaltige Sammlung moderner Accidenzen der Firma Otto Spamer in Leipzig kam daraufhin zur Auslage. Durch vornehme Ausstattung, Accuratesse im Satz und Druck zeichneten sich die Arbeiten aus, besondere Beachtung fanden auch die Dreifarbendrucke. —gk—.

Leipzig. Am 20. August d. J. unternahm die *Typographische Gesellschaft* eine Exkursion nach Plauen i. V., um der Vogtländischen Maschinenfabrik (vorm. J. C. & H. Dietrich) Akt.-Ges. in Planen einen Besuch abzustatten und die dort gebauten Buchdruckmaschinen in Augenschein zu nehmen. Etwa 40 Mitglieder nahmen an der Exkursion teil und fanden seitens der Direktion der genannten Firma freundlichste Aufnahme. Die im Betrieb befindliche Zwillings-Rotationsmaschine »Miniatur« mit centralem Antrieb wurde eingehend besichtigt und deren Funktion und Leistung für tadellos befunden. Der Vorteil dieser neuen Zwillings-Rotationsmaschine besteht in der äusserst vereinfachten und durchgearbeiteten Konstruktion, wodurch nicht nur eine bedeutende Platzersparnis und Reduktion der Handleitungen erzielt wird, sondern auch wegen der leichteren Übersichtlichkeit und besseren Zugänglichkeit die Bedienung bequemer, die Wartung und erforderliche Betriebskraft vermindert und die durchschnittliche Leistung gegenüber anderen erhöht wird, während der Kostenpreis entsprechend der Verminderung der Teile wesentlich billiger wird. Eine zweite interessante Maschine war die von der Firma gebaute »Rotaplana«-Flachsatzmaschine für endloses Papier. Die Leistungsfähigkeit dieser Maschine ergiebt sich nicht durch aussergewöhnliche Geschwindigkeiten der einzelnen Teile, sondern aus der höchst möglichsten Ausnutzung des Karrenweges, d. h. also, dass eine gegebene Druckform den kleinst möglichen Weg transportiert werden muss, um einen Abdruck zu erhalten. Sodann ist die Anordnung der Rotaplana derart, dass sie von allen Schnellpressenarten, die von flachem Satze drucken, den kleinsten Raum einnimmt und infolgedessen für viel grössere Druckformen in Anwendung kommen kann als andere Maschinen, ohne auf übertriebene Grössenverhältnisse zu stossen. Es ergiebt sich hieraus, dass die Rotaplana circa doppelt soviel leistet und nur die Hälfte des Platzes erfordert, wie die gewöhnliche Doppelschnellpresse. Ausserdem hat sie letzterer gegenüber den Vorteil, dass nicht bloss die Speisung selbstthätig erfolgt, sondern auch die Druckformen jeweils nur mit einem Druckcylinder zusammen arbeiten, ein Schöndruckcylinder mit der Schöndruckform und ein Widerdruckcylinder mit der Widerdruckform, während bei der Doppelschnellpresse und allen anderen von höherer Leistung dieselbe Form mit zwei Druckcylindern zusammen arbeitet, und bei letzteren folgtich Doppel-Zurichtung nötig ist, während die Rotaplana nur einmalige Zurichtung erfordert. Dem Gange dieser im Bau noch nicht endgültig fertigen Maschine folgte man mit vielem Interesse und musste die Verbindung von Flach- und Rotationsmaschine, wie sie hier vorliegt, als geniale Lösung des schwierigen Problems bezeichnen. Für die etwas lange Hinfahrt wurden die Teilnehmer durch die landschaftlichen Schönheiten des Vogtlandes, die zu geniessen der Tag verbleibende Teil des Tages vorgesehen war, vollauf entschädigt, während die Rückfahrt in animiertester Stimmung erfolgte. — In der Sitzung vom 24. August d. J. hielt Herr E. Hirschel einen Vortrag über das Kalkulationswesen in Buchdruckereien. Derselbe erläuterte zunächst die zweckmässige Berechnung der Accidenzen und gab dabei praktische Hinweise für richtige Kalkulation, ebenso Beispiele falscher Berechnungen. Auch skizzierte er mancherlei Übelstände, die das richtige Preismachen erschweren, ferner den Einfluss technischer Vorteile oder Nachteile auf den Preis u. s. w. Der Vortragende betonte auch, dass es zweckmässig wäre, wenn sich die Buchdrucker ebenso wie im Malen, Skizzieren, Tonplattenschneiden, auch im Kalkulieren eine gewisse Fertigkeit aneignen, da dies ebenso wichtig sei, wie manches andere. Eine rege Debatte folgte dem Vortrag und wurde die Abhaltung von zwanglosen Kalkulationsabenden in Aussicht genommen. — Der zweite Teil des Vortrags wird den Werkdruck umfassen. —a—.

Nürnberg. Die letzte Sitzung des *Fachvereins für Nürnberg und Umgebung* fand in dem bei Fürth gelegenen Ausflugsort Dambach statt. Die Berichterstattung über die Kasseler Generalversammlung war als Hauptpunkt auf die Tagesordnung gestellt und verfolgten die zahlreich Erschienenen die Ausführungen des Delegierten, Herrn Guth-Nürnberg, mit Interesse. Beschlossen wurde, das 2. Stiftungsfest in Nürnberg zu feiern und damit einen Besuch der Schriftgiesserei Chr. Zanker-Harl zu verbinden. Von einer grösseren Feier wurde abgesehen, da weitere Anschaffungen für die Bibliothek in Aussicht genommen wurden. — Im *Maschinenmeister-Klub* hielt Herr Ingenieur Breitschuh-Nürnberg einen Vortrag über Amerikanische Druckmaschinen. Redner berührte den Ursprung der Tiegeldruckpresse, welche, von Amerika ausgehend, jetzt fast in jeder Druckerei zu finden sei. An der Hand von Katalogen und Druckproben, welche vorlagen, zeigte er, betonte der Vortragende die Schnelligkeit, mit welcher die amerikanischen Schnellpressen laufen und ging dann auf die verschiedenen Systeme über. Die amerikanischen Maschinen werden auch jetzt in Deutschland eingeführt und es ist vorläufig noch nicht abzusehen, ob sie sich mit den deutschen Schnellpressen messen können. Wenn auch der Deutsche im allgemeinen vorsichtiger wäre, hauptsächlich was einschneidende Neuerungen beträfe, so zeigen doch z. B. die Tiegeldruckpressen, und zwar die in Deutschland gebauten, dass sie den amerikanischen über sind. Dem Vortragenden wurde der Dank für seine belehrenden Ausführungen zu teil. — Die letzte Mitgliederversammlung des *Verbandes der Deutschen Buchdrucker* beschäftigte sich neben inneren Verbandsangelegenheiten auch mit der Feier des 500jährigen Geburtstages Gutenbergs. Es wurde beschlossen, die Prinzipale für die Feier zu interessieren und plant man eine grössere Feier, an welcher alle in Buchdruckereien Beschäftigten teilnehmen können. — Von den zwei technischen Vereinigungen, dem *Faktoren-Verein* und dem *Maschinenmeister-Klub*, ist eine grössere Ausstellung ins Auge gefasst, welche auch dem Gesamtpublikum offen und zugänglich sein soll. Es soll versucht werden, die hiesigen Herren Prinzipale für die Ausstellung zu gewinnen, um einen Überblick über den Stand und die Pflege der Buchdruckerkunst in Nürnberg zu bekommen. Es ist zu hoffen, dass die nötige Unterstützung nicht ausbleibt und dass etwaige Bedenken nicht in den Vordergrund treten. — Gelegentlich der in vergangenem Monat hier tagenden Bayerischen Lehrerversammlung war eine sehr interessante Ausstellung im Schulhaus am Marienthor arrangiert, die von ganz Deutschland beschickt worden war, eine Lehrmittel-Ausstellung im wahrsten Sinne des Wortes. Alle Neuerungen waren vertreten, sogar mehrere Phonographen brachten einige Abwechslung in all das Wissen, welches in den aufgestapelten Büchern, Landkarten u. s. w. an unseren Blicken vorüberzog. Ausser Buchhandlungen, Buchdruckereien waren die Bleistiftfabriken mit ihren verschiedenen Erzeugnissen, bekanntlich eine Nürnberger Spezialität, zahlreich vertreten. Verschiedene Dreifarbendruck-Postkarten der illustrierten Wochenschrift »Jugendlust« von W. Türmer in Nürnberg gedruckt, sowie die von der Verlagsanstalt Piloty & Loehle in München herausgegebenen Farbendrucktafeln von R. Gedron, modern stilisierte Blumen und Ornamente, seien hier ganz besonders erwähnt. — Eine neuere Ausstellung macht augenblicklich viel von sich reden. Gelegentlich der Übersiedelung des »General-Anzeigers für Nürnberg-Fürth« in sein neues Heim war vom Verlag des genannten Blattes ein Preisausschreiben unter den Künstlern Deutschlands zur Bemalung des neuen Geschäftshauses erlassen worden. Eingelaufen waren 41 Entwürfe, von welchen das Preisrichterkollegium, bestehend aus den

Herren Oberbaurat v. Kramer, Professor Behrens, Architekt Richter und dem Verleger Erich Spandel, folgenden Entwürfen Preise zuerkannte: 1. Preis (400 M.) Kunstmaler Klemm, Dresden; 2. Preis (300 M.) Kunstmaler Krawentschke, Zürich; 3. Preis (200 M.) Kunstmaler Küpers, Berlin, und 4. Preis (100 M.) Kunstmaler Ecke, Nürnberg. Die Entwürfe sind im Zeichensaale des Bayerischen Gewerbemuseums ausgestellt. Interessant ist es, die teilweise in zwangen Formalen vertretenen Skizzen zu studieren. Finden sich doch solche darunter, welche der Entstehung einer Zeitung von Anfang an zeigen, untermischt mit Gebilden, welche durch bizarre Schnörkeleien oder sonstwohin gehören, nur nicht an das Geschäftshaus einer Zeitung.   *E. G.*

Wien. Ausschuss-Sitzung der *Wiener Graphischen Gesellschaft* vom 11. Juli 1899. Die Beratung über die in der letzten Sitzung zurückgestellten, bei Vereinigung des Redakteur- und Administratorpostens in Kraft tretenden näheren Bestimmungen (Vertragsdauer etc.) wird begonnen und nach längerer Debatte der Antrag des mit den Vorarbeiten betrauten Komitees angenommen. Hierauf folgte der Bericht über die projektierten Kurse; es wird beschlossen, den Skizzier-Kurs und den Kurs im Tonplattenschneiden, sowie den Kurs über Farbenlehre anfangs September zu beginnen. Die Dauer der beiden ersten Kurse wird auf 4 Monate festgestellt, während die des Kurses über Farbenlehre einstweilen offen gelassen wird. Für jeden der Kurse sind wöchentlich 2 Stunden in Aussicht genommen.

Gr. R.

Zeitschriften- und Bücherschau.

— Von den »*Bildvorlagen für Schule und Haus*« ist soeben das *dritte* Heft, enthaltend Bogen 51—75, ausgegeben worden. Dieses wahrhaft unvergleichliche Unternehmen ist damit um einen wichtigen Schritt weiter gelangt; man ist jetzt in der Lage, Umfang und Anlage des grossen und buchsinnigen Gedankens wiederum klarer zu erkennen. Die Gesellschaft für vervielfältigende Kunst, welche sich bei der Schaffung dieses Werkes der mannigfachen Unterstützung des k.k. österr. Ministeriums für Kultus und Unterricht erfreut, darf sich mit Stolz bewusst sein, damit einen Weg eingeschlagen zu haben, der, wenn man von allen als ein dringendes Bedürfnis gefühlt, doch noch niemals mit solcher Energie und methodischer Konzentration betreten wurde und auf dem sicher in Bälde alle anderen Staaten nach ihren Kräften zu folgen versuchen werden. Die vorliegende dritte Lieferung erweist im Vergleiche mit den beiden ersten, dass die zur Arbeit berufenen Künstler sich immer mehr in die von der ungewöhnlichen Aufgabe geforderte Ausdrucksweise hineingearbeitet haben. Die Sprache ist noch harmonischer, einheitlicher, klarer und ruhiger geworden. Es finden sich wahrhaft klassische Beispiele reiner edler und gemütvoller Volkskunst. Nach den Gegenständen überwiegen diesmal in besonderer Weise die Darstellungen aus der Geschichte. Offenbar beabsichtigt man auf diesem Gebiete zuerst einen gewissen Abschluss zu erreichen. Doch auch die verschiedenen anderen Gebiete sind vertreten. Die Ausstattung der Blätter ist, wie es bei dem festbegründeten Rufe der Gesellschaft für vervielfältigende Kunst kaum eigens erwähnt zu werden braucht, eine durchaus musterhafte. Die »Kinderbogen für Schule und Haus« kosten pro Bogen schwarz 10 Pfg., farbig 20 Pfg. — es erscheinen ausserdem eine Luxus-Ausgabe auf Japan-Papier, montiert auf Kupferdruck-Papier im Format von 48:62 cm, mit eigenhändiger Namensfertigung der Künstler, Preis pro Serie von 25 Bogen in eleganter Mappe M. 100.—, eine Liebhaber-Ausgabe auf feinem Velin-Papier in Mappe M. 10.— und eine Volks-Ausgabe in Umschlag M. 3.—. Wir verweisen noch auf Heft 6 des »Archiv für Buchgewerbe«, in dem wir ausführlich auf das Werk eingingen.

— Während der diesjährigen Sommermonate stand die Theaterwelt unter dem Zeichen Bayreuths und mannigfacher Volksschauspiele in den Ländern deutscher Zunge. Besondere Beachtung dürften die Schweizer Tellspiele, d. h. die von Bürgern veranstalteten Aufführungen des Schiller'schen Freiheitsdramas in mehreren Kantonen beanspruchen. Die Zeitschrift *Bühne und Welt* Berlin, Otto Elsners Verlag giebt von beiden Veranstaltungen eingehende Schilderung und bietet auch im übrigen Inhalt mancherlei Interessantes.

Verschiedene Eingänge.

Katalog der buchgewerblichen Ausstellung in Genf. Der uns vorliegende Katalog besteht aus einem Ausstellerverzeichnis und im übrigen aus Inseraten und Satzproben. Die gesamte Ausführung des Kataloges ist so wenig buch- und kunstgerecht, dass man sich eine ausführliche Besprechung ersparen kann, man hat es hier mit einer Druckleistung gewöhnlichster Art zu thun.

Druckproben der Buchdruckerei J. Adolf Schwarz in Lindenberg i. Algäu. Diese kleine Sammlung Druckproben giebt den Beweis, dass es sich die junge Firma angelegen sein lässt, guten und sauberen Druck zu liefern.

Druckwerken von Schirman & Co. in Brandenburg a. H. Durch Herrn Gustav Schmidt empfingen wir wieder eine ansehnliche Auswahl Satz- und Druckproben dieser Offizin. Den Arbeiten ist Originalität und gute Ausführung nicht abzusprechen. Die Sachen lassen den Fortschritt deutlich erkennen.

Wandkalender der Firma E. Ihrne in Furt i. L. Diese Firma beabsichtigt pro 1901 einen Wandkalender herauszugeben und bemustert uns das Muster der Kalenderrückwand, die eine neunfarbige lithographische Ausführung zeigt, die jedoch nicht ganz unserem Geschmacke entspricht.

Wiener Künstler-Postkarten aus dem Verlage Philipp & Kramer in Wien. Die dritte Serie der Sommering-Ansichtspostkarten ist erschienen, und zwar XLI—C. Die Serie zeigt gleiche Ausführung wie die früheren und stellt dar: Reichenau, Payerbach, Kaiserbrunnen, Erzherzog Johann, Burg Wartenstein bei Gloggnitz, Mürzzuschlag, Weinzettelwand, Schottwien, Schneeberg, Hax. — Unter dem Titel »Junggesellen-Postkarten« von J. Steiner (Serie XLII) bringt dieselbe Firma eine originelle figurale Serie, die klassische Citate in humoristischer Weise persifliert.

Der Typograph, kombinierte Setz- und Zeilengiess-Maschine. Unter diesem Titel hat die Typograph-Gesellschaft m. b. H. in Berlin eine Broschüre herausgegeben, die alles Wissenswerte über die Setzmaschine Typograph enthält und deren Inhalt für Reflektanten nicht ohne Interesse ist.

Die Beilagen zum 9. Heft.

Als Illustration zu unserem Artikel »Kunst und Können im Holzschnitt« bringen wir in diesem Hefte im Anschluss an unsere bisherigen Kunstholzschnittbeilagen ein weiteres Blatt, auf dessen Eigenart des näheren an anderer Stelle hingewiesen ist, und haben wir hier nur darauf zu verweisen. Der Druck des Blattes erfolgte durch die Firma J. J. Weber, Leipzig.

Zu unserer zweiten illustrativen Beilage verwendeten wir eine *Kupfermatotypie* der Firma Körner & Dietrich in Leipzig. Das Blatt gelangt durch die Unterlegung der beiden matten Tonfarben zu lebhafter Wirkung, die durch einzelne ausgesparte Lichtstellen wesentlich gehoben wird. Druck: Breitkopf & Härtel, Leipzig.

Die Beilage V zeigt einen *modernen Preislisten-Umschlag* aus der Praxis. Die Firma B. Talbot in Berlin verleiht ihren Drucksachen gern ein eigenartiges Gepräge und halten wir es für sehr richtig, wenn sich der Drucker zur befriedigenden Lösung der ihm gewordenen Aufgabe der Mitwirkung künstlerischer Kräfte bedient. Die markig und originell angelegte Umrahmung wurde von der Künstlerin L. Burger in Leipzig entworfen und kommt auf dem gewählten grünen Umschlagpapier in Verbindung mit dem Texte zu bester Wirkung. Druck: Breitkopf & Härtel, Leipzig.

Ein effektvolles Blatt in modernster Satzausführung ist der ganz aus Material der Firma J. G. Scheller & Giesecke gesetzte *mehrfarbige Preislistentitel*. Satz und Druck: J. G. Scheller & Giesecke in Leipzig.

Auf einer zweiten Satzbeilage finden unsere Leser einen einfach angeordneten *Broschüren-Umschlag*. Der seitliche Streifen würde im Original an der Rückseite, also an leeren Blatte des Umschlags hängen müssen und auf die Vorderseite umzufalzen sein.

Zu den im Texte eingestreuten Satzproben gehen wir endlich einige weitere Beispiele geschlossener Satzanordnung, die sich natürlich auf die verschiedensten Arbeiten übertragen lassen.

Patente, Erfindungen und Vorgänge auf buchgewerblichem Gebiete.

— Wie das Intern. Patentbureau von Heimann & Co. in Oppeln mitteilt, hat Herr Carl Mérzy-Horvath in Budapest unter Nr. 102610 auf eine Letterngiess- und Setzmaschine ein Patent erhalten. Die Letterngiess- und Setzmaschine ist dadurch gekennzeichnet, dass die an einem hin- und hergehenden Schlitten von beweglichen, nebeneinander liegenden Armen gehaltenen Matrizenringe beständig vor einer Giessform vorbeigeführt werden, wobei der das abzugiessende Zeichen tragende Ring durch Auslösen eines Armes aus der Ruhenebene schwingt und bei der Hinbewegung des Schlittens vor der Giessform von einem Stift aufgenommen wird, welcher die Matrize des Ringes gegen die Giessform andrückt und so den Letternkopf der Type bildet, worauf nach erfolgtem Guss während der Rückbewegung des Schlittens der Matrizenring wieder von seinem Arm aufgenommen und in seine Anfangslage zurückgebracht wird. Die Maschine hat noch besondere Vorrichtungen zur Aushebung der Matrizenringe, zur selbsttätigen Einstellung der verschiedenen Letternstärken, ferner zum Sperren der einmal regulierten Letternstärke gegen die Pressung des in die Form gelossenen Metalls und schliesslich eine Vorrichtung zum Drehen der Matrizenringe, um mit ein und demselben Ringe abwechselnd kleine und grosse Buchstaben oder Zeichen zu giessen.

— Ein von Louis E. Levy, einem Bruder von Max Levy in Philadelphia, dem Erfinder der Levy-Raster, angewendetes Verfahren zur Beschleunigung des Ätzprozesses wird in Fachkreisen viel besprochen. Durch die Kraft, mit welcher die Ätzflüssigkeit mittels eines Gebläses gegen die Platte gestäubt wird, soll die Ätzung derart beschleunigt werden, dass Zinkplatten in circa 15 bis 20 Minuten fertig geätzt werden können. Ob dieses Verfahren bei allen Sujets anzuwenden ist und nicht zu sehr die Güte der Platten beeinflusst, müssten wohl erst weitere Versuche ergeben. Gr. R.

— Die für das Berliner Zeitungswesen zuständige Abteilung der hiesigen königlichen Polizeiverwaltung stellt seit einiger Zeit darüber Erhebungen an, in welcher Weise die in Berlin erscheinenden und ausschliesslich zum Gebrauch für Zeitungsredaktionen bestimmten Korrespondenzen vervielfältigt werden. Der Zweck dieser Massnahme entspricht einem Urteil des Reichsgerichts, wonach alle diejenigen Korrespondenzen, welche mittels der Buchdruckpresse vervielfältigt werden, dem § 13 des Gesetzes über die Presse vom 7. Mai 1874 unterstellt sind und den Bestimmungen desselben gleichzeitig mit der Versendung an die Redaktionen der Polizeibehörde ihres Ausgabeortes ein Pflichtexemplar zur Prüfung einzureichen haben. Der Erfolg wird nur ein einseitiger sein, indem nunmehr diejenigen Korrespondenten, die sich bisher zu ihrer Vervielfältigung der Buchdruckpresse bedienten, zum grossen Leidwesen der Redakteure, Korrektoren und Zeitungssetzer wieder zum Hektographen zurückkehren werden, ein Vervielfältigungsverfahren, das der Teufel eigens dazu erfunden zu haben scheint, die Sehkraft der Detonligten schonungslos zu ruinieren! In sanitärer Beziehung wäre es unstreitig besser gewesen, man hätte allen Korrespondenten ohne Ausnahme die Benutzung der Buchdruckpresse zu ihrer Vervielfältigung geradezu zur Pflicht gemacht. hn.

— Cicero-Massstab. Obwohl das Didot-System in Deutschland mit der Absicht eingeführt wurde, die verschiedenen vorhandenen Systeme allmählich zu beseitigen, um schliesslich nur einen Schriftkegel und eine Schriftlhöhe zu besitzen, so sind wir durch das teilweise Beibehalten der alten Systeme doch noch ziemlich weit von diesem Ziele entfernt. Es ist daher stets nötig, bei Längen-Angaben oder Format-Angaben in Cicero zu bemerken, was für eine Cicero gemeint ist, resp. Muster davon beizufügen. Das Unterlassen dieser Vorsicht hat einen recht unliebsamen Zwischenfall herbeigeführt. Eine Buchdruckerei wurde von einer anderen zur Mithilfe an der Fertigstellung eines Werkes aufgefordert, empfing dazu das Manuskript und die Grösse der Kolumnen in Cicero ausgegeben. Die helfende Druckerei lieferte denn auch mehrere Bogen; beim Vergleiche stellte sich jedoch heraus, dass ihre Kolumnen kleiner waren. Die Ursache lag daran, dass die helfende Buchdruckerei eigenes schlechteres, die andere Druckerei Didot-System hatte. Die Differenz wurde dadurch ausgeglichen, dass die helfende Druckerei dieselben Bogen noch einmal setzte und druckte und auch noch einmal bezahlt erhielt. Nach meinem Dafürhalten haben beide Druckereien einen Fehler begangen. Die bestellende war verpflichtet, einen Probeabzug mitzusenden und auf ihr Didot-System aufmerksam zu machen, und die helfende Druckerei durfte, da beides fehlte und sie wusste, dass ein eigenes System hat, welches nicht in jeder Druckerei vorhanden sein kann, mit dem Satz nicht eher beginnen, ehe sie über das genaue Format nicht ganz sicher orientiert war. Sm.

— Im II. Heft des »Archivs für Buchgewerbe« ist einer Druckschrift des Altmärkischen Handelsvereins in Stendal bezüglich der Wechselvordrucke Erwähnung gethan, die von Herrn Th. N. ganz richtig dahin ausgelegt wurde, dass gerade in Bezug des Wechseldrucks alle privaten Auffassungen bezüglich der Fassung und der Form der offiziell erlassenen Vorschrift sich anzupassen hätten. Diese Auffassung des Herrn Th. N. wird neuerdings durch eine Mitteilung des Reichsbankdirektoriums bestätigt, in welcher darauf aufmerksam gemacht wird, dass die Diskutierung solcher Wechsel zu beanstanden sei, deren Text lautet: »Zahlen Sie an die Verordnung Verfügung von mir (uns) selbst u. s. w., oder auch: »Zahlen Sie an die Verordnung Verfügung des … Herrn . . . . u. s. w.« Dagegen seien folgende Texte für zulässig zu erachten: »Zahlen Sie an mich (uns) selbst oder meine unsere Verordnung Verfügung u. s. w., oder »Zahlen Sie an Herrn . . . . oder dessen (deren) Verordnung Verfügung u. s. w.« So dankenswert diese Mitteilungen des Reichsbankdirektoriums auch sind, halte ich es doch für ratsam, vor der verlagsmässigen Herstellung solcher Wechselvordrucke dem Reichsbankdirektorium ein Exemplar zur Begutachtung einzureichen, ein Verfahren, das bei dem bekannten bereitwilligen Entgegenkommen dieser Verwaltung sicherlich nicht ohne Ergebnis bleiben wird. In der Hauptsache handelt es sich bei der vorstehenden Bekanntmachung nur um eine zulässige Verdeutschung des bisher auf Wechselvordrucken gebräuchlichen Fremdworts »Ordres«. Vielleicht entschliesst sich die Verwaltung der Reichsbank zur Herausgabe eines allgemein gültigen Schemas. hn.

Mannigfaltiges.

Geschäftliches.

— Herr Frz. Bercker, in Firma Hutzon & Bercker in Kevelaer, zeigt an, dass er seinen Söhnen Josef und Bernhard die Ermächtigung erteilt hat, die Firma Hutzon & Bercker per procura zu zeichnen.

— Die Firma Grunert & Heyer in Hamburg teilt mit, dass sie Herrn Hermann Grunert, der in die Leitung der Firma eingetreten ist, unterm 6. August d. J. Prokura erteilt hat, während die Prokura-Zeichnung des langjährigen Prokuristen Herrn Carl Lensch unverändert bestehen bleibt.

— Die Verlagsanstalt und Druckerei A.-G. vorm. J. F. Richter in Hamburg teilt mit, dass Herr Paul Hartung unterm 23. August d. J. in den Vorstand der Gesellschaft eingetreten ist und die Firma in Gemeinschaft mit einem Mitglied des seitherigen Vorstandes zeichnen wird.

Jubiläen.

— Die Firma H. O. Persiehl in Hamburg feierte am 13. September d. J. das Fest ihres 50jährigen Bestehens. Die zu ansehnlicher Bedeutung gelangte, mit Buchbinderei, Zeitungsverlag und Papierhandlung verbundene Buchdruckerei wurde von dem Vater des jetzigen Besitzers, Hermann Otto Persiehl, in ganz kleinen Anfängen begründet. Der Genannte absolvierte seine Lehrzeit in der Langhoffschen Druckerei zu Hamburg und war dort auch noch längere Zeit als Gehilfe thätig. Das Geschäft wurde mit einer Handpresse am Neueuwall 8 eröffnet und die erste Arbeit war gleich die oder so grosser Bedeutung gelangte Wochenschrift »Der Nachbar«, die noch heute von der Firma gedruckt wird und bei einer Abonnentenzahl von 145000 eine der grössten Auflagen deutscher Zeitungen besitzt. Die Gründung der Adler-Dampfschiffahrtslinie, die später von der Hamburg-Amerikanischen-Packetfahrt A.-G. übernommen wurde, brachte dem Geschäft durch Übertragung ihrer Druckarbeiten einen grossen Aufschwung, so dass es wegen der wachsenden Ausdehnung mehrfach verlegt werden musste. Im Jahre 1878 bezog die Firma endlich ein eigenes Haus am Steckelhörn 3, das aber heute schon lange nicht mehr genügt und durch kürzlich erfolgten Ankauf von Nachbarhäusern in Bälde eine bedeutende Vergrösserung erfahren soll. Hermann Otto Persiehl, der sich auch um das Buchdruckgewerbe in Hamburg manche Verdienste erworben hat und im ehemaligen Prinzipalverein vielfache Ehrenämter bekleidete, starb plötzlich im Jahre 1882. Sein Sohn, gleichfalls Hermann Otto geheissen, der den Buchhandel bei Schlüter in Altona gelernt hatte, befand sich damals in der Spamerschen Buchhandlung in Leipzig und übernahm darauf als Bevollmächtigter und Teilhaber die Firma. Unter seiner Leitung wurde die jetzige wesentliche Neugestaltung des Hauses vorgenommen. Die Druckerei wurde für ein Jahr nach dem kl. Jungfernstieg verlegt und inzwischen der Neubau des ganzen Grundstückes vollendet. Im April 1896 erfolgte der Einzug in das neue Gebäude. Während erst nur ein Teil des sechsstöckigen Hauses den Geschäftszwecken diente, sind heute alle Räume dafür in Anspruch genommen. Die Papierhandlung, die schon fast von Anfang an mit der Druckerei verbunden war, hat sich gleichfalls zu grosser Blüte entwickelt und gerade in diesem Jahr ist durch einen Umbau des Hauses 1. Brandstwiete 16, in dem sich dieselbe befindet, ein den modernen Verhältnissen entsprechendes schönes neues Heim geschaffen. Ausserdem besitzt die Firma noch einen eigenen Speicher am Hafen 5, der das Papierlager beherbergt. Als Inhaber fungieren zur Zeit Hermann Otto Persiehl und der Schwager desselben Rud. Stumme, der 1896 eintrat, während die sich noch heute des besten Wohlseins erfreuende Witwe des Begründers austrat.

Todesfälle.

— In den letzten Tagen des Juli starb in Berlin in einem Alter von 63 Jahren der bekannte Musikpädagoge Professor Emil Breslaur, dessen Tod auch in den Kreisen des Buchgewerbes insofern ein lebhafteres Interesse erweckt hat, als er Eigentümer der altangesehenen Berliner Buchdruckereifirma Rosenthal & Co, in der Johannisstrasse daselbst war. Diese im August 1803 gegründete Buchdruckerei pflegte besonders den orientalischen Druck. Nach dem Ableben des Begründers Rosenthal heiratete im Anfang der siebziger Jahre Professor Breslaur die Witwe desselben und errichtete seiner Neigung und seinem Bildungsgange entsprechend neben der Buchdruckerei einen musikpädagogischen Verlag, dessen Hauptwerk sein Buch: »Die technische Grundlage des Klavierspieles« bildete, das 1874 zuerst erschien und seitdem wiederholt neu aufgelegt wurde. 1878 begründete er die weitverbreitete Zeitschrift »Der Klavierlehrer«. Die Buchdruckerei wird von der Witwe und ihrem Sohne in der bisherigen Weise fortgesetzt werden; über den Verlag ist noch keine Entscheidung getroffen. hn.

— In Burg a. W. starb am 11. August d. J. am Herzschlag im Alter von 50 Jahren Herr Gustav Krüger, Chef der Firma C. L. Krüger in Dortmund und Verleger der Dortmunder Zeitung.

— Am 18. August d. J. verschied zu Münster im 87. Lebensjahre seines Lebens der Buchhändler Herr Eduard Hüffer, nachdem er die von seinem Vater Joh. Herm. Hüffer übernommene Aschendorffsche Verlagsbuchhandlung und Buchdruckerei seit dem 1. Januar 1855 geführt hatte. Das Geschäft geht auf die beiden Söhne des Verstorbenen über.

Vereinswesen.

— Der Verband der deutschen Buchdrucker besitzt nach der letzten Abrechnung ein Vermögen von über 2 Millionen Mark. Die Gesamteinnahme bezifferte sich im zweiten Quartal 1899, einschliesslich des vorhanden gewesenen Kassenbestandes von 2100822 M. 89 Pf. auf 2511070 M. 19 Pf. und die Gesamtausgabe auf 236445 M. 34 Pf. (Darunter 219205 M. für Unterstützungen a. s. w.), so dass am 1. Juli 1899 ein Bestand von 2254633 M. 85 Pf. vorhanden war. Die Zahl der steuernden Mitglieder betrug 26074, in Leipzig allein 2155.

— Am Sonntag, 10. Sept. er. veranstaltete der Verein Leipziger Buchdrucker-Gehilfen in Leipzig im Saale des Albertgartens eine Ausstellung von Drucksachen, Skizzen, Utensilien etc. Dieselbe hatte sich eines guten Besuches zu erfreuen.

Verschiedenes.

— In Ansehung der enormen Steigerung, welche die Preise von Rohmaterialien und Halbfabrikaten in letzter Zeit erfahren haben und voraussichtlich in Kürze noch in höherem Masse erfahren werden, haben sämtliche Schnellpressen-Fabriken, ebenso auch andere Maschinenfabriken des graphischen Faches, Utensilienfabriken u. s. w. eine obiger Preissteigerung angemessene Erhöhung ihrer Verkaufspreise, resp. Erniedrigung der Rabattsätze beschlossen.

— In Gemässheit des § 15, Ziffer 6 des Tarifs hat das Tarifamt einen Kommentar zum Deutschen Buchdrucker-Tarif ausgearbeitet, dessen Anschaffung allen Prinzipalen und Gehilfen zu empfehlen ist. Der Kommentar enthält eine ganze Reihe wichtiger und wissenswerter Auslegungen des Tarifs und dürfte vielen ein willkommener Berater in Tariffachen sein. Derselbe ist vom Tarifamt, Berlin SW. 46, Friedrichstrasse 220, gegen Einsendung des Betrages zu beziehen. Preis pro Exemplar 50 Pfennig, Porto für 1 Exemplar 10 Pfennig extra.

— Neuer Bogenzähler »Scrutator« von August Pfeiffer, Stuttgart. In Heft 7 des »Archivs« galten wir einige Erklärungen über einen Druck-Zählapparat, den J. G. Scheiter & Giesecke in Leipzig bauen, und wiesen darauf hin, dass bereits seit geraumer Zeit Zählapparate verschiedener Bauart Anwendung finden, es sei an die Apparate »Homer«, »Promus« u. s. w. erinnert. Ein weiterer Typus solcher an den verschiedensten Druckpressen anzubringender Apparate ist der Bogenzähler »Scrutator«, eine kleine mechanische Vorrichtung, die z. B. bei Schnellpressen an der Welle des Auslegers angebracht wird. Die Praxis wird erst zeigen, welche Vorteile der Apparat hat.

— Zu welch sonderbaren Mitteln mitunter die grossstädtische Konkurrenz greift, ergab jüngst eine Verhandlung vor dem Berliner Gewerbegericht. Bestand da seit einiger Zeit eine »Berliner Frühstückslieferungsgesellschaft«, die es sich zur Aufgabe gemacht hatte, neben dem bezahlten Frühstück ihren Kunden jede gewünschte Tageszeitung umsonst zu liefern. Das Geschäft schient thatsächlich floriert zu haben, denn nicht weniger als 40 Austrageferauen und 2 Jungens klagten gegen die inzwischen in Konkurs gegangene Gesellschaft auf rückständigen Lohn. Bei der Schärfe, den der Konkurrenzkampf auch im Gebiete des Zeitungswesens angenommen hat, würde es uns nicht wundern, wenn ein unternehmender Zeitungsherausgeber die Sache umgekehrt machte und seinen Abonnenten als besonders zugkräftiges Lockmittel — das Frühstück gratis lieferte. Wer's aushalten kann, würde am Abonnenten sicherlich nicht verlegen sein. *hn.*

— Aus dem Handelskammerbericht für Mittelfranken ist zu entnehmen, dass sich der Bedarf an Erzeugnissen der graphischen Gewerbe, wie Farbendrucke aller Art, Ansichtsbilder, Bilderbücher, Plakate, Gratulationskarten u. s. w. mächtig gehoben hat, die Umsätze sind jedoch durch den Rückgang der Preise auf dem Weltmarkt die gleichen geblieben, wie im Vorjahre. Die Arbeitsliste werden als hohe bezeichnet und die Arbeitszeit als die kürzeste in ganz Deutschland. Infolge hoher Frachten sind die Rohmaterialien teuer, ebenso macht die teure Verfrachtung nach dem Auslande den Konkurrieren mit dem Auslande, hauptsächlich in Massenartikeln, unmöglich. Die Aussichten für die Zukunft werden deshalb als nicht gerade glänzende bezeichnet. Von dem Auslande ist immer noch England

das Hauptabsatzgebiet, trotzdem sich dort die Konkurrenz fühlbar macht und ein Rückgang im Absatz der Massenartikel, welche Schlesien und Holland bedeutend billiger liefert, zu verzeichnen ist. Dieselbe Klage wird beim Geschäft nach Amerika laut, nur kommt hier als unheilsame Erscheinung der mangelhafte Markenschutz und die für manche Artikel sehr hohen Zölle dazu. Selbst der Schutz des geistigen Eigentums ist so gut wie illusorisch geworden, da die amerikanische Konkurrenz den Wortlaut der Verträge in einer Weise auslegt, welche den Schutz eigentlich beseitigt. Es ist sogar die Beschlagnahme von Waren verfügt worden, welche auf Grund der Verträge mit Amerika die Bezeichnung »Copyright« trugen. Vor amerikanischen Gerichten diese Angelegenheit auszufechten, ist wegen der hohen Kosten für einen Ausländer nicht leicht möglich, und so ist unsere lithographische Branche in Amerika thatsächlich ohne Schutz, während der Amerikaner in Deutschland vollen Schutz geniesst. Der Absatz nach Russland hat sich gehoben und ist noch weiter entwickelungsfähig, doch ist das Geschäft schwierig und wegen der beanspruchten langen Kredite riskant. Das Vertrauen in die Stetigkeit der jetzigen Handels- und Zollverhältnisse fehlt noch teilweise, da frühere Verluste, z. Z. des Zollkampfes mit Russland, zur Vorsicht mahnen. Der früher sehr bedeutende Absatz nach Frankreich und Belgien ist wegen der bedeutend erhöhten Zölle zurückgegangen. Ebenso nach Italien. Allgemein ist die Klage über die Ausfuhr nach Österreich, da die Zölle ganz nach Willkür höher angesetzt werden. Trotzdem dass sämtliche Bilder auf Papier oder Leinwand frei sind, verlangt die österreichische Zollbehörde auf Reklamekarten und Plakaten einen Zoll von 18 fl., indem geltend gemacht wird, diese Waren könnten für Cartonnagen verarbeitet werden. Durch die Mode des Postkartensports hat sich der Bedarf an illustrierten Postkarten im Inlande gehoben. Ebenso ist das Verlangen der deutschen Industrie nach Plakaten und Reklamekarten u. s. w. gestiegen. Der Bericht ist vom Fachverein chromolithographischer Anstalten von Nürnberg-Fürth gegeben. Ein specieller Bericht über das Buchdruckgewerbe ist dieses Jahr nicht erschienen. *F. G.*

— *Unbefugte Herstellung von Etiketts.* Das Landgericht Stettin hat vor kurzem den Buchdrucker S. zur Zahlung einer Geldstrafe von M 100,— verurteilt und das Reichsgericht verwarf die beantragte Revision als unbegründet. Die Strafkammer hat in dem Verhalten des Herrn S., welcher einen Liqueurfabrikanten zweier Sorten sich von den für eine andere Firma geschützten, nur in unwesentlichen Punkten unterscheidenden Beschaftsnutter-Etiketten geliefert hat, eine Beihilfe zum Vergehen gegen das Gesetz zum Schutze der Warenbezeichnungen erblickt. Diese Verurteilung verbreitet weiteren Kreisen, auch bei Herstellung von Etiketten, welche den Namen des Bestellers nicht tragen, sich zu vergewissern, ob nicht solche Etiketten in die durch das Gesetz vom 12. Mai 1894 geschützten Rechte Dritter eingreifen.

— *Das Handschriften-Archiv von Alexander Paeznyi-Wien*, eine in ihrer Art einzig dastehende, weltbekannte Autographensammlung, der der verstorbene Begründer sein ganzes Leben gewidmet hatte, ging in den Besitz des Herrn Friedrich Cohen in Bonn über. Die Sammlung enthält ca. 60 000 Stücke und ist von einer universellen Reichhaltigkeit. Fast alle berühmten Persönlichkeiten aller Länder seit dem 14. Jahrhundert sind in historisch, wissenschaftlich oder litterarisch interessanten, teilweise noch ungedruckten Stücken vertreten.

Mannigfaltiges.

— Zu den hervorragendsten Sehenswürdigkeiten des Hamburger Rathauses gehört das von der Familie des verstorbenen Bürgermeisters Petersen gestiftete Gedenkbuch, das, in kostbarer Ausstattung gehalten, dazu bestimmt ist, Gedenkblätter, insbesondere aus der Geschichte des Rathauses, aufzunehmen. Die in reicher Vergoldung ausgeführten Deckel sind mit dem grossen Hamburgischen Staatswappen und dem Reichsadler geschmückt. In die Innenseite des Vorderdeckels ist die goldene Medaille eingefügt, die der Senat aus Anlass der Feier des Anschlusses Hamburgs an das deutsche Zollgebiet schlagen liess und die die Bildnisse der Bürgermeister Dr. Petersen und Dr. Versmann zeigt, die 1886 und 1887, als der Grundstein zu dem Rathause gelegt ward und als die Einweihung des Gebäudes stattfand, als Präsidenten des Senats an der Spitze des Staates standen. Unterhalb der Medaille steht, umgeben von den Ansichten des alten, 1842 zerstörten Rathauses, des Rathauses in der Admiralitätstrasse u. des neuen Rathauses, die Widmung: »Einem Hohen Senate zur Erinnerung an Bürgermeister Carl Friedrich Petersen J. U. D. gewidmet von der Familie Petersen 1896«. Darunter

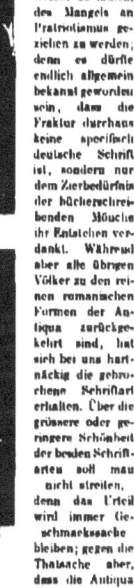

Gedenkbuch für das Rathaus zu Hamburg. Entworfen und ausgeführt von G. Hulbe.

befindet sich das Wappen der Familie. In den vier Ecken sind die Jahreszahlen angebracht, die für die Geschichte des Rathauses von Bedeutung sind: 1842, 1886, 1892 und 1897. Zwischen den Zahlen ist in schöner gotischer Minuskelschrift im Handstyle der Spruch angeordnet:

Libertatem quam pepererе majores
Digne student servare posteritas.

Zu deutsch: Die Freiheit, welche die Altvordern geschaffen, mögen die Nachkommen sich würdig zu erhalten bemühen. Das hervorragende Werk ist aus der Anstalt G. Hulbes in Hamburg hervorgegangen und eine tüchtige Leistung deutschen Kunstfleisses. Durch das Entgegenkommen der Firma G. Hulbe, Kunstgewerbliche Werkstatt für Lederarbeiten, sind wir in der Lage, unseren Lesern ein Bild des Gedenkbuches geben zu können.

— *Anwendung der Antiqua und Fraktur in der deutschen Litteratur.* Dem »Börsenblatt für den Deutschen Buchhandel« entnehmen wir nachstehende interessante Notiz: Heutzutage kann man Anhänger der Antiqua sein, ohne wie früher Gefahr zu laufen, des Mangels an Patriotismus geziehen zu werden; denn es dürfte endlich allgemein bekannt geworden sein, dass die Fraktur durchaus keine specifisch deutsche Schrift ist, sondern nur dem Zierbedürfnis der bücherschreibenden Mönche ihr Entstehen verdankt. Während aber alle übrigen Völker zu den reinen romanischen Formen der Antiqua zurückgekehrt sind, hat sich bei uns hartnäckig die gebrochene Schriftart erhalten. Über die grössere oder geringere Schönheit der beiden Schriftarten soll man nicht streiten, denn das Urteil wird immer Geschmackssache bleiben; gegen die Thatsache aber, dass die Antiqua deutlichere Buchstabenbilder liefert, kann man nicht streiten; das lehrt ausser der Veröffentlichung Sönneckens über das deutsche Schriftwesen die Erfahrung. Oft schon sind beide Schriftarten in Majuskeln einander gegenübergestellt worden, sodass ein Zweifel, auf welcher Seite die grössere Deutlichkeit ist, hier nicht mehr möglich ist. In der That erobert sich die Antiqua seit mehreren Jahrzehnten mehr und mehr Feld. Der Verein für Altschrift, der als Gegenstück zu dem seit 1876 bestehenden Verein für vereinfachte Rechtschreibung von Dr. F. W. Fricke in Wiesbaden gegründet worden ist, veranlasst jährlich eine Statistik über die Anwendung der Antiqua auf Grund der Hinrichsschen Verzeichnisse. Aus der Gegenüberstellung, die die Monatsschrift des genannten Vereins: »Reform« Norden, Soltau) mitteilt, ergiebt sich eine wesentliche Zunahme der Anwendung der Antiqua seit 1893. In jenem Jahre stellte sich nämlich der Prozentsatz der in Altschrift gedruckten Bücher auf nur 21,76 Proz. Nach zehn Jahren war er auf 25,47 Proz., 1896 auf 34,92 Proz., 1896 auf 36,55 Proz und im verflossenen Jahre auf 40,40 Proz. gestiegen. Die letztere Ziffer ist übrigens schon zweimal überschritten worden: 1892 (mit 40,48 und 1896 mit 40,66. Wie früher, so stellte sich auch 1898 nach der Zählung von Adolf Frey in Kassel das Verhältnis für die Antiqua bei den naturwissenschaftlichen und mathematischen Werken am günstigsten mit 81,28 Proz gegen 100,00 Proz. im Vorjahre; dann folgte die Medicin mit 82,46 Proz. gegen 79,04 Proz., das Bau- und Ingenieurwesen nebst dem Bergbau mit 77,25 Proz. 77,28%, Geographie und Karten mit 75.45 Proz.: 74.100, Handel und Gewerbe mit 65.30 Proz. 64,22, Kunst, Theater und Prachtwerke mit 63,14 Proz. 62,85, Philosophie und Theosophie mit 61,81 Proz. 30,88 und Sprach-, Litteratur- und Altertumswissenschaft mit 60,44 Proz. (58,77). Bei den anderen Fächern überwiegt die Anwendung der Fraktur. Am meisten dominiert sie in der Belletristik mit 92,40 Proz. (gegen 92,60 in 1897), in der Theologie mit 86,95 Proz. (85,00), in der Pädagogik mit 77,91 Proz. (78,67), in der Kriegswissenschaft mit 76,65 Proz. 75,76), in der Haus-, Land- und Forstwissenschaft mit 75,26 Proz. (72,24). Im ganzen wurden im vorigen Jahre 10329 Werke in Fraktur und 7008 in Antiqua gedruckt gegen 10.599 bezw. 7055 im Jahre 1897. —r.

— *Schriftgießerei-Reform in England.* Zu meinen Ausführungen in Heft 6 teilt man mir aus England mit, dass ein dortiger Importeur recht gute Erfahrungen mit dem amerikanischen Punktsystem gemacht hat. Soweit es möglich, bezieht er die Schriften nach diesem System von Deutschland und hat auch schon mehrere Druckereien total nach demselben eingerichtet. Neulich erst hätte ein Buchdrucker diesem Importeur gesagt, was er für ihn für eine Freude machte, in so einem Punktsystem zu arbeiten, und soweit er, der Importeur, es praktisch beurteilen kann, wird die Einführung des amerikanischen Punktsystems in England ganz zufriedenstellend vor sich gehen. — In Gegensatz hierzu erhalte ich von anderer Seite die Mitteilung, dass die Caston Type-foundry nach einem System arbeitet, das dem von der Caslonschen Schriftgiesserei *vorgeschlagenen* entspricht: 864 Punkte = 1 Fuss englisch, während von dem amerikanischen Punkte 1047 $\frac{9}{10}$ der Länge eines englischen Fusses entsprechen. Wie sich die alten englischen Giessereien zu der ganzen Systemreform stellen werden, ist noch nicht bekannt geworden. Sм.

— Am Dienstag, den 12. September, vormittags 11 Uhr fand die feierliche *Eröffnung der IV. Ausstellung des »Süddeutschen Photographen-Vereins« Stuttgart 1899* in der Städtischen Gewerbehalle zu Stuttgart durch den Herrn Vertreter der Königlich Württembergischen Staatsregierung in Anwesenheit des Vertreters des Königlich Bayerischen Staatsministeriums, der Spitzen der Civil- und Militärbehörden Stuttgarts statt.

— *Ein seltener Druck.* Der Provinzial der ungarischen Franziskaner hat aus der Bibliothek des Kremnitzer Klosters ein dort aufgefundenes Exemplar des Murmellinschen lateinisch-deutsch-magyarischen Wörterverzeichnisses (1533 gedruckt) dem ungarischen Nationalmuseum als Geschenk übergeben. Dieses Werk ist das erste ungarische Wörterbuch und das dritte ungarische Druckwerk.

— Im Verlage von S. Fischer in Berlin ist ein eigenartiges Buch erschienen. Es heisst sich »Kajakmänner«. Erzählungen grönländischer Seehundsfänger, herausgegeben von Signe Rink. Aus der Einleitung zu dieser Sammlung erfahren wir nämlich die eigentümliche und jedenfalls noch wenig bekannte Thatsache, dass im Jahre 1861 die *erste Buchdruckerei in Grönland* erstand und dass dort von demselben Jahre an eine regelmässig erscheinende *Zeitschrift* herausgegeben wurde, zu welcher Beiträge einzusenden die Eingeborenen aufgefordert wurden. Solche Beiträge, bestehend in Reisebeschreibungen, Jagdberichnissen und ähnlichen Erzählungen, bilden den Inhalt des Buches. Eine kleine Probe möge hier angeführt werden, aus der ein charakteristisches Streiflicht auf die Mitarbeiter dieser »nördlichsten« Zeitschrift der Erde fällt. Petrus Lynge, von Professor »Seehundsfänger in Napasonk«, hat, ganz nach berühmtem Muster, »Erlebnisse und Betrachtungen« beigesteuert, und die Legenden folgendermassen: »Der Grund, weshalb ich nicht früher etwas für das »Unterhaltungsblatt« geliefert habe, ist der, dass ich nicht ordentlich schreiben kann. Aber als ich in der letzten Zeit einsam dort draussen sass und in meinem Kajak ruderte, fiel es mir manchmal ein, dass es sich nicht dennoch machen liesse, falls nur mein guter Freund Villars, unser Katechet, mir helfen wollte, den Fehlerhafte an meiner Schreiberei zu verbessern.« — Man sieht, die Schreibtube eines grönländischen »Journalisten« ist sein Kajak, und er wird weniger darüber in Sorge sein, dass ihm die Tinte eintrocknet, als vielmehr, dass sie ihm — einfriert. hn.

Inhalt des 9. Heftes.

Bekanntmachung. — Ein Kaiserwort und die Dankespflicht der deutschen Buchgewerbler. — Kunst und Können im Holzschnitt. — Goethes »Faust« und die bildende Kunst. — Welche Anforderungen sind an ein druckreifes Manuskript zu stellen? — Das 6 in der Antiqua. Über den Buchdruck. — Handsmusterei. Maschinen auf Fachwerk für Buchdruckfarbe. — Zur Kornraster-Frage. — Schriftenversorgung. — Aus den graphischen Vereinigungen. — Zeitschriften- und Bücherschau. — Vorarbeitens-Umfrage. — Die Beilagen zum 9. Heft. — Patent-, Erfindungen und Vorgänge auf buchgewerblichem Gebiete. — Mannigfaltiges. — Inserate.

Beilagen: 1 Kunstholzschnittblatt, 1 Blatt Kupferautotypie, 1 Blatt Katalogumschlag, 1 Satzbeilage, mehrfarbiger Preislistentitel, 1 Salzbeilage, mehrfarbiger Broschürenumschlag.

Bezugsbedingungen für das Archiv etc.

Erscheint: in 12 Monatsheften. Für komplette Lieferung, insbesondere vollständige Beilagen, kann nur des vor Erscheinen des 2. Heftes jährlicher Abonnementen gerechnet werden.

Bezugsquellen: Jede Buchhandlung, auch direkt von der Geschäftsstelle des Deutschen Buchgewerbevereins unter Kreuzband.

Preis: M. 16.—, unter Kreuzband direkt M. 15.80, nach aussereuropäischen Ländern M. 16 50. Einzelnummern M. 1.80.

Anzeigen: Preis der einspaltigen Petitzeile oder deren Raum für Mitglieder des Deutschen Buchgewerbevereins 25 Pf., für Nichtmitglieder 30 Pf. Ermässigung für Mitglieder und Nichtmitglieder 15 Pf. für die dreispaltigen Petitzeile. Beiträge vor Abdruck zu zahlen. Als Beleg dienen Ausschnitte; Belegbefte auf Verlangen gegen Vergütung von Postauslagen.

Beilagen: Für die einfache Quartblatt M 20.—. für das doppelte M. 20.—. Grössere Belagen berechnen sich in besonderer Vereinbarung.

Neudruckes von selbständigen schriftgiesserei-Erzeugnissen können im Inhalte oder auf den Heilagen abgedruckt werden. Die Bezugsquellen dieser Neudruckes werden auf Anfrage durch die Geschäftsstelle d. »Deutschen Buchgewerbevereins« unentgeltlich und bereitwilligst mitgeteilt.

Adresse: Alle die inhaltliche Teil des »Archiv für Buchgewerbe« betreffenden Briefe und Sendungen sind an die Adresse des Schriftleiters: Leipzig-R., Gartenstrasse 10 zu richten, den Anzeigenteil betreffende und andere geschäftliche Anfragen u. s. w. dagegen an die Geschäftsstelle des Deutschen Buchgewerbevereins.

Verlag von
Breitkopf & Härtel
in Leipzig

WEINGARTNER

Felix Weingartner, Edler von Münzberg, wurde am 2. Juni 1863 in Zara (Dalmatien) geboren. Vier Jahre alt, verlor er den Vater. Seine Mutter zog mit ihm nach Graz, wo er das Gymnasium besuchte und gleichzeitig bei Dr. W. Mayer Musikunterricht genoss. Hier entstanden auch seine Erstlinge, Klavierstücke, Op. 1—3. Nachdem er sein Abiturientenexamen bestanden, ging er nach Leipzig, um am Kgl. Konservatorium für Musik seine Kenntnisse zu erweitern. Nebenbei hörte er an der Universität philosophische Vorträge. In dieser Zeit wurde er auch mit Franz Liszt bekannt. 1883 verliess Weingartner das Konservatorium, ausgezeichnet mit dem Mozartpreis, und siedelte nach Weimar über. Hier wurde auf Liszts Veranlassung seine Oper »Sakuntala« erstmalig zur Aufführung gebracht. 1884 bis 1889 wirkte er als Kapellmeister an den Stadttheatern zu Königsberg, Danzig und Hamburg. Im Sommer 1889 vertrat er Otto Dessoff in Frankfurt, worauf er zwei Jahre nach Mannheim ging. 1891 folgte er dem Rufe als Hofkapellmeister und Leiter der Kgl. Symphoniekonzerte nach Berlin. Hier wurde sein Weltruf begründet. 1897 trat er von der Leitung der Kgl. Oper zurück.

OPERNTEXTE SAKUNTALA
GENESIUS
MALAWIKA.

Tasso (zweifarbig verwendbar, als Eindrucktype Halbfette Romanisch)

MAX SERNI
KUNSTSALON

Ausstellung nur moderner
Plakate, Zeichnungen
und Entwürfe

Kleine Steinstrasse 15
Dresden-Plauen

J. G. SCHELTER & GIESECKE, LEIPZIG

Schriftgiesserei Emil Gursch, Berlin S.

Initialen
Serie 47.
No. 845 4 Cicero.

A
S
F
C
M
O
B
Z

Fette Elzevir.

No. 865 Corpus 12). No. 866 Mittel (corps 14).
Dampfmaschinenbau   Actiengesellschaft

No. 871 Canon (corps 36).
DIE RIESEN

No. 867 Tertia (corps 16).
Eisenach Universum Hannover

No. 872 Grobe Canon (corps 42).
Marienhain

No. 868 Text (corps 20).
NANSENS Expedition

Original-Erzeugniss

No. 873 Missal (corps 44).
Neuendorf

No. 869 Doppelmittel (corps 24).
LUCHS Mammuth

No. 874 1½ Cicero (corps 54).
Borussia

No. 870 Kleine Canon (corps 32).
Metz DOM Burg

No. 875 6 Cicero (corps 60).
Kosmin

Initialen, deren Bild es erfordert, sind ausgeklinkt, und zwar solche auf
3 Cicero für Text-, 4 Cicero für Doppelmittel-, 5 Cicero für Canon-Kegel.

Schnellpressen-fabrik Frankenthal

Albert & Co. Act.-Ges.

in Frankenthal Pfalz

baut als ausschliessliche Spezialität:

Schnellpressen für Buch-, Stein-, Licht- und Blechdruck,

Rotationsmaschinen in allen Ausführungen

Bis 1. August 1899 verkauft: 4850 Maschinen.
Fabrikpersonal 1899: 1080.

Buchdruckschnelligangpresse für Rotationsdruck.

Lithographische Schnelligangpresse.

Variable Rotationsmaschine.

Schliesszeug "Combi"

mit
3 kant. Kraftschlüssel

Längen und Preise der geläufigsten Stücke:

Verlangen Sie Ansichtssendung dieses besten aller Schliesszeuge!
1 4kant. Kraftschlüssel Mk. 1.50.

Maschinenfabrik Kempewerk Nürnberg.

A. HAMM Heidelberg.
Gegründet 1850 in
Frankenthal.

Korrespondenz nach Heidelberg richten.

Erst-
klassiges Schnellpressen aller
Fabrikat. Art.

**Wilhelm ≀≀≀
Woellmer's ≀**
Schriftgiesserei und
Messinglinienfabrik

Moderne Neuheiten
Selecta, Globus, Roland, Studio-
Zierrath, Barock-Ornamente
Silhouette-Bordüren, Vignetten.

Berlin SW.

Römmler & Jonas, Dresden-A
K. S. Hof-Photographen

liefern **Buchdruck-Clichés**
für Autotypie, in Kupfer und Zink
Leistungsfähigste Lichtdruckanstalt
für Architectur u Kunstgewerbe, Industrie Musterbücher,
Postkarten. Albums etc.
Ansichten-Verlag.

Schriftgiesserei
Ludwig & Mayer
Frankfurt a. M.

Vertreter:

BERLIN:
Arthur Günther
SW.
Grossbeerenstr. 13

LEIPZIG
Carl Marxhausen
Körnerplatz 2

BREMEN:
F. W. Dahlhaus

KÖLN
Ernst Bielitz
Klingelpütz 6

STUTTGART.
Friedr. Autenrieth
Augustenstr. 54

Vereinigte
Bautzner
Papierfabriken
Bautzen in Sachsen

Halbstoff- und Holzstoff-Fabriken
liefern

Kupfer-, Bunt-, Karten-, Werk-, Noten-, Umschlag- und Prospekt-Druckpapiere in Bogen u. Rollen;

Brief-, Normal-, Kanzlei-, Konzept- und Kartonpapiere:

Rohpapiere

für Luxus-, Karton-, Chromo-, Kunst-druck- und Buntpapier-Fabriken.

Tages-Erzeugung.
30 000 Kilo.
7 Papiermaschinen.

Neuheiten:

Druckplatten mit Schraffuren, Netzen, Panthertangen, Korn u. dergl., für Buch-, Stein- und Kupferdruck, zum Überdruck auf Druckplatten, für Landkarten, Pläne, Untergrund-Platten, Papier-Ausstattungen u. s. w., u. s. w.

Kornraster, in Glas geätzt, für Autotypie und Photolithographie.

Ferner empfiehlt:

Glasraster verschiedener Systeme, sowie alle autotypischen und phototypischen Ausführungen.

Edm. Gaillard, Berlin S.-W.

Modern
originell und künstlerisch können Sie Ihre Drucksachen ausstatten mit unserm sehr praktischen Sterral. Die Druckmappe steht bekannten Druckereien zu Dienst.

Rudhard'sche
Giesserei
Offenbach am Main.

Inserate.

Schriftgiesserei
A. Numrich & Co.
LEIPZIG

Messinglinien-
und Messingtypen-Fabrik

Spezialität:

Künstlerisch ausgeführte
Vignetten in allen Genres
Moderne Reklame-Vignetten

Musterblätter gratis und franko zu Diensten

Von allen
Fachblättern des In- und Auslandes
rühmend hervorgehoben.

Wir empfehlen unsere

Kräftige
Fraktur!

Eigens für
Sternetypendruck
von uns
geschnittene
Brotschrift.

Benjamin Krebs Nachfolger
Frankfurt a. M.

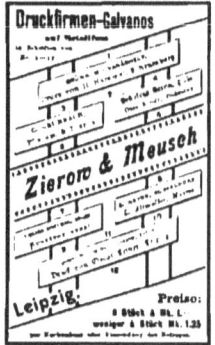

Dietz & Listing
Maschinenfabrik
Leipzig-Reudnitz.
Sämtliche Maschinen für Buchbinderei,
Buchdruckerei, Luxuspapier- und Car-
tonnagenfabrikation, sowie Steindruck-
pressen und Farbereib-Maschinen.....
Illustr. Kataloge gratis und franco.

Verlag von
Alexander Waldow
Leipzig.

Die doppelte Buch- u. Geschäftsführung für Buchdruckereien und
verwandte Geschäfte. I. Teil. Herausgegeben v. J. H. Frese. 2. vollständig
umgearbeitete Auflage. Preis 4 Mk.
do. II. Teil. 2. vollständig umgearbeitete
Auflage. Preis 4 Mk. Einen zweimonatlichen Geschäftsgang zur Erläuterung des I. Teiles enthaltend.
Der II. Teil enthält auch Anleitung
zur einfachen Buchführung.
Die Zurichtung und der Druck
von Illustrationen. Ein Leitfaden für Maschinenmeister und
Drucker. Herausgeg. von H. Künzel
A. Waldow. 2. Aufl. Prachtausgabe.
5 Bogen gr. Quart mit 30 Kunstdruckbeilagen in allen Manieren, Titeln
und Schmutztiteln, in Tons, Gold-
und Farbendruck. Preis 5 Mk. elegant
gebunden 7.70 Mk.

Gebr. Jänecke & Fr. Schneemann
Hannover und Newark New-York

Fabrik von Buch- und Steindruckfarben.
Firnisse und Walzenmasse.

 Gegründet 1843. 16 Preismedaillen.

Antike Gotisch

ist die in den Arbeiten moderner Richtung am meisten verwendbare.

* Titelschrift *

Sie sollte in keiner Werk-, Zeitungs- und Accidenzdruckerei fehlen und verdient unter allen neueren Schriften den Vorzug! Spezielle geeignet zur einheitlichen Ausstattung von Drucksachen aller Art.

Original-Erzeugnis! • Sofort lieferbar! • Tadelloser Guss!

Schriftgiesserei Julius Klinkhardt, Leipzig

Proben und Anwendungs-Beispiele auf Verlangen!

... Messinglinienfabrik ...

Gesetzt aus: Antike Gotisch 514—521.

Gebrüder Brehmer, Leipzig-Plagwitz Filialen: London E. C., Paris Wien V,

bauen als Spezialität

Draht- und Faden-Heftmaschinen für Bücher und Broschüren. | Falzmaschinen für Werk- und Zeitungsdruck in den verschiedensten Ausführungen.

Preislisten, Heftproben, Falzmuster stehen gern zur Verfügung.

Letzte höchste Auszeichnungen: Chicago 1893, Lübeck 1895, Leipzig 1897, München 1898

36. Band. 1899. Heft 10.

Kunst und Können im Holzschnitt.

Beiträge zur Charakterisierung des Holzschnittes als Kunstgewerbe.

Von JOHANN WEBER.

III

Auf Mangel an Fühlung mit dem Wesen der Holzschneidekunst müssen wohl die Sätze beruhen, die Wilhelm Bode im »Pan« 1895, Heft 2: Anforderungen an die Ausstattung einer illustrierten Kunstzeitschrift) über sie ausgesprochen hat. Er sagt, dass

»namentlich der Holzschnitt in kürzester Zeit seinen Charakter, seinen Stil völlig verloren hat und zu einer brillanten, aber knechtischen Nachahmung der Photographie herabgesunken ist. Auch die neueste im Gegensatz zu dieser Maschinenarbeit stehende Entwickelung des Holzschnittes, die von Amerika ausgegangen und dort zu einer hohen künstlerischen Vollendung gediehen ist, kann trotzdem nicht ganz vom Fehler der Stillosigkeit freigesprochen werden, da sie kaum Rücksicht auf Material und Instrumente nimmt, sondern im Holzschnitt die malerische Radierung nachahmt und noch zu überbieten sucht.«

Weiter unten führt Bode fort:

»Für die Textillustration sollte nur die rein künstlerische Reproduktionsweise gepflegt werden: in erster Linie der Holzschnitt, und zwar in der seiner Natur entsprechenden körnigen konturartigen Behandlung.«

In diesen wenigen Worten liegt der Schlüssel zum Verständnis mancher Begriffsverwechselung, die sich der »Pan« in Bezug auf den Holzschnitt hat zu Schulden kommen lassen. Der gute alte Linienholzschnitt hatte, selbst wenn Bewicks Grabstichel ihm scheinbar nicht die Konturtechnik abgeschnitten hatte, so doch spätestens mit der Erfindung der Strichätzung seine Daseinsberechtigung verloren; mit ihm wurde selbstverständlich sein Stil begraben. Er darf, wie der Kupferstich, heute nicht mehr zu den lebenden Künsten gerechnet werden. Will man nun diesen gestorbenen und begrabenen Holzschnitt künstlich wieder lebendig machen, so ist dies nach den Grundregeln kunstgewerblicher Arbeit ein schwerer Fehler, den man schliesslich mit Stillschweigen übergehen könnte, wenn seine Vertreter nicht dem sachlich befähigten Holzschnitt die Lebensfähigkeit absprechen wollten. In vierzehn vorliegenden Heften des »Pan« finde ich nur zwei Holzschnitte, die den Anspruch auf gewissen Wert erheben können: »Mutter und Kind«, Holzschnitt nach Dora Hitz, ausgeführt von M. Höhnemann«, der mit virtuoser Technik die Stimmung des Bildes aufs trefflichste wiederzugeben scheint, und ein anderes Blatt »Bastien Lepage«, geschnitten von Leveillé nach Rodin«. Dieses zweite Blatt ist ebenfalls völlig auf Grundlage der modernen Schnittweise hergestellt und zeigt in seinen Strichlagen und der Behandlung der Lichter und Schatten klar und deutlich einen in Thon modellierten Kopf auf Holzpostament. Auch die Tönung des Thones ist aufs beste getroffen. Unter diesem Bilde steht aber das Wort: Originalholzschnitt. Trotz eingehenden Studiums aller Artikel des »Pan« habe ich einen Unterschied zwischen einem Reproduktionsholzschnitt nach Rodin, der vielleicht vom Xylographen N. N. in gleicher Weise geschnitten werden könnte, und dem Originalschnitt nach Rodin, der von Leveillé geschnitten ist, nicht finden können.

Unter den meisten der andern xylographischen Darbietungen des »Pan« steht wiederum die schiefe Bezeichnung: Originalholzschnitt; schief, weil die

Blätter meistens Reproduktionsholzschnitte nach einer Vorlage und nicht originell wie Original sind. Ich kann diese Blätter in drei Klassen teilen: in Schnitte in alter Konturmanier, denen an und für sich nur vorzuwerfen ist, dass der Künstler die Wiedergabe der von ihm vorher auf Holz oder anderweitig gemachten Zeichnung billiger und ohne Vergeudung künstlerischer Kraft auf dem Wege der Zinkographie gehabt hätte; in Arbeiten, die dem Holzschnitt die charakteristischen Eigenschaften anderer graphischen Techniken aufzwängen wollen, und in Versuche, die dem Tonschnitt nahekommen sollen, aber missglückt sind. Zur ersten Kategorie gehört »Pan« 1894, Heft 4 ein Stadtbild mit der Unterschrift Veldheer del et. sculp.; aus der Unterschrift geht hervor, dass das so oft angeführte Argument für die Bezeichnung »Originalholzschnitt«: er wäre eben *ohne* vorherige Zeichnung geschnitten, hinfällig ist. Hierhin sind auch die Arbeiten von Vallotton und zum Teil diejenigen von Eckmann zu rechnen. Vallotton arbeitet nicht mit dem Grabstichel des Holzschneiders, sondern mit dem Stechbeutel des Holztafelhauers. Bei Eckmann habe ich besonders 1895, Heft 3, »Schwertlilien« im Auge, die an die Arbeit eines Anfängers in der Holzschneidekunst japanischer Nationalität erinnern. Ist dies Blatt mit dem Federmesser im Langholz geschnitten, so ist es wenigstens technisch richtig behandelt, wenn auch ein Japaner Blumen nie so reproduziert, dass sie als Vorlagen für gotische Schmiedeeisenarbeiten gelten könnten.

Eine *falsche* Technik bringt uns 1896, Heft 3, »Nachttreiber« mit der Unterschrift »farbiger Originalholzschnitt«. Es ist bei dieser künstlerischen Spielerei versucht worden, die Technik des Steindruckes auf das Holz zu übertragen, und es ist dem in gewisser Beziehung auch gelungen. Ist dies aber der »verloren gegangene einzig berechtigte« Stil des Holzschnittes? Das Gleiche bezüglich der einem Holzschnitt aufgezwungenen Lithographie-Technik gilt von dem sechsfarbigen Holzschnitt von Peter Behrens »Der Kuss«. Bei diesem Blatt sind die Farben nicht einmal ordentlich ineinander gedruckt, aber es wird noch besonders als Vorzug hervorgehoben, dass es von der Hand des Künstlers abgezogen sei.

Noch deutlicher wirkt das Beispiel des Engländers Nicholson (1897, Heft 3 »Alte Frau«. Hierbei ist der Holzschnitt als Fläche in drei Tönen benutzt, die ebenso gut mit dem Stemmeisen ausgeschlagen, wie mit der Laubsäge gearbeitet sein könnten. Die Virtuosität der Zeichnung an und für sich soll gar nicht bestritten werden. Zeigt aber der Abdruck dieser Formen die verloren gegangene wahre Technik des Holzschnittes?

Mehr Verständnis für das Wesen des Holzschnittes finden wir in den Blättern von Albert Krüger. Der Holzschnitt eines Böcklin-Porträts (»Pan« 1898, Heft 1) nach einer Photographie aus dem Jahre 1896 zeigt schon eher den Übergang von den früheren Versuchen desselben Künstlers zu einem kräftig gehaltenen, aber an und für sich richtig angelegten Tonschnitt. Man kann Krüger ein Feingefühl in den Linien nicht absprechen, wenngleich sein neuestes Blatt (»Pan« 1898, Heft 4: Originalholzschnitt nach Böcklins Selbstbildnis mit dem Tode eine Leistung ist, die der »Pan« nicht aufnehmen durfte, wenn er Anspruch macht, ernst genommen zu werden. Krügers bisherige Arbeiten zeigen das absichtliche Vermeiden der holzschneiderischen Technik: an und für sich wäre dies ja nun nicht anzugreifen, wenn Krüger an Stelle der bisherigen Technik etwas anderes Besseres oder wenigstens gleich Gutes setzen würde; so zeigen aber die Hauptpartien des Gesichtes beim Böcklin-Bild trotz richtig gewollter Strichlagen eine völlige Unsicherheit der Stichelführung an sich. Die vom Lichte getroffenen Partien, die im Holzschnitt mindestens eine geschlossene helle Wirkung haben müssen, sind hier regelrecht angelegte Pockennarben auf weissem Grund. Mit anscheinend künstlerischer Gleichgültigkeit sind die Hände in einer Technik ausgeführt, die der heutige Holzschneider etwa zur Charakterisierung unbehauenen Sandsteins anwenden würde. Da nun vielleicht die Figur des Todes zu hell geraten, d. h. in der Perspektive zu weit nach vorn gerückt war, hat sich der Künstler entschlossen, einen blauen Ton über das Ganze zu legen und Lichter aus demselben herauszuholen. Einen inneren Grund für die Anfertigung der blauen Platte vermag man nicht zu finden. Dieser Kunstgriff ist ja an und für sich nicht zu verwerfen, wenn es sich darum handelt, einen verfehlten Schnitt zu retten, aber hier war es wohl kaum am Platze gewesen, dem Publikum einen »Originalholzschnitt in zwei Farben« vorzusetzen, der die Reproduktion eines Gemäldes in mangelhafter Technik wiedergiebt. Das Gleiche bezüglich gilt vom zweifarbigen Originalholzschnitt von Jakob Burckhardt und dem sechsfarbigen Holzschnitt nach der Venus von Sandro Botticelli. Krüger hat verschiedene Mal versucht, ältere Gemälde in farbigen Holzschnitt zu vervielfältigen. Sein Streben, die Reize des Farbenholzschnittes neu zu beleben, ist dankbarst anzuerkennen; er selbst musste aber an dieser schwierigsten Aufgabe der Holzschneidekunst scheitern, weil ihm das *Können* fehlte.

Antwortet man mir, dass der »Pan« ein Tummelplatz für diejenigen Künstler sei, die eine Fühlung mit den graphischen Techniken zu gewinnen suchen, so hoffe ich, dass auch eine scharfe Kritik dieser Versuche eine rechte Statt finden wird. Werden damit dem Holzschnitt die Eigenschaften eines Kunstgewerbes zuerkannt, so findet er an den Grundsätzen des Kunstgewerbes einen Schutz, der ihm auch in der hohen Kunst einigermassen Achtung verschafft. Ich fürchte aber beinahe, dass eine gewisse ultraindividualistische Kunstanschauung für jeden, der sich Künstler nennt, das Recht in Anspruch nehmen wird, gerade die graphischen Techniken nach Belieben zu misshandeln. Dann wird es uns aber gestattet sein, einen Gedankensplitter der »Fliegenden Blätter« zu citieren: »Kunst ist, wenn man etwas nicht kann, denn wenn man's kann, ist's ja keine Kunst mehr.«

Etwas anders wie beim »Pan« liegen die Verhältnisse in der diesjährigen Dresdner Kunstausstellung, die sich wohl keinesfalls mit dem Titel eines Versuchsfeldes für künstlerische Spielereien begnügen würde. Die Namen der Ausstellungskommission sind von gutem Klange im ganzen Lande; die Ausstellung selbst zeigt in allen ihren Zweigen Hervorragendes, die Abteilung Kunstgewerbe beweist, dass *Kunst und Können* erforderlich waren, um das Ausgestellte aufnahmefähig zu machen, die graphische Abteilung ist in den meisten Stücken gut, allein die darin befindlichen Holzschnitte zeigen, dass für die Holzschneidekunst keiner der Juroren auch nur ein Wort gesprochen hat. Die schwarz-weissen Blätter von Walter Conz (No. 851, Mondschein) und Wilhelm Laage (No. 976, Selbstbildnis) durften angesichts der nicht gerade hervorragenden künstlerischen Qualitäten nur dann Aufnahme finden, wenn sie wenigstens technisch richtig behandelt waren. Es bedeutet eine Zeit- und Kraftvergeudung schlimmster

Art, wenn ein »wirklicher« Künstler solcherlei harmlose Gelegenheitsskizzen in Holz schneidet und davor, mit der unpassendsten Farbe »Handdrücke« abzieht! Avant la lettre, vor dem Verstählen radierter Platten abgezogene Probedrucke haben einen höheren Wert als spätere Drucke; den Originalholzschnitt Mondschein aber z. B. könnte man als Kupferklischee, als Zinkätzung oder als Holzstock selbst dreihundertundfünfundsechzig Tage auf der Rotationsmaschine mitlaufen lassen; die Sylvesterausgabe würde noch genau dieselbe kernige Frische der Linienführung zeigen wie die »Handdrucke«. Wenn der Maschinenführer aus Unachtsamkeit gelegentlich zu wenig Farbe gäbe, hätte man sogar noch aufs Haar genau den Effekt des Handabzuges mit japanischen Wasserfarben der unter No. 1074 bis 1084 ausgestellten Blätter Emil Orliks. Wären die Druckstöcke für diese Spielereien à la japonaise in pures Gold gestanzt, in Glas geätzt oder als Kautschukstempel geschnitten, so hätte man wahrscheinlich von der Zulassung abgesehen, obwohl die Handdrucke von ihnen nicht im geringsten von den Handdrucken der Holzschnittplatten zu unterscheiden gewesen wären. Es sind alle diese Blätter ihrem Wesen nach keine Holzschnitte, ebensowenig wie sie Goldschmiedearbeiten oder Kunstglasereien

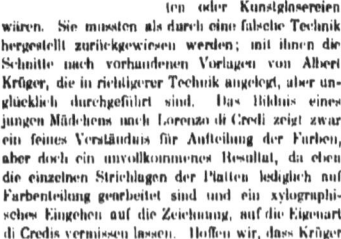

wären. Sie müssten also durch eine falsche Technik hergestellten zurückgewiesen werden; mit ihnen die Schnitte nach vorhandenen Vorlagen von Albert Krüger, die in richtigerer Technik angelegt, aber unglücklich durchgeführt sind. Das Bildnis eines jungen Mädchens nach Lorenzo di Credi zeigt zwar ein feines Verständnis für Aufteilung der Farben, aber doch ein unvollkommenes Resultat, da eben die einzelnen Strichlagen der Platten lediglich auf Farbenteilung gearbeitet sind und ein xylographisches Eingehen auf die Zeichnung, auf die Eigenart di Credis vermissen lassen. Hoffen wir, dass Krüger recht bald mit dem zunftigen Holzschnitt Hand in Hand arbeiten wird, wundervolle Blätter könnten ihm dafür belohnen. Von anderen Holzschnitten der Dresdner Ausstellung wäre noch ein lithographierter Holzschnitt à la Nicholson No. 1121, Alter Mann von Hans Schroedter in Karlsruhe zu erwähnen, dessen flotte Mache die falsche Bezeichnung aber nicht richtiger stellt. In Lithographietechnik sind auch die Blätter von Peter Behrens ausgeführt, so No. 828, Trockene Blumen und No. 829, Tannenwald, farbiger Holzschnitt in mehreren Platten, die mit Aquarellfarben gedruckt sind. Würde der Künstler nicht schneller und besser mit dem Pinsel die »Auflage« malen, anstatt durch dieses maximum compositum von drei graphischen Techniken der Anarchie im Kunstgewerbe Vorschub zu leisten? Was schablonierte Holzschnitte sind (10 Blatt 832 und 833 von Ernst Berger in München), habe ich nicht zu ergründen vermocht; die beiden nebenstehenden Proben sind von den Originalen nicht zu unterscheiden, eine Wesensverwandtschaft mit dem Holzschnitt besitzen sie nicht und dürfen füglich nicht als Holzschnitte bezeichnet werden.

Über den künstlerischen Wert aller vorgenannten Arbeiten ist hier nicht zu urteilen, in graphischer Beziehung sind sie durchgängig minderwertig. Die Ausstellung des in Holz Geschnittenen in Dresden ist eine Phrase, für die die Kommission dem Holzschnitt eine Genugtuung schuldig bleibt. An die Stelle des Holzschnittes ist dort die aus Kreuzung zwischen Gotik und Japanismus in England geborene harte Zeichenkunst der Hypermodernen getreten, die die Grenzen des Gebietes, auf welches sie sich ihrem Westen nach beschränken müßte, überschritten hat und für sich die einzige Existenzberechtigung unter allen graphischen Künsten in Anspruch zu nehmen scheint. Wenn auch unsere heutigen Kunstanschauungen in verschiedenster Weise und mit den verschiedensten Idealen zur Geltung gebracht werden, so darf eine Ausstellung, die dem Kulturfortschritt dienen will, die dem Volke die Mittel zur Erhöhung und Erweiterung der Bildung an die Hand geben will, nicht vergessen, daß man aus allen Richtungen etwas Gutes ziehen kann, aber auch auf das energischste jedes Bestreben zurückzuweisen verpflichtet ist, welches sich auf Alleinherrschaft einer Modeanschauung oder auf Vernichtung anderer ebensowohl berechtigter Arten der Ausübung der Kunst richtet.

Zwischen zwei Stilen.

Von
Dr. LUDWIG VOLKMANN.

Zwischen zwei Stühlen ist nicht gut sitzen, sagt ein altes gutes Sprichwort; zwischen zwei Stilen ist der Aufenthalt aber gleichfalls nicht recht behaglich, und davon soll hier die Rede sein, weil diese unbeliebsame Nutzanwendung doch noch nicht so ins allgemeine Be-

Beispiel 1

wußtsein gedrungen zu sein scheint, wie es zu wünschen wäre. *Die moderne Accidenz*, und insbesondere *die Anwendung der modernen Zierate*, ist es, die ich dabei im Auge habe. Was der gestrenge Bußprediger des Buchgewerbes, Herr Dr. Jessen, in seinem dritten Vortrage Archiv 1899, Heft 4, Seite 152 bei der knapp bemessenen Zeit nur kurz andeuten konnte, das möchte ich etwas näher ausführen und an der Hand praktischer Beispiele beleuchten. »Die neuen Ornamente selbst,«

Nachbildung aus der graphischen Abteilung der Dresdener Kunstausstellung 1899: Mondnacht. Holzschnitt von Walter Conz. Nr. 851 des Katalogs

Nachbildungen aus der graphischen Abteilung der Dresdener Kunstausstellung 1897.
Zwei schablonierte Holzschnitte von Ernst Berger. Nr. 832/33 des Katalogs

so hiess es dort, »sind gewiss sehr gut und brauchbar, die Art, wie sie angewendet werden, ist aber häufig noch falsch. Wir stehen noch zu sehr unter dem Einfluss der früheren Manier, haben noch nicht die neu gelehrten Anregungen richtig verarbeitet.« Das ist leider auch heute noch nur zu wahr, und diejenigen, welche diesen Haupt- und Kardinalfehler begehen, geben täglich den Gegnern der sogenannten »modernen Richtung« neue Waffen in die Hand, während sie vielleicht mit bestem Willen der Sache zu nützen meinen.

Hier aufklärend zu wirken, ist eine wichtige Aufgabe unserer Vereinsschrift, und deshalb mag mir auch das etwas ungewöhnliche Verfahren verziehen sein, dass ich davon ausgehe, »wie's *nicht* gemacht werden soll«.

Ich brauchte nicht lange zu suchen; in meiner Sammlung moderner Druckarbeiten befindet sich eine Mappe mit der Aufschrift: »Missglückte Übergangsprodukte«, und in dieser fand sich reichlicher Stoff vor. Arbeiten der eigenen Officin und Fremdes friedlich bei einander. An einigen dort herausgegriffenen Beispielen wollen wir nun untersuchen, wo die *grundsätzlichen Missverständnisse* denn eigentlich liegen, und um jeden Verdacht der Parteilichkeit auszuschliessen, beginne ich mit einem Erzeugnis des eigenen Hauses.

Eine der wesentlichsten Forderungen gesunden typographischen Stilgefühles ist es bekanntlich, die Seite als ein einheitliches Ganzes aufzufassen und zu dekorieren. Was that nun der Setzer der »freien Richtung«? Wenn er eine schöne grosse Fläche vor sich sah, so war es sein Erstes, sie durch Linien, Kästen, Kreise oder Bänder so lange zu zerschneiden, bis ihm nur noch Teilwerk übrig blieb. Dieses Prinzip springt bei unserem *Beispiel 1* noch deutlich in die Augen, und es ändert nichts daran, dass die einzelnen zur Verwendung gelangten Ornamente an sich einen durchaus stilgerechten, d. h. flächenmässigen Charakter tragen. Im Grunde ist hier eben doch die stilwidrige Vorstellung massgebend, als sei eine Art von Ehrentafel mit zwei Rosetten an einer Wand festgeschraubt, die Tafel selbst ist wiederum zerschnitten, und die langen stilisierten Pflanzenornamente sollen aussehen, als wären sie durchgesteckt, um auf den zwischenliegenden bandartigen Streifen Raum für die Schrift zu gewinnen. Die an und für sich guten Schriften selbst sind nicht einheitlich genug gewählt, und die beigegebene Abbildung ist dem Ganzen nicht organisch eingefügt, sondern willkürlich und sinnlos durch die Umrahmung hindurchgezwängt, so dass sie das Ganze unschön zerreisst.

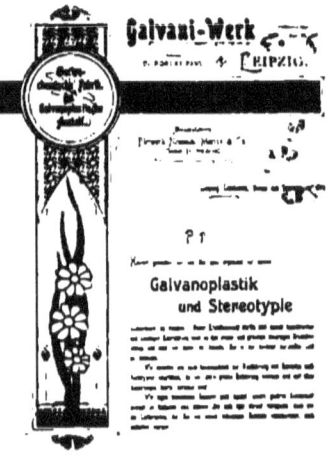

Beispiel 1.

Äusserst lehrreich ist auch *Beispiel 2*, ein aus einer vortrefflichen Druckerei hervorgegangenes Cirkular, welches trotz ausgiebiger Verwendung modernsten Materials ganz im Geiste der jüngst verstorbenen Richtung komponiert ist. Ein senkrechtes und ein wagerechtes Band; wo sie sich schneiden, ein kreisrundes Schild; aus dem senkrechten Bande unten durch Linien ein gotisches Kirchenfenster herausgeschnitten, und in die Öffnung ein kräftiges, modernes Pflanzen-Ornament hineingestellt; eine Kresseranke und ein paar Wasserrosen in Tondruck unter die Schrift gelegt — ich meine, weiter kann die Stilvermengung kaum getrieben werden. Man verstehe mich nicht falsch, als wolle ich die ehrliche Arbeit und das löbliche Streben nach Neuem verkennen oder herabsetzen. Solche Erzeugnisse *mussten* kommen, ehe wir uns zu Reiferem durchzuringen vermochten, und ich führe die Beispiele nur deshalb an, weil es die unabweisbare Pflicht jedes Vorwärtsstrebenden ist, aus Fehlern zu lernen.

Beispiel 3 endlich, ein Festprogramm, ist durch eine mit Sternchen besäete winkelförmige Leiste in zwei Teile geteilt, so dass der eigentliche Text links und oben noch von einem breiten Rande umgeben wird. Das entspricht ganz der alten Arbeitsweise, ebenso wie die mit Schattenstrichen versehenen Buchstaben der Überschriftszeile. Nun aber kommt die Ausschmückung daran, und — Gott sei Dank, man hat ja das Neueste — nun wird das Ganze regellos mit modernen Blumen überstreut. Die Disharmonie, welche dadurch entsteht, ist mannigfacher Art. Erstens passen die verschiedenen modernen Blumen selbst nicht zu einander; die einen haben grossen, die anderen kleinen Massstab; zweitens passen sie nicht zu der Leiste mit den altmodigen Sternchen; drittens sind sie nicht dem Gesamtbilde sinngemäss eingefügt, sondern schweben willkürlich und regellos in der Luft; endlich aber stehen sie in schreiendem Gegensatz zu den tanzenden Pärchen links unten und dem Signet oben, die beide in Holzschnittmanier, also nicht flüchtig, gehalten sind — ganz abgesehen davon, dass die Blumen nun auch noch grösser sind als die Figuren. Also ein ganzes Sündenregister der Stillosigkeit bei dieser einzigen, ganz einfachen Arbeit.

Es ist nicht schwer, aus unseren Beispielen die Lehre zu ziehen. Zweien Herren dienen, thut eben niemals gut, und der Kompromiss, die Halbheit, ist hier wie überall die Wurzel alles Übels. Ein paar stilisierte Blumen thun's freilich nicht, sondern aufs *Ganze* kommt es an, und eine konsequent in allem, sagen wir Renaissance-Material, durchgeführte Arbeit ist wohlgefälliger als ein Produkt, das willenlos zwischen zwei Stilen hin- und herschwankt, das nicht leben und nicht sterben kann. Ich wiederhole es: solche Übergangserzeugnisse waren unvermeidlich, wie bei jedem grossen Umschwung, wir müssen aber über sie hinauskommen, wenn wir aus der neuen Bewegung wirklichen Nutzen ziehen wollen. Mir genügt es für diesmal, auf einige Fehlerquellen hingewiesen zu haben; an *guten* Beispielen aus der Praxis wird es das »Archiv für Buchgewerbe« nicht mangeln lassen.

Der Jungbrunnen, ein Schatzbehalter deutscher Kunst und Dichtung.

Unter diesem Titel erscheint bei *Fischer & Franke in Berlin* eine Serie von künstlerisch ausgestatteten Bändchen, über deren Inhalt und äusseres Gewand ein uns vorliegender Prospekt Aufschluss giebt. Wir entnehmen demselben folgende sehr zeitgemässe Ausführungen:

Wie ein Frühlingswehen geht es durch die deutsche Kunst, zahllose Keime regen sich und warten der Entfaltung, wir gehen wieder einem Höhepunkt entgegen, wie er nur einmal, zur Zeit des grossen Meisters von Nürnberg, deutscher Kunst beschieden war und wieder kaum der deutsche Künstler mit Ulrich von Hutten sagen, »es ist eine Lust zu leben«.

Beispiel 3

Eine trübe Zeit hat die deutsche Kunst und Dichtung hinter sich, aber eine heilsame Zeit, die Zeit des krassesten Realismus, welcher der schönsten Eigenschaft der deutschen Volksseele, ihrer blühenden Phantasie, keinen Raum gönnen wollte. War die deutsche Kunst mit der Zeit in reine Äusserlichkeit verfallen, in ein Spiel mit unwahren Formen und hohlen Theaterpuppen und Theatereffekten, so hat der zum entgegengesetzten Extrem geführte Realismus doch das Gute gehabt, dass er den Künstler wieder sehen lehrte; ihn lehrte, die Menschen beobachten, seine Seele studieren, der Natur ins Auge schauen und ihre Schönheiten auch da zu finden, wo man sie früher nicht suchte. Aus dem Lande der Unwirklichkeit hatte uns der Realismus in seinem Extrem in das der banalsten Alltäglichkeit geführt.

Diese ganze Richtung, der wir freilich auch eine Reihe unschätzbarer Meisterwerke verdanken, war nicht deutsch und nicht deutsche Männer waren es, welche sie in unser Vaterland verpflanzten, niemals hat sie im deutschen Volke tiefe Wurzel geschlagen. Und eben geht ein tiefer Zug der Sehnsucht nach echter deutscher Kunst durch unser Volk und unsere Künstlerschaft; die deutsche Phantasie dürstet nach Befriedigung und alle ihre Kräfte, die lange geschlummert haben, verlangen nach Bethätigung.

Eine in ihrem Wesen zwar ganz verschiedene, in ihren Äusserungen und Wirkungen aber ähnliche Periode, hat Deutschland am Ende des achtzehnten Jahrhunderts durchgemacht. Auch der Klassicismus, der reinste Kultus der schönen Form, das auf die deutsche Volksseele gepfropfte Altertum konnte auf die Dauer im deutschen Volke keinen Bestand haben. Es kam der mächtige Rückschlag in Gestalt der Romantik; zu seinen alten ewigen Schätzen griff das deutsche Volk wieder, zu seinen Märchen und Sagen, seinen Göttern,

Titelblatt eines Prospektes von Fischer & Franke in Berlin. Gezeichnet von G. Barlösius.

Geistern und Helden, seinen Schnurren und Schwänken und vor allem zu seinen Liedern, seinen eigensten Liedern, die, aus der Volksseele herausgesungen, in seinem Munde lebten, und für den, der hören wollte, noch täglich auf Strassen und Gassen, in den Spinnstuben der Dörfer und den Herbergen städtischer Handwerksgilden erklangen. Die deutsche Kunst und der gebildete und nur zu oft verbildete Kulturmensch der grossen Städte suchten in diesem durch flüchtige Männer gehobenen Nibelungenhort ihre Erfrischung für Geist und Gemüt; für Kunst und Leben wurden sie zu einem »Jungbrunnen«.

Dasselbe erleben wir in unseren Tagen. Realismus und Pessimismus haben abgewirtschaftet und unsere Künstler und Dichter gewöhnen sich daran, die Welt wieder mit dem Auge des Volksliedes von ihren schönen Seiten anzuschauen. Märchendramen und Märchenopern erzielen den grössten Erfolg auf unseren deutschen Bühnen, Märchenbilder und Schöpfungen der reinen Phantasie beherrschen wieder fast ausschliesslich unsere deutschen Ausstellungen; und Neuromantik hat man die Zeit genannt, der wir entgegengehen, in der wir uns jetzt eigentlich schon mitten darin befinden. Dem deutschen Sagen- und Märchenschatz und dem deutschen Volksliede haben alle diese Künstler des Wortes und Bildes ihre Stoffe entnommen.

Nun ist die Erinnerung an diese Schätze dem deutschen Volke zwar nie ganz entschwunden. In ebenso zahlreichen als schlechten Ausgaben sind besonders die Märchen überall verbreitet, aber höchstens hielt man sie noch gut genug für Kinder, während der verbildete Kulturmensch sich weit erhaben dünkte über solche naive Kost. Wo diese Ausgaben illustriert waren, zeigten sie meist banale Farbendruckschmierereien, nur geeignet, den Geschmack des Kindes zu verderben.

Vielfach wurde darauf hingewiesen, was das Ausland, und besonders England in der Kunst der Buchillustration leiste, besonders auch wo es sich um Märchenbilder und die Illustrierung einer volkstümlichen Litteratur handelte.

Allen diesen Mahnern entgegnen wir: die deutsche Kunst kann das auch und Besseres. Wenn wir nicht längst in Deutschland ähnliche Werke haben, so war einzig und allein der deutsche Verlagsbuchhandel daran schuld, der es unterliess, der Kunst Aufgaben zu stellen, in denen sie sich würdig bethätigen konnte.

Wir wollen nun mit dem »Jungbrunnen« beweisen, dass die deutsche Kunst unserer Zeit mehr denn jede andere berufen ist, eine Erzieherin des Volkes zu werden, sein ästhetisches Gefühl zu bilden und es zu entwöhnen von der faden Wassersuppe der sogenannten Familienblätter, Prachtwerke und Bilderbücher, auf dass es wieder Geschmack finde an einer kräftigeren und edleren Kost.

Wie seine Märchen, Schwänke und Volkslieder es gewesen sind, an welchen das deutsche Volk sich immer wieder künstlerisch aufgerichtet hat, so soll der Jungbrunnen denn auch ausschliesslich Märchen, Sagen, Schwänke, Volkslieder und solche Kunstdichtungen enthalten, die entweder schon Allgemeingut des deutschen Volkes und damit eigentlich auch Volkslieder geworden sind, oder die durch ihre Volkstümlichkeit geeignet sind, es zu werden. Die Hauptsache aber sollen in diesem Werke die Bilder sein, da die Texte mannigfach sonst verbreitet sind; der Text soll mehr nur die Erläuterung des Bildes sein. Die Bilder sollen räumlich überwiegen, denn die Stoffe sollen nur die Anregung für den Künstler sein, zu schaffen im echten deutschen Sinne, so dass das Werk in der That ein Jungbrunnen werde im zweifachen Sinne des Wortes, denn einmal soll die deutsche Kunst sich durch diese ihr gestellte hohe Aufgabe verjüngen, andererseits soll aber dem deutschen Volke in neuen anregenden Formen geboten werden, was es schon längst kennen sollte, auf dass es für Herz und Gemüt daraus Jugendkraft, Jugendmut und Jugendlust schöpfe und sein ästhetisches Gefühl am Bilde läutere und verfeinere.

Folgende Künstler gehören bereits zu den Mitarbeitern: Hermann Bek-Gran, Leo Prochownik, Fritz Philipp Schmidt, Maximilian Dasio, Fidus, Ottilie Gräfin Kraszewska, Jos. Damberger, Bernhard Wenig, Georg Barlösius, L. V. Cissarz, A. Carben, Georg A. Strödel, Richard Mauff, Albert Männchen, Hans von Volkmann, Th. Bocholl, Franz Hein, Hans Müller-Dachau, Arpad Schmidhammer, Wilhelm Jordan, Franz Stassen.

Das von G. Barlösius gezeichnete wirksame Titelbild des Prospektes geben wir mit freundlicher Genehmigung der Verlagshandlung wieder. Hoffen wir, dass noch recht viele Unternehmungen gleich künstlerischer Tendenz aus dem deutschen Buchhandel hervorgehen und damit auch einer echt deutschen graphischen Kunst Ausdruck gegeben werde. An geschäftlichem Erfolge dürfte es wohl kaum mangeln.

Zur Geschichte der Schriftgiesserei.

eutschlands grösster Buchdrucker des achtzehnten Jahrhunderts, J. G. I. Breitkopf, hatte beabsichtigt, eine Geschichte der Erfindung der Buchdruckerkunst zu schreiben und im Jahre 1779 eine vorläufige Anzeige des Inhaltes dieser Geschichte herausgegeben. In dem dritten Hauptstück des dritten Teiles derselben sollte nun auch »die Schriftgiesserkunst in ihrem Zusammenhange erklärt und die berühmtesten Schriftgiessereien durch Europa hergezählt werden; eine Manufaktur, deren wahrer Wert für ein Land bisher nicht überall genug erkannt und gehörig geschätzt worden ist«. Breitkopf besass für die Abfassung einer solchen Geschichte nicht nur alle dazu erforderlichen Kenntnisse, sondern konnte auch auf die Unterstützung berühmter Zeitgenossen rechnen, auf die Didots in Frankreich, die Enschedes in Holland u. a. Leider war es ihm nicht vergönnt, diese Geschichte zu schreiben und es steht ausser allem Zweifel, dass dadurch eine bedeutende Lücke in der Geschichte der Schriftgiessereitechnik unausgefüllt bleibt. Die Quellen dieser Geschichte lagen damals offener zu Tage, und Fachmänner wie Breitkopf konnten sie leichter finden und wertvolle Schätze für die Nachkommen aus ihnen schöpfen. Nachdem nun aber mehr als ein Jahrhundert darüber hingegangen, sind diese Quellen versiecht oder doch überwuchert und nur noch schwer zu finden.

Hieraus erklärt sich denn auch mancher Irrthum unserer Handbücher, und es ist vielleicht erlaubt, an der Schwelle eines neuen Jahrhunderts zu versuchen, diese Irrtümer beseitigen zu helfen. Gelegentlich einer nun vollendeten technischen Abhandlung lag mir daran, genau festzustellen, wer der Schöpfer des Didot-Systems gewesen ist, und wann es eingeführt worden ist. Für die heutige Praxis ist diese Feststellung ja allerdings belanglos, für die Geschichte der Schriftgiesserei ist sie aber doch von Wert, und zwar besonders, wenn man jedem das Verdienst zukommen lassen will, was ihm gebührt.

Zum Zwecke obiger Feststellung habe ich eine Anzahl deutscher Handbücher um Rat gefragt, über die Zeit der Einführung jedoch gar nichts und über den Schöpfer des Didot-Systems nur Widersprechendes gefunden. Ältere Fachschriftsteller, wie W. Hasper und J. H. Bachmann, bezeichnen Firmin Didot als Schöpfer, neuere, wie Karl Faulmann und Carl B. Lorek, schreiben dagegen François Ambroise Didot diese Schöpfung zu, und noch andere, zu denen auch ich seiner Zeit gehörte, wollten Didot jedes Verdienst absprechen und es nur dem französischen Schriftgiesser Fournier dem Jüngeren, dem Erfinder des Punktsystems, zuerkennen.

Dies ist jedoch, wie mir nachträglich klar geworden, ein Irrtum. Allerdings hat Fournier im Jahre 1737 den typographischen Punkt, die Einheit eines Schriftsystems, geschaffen und die Abstufung der Schriftgrade mittels desselben in seinem 1764 herausgekommenen »Manuel typographique« vorgeschrieben. Worauf es aber vor allem bei der Schöpfung eines Schriftsystems ankommt, die Basierung auf das gültige Landesmass und seine damit verbundene Unveränderlichkeit — diese beiden Vorbedingungen fehlten der Fournierschen Erfindung. Didot verwarf daher die Fournierschen Kegelstärken, machte den sechsten Teil der Linie des Pied de roi zur Systemeinheit, zum typographischen Punkt, und wurde dadurch zweifellos zum Schöpfer des nach ihm benannten Schriftsystems.

Die Frage ist nun aber, welchem Didot verdanken wir diese Schöpfung. François Ambroise Didot, der Vater, wurde 1730 geboren und starb 1804; sein zweiter Sohn, Firmin Didot, kam 1764 zur Welt und starb 1836. Nimmt man an, dass der Sohn bereits mit zwanzig Jahren schöpferisch in dem Geschäfte seines Vaters thätig war, dann ergiebt sich ein Zusammenwirken dieser beiden Didots für einen Zeitraum von zwanzig Jahren, von 1784 bis 1804. Fällt die Schöpfung des Systems in diese Zeitperiode, dann sind entweder beide Didots die Schöpfer oder nur einer von ihnen — welcher, das bedarf erst noch der Feststellung.

Ich habe daher versucht, mit Hilfe französischer Fachgenossen zunächst die Zeit der Schöpfung Etienne zu Paris bezeichnet in einem mir gütigst zur Einsicht überlassenen Briefe ebenfalls F. A. Didot als den Schöpfer und 1775 als das Einführungsjahr. *Deberny & Co.* schreiben in ihrem »Livret Typographique«: »Die Ehre, den typographischen Punkt

Satzproben. Moderne Illustrieren.

genau festzustellen. Da fand ich in dem 1894 herausgekommenen »Vade-Mecum« des Herrn *Jean Dumont*, Direktors der Schriftgiesserei A. & F. Vanderborght in Brüssel, die Angabe, dass Francois Ambroise Didot im Jahre 1755 den Fournierschen Punkt modifiziert und ihn auf die Linie des Pied de roi basiert hat. Prof. *V. Breton* an der Ecole mit den anderen Längenmassen in Einklang gebracht zu haben, gebührt F. A. Didot, welcher um das Jahr 1780 herum dem Punkt den sechsten Teil der Linie des Pied de roi anwies.« *Paul Schmidt*, Verleger der »Chronique de l'Imprimerie«, bezeichnet 1784 als das Einführungsjahr, jedoch Firmin Didot als Schöpfer.

Wie hieraus ersichtlich, sind auch diese Berufsgenossen über die Einführungszeit und den Schöpfer des Didot-Systems verschiedener Meinung. Ich hatte daher diese verschiedenen Meinungen Herrn Paul Schmidt mitgeteilt und ihn um Aufklärung gebeten, veranlasste unter anderem den Schnitt von Schriften für seinen eigenen Bedarf, zu welchem Zwecke er den berühmten Stempelschneider *Walfrad* engagierte. Diesem gab er später seinen zweiten Sohn, Firmin Didot, in die Lehre, welcher bereits

Satzproben. Moderne Bücherzeichen.

wenn solche möglich. Er dürfte dazu am berufensten sein, da er lange Zeit in Didots Druckerei konditionierte. Mit der ihm eigenen Bereitwilligkeit hat er denn auch meiner Bitte in Nachstehendem entsprochen.

»F. A. Didot, ältester Sohn des François Didot, übernahm 1757 die Druckerei seines Vaters und nach wenigen Jahren seinen Meister im Stempelschneiden übertraf. Ich muss hier einschalten, dass Fourniers Manuel typographique 1764 erschien und F. A. Didot um diese Zeit wohl kaum den festen Entschluss gefasst hatte, das System Fourniers so schnell zu beseitigen, besonders, wenn man berücksichtigt, welche lange Zeit damals der Schnitt und der Guss einer neuen Serie Typen erforderte. Ich bin fest überzeugt, dass F. A. Didot noch mit Typen nach dem System Fournier arbeitete und dass er erst viel später mit seinem Sohne Firmin ernstlich überlegte, wie das unbestimmte Fournier-System in ein festes legales Mass genau nach dem Pied de roi umzuarbeiten sei. Diese Umarbeitung war eine Aufgabe für beide Didots, und die ersten Schriften nach ihrem neuen System wurden in den Jahren 1783 bis 1784 in der Didot'schen Druckerei verwendet. Es waren sicherlich zwanzig Jahre zu ihrer Vollendung nötig, und weil Firmin Didot zugleich Stempelschneider und Schriftgiesser war, hat er unbedingt den grössten Anteil an dieser System-Änderung, wenn auch die Druckerei noch seinem Vater gehörte. Berücksichtigt man nun ferner, dass Firmin Didot im ersten Viertel des neunzehnten Jahrhunderts die Druckereien seines Bruders und seines Vetters mit der seinigen vereinigte und der Chef der Familie wurde, dass sein Ruhm mit den Jahren wuchs und andere Giessereien und Buchdruckereien nach und nach sein System adoptierten, so ist es klar, dass das System Didot mit Recht dem Firmin Didot zugeschrieben wurde, der den Buchdrucker, Stempelschneider und Schriftgiesser in sich vereinigte, selbst wenn er nur den Ratschlägen seines Vaters gefolgt wäre.

Diese Mitteilung ist so folgerichtig, dass sie gewiss zur Aufklärung beitragen wird. Damach haben die alten Fachschriftsteller, die Hasper, Buchmann u. a. Recht, welche Firmin Didot als den Schöpfer des Didot-Systems bezeichneten.

Erwähnt zu werden verdient hier gleich noch, dass derselbe Firmin Didot im Jahre 1811 den Auftrag erhielt, das von ihm geschaffene Schriftsystem mit dem inzwischen eingeführten Meter in derselben Weise in Einklang zu bringen, wie er dies mit dem Pied de roi vollbracht hatte, also ein millimetrisches Kegelsystem zu schaffen. Thatsächlich sind auch von Firmin Didot einige Schriftgrade nach dem millimetrischen System geschnitten und zu einem Werke verwendet worden. Im allgemeinen ist jedoch schon damals von einer derartigen Änderung des Schriftsystems definitiv Abstand genommen worden. *Hermann Smalian.*

Ein erfolgreiches Preisausschreiben.

Vor einiger Zeit veranstaltete der Herausgeber der *Schweizer Graphischen Mitteilungen*, Herr *August Müller* in *St. Gallen*, für die Abonnenten seines Blattes ein Preisausschreiben, das in mehrfacher Hinsicht von Interesse ist. Durch freundliches Entgegenkommen sind wir in der Lage, unsern Lesern die drei besten Arbeiten des Ausschreibens vorführen zu können und geben als Erläuterung zu den betreffenden in diesem Hefte enthaltenen Beilagen nachstehend noch einige beschreibende Notizen. Der Zweck des Ausschreibens war die Schaffung eines Buchumschlages in Satzausführung nach einem gegebenen Texte und unter Beobachtung verschiedener Vorschriften. Als Hauptforderung war aufgestellt: Titelanordnung und Gesamtausführung im Sinne der neueren von Dr. Jessen besonders betonten Grundsätze. Hierunter waren zu verstehen: Übersichtliche, geschlossene Satzanordnung, kräftige und deutlich-lesbare Schrift, energische Farbwirkung im Papier und Druck. Als Preisrichter fungierten die Herren Dr. Peter Jessen, Aug. Kirchhoff, der Schriftleiter des „Archiv für Buchgewerbe" und die Schriftleitung der „Schweizer Graphischen Mitteilungen".

Eingegangen waren 50 Entwürfe, unter diesen waren nur 7 vertreten, die wegen falscher Auffassung der gestellten Aufgabe von vornherein für die Beurteilung nicht in Betracht kommen konnten. Davon war ein Entwurf architektonisch angelegt, während die übrigen sechs Einsender lediglich die bekannte centrale Titelanordnung mit verschiedenen Schriftgarnituren gewählt hatten.

Von den 50 Arbeiten waren 20 in Antiqua, 30 in Fraktur resp. Gotisch gesetzt, eine auffallende Erscheinung, die darauf zurückzuführen ist, dass man noch vielfach annimmt, das „Moderne" besser und wirkungsvoller durch die verbreiteten amerikanischen Schriftcharaktere altgotischen Schnittes als durch weit besser wirkende Antiquaschriften darstellen zu können.

10 der eingesandten Arbeiten waren in einer Farbe, 31 in zwei Farben gedruckt. Tonplatten fanden bei 17 Verwendung. Bei 47 Arbeiten wurde schwarze Farbe, teils allein, teils mit Rot angewendet. Als Papier benutzte man fast durchweg farbige, zumeist genusterte Umschlagpapiere.

Abgesehen davon, dass ausser obigen sieben Arbeiten ein weiterer Teil wegen erfolgter Anwendung

Grundzüge
einer Formenlehre
für Buchdrucker

Zehn Vorträge
gehalten in Hörsaale des
Kunstgewerbe-Museums
a. d. im Hefte a. m.
von Friedrich Dr. F. Jessen

Berlin 1908 Verlag von Ernst Wasmuth

Grundzüge einer Formenlehre für Buchdrucker

Zehn Vorträge, gehalten im Hörsaale des Kunstgewerbe-Museums zu Berlin von Direktor Dr. P. Jessen

∞ Berlin 1899 ∞ Verlag von Ernst Schulze ∞

Mit dem II. Preis prämiierter Umschlag aus einem Preisausschreiben der »Schweizer Graphischen Mitteilungen«.
Beilage zum »Archiv für Buchgewerbe«, Heft 10, 1899. — Druck: Breitkopf & Härtel, Leipzig.

GRUNDZÜGE
EINER FORMENLEHRE FÜR BUCHDRUCKER

ZEHN VORTRÄGE
GEHALTEN IM HÖRSAALE DES
KUNSTGEWERBE-MUSEUMS
ZU BERLIN VON DIREKTOR
DR. P. JESSEN

BERLIN 1899
VERLAG VON ERNST SCHULZE

Mit dem III. Preis prämiierter Umschlag aus einem Preisausschreiben der »Schweizer Graphischen Mitteilungen«.

Beilage zum »Archiv für Buchgewerbe«, Heft [illegible], [illegible]. — Druck: Breitkopf & Härtel, Leipzig.

von Ornamenten, Schildern, gemusterten Tonflächen, Unterstreichungen u. s. w. als den Bedingungen nicht entsprechend unser Betracht kam, war zu beobachten, dass Arbeiten ohne jedwedes ornamentale oder sonstige Beiwerk die beste Wirkung ergaben.

Die 50 Entwürfe wurden im Einzelnen genau geprüft und ergaben sich als beste Lösungen die diesem Hefte beigegebenen drei Umschläge, die unstreitig als vorzüglich wirkend bezeichnet werden müssen. Das Urteil der Preisrichter über diese drei Arbeiten lautet wie folgt:

Titel Nr. 47, III. Preis (Herr Otto Schällig, Stuttgart). Eine sehr gute Lösung, die Mediaeval vielleicht mehr Ruhe als Gotisch, passt auch besser zu der Materie; der Einsender betonte, dass die Schrift etwas kräftiger sein könnte, was nur dann notwendig ist, wenn der Text des Buches aus sehr kräftiger Mediaeval gesetzt wird. Der Autorname Dr. Jessen wurde grösser gehalten als bei Titel No. 15 (I. Preis), ist der Titel daher in der Schrift vollkommener, es wurde auch nur eine Farbe und etwas muntfarbiges Papier gewählt, so dass der Arbeit der 3. Preis zuerkannt werden musste.

Titel No. 30, II. Preis (Herr R. Hammer, München). Eine tadellose Lösung mit Schwabacher Schrift. Interessante, lesbare Anordnung, passende Ausschlusszierate, gefällige Hebung durch bescheidenen Rotdruck. Die Arbeit entspricht in ihrer klaren, einfachen Anordnung und sehr guten Schriftenwahl und Gruppierung durchaus dem Geiste des Preisausschreibens. Ist die gewählte spitze Form auch lediglich eine Kopie früherer Titel, so gab doch der wirksame, einheitliche Eindruck der Arbeit Anlass zur Prämiierung.

Titel No. 15, I. Preis (Herr Reinhold Bauer, Düsseldorf). Als Ganzes macht diese Lösung den künstlerisch zweifellos eindruckvollsten Effekt. Die Gruppen kräftig zusammengefasst, in trefflicher Schrift tadellos ausgeglichen; der Anschluss aufs beste gestimmt, schliesst die Räume, ohne sich irgend vorzudrängen; dazu das Rot höchst lustig und anmutig verteilt und die ganze Farbenstimmung den übrigen Lösungen meist erheblich überlegen. Man kann diesem Titel das höchstmögliche Lob zollen: er sieht aus, als sei er nicht aus spröden, vorhandenem Material gesetzt, sondern von Künstlerhand eigens für diesen Zweck gezeichnet. Das einzige Bedenken wäre, dass vielleicht der kleinste Schriftgrad etwas gar zu klein wirkt gegen die grossen Grade der oberen Gruppe. Die Zeile Grundzüge ist vielleicht auch etwas zu gross im Verhältnis zu den beiden anderen Zeilen, aber immerhin macht der Titel in seiner geschlossenen markanten Anlage und sehr guten Farbenwahl den besten Eindruck und wurde dementsprechend mit dem ersten Preis ausgezeichnet.

Unter den mit ehrenden Anerkennungen bedachten Arbeiten befand sich ebenfalls noch eine grosse Zahl gut durchgearbeiteter Titel und manche der Gesamtheit der Einsendungen einen sehr erfreulichen, guten Eindruck.

Durch das Preisausschreiben wurden die Wege für eine neuere Titelbehandlung wesentlich geebnet, und gebührt der Redaktion der »Schweizer Graphischen Mitteilungen« für ihr energisches Miteingreifen in die moderne Kunstbewegung volle Anerkennung.

H. S.

Vergleich der Betriebskosten von Gas- und elektrischen Motoren.

Die praktischen Industriellen der Vereinigten Staaten wenden sich für ihre Betriebe und insbesondere für die kleineren immer mehr der elektrischen Kraft zu. Aus offiziellen statistischen Nachweisen geht hervor, dass die Edison-Companie zu New York im Jahre 1891 elektrische Kraft von 3000 HP. an die Konsumenten lieferte. Schon im Jahre 1895 hatte sich die Abnahme verseinfacht und betrug 12000 HP. Da indes in der bezeichneten Periode die Beleuchtung sich nur verdreifachte, so entfällt ein sehr bedeutender Teil der Steigerung auf den Verbrauch für elektrische Motoren. Hierin liegt ein beherzigenswerter Fingerzeig für kleinere industrielle Betriebe überhaupt. Denn, so sehr auch die genugsam bekannten Nebenvorteile des elektrischen Betriebes, wie: Leichtigkeit der Installation mit geringerem Raumerfordernis, höchst einfache Inganghaltung, geräuschloser Gang, Reinlichkeit und das Entfallen genauer Überwachung den elektrischen Motor empfehlen mögen, so ist doch nicht anzunehmen, dass der sehr genau rechnende amerikanische Fabrikant die Kosten einer neuen Installation aufwenden würde, wenn er nicht im Voraus eines mindestens die Amortisationsquoten sicherstellen pekuniären Gewinnes gewiss wäre.

Indes lagen bis vor kurzem keine vollkommen und genau durchgeführten Berechnungen zum Vergleiche der Betriebskosten eines Gaskraft- und eines elektrischen Motors vor und es verdienen daher die Mitteilungen über die von einem Pariser Hause zu eigener ökonomischer Orientierung genauestens aufgestellten Vergleichsberechnungen, welche die Wochenschrift des Nied.-Österr. Gewerbevereins brachte, das eingehendste Interesse weiter industrieller Kreise.

Die betreffende Firma arbeitete mit einem Gasmotor, System Otto, von 6 HP. Zum Umzuge genötigt und in dem neuen Lokale über einen beschränkteren Raum zur Unterbringung der bewegenden Kraft verfügend, entschloss sich die Firma zur Verwendung elektrischer, von der Pariser Centralanstalt gelieferter Kraft. Glückliche Modifikationen in der Transmissionseinrichtung gestatteten, einen elektrischen Motor von geringerer Kraft als die alte Gasmaschine zu wählen, und so wurde ein Motor, System Rechniewski, von 40 HP, zu 450 Volts und 480 Touren in der Minute zum Preise von 2000 Francs installiert. Der sechspferdige Gasmotor kostete samt Zubehör 1500 Francs gekostet.

Selbstverständlich wurde die frühere Berechnung der Betriebsauslagen bei Berücksichtigung aller Faktoren, dem neuen elektrischen Motor entsprechend, auf 4 HP zurückgeführt. Hiernach stellt sich der Vergleich der Betriebskosten wie folgt pro Stunde:

Gasmotor, leer laufend . . . . Francs 1.037
   do.   bei voller Belastung . . .   »   1.825
Elektrischer Motor, leer laufend . . .   »   0.139
   do.   bei voller Belastung . .   »   2.403

Man ersieht aus diesen Zahlen, dass der Aufwand für den leeren Gang beim Gasmotor 56 Prozent des Ganges bei voller Belastung beträgt, während der erstere Zahl beim elektrischen Motor nur 13 Prozent aufweist. Wenn also die Maschine den ganzen Arbeitstag über mit voller Belastung läuft, so käme der ökonomische Vorteil auf Seite des Gasmotors; hat man sich jedoch durchschnittlich nur einer geringeren Kraft zu bedienen, so dass die volle Belastung nur zeitweilig in Verwendung kommt, so repräsentiert der elektrische Motor gegen die Gaskraftmaschine eine bedeutende Ersparnis.

Nachdem sich nicht nur der Preis für Gas- und elektrische Kraft, sondern auch für Schmiermittel, Bedienung u. s. w. nach örtlichen Verhältnissen richtet, so habe die Aufführung der einzelnen Faktoren, auf denen die vergleichende Berechnung beruht, wenig Wert, weshalb sie füglich weggelassen wurde.   J. B.

Schriftgiesserei-Neuheiten.

Neue Schreibschrift »Phönix« der Rudhard'schen Giesserei in Offenbach a. M. Mit diesem Erzeugnis hat die genannte Firma eine nach jeder

Richtung hin tadellose Schrift geschaffen. Die Verwendbarkeit und Wirkung der verschiedenen Grade veranschaulicht ein gut arrangiertes Probenblatt.

Neue Initialen von Breitkopf & Härtel in Leipzig. Die nebenstehenden Initialen bilden eine schätzenswerte Ergänzung der verschiedenen gotischen Schriftgarnituren, die in letzter Zeit stark in Aufnahme kamen. In Accidenzen sowohl wie

in Verbindung mit kräftigeren Werkschriften werden sich die auch für zweifarbigen Druck geeigneten Buchstaben gut ausnehmen und dem Seitenbild eine vornehme dekorative Wirkung geben, wie das schon aus der nebenstehenden Anwendung zu ersehen ist.

Neuheiten von Wilhelm Woellmer in Berlin. Von den verschiedenen Erzeugnissen, die die neueste Mustermappe enthält, heben wir die aus neueren Anregungen entstandene runde Buchgotisch, von der wir untenstehend eine kleine Probe geben, hervor. Für Werke wird sich diese Schrift besonders gut eignen und Fraktur und Schwabacher oft ersetzen.

An gleicher Stelle zeigen wir die *Magere Altpolitisch von Bauer & Comp. in Stuttgart* und die

ach den grossen politischen und wirtschaftlichen Umwälzungen, welche 1871 ihren Abschluss fanden, war auch für den Deutsche die Kunstpflege zum erhöhten Bedürfnis geworden; und da uns im Laufe der Zeit das Zeug zu selbständiger Kunstübung abhanden gekommen war, so war es ein ebenso dem nationalen Em-

Originalgotisch von Bauer & Comp., Stuttgart.

ätte der Erfinder der Buchdruckerkunst, Johann Gutenberg, auch weiter kein Verdienst, als dass durch sein Werk die Verbreitung der heiligen Schrift in alle Welt ermöglicht und zugleich die Hoffnung gegeben ist, das Wort des Lebens in jede darnach ausgestreckte Menschenhand zu bringen: so gäbe

Werkschrift Germanisch von Julius Klinkhardt, Leipzig.

ährend die Geschichte der Buchdruckerkunst in Frankreich und England mit der Schilderung der typographischen Wirksamkeit der beiden Metropolen Paris und London ziemlich zusammenfiel, lagen die Verhältnisse in Deutschland etwas anders. Zwar besitzt das deutsche bibliopolisch-typographische

Runde Buchgotisch von Wilhelm Woellmer, Berlin.

Schriftgiessereien-Neuheiten. — Aus den graphischen Vereinigungen.

Neue Werkschrift Germanisch von Julius Klinkhardt in Leipzig in Verbindung mit den *Neuen Initialen von Breitkopf & Härtel in Leipzig*. Diese drei neuen Buchschriften sind für die moderne Druckausstattung sehr beachtenswert.

In einem gut ausgestatteten Quartheftchen veröffentlicht die Firma *Heinrich Hoffmeister in Leipzig-Plagwitz* eine grössere Anzahl moderner Vignetten und Zierstücke, die in ihrer Mehrzahl künstlerischen Entwurfes sind und sich infolge ihrer zweckmässigen Zeichnung auch als praktisch bewähren dürften. Die Zierleiste auf Spalte 505/6, sowie die Reklame-Vignette auf Spalte 517 entstammen dem Hefte; einige weitere uns als besonders gefällig erscheinende Stücke werden wir im nächsten Hefte abdrucken.

 ## Aus den graphischen ✱ Vereinigungen. ✱

Altenburg, Ende September. Am vorletzten Vereinsabend der *Graphischen Vereinigung* hielt Herr B. Weber einen Vortrag über das Tonplattenschneiden. Der Vortragende behandelte die verschiedenen Arten des hierzu zu verwendenden Materials: Mäser, Celluloid- und Bleiplatte, machte auf die einzelnen Vorteile dieser oder jener Art aufmerksam, führte die Handhabung des Stichels praktisch vor und gab Aufklärung über die Behandlung der Platten bis zum Druck. Einige Bleischnitte, vom Vortragenden äusserst sauber hergestellt, wurden herumgereicht. Eine rege Debatte folgte diesem Vortrage, welcher leider — infolge Weggang des Herrn Giessermeister Weber — der letzte sollte sein, den er halten konnte. — Eine längere Aussprache machte sich für die am 10. September er. stattgehabte und schön verlaufene Abendunterhaltung notwendig. — Die letzte Sitzung brachte eine Auslage ungarischer, spanischer und türkischer Wandkalender. Die ungarische Druckindustrie ist, wie die ausgestellten Kalender allein schon beweisen, in stetem Aufblühen begriffen, sie zeigen, dass die Adoption der Geschmacksrichtung, die bei uns schon üblich war, in Ungarn sich vollzogen hat, es ist aber auch nicht zu verkennen, dass die ungarischen Buchdrucker sich bemüht haben, einen selbständigen Geschmack geltend zu machen und zu einem nationalen zu gestalten. Man kann mit Recht sagen, dass auch Ungarn in bezug auf graphische Leistungsfähigkeit nicht hinter anderen Ländern zurücksteht. — Die spanischen Kalender zeigen ein dem südlichen Temperament entspringendes lebhaftes Kolorit und wie italienischen Arbeiten sehr komplizierten Satz. — Die türkischen Kalender aus der Hofbuchdruckerei Tewfik Ebuzzia in Konstantinopel zeigen die ältere Geschmacksrichtung, der neueste Kalender aber schon die pflanzlichornamentale Richtung. — Es folgten noch die Vorlesung eines Vortrags des Herrn Dr. Jessen aus dem »Archiv für Buchgewerbe«. — Die Schriftprobe der Firma Benjamin Krebs Nachfolger in Frankfurt a. M. gab Anlass zu einer Kritik der 10 Tafelblätter. Mit der Ausführung der Blätter konnten sich die Anwesenden nicht einverstanden erklären und ihnen keinerlei Geschmack abgewinnen. *-gh-*.

Berlin. Die *Typographische Gesellschaft* wandte sich mit folgendem Rundschreiben an alle graphischen Betriebe: Das zweite Semester der diesjährigen Vereinsthätigkeit begann am 5. September 1900. Mehrere interessante Sitzungen zu Beginn des Jahres brachten ergebnisreiche Diskussionen über verschiedene Gebiete der Graphik; sie liessen erkennen, dass die neuen Wege des Buchdrucks, die verbesserten Betriebsmittel und Arbeitsmethoden, die Fortschritte allenthalben eine Fülle ungelöster Fragen in sich bergen, die zu klärender Besprechung geradezu herausfordern. Der Vorstand hat aus diesem Grunde eine Anzahl Arbeits-Sitzungen vorgesehen, in denen an der Hand einleitender kleinerer Vorträge Erörterungen über uns naheliegende Gegenstände gepflogen werden können, an denen teilzunehmen jedem Mitgliede möglich und jedem Gaste gestattet ist. Nicht allein, dass mit solchen Arbeits-Sitzungen, die sich noch durch Auslagen aus den reichen Sammlungen der Gesellschaft vielseitiger gestalten, viel

Nutzen gestiftet wird — auch ein Hauptvorteil für den Verkehr der Mitglieder untereinander entspringt daraus; diese lernen sich gegenseitig näher kennen, ein innigeres Band umschlingt sie, und ein kräftiger Impuls zur Mitbethätigung wird gegeben sein. Zur Förderung des Wissens sollen neben diesen Arbeits-Sitzungen eine Anzahl thematisch zusammenhängender graphischer Vortrags-Abende stattfinden, für welche namhafte Referenten und Korreferenten gewonnen worden sind. Die Vortragsabende sollen sich zu einer Art Centralversammlungen der graphischen Welt Berlins herausbilden; wir werden nicht versäumen, hierzu die tüchtigsten Fachmänner heranzuziehen und werden zur Erreichung dieser Absicht auf die thatkräftige Unterstützung unserer Mitglieder und der Graphiker überhaupt. Wir glauben, dass diese graphischen Vortragsabende als neuartige Veranstaltungen gerade zu einer Zeit besonders willkommen geheissen werden, die sich rüstet, die Gutenberg-Feier im Jahre 1900 würdig zu begehen. Dem Andenken Gutenbergs gelten auch unsere Arbeitsabende und unsere Vorträge. Indem wir den Fortschritten der Technik, den künstlerischen Wegen des Buchdrucks folgen, feiern wir auf eigene Weise das Andenken unseres Meisters. Was uns aber ferner veranlasst, für diese Zeit mit einem besonderen Programm hervorzutreten, das ist der Umstand, dass die Berliner Typographische Gesellschaft in diesem Semester auf eine zwanzigjährige Thätigkeit zurückblickt, und deshalb um so mehr berechtigt ist, den diesmaligen Stiftungstag zu einem Ehrentag der Gesellschaft zu gestalten, als er zeitlich zusammenfällt mit dem Ende eines Jahrhunderts, von dem man sagen kann, dass in ihm durch die Schnellpresse und Rotationsmaschine, sowie durch die Setzmaschine der Buchdruck technisch gleichsam neu erfunden worden ist. In solchen denkwürdigen Zeiten, an der Schwelle eines neuen Jahrhunderts, darf wohl der Vorstand der Berliner Typographischen Gesellschaft erwarten, dass die von ihm geplanten Abende in jeder Weise die Unterstützung der Mitglieder und der Berliner graphischen Kreise überhaupt finden.

Leipzig. Am 7. Sept. d. J. hielt Herr G. Arnold in der *Typographischen Gesellschaft* einen Vortrag über die Behandlung des orientalischen Satzes. Der Vortragende, praktisch thätig auf diesem Gebiete, gab in seinen Ausführungen mancherlei Hinweise für die Beherrschung dieser eigenartigen Seite des Buchdruckes und führte den zahlreichen Zuhörerkreis in verständlichster Form in den speciellen Satz des Arabischen, Hebräischen und Griechischen ein, nachdem er zuvor die seltener vorkommenden Sprachen wie Sanskrit, Äthiopisch u. s. w. berührt hatte. — Vor einer zahlreichen Versammlung referierte der Vorsitzende der Gesellschaft am 21. Sept. d. J. über die brennende Frage: ›Ist die Reform der typographischen Ausschliessregeln eine Notwendigkeit?‹ Ein interessantes Thema wurde hiermit berührt und nach eingehender Debatte ausgesprochen, dass es wohl heute mehr als nothwendig sei, auch beim Ausschliessen den ›guten Ausfall‹ des Seitenbildes bedacht zu sein, und sei es daher wohl zeitgemäss, dass man auch die nicht ganz einwandfreien bisherigen Ausschliessregeln reformiere. Die Gesellschaft wird sich mit dieser Frage weiter zu beschäftigen haben. — Herr O. Poster sprach am 5. Okt. d. J. über angewandte Papierkunde. Auch dieser Vortrag erweckte seiner ausführlichen Fassung und seines praktischen Inhaltes halber viel Interesse. Es zeigte sich, in wie vieler Hinsicht die Papierkunde zu den Kenntnissen des modernen Buchdruckers gehört und wie nothwendig es ist, dass er sich mit ihr eingehend vertraut macht. — Der vor kurzem angeregten Veranstaltung einer Titel-Konkurrenz wurde beigetreten und damit ein Preisausschreiben verbunden. Der Vorstand wurde mit der Einleitung des Ganzen beauftragt.

Zeitschriften- und Bücherschau.

— *Österreichische Faktoren-Zeitung.* Die österreichische Fachpresse hat sich um das unter vorstehendem Titel erscheinende Organ vermehrt. Der Verein der Wiener Buchdruckerei- und Schriftgiesserei-Faktore hat die Gründung des Blattes beschlossen, in der Überzeugung, damit einem wirklichen Bedürfnisse entgegenzukommen und eine bisher bestehende Lücke in der graphischen Fachliteratur auszufüllen, und in der Voraussetzung, dass ihm die Unterstützung jener, für die dasselbe geschaffen wurde und deren Interessen es hauptsächlich vertreten soll, nicht mangeln werde. Die ›Österreichische Faktoren-Zeitung‹ hat ein weites Feld und ein reiches Programm für ihre publizistische Thätigkeit in Aussicht genommen, sie will aber vornehmlich auf zwei Dinge ihr Hauptaugenmerk richten: auf die Pflege und Buchhaltung und auf die Wahrung und Förderung der speciellen Standes-Interessen. Das Blatt erscheint vorläufig, von Oktober d. J. an, am 1. eines jeden Monats in der Stärke von mindestens 8 Quartalen in moderner und geschmackvoller Ausstattung, und es soll dessen Inhalt im allgemeinen folgende Materien umfassen: Fachliche und fachwissenschaftliche Artikel und Abhandlungen. Besprechung technischer Fortschritte und Neuheiten. Wirtschaftliche und gewerbliche Fragen und Angelegenheiten in ihren Beziehungen und ihrem Einfluss auf die graphische Produktion. Standesfragen der Faktore. Angelegenheiten der Faktorenvereine. Neue Erfindungen und Erscheinungen auf graphischem Gebiete. Kommerzielle und technische Leitung und Kundenverkehr. Mitteilungen und Korrespondenzen des In- und Auslandes. Personalangelegenheiten. — Gesetze, Verordnungen, auf Gewerbe bezügliche — Diverses — Feuilleton.

— *Ratgeber für Anfänger im Photographieren* von *Ludwig David.* Verlag von Wilhelm Knapp in Halle a. S. 1899. Mk. 1,50. Dieses nun in 8. und 9. Auflage vorliegende Werkchen wurde von uns schon früher als praktisches Handbuch, für jeden der sich mit Photographie beschäftigt, bezeichnet und dessen Vorzüge hervorgehoben. Der Umfang der neuen Auflage ist wieder textlich und illustrativ erweitert und somit für den mässigen Preis das Höchstmögliche geboten.

— *Bühne und Welt.* Otto Elsners Verlag, Berlin, Heft 23 und 24 dieser reichillustrierten Zeitschrift liegen vor und bieten wie gewöhnlich einen lesenswerten, interessanten Inhalt.

— *Über Land und Meer.* Deutsche Verlags-Anstalt, Stuttgart. Mit den uns vorliegenden Nummern 25 und 26 schliesst der 11. Jahrgang dieser beliebten Familienzeitschrift. Für den neuen Band ist ein vielseitiger und reichhaltiger Stoff in Aussicht genommen. Die gute Ausstattung und der billige Preis des Blattes empfehlen dasselbe aufs beste.

Autotypie

mit 1 Tonplatte nach einer Photographie von *Alois Beer, Klagenfurt.*

Verschiedene Eingänge.

Festdrucksachen der Graphischen Vereinigung in Altenburg. Bei diesen uns zugegangenen und anlässlich einer Abschiedsfeier für Herrn Giessermeister Weber entstandenen Drucksachen wurden durch Verwendung von Tonplatten effektvolle Wirkungen erzielt und dürften die Drucksachen ihren Zweck vollauf erfüllt haben.

Imitirte Lederpapiere von H. H. Ullstein in Leipzig. In einer aus Lederpapier gefertigten Mappe übersendet die genannte Firma ihren Kunden ein neuartiges Muster ihrer vielgekauften Lederpapiere und zwar zeigt dasselbe aussen in gelblicher und innen in feuerrother Farbe das Muster der Holzmaserung. Ein hübscher Aufdruck lässt die Wirkung dieser Papiersorte erkennen.

Proben von Katalog-Einbänden der Firma Hübel & Denck in Leipzig. In einem bei A. Wohlfeld in Magdeburg sehr gut gedruckten Queroktavhefte giebt diese Anstalt in autotypischer Reproduktion ein Bild von etwa 70 Katalog-Einbänden, die in den letzten Jahren bei ihr hergestellt wurden. Die kleinen Autotypien geben natürlich nur ein gedrängtes Bild der Dekoration, Form- und Schriftanordnung, während die Wirkung der Originale durch das Kolorit eine äusserst lebhafte und geschmackvolle ist. Eine grosse Anzahl der Einbände lernten wir im Original kennen und ersahen hieraus die Leistungsfähigkeit der Firma auf diesem Gebiete. In dem Vorworte des Heftchens lesen wir u. a.: »Der gewaltige Aufschwung, den die deutsche Industrie während der letzten Jahrzehnte zu verzeichnen hat, und das Bestreben jedes Fabrikanten, seine Erzeugnisse jedermann vor Augen zu führen und deren Vorzüge darzulegen, hat zur Folge gehabt, dass man einen höheren Wert als früher auf geschmackvolle und gediegene Ausführung der Musterbücher, Preislisten, Waren-Verzeichnisse u. s. w. legt. Diese neue Richtung, die sich anfangs auf die innere Ausstattung, wie: Druck, Abbildungen und Papier, beschränkte, führte nolgedrungen dazu, dass man auch der äusseren Ausstattung, dem Einbande, eine grössere Beachtung schenkte. Von der Ansicht ausgehend, dass ein geschmackvoller und eigenartiger Einband nicht zum wenigsten dazu beitrage, das Auge des Interessenten zu fesseln und dadurch den vom Fabrikanten beabsichtigten Zweck, d. h. die Aufmerksamkeit auf seine Erzeugnisse zu lenken, zu erfüllen, haben wir diesem Zweige unserer Branche unser ganz besonderes Interesse und die grösste Sorgfalt gewidmet. Die in unserer Branche grösste Technik gestattet nicht nur die Anwendung des sog. Lackfarbendruckes, der sich vor den matten Buch- und Steindruckfarben durch seine Lebhaftigkeit auszeichnet, sondern auch die Verarbeitung von gröber genarbten Leder- und Leinwand-Imitationen. Diese Stoffe haben in letzter Zeit einen hohen Grad der Vollkommenheit erreicht. Sie befriedigen die höchsten Anforderungen in Bezug auf Schönheit und Haltbarkeit und besitzen die wertvolle Eigenschaft, dass sie gegen Feuchtigkeit fast gar nicht empfindlich sind. Hierdurch befinden wir uns in der Lage, Einbände herzustellen, die nicht teurer als die von den Buchbindereien und Lithographie-Anstalten gefertigten einfachen Papierumschläge sind, sie aber an Eleganz und Haltbarkeit bei weitem übertreffen.«

Kalender der Königl. Hofbuchdruckerei Gebrüder Gotthelft in Kassel. Wie alljährlich, so bringt diese Firma auch dies Jahr zwei verschiedene Kalender pro 1900 zur Ausgabe, die sich durch übersichtliche Anordnung und gute Ausstattung auszeichnen. Muster I wird sich besonders als Beilage zu Zeitungen eignen und nach erfolgtem Firmeneindruck ein gutes Reklamemittel sein, was in gleichem Masse von dem Wochen-Abreiss-Kalender für 1900 zu sagen ist.

Von der Maschinenfabrik Johannisberg Klein, Forst & Bohn Nachf. in Geisenheim a. Rh. erhielten wir ein grosses Tableau mit 8 Autotypien. Dasselbe ist auf einer einfachen Schnellpresse No. 8 für Autotypiedruck mit verbesserter und verstärkter Kreisbewegung, Cylinderführung und 4 Auftragwalzen (Satzgrösse 790 : 1200 mm) im Graphischen Institut von Carl Meyer in Leipzig gedruckt. Das Blatt verdient sowohl als Leistung des Druckers wie auch der genannten Maschine als ganz besonders hervorragend bezeichnet zu werden.

Katholischer Volks- und Hauskalender für 1900. Dieser von der Akt.-Ges. »Deutsches Volksblatt« in Stuttgart im 52. Jahrgang herausgegebene Kalender ist eine der bestausgestatteten Erscheinungen dieser Art. Der textliche und illustrative Inhalt ist wie alljährlich ein abwechslungsreicher und wird der Kalender gewiss wieder gute Aufnahme finden.

Die Neue Freie Presse in Wien giebt in No. 12 604 ihren Lesern Kenntnis davon, dass von nun ab ein Teil des Textes auf der Monoline-Setzmaschine hergestellt wird. Der Satz des betreffenden Feuilletons macht einen guten Eindruck, zumal eine grosse, deutliche und gefällige Korpus Frakturtype gewählt wurde. In einem besonderen Artikel beschreibt die genannte Blatt die »Monoline« und bemerkt am Schlusse Folgendes: Die »Monolines« für die »Neue Freie Presse« sind in der Waffenfabrik in Steyr hergestellt und haben durch die meisterhafte Technik ihrer Ausführung und das ausgezeichnete Material den höchsten Grad von Leistungsfähigkeit erhalten. Allerdings erfordert auch die »Monoline« zu ihrer praktischen Brauchbarkeit für den Zeitungsdruck noch manche Ergänzung. So ist z. B. jede solche Maschine nur für eine bestimmte Schriftgattung eingerichtet, kann jedoch durch Auswechseln des Magazins, sowie Gussschlitzes und Messers in wenigen Minuten für eine zweite Schriftgattung hergerichtet werden. Es ist aber in Zeitungssätze oft nötig, Worte oder Sätze aus einer anderen Schrift einzufügen. Zu diesem Zwecke hat die Steyrer Waffenfabrik auf die Anregung des Faktors Herrn Herrmann einen Apparat konstruiert, welcher das rasche Einsetzen von Worten in anderer Schrift in den Schriftsatz der »Monoline« ermöglicht. Die Patente der »Monoline« wurden von dem Generalvertreter Herrn Arthur Marklowsky v. Pernstein angekauft und die Herstellung der Maschinen von der Waffenfabrik in Steyr unter Leitung des Direktors Herrn Schönauer übernommen. Zum Antrieb der »Monoline« genügt trotz ihrer vielfältigen Arbeitskraft und Leistungsfähigkeit ein Achtel einer Pferdekraft, und dabei bewältigt die »Monoline« ihre Aufgaben mit einer spielenden Leichtigkeit und einer trotz der rapiden Schnelligkeit fast geräuschlosen Ruhe.

Die Beilagen zum 10. Heft.

Zu dem in diesem Hefte abschliessenden Artikel »Kunst und Können im Holzschnitt« bringen wir ausser dem auf Spalte 493/94 eingefügten Blättchen von Orlik zwei Beilagen (Nachbildungen aus der graphischen Abteilung der Dresdener Kunstausstellung 1899, auf die an anderer Stelle eingehender hingewiesen wurde.

Auf einem weiteren Blatte finden unsere Leser eine vorzügliche *Duplex-Autotypie*. Die Platten hierzu stellte uns die angesehene Firma C. Angerer & Göschl in Wien in dankenswerter Weise zur Verfügung. Wie wir bereits in Heft 8 ausführten, wird bei diesen Autotypien unter die eigentliche Konturplatte eine zweite autotypische Platte in matter Tonfarbe (im vorliegenden Falle chamois-röthlich) untergedruckt. Die Wirkung wird dadurch erhöht, dass in der Tonplatte die Kraftstellen hervorgehoben, die Lichtstellen abgeschwächt sind.

Die zu dem Artikel: »Ein erfolgreiches Preisausschreiben« gehörigen *drei Seitenbeilagen* illustrieren die betreffenden Ausführungen, sie können aber auch als wertvolle Beiträge für die sich jetzt vollziehende Umwandlung des Titelsatzes bezeichnet werden. Die Blätter entsprechen in Satz, Papier und Farbe fast genau den prämiierten Arbeiten und verdienen als mustergültige Leistungen im Titelsatz erhöhte Beachtung.

Auf Spalte 507—10 bringen wir als neuartige Satzproben einige *Bücherzeichen*, die auch Leserzeichen genannt werden. Eine grössere Zahl deutscher Verlagsbuchhandlungen fügt ihren Verlagswerken diese kleinen Reklameblättchen mit gutem Erfolge bei. Wir sahen solche, zumeist originell gezeichnete oder auch geschmackvoll gesetzte Zeilen von den Firmen Wilh. Grunow, F. V. Koehler, Schuster & Löffler u.v.a. Auch J. G. Scheltér & Giesecke gaben vor kurzem einem Hexaevis die Form eines solchen Zuziehens.

Schliesslich verweisen wir noch auf das beiliegende effektvolle Blatt der Firma Best & Co. in Hamburg, auf dem die schwarze Illustrationsfarbe 1000 zu brillanter Wirkung gebracht ist.

Mannigfaltiges.

Geschäftliches.

— Herr *Wilhelm Böttcher in Leipzig* teilt mit, dass er infolge Ablebens des Besitzers der seit 30 Jahren unter der Firma Alexander Waldow bestehenden Buchdruck-Maschinen- und Utensilienhandlung sowie die damit verbundene Vertretung von F. M. Weilers Liberty-Machine-Works übernommen hat und unter der Firma Wilhelm Böttcher, Fachgeschäft für Buchdruckereibedarf weiterführen wird. Herr Böttcher war während 13 Jahren im Hause Alexander Waldow thätig und seit mehreren Jahren mit der selbständigen Geschäftsführung betraut.

Auszeichnungen.

— Der seit 36 Jahren bei der Firma C. *Heinrich* in Dresden beschäftigte Maschinenmeister *Friedrich Karl Opitz* erhielt das traglaru silberne Ehrenzeichen für Treue in der Arbeit.

— *Doppelte Auszeichnung der Kunstverlags-Firma Philipp & Kramer in Wien*. Erst kürzlich erhielt diese Firma für ihre mit Recht berühmten Wiener Künstler-Postkarten auf der Sportausstellung in München, als einzige Firma dieser Branche, die Grosse goldene Medaille und schon wieder wurde derselben die gleiche Auszeichnung auf den Postkarten-Ausstellungen in Ostende und Venedig zu teil.

Jubiläen.

— Am 1. September feierte Herr Kommerzienrat und Hofbuchdruckereibesitzer *Wilhelm Reichel* in Augsburg sein 25jähriges Jubiläum als Inhaber der Firma *Gebrüder Reichel* daselbst.

— Am 10. September cr. waren es 40 Jahre, dass Herr A. *Schleif*, Theilhaber der L. V. *Enders'schen Kunstanstalt für Buch- und Steindruck Buch & Schleif* in Neutitschein in ununterbrochener Thätigkeit seine Dienste diesem Unternehmen widmet. Vielfache Ehrungen wurden dem Jubilare aus diesem Anlasse zu teil.

— Das 50jährige Berufsjubiläum feierte am 16. Sept. der bei der Firma Görlitzer Nachrichten und Anzeiger, A.-G., in Görlitz beschäftigte Seiner Inseratenmetteur u. *Theyalt*.

— Das 50jährige Bestehen beging am 17. September die Firma *A. J. Wagner* in Höchst a. M.

— Am 24. September feierte die von Herrn Stadtrat *Otto Meissner* in Leipzig begründete und zu grossem Ansehen und weiter Verbreitung gelangte »Drogisten-Zeitung« ihr 25jähriges Bestehen und zu gleicher Zeit waren es 25 Jahre, dass das Blatt in der Buchdruckerei von *Bär & Hermann* ebendort gedruckt wird.

— Am 25. September d. J. feierte Herr *Gottfr. Krug*, Inhaber der Bär'schen Buchdruckerei in Ludwigshafen a. Rh. sein 50jähriges Berufsjubiläum.

— Von *Reclams Universalbibliothek* erschien vor kurzem das 4000. Bändchen, ein Ereignis, zu dem man der Verlagshandlung beglückwünschen kann.

Todesfälle.

— In Leipzig verstarb am 17. September d. J. Herr *Carl Berlon*, Begründer der gleichnamigen Spezial-Farben-Fabrik.

— Unter zahlreicher Beteiligung wurde in Berlin am Sonnabend den am 12. Sept. d. J. nach längerem Leiden verstorbene Hofbuchhändler und Hofbuchdrucker Herr *Wilhelm Möser* zur letzten Ruhe bestattet. Der Bund der Berliner Buchdruckerei-Besitzer, die Korporation der Berliner Buchhändler, der Verein vom Roten Kreuz, die Loge Royal York und andere Vereinigungen, denen der Heimgegangene angehörte, hatten durch zahlreiches Erscheinen und kostbare Blumenspenden ihre Teilnahme bekundet. Wilhelm Möser erhielt seine praktische Ausbildung in der von seinem Vater unter der Firma W. Möser, Buchdruckerei und Verlagsbuchhandlung in Berlin, gegründet und zu einem blühenden Geschäft emporgehobenen Buchdruckerei und Verlagsbuchhandlung in Berlin, ging nach Beendigung der Lehrzeit einige Jahre ins Ausland, arbeitete bei den ersten Firmen in London und Paris und bereiste Amerika, Indien, China und Japan. Nach der Rückkehr trat er in das väterliche Geschäft ein, um dasselbe bald darauf für eigene Rechnung zu übernehmen. Unter seiner Leitung hat das Etablissement nicht nur dem äusseren Umfange nach, sondern auch hinsichtlich seiner Leistungen einen hohen Aufschwung genommen.

Verschiedenes.

— *Künstlerische Einbände*. Einen entscheidenden Schritt zur künstlerischen Ausstattung der Musikalien in modernem Sinne hat die Firma *Breitkopf & Härtel* in Leipzig gethan, deren Mitinhaber Dr. Ludwig Volkmann als Kunsthistoriker den neuzeitlichen Bestrebungen im Buchgewerbe persönlich besonders nahe steht. Ihr reiches Lager gebundener Musikalien eigenen und fremden Verlages nämlich soll mit neuen, höchst eigenartigen Einbanden versehen werden, die an

Material und Ornamentik ganz der modernen Geschmacksrichtung entsprechen, ohne dabei in Auswüchse oder Übertreibungen zu verfallen. An Stelle des bisher allgemein verwendeten, in künstlicher Streifung gepressten Kaliko sind die Einbanddecken mit verschiedenartigem, lebhaft gefärbtem Naturleinen überzogen, das die natürliche Struktur des Stoffes unverfälscht zeigt. Von Künstlerhand gezeichnete Ornamente, meist dem Pflanzenreich entnommen, schmücken die Vorderseite in mehrfarbiger Ausführung; der Schnitt der Bände ist in entsprechenden Farben gehalten. Die Titel sind in kräftigen modernen Schriften gross und deutlich aufgedruckt, so dass sie auf weite Entfernung kenbar bleiben. Bis ins kleinste ist jeder Hand liebevoll und einheitlich durchgeführt; selbst die sogenannten »Kapitalbändchen« am oberen und unteren Rande des Rückens sind in der Farbe zum Ganzen gestimmt, und auch das Vorsetzpapier mit dem Verlagssignet der Firma, dem Bären, ist eigens für die Bände gezeichnet. Die musikalische Litteratur hat bisher ein so konsequentes Vorgehen auf dem Gebiete moderner äusserer Ausstattung noch nicht aufzuweisen, sowiel auch an einzelnen künstlerischen Notentiteln und dergleichen geleistet worden ist. Die neuen Einbände der Firma Breitkopf & Härtel werden gewiss manchen bekehren, der bisher der neuen kunstgewerblichen Richtung ablehnend gegenüberstand, oder aber das äussere Gewand der Musikalien für etwas Nebensächliches hielt.

— Man nimmt das Gute, wo es sich bietet, hat gewiss unser Kollege in Genf, der Herausgeber des französischen Fachblattes »Les Archives de l'imprimerie« gedacht, als er den Umschlag der »Archive für Buchgewerbe« getreu nachbildete und für sein Blatt annahm. Nebenstehend geben wir den betreffenden Umschlag verkleinert wieder. Es ist uns nicht gelungen, im Blatte selbst die sonst üblichen Hinweis auf das Original resp. unseren Umschlag zu finden und müssen wir uns schon mit der Thatsache begnügen, mit unserem Umschlage eine gute Vorlage gegeben zu haben.

— Die zweite Papier- und Schreibwaren-Ausstellung findet in der zweiten Hälfte des Monats November d. J. in Wien in den Sälen der k. k. Gartenbau-Gesellschaft statt. Diese Ausstellung, für welche sich allseits das grösste Interesse kundgiebt, wird sich in zwei getrennte Hauptgruppen gliedern; und zwar in eine Specialausstellung moderner Bureaueinrichtungen, insbesondere Schreibmaschinen und alle Zubehöre, Briefordner, Vervielfältigungsapparate, Kontrollkassen, alle Schreib- und Zeichenmaterialien, letztere mit besonderer Berücksichtigung der neuesten vielgebrauchten technischen Papiere und Utensilien für Liebhaberkünste. Ferner in eine Specialausstellung moderner Buchbinderei- und Buchdruckmaschinen und Utensilien. In letzterer Gruppe sollen ausser den sich immer mehr vervollkommnenden Buchbinderei-, Cartonnagen- und Buchdruckmaschinen und Materialien vornehmlich auch die Setzmaschinen in praktischer Thätigkeit vorgeführt werden. Durch umfassende Reklame und Publizität soll jeder Fachangehörige interessiert werden. Um eine Übersicht über den notwendig werdenden Raum zu erhalten, sind Anmeldungen bezüglich des gewünschten Raumes und Anfragen ehestens an den Ausstellungsleiter, Herrn Ignaz Tenger, Wien III. 3. Heizgasse 2, zu richten, welcher auch alle Auskünfte erteilt.

— Ein Rundschreiben folgenden Inhaltes wurde soeben vom Deutschen Buchgewerbeverein versandt:

Sehr geehrter Herr!

Durch Vereinbarung mit dem „Deutschen Buchdrucker-Verein" ist der Graphische Musteraustausch in unseren Besitz übergegangen und wird von nun ab unter der Bezeichnung

Musteraustausch des Deutschen Buchgewerbevereins
.. Begründet vom Deutschen Buchdrucker-Verein ..

Indem wir dieses zu Ihrer Kenntnis bringen, erlauben wir uns, Sie zur Teilnahme an diesem für das gesamte Buchgewerbe so hochwichtigen Unternehmen höflichst einzuladen mit dem Bemerken, dass wir bestrebt sein werden, den Musteraustausch nicht nur in demselben Geiste wie bisher weiterzuführen, sondern ihn stetig zu erweitern und zu einem erneuten Aufschwung zu bringen.

In erster Linie ist der Musteraustausch berufen, durch seinen Inhalt den weitesten Kreisen des Buchgewerbes zur eigenen Anregung eine Blattsammlung, sowie ein Bild von der Leistungsfähigkeit des gesamten Buchgewerbes zu bieten. Wir gestatten uns daher die Bitte an die Teilnehmer zu richten, nach ihren Kräften dahin zu streben, in ihren Beiträgen nur Mustergültiges zu bieten, damit einesteils dem Zwecke des Unternehmens voll entsprochen werde, anderenteils aber auch die einzelnen Beiträge unter sich in einem gewissen Wertverhältnisse stehen.

Der IX. Jahrgang des Musteraustausches gelangt Anfang 1900 zur Ausgabe und Verteilung, der späteste Zeitpunkt zur Ablieferung der Beiträge ist der 31. Dezember 1899. Nicht ausgeschlossen ist die Möglichkeit, dass der Musteraustausch sowohl im ganzen wie auch in einzelnen Blättern innerhalb der Deutschen Buchgewerbe-Ausstellung in Paris 1900 zur Schau gebracht werden wird, ohne dass den einzelnen Teilnehmers hierdurch besondere Kosten erwachsen.

Die Teilnehmer-Bedingungen werden Interessenten gern übermittelt. Ganz besonders wollen Sie beachten, dass alle Zuschriften und Sendungen an die Geschäftsstelle des Deutschen Buchgewerbevereins in Leipzig, Deutsches Buchgewerbehaus, zu richten sind.

Zum Schlusse erlauben wir uns noch, Sie zu bitten, unser Rundschreiben auch Ihren Angestellten vorlegen zu wollen, da sich gewiss einzelne unter Ihnen bei entsprechendem Entgegenkommen von Ihrer Seite gern an dem Musteraustausch beteiligen werden.

In der Hoffnung, dass Sie unsere dem gesamten Buchgewerbe dienenden Bestrebungen gern fördern werden, sehen wir Ihrer Anmeldung entgegen.

Mit vorzüglicher Hochachtung

Der Vorstand des Deutschen Buchgewerbevereins
Dr. Oskar von Hase,
1. Vorsitzender.

— *Gutenberg-Ausstellung.* In Verbindung mit der im Monat Juni 1900 in Mainz abzuhaltenden 500jährigen Geburtstagsfeier Gutenbergs soll eine Ausstellung stattfinden, deren Dauer etwa auf 2 Monate angenommen ist. Diese Ausstellung soll zur Anschauung bringen: 1. Historische Abteilung: Erzeugnisse der Druckkunst aller Zeiten und Völker, sowie Druckgeräte und Maschinen, aus denen die Entwickelung der Druckkunst von ihren ersten Anfängen ab ersehen werden kann. 2. Graphische Abteilung: Ein möglichst umfassendes Bild der Erzeugnisse der graphischen Künste in ihrer heutigen Vollendung. 3. Maschinen-Abteilung: Die neuesten Maschinen und Geräte zur Herstellung des Druckes, womöglich in Thätigkeit. An diese Ausstellung soll sich die Gründung eines *Gutenberg-Museums* anschliessen, das in seinem Bestand einen Überblick über die Geschichte der Druckkunst gewähren soll. Die Gegenstände der Historischen und der Graphischen Abteilung werden in den Räumen des ehemaligen kurfürstlichen Schlosses Museum Aufstellung finden; hierdurch werden den Ausstellern besondere Kosten erspart. Für die Gegenstände der Maschinen-Abteilung müssen indessen in Verbindung mit dem kurfürstlichen Schloss Ausstellungsräume errichtet und es muss hier eine entsprechende Platzmiete berechnet werden. Diese wird indessen so niedrig wie möglich bemessen werden und die bei anderen Ausstellungen ähnlichen Umfangs üblichen Beträge keinesfalls überschreiten. Genaueres hierüber kann erst festgestellt werden, wenn über den Umfang der Ausstellung Gewissheit vorliegt. Es ergeht zunächst die Aufforderung an die Interessenten, die die Maschinen-Abteilung zu beschicken gedenken, ihre Anmeldungen möglichst bis Ende Oktober d. J. an die Grossherzogliche Bürgermeisterei in Mainz gelangen lassen zu wollen. Der Betrieb der ausgestellten Maschinen erfolgt in einfachster Weise durch Elektromotoren im Anschluss an das städtische Elektrizitätswerk. Es werden den Ausstellern hierfür nur die hieroselbst gültigen Sätze für Elektromotorenmiete und verbrauchten Strom in Anrechnung gebracht.

— *Die Berichterstattung des Figaro über den Dreyfus-Prozess* war von einer Fixigkeit und stellt eine Leistung dar, wie sie noch kaum ein Blatt vollbracht. Alle Nachmittage, drei bis vier Stunden nach dem Schluss der Sitzung in Rennes, brachte das Pariser Blatt in einer grossen Sonderausgabe den vollständigen stenographischen Bericht über die Verhandlungen des Kriegsgerichts, wie es schon im Frühjahr gleiche Berichte über die Sitzungen des Kassationshofes gebracht hatte. Über die Vorkehrungen, die für diese ausserordentliche Leistung des grossen Boulevardblattes nötig waren, macht nach dessen Angaben die *Stolzesche Stenographenzeitung* folgende Mitteilungen, die für uns Fachleute von ganz besonderem Interesse sind. Die Aufnahme der Verhandlungen erfolgte gleichzeitig von den Stenographen des Kriegsministeriums, des Ministeriums des Innern und denen des *Figaro*. Das stenographische Bureau des Blattes bestand aus *elf Mitgliedern*, von denen sich sechs im Sitzungssaale befanden, und zwar zwischen dem Raume für die offiziellen Gerichtspersonen und den Plätzen für Zeugen, Berichterstatter und Publikum, also an günstigster Stelle. Die fünf anderen Stenographen hielten sich in einem Nebenzimmer auf. Wenn die Verhandlungen begannen, fing einer von den sechs anwesenden Stenographen an zu schreiben, nach fünf Minuten wurde er wie üblich von einem der fünf anwesenden Kollegen abgelöst und verliess den Saal, wo sein Platz von einem der fünf Stenographen aus dem Nebenzimmer eingenommen wurde. Der abgelöste Stenograph setzte sich sofort neben einen von den *sechs Maschinenschreibern*, die, fertig zur Arbeit, hinter ihren Schreibmaschinen sassen. Langsam und deutlich diktierte er sein Stenogramm in 20 bis 30 Minuten. Wie er, so machten es alle seine Kollegen, so dass fortwährend fünf bis sechs Maschinenschreiber in Thätigkeit waren. Jedes Blatt, das auf diese Weise abklaviert wurde, ging nun an einen der *vier Korrektoren*. Dieser las es durch, interpunktierte, nahm eine sehr genaue typographische Revision des Textes vor, numerierte es und übergab es einem der *Boys*, der es zum Telegraphenbeamte besorgte. Auch für die Übermittelung der Telegramme vom Haupttelegraphenamt in Paris zur Druckerei des *Figaro* war ein besonderer Dienst geschaffen worden. Gewöhnlich werden die Telegramme an das Blatt durch die Rohrpost übersendet. Während des ganzen Prozesses aber liess es sich seine Drahtberichte durch *zehn Radfahrer* selbst überbringen, die unter der Führung eines Obmannes standen. Dieser hielt sich dauernd im Haupttelegraphenamt auf, nahm jedes für den *Figaro* bestimmte Telegramm gegen Quittung entgegen und übergab es einem der Radfahrer; dieser schwang sich sofort auf seine Maschine und lieferte es nach ungefähr zehn Minuten den *Setzern*, deren Zahl verdoppelt war, da dieser stenographische Prozessbericht in der Sonderausgabe des Blattes im Durchschnitt täglich 30 Spalten seines grossen Formats füllte. Die Leitung des Blattes stellte auf Grund dieser Organisation folgende Rechnung auf: Ungefähr 30 Minuten dauerte die Übertragung des Stenogramms, weniger als eine Stunde die draktliche Übermittelung und weniger als 10 Minuten den Überbringen und den Arbeiten der Setzerei. Demgemäss war jeder Satz, der auf dem Kriegsgericht, 352 Kilometer von Paris entfernt, gesprochen wurde, nicht ganz *anderthalb Stunden später gesetzt und zum Druck vorbereitet*. Man sieht mit Bewunderung vor dieser grossartigen Leistung, die länger als einen Monat hindurch in derselben Weise fortgeführt wurde und in deren Dienst die neuesten technischen Hilfsmittel gestellt waren. B.

— *Die südslavische Akademie der Wissenschaften als Verlagsunternehmer.* Nach Überwindung mancher Fährlichkeiten entstand in Agram im Jahre 1867 das vorgenannte wissenschaftliche Institut als Centralpunkt des geistigen Lebens Kroatiens. Die Akademie umfasst derzeit drei Klassen: die philologisch-historische, die philosophisch-juridische und die mathematisch-naturwissenschaftliche. Die Schaffung einer vierten Klasse, der künstlerischen, ist auf spätere Zeiten verschoben worden. Diese kroatisch-serbische Akademie bestreitet die Mittel zu ihrer Erhaltung vornehmlich aus den Einkünften ihres eigenen, aus öffentlichen Spenden herrührenden Vermögens, das sich im Gründungsjahre auf 30000 Gulden belief, wozu u. a. der bekannte streitbare Bischof von Djakovar, J. G. Strossmayer, 50000 Gulden als Gründungsbeitrag widmete. Heute verfügt die Anstalt trotz mancher Missgriffe über einen Fond im Gesamtwerte von 560000 Gulden, wozu die Immobilien kommen, die auf beiläufig eine halbe Million geschätzt werden. Die Vermögenslage des Instituts könnte nämlich eine bedeutend bessere sein, wenn nicht durch forcierte Ausgabe von wissenschaftlichen und nationalen Schriften eine grosse Summe fast gänzlich verloren wäre. Denn nicht weniger als 70000 unverkaufte Exemplare akademischer Publikationen im Gesamtwerte von 192000 Gulden waren 1898 am Lager. Es ist eben nur zu erklärlich, dass selbst bei der grössten nationalen Begeisterung der Aufnahmefähigkeit der Bevölkerung für derlei Editionen doch nur eine beschränkte sein kann. Denn für Werke über Litteratur, Geschichte, Archäologie, Geographie, Mathematik, die Naturwissenschaften kann man ja nur in den Kreisen der Gebildeten auf Absatz rechnen. In neuester Zeit liefert die Akademie auch folkloristische Forschungen und Darstellungen des Volkslebens. Von ihrem Hauptorgane, dem *Rad* Sammlungen der in den einzelnen Klassen vorgetragenen Arbeiten liegen bereits gegen 140 ansehnliche Bände vor. Ausserdem sind erschienen: Monumenta historico-juridica und Monumenta spectantia historiam Slavorum meridionalium 32 Bände; Altertümer 24, alte Schriftsteller 22, Jahresberichte 17, folkloristische Sammlungen 3 und zahlreiche andere Werke, unter denen das jetzt etwa bis zur Hälfte gediehene »Wörterbuch der kroatischen oder serbischen Sprache« wohl die hervorragendste Stelle einnimmt.

— *Tapeten aus Zink.* In Nordamerika sind schon seit einiger Zeit Zinktapeten statt der papiernen mit dem grössten Erfolge in Verwendung. Die neuartigen Dekorationen werden durch ein besonderes Verfahren hergestellt und repräsentieren auf eine so völlig täuschende Art Marmor verschiedener Farbe, dass man den Irrtum nur dann bemerken kann, wenn man ganz nahe an die mit diesen Tapeten bedeckten Wände herantritt. Die zu diesen Tapeten verwendeten Zinktafeln werden so dünn wie Papier ausgewalzt und mit einem zu diesem Zweck eigens hergestellten Zement an den Wänden befestigt. Um die Tapeten längere Zeit gebrauchen zu können und sie nach Bedarf abwaschbar zu machen, ist die Oberfläche des Zinks emailliert. Man ist natürlich nicht darauf angewiesen, der Tapete das Aussehen des Marmors zu geben, sondern man kann jedes beliebige Muster darauf produzieren, aber man imitiert bis jetzt hauptsächlich Marmor und Steinfliesen damit. In der That kommt nämlich die Dauerhaftigkeit des emaillierten Zinks derjenigen der Fliesen ziemlich gleich, man kann also denselben Zweck mittels der neuen Tapeten erreichen, und dabei sind diese wesentlich billiger. Eine grosse Annehmlichkeit ist auch, dass das Anbringen der geschilderten

Tapeten nicht etwa besondere Vorarbeiten oder längere Zeit erfordert, sondern das Cementieren dieser Wanddekoration geht ebenso schnell und einfach vorwärts wie das Aufkleben gewöhnlicher Papiertapeten, man kann also jede Wand auf diese Weise verkleiden.

Inhalt des 10. Heftes.

Kunst und Können im Holzschnitt. — Zwischen zwei Stilen. — Der Jungbrunnen, ein Schalksbehälter deutscher Kunst und Diebiens. — Zur Geschichte der Schriftgiesserei. — Ein erfolgreiches Preisausschreiben. — Vergleich der Betriebskosten von Gas- und elektrischen Motoren. — Schriftkasten-Neuheiten. — Aus den graphischen Vereinigungen. — Zeitschriften- und Bücherschau. — Verschiedene Eingänge. — Die Beilagen zum 10. Heft. — Mannigfaltiges. — Inserate. Beilagen: 2 Blatt Holzschnitte, 1 Blatt Duplex Autotypie, 3 Notenbeilagen; preisgekrönte Buchtitel, sowie 1 Farbenprobe der Firma Beit & Co. in Hamburg.

Bezugsbedingungen für das Archiv etc.

Erscheint: In 12 Monatsheften. Für komplette Lieferung, insbesondere vollständiger Beilagen, kann nur den vor Erscheinen des 2. Heftes ganzjährig Abonnierenden garantiert werden.

Bezugsquelle: Jede Buchhandlung, auch direkt von der Geschäftsstelle des Deutschen Buchgewerbevereins unter Kreuzband.

Preis: M. 12.—, unter Kreuzband direkt M. 13.20, nach ausserdeutschen Ländern M. 14.40. Einzelnummern M. 1.20.

Anzeigen: Preis der dreigespaltenen Petitzeile oder deren Raum für Mitglieder des Deutschen Buchgewerbevereins 25 Pf., für Nichtmitglieder 35 Pf. Stellengesuche für Mitglieder und Nichtmitglieder 15 Pf. für die dreigespaltene Petitzeile. Beträge vor Abdruck zu zahlen. Als Beleg dienen Ausschnitte; Beleghefte auf Verlangen gegen Vergütung von Portospesen.

Beilagen: Für das einfache Quartblatt M. 80.—, für das doppelte M. 84.— Grössere Beilagen unterliegen besonderer Vereinbarung.

Besprechungen von selbstständigen Schriftgiesserei-Erzeugnissen können im Inhalte oder auf den Beilagen abgedruckt werden. Die Bezugsquellen der Neuheiten werden auf Anfrage durch die Geschäftsstelle des Deutschen Buchgewerbevereins anzeigefrei und bereitwilligst mitgeteilt.

Adresse: Alle den textlichen Teil des »Archiv für Buchgewerbe« betreffenden Briefe und Sendungen sind an die Adresse der Schriftleitung Leipzig-R., Blüthnerstrasse 5 zu richten, den Anzeigenteil betreffende und andere geschäftliche Anfragen u. s. w. dagegen an die Geschäftsstelle des Deutschen Buchgewerbevereins.

Initialen Serie 291—294 (in galvanischem Niederschlag) Geschützt

ÜNCHENER KALENDER
FÜR BUCHLIEBHABER UND ALS VORBILD DEKORATIVER KUNST

ildhauerei und Malerei. Vorzügliches hat die griechische Kunst in der Darstellung des nackten Menschenleibes geleistet; ihre Götter sind ganz unbekleidet oder nur teilweise mit Gewändern umhangen, so dass immer noch der schöne Körper zur vollsten Geltung kommt. Je mehr nun aber seit dem zwölften und dreizehnten Jahrhundert die Kunst der Bildhauerei und der

m ganzen Norden Deutschlands finden wir, auch in solchen Gegenden, wo Gebirge und Felsen fehlen, die Sand- und Erdschichten mit einer ausserordentlichen Menge grosser Felsblöcke und Steine übersäet; die Felsen erreichen dann oft eine Länge von sieben Metern, die Steine werden alljährlich von den Ackern abgesucht, und es erscheinen doch im Frühjahre andere wieder.

J. G. Schelter & Giesecke
• • • Leipzig • • •

Schriftgiesserei Emil Gursch, Berlin S.

Initialen
Serie 47.

No. 945. 3 Cicero.

A S F C M O B Z

No. 946. 4 Cicero.

No. 947. 5 Cicero.

Fette Elzevir.

No. 865. Cicero (corps 12).
Dampfmaschinenbau

No. 866. Mittel (corps 14).
Actiengesellschaft

No. 971. Canon (corps 36).
DIE RIESEN

No. 867. Tertia (corps 16)
Eisenach Universum Hannover

No. 872. Grobe Canon (corps 42).
Marienhain

No. 868. Text (corps 20)
NANSENS Expedition

Original-Erzeugniss

No. 873. Missal (corps 48).
Neuendorf

No. 869. Doppelmittel (corps 28)
LUCHS Mammuth

No. 874. 4½ Cicero (corps 54).
Borussia

No. 870. Kleine Canon (corps 32).
Metz DOM Burg

No. 875. 5 Cicero (corps 60).
Kosmin

Initialen, deren Bild es erfordert, sind ausgeklinkt, und zwar solche auf
3 Cicero für Text-, 4 Cicero für Doppelmittel-, 5 Cicero für Canon-Kegel.

* Maschinenfabrik Johannisberg *

Gegründet 1846

Klein, Forst & Bohn Nachfolger
Geisenheim im Rheingau.

Schnellpressen für Buch-, Stein-, Blech- und Lichtdruck

in bester Konstruktion und Ausführung.

Über 4500 Maschinen geliefert.

Preislisten stehen auf Wunsch gratis zur Verfügung.

C.ANGERER v. GÖSCHL
K. u. K. PHOTO CHEMIGRAPHISCHE HOF KUNSTANSTALT
WIEN XVI.

BUCHDRUCK-KLISCHEES IN AUTOTYPIE, PHOTOTYPIE, CHEMITYPIE UND CHROMOTYPIE.

FABRIKATION VON ZEICHENMATERIALIEN, PATENT KORN- UND SCHABPAPIEREN, KREIDE UND TUSCHE.

PAPIERMUSTER UND PROBEDRUCKE
AUF VERLANGEN GRATIS UND FRANKO.

Wilhelm Woellmer's
Schriftgiesserei und Messinglinienfabrik

Moderne Neuheiten
Selecta, Globus, Roland, Studio-Zierrath, Barock-Ornamente, Silhouette-Bordüren, Vignetten.

Berlin SW.

☞ Wir empfehlen unsere

Kräftige Fraktur!

Eigens für Stereotypendruck von uns geschnittene Brotschrift

Benjamin Krebs Nachfolger
Frankfurt a. M.

Der **Typographische Verlag** von

Alexander Waldow

in Leipzig wurde von Herrn **Julius Mäser** in L.-Reudnitz käuflich erworben. Die Übergabe erfolgte am 1. Oktober 1899.

Russland.

Wohlhabender Deutscher, geb. Kaufmann, vorzüglich Renommées, innig vertraut mit Geschäftsverhältnissen in Russland, verm., mehr als 20jähriger Thätigkeit als selbständiger Leiter eines bedeutenden Industrie- u. Handels-Etablissements in Russland, wünscht Verbindung mit **Prima Fabriken u. Handelshäusern** der **graphischen Branchen** zwecks **Handels** nach **Russland.** Weitverzweigte Verbindungen u. eigene Vertreter in Russland.

Offerten unter T. C. 900 an Haasenstein & Vogler, A.-G., Berlin W. 8.

Schriftgiesserei
Ludwig & Mayer
Frankfurt a. M.

Vertreter:
BERLIN:
Arthur Günther
SW, Gneisenaustr. 12.

LEIPZIG:
Carl Marxhausen
Körnerplatz 2

BREMEN:
F. W. Dahlhaus

KÖLN:
Ernst Bielitz
Klingelpütz 8.

STUTTGART:
Friedr. Automrieth
Augustenstr. 64.

Vereinigte Bautzner Papierfabriken
Bautzen in Sachsen

Halbstoff- und Holzstoff-Fabriken
liefern:

Kupfer-, Bunt-, Karten-, Werk-, Noten-, Umschlag- und Prospekt-Druckpapiere in Bogen u. Rollen;

Brief-, Normal-, Kanzlei-, Konzept- und Kartonpapiere;

Rohpapiere
für Luxus-, Karton-, Chromo-, Kunst- ... druck- und Buntpapier-Fabriken. ...

Tages-Erzeugung
..... 30 000 Kilo ....
7 Papiermaschinen.

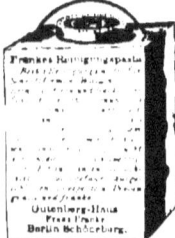

Neuheiten:

Druckplatten mit Schraffuren, Netzen, Punktierungen, Korn u. dergl., für Buch-, Stein- und Kupferdruck, zum Überdruck auf Druckplatten, für Landkarten, Pläne, Untergrund-Platten, Papier-Ausstattungen u.s.w., u.s.w.

Kornraster, in Glas geätzt, für Autotypie und Photolithographie.

Ferner empfiehlt:

Glasraster verschiedener Systeme, sowie alle autotypischen und phototypischen Ausführungen.

Edm. Gaillard, Berlin S.W.

A. HAMM Heidelberg.
Gegründet 1850 in Frankenthal.

Korrespondenz nach Heidelberg richten.

Erstklassiges Fabrikat. **Schnellpressen** aller Art.

Dietz & Listing
Maschinenfabrik
Leipzig-Reudnitz.

Sämtliche Maschinen für Buchbindereien, Buchdruckereien, Luxuspapier- und Cartonnagen-Fabrikation, sowie Steindruck-Pressen und Farbereib-Maschinen.

Illustr. Kataloge gratis und franco.

Modern
originell und künstlerisch können Sie Ihre Drucksachen ausstatten mit unsrem sehr praktischen Alerrai. Die Prachtmappe steht bekannten Druckereien zu Dienst.

Rudhard'sche Giesserei
Offenbach am Main.

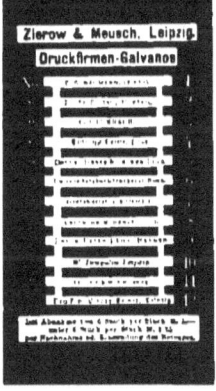

Schliesszeug „Combi"
Bewährtestes aller Systeme
Normalfüsse, 10 cm lang . . M. 2.60
Normalschlüssel mit u. ohne Stift . .
Combi. Lagerlängen
8 bis 60 cm vorrätig

Maschinenfabrik - Kempewerk - Nürnberg.

Inserate.

Beachten Sie die Vorzüge meiner

Antiken Gotisch

Diese deutliche Schrift eignet sich vorzüglich für die moderne Ausstattungsweise und enthält keinerlei verzerrte Buchstabenbilder.

Original-Erzeugnis

Soeben vollendete ich im Schnitt die hier abgedruckte moderne Schrift **Germanisch**. Dieselbe entspricht vollständig den Anforderungen, die man neuerdings an eine Werk- und Accidenzschrift stellt und harmoniert vorzüglich mit nebenstehender Antiken Gotisch.

Schriftgiesserei • Messinglinienfabrik • Julius Klinkhardt, Leipzig.

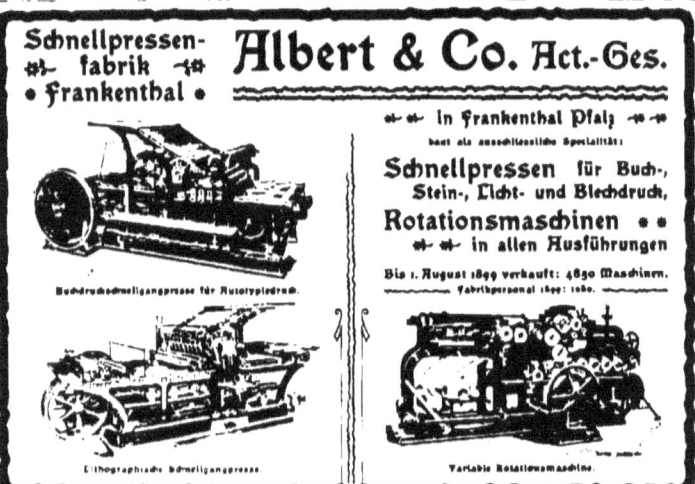

Schnellpressen-fabrik Frankenthal

Albert & Co. Act.-Ges.

in Frankenthal Pfalz

baut als ausschliessliche Spezialität:

Schnellpressen für Buch-, Stein-, Licht- und Blechdruck,
Rotationsmaschinen in allen Ausführungen

Bis 1. August 1899 verkauft: 4850 Maschinen. Fabrikpersonal 1899: 1080.

Gebrüder Brehmer, Leipzig-Plagwitz

Filialen: London E. C., Paris, Wien V.

bauen als Spezialität:

Draht- und Faden-Heftmaschinen | Falzmaschinen für Werk- und Zeitungsdruck in den verschiedensten Ausführungen.

Preislisten, Heftproben, Falzmuster stehen gern zur Verfügung.

Letzte höchste Auszeichnungen: Chicago 1893, Lübeck 1895, Leipzig 1897, München 1898.

Herausgeber: Deutscher Buchgewerbeverein. — Verantwortlicher Schriftleiter: Heinrich Schwarz. — Druck: Breitkopf & Härtel. Sämtlich in Leipzig.

36. Band. 1899. Heft 11/12.

Einladung zur Vorbestellung.

Mit vorliegendem Doppelheft (XI XII) findet der 36. Band des von Alexander Waldow begründeten Archiv für Buchdruckerkunst unter seinem jetzigen Namen

Archiv für Buchgewerbe

seinen Abschluss.

Seit der Übernahme der Zeitschrift hat sich der Deutsche Buchgewerbeverein bemüht, sie immer mehr auszugestalten. Zahlreiche Anerkennungen geben uns den Beweis, dass wir uns mit unseren Bestrebungen auf richtigem Wege befinden und die Schaffung eines unabhängigen Fachblattes, das nicht eigenen Interessen, sondern nur der Hebung des Deutschen Buchgewerbes dient, allseitig mit grösstem Beifalle begrüsst wurde.

Um unserem Ziele, dem Deutschen Buchgewerbe nicht nur ein unabhängiges, sondern auch ein mustergültiges Fachblatt zu schaffen, immer näher zu kommen, wird das Archiv für Buchgewerbe vom Januar 1900 ab vollständig umgestaltet, sowie dessen Inhalt wesentlich erweitert werden. Nicht nur die Buchdruckerkunst, sondern alle Zweige des deutschen Buchgewerbes sollen sorgfältige Berücksichtigung finden. Hervorragende Fachmänner und Kunstgelehrte haben uns für die Zukunft ihre Mitarbeit zugesichert, so dass wir die Hoffnung hegen, unseren Lesern stets gediegene Fachartikel und mustergültige Probeblätter bieten zu können.

Wir bitten daher alle unsere Leser, sowie die Angehörigen und Freunde des Buchgewerbes um baldige Bestellung des neuen Jahrganges, entweder bei der nächsten Buchhandlung oder unmittelbar bei der unterzeichneten Geschäftsstelle.

Leipzig, Deutsches Buchgewerbehaus, im November 1899.

Die Geschäftsstelle des Deutschen Buchgewerbevereins
Arthur Woernlein,
Geschäftsführer.

Die Pflege der Kunst im Buchgewerbe durch die Vereine.

Einige Beobachtungen und Vorschläge
von WILLIBALD FRANKE in Berlin.

Nachdem die graphische Kunst und besonders die Buchkunst bei uns in Deutschland lange das Stiefkind unter den bildenden Künsten gewesen ist, beginnt man, ihr in neuerer Zeit grössere Aufmerksamkeit zu schenken. Man gründet eine Gesellschaft von Bibliophilen, die schon bald nach ihrer Konstituierung mehrere Hundert Mitglieder zählt — ein Beweis, dass es in Deutschland immerhin nicht ganz an Bücherfreunden fehlt, wie man lange behauptet hat — der Deutsche Buchgewerbeverein in Leipzig erweitert seine Ziele und sucht in ganz Deutschland Förderer derselben zu werben. Der erstgenannte Verein vertritt in erster Linie die Interessen der Büchersammler, der zweitgenannte diejenigen der Bücherhersteller; beiden gemeinsam ist aber das Ziel, das Interesse an dem Buch an sich, d. h. an seinem künstlerischen Äusseren, in weitere Kreise zu tragen. Die Gesellschaft der Bibliophilen ist freilich noch zu jung, als dass man von ihrem Wirken in der Öffentlichkeit schon viel hätte spüren können, aber nach ihren Statuten ist kaum zu erwarten, dass sie in dieser Beziehung viel erreichen wird, denn sie verfällt in denselben Fehler, in den z. B. die zahlreichen Vereine für Originalradierung in Deutschland verfallen sind, welche zwar einer Anzahl Maler-Radierern jährlich vorübergehend Beschäftigung geben, aber dadurch, dass sie für einen billigen Jahresbeitrag eine verhältnismässig grosse Anzahl von Originalradierungen ihren Mitgliedern bieten, der Sache mehr schaden als nützen. Ein derartiger Verein, der meist eine grosse Anzahl von Mitgliedern, will sagen festen Abnehmern hat, kann, da er seine Einnahmen ganz seinen Veröffentlichungen widmet und nichts dabei verdienen will, für billiges Geld verhältnismässig viel liefern, der Kunstverleger dagegen, welcher nicht mit diesem festen Abnehmerkreise rechnen kann, wird zunächst kleinere Auflagen drucken, die Plattenkosten werden sich also auf eine geringere Anzahl von Exemplaren verteilen; dann muss er aber auch verdienen; es werden aus diesen Gründen seine Preise für Originalradierungen in keinem Verhältnis stehen zu denen der Vereine für Originalradierung, was zur Folge hat, dass dem Publikum die Verlegerpreise zu hoch erscheinen und dass es sich an den Darbietungen der Vereine genügen lässt; daher trotz oder gerade wegen der vielen Vereine der geringe Verkauf von Originalradierungen im Kunsthandel. Der Verleger, der einmal sich die Finger verbrannt hat, hütet sich, Platten für Mappenblätter zu kaufen (Platten für Dekorationsblätter, die sich nicht an den Kunstsammler wenden, machen eine Ausnahme), und so kommt es, dass die Künstler selbst gute Platten in grosser Menge unverkauft und unverkäuflich im Atelier behalten, dieselben allenfalls in Selbstverlag nehmen und sich bescheiden müssen, wenn hier und da auf einer Ausstellung ein Druck verkauft wird.

Da die Originalradierung ja auch zur Buchkunst im weiteren Sinne gehört, dürfte diese Abschweifung hier nicht unberechtigt sein, in der Hauptsache aber habe ich damit ein Beispiel geben wollen, wohin es führen kann, dass auch die Gesellschaft der Bibliophilen darauf verfallen ist, für verhältnismässig geringe Jahresbeiträge den Mitgliedern kostbar ausgestattete Bücher bieten zu wollen; denn genau so könnte sie beim Publikum die Fiktion hervorrufen, dass unsere gut ausgestatteten deutschen Bücher zu teuer sind. Es sei nur nebenbei bemerkt, dass vielen Mitgliedern mit den Darbietungen des Vereins wahrscheinlich gar nicht gedient sein wird. Der eine sammelt gut ausgestattete moderne Bücher, ein zweiter Holzschnittwerke des 15. und 16. Jahrhunderts, ein dritter Almanachs des 18. Jahrhunderts, ein vierter griechische und römische Schriftsteller in seltenen Ausgaben u. s. w., alle diese Gruppen werden nicht entzückt sein, wenn sie plötzlich ein Anonymenlexikon erhalten, dessen Herausgabe laut Anzeige vom Vereine geplant wird.

Alle Vereine, welche sich die Förderung des Interesses für gute und gut ausgestattete Bücher, und die Verallgemeinerung des Sammeleifers für litterarische und künstlerische Seltenheiten des Büchermarktes zum Ziele setzen, sollten doch vor allen Dingen darauf sehen, dass dem Buchhändler und Antiquar, dem berufensten Helfer auf diesem Gebiete, sein Beruf nicht erschwert und verleidet, sondern erleichtert werde.

Ich halte es daher für falsch, dass die Gesellschaft der Bibliophilen *beabsichtigt*, Auktionen von Büchern und Kupferstichen abzuhalten, wenn auch die Gefahr, dass dem Antiquar wirklich eine Konkurrenz durch die Ausführung dieser Absicht erwachsen werde, nicht eben gross ist, denn man sollte doch bedenken, dass es der Erfahrung fast eines Menschenalters bedarf, um z. B. die Kenntnisse zu sammeln, welche dazu gehören, die Qualitäten der einzelnen Abdrucke einer Kupferstichsammlung richtig zu bestimmen, den Käufer und Verkäufer in dieser Beziehung richtig zu beraten, anonyme Blätter zu bestimmen, kurz, den Katalog einer Kupferstichauktion wissenschaftlich einwandfrei zu verfassen und die Auktion richtig zu leiten, damit der Verkäufer seine Blätter nicht unter dem Werte hergiebt, der Käufer sie nicht über dem Wert bezahlt. Dasselbe, was ich hier als Beispiel ausführlicher von einer Kupferstichauktion gesagt habe, gilt auch von einer Auktion von Inkunabeln und Holzschnittwerken, von einer Auktion wissenschaftlicher Raritäten, von einer Autographenauktion, von einer Auktion litterarischer Seltenheiten u. s. w. Jedes dieser Gebiete erfordert einen ganzen Mann; der Geschäftsführer der Gesellschaft der Bibliophilen soll aber alle diese Kenntnisse und Eigenschaften in sich vereinigen, und dazu noch die Erfahrungen und das Wissen des Verlagsbuchhändlers besitzen.

All das ist nicht in einer Person zu vereinigen. Bis die Gesellschaft aber die Mittel zur Verfügung hat, dass sie für jedes dieser Gebiete eine eigene Kraft anstellen kann, müsste sie sehr, sehr gross werden, jedenfalls grösser, als es in Deutschland möglich scheint.

Nachdem ich nach bemüht habe, zu zeigen, was ich an dem Programm der Gesellschaft aussetze, werde ich weiter unten versuchen darzuthun, wie man das zur Verfügung stehende Geld im Interesse der Sache besser und nutzbringender anlegen könnte.

Über die Ziele des Deutschen Buchgewerbevereins äussert sich § 2 der Satzungen folgendermassen:

§ 2.

Der Zweck des Vereins ist die Förderung des gesamten Buchgewerbes unter Ausschluss aller socialpolitischen Bestrebungen, insbesondere soll ein erhöhter Einfluss der bildenden Künste auf das Buchgewerbe herbeigeführt werden.

Der Verein erstreckt seine Thätigkeit auf das Buchgewerbe des ganzen deutschen Sprachgebietes.

Zur Erreichung dieses Zweckes sollen folgende Mittel dienen:

1. Errichtung und Erhaltung des Deutschen Buchgewerbehauses als Vereinigungsstelle für die einzelnen Zweige des buchgewerblichen Vereinswesens.
2. Pflege des buchgewerblichen Ausstellungswesens durch beständige und zeitweise Ausstellungen im Deutschen Buchgewerbehause, Veranstaltung von Wanderausstellungen und Herbeiführung genossenschaftlicher Beteiligung des deutschen Buchgewerbes an in- und ausländischen Fachausstellungen und Weltausstellungen;
3. Weiterentwickelung und Nutzbarmachung des vom Verein begründeten Deutschen Buchgewerbemuseums, verbunden mit Fachbibliothek, Lesezimmer, Zeichen- und Vortragssälen;
4. Herausgabe einer allen Zweigen des Buchgewerbes dienenden Vereinszeitschrift;
5. Errichtung einer buchgewerblichen Hochschule, womöglich unter Anlehnung an die Königliche Kunstakademie in Leipzig.

Der Zweck des Vereins ist also ein doppelter: einerseits die fachliche Ausbildung der Angehörigen des Buchgewerbes, andererseits die Verallgemeinerung des Interesses an künstlerischen Erzeugnissen des Buchgewerbes. Lediglich dem ersten Zwecke soll die zu errichtende buchgewerbliche Hochschule dienen und auch die Vereinszeitschrift »Archiv für Buchgewerbe« stellt sich vorläufig lediglich in seinen Dienst, was nach meinem Dafürhalten nicht notwendig ist, da jeder Zweig des Buchgewerbes jetzt bereits eine Anzahl guter Fachzeitschriften besitzt, die für die einzelnen Gebiete wegen ihrer Specialisierung mehr bieten können, als ein alle Zweige des Buchgewerbes umfassendes Blatt, das naturgemäss nur bald diesem, bald jenem Zweige gerecht werden kann. Ich bin vielmehr der Meinung, dass man alle rein technischen und praktischen

Artikel, soweit sie z. B. Maschinenwesen und ähnliche Dinge, die lediglich den Angehörigen des betreffenden Zweiges des Buchgewerbes interessieren, den Fachzeitschriften überlassen und dafür das »Archiv« zu einer Revue der graphischen Künste, der Kunst im Buche und derjenigen Zweige des Kunstgewerbes, welche an der Herstellung des Buches sonst noch mitarbeiten, ausgestalten sollte, in welcher auch den Künstlern für Ideen und Entwürfe ein breiter Raum zur Verfügung zu stellen wäre, so dass die Zeitschrift auch den Wert eines Vorbilderschatzes hat und auf diese Weise bei Künstlern und Praktikern fördernd und anregend wirkt. Ich denke dabei besonders an ein Ausschreiben von Konkurrenzen für künstlerische Entwürfe auf den verschiedenen Gebieten des Buchgewerbes, wodurch das Interesse der Künstlerschaft in erhöhtem Masse diesem Zweige des Kunstgewerbes zugewendet und mehr noch als bisher Kräfte ersten Ranges in seinen Dienst gestellt werden konnten.

Einen Teil der Aufgaben, die auf diese Weise der Zeitschrift des Vereins zufallen würden, hat ja schon die Zeitschrift für Bücherfreunde übernommen, da diese aber als ein Unternehmen einer Verlagsbuchhandlung, die selbstverständlich damit Geld verdienen will, darauf hingewiesen ist, für einen möglichst grossen Kreis von Bibliophilen, d. h. nicht nur für diejenigen, die sich für das Buch als Kunstwerk interessieren, sondern auch für diejenigen, welche litterarische Raritäten und Curiosa u. s. w. sammeln, Interessantes zu bringen, so liegt es in der Natur der Sache, dass diese Zeitschrift sehr viele bibliothekswissenschaftliche, kulturgeschichtliche und Arbeiten über litterarische und bildliche Kuriositäten enthalten muss.

Die Zeitschrift des Vereins, welche zunächst solchen geschäftlichen Einflüssen entrückt ist, könnte sich ganz dem Buche als Kunstwerk widmen, zumal ihr unter den Mitgliedern des Vereins ein fester Abonnentenkreis gesichert ist; allerdings müsste man, damit das Unternehmen finanziell fundiert werde und nicht allzugrosse Zuschüsse aus der Vereinskasse sich als notwendig erweisen, das Abonnement auf das »Archiv« für die Mitglieder, soweit sie dem Buchhandel oder Buchgewerbe angehören, obligatorisch machen. Nur durch eine derartige Umgestaltung der Zeitschrift des Vereins könnte sie auch dessen zweitem Ziele, der Verallgemeinerung des Interesses an künstlerisch ausgestalteten Büchern, dienstbar gemacht werden.

Beiden Zielen des Vereins, der fachlichen Ausbildung und der Einwirkung auf das Laienpublikum, soll und kann dienen, das Deutsche Buchgewerbemuseum und die Pflege des Ausstellungswesens, besonders der Wanderausstellungen. Ich sage »sollte und »kann«, denn vor der Hand erfüllt das Buchgewerbemuseum in der Hauptsache noch den ersten Zweck. Da es in der Buchhändlerstadt Leipzig fälschlich vom grossen Publikum als eine lediglich Fachinteressen dienende Anstalt angesehen wird, besteht die Hauptzahl seiner Besucher aus Angehörigen des Buchgewerbes, die es schon vielfach — und das ist sehr erfreulich — als willkommene Vorbildersammlung ansehn.

Ausserhalb Leipzigs ist das Buchgewerbemuseum aber noch verhältnismässig wenig bekannt, und da der Fremdenverkehr, abgesehen von denjenigen, die ihr Geschäft dorthin führt, in Leipzig nicht allzu gross ist, dürfte auch die Hauptzahl der auswärtigen Besucher sich aus Fachgenossen zusammensetzen. Bei dieser Gelegenheit will ich gleich eines Übelstandes erwähnen, an dem die Ostermessausstellungen im Buchgewerbemuseum kranken und der darin besteht, dass bisher wahllos alles ausgestellt wurde*, was die Verleger für diesen Zweck eingeschickt hatten und so kam es denn, dass diese Ostermessausstellungen den Stempel der Langeweile trugen und selbst an den Kantatetagen verhältnismässig recht wenig besucht waren. Durch die *Menge* der Bücher kann man einem *Buchhändler* eben nicht imponieren. Um so erfreulicher ist es, dass unter der neuen Leitung des Museums in dieser Beziehung eine Wendung zum Besseren eintreten soll. Ich verspreche mir hiervon auch einen erzieherischen Einfluss, denn der Zurückgewiesene wird sich bestreben, ein nächstes Mal besser zu machen. Die grösseren Räume des neuen Buchgewerbehauses werden es dann wohl auch ermöglichen, die Ausstellung so zu arrangieren, dass auch eine grosse Anzahl von Besuchern darin bequem zirkulieren kann, während es bei den bisherigen kleinen Kojen bei nur einigermassen starkem Besuch gewiss ein Schieben und Drängen gegeben hätte.

An zweiter Stelle unter den Mitteln, die auf das grosse Publikum zu wirken bestimmt sind, stehen die Wanderausstellungen und überhaupt die

---

* Dem Verfasser dürfte wohl unbekannt sein, dass bezüglich der Ostermessausstellung mit dem Börsenvereine der deutschen Buchhändler, der früher diese Ausstellung durchführte, ein Abkommen besteht, wonach der Deutsche Buchgewerbeverein verpflichtet ist, durch die Ostermessausstellung eine möglichst vollständige Übersicht über alle von Kantate bis Kantate jeden Jahres erschienenen Neuigkeiten des deutschen Buch-, Kunst-, Musikalien- und Landkartenverlages zu geben. Bei einer derartigen Produktionsübersicht ist aber eine Auswahl von Büchern nicht möglich.

Die Schriftleitung.

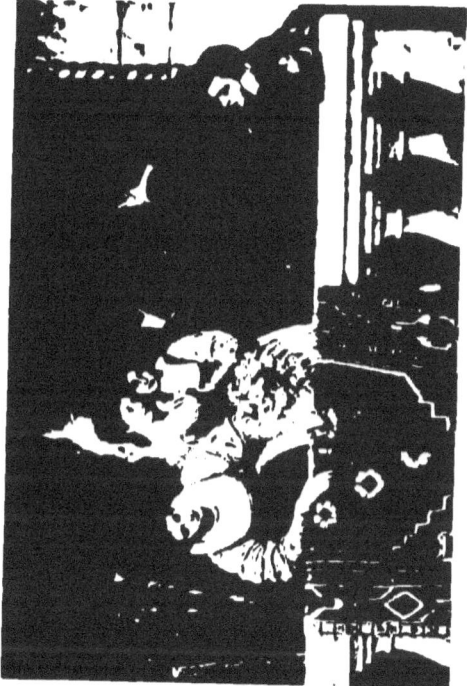

Kupferätzung von F. A. H. Schneider, Leipzig-Reudnitz. Gelesle gerollam ?

Beilage zum „Archiv für Buchgewerbe", Heft 11/12, 1899

Ausstellungen ausserhalb Leipzigs, und hier liegt meiner Ansicht nach mit der Schwerpunkt für die Wirksamkeit des Buchgewerbevereins auf weitere Kreise. Gerade Wanderausstellungen u. dergl. halte ich für das wirksamste Mittel zur Verbreitung buchgewerblichen Interesses, zumal in Mittelstädten, wo nicht, wie in der Grossstadt, jeder Tag andere Sehenswürdigkeiten bringt, und wo daher die Bevölkerung einer derartigen Ausstellung ein viel grösseres Interesse entgegenbringen würde. Es ist daher besonders freudig zu begrüssen, wenn der Buchgewerbeverein diesem Punkte seines Programmes jetzt besondere Aufmerksamkeit schenkt, und die Wirkungen der Ausstellungen noch, wie bereits geschehen, durch Vorträge unterstützt und verstärkt. Wenn ich nun aus dem bisher Gesagten die Summe ziehe, so möchte ich behaupten, dass der Buchgewerbeverein schon gute Erfolge erzielt hat, wo es sich um die künstlerische Ausbildung der Fachgenossen handelt, dass die Erfolge aber noch recht gering sind, soweit es sich darum handelt, das grosse Publikum für das Buch als Kunstwerk zu interessieren. Gerade hierin aber sehe ich mit die wichtigste Aufgabe des Vereins, denn nur wenn ein Interesse für gut ausgestattete Bücher beim Publikum vorhanden ist, d. h. wenn es nicht nur die billigsten Bücher kauft, wird der Verleger auch für die Mühe und die Kosten, die er auf die Ausstattung eines Werkes verwendet hat, durch den Absatz desselben entschädigt werden. Und nur wenn er einen derartigen Erfolg sieht, wird er ermutigt werden, auf dem betretenen Pfade fortzuschreiten und dem Buchgewerbe würdige Aufgaben zu stellen. Aber auch nur dann, wenn der Arbeiter Gelegenheit hat, seine künstlerischen Kenntnisse und Fähigkeiten zu bethätigen und daraus materiellen Nutzen zu ziehen, wird er bestrebt sein, sich solche anzueignen und soweit er sie besitzt, werden sie nicht totes Kapital sein.

Ich komme nun dazu, und das ist die Hauptaufgabe dieser Zeilen, einige Vorschläge zu machen, wie es nach meiner Ansicht zu ermöglichen wäre, dem Buchgewerbeverein auch ausserhalb Leipzigs Mitglieder in Fachkreisen zu werben, die sich bisher leider meist ablehnend verhalten haben, und vor allem wie man vielleicht auch die Nichtfachkreise für die Ziele des Vereins interessieren und zu Mitgliedern gewinnen könnte. Dass der Verein darauf ausgeht, auch in Laienkreisen Mitglieder zu werben, schliesse ich aus dem Wortlaut des § 4 der Satzungen, welcher lautet:

»Mitglied kann jeder Volljährige werden, der verfügungsfähig und im Besitz der bürgerlichen Ehrenrechte ist«,

welcher Paragraph also ausdrücklich davon Abstand nimmt, die Mitgliedschaft auf den Kreis der Fachgenossen zu beschränken.

Um Mitglieder aus allen Kreisen der Bevölkerung für den Verein zu gewinnen, ist es unbedingt notwendig, dass das Prinzip der Ortsgruppen, welches die Satzungen bereits vorsehen, durchgeführt werde. Bisher existieren solche Ortsgruppen noch nicht, da die Zahl der Mitglieder ausserhalb Leipzigs trotz der beträchtlichen Zunahme in neuester Zeit leider immer noch relativ gering ist und man gerade die Berliner Mitglieder noch an den Fingern herzählen kann. Die Organisation solcher Ortsgruppen müssten natürlich die Buchhändler und Buchgewerbetreibenden in die Hand nehmen. Es gilt daher zunächst diese für den Verein zu gewinnen.

Nun könnte man uns vielleicht entgegenhalten, dass der Löwenanteil dessen, was der Verein zu erreichen sucht, der Stadt Leipzig zu Gute komme. Das Buchgewerbemuseum befindet sich daselbst und auch die erstrebte Hochschule für graphische Künste und Gewerbe soll dort ihren Sitz haben. Es muss also, da in unserer materialistischen Zeit niemand viel für rein ideale Zwecke übrig hat, diesen Kreisen ein direkter Vorteil gezeigt werden. Dieser soll darin bestehen, dass das Ausstellungswesen möglichst ausgebaut wird, d. h. jede der zu gründenden Ortsgruppen muss, zumal in der Weihnachtszeit, in der der Deutsche zumeist Bücher und Kunstwerke kauft, ihre Sonderausstellung haben, welche in einem öffentlichen, allgemein zugänglichen Lokal auch jedem Nichtmitgliede ohne Entgelt zugänglich sein müsste. Es giebt viele Leute, die für die Neuerscheinungen der Litteratur und Kunst ein grosses Interesse haben, diese Werke aber in einer Buch- oder Kunsthandlung nicht regelmässig einsehen können und mögen, da sie der Meinung sind, bei einem Gang in ein solches Geschäft auch stets sofort etwas erwerben zu müssen, und auch nicht unnütz die Zeit des Buchhändlers, der ihnen die Werke doch vorlegen müsste, in Anspruch nehmen wollen. Hat dagegen das Publikum Gelegenheit, in derartigen Ausstellungen sich zu unterrichten, so wird mancher dieses oder jenes Werk, von dem er sonst keine Kenntnis erhalten hätte, erwerben, und Sortimenter und Verleger werden auf diese Weise manches Buch mehr verkaufen. Durch grosse Plakate, welche in der Ausstellung angebracht werden müssten, wären die Firmen namhaft zu machen, durch welche die ausgestellten Werke und Kunstblätter zu beziehen sind, und dürften auf diesen Plakaten nur die Firmen derjenigen Buch- und Kunsthändler verzeichnet werden, welche

Mitglieder des Vereins sind. Durch solche Ausstellungen würde also der Sortimenter seinen Umsatz erhöhen und durch die Namhaftmachung der Mitglieder als Bezugsquellen würde es ermöglicht, mit der Zeit alle besseren Firmen am Orte zur Mitgliedschaft zu nötigen.

Aber auch die graphischen Gewerbe würden Vorteil von diesen Ausstellungen haben, denn wenn der Geschmack des Publikums dadurch gehoben wäre, würden die Ansprüche an die künstlerische Ausstattung von Accidenzen, Bucheinbänden u. s. w. wachsen und den buchgewerblichen Firmen, wenn das Publikum sich gewöhnt, nicht mehr in erster Linie auf die Billigkeit zu sehen, einträglichere Aufträge zu teil werden. Dies hätte wiederum seine Rückwirkung auf die Schulung des Personals, denn die Buchgewerbe wären veranlasst, bessere Kräfte in Dienst zu stellen und die Gehilfenschaft infolgedessen nach einer besseren Ausbildung zu streben. Die Verleger würden für solche Ausstellungen gern Exemplare ihrer Verlagsobjekte kommissionsweise zur Verfügung stellen, zumal bei Bilderwerken ein derartiges Exemplar mindestens denselben Erfolg hat, wie ein Recensionsexemplar, indem derartige Werke mehr infolge einer ermöglichten Besichtigung, als auf eine noch so glänzende Recension hin verkauft werden. Ausserdem bleibt das ausgestellte Exemplar Eigentum des Verlegers, während das Recensionsexemplar ihm verloren ist und oft genug noch, wenn es im Handel wieder auftaucht, der übrigen Auflage Konkurrenz macht. Inwiefern solche Ausstellungen für den Verleger noch weiterhin fruchtbringend gestaltet werden könnten, werde ich weiter unten erörtern.

Ich nehme also an, dass es durch diese Aussichten ermöglicht wird, zunächst die Buchhändler und Buchgewerbe für die Idee einer Ortsgruppe des Buchgewerbevereins zu gewinnen. Es bliebe nun übrig, auch die weiteren Kreise des Publikums heranzuziehen. Ginge eine dahin zielende Agitation von den Buchhändlern aus, so würde das Publikum misstrauisch werden und meinen, es handele sich um eine Sache, aus der lediglich der Buchhändler geschäftlichen Vorteil ziehen wolle, und würde schwer dafür zu haben sein. Nun müsste daher zunächst Museums-Vorstände, Bibliotheks-Beamte, Künstler, Akademie-Professoren, kurz diejenigen Kreise zu interessieren suchen, die gleichfalls ein Fachinteresse an der Sache haben. Hat man so einen Grundstock von Mitgliedern gewonnen, so wäre aus diesen ein Komitee zu bilden, an dessen Spitze möglichst ein Museums-Vorstand, Akademiedirektor oder sonst eine Persönlichkeit stehen sollte,

die einen Namen in der Öffentlichkeit hat. Dieses Komitee hätte die weitere Propaganda in die Hand zu nehmen.

Bekanntermassen giebt es, wenn derartige Persönlichkeiten an der Spitze stehen, immer eine ganze Anzahl von Leuten, welche meinen, dass sie einem derartigen, der Kunst dienenden Vereine schon wegen ihrer Stellung im öffentlichen Leben nicht fern bleiben können, selbst wenn ihre Interesse an der Sache kein so grosses ist; die Kunstvereine z. B. beweisen dies. Auch hierbei bedarf es aber, um Mitglieder in grösserer Zahl heranzuziehen, eines Lockmittels, und dieses müsste in der Prämienverlosung vorzüglich ausgestatteter Bücher und Bilderwerke bestehen. Ein klassisches Beispiel haben wir auch hier in dem Kunstverein. Es giebt

COSTUME
UND TRACHTEN

AUS ALLEN ZEITPERIODEN
BIS ENDE XIX. JAHRHUNDERT

HERAUSGEGEBEN UND VERFASST
NACH HISTORISCHEN QUELLEN
VON FRANZ WURMB
BERLIN MDCCCIC.

Satzprobe. Broschuren-Umschlag.

deren in Deutschland, die bis zu zehntausend Mitgliedern und darüber haben, und Tausende von Gemälden und Skulpturen werden jährlich für Verlosungszwecke angekauft, die, wenn diese Vereine nicht existierten, eben unverkauft blieben. Es ist ganz unberechenbar, was für einen direkten und indirekten Vorteil die bildenden Künstler aus diesem Kunstvereinswesen ziehen. Weshalb sollte dergleichen nicht auch für das Buch als Kunstwerk zu erzielen sein? Man müsste, wenn ich annehme, dass der Jahresbeitrag im Durchschnitt 10 M. beträgt, ungefähr 5 M. pro Mitglied für die zu erwerbenden Prämien anlegen. In jedem Jahre müsste die Hälfte der Mitglieder mit einem Gewinn bedacht werden. Es kämen also im Durchschnitt 10 M. auf jeden Gewinn. Nimmt man nun an, dass auch schon zu einem geringeren Preise recht hübsch ausgestattete Werke zu haben sind, so wäre es selbst bei einer nicht allzugrossen Mitgliederzahl schon ermöglicht, einige besonders wertvolle Haupttreffer für die Verlosung zu erwerben. Diejenige Hälfte der Mitglieder, welche im ersten Jahre gewonnen hat, würde an der Verlosung des nächsten Jahres nicht teilnehmen, nur einige Haupttreffer würden unter der Gesamtmitgliederzahl in jedem Jahre zur Verlosung zu gelangen haben. Es hätte jedes Mitglied also in jedem Jahre die *Aussicht* auf einen Haupttreffer und die *Gewissheit*, in jedem zweiten Jahre einen kleineren Gewinn zu machen, der, da die Verleger für Verlosungszwecke, zumal wenn Partien ein und desselben Werkes bezogen würden, gern zu Vorzugspreisen liefern werden, im Werte nicht weit hinter dem gezahlten Mitgliedsbeitrage zurückbleibt.

Der Sortimenter wird nicht behaupten können, dass ihm dadurch eine Konkurrenz erwachse, denn *gerade das* Buch, welches ein Mitglied gewinnt, würde es sich in den meisten Fällen wohl nicht gekauft haben, während es sich andererseits durch den Gewinn nicht wird abhalten lassen, andere Bücher, welche ihm begehrenswert erscheinen, zu erwerben. Das Sortiment könnte aber von der ganzen Einrichtung noch dadurch *Vorteil* ziehen, dass diejenigen Handlungen, welche Mitglieder des Vereins sind, abwechselnd die Lieferungen für die Verlosung erhalten unter angemessener Vergütung für ihre Mühewaltung, welche Vergütung darin bestehen könnte, dass der Sortimenter dem Verein mit 25%, vom Ladenpreis liefert, der Mehrrabatt und die Freiexemplare aber ihm zu gute kommen.

Die Gewinne wären der Jahresausstellung der betreffenden Ortsgruppe zu entnehmen, und zwar müsste der Verleger die Aussicht haben, dass von besonders hervorragenden Werken eine grössere Anzahl für Verlosungszwecke nachgestellt wird. Er würde alsdann nur sein Bestes für die Ausstellung einsenden und dadurch, dass — abgesehen von dem vermehrten Verkauf an das Publikum — auch auf diese Weise seine Bestrebungen zur Her-

Einundfünfzigster
Jahresbericht ں ں

der

Goethe-Gesellschaft

Hauptsitz Weimar

Gedruckt
zur Hundertfünfzigsten Goethefeier
1899

vorbringung künstlerisch ausgestatteter Werke belohnt würden und er einen grösseren materiellen Vorteil davon hätte, würde er ungefeuert werden, auf dem betretenen Wege fortzuschreiten, und auch dem Buchgewerbe würde das Prämienwesen auf diese Weise zum Segen gereichen.

Für eine derartige Prämienverlosung würde nach meiner Ansicht auch die Gesellschaft der Bibliophilen ihre Mittel viel nutzbringender und erfreulicher anlegen, als wenn sie bibliothekswissenschaftliche Werke, Curiosa und Ähnliches drucken lässt, was jeweilig nur für einen kleinen Teil der Mitglieder von Interesse ist.

Ausser diesen Jahresausstellungen müssten die schon jetzt gepflegten Wanderausstellungen energisch weitergeführt werden, und zwar müssten diese im Gegensatz zu den Lokalausstellungen Gegenstände umfassen, welche nicht in erster Linie zum Verkauf bestimmt sind, die vielmehr nur das Kunstinteresse und die Kauflust des Publikums anzuregen hätten. Solche Ausstellungen könnten sowohl aus den Beständen des Buchgewerbemuseums zusammengestellt werden, die damit auch den Vereinsmitgliedern anderer Städte zu gute kommen würden, als auch durch die Gefälligkeit von Verlegern, Kunstanstalten, Druckereien u. dergl. organisiert werden.

Derartige Ausstellungen könnten sein: »Die Entwickelung der Buch-Illustration vom Mittelalter bis zur Gegenwart«, »Der Holzschnitt im 19. Jahrhundert«, »Das erste Säkulum der Lithographie«, »Malerradierungen der Gegenwart«, »Die reproduzierenden *Künste* der Gegenwart: Radierung, Linienstich, Schabkunst, Heliogravüre u. s. w. «, »Die reproduzierenden graphischen *Gewerbe* der Gegenwart (Photographie, Hochätzung, Tiefätzung, Buntdruck u. s. w.)«, »Die Künstlerpostkarte«, »Das moderne Plakat« und viele ähnliche Wanderausstellungen liessen sich unschwer noch anreihen.

Das ist es, was ich im Anschluss an die neuen Satzungen des Vereins für die Organisation der Ortsgruppen und die Ausgestaltung des Deutschen Buchgewerbevereins vorschlagen möchte. Jede Ortsgruppe müsste in sich selbständig sein und hätte für die allgemeinen Ziele des Buchgewerbevereins nur einen Bruchteil ihrer Einnahmen, etwa 2 Mark pro Mitglied, an die Centrale in Leipzig abzuliefern. Dadurch dass eine grosse Zahl von Kräften auf diese Weise zur Mitarbeit herangezogen werden könnte, würde sich der Verein immer noch besser stehen, als wenn laut Statut jetzt zwar der ganze Mitgliedsbeitrag aller Mitglieder den grossen Endzielen direkt zu gute kommt, in der Praxis aber selbst die *Fach-*

kreise ausserhalb Leipzigs dem Vereine grösstenteils fern bleiben.

Ein weiteres, nicht zu unterschätzendes Mittel zur Erreichung der Zwecke des Vereins wäre die möglichst umfassende Ausgestaltung des Vortragswesens, und zwar sollten die Vorträge in den einzelnen Ortsgruppen sowohl retrospektiven Charakters sein, d. h. sich mit der graphischen Kunst der Vergangenheit beschäftigen, als auch in Erläuterung der jeweiligen Ausstellungen die Fortschritte und Ziele der Gegenwart umfassen. Auf diese Weise könnte noch sehr viel zur Hebung des Geschmacks und Kunstsinnes beigetragen werden.

Selbstverständlich erfordert eine Organisation, wie ich sie hier angedeutet habe, eine grosse und planmässige Propaganda, welche nicht nur mit allgemeinen Prospekten arbeiten dürfte, sondern sich brieflich mit den in Betracht kommenden Persönlichkeiten der Haupt- und Mittelstädte Deutschlands in Verbindung zu setzen hätte.

Es sollte mich freuen, wenn diese Anregung auf einen fruchtbaren Boden fiele und alsbald auf dem Plane des »Archivs für Buchgewerbe« eine Aussprache darüber sich entwickelte.

Nachschrift.

Wir gaben dem ausführlichen Artikel des geehrten Herrn Verfassers gerne Raum, zumal in demselben mancherlei Vorschläge enthalten sind, die sich mit den schon länger gefassten Plänen des Deutschen Buchgewerbevereins decken. Der letztere vermag naturgemäss bei den vielen wichtigen Aufgaben, die der Lösung harren, nur schrittweise, aber um so sicherer vorzugehen, wie ja die Arbeit und die Resultate der letzten Zeit auch bereits bewiesen. Was die Vorschläge betrifft des »Archiv für Buchgewerbe« anbelangt, so gestatten wir uns schon hier zu bemerken, dass dessen künftige Aufgabe nicht einzig darin liegen kann, die künstlerische Seite des Buchgewerbes zu behandeln, ebensowenig wie es jetzt seine Aufgabe nur darin sucht, technische Ziele zu verfolgen. Die Tendenz desselben wird fernerhin noch mehr und mehr an den statutarisch festgelegten Zielen des Deutschen Buchgewerbevereins Schritt halten müssen und dies wird dadurch geschehen, dass es die künstlerische und technische Seite – die unseres Erachtens gleichbedeutend sind, denn die eine vermag ohne die andere nichts – des gesamten Buchgewerbes behandelt. Die Ausführungen des Herrn Verfassers dürften im Übrigen zu eingehenderer Beratung auf der nächsten Hauptversammlung des Deutschen Buchgewerbevereins geeignet sein.

Die Schriftleitung.

Arno Röder
Kunst- und Handelsgärtner
🙣🙣 **Stuttgart** 🙢🙢

Stuttgart, Postdatum

p. p.

Hierdurch erlaube ich mir, Sie auf meine allen gestellten Anforderungen entsprechende • •

Kunstgärtnerei

aufmerksam zu machen. Ich empfehle Jhnen eine sehr grosse Auswahl von selbstgezogenen frischen **Blumen, Zier-** und **Zimmerpflanzen** und insbesondere meine stets beifällig aufgenommenen

✳ ✳ **Blumen-Bindereien** ✳ ✳

als: **Bouquets, Sträusse, Kränze, Guirlanden, Füllkörbe** und sonstige **Phantasie-Bindereien.** Ferner übernehme ich die pflanzlichen Dekorationen bei Festlichkeiten jeder Art und die Herstellung und Jnstandhaltung von Gartenanlagen in jedem Landschaftsgenre. • • • • • •
• • Mit der höflichen Bitte, mich bei Bedarf mit Jhren geschätzten Aufträgen zu beehren, verspreche ich deren prompte und gewissenhafte Ausführung bei billigsten Preisen. • • • • • • • •

Hochachtungsvoll

Arno Röder
Kunst- und Handelsgärtner.

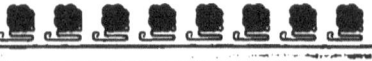

Aus der Selbstbiographie Hofrat Auers.

I.

Zu den bestverleumdeten Männern gehört Hofrat *Alois Auer R. r. Welsbach*, der geniale Direktor der Wiener Hof- und Staatsdruckerei, während dessen 28jähriger Leitung diese Staatsanstalt einen Weltruf erlangte. Die Bureaukraten hassten den selbständigen Mann und liehen daher seinen Feinden willig Gehör. Diese rekrutierten sich aber nicht immer aus der amtlichen Sphäre. Umso eher konnte die egoistische Triebfeder dieser Einbläser ihre Wirkung ausüben und den Sturz des thatkräftigen, verdienstvollen Mannes herbeiführen. Auch von ihm gilt daher in gewissem Sinn das Wort des Dichters: Von der Parteien Gunst und Hass verwirrt, schwankt sein Charakterbild ... Von denjenigen, welchen er Gutes erwiesen, fast vielgeschmäht, wurde er von den Gegnern masslos geschmäht.

Wohl sind im Laufe der dreissig Jahre, seitdem Auer hauptsächlich aus Gram über die erlittenen Kränkungen einen frühzeitigen Tod fand, manche dieser böswilligen Erfindungen in ihr Nichts zerflattert. Eine spukt aber heute noch selbst in hellen Köpfen herum, nämlich diejenige betreffs der exorbitanten Geldausgaben der Staatsdruckerei während dessen Direktionsführung, so dass der Fiskus wiederholt hätte ziemlich schwere Beisteuern leisten müssen. Aber auch diese gegnerische Behauptung ist vollkommen unwahr, wie aus den Bilanzen klar zu ersehen ist, die Auer seiner quasi zur Rechtfertigung verfassten Autobiographie, betitelt: Mein Dienstleben, beigefügt hat. In pflichttreuer Wahrheitsliebe zählt der Verfasser begreiflicherweise auch die Massnahmen auf, durch die er das Staatsinstitut aus dem tiefen Verfalle hob, in den es unter seinem Vorgänger, dem Buchhändler *Josef v. Degen*, geraten war. Und da sich in dem Werkchen ferner die ersten Spuren finden von technischen Fragen, die erst in unseren Tagen zur Lösung gelangten, so wird ein etwas näheres Eingehen darauf allgemeinem Interesse begegnen.

Zu Wels in Oberösterreich als der Sohn eines Hausbesitzers und Traunflössers am 11. Mai 1813 geboren, trat Auer nach sechsjährigem Besuche der sog. Normalschule am 2. Januar 1825 in die kleine Buchdruckerei seiner Vaterstadt als Setzerlehrling ein. Wegen Mangel an Mitteln der Eltern von den Studien ferngehalten, konnte er seinem glühenden Wissensdurste nicht anders Befriedigung verschaffen, als dass er's gleich allen strebsamen Menschen machte: er nahm die Nächte zu Hilfe, um sich vorerst durch das Lesen der deutschen Klassiker die volle Kenntnis der Muttersprache anzueignen. Nach seiner Freisprache als Schriftsetzer begann Auer das Studium fremder Sprachen mit grösstem Eifer, legte dann an der Universität zu Wien aus dem Französischen, Italienischen, Englischen und der Erziehungskunde öffentliche Prüfung ab, und nun mit dem günstigsten Zeugnissen versehen, widmete er sich zuerst vom November 1835 bis Mai 1836 in Wels, hierauf in der Landeshauptstadt Linz als öffentlicher Privatlehrer dem Sprachunterrichte. Das in ihn gesetzte Vertrauen erwarb ihm in kurzer Zeit eine bedeutende Anzahl Schüler und brachte ihm die Ernennung zum gerichtlichen Dolmetsch der französischen und italienischen Sprache bei dem k. k. Stadt- und Landrechte in Linz. Eine weitere Anerkennung ward unserem »linguistischen Typographen« dadurch zu teil, als er im Dezember 1837 provisorisch und dann im September 1838 definitiv zum Professor der italienischen Sprache am dortigen k. k. Lyceum ernannt und ihm zugleich die Lehrkanzel für den gleichen Gegenstand bei den Landständen verliehen wurde.

Über dem neuen Berufe vergass jedoch Auer nicht seine ursprüngliche Bestimmung als Buchdrucker, und bei der verwandten Art dieser beiden Lebensrichtungen hatte er längst schon den Gedanken gefasst, eine neue Grammatik der französischen und italienischen Sprache zu verfassen, worin den einen *typometrisch eingeteilten und berechneten Schriftsatz* auf den gleichlaufenden Kolumnen der beiden Lehrbücher der gleiche Bau dieser Sprachen für das Auge nachgewiesen, zugleich aber auch dort, wo Abweichungen in den Regeln der einen Sprache von der anderen bestehen, mit einem schnellen Überblick anschaulich gemacht werden sollten. Als die beiden Grammatiken — trotz der Überbürdung im Erteilen von Unterricht — in kurzer Zeit Erscheinen waren, erregten sie sowohl durch die Neuheit ihres Systems als auch durch den autodidaktischen Verfasser die Aufmerksamkeit hervorragender Männer. Ein Teil des Erfolges mag nach Lage der Verhältnisse allerdings durch die Annahme der Dedikation seitens des damaligen Haus-, Hof- und Staatsministers *Fürsten Metternich* und des damaligen Staats- und Konferenzministers *Grafen Kolowrat* erzielt worden sein. Augenscheinlich bildete dieser Umstand den äussern Anlass, dass Kaiser Ferdinand dem Verfasser das »allerhöchste« Wohlgefallen« darüber bekanntgeben liess.

Befriedigt durch diese Erfolge auf sprachlichem Gebiete, verlor Auer in Fortsetzung des Sprachunterrichtes seine grösseren graphischen Pläne nicht aus den Augen. Frölich war es in Ansehung der damaligen Verhältnisse ohne Zweifel zu ideal gedacht, wenn in ihm der Gedanke reifte, die *Errichtung eines grossen polygraphischen Staatsinstitutes als Haupt-Verlagsstätte Deutschlands* in Vorschlag zu bringen, um durch die von diesem ausgehenden Aufträge den zu jener Zeit niederen Stand der Graphik Österreichs zu heben. Zu diesem Behufe unternahm Auer 1839 auf seine eigenen heitsgetreu betonen musste, so zeigt es doch von seinem gerechten Sinn, dass er die jahrelangen Bemühungen des Erfinders eingehend schilderte, infolgedessen der Kaiser diesem 6000 fl. Konv.-Münze bewilligte.

Im Jahre 1840, als die Hof- und Staatsdruckerei beinahe ihrer vollkommenen Zersetzung und Auflösung entgegenging, war die Direktorstelle erledigt. Zufolge kaiserlicher Entschliessung vom 24. Januar 1841 wurde Auer *zum Direktor dieser Staatsanstalt* ernannt. Damit war der richtige Mann auf den richtigen Posten gestellt.

In seiner neuen Amtssphäre hatte aber Auers Fenereifer, nach Kräften Gutes und Nützliches zu

Satzprobe. Adresskarte.

Kosten eine grosse, damals noch sehr kostspielige Reise nach Deutschland, Frankreich und England, wo er die hervorragendsten Druckereien, Kunstanstalten, Bibliotheken, Kunstsammlungen u. s. w. besuchte, ihre Einrichtungen studierte und sich ihre Leistungen und Schätze prüfend und vergleichend einprägte.

Die erste und unmittelbare Folge dieses nach der Rückkehr ausgearbeiteten und an die beiden Centralstellen, an deren Spitze die vorgenannten Würdenträger standen, überreichten Projektes war, dass Auer im Auftrage des Grafen Kolowrat nach Pressburg gesandt wurde, um daselbst die von dem ungarischen Künstler *Peter v. Kliegl* erfundene *Setz- und Sortier-Maschine* zu prüfen. Wenn er nun auch in seinem darüber erstatteten Berichte die Mängel dieser Setz- und Ablege-Maschine wahr- schaffen, gleich im Anfange mit tausend Schwierigkeiten und Vorurteilen zu kämpfen. Er liess sich nicht verblüffen und begann mit ungebeugtem Mute die grossen Reformen des seiner Leitung anvertrauten Staatsinstituts. Seine erste Sorge war die Wiedergewinnung der abgefallenen k. k. Behörden, was ihm naturgemäss Feinde machte, dann die Vermehrung der Pressen, Maschinen und technischen Mittel, Anstellung tüchtiger Arbeitskräfte und allmähliche Herbeiführung von artistischen Leistungen, wie sie einer solchen Staatsanstalt würdig sein sollten. Die sich bald darauf verbreitende Anerkennung der gediegenen Druckleistungen seitens der Auftraggeber war der erste Lohn für die Reformbestrebungen, während die Bureaukraten der vorgesetzten Hofkammer noch immer die stärksten Zweifel in den Erfolg der ungewöhnlichen Neuerungen setzten.

So verflossen die ersten Jahre der Direktionsführung Auers in unermüdlicher Anstrengung, die Einrichtung des Instituts neu zu gestalten und zu regeln, die technischen Mittel zu verbessern, die Leistungsfähigkeit zu erhöhen, die Ausstattung der von den Ministerien und Behörden bestellten Druckarbeiten zu verbessern, die ganze Aufgabe der Staatsdruckerei zu veredeln, um für die Graphik Österreichs die notwendigen Fortschritte anzubahnen und in der Anstalt jenen Aufschwung selbst vorzubereiten, der in einigen Jahren auch wirklich eintrat.

Der Umfang der Anstalt gewann hierbei bald an Ausdehnung. Noch vor Ablauf des Jahres 1843 wurde die bis dahin abgesondert bestandene k. k. Lottoamts-Druckerei, die k. k. Hofkammer-Lithographie und das k. k. Papierdepot für die Staatsdruckerei und die Behörden, sowie der durch vier Jahre abgetrennt gewesene Ärarial-Drucksorten-Verschleiss wieder mit der Staatsdruckerei vereinigt.

Eine der bedeutendsten Reformen der ersteren Zeit unter Auers Leitung war der möglichst rasche, im Hause selbst vollzogene Umguss der sämtlichen Vorräte reduzierter Lettern in schöne neue Schrift nach dem typometrischen System, wodurch dasselbe mit Beachtung der thunlichsten Sparsamkeit in der Staatsdruckerei allgemein eingeführt wurde. Mittels dieses Systems, welches inzwischen nach dem Pariser Muster vollkommen ausgebildet worden war, konnte nunmehr an den Schnitt und Guss orientalischer Schriften gedacht werden. Diesen Gedanken hatte Auer schon auf seiner grossen Reise festgehalten und hierfür eine Menge wertvoller Materialien gesammelt, die er nachher der Staatsdruckerei ohne jede Entschädigung zur Verfügung stellte, indem er bereits damals den Entschluss gefasst hatte, ein grosses typographisch-linguistisches Werk als Fortführung des *Mithridates* von Chr. *Adelung*, durch Zusammenstellung des »Vater-Unser« von allen Völkern der Erde und mit den Originaltypen der Alphabete aller Länder und Zeiten erscheinen zu lassen. Bevor jedoch diese Vornahme verwirklicht werden konnte, gab der unermüdliche Mann, dem die möglichst rasche Hebung des Rufes der ihm anvertrauten Anstalt am Herzen lag, seine grosse Vater-Unser-Sammlung in 608 Sprachen und

Satzprobe.   Eintrittskarte.

Mundarten unter dem Titel *Sprachenhalle* einstweilen in Antiquaschrift heraus.

Als endlich mit Genehmigung der vorgesetzten Hofstelle und unter Zuziehung tüchtiger Kräfte, namentlich des Orientalisten *Albrecht v. Krafft*, mit der Herstellung der türkischen und arabischen Neschi-) Typen begonnen werden konnte und sich dann der bekannte Orientalist *Freiherr v. Hammer-Purgstall* über deren Ausführung mit uneingeschränkter Anerkennung äusserte, erteilte der Hofkammer-Präsident *Freiherr v. Kübeck* die weitere Ermächtigung, die wichtigsten Alphabete einheimischer und fremder Typen schneiden zu lassen, um bei der damals geplanten Gewerbeausstellung in Wien würdig auftreten zu können. Hierdurch eröffnete sich ein weiter Wirkungskreis; denn nun wurde in dem Schnitte einer langen Reihe anderer orientalischer und fremdsprachlicher Alphabete aller und neuer Zeit mit dem Aufgebote des höchsten Fleisses fortgefahren, ohne dem Ärar irgendwie erhebliche Kosten zu verursachen, da diese Schriftstempel von sehr mässig bezahlten Kräften und Zöglingen der Staatsanstalt hergestellt wurden. In verhältnismässig kurzer Zeit war also diese Sammlung von vielen Tausenden der seltensten und gelungensten Stahlstempeln fast aller Alphabete des Erdkreises — ein Unikum seiner Art — durch den eigenen Fleiss des Hauses erworben, und zwar in einer Vollständigkeit, die den Typenreichtum aller Druckereien und öffentlichen Institute anderer Länder überbot. Der Erfolg zeigte sich schon bei der 1845 abgehaltenen Industrie-Ausstellung, in der die Staatsdruckerei auf sieben grossen Tafeln den Abdruck sämtlicher Sprachen-Alphabete zur Schau stellte, die allgemeines Aufsehen erregten.

Hierfür und nachdem bereits früher einige orientalische Werke in gediegener Ausstattung aus der Staatsanstalt hervorgegangen waren, erhielt Auer von seinem Chef, dem vorerwähnten Hofkammer-Präsidenten, quasi als Anerkennung die Erlaubnis, auf eigene Kosten der *Versammlung deutscher Orientalisten*, die im Oktober 1845 in Darmstadt stattfand, beizuwohnen. Die bei Brockhaus erschienenen Verhandlungen dieses geachteten wissenschaftlichen Vereins enthalten den dort von Auer über dieses Thema gehaltenen Vortrag, der von der Versammlung mit Beifall aufgenommen wurde. Nach seiner Rückkehr erhielt unser Direktor von seinem zu »erleuchteten« Vorgesetzten Belobigungen. Die weitere Folge dieser Reise war aber die denkwürdige Thatsache, dass infolge des von Auer erstatteten Berichtes *Metternich* den Gedanken fasste, in Wien eine *kaiserliche Akademie der Wissenschaften zu gründen*, die denn auch nach Abschluss der hierüber eingeleiteten Verhandlungen zwei Jahre danach ins Leben gerufen wurde.

Dies und die nun immer häufiger einlaufenden Gesuche von Gelehrten des In- und Auslandes um Drucklegung ihrer orientalischen Sprach- und anderer Werke veranlassten Auer, die »Sprachenhalle« seiner grossen Vater-Unser-Sammlung mit den Originaltexten und den Originaltypen der betreffenden Sprachen auf seine Kosten beschleunigt in Druck zu legen, nachdem ihm von der vorgesetzten Hofstelle die Bewilligung hierzu erteilt worden.

Die auf solche Weise angebahnten Fortschritte der Staatsdruckerei zeigten sich nicht nur in ehrenvollen Anerkennungen, sondern auch darin, dass deren eigentliche Berufsarbeiten durch das Zuströmen neuer Behörden und Ämter von Tag zu Tag wuchsen. Die technischen Mittel mussten demgemäss vermehrt, das Personal vergrössert, die Dampfkraft erhöht und die Lokalitäten der Anstalt — so schwierig dies auch in den äusserst beengten, dunklen und winkeligen Räumen des zugewiesenen Franziskanerklosters sein mochte — auf alle erdenkliche und doch wenigst kostspielige Weise erweitert werden.

Im Zusammenhang hiermit musste Auer auch auf die allmähliche Einführung der verschiedenen *graphischen Kunstfächer* sein Augenmerk richten. Ausser den bereits in Verwendung gestandenen Guillochiermaschinen war es vor allem die *Galvanoplastik*, die nicht genug zu preisende Erfindung Jacobi's, die er zur Herstellung von Platten für Kunstdruckarbeiten, insbesondere aber zum Druck kunstvollerer Staatskreditpapiere als das beste Mittel erkannte und nach kleinen Versuchen zu ausgedehnter Anwendung benutzte.

Für die Illustrierung von Werken zog Auer die *Xylographie* heran. Da diese aber mit Ausnahme von Höfels Leistungen von den Privatdruckereien in Österreich bis dahin ganz vernachlässigt geblieben, ja beinahe aus dem technischen Gebrauche verschwunden war, so musste er diesen graphischen Zweig sozusagen neu heranbilden und ihn durch beharrliche Entwickelung und Schulung geeigneter Talente in- und ausserhalb des Hauses pflegen und fördern. Es darf wohl als ein Verdienst Auers bezeichnet werden, dass nach dem Vorbilde der Staatsdruckerei nach und nach auch die Privatoffizinen dem Holzschnitte und seiner einheimischen Pflege eine grössere Sorgfalt zuwendeten, sodass von da ab darin auch Besseres geleistet wurde.

In diese Zeit mühevoller aber lohnender Bestrebungen fallen auch die Anfänge der *Chromolithographie*, die späterhin eine bedeutende Ausbildung erfuhr. Die von der Staatsanstalt hervorgebrachten Reproduktionen von Gemälden und wissenschaftlichen Abbildungen befruchteten ebenfalls die Privatindustrie in nicht geringem Masse.

Schliesslich wurde in diesem Zeitabschnitte auch der *Blinden* gedacht, sodass durch den Schnitt des greifbaren Hochdruck-Alphabets die Herstellung mehrerer Unterrichtsbücher, Lieder, Blätter und Kalender für Blindeninstitute ermöglicht wurde.

GEBRÜDER BERNHARD & HERTER

Seidenhaus en gros
Hamburg

Decken Sie Ihren Bedarf in Seidenstoffen bei

VERTRETER:
Magdeburg, Breiter Weg, Herschel & Co.
Braunschweig, Klosterplatz, Friedr. Richter
Hannover, Königstrasse, Adolf Werner & Co.
Düsseldorf, Luisenstrasse, Ernst Otto.

LICHTECHTE GLANZSEIDEN

Die Glanzseidenstoffe des Hauses Gebrüder Bernhard & Herter erfreuen sich einer grossen Beliebtheit in den besten Kreisen der Gesellschaft. Ihre Güte und ihre Haltbarkeit im Tragen, und ihre lichten Farben und ihr vornehmes Aussehen sichern ihnen den Vorrang vor den besten ausländischen Fabrikaten. ♪♪♪♪♪
Kataloge und Stoffmuster auf Verlangen gerne zu Diensten. ♪

DEUTSCHER SCHAUMWEIN

Der von unserer Firma hergestellte Schaumwein verdient die Beachtung und Prüfung weitester Kreise. Er wird aus den besten, nur deutschen Weinen fabriziert, moussiert vorzüglich und ist von unübertrefflicher Klarheit, sowie prickelndem Geschmack. Wollen Sie seine Vorzüge in vollstem Umfange kennen und schätzen lernen, so bestellen Sie ein Probegebind zum Preise von Mark 50.—. ♪
Der Versandt erfolgt frei Bahnstation. ♪♪♪♪♪♪

FRANZ RAUSCHENTHAL

Schaumweinfabrik

Köln-Ehrenfeld
☆ Rhein ☆

Specialität: Deutsche Schaumweine

Telegramme Rauschenthal Ehrenfeld

Fernsprech Anschluss No. 238

Die Schnelligkeit bei der Galvano-Herstellung.

ie Reklame, der sich heute jeder Geschäftsmann bedienen muss, teils um die Kundschaft von seinen Neuheiten zu unterrichten, teils um neue Kunden heranzuziehen, hat es verstanden, dadurch, dass sie sich mit der Weltmacht »Presse« verband, zu einer Herrschaft aufzuschwingen, die jeden zwingt, sich ihr mehr und mehr unterzuordnen. Auch in unseren Fachblättern äussert sich die Reklame immer umfänglicher und zwar nicht nur durch Inserate. Auch die Abteilungen »Besprechung von Neuheiten«, »Eingänge«, die Beschreibungen hervorragender Etablissements, besonderer oder neuer Herstellungsmethoden einzelner Firmen, sowie die Veröffentlichung hervorragend guter oder schneller Leistungen, sei es um auf dem Gebiete der Buchbinderei, Druckerei, Galvanoplastik oder ähnlichen Zweigen der graphischen Gewerbe gehören zur Reklame im weiteren Sinne, welche unserer Ansicht nach durchaus berechtigt ist, da sie neben dem Nutzen für den, auf welchen sie sich bezieht, auch zur Belehrung und Erziehung weiterer Kreise viel beiträgt.

Dieser Nutzen würde nur dann beeinträchtigt werden, wenn die Fachpresse die ihr zugehenden Artikel, speciell die über die oben erwähnten Glanzoder Kraftleistungen, nicht gewissenhaft prüfte oder es unterliesse, diese Ausnahmeleistungen als solche zu kennzeichnen, um zu verhindern, dass falsche Vorstellungen im Leserkreise entstehen. Nur dadurch können wir uns auf solche dem Gebiete vor Auswüchsen, wie sie das amerikanische Reklameunwesen zeigt, hüten. Wir täuschen uns z. B. schon, wenn von einer Druckerei versichert wird, dass ihre Autotypiedruck-Schnellpresse 1500 Auflage pro Stunde druckt, wenn dabei nicht erwähnt ist, dass diese Leistung nur ein einziges Mal erreicht wurde, bei Verwendung eines vorzüglich geeigneten Papieres u. s. w. u. s. w. Wir täuschen uns schon über die Leistung dieser Maschine, ja über den ganzen Stand der heutigen Drucktechnik, wenn nicht alle für das Gelingen der Aufgabe günstigen Umstände erwähnt werden oder wenn einzelne Schattenseiten bei solchen Glanzleistungen, z. B. die Kostenfrage unterdrückt werden; die Maschine leistet im Durchschnitt nur ca. 600 pro Stunde und selbst dieser Durchschnitt wird nur selten und bei grösseren Auflagen bei nicht zu dünnem Papier u. s. w. erreicht.

Es ist also vor allem bei dieser Leistung zu betonen, dass die oben erzielte Auflage die grösste im günstigsten Falle ist.

Ähnlich ist es mit den Mitteilungen, die über die Herstellung von Galvanos in die Fachpresse gelangen. Es wird z. B. gesagt, dass jetzt Galvanos in Grösse von 24 × 34 cm in 3 Stunden hergestellt werden. Der Buchdrucker oder Verleger, der das liest, wird sich erstaunt fragen, warum denn seine Galvanos immer 1—2 Tage zur Anfertigung bedürfen, trotz seinen »Eilt! Eilt!«, wenn eine so viel raschere Erledigung möglich ist. Man fasste diese Leistung eben nicht als Ausnahme auf und hält jeden Auftrag in dieser Zeit ausführbar. Andere wieder erklären sich derartige Artikel mit dem vielsagenden »das Papier ist geduldig« oder »man weiss, wie es gemacht wird« u. s. w.

Wenn sich solche Notizen öfter ohne jene von der Redaktion nötigen Einschränkungen oder Erläuterungen wiederholen, wird der Leser bald das Vertrauen zu solchen Notizen verlieren und auch das Interesse an den Spalten, welche nicht gerade nur von seiner Konkurrenz oder über ihn selbst handeln.

Wir wollen diesmal besonders der oben erwähnten Schnelligkeitsfrage in der Galvano-Herstellung nähertreten und bemerken zunächst, dass der Leser, der die dreistündige Anfertigungsdauer bezweifelt, sehr im Unrecht ist. Uns erscheint dies im Gegenteil als nichts Aussergewöhnliches, da sich Galvanos in dieser Grösse und von Schriftsatz gut schon in zwei Stunden herstellen lassen. Wir lassen hier z. B. den Abdruck eines Galvanos folgen von einem allerdings kleineren und zur Reproduktion gut geeigneten Holzschnitt, welches in 60 Minuten von Erhalt des Originals an gerechnet hergestellt wurde.

Um diese Schnelligkeit zu erreichen kommen drei Punkte in Betracht.

1. die für einen solchen Schnellschuss getroffenen Vorbereitungen;

2. die Grösse des Auftrages, welcher in so kurzer Zeit zu liefern ist, resp. ob sich ein fortgesetztes, gleichschnelles Arbeiten im Fabrikbetrieb ermöglichen lässt;

3. der Preis eines derartigen Galvanos gegenüber den Kosten, die seine Herstellung verursacht.

Es ist kein Zweifel, dass eine galvanoplastische Anstalt, deren Einrichtung nur auf eine bestimmte Arbeit mit einem bestimmten Format und gleicher resp. ähnlicher Beschaffenheit der Originale zugeschnitten ist, z. B. zur Herstellung einer Zeitschrift, deren ganze Kolumnen, Text und Illustration vom Galvano gedruckt werden, dieses Format leichter und schneller galvanisieren kann als eine andere, welche sich erst beim Eintreffen des Auftrages auf diese Arbeit einrichten muss.

Jede regelmässig wiederkehrende Arbeit derselben Art wird deshalb den Vorzug der schnelleren Erledigung geniessen, zumal in solchen Fällen mit dem Auftraggeber Vereinbarungen getroffen werden können, welche das Resultat günstiger gestalten. So liefern z. B. Druckereien, welche viel Schriftsatz galvanisieren lassen, denselben ausschliesslich mit hohem Ausschluss gesetzt, was für den Galvanoplastiker eine grosse Erleichterung bedeutet. Die Form wird vielleicht gar fertig geschlossen zum Prägen geliefert und im Satz l.-Petit-Linien u. s. w., welche sich leicht beim Prägen biegen, vermieden. Der Buchdrucker, der mit dem beruhigenden Bewusstsein, oder Galvanoplastiker wird es schon machen, für seinen Satz das älteste Material benützt, und die Form mit Clichés, welche zu niedrig und ausser dem Winkel sind, mit Kartonspänen, krummen oder beschädigten Bleilinien und sonstigen Annehmlichkeiten ausstattet, wird auf sein Galvano allerdings länger warten müssen. Und wie oft kommt der Fall nicht vor, dass man sich nur darum zum Galvano entschliesst, weil vom Original ein guter Druck nicht zu erzielen ist! Erfreulicherweise haben einsichtsvolle Drucker der Unrichtigkeit dieses Standpunktes längst erkannt und berücksichtigen die Erfahrung, dass der Galvanoplastiker schnell und gut nur dann arbeiten kann, wenn er mit letzterem Hand in Hand arbeitet.

Bevor wir auf den Punkt 2, ob sich im galvanoplastischen Fabrikbetriebe eine Schnelligkeit von 3 oder 6 oder auch nur 12 Stunden für alle Aufträge erreichen lässt, lassen wir hier kurz folgen, wie sich die einzelnen Arbeiten, welche der Herstellung eines Galvanos gehören, auf fragliche 3 Stunden verteilen. Nehmen wir einen Schriftsatz mit Ätzungen und Linieneinfassung u. s. w. in Grösse von 20 × 30 cm an. Dieser Satz müsste, um danach in 3 Stunden ein Galvano herstellen zu können, wenn man nicht einen anderen aber wenig empfehlenswerten Ausweg gebrauchen will, mit hohem Ausschluss gesetzt sein. Wir erhalten die Form ausgebunden:

Schliessen der Form und Wuschen derselben . . . . 5 Min.
Prägen der Form . . . . 15 »
Graphitieren und sonstige Vorbereitungen für das Bad . . . . 15 »
Zeitdauer des Niederschlages . . . . . . 90 »
Abgiessen, Verzinnen, Ausgiessen, Abschneiden . . . . 20 »
Richten, Abdrehen . . . . 20 »
Bestossen und Nachsehen durch den Graveur 15 »

Für die Haltbarkeit unseres obigen Galvanos ist vor allem die Stärke der Kupferschale massgebend und haben unsere Versuche ergeben, dass eine Schale in obiger Grösse 20 × 30 in 90 Minuten im günstigsten Falle 0,15 mm dick ist und 60 g wiegt. Es ist diese Stärke jedoch nur mit den vollkommensten Dynamos und den best zusammengesetzten Bädern erreichbar und gehen neuere Bestrebungen vor allem dahin, einen noch kräftigeren Niederschlag in derselben Zeit zu erreichen.

Wir haben nun, um die vor einiger Zeit in amerikanischen Zeitungen auftauchende Notiz, dass dort schon Kupferschalen von 15 Minuten zur Verarbeitung gelangen, auf ihre Richtigkeit zu prüfen, die erwähnte Matrize nur 15 Minuten im Bade gehabt, was eine Stärke von 0,025 mm und ein Gewicht von 10 g ergab. Auch diese Schale, welche an Stärke dem gewöhnlichen Seidenpapier gleicht, liess sich bearbeiten und wurde hiervon ein druckfähiges Galvano hergestellt. Dass solche Arbeiten in die »Kunststückchen« gehören und ohne Wert für die Praxis sind, ist klar und lag uns nur daran zu ergründen, ob fragliche überseeische Notiz auf Wahrheit beruhen konnte.

Um nochmals die Zeitdauer der Niederschläge zu veranschaulichen, bringen wir folgendes Ergebnis bei $2\frac{1}{2}$ Volt Spannung und 40 Ampères auf 600 ☐ cm:

Zeitdauer des Niederschlages 15 Minuten 0,025 mm
» » » 30 » 0,051 »
» » » 60 » 0,101 »
» » » 120 » 0,185 »
» » » 180 » 0,263 »

Diese Zahlen machen keinen Anspruch auf Wissenschaftlichkeit, weil die verschiedenen Versuche nicht unter den ganz gleichen Verhältnissen ausgeführt werden konnten. So z. B. wird ein ganz anderes Resultat durch Veränderung des Abstandes der Anode von der Matrize erreicht, ebenso bei grösserer oder geringerer Bewegung des Bades, worauf wir an dieser Stelle nicht näher eingehen können.

Die Zahlen sollen nur zeigen, dass selbst unter *günstigsten* Umständen erst eine dreistündige Schale

Zu dem Artikel: »Die Schnelligkeit bei der GussanoHerstellung« gehört.
Druck von einem Gussano welches in einer Stunde gefertigt wurde. — Aus »Moderne Kunst« Heft 14, IX. Jahrgang.

die Stärke erreicht, welche für alle Fälle, zumal bei Autotypiedruck, Gewähr für Haltbarkeit bietet. Der Galvanoplastiker wird also gezwungen sein, seine Matern mindestens 4 Stunden im Bade zu belassen, um die Bearbeitung der Schale mit Erfolg vornehmen zu können und eine hinreichende Sicherheit für deren Haltbarkeit zu haben.

Ich frage nun nochmal, ist es möglich, dass alle Galvanos oder auch nur der vierte Teil aller Aufträge in 3 Stunden geliefert werden können und verweise auf die erste Tabelle über die Zeitdauer der Herstellung. Wir bedürfen im schnellsten Falle für ein Galvano 20 × 30 (600 Ocm) exkl. der Zeit im Bade, in welchem mehrere Kolumnen zugleich hängen können, 60 Minuten. Hätten wir nun acht solche Kolumnen (also 4800 □ cm) herzustellen, brauchten wir allein schon für diese 720 Minuten, da doch ein Präger nur eine Kolumne auf einmal prägen, ein Richter nur eine Platte auf einmal richten kann u. s. w., d. h. 12 Stunden. Um also den vorliegenden Auftrag in 3 Stunden zu erledigen, benötigen wir 4 Präger, 4 Richter u. s. w., natürlich auch alle Maschinen, die dazu gehören, vierfach und vor allen Dingen alles Leute, welche auf die Kolumnen warten, d. h. jede andere Arbeit sofort im Stich lassen, um diese schnell zu fördern. Nun fertigt aber eine grössere galvanoplastische Anstalt pro Tag ca. 50000 □ cm, d. h. so, dass dabei die Aufträge von den beiden vorhergehenden Tagen zur Ablieferung kommen, müsste also, wenn sie dieses Quantum in 3 Stunden herstellen wollte, 40 Präger, 40 Richter u. s. w. haben. Wir brauchen wohl nun über die Unausführbarkeit nicht weiter zu reden und und ist nur noch zu bemerken, dass die oben gegebenen Zahlen, wie alle Nachweise mittels Zahlen verschieden angewendet werden können, doch genügen sie vollkommen, um die absolute Unmöglichkeit einer dreistündigen Galvanoherstellung im regelmässigen Fabrikbetriebe zu beweisen. Dass die Kosten eines Galvanos, welches mit besonderer Schnelligkeit hergestellt werden muss, höher sind als die in der üblichen Zeit gefertigten, brauchen wir wohl nicht an der Hand von Zahlen zu beweisen. Es genüge der Hinweis, dass der Verbrauch an elektrischer Kraft bei schnellem Niederschlage ganz unverhältnismässig steigt, dass ferner viel weniger produziert wird, wenn stets Leute für Schnellschüsse freigehalten werden müssen, und dass durch das Bevorzugen von einzelnen Sachen der Gesamtgeschäftsbetrieb leidet.

Aus allen diesen Ausführungen ist zu erkennen, dass zur Zeit zwischen der *Möglichkeit* in 2—3 Stunden Galvanos herzustellen und der wirklichen Ausführung von laufenden Aufträgen in dieser Zeit noch ein weiter Weg liegt, der, so hoffen wir, nach und nach durch den Fortschritt verkürzt wird. So lange dies aber noch nicht erreicht ist, mögen diese Zeilen Aufklärung über die jetzt bestehenden Verhältnisse geben, damit jeder selbst diesen Gegenstand zu beurteilen vermag. M. M.

Über photographischen Farbenbuchdruck.

Von *A. C. Angerer*, Wien.

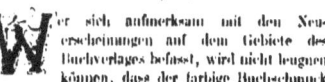er sich aufmerksam mit den Neuerscheinungen auf dem Gebiete des Buchverlages befasst, wird nicht leugnen können, dass der farbige Buchschmuck in einer stetigen Entwicklung begriffen ist. Durch das Einverleiben der heutigen abstufungsreichen Halbtonätzung in die Herstellungsweise der Farbenplatten konnte die Zahl derselben auch bei verhältnismässig höheren Ansprüchen bedeutend herabgemindert werden. Die hierdurch bedingte Verbilligung der Druckkosten hat es demnach mit sich gebracht, dass der photographische Farbenbuchdruck immer weitere Ausbreitung gewinnt.

Auch in der richtigeren Darstellung der wiederzugebenden Bilder hat man zuerst durch die Einführung der farbenrichtigen photographischen Schlüsselplatten und dann auch durch die Anwendung der naturwahren Dreifarbenaufnahmen viele Vorteile erreicht.

Die dadurch geschaffene Möglichkeit, ein farbiges Bild mit nur vier und unter Umständen auch nur drei Platten künstlerisch befriedigend darzustellen, kann mit Recht als die bedeutendste drucktechnische Neuerung angesehen werden.

Bis zu dieser Grenze herab hängt die Zahl der anzuwendenden Platten heute eigentlich nur von den mehr oder weniger hoch gestellten Ansprüchen des Herstellers ab. Unter solch höheren Anforderungen kann man folgende Fälle verstehen, z. B. das Verlangen nach vollkommener Schärfe von feinen, in der Vorlage enthaltenen Feder- oder Bleistiftstrichen. Es ist klar, dass, da dieselben nur durch den Aufdruck einer besonderen Grauoder Schwarzplatte zu erhalten sind, hier mit dem Dreifarbendruck nicht durchzukommen ist. Oder das Verlangen nach natürlichem Gold, Silber oder nach der in der Aquarellmalerei unter »Mitisgrün«,

MASCHINENFABRIK J. G. SCHELTER & GIESECKE, LEIPZIG

ANSICHT DER IM JAHRE 1897 ERBAUTEN ZWEITEN BETRIEBSSTÄTTE

in der Öltechnik unter »Schweinfurtergrün« bekannten Farbe, welche, wie jeder Maler und wohl auch Drucker weiss, durch keinerlei Mischung ersetzt werden kann. Ferner gehört zu solch gesteigerten Ansprüchen auch der Wunsch, die satte Tiefe eines Ölgemäldes in ihrer ganzen Kraft zu erreichen, was ja unbedingt den Unterdruck von mehreren vollen Platten bedingt, oder schliesslich der Wunsch, bei einem ganz zart gehaltenen Freilichtbilde den Duft des Hintergrundes zu bewahren, ohne der Farbenkraft des Vordergrundes irgendwie Abbruch zu thun. Letzterer Fall hat die Zuhilfenahme von Rosa und lichtem Blau zur Folge. Alle derart gekennzeichneten weitergehenderen Aufgaben machen behufs ihrer genauen Durchführung die Anwendung einer Anzahl von gewöhnlich sechs bis sieben Druckplatten notwendig; im Verhältnis zum Farbensteindruck gewiss noch immer ein geringes Erfordernis. Das sind jedoch nur Ausnahmsfälle. Es bleiben somit eine ganze Anzahl von Vorlagen, die schon im Vier- und Dreifarbenverfahren ganz einwandfreie Druckbilder ermöglichen und auch mit höherer Plattenzahl nicht gediegener hergestellt werden können. Es erübrigt mir daher nur noch die Art jener, bald für das eine oder andere Verfahren geeigneteren Vorlagen zu kennzeichnen, und da gebrauche ich ein heute belichtes und ein allgemein verständliches Schlagwort, wenn ich sage, dass alles »Secessionistische« sich für den Dreifarbendruck fast ausnahmslos ganz gut eignet.

Dunkelviolette Hintergründe mit grell gelbroten Gegenständen im Vordergrund — alles Farbe, nirgends Schwarz — oder blutroter Sonnenuntergang über kaltgrünen Wiesenflächen, das sind gewiss grosse malerische Wirkungen, die sich dennoch schon mit den drei Grundfarben allein befriedigend wiedergeben lassen.

Anders steht es bei sämtlichen Bildern, deren Hauptreiz in wohlabgestuftem Grau besteht und in denen die Farben nicht so sehr *farbig*, als vielmehr nur *färbend* auftreten. Bei solchen Vorlagen ist es schon aus Schonungsrücksichten für den Drucker viel geratener, zum Vierfarbenverfahren zu greifen. Die Sorge um die vielen grauen Tonwerte wird er durch den einmaligen Schwarzdruck los, und in den Farben kann nicht leicht gefehlt werden.

Über die Herstellungsweise solcher Bilder kann ich nichts weiter bemerken, als dass die Farbenaufnahmen nach dem Dreifarbenverfahren gemacht werden, jedoch in geeigneter Weise mit der orthochromatischen Schwarzplatte in Übereinstimmung gebracht werden müssen, da es sich ja nicht darum handelt, graue und schwarze Töne zu erzeugen. Dieselben sind schon in der Schwarzplatte gegeben und brauchen daher nur abstimmend und färbend unterlegt zu werden. Es ist, kurz gesagt, dieselbe Technik, die man Farbendichtdruck nennt, mit Hilfe der Tonätzung ins Typographische übertragen.

Vorstehende Ausführungen gaben wir nach der Zeitschrift für Reproduktionstechnik, einem neuen Unternehmen der Firma W. Knapp in Halle, wieder. Eine dieselben illustrierende Farbendruck-Beilage werden wir im nächsten Hefte des »Archivs« zu bringen in der Lage sein.

Secession.

»Secessio« das Beiseitegehen, insbesondere aufrührerische Trennung.«

Ein Beiseitegehen, eine aufrührerische Trennung war es auch, die sich in der hohen Kunst vollzogen, als die aufstrebenden jüngeren Kräfte unserer Kunstwelt sich lossagten von den alten Regeln, frei und unabhängig von bindenden Gesetzen schaffen wollten nach eigenem Empfinden.

Unter obigem Titel und mit vorstehenden Zeilen wird in der »Revue der Graphischen Künste Österreich-Ungarns« ein Artikel eingeleitet, der sich nach mehrfachem Übergreifen auf das Gebiet der hohen Kunst auch eingehender mit dem Buchdruck beschäftigt und an dessen Schluss insbesondere auf die im Deutschen Buchgewerbeverein stattgehabten Vorträge des Herrn *Dr. Jessen* hingewiesen wird. Der Umstand, dass der Verfasser die Ausführungen des Herrn *Dr. Jessen* in der Weise auffasst, als erstrebe er eine besondere, gewissen Richtungen entgegengesetzte, sogenannte Blockrichtung, die nur für eine gewisse Art von Druckarbeiten Geltung habe, und der Umstand, dass der Artikel zu falschen Schlüssen führen könnte, veranlasst uns, auf denselben kurz einzugehen. Einige Hauptsätze aus der Abhandlung mögen zunächst folgen:

»Auch die Buchdruckerkunst wurde erfasst vom vorwärtsstrebenden, nach Neuem strebenden Geiste, der Druckausstattung wurden neue Bahnen gewiesen. Gebrochen wurde mit alten, seit Jahrzehnten gefestigten Regeln von Rahmenbau und Zeilenfall. Hatte das strenge Gesetz derselben schon durch die freie Richtung so manches Loch bekommen, so schüttelten die konservativen Elemente der Kunst Gutenbergs ob des Gebahrens der Anhänger der neuen Richtung verwundert die Köpfe.«

»Wie vorher in der Malerei und Architektur die neue Kunst ihren Werdegang durchmachte, bricht sich jedoch auch in der Buchdruckerkunst die richtige Erkenntnis Bahn, und so sind in der sogenannten »Modernen Richtung« oder »Secession« bei näherer Betrachtung nun drei scharf abgegrenzte Manieren zu unterscheiden, welche wohl einen gemeinsamen Grundzug besitzen, sich jedoch in den Details der Ausführung fast schroff gegenüberstehen.«

»Die erste derselben, ihren Stützpunkt in der modernen Schule der Malerei suchend, verwendet zur Erzielung von Effekten hauptsächlich die Vignette und grosszügige Einfassungen mit pflanzlichen Motiven. Hier gilt es durch geschickte Anbringung einer kräftigen Vignette oder Einfassung die betreffende Drucksache zu beleben, das Auge anzuziehen und zu fesseln. Die Schrift, in harmonischem Einklange mit der gewählten Dekoration stehend, kommt bezüglich der momentanen Wirkung erst in zweiter Linie. ? Das ästhetische Gefühl und der wohl immer individuelle Begriff von Schönheit bleiben die einzigen Leitfäden für den Buchdrucker bei der Anlage solcher Arbeiten, da Regeln im allgemeinen hierfür nicht aufzustellen sind, sondern das Hauptaugenmerk immer nur auf eine dem Zweck der Drucksache entsprechende, auffällige Wirkung zu richten ist.«

»Wenn nun auch vorher gesagt wurde, dass die Schrift bezüglich ihrer momentanen Wirkung erst in zweiter Linie zu stehen kommt, darf bei der Wahl derselben dennoch nicht willkürlich vorgegangen werden, sondern es erfordert vielmehr sehr genaues Abwägen, um die einzelnen Schriftzeilen sowohl untereinander als auch zur Vignette in Einklang zu bringen. Drucksachen mit vielem Text eignen sich für diese Satzmanier nicht, und dieselbe soll nur dort angewendet werden, wo zur gefälligen Arrangierung der Schrift in Verbindung mit der Einfassung oder Vignette genügend Bewegungsfreiheit geboten ist.«

»Infolge der bei dieser Manier möglichen, kräftigen, zuweilen grellen Farbgebung eignet sich dieselbe hauptsächlich für Prospekte, Ankündigungen, kurz Reklamedrucksachen aller Art. Unangenehm für den Buchdrucker wirkt hierbei nur die für diese Art Druckausstattung unbedingt nötige Reichhaltigkeit an passendem Vignetten- und Einfassungsmaterial, also eine nicht unerhebliche Belastung des Materialkontos. Letzterem Übelstande kann jedoch teilweise dadurch abgeholfen werden, dass unserer Schwesterkunst, der Zinkographie, in den Buchdruckereien mehr Wert und Beachtung beigemessen wird, da dieselbe es ermöglicht, jederzeit entsprechende Vignetten herzustellen.«

Das vom Verfasser hier aufgestellte Verlangen der Grosszügigkeit und Klarheit der Formen deckt sich vollkommen mit den Forderungen des Herrn Dr. Jessen, auch im übrigen kann man den Ausführungen in einigen beistimmen. Was aber die Schrift anbetrifft, so wird dieser, in welcher Drucksache es auch sei, stets die Hauptstelle einzuräumen sein. Dass der Verfasser die von ihm als specielle Manier bezeichnete Art der Ausstattung nur für Reklamearbeiten mit *wenig Text* als geeignet ansieht, ist uns nicht recht begreiflich, denn für Reklamearbeiten mit vielem Text — und das sind wohl die meisten — müsste doch dann notwendigerweise wieder eine andere sog. Manier in Betracht kommen. Es ergibt sich schon hieraus, dass sämtliche Arbeiten vom gleichen künstlerischen Gesichtspunkte aus, selbstredend unter gebührender Berücksichtigung des Zweckes herzustellen sind und sog. »Manieren« im Buchdruck keine Berechtigung haben.

* * *

Es heisst dann weiter:

»Wenn nun diese erstangeführte Manier der modernen Richtung in der Buchdruckerkunst ihren Stützpunkt in der neuen Schule der Malerei sucht, so findet die zweite ihren Ausgangspunkt in der »Secession« der Architektur. Diese Satzmanier — in ihrer Wirkung nicht so derb wie erstere — beschränkt sich auf wenig Einfassungsmaterial, und basiert ihre Wirkung mehr in der geschickten, originellen Linienführung. Es genügen wenige Ausläufer, bei irgend eine modern gezeichnete, Kontraste ?) bietende Einfassung, gewiss ein Vorteil gegenüber der, einen grossen Vorrat von Vignetten benötigenden ersten Manier.«?

»Aber — und dies ist das bedeutendste und grösste Erfordernis, welches die Linienmanier stellt — gehört zur Vignettenmanier Geschick und Geschmack bei Anordnung von Vignette und Zeilen, so handelt es sich hier um geniales Erfinden, um richtiges Gefühl für Formenschönheit und eigenes künstlerisches Empfinden. Wie keine andere Satzmanier bietet diese der Individualität des Einzelnen volle Bewegungsfreiheit.«

»Wohl wurde schon behauptet, dass die Linie nur für technische Zwecke, bei Katalogen, Preislisten u. s. w. Anwendung finden solle, dagegen als Ziermaterial soviel als möglich vermieden werden müsste, doch scheint uns diese Ansicht etwas einseitig zugespitzt zu sein. Und wenn weiter gesagt wird, dass es wohl seine guten Gründe hatte, wenn die allen Meister unserer Kunst die Linie so wenig verwandten, so dürfte der hauptsächlichste ihrer Gründe wohl der gewesen sein, dass sie, ebenso wie der Buchdrucker der Neuzeit, nur das Material verwenden konnten, in dessen Besitz sie eben waren.«

»Trotzdem nun die Freinmanier den Gebrauch der stumpffeinen Linie mit der heutigen Linienmanier der modernen Richtung gemein hatte, sind beide denn doch nicht zu verwechseln, da in ersterer die Linie meistenteils nur zur Verbindung verschiedener Zierstücke verwendet wurde, während sie in letzterer, nur hier und da an den Enden mit kleinen Ausläufern versehen, zur Alleinherrscherin geworden ist.«

»Der Text kommt hier mehr zur Geltung, da die Schrift im Kontraste zur stumpffeinen Linie gewählt wird und bei der ganzen Anlage der Arbeit auf die zuerst gewählten Schriftzeilen und deren Stellung zu einander vollste Rücksicht genommen werden kann.«

»Auch in der Farbgebung beim Buntdrucke unterscheidet sich diese Linienmanier wesentlich von der Vignettenmanier. Denn werden dort mit Vorliebe und Glück grelle Farben zur Erzielung von Effekten verwendet, so kommen hier zumeist gebrochene Farben in Betracht, und ist daher diese Manier mehr für den feineren, solideren, nicht auf momentane Auffälligkeit rechnenden Accidenzdruck in Betracht zu ziehen.«

Obgleich der Verfasser versucht, die an zweiter Stelle gekennzeichnete Satzart ebenfalls als etwas neues »Secessionistisches« hinzustellen, so ist es doch wohl klar, dass diese Manier einzig und allein das ist, was man vor Jahren als die höchste Stufe der Freimanier ansah, die hier und da mit der Bezeichnung »Leicesterstil« belegte Satzart, bei der einfache und zweifache stumpffeine Linien besonders Verwendung fanden, daneben aber auch alles andere gerade vorhandene Ziermaterial ohne Unterschied der Färbung und der harmonischen Übereinstimmung benutzt wurde. Diese keineswegs technisch-einfache Satzart ist durch die neueren Bestrebungen, durch den Übergang zu einer kräftigeren Flächenwirkung bedenklich ins Schwanken geraten und wird jetzt allgemein dahin gearbeitet, diese auch von Dr. Jessen als unzweckmässig und der Eigenart des Buchdrucks nicht entsprechend bezeichneten Art der Drucksachenausstattung aufzugeben, um einer zweckmässigeren, besonders einfachen und buchdruckgemässen Satzart den Vorzug zu geben. Dieselbe hat den besonderen Vorteil technischer Einfachheit und dabei grosszügiger, künstlerischer Wirkung.

Zur richtigen Ausübung derselben gehört allerdings ein ziemliches Verständnis für harmonische Flächenwirkung, geschickte Gruppierung des Textes und passende Zusammenstellung von Schrift und Ornament. Vor allem muss bei dieser sich aus dem Wesen des Buchdrucks eigentlich von selbst ergebenden Satzart der Grundsatz grösster Einfachheit in den angewandten Mitteln vorangestellt werden, nur dann wird die Wirkung die erwünschte und überlegene sein.

* * *

Am Schlusse der genannten Abhandlung heisst es dann weiter:

»Die dritte der eingangs erwähnten Satzmanieren ist die sogenannte Blockrichtung, deren Anhänger den Buchdruck bei allen Aufgaben nur als eine Kunst der Flächendekoration gelten lassen. Der eigentliche Ursprung dieser Richtung ist weniger in der Secession, als vielmehr in den Druckwerken unserer alten Meister zu suchen, weniger also ein »Beiseitegehen« als ein »Zurückkehren« zu dem vermeintlich gut Erkannten.

»Die Blockrichtung, als solche angewendet in der Buchausstattung, bietet gewiss Vorteile, und wollen wir ihre Berechtigung — aber eben nur im Buchsatze — nicht in Frage stellen. Herr Dr. Peter Jessen, welcher in seinen Vorträgen in Deutschen Buchgewerbeverein zu Leipzig diese Richtung vertrat, richtete seine Ausführungen hauptsächlich auf die Ausstattung des Buches, und diese zielten dahin, sowohl das Buch in seiner Gesamtwirkung als geschlossenes Ganze erscheinen zu lassen, als auch den einzelnen Seiten desselben eine vollkommen einheitliche Flächenwirkung zu verleihen.«

»Grundzug dieser Richtung ist vollständiges Schliessen des Satzbildes und hierdurch bedingen die Vermeidung von weissen Räumen, Vorschlägen, Spitzkolumnen u. s. w. Der Einzug bei Kapitelanfängen u. s. w. muss auf ein Mindestmass beschränkt werden, um die Wirkung des Ganzen nicht zu beeinträchtigen. Ferner ist zu beachten, dass im Buche nicht eine Seite für sich allein betrachtet werden kann, dass vielmehr die Seitenpaare zusammengehören und eine dekorative Einheit bilden.«

Endlich resümiert der Verfasser:

»Fassen wir nun das Ergebnis unserer Betrachtung zusammen, so ergiebt sich, dass in jeder der drei angeführten Satzmanieren Diegenes geleistet werden kann, jede aber auch auf ihr streng abgesondertes Feld der Anwendung beschränkt werden muss.«

Was das über die Ausführungen des Herrn Dr. Jessen Gesagte anbelangt, so befindet sich der

Verfasser des genannten Artikels insofern wesentlich im Irrtum, als Herr Dr. Jessen keineswegs seine Ausführungen hauptsächlich auf die Buchausstattung, sondern, wie auch aus dem im «Archiv für Buchgewerbe» abgedruckten Vorträgen ersichtlich, auf die Druckausstattung im allgemeinen ausdehnte. Der Accidenzsatz insbesondere fand eingehendste Behandlung, und es ist erfreulich, dass sich gerade bei dem letzteren, wenigstens in Deutschland, in ganz auffallender Weise ein Streben nach grösserer harmonischer Flächenwirkung bemerkbar macht. Die ganze Produktion der Schriftgiessereien hält Schritt mit diesem neueren Streben und dürfte schon hierdurch in nicht allzuferner Zeit eine wesentliche Einschränkung der früheren »Manieren« eintreten und sich eine zweckmässigere, wirksamere Ausstattung einbürgern.

Auf den Ausspruch, dass in jeder Satzmanier Gediegenes geleistet werden kann, näher einzugehen, würde uns zu weit führen. Für uns handelt es sich nur darum festzustellen, was ist im Buchdruck künstlerisch und zweckmässig zugleich, und dabei kommen wir zu dem Schlusse, dass die Erstrebung einer geschmackvollen, ruhigen Flächenwirkung für jede Druckarbeit unsere Hauptaufgabe ist.

Im Accidenzsatz ist diese Aufgabe durchaus nicht einzig und allein durch die gerade jetzt übliche Blockanordnung der Satzteile zu lösen — um mit Herrn Dr. Jessen zu reden — sondern es giebt hierfür die mannigfachsten Mittel und Wege. Vor allem handelt es sich darum, sich vom Altgewohnten loszumachen, das Überflüssige, das unnötige Beiwerk des Bisherigen als solches zu erkennen und neue gesündere Bahnen einzuschlagen. H. S.

Ein neuer Stoff für Bucheinbände.

Die unter dem Namen Dermatoid geschützten Fabrikate der Firma *Dermatoid-Werke Paul Meissner in Leipzig*, haben zufolge ihrer Mannigfaltigkeit und ihrer vorzüglich praktischen Eigenschaften auch einen nicht zu unterschätzenden Wert für das Buchgewerbe, und sind geeignet, ein allseitiges Interesse zu erwecken.

Dermatoid bedeutet soviel als »hautähnlich« und weist schon der Name darauf hin, dass unter dem Dermatoidierungsverfahren, welches vielen vielleicht unter dem Namen Celluloidierungsverfahren bekannt sein dürfte, eine Manipulation zu verstehen ist, mittels deren eine ganze Reihe der verschiedensten Produkte durch einen hautähnlichen Überzug aus Celluloidmasse zu äusserst praktischen Fabrikaten gestaltet werden. Ich nenne hier als solche Papier, Stoffe und Gewebe aller Art, sowie auch Holzfourniere.

Die infolge dieses Verfahrens erzeugten Fabrikate zeichnen sich vor allem aus durch grösste *Haltbarkeit* und *Unempfindlichkeit* gegen äussere Einflüsse, als *Wasser*, *Fett*, *Schweiss* und *Schmutz*, sowie gegen *Licht*, *Hitze* und *Kälte*.

Für das Buchgewerbe sind von Interesse zunächst die von der Fabrik mit Qualität »A« bezeichneten Bucheinbandstoffe, Sortiment Neptun. Dieselben vereinigen in sich nicht nur alle die Eigenschaften, die man an solche Stoffe zu stellen berechtigt ist, sondern sie haben dem Kaliko gegenüber einige wesentliche Vorzüge aufzuweisen, die jedem Fachmann sofort als solche auffallen müssen. So sind z. B. bei diesen Stoffen die Farben in helleren Nuancen viel leuchtender und reiner als bei Kaliko und hauptsächlich schmutzen sie nicht ab; die Stoffe sind weich und geschmeidig, brechen infolgedessen nicht und lassen sich, wie bereits an grösseren Massen erprobt, ohne Schwierigkeit mit Gold, Metall und Farbe bedrucken; ja selbst zu Reliefprägungen lassen sie sich gut verwenden. Das vorliegende Musterbuch weist nicht allein eine reiche Farbenauswahl, sondern auch eine Anzahl recht aparter Prägungen auf.

Ein Vorzug aber ist unbestritten noch darin zu suchen, dass die Dermatoidstoffe abwaschbar und vollständig unempfindlich gegen Nässe und Temperatureinflüsse sind, weshalb sie schon aus praktischen Gründen für solche Bücher, Musikalien, Mappen u. s. w. zu empfehlen sein dürften, die viel und im Freien benutzt, daher der Witterung ausgesetzt sind, sowie für diejenigen, die mit fettigen Substanzen umgehen.

Wer hat es nicht schon unangenehm empfunden, wie Reisehandbücher, die ja meist in rotem Kaliko gebunden sind, schon nach ganz kurzer Zeit im Gebrauch abzufärben pflegen und welcher Student oder Schüler, der vielleicht nur aus Gründen der Eitelkeit und Bequemlichkeit sein Lesebuch ohne Umhüllung mit zur Bildungsstätte nahm, hat bei eingetretenem Regenwetter schon nicht die Erfahrung gemacht, dass die Decke seiner Bücher zahlreiche Flecke aufweist und dadurch das gute Aussehen verloren hat. Diese Gefahr ist bei aus Dermatoidstoffen hergestellten Einbänden vollständig ausgeschlossen.

Zwar könnte man, als gleich praktisch und längst bekannt, Wachstuch dem entgegenstellen,

indes ist letzteres, obgleich es wiederholt für solche Zwecke zur Verwendung kam, wegen seiner Empfindlichkeit gegen Kühle und Wärme immer wieder verworfen worden, zudem lässt sich dasselbe sehr schwer vergolden und prägen.

Ein weiterer Umstand, der wesentlich mit zur häufigen Verwendung des Dermatoidstoffes führen dürfte, ist der Preis, welcher sich fast auf gleicher Basis, wie der für guten Kaliko übliche, bewegt. Dermatoid-Stoff wird von der Fabrik in Breiten von 51 und 102 cm hergestellt.

Eins freilich kann ich nicht unerwähnt lassen: Diese Dermatoidfabrikate haben, besonders im frischen Zustand, etwas Kampfergeruch an sich, der sich indes bei der Verarbeitung derselben zum grössten Teil verliert, und nach kurzer Zeit überhaupt ganz verschwindet. Die Fabrik ist eifrig damit beschäftigt, diesen Geruch zu mindern oder gänzlich zu beseitigen.

Die leuchtenden Farben und die Biegsamkeit kommen noch zu höherer Geltung bei den, besonders für die Albumbranche fabrizierten Dermatoidpapieren, die, seien sie glatt oder gepresst, seien sie einfarbig oder irisartig hergestellt, von so glänzendem Aussehen sind, dass sie für den Laien von echtem Celluloid oder von lackiertem Leder kaum zu unterscheiden sind, zumal wenn sie hochglänzend poliert zur Verwendung kommen.

Für Kunstanstalten, welche sich mit der Herstellung von Chromo-Lithographien und Plakaten befassen, ist das *Celluloidierungsverfahren*, welches in neuerer Zeit wiederholt für letztgenannte Artikel angewendet wurde, von hohem Wert. Nicht allein dass dieselben durch den Celluloidüberzug und das Polieren vollständig unempfindlich gegen die schon erwähnten Einflüsse, als Kälte u. s. w. gemacht werden, sondern sie erlangen dadurch eine viel bessere und grössere Farbenwirkung, da hauptsächlich die dunkleren Töne durch den Celluloid-Überzug viel kräftiger hervortreten.

Selbst das durch den immerwährenden Drang nach Neuheiten für Bucheinbände zur Verwendung gekommene Holzfournier ist durch den Überzug mit Celluloid und die Politur ein so praktisches Material geworden, dass es gewiss in Zukunft im Buchbindergewerbe noch eine viel häufigere Verwendung finden wird.

So gut die bisher geschilderten Dermatoid-Fabrikate sich für unsere Buchbindereien mit Vorteil verwenden lassen, so geeignet sind dieselben auch zur Anwendung bei folgenden Fabrikationen: Luxus-Cartonnagen, Etuis, Hut- und Mützen-Fournituren, Schuhwaren u. s. w. Die Fabrik beabsichtigt demnächst auch noch stärkere Dermatoid-Sorten in den Handel zu bringen, die für die Portefeuille-, Sattler- und Tapeziererbranche, ja sogar für die Möbelbranche von nicht zu unterschätzendem Werte sein dürften.

Es ist nicht daran zu zweifeln, dass sich die Leser des »Archivs für Buchgewerbe«, ebenso wie die gesamte Fachwelt, für diese Stoffneuheit interessieren werden.

Leipzig. Herm. Quensel.

DAMENKLUB ROSE

Zu seiner am 10. März 1900 im grossen Saale des Konzert-Etablissements Reichshof stattfindenden

STIFTUNGS-FEIER

erlaubt sich der obengenannte Verein Sie nebst Ihren erwachsenen weiblichen Angehörigen ergebenst einzuladen.

VORTRAG
von Frau Magdalena Spohr aus Berlin über »Drei Frauengestalten Goethescher Dramen«.

Hierauf Instrumental-Vorträge von Damen.

Nur diese Karte berechtigt zum Eintritt.

Die Kunst im Alphabet.

Jeder Versuch, mehr Verständnis für die richtige Darstellung und Wiedergabe der Schrift, der Buchstabenform, zu verbreiten, muss anerkannt und gewürdigt werden und wenn dieser Versuch in so umfassender Weise erfolgt, wie es in dem uns vorliegenden Werke *Alte und neue Alphabete* von *Lewis F. Day* (Leipzig 1899, Karl W. Hiersemann) geschieht, so ist dies doppelt anzuerkennen. Bereits in Heft 6 des »Archivs für Buchgewerbe« deuteten wir an, dass die moderne Kunstgewerbe vielfach an der Mangelhaftigkeit der sehr häufig angewandten Buchstabenbilder krankt, mögen sie in der Architektur oder wo sonst auch, speciell aber auf Erzeugnissen der graphischen Künste vorkommen. Es ist eine bekannte Thatsache, dass viele modernen Künstler in Bezug auf die Schrift geradezu Laien sind und mancher von ihnen würde nach dem Studium des vorgenannten sehr interessanten Werkes von der Richtigkeit dieser Thatsache überzeugt sein und vielleicht Besserung erstreben. Ebenso wie für die Darstellung des Ornamentalen ein gründliches Vorstudium erforderlich ist, erheischt ein solches auch die richtige Darstellung der Schrift, der auf Druckarbeiten zugleich die Aufgabe der dekorativen Wirkung zufällt. In der sehr lesenswerten Vorausschickung zum genannten Werke heisst es: »Unter zwei Bedingungen mag es dem Künstler erlaubt sein, sich am Alphabete zu versuchen. Was er auch thut, es soll in erster Linie das Lesen leichter und in zweiter Linie die Schrift für das Auge angenehm machen. Aber keines dieser beiden erstrebenswerten Ziele dürfte auf Kosten des andern verfolgt werden. Um das Lesen zu erleichtern muss man das Charakteristische im Buchstaben erkennen, das ihn Eigen-

Griechische Initialen aus einem Basler Druck. 16. Jahrhundert.
Handschriftliche Versalien aus dem 11. Jahrhundert.
Probeseiten aus dem Werke: *Lewis F. Day*, Alte und Neue Alphabete.

tümliche entwickeln, und kürzen oder abschneiden, was dazu dienen kann, ihn mit einem anderen zu verwechseln. Kurz, man muss die Individualität jedes individuellen Buchstabens hervorheben und ihn unverkennbar machen. Und weshalb sollte das Lesen nicht ebenso angenehm wie leicht gemacht werden? Schönheit ist erstrebenswert. Natürlich darf sie den Gebrauchswert nicht beeinträchtigen. Aber warum auch? Die Schönheit erfordert nicht notwendig Beiwerk oder Ornament. Im Gegenteil, Einfachheit und Charakter und die Würde, welche von ihnen ausgeht, sind ebenso im Interesse der Brauchbarkeit wie der Kunst zu fordern. — — — Beim Zeichnen eines Alphabetes — wenn Zeichnen kein zu anspruchsvolles Wort ist für eine Vornahme, welche kaum viel mehr sein kann als eine Variation *festhaltender Formen* — ist wohl zu berücksichtigen, dass die Buchstaben systematisch behandelt werden müssen. Sie erscheinen eher alle wie aus einer Familie, wenn wir sie von einer Quelle herleiten. Aber weshalb sollten wir nicht die Rassen kreuzen, wenn wir dabei den Stamm veredeln können? Doch ein Alphabet darf auch nicht zusammengesetzt aussehen. Der Künstler hat die Freiheit, zu thun, was er kann; aber die Probe auf den Erfolg ist, ob seine Schöpfung aussieht, als ob es so sein muss und nicht anders hätte sein können. Es ist nicht zu leugnen, dass mancher Künstler, welcher es unternimmt, Schrift in seine Zeichnung einzuführen, es schlecht, es so nachlässig macht, oder von sehr gleichgültiger Schreiberei so zufriedengestellt ist, dass von den zwei Übeln der harte und unbewegliche Druck das geringere gewesen wäre. Doch ist es auch nicht weniger wahr, dass ein Künstler, welcher sich bemüht hat, schreiben zu lernen, wenn er strebt, was der Feder oder dem Pinsel gemäss ist, und darauf verzichtet, sich in unsinnige und unwirksame Rivalität mit der Buchdruckpresse einzulassen, erreichen kann, was sie nicht vermag und Besseres.

Der Verfasser verlangt also auch vom schreibenden, resp. Schrift zeichnenden Künstler grösste Deutlichkeit in der Buchstabenform, die indessen zum teil aus exakter Darstellung der Linien hervorgeht. Weniger befriedigt den Verfasser die aus der Mater gegossene Type von mathematischer Genauigkeit und Übereinstimmung, er findet die mit ihr erzielte Wirkung kalt und monoton, des künstlerischen Reizes bar. Hier dürfte indessen aber doch wohl einzuschalten sein, dass es ganz darauf ankommt, unter welchen Voraussetzungen ein *Buch* so oder so ausgestattet wird. Bei der Schaffung der Drucktypen — dem Stempelschnitt — wird fast immer auf die klassischen Schriftformen der Antike — wenigstens bei der Antiqua — zurückgegriffen. Ein noch so künstlerisch ge-

Deutsche Renaissance-Versalien von Daniel Hopfer. 1549.
Probeseite aus dem Werke: *Lewis F. Day*. Alte und Neue Alphabete

schriebenes Buch wird kaum den Forderungen der Zweckmässigkeit und den Ansprüchen der Deutlichkeit in dem Masse zu entsprechen vermögen, als ein *gut gedrucktes* Buch, abgesehen davon, dass eben heute niemand mehr die Buchseiten schreiben wird, um sie dann durch irgend ein Verfahren zu reproduzieren. Die Ausführungen gelten also zumeist der Schrift in kunstgewerblichen Erscheinungen und haben hier sehr viel für sich. Der Verfasser hat übrigens seinem Werke über 150 Abbildungen beigegeben, und bei der Auswahl mit weiser Vorsicht vermieden, Proben verzerrter Schriftformen zu veranschaulichen.

Man kann mit Recht sagen, dass er einen klassischen Schriftschatz vereinigt hat, der jedem, der sich mit der Schrift beschäftigt, aufs beste zu empfehlen ist. Die Verlagshandlung hat sich mit der Herausgabe des Werkes ein Verdienst um den Fortschritt im Kunstgewerbe erworben, was nun so höher anzuschlagen ist, als in dem Buche gesunde Grundsätze für die Schriftdarstellung niedergelegt wurden, die bei vielen Vorlagenwerken nicht energisch genug betont sind.

Durch das Entgegenkommen der Verlagshandlung sind wir in der Lage, einige Probeseiten aus dem vorliegenden Werke zur Anschauung bringen zu können. *H. S.*

Ein deutscher Maschinenmarkt.

er Deutsche Buchgewerbeverein hat vor einiger Zeit ein typographisch schön ausgestattetes Heftchen an die deutschen Maschinenfabrikanten versandt, dessen Inhalt auch sicherlich das Interesse der Leser des „Archivs" erregen dürfte.

In dem Heftchen entwickelt der Deutsche Buchgewerbeverein den Plan, in seinem stattlichen Buchgewerbehause zu Leipzig eine *ständige buchgewerbliche Ausstellung* einzurichten, in der die buchgewerblichen Maschinen einen hervorragenden Platz einnehmen sollen. Wahrlich ein glücklicher Gedanke, denn ein derartiges Unternehmen muss für alle Angehörigen des Buchgewerbes von grösster Wichtigkeit sein. Mit welchen Umständen war es bisher verknüpft, wenn man irgend eine buchgewerbliche Maschine anzuschaffen hatte. Eine Reihe von Katalogen wurde der eingehendsten Prüfung unterzogen, man fand manches, was gefiel, aber man hätte diese Maschine doch gern einmal in Betrieb gesehen. Es erfolgten denn auch Umfragen bei den betreffenden Fabriken, wo die gewünschten Maschinen in Betrieb zu sehen seien. Nach Erhalt der erbetenen Auskunft war entweder die erforderliche Zeit nicht vorhanden oder der Ort zu weit entfernt.

Das alles dürfte nun in der Folge, wenn sich, was ich gar nicht bezweifle, die Fabrikanten von buchgewerblichen Maschinen vollzählig beteiligen, in Wegfall kommen. In der Ausstellung, die gleichsam ein Muster- und Verkaufslager sein soll, wird man sicherlich von den bedeutenderen Firmen mindestens je ein Muster der von ihnen angefertigten Maschinen vorfinden und derjenige, welcher irgend eine Maschine notwendig hat, wird mit Leichtigkeit seine Wahl treffen, die Maschine in Betrieb sehen und entweder unmittelbar bei dem betreffenden Geschäfte bestellen oder bei der Geschäftsstelle des Deutschen Buchgewerbevereins seinen Auftrag erteilen können.

Ohne Zweifel wird sich diese ständige buchgewerbliche Maschinen-Ausstellung zu dem gestalten, was ich in der Überschrift schon sagte, zu einem *deutschen Maschinenmarkt*. Sollte der Deutsche Buchgewerbeverein sich aber noch entschliessen können, die Verkaufsvermittlung für gebrauchte Maschinen in sein Bereich zu ziehen, so dürfte der Erfolg auf keinen Fall ausbleiben.

Von besonderer Wichtigkeit für diesen Maschinenmarkt ist auch die Wahl des Ortes, Leipzig, der so zu sagen in der Mitte des Deutschen Reiches liegt und von überall her leicht zu erreichen ist. Kommen doch jährlich zur Buchhändlermesse Hunderte von Buchhändlern, die fast alle Besitzer von buchgewerblichen Betrieben sind, an den auf einer Reise überhaupt künftig kein Angehöriger des Buchgewerbes vorüberfahren dürfte, ohne einen kurzen Aufenthalt zu nehmen, um das Buchgewerbehaus mit seinen Schätzen zu besichtigen.

Von ganz besonderem Interesse aber war es mir zu hören, dass diese Ausstellung nur für deutsche Firmen bestimmt ist, damit der Verein seinen Zweck, das deutsche Buchgewerbe zu fördern und zu heben, voll und ganz erreichen kann. Der Deutsche Buchgewerbeverein beweist hierdurch in überzeugender Weise, dass er mit allen Kräften für das Wohl unseres gesamten deutschen Buchgewerbes wirkt, in dem er den Maschinenfabrikation einen grossen Raum einräumt. Hoffentlich findet er von den buchgewerblichen Maschinenfabrikanten die erforderliche Unterstützung, thatsächlich ist bereits, wie ich erfahre, ein grosser Teil des zur Maschinenausstellung bestimmten Raumes von ersten deutschen Firmen belegt.

Leipzig. *Eduard Keller.*

Das Deutsche Buchgewerbehaus in Leipzig.

Gebaut nach den Plänen des Architekten Emil Hagberg. Besitzer der Deutsche Buchgewerbeverein.

Ottomar Mergenthaler †

Der seit geraumer Zeit in Fachkreisen meistgenannte Mann dürfte wohl der Erfinder der Zeilengiessmaschine *Linotype*: Ottomar Mergenthaler gewesen sein. Am 28. Oktober d. J. brachte uns der Telegraph die Kunde von seinem in Baltimore erfolgten Tode.

In der auf der Strecke Stuttgart-Mühlacker gelegenen Ortschaft Dürrmenz, wo sein Vater Lehrer war, am 10. Mai 1854 geboren, hat er bei einem Onkel in Bietigheim die Uhrmacherei erlernt und soll durch seinen Umgang mit Schriftsetzern auf die

O. Mergenthaler †

Idee gekommen sein, eine Setzmaschine zu konstruieren. Achtzehnjährig ging er nach Amerika und fand dort zunächst in der Fabrik elektrischer Uhren und Läutewerke seines Onkels *Hahl* zu Washington ein Unterkommen, der er bereits nach einigen Jahren als Teilhaber angehörte.

Die einmal gefasste Idee liess Mergenthaler nicht los und er verfolgte sie unverdrossen weiter. Es lässt sich denken, dass er nun alles auf den Gegenstand Bezügliche aufmerksam verfolgte. So mögen ihn wohl vornehmlich die s. Z. bei den Londoner »Times« gemachten eingehenden Versuche mit den Kastenheinschen Setz- und Ablegemaschinen zur Erfassung des von ihm so genial gelösten Problems verholfen haben. Bekanntlich bewährten sich die Ablegemaschinen bei den Cityblatte nicht; um sich von des durch die Setzmaschinen erreichten Vorteiles nicht zu begeben, wurde auf die Thätigkeit jener ganz verzichtet und die für die Setz-

maschinen nötige Schrift stets neu gegossen. Das konnte man sich in der Offizin des Weltblattes leicht erlauben. Anderswo wäre an den erhöhten Kosten die Maschinenarbeit gescheitert.

Das gab nun in Verbindung mit den Versuchen, die in den siebziger Jahren mit den mannigfachen Stanz- und Matrizenprägemaschinen gemacht wurden, Mergenthaler offenbar den Einfall, Setzen und Giessen durch Matrizen auf der Maschine zu kombinieren, statt wie bisher Setzen und Ablegen mit Typen mechanisch verrichten zu lassen. Seine derartigen Versuche hatten solchen Erfolg, dass bereits 1884 die Blätter in Baltimore, wo er sich inzwischen niedergelassen hatte, melden konnten, die von ihm »kombinierte Setz- und Giessmaschine« arbeite vollkommen automatisch, d. h. besorge durch eine sinnreiche Vorrichtung auch das Ausschliessen selbst (das bis dahin bei allen Setzmaschinen mittels Handarbeit besorgt werden musste), worauf der Guss der so »setzerisch« fertigen Zeile nebst »giesserischer« Adjustierung erfolge. Ohne Zweifel hat hierzu auch die Komplettgiessmaschine ihr Teil beigetragen.

Erklärlicherweise liess Mergenthaler seine Erfindung sofort ausser in der Union auch in den verschiedenen europäischen Staaten patentieren. Er ruhte jedoch nicht, sondern war unablässig auf Verbesserungen bedacht, so dass er in verhältnismässig kurzer Zeit Inhaber von etwa anderthalb Dutzend Patenten war. Dieses Streben brachte ihn mit seinen Geldgebern in Konflikt, die natürlich auf die möglichst rasche Fruktifizierung seiner Erfindung bedacht waren.

Bereits 1886 hatte der deutsche Erfinder die Genugthuung, dass sich seine Maschine in der Offizin der New York Tribune praktisch vollkommen bewährte und bei den Fachmännern allgemeinen Beifall fand. Die sich bald darauf bildende Gesellschaft mit einem Kapital von mehr als einer Million Dollars, der Mergenthaler vertragsmässig seine Dienste widmete, ermöglichte die Einrichtung einer geeigneten Betriebsstätte und begann mit dem Bau der ersten Linotypes, wovon bereits mit Ende des Jahres die ersten zehn Exemplare in Zeitungsdruckereien der Union aufgestellt wurden. Wie immer bei solchen Gelegenheiten führte auch hier die Praxis zu weiteren Verbesserungen, deren Frucht war, dass die Linotype nun ihren Siegeszug durch die grossen nordamerikanischen Zeitungsdruckereien begann, bis sie auf dem naturgemässen Wege über England nun auch auf dem Kontinent Eingang findet. Heute beträgt das Kapital der Mergenthaler Linotype Company zehn Millionen Dollars.

Zweifellos wird die Maschine Mergenthalers bedeutende Umwälzungen verursachen, in deren Gefolge im Anfange gewöhnlich Not und Elend einherziehen, bis sie im Laufe der Zeit der Allgemeinheit zu statten kommen und die Menschheit vorwärts bringen. Die Linotype ist aber unzweifelhaft eine grossartige Erfindung, die nun auf dem Gebiete des Satzes jenen technischen Fortschritt bringen wird, der auf dem des Druckes durch die Erfindung *Friedrich Königs* längst bewirkt wurde. Wie bei diesem die nachfolgenden Jünger dessen Princip zu der heutigen erstaunlichen Vervollkommnung brachten, so werden auch die Setzmaschinen-Erfinder den von Mergenthaler gefundenen Grundgedanken offenbar weiter bilden und vervollkommnen. Man darf aber sagen, dass durch die Linotype, der Erfindung des Uhrmachers aus dem Schwabenlande, die Schnellpresse Königs ihr vollwertiges Seitenstück, ihre Ergänzung gefunden hat.

Die Linotype in ihrer gegenwärtigen Gestalt ist das Werk einer zwölfjährigen angestrengten Geistesarbeit. Doch war es dem Erfinder nicht vergönnt, die Früchte seiner Thätigkeit zu geniessen, da er schon seit längerer Zeit von einem Lungenleiden geplagt wurde, dem er nun, erst 45 Jahre alt, erlag. Vom technischen Institut in Philadelphia wurde Mergenthaler der grosse Ehrenpreis für die bedeutendste Erfindung eines Jahrzents zuerkannt.

J. Híleg.

Vorrichtung für Cylinderschnellpressen
zum Einlegen von Makulaturbogen zwischen die Druckbogen.

Um ein Abschmutzen der einzelnen frisch gedruckten aufeinander liegenden Bogen zu verhindern, ergiebt sich sehr häufig die Notwendigkeit, zwischen die bedruckten Bogen Makulaturbogen, sogenannten Durchschuss zu legen. Soll der Bogen ein zweites Mal bedruckt werden, so ist es nötig, die bedruckten Bogen vorher aus diesen Durchschusslagen herauszunehmen und während des neuen Druckes wieder zu durchschiessen. Dies hat man um so oft zu wiederholen, als der Bogen durch die Maschine laufen muss. Dass diese Manipulation eine sehr zeitraubende Arbeit ist, besonders bei hohen Auflagen, sowie bei grossen Formaten und dünnen Papier, liegt auf der Hand

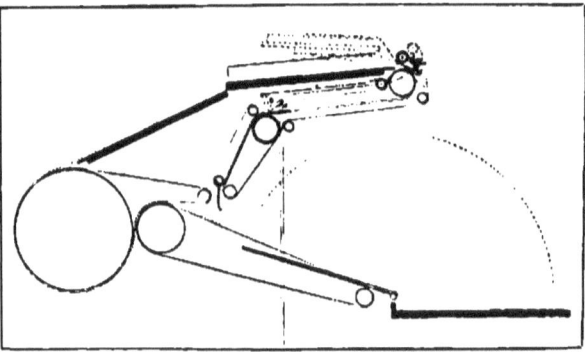

Vorrichtung für Cylinderschnellpressen zum Einlegen von Makulaturbogen zwischen die Druckbogen.

Die in Nachstehendem beschriebene Vorrichtung ermöglicht es nun, das Einlegen der Makulatur, von dem Einlegetisch für das Druckpapier aus, durch die Maschine zu bewirken, sowie das besondere vorherige Herausnehmen derselben bei mehrfachem Druck zu ersparen und dasselbe mit dem Durchschiessen des zweiten oder jeden weiteren Druckes zu verbinden.

Nachdem die Auflage das erste Mal durch die Maschine gegangen und mit Durchschlagsbogen versehen worden ist, werden die bedruckten Bogen mit den dazwischenliegenden Durchschussbogen auf den Einlegetisch gelegt. Beim ersten Druck wird die Makulatur für sich neben das Druckpapier auf den Einlegetisch gelegt, doch kann dasselbe bei grösserem Format auch auf einem besonderen, auf dem Einlegetisch abnehmbar angebrachten Aufsatztisch über den Druckbogen placiert werden. Der Einleger, welcher seine Funktionen in gewohnter Weise verrichtet, eventuell eine zweite Person, schiebt den nach Einlegen eines Druckbogens freiwerdenden Makulaturbogen in die hierfür bestimmte, am hinteren Ende des Einlegetisches beginnende Bänderleitung, indem er denselben gegen die Anlegemarke schiebt. In dem Augenblicke, da die Greifer auf dem

Druckcylinder den zu bedruckenden Bogen erfassen, wird durch eine Hebelvorrichtung die obere Rolle mit ihrem Hand auf die grössere darunter befindliche gedrückt, während die Anlegemarken sich abheben. Hierdurch wird der Anfang des Durchschussbogens zwischen die Bänder geklemmt, welche denselben bei weiterem Gange der Maschine mit sich führen, so dass, nachdem der erste Bogen gedruckt worden, der Anfang des ersten Durchschussbogens am Ende der Bänderleitung über dem Anfang des bedruckten Bogens steht. Während dieser Zeit ist die obere Rolle mit ihrem Bande, ebenso die Anlegemarken durch eine Hebelvorrichtung in ihre Lage zur Aufnahme des neuen Durchschussbogens zurückgelangt. Die Anlegevorrichtung erhält ihren Antrieb durch Excenter in gleicher Art, wie die Hebelvorrichtung der Greifer auf dem Druckcylinder.

Beim Druck des zweiten Bogens gleitet der bedruckte erste Bogen über die Bänder nach dem Ausleger, mit ihm zugleich, d. h. auf ihm, auch der erste Durchschussbogen, welcher sich beim Heraustreten aus der Bänderleitung auf den bedruckten Bogen legt und mit diesem zusammen ausgelegt wird. Da durch das Umschlagen der Stäbe des Bogenfängers der zunächst auf dem Drucklbogen liegende Durchschussbogen beim Auslegen unter denselben zu liegen kommt, so ergibt sich hierbei der weitere nicht zu unterschätzende Vorteil, dass der zuletzt aus der Maschine gekommene Abdruck zur fortgesetzten Beobachtung ebenso lange frei daliegt, als dies bei nicht durchschossenem Druck der Fall ist, wohingegen bei anderen Einlegevorrichtungen ebenso wie beim Durchschiessen von Hand, da die Druckbogen gleich nach dem Niederfallen auf den Auslegetisch mit den Makulaturbogen bedeckt werden, eine derartige Beobachtung des Druckes nicht stattfinden kann. Dieser Vorteil kommt auch dem ersten Durchschiessen mittels der Maschine zu gute.

Bietet vorliegende Erfindung somit schon hinsichtlich der Einfachheit und Billigkeit der Einrichtung, sowie wegen der Nichtinanspruchnahme eines besonderen bezw. grösseren Raumes für dieselbe und wegen der nicht beschränkten Beobachtung des Druckes gegenüber anderen Makulaturzwischenlegen sehr wesentliche Vorteile, so tritt doch der volle Wert und Nutzen derselben erst dadurch in die Erscheinung, dass die Druckbogen mit den beim vorausgegangenen Druck zwischengelegten Durchschussbogen in einem Stapel auf den gemeinsamen Einlegetisch gelegt und von diesem aus nach links und rechts in die Einlegevorrichtungen gelegt werden können, worauf sie nach erfolgtem Druck wieder in einander gelangen. Hierdurch wird die bisher unbedingt erforderliche besondere Arbeit des Herausnehmens der Drucke aus der Makulatur erspart. Dieselbe war besonders bei grossen Formaten eine ausserordentlich umständliche und zeitraubende, da immer die gleichzeitige Thätigkeit zweier Personen erforderlich wurde und die Arbeit so oft wiederholt werden musste, als sie durch die Presse ging.

Licenz-Inhaber sind die Firmen: *Kornig & Bauer, Kloster Oberzell bei Würzburg. Maschinenfabrik Johannisberg, Klein, Forst & Bohn Nachfolger, Griesheim am Rhein. Aktien-Gesellschaft für Schriftgiesserei und Maschinenbau, Offenbach am Main.*

Neuer Bogenzähler »Scrutator«.

Die Firma *Aug. Pfeiffer* in Hamburg Vertreter *Heinrich Wittig in Leipzig* hat den nachstehend abgebildeten, für Schnell- und Tiegeldruckpressen verwendbaren, Bogenzähler »Scrutator« konstruiert, der seiner einfachen Bauart und präcisen Funktion halber Beachtung verdient.

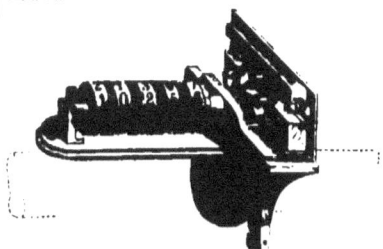

Bogenzähler »Scrutator« (ohne Gehäuse)

Über die Anwendung des Apparates geben folgende Ausführungen Aufschluss:

Der Apparat wird in der Regel am rechtsseitigen Ende der Auslegerschenwelle mittels der Klemmbrücke erst leicht angeklemmt, dann in die Stellung gedreht, in welcher er bei ausgelegtem Bogen die Zahlenreihe zum bequemen Ablesen also schräg nach oben darbietet. Hierauf wird er durch Anziehen der Schrauben befestigt. Nach Bequemlichkeit kann der Apparat auch linksseitig aber immer mit der flachen Wand dem Lager zugekehrt angebracht werden; nur sind dann die Zahlen von der Maschinenseite her zu lesen.

Bogenzähler »Scrutator« in geschlossener Form auf der Welle befestigt

Die *Nullstellung*. Nach Ausrücken des Verschlussriegels wird das Gehäuse in horizontaler Richtung abgestreift. Nachdem durch Hin- und Herschieben des Ankers die Finerrolle von dieser abgerückt und dann eine nach der anderen, bis zu der vorhergehenden angeschoben. Hierauf wird das Gehäuse wieder aufgeschoben. Sollte das nicht bündig mit der Seitenwand geschehen können, so sind die Rollen noch nicht gut eingerückt.

Der *Verschluss* geschieht durch Plombage des Riegels, wobei die Schnur auch durch die Löcher der Befestigungsschrauben gezogen werden kann. Übrigens kann auch ein kleines Anhängschlösschen hierzu benutzt werden.

Das *Ausrücken* während dem Zurichten der Maschine oder dem Drucken von Makulatur erfolgt durch einfaches Verschieben eines seitlichen Knopfes, das Einrücken durch Zurückschieben desselben. Beides kann während dem Gang der Maschine geschehen.

Eine *Alarmvorrichtung* ist an solchen Apparaten angebracht, welche durch ein Alarmsignal anzeigen, wann eine gewollte Auflage gedruckt ist. Die Zahl dieser Auflage ist wie die Nullstellung einzustellen. Dieser Apparat zählt rückwärts zeigt also jeweils an, nicht wie viele Bogen gedruckt, sondern wie viele deren noch zu drucken sind. Er alarmiert durch Kontaktschluss, sobald der Zähler auf 0 angekommen ist, hält den Alarmapparat in Thätigkeit, während die letzten 9 Bogen gedruckt werden, und hört mit dem Erscheinen sämtlicher Nullen von selbst auf zu alarmieren.

Das Anbringen der Alarmvorrichtung geschieht in der bekannten, einfachen Weise der elektrischen Klingeln, wobei man sich den Apparat als Drücker zu denken hat. Die Aufstellung des Elementes sowohl als des Alarmapparates selbst richtet sich nach der Lokalität. In den meisten Fällen wird am einfachsten das Element auf den Boden unter die Maschine gestellt und der Alarmapparat an die Unterseite des Auslegtisches geschraubt. Die Drähte sind wegen der Bewegung des Apparates in der Nähe desselben in Spiralen zu winden.

Der Alarm-»Scrutator« kann selbstverständlich auch mit bestehenden elektrischen Klingeleinrichtungen in Verbindung gebracht werden; ebenso mit dem Aufenthaltsplatz des Maschinenmeisters, Faktors, Prinzipals Kontor, um auch diese von der Vollendung der Arbeit in Kenntnis zu setzen. Beim Vorhandensein einer Anzahl von Maschinen kann ein elektrisches Nummern-Tableau benutzt werden.

Ein besonderer Vorteil des Apparates ist, dass derselbe ohne Schwierigkeiten von jeder Maschine entfernt und anderwärts angebracht werden kann.

F

Schriftgiesserei-Neuheiten.

Schriftgiesserei Bauer & Comp., Stuttgart.
Als sehr kräftig wirkend empfiehlt diese Firma ihre neue Schrift

Herkules

von der wir hier eine Probe geben. Auf einem besonderen Probeblatt sind die elf Grade der Schrift vorgeführt und zwar in Nebeneinanderstellung mit der schmäleren Carola. Als zwei weitere Neuheiten empfiehlt dieselbe Firma ihre Magere Ideal-Cursiv und Halbfette Ideal-Cursiv.

Schriftgiesserei Julius Klinkhardt, Leipzig.
In einer uns vorliegenden besonderen Mappe vereinigte dieselbe eine grosse Anzahl praktischer Anwendungen neuerer Erzeugnisse, insbesondere der neuen Werkschrift Germanisch und der antiken Gotisch. In allen Anwendungen äussert sich eine geschmackvolle, neuzeitliche Satzanordnung. Als Beilage zu diesem Heft geben wir eine der Anwendungen wieder. In einem besonderen achtseitigen Hefte zeigt dieselbe Firma ihre modernen Glückwunsch-Vignetten für ein- und mehrfarbigen Druck.

Schriftgiesserei J. G. Schelter & Giesecke, Leipzig.
Als besonders wirkungsvolle Neuheit empfangen wir von diesem Hause Anwendungsproben von modernen Anfangsvignetten. Dieselben liegen in 5 verschiedenen Entwürfen und diese in je 3 Grössen vor. Auf Spalte 561 geben wir den sehr wirksamen »lesenden Mönch« als Probe. Als weitere zeitgemässe Neuheit bringt die Firma 4 Serien Initialen mit figuralen Motiven. Dieselben finden am passendsten Verwendung mit der Romanischen Antiqua derselben Firma, sind auch für ein- und zweifarbigen

INFÄRBUNG DER FORM. Der wichtigste Vorzug unserer Presse und derjenige, durch welchen sie am meisten vor allen Maschinen ähnlicher Bauart hervortritt, liegt in dem patentirten Einfärbemechanismus. An unserer Maschine färbt nämlich beim Niedergang

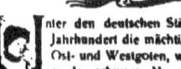

nter den deutschen Stämmen waren im vierten Jahrhundert die mächtigsten und gesittetsten die Ost- und Westgoten, welche von der Ostsee bis an das schwarze Meer herrschten. Sie nahmen zuerst von allen Deutschen die römische Bildung und das Christentum an; ja der westgotische Bischof übersetzte schon die Bibel ins Deutsche. Dann brachen aber ums Jahr 375 aus den Steppen von Asien die ursprünglich

ataly von Eschstruth.
Die „Sylter Kur-Zeitung" schrieb bei dem Erscheinen dieses Werkes: „Der vorliegende jüngste Roman N. v. Eschstruths bekundet eine erneute Sicherung in dem sieghaften Sturmeslauf, mit welchem die

Anwendung der neuen Initialen Serie 391 – 394 mit Romanischer Antiqua von J. G. Schelter & Giesecke, Leipzig.

Druck geeignet. Wir geben auch einige Proben dieser Initialen. Eine Anwendung der auf dem gleichen Probeblatt noch enthaltenen Ranken-Einfassung, Serie 299 und 299a, brachten wir bereits auf besonderer Beilage in Heft 9.

Schriftgiesserei Wilhelm Woellmer in Berlin. Vorstehende Firma übersendet uns eine Anzahl Anwendungen ihrer bekannten Uncial-Gotisch, die neuerdings auch in lichter Ausführung für Zweifarbendruck erschienen ist, ferner ein Probeblatt mit Bildstücken. Von den modernen Bordüren Serie III ist das Muster No. 1146/47 sehr wirkungsvoll, ebenso No. 1155, während wir von den noch vertretenen leistenförmigen modernen Vignetten nicht dasselbe zu sagen vermögen. Die in No. 1536 und 1537 vorkommenden Meerweiber dürften wohl, trotz ihrer gigantischen Üppigkeit, kaum die Bezeichnung Idealfiguren verdienen. Eine wesentliche Korrektur der sonst nicht übel angelegten Leisten wäre zu empfehlen.

Neue Reihen-Einfassungen von Ludwig & Mayer, Frankfurt a. M.

Neue Initialen Serie 291—294.

J. G. Schelter & Giesecke in Leipzig.

Die Firma *Ludwig & Mayer in Frankfurt a. M.* hat eine Anzahl zweifarbige Einfassungen herausgegeben, von denen wir vorstehend die Hauptfiguren wiedergeben. Die Stücken sind sowohl für leisten- wie für rahmenförmige Anordnung geschaffen und dürfte die beste Wirkung durch Unterdruck der vorhandenen Tonfiguren zu erzielen sein.

Neue Vignetten von Heinrich Hoffmeister in Leipzig. Im Anschluss an die im vorigen Hefte bereits gezeigten Vignetten dieser Firma bringen wir in diesem Hefte noch einige Stücke aus dem umfangreichen Probenhefte zum Abdruck und zwar auf Spalte 585, nachstehend und ein besonders wirkungsvolles Stück auf unserer Beilage »Donauwellen«.

Aus den graphischen Vereinigungen.

Altenburg, Ende Oktober. Die *Graphische Vereinigung* brachte am vorletzten Vereinsabende die eingegangenen Entwürfe ihres Briefkopfausschreibens zur Auslage. Die Arbeiten zeigen fast durchgängig modernen Charakter und ist im Hinblick der Titelentwürfe unseres ersten Ausschreibens ein guter Fortschritt wahrzunehmen. Die Art der Ausführung ist eine erheblich bessere geworden, ebenso sind in Bezug auf moderne Auffassung und Farbenwahl die Arbeiten — von einigen Ausnahmen abgesehen — als gut zu bezeichnen. Eingegangen sind 18 Entwürfe, die allgemeine Beteiligung liess zu wünschen übrig. — Die Vorlesung des zweiten Vortrages von Herrn Dr. P. Jessen aus vorheriger Fachzeitschrift folgte hierauf. Zur Mitteilung gelangte u. a., dass in allernächster Zeit eine grössere Drucksachenausstellung veranstaltet werden soll. Der Vereinsabend vom 18. Oktober er. begann mit einem Vortrage über die Setzmaschine »Typograph«. Herr Watzulik behandelte das Thema in ausführlicher Weise. Einen Rückblick seiner Wahrnehmungen bei Besichtigung verschiedener Zeitungsdruckereien New Yorks, anlässlich seiner Weltausstellungsreise, schickte er voraus und betonte, dass auch für Deutschland die Zeit der allgemeineren Einführung der Setzmaschine nicht mehr fern ist. Vortragender machte die Zuhörer mit den Vorteilen vor und nach dem Drucke bekannt, liess aber auch die Nachteile nicht unerwähnt. Musterblätter, deren Satz mit genannter Maschine hergestellt war, kamen zur Auslage und erregten das Interesse der Anwesenden. — Die Anfang des Monats stattgehabte Sitzung gestaltete sich zu einem recht interessanten Abende. Als erster Punkt der Tagesordnung war ein Vortrag des Herrn Scholz, »Der Buchtitel resp. Umschlag in moderner Manier« angesetzt. Eine Ausstellung der 50 Konkurrenzentwürfe des Dr. Jessenschen Buchumschlages, »Grundzüge einer Formenlehre für Buchdrucker«, war mit diesem Vortrage verbunden. In ausführlicher Weise behandelte Herr Scholz das Wesen des Buchtitels und kommt auf die von der Leipziger Typographischen Gesellschaft vor nun bald 20 Jahren geschaffenen Titelregeln, mit welchen jetzt gebrochen werden soll, zu sprechen. Die neueren Grundsätze und Erfordernisse für die Herstellung eines stilgerechten Titels erörterte der Vortragende in Anlehnung an die von Herrn Dr. Jessen aufgestellten Prinzipien und schloss seine Ausführungen mit den Worten, dass sich bestimmte Regeln, ähnlich den Leipzigern, wohl schwerlich werden aufstellen lassen, es wird dem Setzer überlassen bleiben müssen, jeden Titel individuell aufzufassen und demgemäss zu gestalten. Nach Schluss des Vortrags kamen die schon erwähnten Konkurrenzentwürfe, welche für den Monat von den »Schweizer Graphischen Mitteilungen« gütigst zur Verfügung gestellt waren, zur Auslage. An der Hand der beiden Abhandlungen in genannter Zeitschrift gelangte jeder einzelne Titel zur Durchnahme und zwar dergestalt, dass zum Schluss nur noch die mit einem Preise für würdig befundenen Arbeiten zurückblieben. Jede Beanstandung der Herren Preisrichter resp. des Herrn Dr. Jessen wurde ad oculos demonstriert, des öftern entspann sich hierbei eine lebhafte Debatte. — Als Aufgabe für den nächsten Wettbewerb wurde der Entwurf einer Neujahrskarte gestellt, die Bedingungen gelangten zur Verteilung. Herr Watzulik stellte am letzten Vereinsabend eine Sammlung deutscher Kalender aus. Zugleich kritisierte derselbe die Erzeugnisse der verschiedenen Firmen. — Als Tag einer grösseren Drucksachenausstellung wurde der Sylvestersonntag endgültig festgesetzt. –g!–

Berlin. Die *Typographische Gesellschaft* vollzog in ihrer letzten Sitzung die Aufnahme der bisherigen Mitglieder der Accidenzsetzer-Vereinigung, nachdem dieser Verein sich aufgelöst und seine Sammlungen der Typographischen Gesellschaft überwiesen hatte. Sodann wurden einige weitere neue Mitglieder aufgenommen und beschlossen, die Mitgliedschaft beim Deutschen Buchgewerbeverein nachzusuchen und einen Jahresbeitrag von 50 Mk. zu zahlen. Es wurde eine Fest-Kommission für das Arrangement des Stiftungsfestes gewählt und bestimmt, dass dasselbe am Sonnabend, den 2. Dezember, in den Sälen B und C des Architektenhauses gefeiert und besonders würdig begangen werden soll, zweil die Gesellschaft in diesem Semester auf ein zwanzigjähriges Bestehen zurückblicken kann. — Am 3. November er. hielt die Gesellschaft den ersten der angekündigten Vortragsabende ab. Es sprach vor einem sehr zahlreichen Publikum der Kunstmaler und Illustrator Herr Julius Klinger, ein Jünger der Wiener Schule, über »Das Wesen der Schrift und das Stilgefühl«. — Als ein Zeichen des in allen graphischen Kreisen Berlins überall rege pulsierenden Lebens ist auch die kürzlich begründete Freie Vereinigung der Graphiker anzusehen, deren Mitglieder den akademischen Kreisen angehören. Vorsitzender des Vereins ist Professor Hans Meyer.

Leipzig. Die *Typographische Gesellschaft* folgte am 12. Oktober er. abends einer Einladung der Firma *Preusse & Co.* in Leipzig-Anger zur Besichtigung ihres durch Anbau wesentlich vergrösserten Fabriketablissements. Es mochten sich ca. 45 Mitglieder eingefunden haben, die bei dem mehr als einstündigen Rundgange durch die Riesenarbeitssäle die verschiedensten Arbeiten dieses buchgewerblichen Fabrikationszweiges, der sich speciell auf den Bau von Draht- und Fadenheftmaschinen, Falzmaschinen und anderen Buchbindereimaschinen erstreckt, beobachten konnten. Die Besucher gewannen den besten Eindruck von diesem modernen Grossbetrieb und wurde der Firma Preusse & Co. vom Vorsitzenden wie auch von Herrn Th. Naumann der Dank der Gesellschaft für die liebenswürdige Aufnahme ausgesprochen. Am 19. Oktober er. behandelte Herr P. Schulling in seinem Vortrage das Thema »Was ist modern?« Derselbe gab mit seinen Ausführungen Anregung zu lebhafter Aussprache über verschiedene brennende Fragen bezüglich der geschickten Verbindung künstlerischer Forderungen mit der Praxis. — Am 31. Oktober er. unternahm die Typographische Gesellschaft wie alljährlich einen Studien-Ausflug und zwar galt derselbe diesmal dem Besitztume des Herrn Barons Speck von Sternburg auf Lützschena und des Herrn Grafen Hohenthal auf Dölkau. Das Schloss des ersteren beherbergt eine etwa 400 Nummern zählende, ausserordentlich schöne und wertvolle Gemäldegalerie (fast nur alte Meister des 14. bis 18. Jahrhunderts, darunter Raphael, Rubens, Rembrand, Dürer u. a., die hohes Interesse erregte und den Besuchern in ausführlichster Weise, sowie wie mancherlei andere ältere und neuere Kunstschätze erklärt wurden. Die Besichtigung der reichhaltigen Kupferstichsammlung blieb einem anderen Zeitpunkte vorbehalten.

An diese Vormittagsaufgabe schloss sich die des Nachmittags im gräflich Hohenthalschen Schlosse, allwo die Besucher in erster Linie die prächtigen Fresko-Säle Scenen aus der preussischen Geschichte, bewundern konnten und an vielerlei Gegenständen und Einrichtungen die vornehm künstlerische Gesinnung der Besitzern und des Besitzers zu erkennen vermochten. Nach einem Besuch der gärtnerischen Anlagen und Gewächshäuser des Schlosses war die Besichtigung beendet und die Stunde der Rückfahrt gekommen. In beiden Schlössern fanden die Besucher nach zuvor erfolgter schriftlicher Anmeldung in entgegenkommender Weise mehrstündigen genussreichen Aufenthalt.

—a—.

Nürnberg. Das rührige Bayerische Gewerbemuseum, welches seine Räume neuerdings vergrössert und eine Bildungsstätte im wahren Sinne des Wortes ist, veröffentlichte seine am 16. Oktober beginnende Winter-Ordnung. Mit ihr begannen die für jedermann unentgeltlich zugänglichen Vorträge. Es sprach am Montag, den 30. Oktober Dr. Rée über das Thema »Modernes, sodann folgen ausser für den Graphiker weniger interessante Vorträge über »Gasförmige und flüssige Luft« und »Das elektrische Fernsehen«, ein Vortragscyklus von 8 gleichfalls öffentlichen Vorträgen. In denselben wird Herr Dr. Rée über »Kunst und Kunsthandwerk im Mittelalter, I. Teil« sprechen. Im chemischen Laboratorium finden Lehrkurse in der Galvanostegie und Galvanoplastik statt. Für Materialverbrauch ist der Betrag von 2 M. zu entrichten. Ausserdem finden nach Übungen im gewerblich-technischen Zeichnen statt für Mechaniker, Schlosser u. s. w. Teilnehmerkarten hierzu können gegen Entrichtung von 4 M. in der Expedition des Gewerbemuseums gelöst werden. Es wäre zu wünschen, dass diese Zeichenübungen auch auf das graphische Gewerbe ausgedehnt würden, an Teilnehmern fehlte es sicherlich nicht, und wäre dadurch auch den zahlreichen Graphikern Gelegenheit gegeben, sich am Orte weiter auszubilden. — In der Permanenten Ausstellung für modernes Kunstgewerbe im Gewerbemuseum sind in der letzten Zeit verschiedene neue Zugänge ausgelegt. Besonders zu nennen sind hier die prächtigen Entwürfe für Bucheinbände von Hans von Berlepsch in München, welche der Künstler unter dem Titel »Künstlerische Anregungen« herausgegeben hat. Diese verschiedenen Drucksachen, ohne welche eine Ausstellung nicht gut denkbar ist, sind durchweg bestens ausgestattet; dies trägt zur Einheitlichkeit des Charakters der ganzen Ausstellung viel mit bei. — Auf Veranlassung des Ministeriums wird im nächsten Jahre vom Gewerbemuseum eine Ausstellung von Betriebsmaschinen und Geräten für das Kleingewerbe eröffnet. Diese Ausstellung hat in erster Linie die Aufgabe, die Kleingewerbetreibenden und Handwerker mit den Vorteilen verbesserter Arbeitsmethoden vertraut zu machen. — Das Germanische Museum wird bedeutend vergrössert und bedarf in Zukunft eines jährlichen Zuschusses von 100000 M. zur Bestreitung der Verwaltungskosten. Das Deutsche Reich soll dazu zwei Drittel beitragen, in das letzte Drittel teilen sich der bayerische Staat und die Stadt Nürnberg. Der hiesige Magistrat hat seinen Anteil in Höhe von 2000 M. bereits bewilligt. Das Museum besitzt u. a. eine reiche Sammlung alter wertvoller Drucke, sowie auch eine alte Holzpresse. Anfang Oktober fand die VIII. Bayerische Lehrlingsarbeiten-Ausstellung statt, bei welcher ca. 20 Gewerbe-Vereine aus verschiedenen Städten vertreten waren. Nürnberg beteiligte sich wegen der mit jedem Jahr zunehmenden Interesselosigkeit der handwerklichen Kreise nicht daran und verlor die diesjährige Ausstellung dadurch sehr an Reichhaltigkeit. Vom graphischen Gewerbe waren 2 Buchdrucker, 3 Lithographen und 3 Buchbinder vertreten mit zum Teil sehr guten Leistungen.

E. G.

Stuttgart. Zu Anfang dieses Jahres hatte der Ausschuss des hiesigen *Graphischen Klubs* im Anschluss an den vorhergegangenen Unterricht im Skizzieren, Farbenlehre und Ukiyoschnitt, ein Preisausschreiben erlassen, behufs Anfertigung von Entwürfen zu einem Buchumschlag, einer Mitgliedskarte und einem Quart-Briefkopf. Die Entwürfe konnten in Satz oder Zeichnung ausgeführt, die dazu nötigen Platten u. s. w. mussten jedoch ohne Zuhilfenahme des Xylographen oder Ätzers von dem betr. Einsender selbst hergestellt werden können.

Es liefen 22 Arbeiten ein. Die Herren Reinh. Bauer, Düsseldorf, Paul Goebel, Zwickau und H. Schwarz in Leipzig übernahmen das Preisrichteramt und unterzogen sich in dankenswerter Weise der Mühe, die Entwürfe einer Prüfung zu unterziehen und übermittelten dem Ausschuss des Graphischen Klubs ihre Urteile.

Einer engeren Commission des Ausschusses oblag es, an der Hand der eingegangenen Gutachten und Vorschläge, die besten Entwürfe zu prämiieren. Das Resultat des Preisausschreibens war folgendes:

1. *Buchumschlag*. I. Preis: Herr Eschenbacher. II. Preis: Herr Link beide bei Stähle & Friedel. III. Preis: Herr Carl Mayer Strecker & Schröder). Ehrende Anerkennungen: Herr O. Schällig und Herr A. Walter beide bei Greiner & Pfeiffer.

2. *Mitgliedskarten*. I. Preis: Herr C. Wanner Vereinsdruckerei. II. Preis wurde nicht zuerkannt. III. Preis: Herr A. Walter Greiner & Pfeiffer.

3. *Briefköpfe*. I. Preis wurde nicht zuerkannt. II. Preis: Herr C. Wanner Vereinsdruckerei. III. Preis: Herr G. Hund (Hoeg? Frhn.). Ehrende Anerkennungen: Herr O. Schällig und Herr Aug. Blumhardt.

Obgleich die Urteile der Preisrichter über die verschiedenen zu prämiierenden Entwürfe auseinander gingen, so hielt es die Kommission doch für angezeigt, die Ansicht eines der Herren auch bei der ihrigen zu machen, indem sie sich auf den Standpunkt stellte, dass bei einem Preisausschreiben die ausgesetzten Preise auf jeden Fall verteilt werden und zwar gemäss der Qualität der eingelaufenen Arbeiten resp. nach der erfolgten Beurteilung derselben durch die Preisrichter.

Es hat sich auch hier wieder gezeigt, dass in den Preisausschreiben ein wesentliches Bildungsmittel liegt für die Mitglieder der graphischen Vereinigungen und ist nur zu wünschen, dass auch die befähigteren Kräfte sich an solchen Veranstaltungen mehr beteiligen und die Vorstände dadurch unterstützen, dass sie an der Arbeit regen Anteil nehmen.

* * *

Wien. Ein Kurs über Illustrationszurichtung, theoretisch sowie praktisch, veranstaltet vom fachtechnischen Komitee des *Wiener Drucker- und Maschinenmeister-Klub*, wurde unter zahlreicher Beteiligung am Sonntag, den 15. Oktober, eröffnet. Im Vereinslokale war eine grosse Anzahl von Illustrationsdrucken zur Besichtigung ausgelegt.

Preis-Titel-Konkurrenz
der Typographischen Gesellschaft zu Leipzig.

Vor nunmehr 20 Jahren, im Jahre 1880, veranstaltete die *Typographische Gesellschaft* zu Leipzig bekanntlich eine Preis-Titelkonkurrenz, aus der weiner Zeit die bekannten Titelregeln hervorgingen und die seitdem fast durchweg als Richtschnur beim Satz des Worktitels befolgt wurden. Da sich in neuester Zeit verschiedentlich das Bestreben geltend macht, den Buchtiteln und Umschlägen eine veränderte, von der bisherigen abweichende Form zu geben, so beschloss die *Typographische Gesellschaft*, die damalige Konkurrenz für ihre Mitglieder zu wiederholen, und zwar unter Berücksichtigung der gemachten Fortschritte und der neueren Anschauungen. Es wird sich also darum handeln, die damalige Aufgabe in neuer Form zu lösen.

Die Aufgabe ist die gleiche wie die der im Jahre 1880 von der *Typographischen Gesellschaft* veranstalteten Konkurrenz:

Verarbeitung eines gegebenen Textes zu einer monumental wirkenden Titelform, die als vorbildlich für den Titelsatz anzusehen ist. Die Lösung der Aufgabe hat unter Berücksichtigung der in dem verflossenen Zeitraum von 20 Jahren gemachten Fortschritte und dem hieraus hervorgegangenen veränderten Stande der Druck-Ausstattung entsprechend zu erfolgen.

Umstellungen und Kürzungen sind nicht statthaft.

Titeltext zu dem Preisausschreiben der Typographischen Gesellschaft zu Leipzig.

Allgemeine Theorie der musikalischen Rhythmik seit J. S. Bach auf Grundlage der antiken und unter Bezugnahme auf ihren historischen Anschluss an die mittelalterliche. Mit besonderer Berücksichtigung von Bachs Fugen und Beethovens Sonaten von Rudolph Westphahl, Ehrendoktor der griechischen Litteratur an der Universität Moskau. Leipzig. Verlag von Breitkopf & Härtel. 1900.

Schrift: Der Titel gehört zu einem aus Antiqua oder Mediäval gesetzten Werke.
Ornamente: Nicht zulässig.
Farbe: Schwarzdruck.
Papier: Gutes Werkdruckpapier.
Papier-Format: 16½×24 cm.

Der Titel ist im *Satz* auszuführen und sind davon *10 Abzüge* unter Beifügung eines Namen und Wohnung des Verfertigers enthaltenden verschlossenen Couverts an die Adresse des Vorsitzenden bis spätestens 31. Januar 1901 einzusenden. Die Abzüge müssen auf der Rückseite ebenso wie das die Adresse enthaltende Couvert mit einem Motto versehen sein. Sämtliche Einsendungen bleiben Eigentum der Gesellschaft.

Die drei besten Lösungen werden prämiiert und zwar durch Überreichung folgender Werke:

I. Preis: Theodor Goebel, Die Graphischen Künste der Gegenwart. Geb.
II. Preis: H. Hoffmann, Systematische Farbenlehre. Geb.
III. Preis: A. Waldow, Encyklopädie der Graphischen Künste. Geb.

Ehrende Anerkennungen nach dem Ermessen der Preisrichter.

Das Preisrichteramt haben folgende Herren und Mitglieder der Gesellschaft übernommen:

Herr Max Seliger, Professor an der Kgl. Kunstakademie zu Leipzig.
„ Carl Gerke, i. H. C. Marquardt.
„ Alfred Merz, i H. J. G. Schelter & Giesecke.
„ Theodor Naumann, i. F. C. G. Naumann.
„ Gust. R. Rost, i. H. Otto Spamer.
„ R. Zabeth, i. H. S. Schmutzdeil und
„ H. Schwarz, als Vertreter des Vorstandes.

Es ist nicht daran zu zweifeln, dass aus dieser Konkurrenz wieder greifbare Vorteile für die Allgemeinheit herausspringen werden.

Zeitschriften- und Bücherschau.

— In Wilhelm Germans Verlag in Schwäb. Hall erschien vor kurzem ein Schriftchen unter dem Titel: *Der fränkische Dichter und Bauer, Mathematiker und Buchdrucker Stephan Hense*. Ein Lebensbild von Wilhelm German. Der Verfasser schildert in kurzer, interessanter Form das Leben Stephan Henses, der 1841—1868 lebte und ein eigenartiges Lebensziel als Gelehrter verfolgte. Schon der Umstand, dass er ca. 28 Werke schrieb und davon sogar einige auf einer primitiven Mostpresse selbst druckte, nachdem er sich 1 ½ Centner Lettern gekauft, Satz und Druck ganz von sich heraus gelernt und die Formen selbst gemacht hatte, macht das Werkchen lesenswert.

— *Zeitschrift für Reproduktionstechnik.* Herausgegeben von Dr. A. Miethe. Verlag von W. Knapp, Halle a. S. Von diesem neubegründeten Unternehmen liegen Heft 1 und 2 vor und kann man aus dem Inhalt schon entnehmen, dass sich Herausgeber wie Verleger ein weites Ziel gesteckt haben und es an nichts fehlen lassen, um dasselbe zu erreichen. In beiden Heften behandeln tüchtige Praktiker eine ganze Anzahl wichtiger technischer Fragen, daneben ist auch der Illustration ein weiter Raum eingeräumt. Wir

Beilage zum Archiv für Buchgewerbe, Heft 11/12, 1899.   Druck von Breitkopf & Härtel, Leipzig.
Zweifarbige Vignetten von Julius Klinkhardt, Leipzig.

halten es für einen guten Gedanken, dass man für die graphischen Reproduktionstechniken ein Organ geschaffen hat, in dem denselben eingehendste Behandlung zu teil werden kann und man enthoben wird, sich das Einschlägige an den verschiedensten Stellen zusammenzusuchen.

— *Geschichte der deutschen Illustration* von Th. Kutschmann. Verlag von Franz Jäger, Goslar und Berlin. Ein neues, zeitgemässes Werk in entsprechender künstlerischer Ausstattung erscheint unter vorliegendem Titel und wird dasselbe bei dem regen Interesse, das gerade jetzt dem gesamten Illustrationswesen entgegengebracht wird, günstigste Aufnahme finden. Die vorliegende Lieferung 1 giebt einen Einblick in die Anlage des etwa 50 Bogen umfassenden, und im Jahre 1900 komplett erscheinenden Werkes, das Hunderte von Textbildern und zahlreiche Einzelblätter in Heliogravüre, Licht- und Farbendruck, Holzschnitt u. s. w. in seinen 10 Lieferungen à Mk. 2.— enthalten soll. Wir behalten uns vor, gelegentlich auf diese hervorragende Bucherscheinung ausführlicher einzugehen und wollen für heute nur darauf hinweisen, dass die graphische Ausstattung des Werkes, nach der ersten Lieferung zu urteilen, in guten Händen liegt und dasselbe schon deshalb das besondere Interesse aller Graphiker verdient. S.

— *Jahrbuch für Reproduktionstechnik für das Jahr 1899*. Herausgegeben von Dr. Josef Maria Eder. Verlag von Wilh. Knapp in Halle a. S. Dieses bewährte Sammelwerk liegt in bekannter Reichhaltigkeit wieder vor und wird allen sich für das Wesen der graphischen Reproduktionstechniken interessierenden Fachgenossen eine willkommene Erscheinung sein. Neben bedeutenden Beiträgen verschiedener Autoritäten und dem sonstigen sorgfältig zusammengestellten Texte enthält der Band wieder eine grössere Zahl sehr interessanter Kunstbeilagen, die wie immer neuere Illustrationsmanieren und Techniken in erwünschter Weise veranschaulichen. H.

— *Die Lehre vom Licht*. Von F. Schurig, Seminar-Oberlehrer. 8°. Mk. 2.25 geb. Verlag von Julius Klinkhardt in Leipzig. 1899. Hat dieses uns vorliegende Werkchen auch keine rein graphische Bedeutung, so ist dessen Inhalt doch wesentlich geeignet zur Ergänzung des graphischen Wissens. Eine Vorbedingung für die richtige Erfassung jedweder Farbenlehre ist z. B. die Kenntnis des »Lichtes« und seines Wesens. Nicht minder trifft das zu in Bezug auf die mannigfachen Anforderungen, die durch die photomechanischen Verfahren, die Ausbreitung der Elektricität u. s. w. nun einmal heute an jeden gebildeten Graphiker herantreten. Wir können das instruktive Werkchen allen Fachleuten, besonders auch Bibliotheken empfehlen. H.

Verschiedene Eingänge.

Prachtkatalog der Maschinenfabrik Karl Krause, Leipzig. Ein Riesenband liegt uns vor und giebt ein Bild von der Produktionsfähigkeit dieser wohl grössten Leipziger Maschinenfabrik für die graphische Industrie. Auf mehreren hundert Seiten sind die für alle graphischen Zweige bestimmten Maschinenarten bildlich dargestellt und daneben alles Nähere über deren Grösse, Preis, Funktion u. s. w. in übersichtlichster Weise vermerkt. Man kann diesen Katalog als ein praktisches Handbuch bezeichnen, das zugleich der herausgebenden Firma alle Ehre macht. Der Katalog kam uns in drei Ausgaben zu Gesicht: in Prachtband, als Handausgabe mit einfachem, gepressten, roten Einband und auf Florpostpapier (für Export) gedruckt. Die Druckausstattung des Kataloges seitens der Firma Fraukenstein & Wagner in Leipzig ist eine gute zu nennen, wir glauben aber, dass sich für die etwas steife und durch die abgestumpften Ecken nicht harmonisch wirkenden Seitenumrahmungen etwas Wirkungsvolleres hätte finden lassen. Auch dem Haupttitel hätten wir etwas mehr Ruhe und sorgfältigere Schriftenwahl gewünscht.

Imitirte Lederpapiere von H H. Ullstein in Leipzig. Diese Firma versendet als Musterbuch XX, Teil 1, neue Proben ihrer gut eingeführten Lederpapiere. Es befinden sich in der Sammlung neben Mustern mit mehr oder weniger hervortretender Pressung auch einige Proben solcher Papiere, die sich infolge ihrer rauhen, mehr welligen Oberfläche für Buchumschläge besonders gut eignen.

Dreifarbendruck-Proben von C. Grumbach, Leipzig. In einem reich ausgestatteten Hefte hat die genannte Firma, die auf dem Gebiete des typographischen Farbendruckes von jeher Gediegenes leistete, eine Anzahl bei ihr entstandener Dreifarbendrucke veranschaulicht. Die Druckplatten sind nach dem Verfahren der Professoren Dr. G. Aarland und H. Berthold in der Abteilung für photomechanische Vervielfältigungsverfahren an der Kgl. Kunstakademie und Kunstgewerbeschule in Leipzig entstanden. Die Druckausführung des Heftes stellt der genannten Offizin das beste Zeugnis aus, betreffs der Farbenwirkung einzelner Blätter glauben wir aber sagen zu müssen, dass uns schon wirksamere Resultate des Dreifarbendruckverfahrens vorlagen.

Die Maschinen-Ausstellung im Deutschen Buchgewerbehause zu Leipzig als Deutscher Maschinenmarkt. Die unter diesem Titel erschienene, vom Deutschen Buchgewerbeverein an die deutschen Maschinenfabrikanten gerichtete Denkschrift ist zugleich eine vortreffliche Druckleistung in modernstem Stile der Offizin J. J. Weber in Leipzig und verdient daher auch die Beachtung weiterer Kreise. In dem Schriftchen sind die Aufgaben und Ziele des Deutschen Buchgewerbevereins nochmals in gedrängter Fassung niedergelegt.

Proben von Messingschriften für Buchbindereien von J. G. Schelter & Giesecke in Leipzig. In einem uns vorliegenden Bändchen giebt die genannte Firma eine vorläufige Zusammenstellung der Erzeugnisse ihres neuesten Fabrikationszweiges. Unter den vorgeführten Schriften befinden sich vornehmlich moderne Schriftschnitte, die als wesentliche Bereicherung der bisherigen Schriftenauswahl für Buchbinderzwecke gelten dürften. Die Schriften sind aus bestem, hartem Rotgussmetall hergestellt und daher sehr widerstandsfähig.

Illustrierter Weihnachtskatalog von Breitkopf & Härtel in Leipzig. Unter den uns vorliegenden verschiedenen Weihnachtskatalogen erscheint dieser durch sehr guten Druck aus, eine um so erfreulichere Thatsache, als in den letzten Jahren bedauerlicherweise allgemein wenig Sorgfalt auf die Herstellung litterarischer Kataloge mit grosser Auflage gelegt wird. Bietet der Inhalt des Kataloges an sich manches Interessante, so trägt auch die splendide und übersichtliche Anordnung der Seiten wesentlich zum harmonischen Eindruck mit bei.

Vordrucke für Glückwunschkarten von Förster & Borries in Zwickau. In einem stattlichen Bande liegen uns die die-

40

jährigen Neuheiten in Blancovordrucken für Neujahrskarten der Firma Förster & Borries vor. Neben zahlreichen Mustern in einfacher Ausführung enthält die Kollektion prächtige Farbendruckkarten, die gewiss allerseits gern gekauft werden dürften und die ihres tadellosen Druckes halber vollste Beachtung verdienen. Besonders gut ausgefallen sind eine grössere Anzahl Kärtchen in Dreifarbendruck, zumeist naturalistische Motive, mit welchem Verfahren die genannte Firma überraschende Erfolge zu erzielen versteht. Auch den Anforderungen der »Moderne« wurde durch einige effektvolle Vordrucke Rechnung getragen. — In einem besonderen Musterbuche führt die Firma eine Auswahl Blancos für die verschiedensten Zwecke, als Karten, Cirkulare, Diplome u. s. w. vor und wird auch hierin für manche Buchdruckerei Passendes enthalten sein.

Kalender für 1900 von Förster & Borries in Zwickau i. S. Dieser Wandkalender und abreissbarem Wochenblock erfreut sich seit Jahren grosser Beliebtheit und wird von Druckereien gern gekauft. Die Rückwand des Kalenders erfuhr diesmal zweierlei Ausführung und zwar erfolgte dieselbe zunächst wie bisher in effektvollem Satzarrangement, farbig gedruckt. Daneben brachte die Firma aber noch ein effektvolles Blumenmotiv in sehr schönem Dreifarbendruck zur Anwendung, welche Ausführung den Ansprüchen nach farbenfreudigster Wirkung mehr entsprechen durfte. Die Rückwände sind natürlich für den Eindruck beliebigen Firmentextes eingerichtet.

Neuheiten in Glückwunschkarten von H. Hohmann in Darmstadt. Eine hübsche Auswahl Blancovordrucke in mehrfarbigem Buchdruck und Dreifarbendruck bietet diese Firma in dem vorliegenden Heftchen, das an interessenten kostenlos abgegeben wird. Die Kärtchen zeigen künstlerische Ausführung und entsprechen fast durchweg dem modernen Geschmack.

Humoristische Buchdrucker-Postkarten Serie C. No. 1–6 der Graphischen Verlagsanstalt in Halle a. S. — Kritische Situationen aus dem Buchdruckerleben werden auf diesen Karten festgelegt, die ebenso humorvoll als naturwahr gehalten sind und dem Empfänger einige köstliche Augenblicke bereiten dürften.

Neues Buchdrucker-Diplom, entworfen von Professor Max Honegger in Leipzig. Dieser vom Verlag der Typographischen Jahrbücher in Leipzig in den Handel gebrachte Diplom-Vordruck Preis inkl. Verpackung Mark 0,50 wird sich für die verschiedensten Gelegenheiten gut verwenden lassen.

Bilderbuch für grosse und kleine Kinder. Diese von J. H. W. Dietz Nachf. G. m. b. H. in Stuttgart herausgegebene und uns durch Herrn Aug. Kirchhoff zugegangene Bilderbucherscheinung verdient ihrer graphischen Ausführung halber das Interesse des Praktikers. Man begegnet in dem Werke einem bei grossen Auflagen sonst sehr selten zu beobachtenden vorzüglichen Farbendruck und wie bezieht sich dies ebenso auf die farbigen Autotypieblätter wie auf die anderen Chromotypen, bei welch letzteren durch Anwendung von Kornplatten sehr wirkungsvolle Tonabhangen entstanden sind. Die typographische Bilderbuchausstattung lässt in Deutschland noch manches zu wünschen übrig und kann der bei diesem Werke eingeschlagene Weg als ein erfreulicher Fortschritt angesehen werden.

Die Aktien-Gesellschaft für Buntpapier- und Leimfabrikation in Aschaffenburg bemustert uns als Neuheit ihre Damast-Katalog-Unterlagpapiere. Die vollständig glatte und weiche Oberfläche des Farbstriches bei diesen Papieren gestattet feineren und eleganteren Druck, schont die Typen weit mehr und bringt die Druckfarben zu schönerer und leuchtenderer Geltung, als die in letzter Zeit mehrfach verwendeten sehr harten Naturpapiere. Das Papier ist in 12 Sorten zu haben. Eine weitere Neuheit ist der ebenfalls vorliegende Marmor »Jugend« I und II. Die einzelnen Muster sind in den verschiedenen Farbnuancen sehr wirkungsvoll und als gelungene Versuche auch auf diesem Gebiete Eigenartiges und Neues herzustellen, zu bezeichnen. Einige Farbstimmungen des Musters II sind ebenfalls recht wirkungsvoll. In einem weiteren Hefte werden noch vorgeführt Neuheiten in ein- und mehrfarbigen Vorsatzpapieren, ferner Imitationen von Art-Linen, gepresst Cambric, gepresst Kalbleder, gepresst Skylogen, gepresst Seidenbronze-Papier, Celluloid, Westgewood, Porzellan u. a. m.

Künstler-Palette »Eintracht«. Nach dem Gemälde von Professor B. Spehling. Getreu in den Farben des Originals kopiert und mit Ölfarbe überhöht. Preis 4 Mark. Richt. Boag, Kunstverlag, Berlin. Das Original, das seiner Zeit im Berliner Künstler-Verein ausgestellt war und in den Kreisen der Künstler und des Publikums grossen Beifall fand, ist in der vorliegenden eleganten Mahagoni-Holz-Palette in echter Ölfarben-Übermalung mit zwei Malerpinseln getreu wiedergegeben.

Illustrierter Ratgeber für Kunst- und Bücherfreunde. Eine Übersicht der wichtigsten Neuerscheinungen im Verlage von Fischer & Franke, Berlin. Ein sehr geschmackvoll ausgestalteter Katalog, der eine vollkommene Übersicht giebt über die zahlreichen neueren Werke dieses auf gute Druckausstattung besonders bedachten Verlagshauses. Zahlreiche Reproduktionen von Titeln einzelner Werke, ebenso verkleinerte Illustrationsproben aus denselben deuten an, welcher Art die künstlerisch-illustrative Ausschmückung der Werke ist. Wir empfehlen jedem Bücherfreunde das interessante Heftchen.

Eine neue Erscheinung auf dem Gebiete der Abonnentenprämien repräsentiert die uns vorliegende *Spezialkarte des Königreichs Sachsen,* welche vom dem Verlag der »Neuesten Nachrichten« in Dresden, einer der gelesensten Tageszeitungen Mitteldeutschlands, speziell für ihre Leser herausgegeben wurde.

Aus dem Coupé und *Vom Verdeck* nennen sich die von der Firma Philipp & Kratner in Wien herausgegebenen Albums, welche je zehn in Aquarellmanier ausgeführte Künstler-Postkarten mit Ansichten von Ortschaften, Städten u. s. w. enthalten, die sämtlich an einer bestimmten Eisenbahn- oder Dampfschiffahrtsstrecke liegen, so dass man die betreffende Ansichtskarte nur aus dem Albums herauszutrennen und nach Austerigung bei der nächsten Station abzugeben hat. Mit der Druckausführung der Karten können wir uns noch nicht recht einverstanden erklären.

Empfehlungs-Drucksachen der Firma Richard Müller, lithographische Kunstanstalt in Chemnitz. Das kleine Kärtchen in Dreifarbendruck gefällt uns sehr gut und macht der Anstalt alle Ehre. Das noch vorliegende Cirkular ist auch eine ganz anerkennenswerte Druckleistung, der Satz der Innenseite musste in den Schriften wesentlich mehr Ruhe zeigen.

Die Beilagen zum 11/12. Heft.

Die *Satzbeilagen* zu diesem Doppelhefte werden die Durchführbarkeit und gute Wirkung geschlossener Satzanordnung nach verschiedener Richtung hin illustrieren.

Besonders in der Anlage wird die *dreiteilige Empfehlungskarte* — von der natürlich nur die eine Hälfte gezeigt werden konnte — als neu anzusehen sein. Es ist in dieser aus der Praxis stammenden Druckarbeit das Prinzip durchgeführt, die Empfehlung zweier verschiedener Firmen, die sich aber an gleiche Kreise wenden, zu vereinigen, was in bisheraus geschickter Weise erfolgte. Das Kolorit darf wohl als sehr vornehm bezeichnet werden.

In dem Titel *Donauwellen* wurde mit wenig Aufwand an technischen Mitteln eine klare deutliche Wirkung erzielt. Die reizende Vignette erfüllt als Mittelpunkt des Titels zugleich die Aufgabe der bei einer solchen Arbeit zulässigen Dekoration, während anderseits versucht wurde mit Versalschriften, teils älteren Schnittes, eine zeitgemässe Wirkung hervorzubringen.

Der *Satzbeilage Aero Kinder* kann als zweckmässige Lösung einfach-dekorativer Cirkularanordnung bezeichnet werden, während die dem Zeitpunkte des Erscheinens dieses Heftes Rechnung tragende *Neujahrskartenbeilage* mehr den Wünschen nach zarter, eleganter Wirkung, als nach kräftigerem Ausdruck entsprechen wird.

Im Texte dieses Heftes selbst sind noch einzelne *Satzbeispiele* eingefügt, die infolge ihrer Einfachheit, b. besonders durch die Betonung der Schrift, bezwecken, den Sinn für reine Satzanordnung wieder mehr zu wecken und zu beweisen, dass auch Schriftgruppen allein dekorativ zu wirken vermögen.

An illustrativen Beilagen bringen wir zunächst einen vorzüglichen *Dreifarbendruck* der Firma J. G. Schelter & Giesecke in Leipzig. Das Blatt zeigt erfreulicherweise im Gegensatze zu vielen Dreifarbendruckblättern, die Anwendung des Verfahrens für Merkantilzwecke, und kann man nur wünschen, dass dasselbe mehr und mehr auch auf dieses Gebiet übergreift, statt dass es spezieller auf das reine Illustrationswesen ausgedehnt wird. Es dürfte sich wohl kaum durch ein anderes Verfahren eine gleich gute und naturwahre Wiedergabe solcher Darstellungen erzielen lassen.

Zu unserem Artikel »Ein deutscher Maschinenmarkt« gehört die Beilage *Das Deutsche Buchgewerbehaus*. Es wird den Lesern des »Archivs« gewiss angenehm sein, das fast vollendete Gebäude zunächst bildlich zu sehen, um demselben gelegentlich mit um so grösserem Interesse einen Besuch abzustatten. Das Bild zeigt die nach der Dolzstrasse liegende Hauptfront, während hinter dem Gebäude der Gutenberggarten liegt.

Eine *Kupferätzung* aus der Anstalt von E. & H. Schüssler in Leipzig dürfte nicht allein des knowappen Sujets halber, sondern auch infolge der guten Ausführung der Druckplatte Interesse finden.

Auf einer vierseitigen Beilage geben wir eine Andeutung von der Anlage eines Teiles des im Verlage von J. J. Weber in Leipzig soeben erschienenen Prachtwerkes *Das Goldene Buch des deutschen Volkes an der Jahrhundertwende*. Der auf der letzten Seite der Beilage gegebene kurze Hinweis auf den Inhalt des Werkes enthebt uns einer beschreibenden Erklärung. Wir möchten aber nicht unterlassen zu bemerken, dass das »Goldene Buch«

auch als eine der hervorragendsten graphischen Erscheinungen der Neuzeit bezeichnet werden muss, und darum allein schon die Beachtung weitester Kreise verdient.

An dieser Stelle möchten wir noch nachträglich auf die in Heft 10 des »Archivs« enthaltene *Autotypie* »Kilianskirche in Heilbronn« der Firma J. G. Schelter & Giesecke in Leipzig hinweisen. Die zum Drucke des Blattes benutzte Platte kann als eine hervorragende Leistung der autotypischen Reproduktionstechnik bezeichnet werden. Der dem Blatte eigenen Schärfe der Darstellung begegnet man sehr selten.

Patente, Erfindungen und Vorgänge auf buchgewerblichem Gebiete.

— Unter Bezugnahme auf die in Heft IX, Spalte 464, enthaltenen Ausführungen teilt die Rudhardsche Giesserei in Offenbach a. M. mit, dass laut dem ihr auf eine bezügl. Anfrage vor kurzem erteilten Bescheide des Reichsbank-Direktoriums gegen Wechsel mit folgendem Wortlaute keinerlei Bedenken geltend zu machen sind:

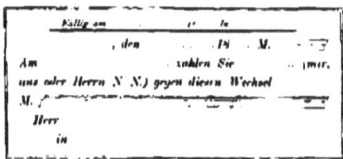

— *Wechselformulare*. Durch die Presse ging vor kurzem die Mitteilung, dass die Wechselformulare mit dem Vordrucke 180. vom Jahre 1881 ab nicht mehr verwendbar seien, weil eine nach dem Wechselgesetze ungültige Veränderung des Wechseltextes wäre. Daraufhin teilt die Reichsbank jedoch mit, dass diese Durchstreichung wie die Änderung des gedruckten Textes in Wechselformularen und damit die Benutzung der alten Wechselformulare auch über das Ende 1880 hinaus gestattet ist. Der entgegengesetzte Bescheid könne nur von einer untergeordneten und unuterrichteten Instanz erteilt worden sein.

— Mit dem 1. Januar 1880 tritt eine neue Eisenbahn-Verkehrsordnung in Kraft, nach welcher der *Aufdruck auf den Frachtbriefen* für den innerdeutschen Verkehr mehrfachen Abänderungen unterworfen worden ist, während die bisherige Grösse der Frachtbriefformulare (38×20) cm), sowie die vielen Erkennungsstreifen für die Eilfrachtbriefe und insbesondere der ganze amtliche Vorschriften über die Beschaffenheit des für die Formulare zur Verwendung gelangenden Papieres unverändert bleiben. Es ist zwar vorgesehen, dass das Reichsweisenbahnamt vom Bundesrat die Ermächtigung erhält, für den Verbrauch der nach dem 1. Januar k. J. etwa noch nicht vorhandenen allen Formulare eine angemessene Frist zu gewähren, doch kann es sich dabei natürlich nur um verhältnismässig geringere Mengen handeln, weshalb wir schon jetzt die dabei in Frage kommenden Buchdruckereien auf den bevorstehenden Wechsel aufmerksam machen wollen. *hn.*

— Eine beherzigenswerte *Mahnung zur Vorsicht* giebt der folgende Vorfall. Ein Maschinenmeister wurde wegen thatsächlicher Unbrauchbarkeit für beim Eintritt in das Geschäft ausdrücklich von ihm übernommene Arbeiten ohne Kündigung entlassen, wusste aber den Faktor zu bewegen, ihm aus Gefälligkeit ein Zeugnis auszustellen, dass er wegen Arbeitsmangels entlassen worden sei. Auf Grund dieses Zeugnisses ging der Maschinenmeister dann beim Gewerbegericht gegen den Principal vor, um den Arbeitslohn für die 14 tägige Kündigungszeit einzuklagen. Nur dem Umstande, dass der Faktor zur Ausstellung von Zeugnissen nicht berechtigt war, hatte es der Principal zu danken, dass der Klage führende Maschinenmeister mit seiner Forderung abgewiesen wurde.

Mannigfaltiges.
Geschäftliches.

— Die Buchbinderfirma *F. A. Barthel in Leipzig* wurde unterm 25. Oktober d. J. in eine Aktiengesellschaft umgewandelt. Herr H. O. Petermann zeichnet als Vorstand, die Herren A. Roesler und H. Moth als Prokuristen.

— Die seit 1862 bestehende Firma *Schnellpressenfabrik Worms Ehrenhard & Gramm in Worms* ist mit Rückwirkung vom 1. Juli d. J. in eine *Aktiengesellschaft* umgewandelt worden und zwar unter der Firma Schnellpressenfabrik Worms Ehrenhard & Gramm Akt.-Ges. Die Direktion besteht aus den alleinigen Inhabern der seitherigen Firma Herrn Friedrich Ehrenhard sowie Herrn Wilhelm Tag und ist jeder allein berechtigt, die neue Gesellschaft rechtsverbindlich zu zeichnen und zu vertreten.

— Herr *Johannes Baedeker*, Sohn des Herrn Fritz Baedeker, ist unterm 2. November er. als Teilhaber in die Verlagsbuchhandlung Karl Baedeker in Leipzig eingetreten.

— Herr *Robert Klinkhardt* tritt unterm 1 November er. durch Handschreiben mit, dass er seinen Sohn Herrn *Wilhelm Klinkhardt* nach sechsjähriger Thätigkeit in der Firma Julius Klinkhardt als Teilhaber in dieselbe aufgenommen hat. Zugleich wurde den Herren Hugo Gassmann und Franz Stephani, wie bisher Kollektiv-Prokura belassen, jedem für sich Prokura erteilt.

— *Leipziger Buchbinderei-Aktien-Gesellschaft vorm. Gustav Fritzsche in Leipzig und Berlin*. Die Gesellschaft errichtet zu Anfang des Jahres 1901 eine Zweigniederlassung in München und hat als Grundlage dieses Zweiggeschäfts die Königlich Bayerische Hofbuchbinderei von Otto Wisselberger in München angekauft.

— Die im Besitze des Herrn Carl Ungerer befindliche *Mühlthalerwerke Königliche Hofbuch- und Kunstdruckerei* in München wurde in eine Aktiengesellschaft mit Mk. 750000 Aktienkapital umgewandelt. Die Gesellschaft übernimmt das gesamte Inventar zum Preise von Mark 300000. Zum Vorsitzenden des Aufsichtsrates wurde Herr Karl Ungerer, zum Direktor der bisherige technische Leiter des Geschäftes, Herr Joh. Baptist Holzer, bestellt.

— Die k. u. k. Photochemigraphische Hof-Kunstanstalt *Husnik & Häusler in Prag*, bisher Kgl. Weinberge, hat einen speciell für ihr Unternehmen eingerichteten Neubau in Prag-Zizkov, Husinecgasse Nr 930, bezogen.

— Die Firma *Alexander Waldow in Leipzig* ist mit dem 1. Oktober er. auf Antrag der Besitzerin Frau verw. E. Waldow im Handelsregister gelöscht und durch Verkauf endgültig aufgelöst worden. Mit der Firma selbst und insbesondere mit ihrem verstorbenen Begründer ist ein gut Teil Buchdruckergeschichte verknüpft. Man kann wohl behaupten, dass die ausserordentliche Thätigkeit A Waldows auf fachlitterarischem Gebiete, die ausser in den Werken seines typographischen Verlages und speciell in den zahlreichen Bänden des »Archivs für Buchdruckerkunst« auch durch ausgedehnten schriftlichen Verkehr mit der Fachwelt zum Ausdruck kam, von unbestreitbarem Einfluss auf die fachliche Erziehung der letzten Buchdrucker-Generationen gewesen ist und auch heute noch mancher aus seiner Geistesart schöpfen kann. Insbesondere gilt das letztere hinsichtlich der bisher unerreichten Werke »Die Buchdruckerkunst in ihrem technischen Betriebe« und »Encyklopädie der Graphischen Künste«, welch letzteres Werk heute noch als das beste Nachschlagebuch gelten muss und dessen Herausgabe sozusagen das Endziel der Lebensaufgabe Waldows war. Das von Waldow in den sechziger Jahren begründete Fachgeschäft, verbunden mit Utensilienhandlung und Vertretung der Johannisberger Maschinenfabrik, hatte sich im Laufe der Jahre durch die Umsicht des Inhabers zu einer ausgedehnten, soliden und anständigen Vermittelungsstelle zwischen Fabrikant und Käufer herausgebildet und manche angesehene Firma möchte des fachmännischen Rates Waldows, der, solange es seine Gesundheit gestattete, und der selbst noch in durch Krankheit getrübten Tagen im Satz und im Druck letzte Hand mit anlegte, nicht entbehren. Die letztere Thatsache äusserte sich auch nach eingehendster Prüfung des Druckes, der Exaktheit des Satzes, der Farbenstimmung u. s. w. herauskamen und so kunstgerechte Gestalt erhielten. Die Stärke Waldows lag überhaupt mehr auf dem Gebiete des Druckes als auf dem des Satzes, was in den sämtlichen Bänden des »Archivs« zum Ausdruck kommt. Er war ein farbenkundiger Drucker mit feinem Geschmack. Das Bestände des Waldowschen Verlages, wie dieser selbst, sind ebenso wie das Fachgeschäft in andere Hände übergegangen. Mit der erfolgten Auflösung der Firma erlischt die Name A. Waldow in geschäftlicher Hinsicht nicht mehr als für das Buchgewerbe, die graphische Bedeutung desselben wird indessen hierdurch kaum geschmälert oder verwischt werden.

Es mag auch an dieser Stelle darauf hingewiesen sein, dass alle das »Archive« betreffenden Sendungen und Anfragen nicht mehr an die frühere geschäftliche Firma A. Waldow, sondern an die Geschäftsstelle des Deutschen Buchgewerbevereins resp. die Schriftleitung des »Archivs für Buchgewerbe« zu richten sind.

Auszeichnungen.

— Se. Majestät der Kaiser von Österreich hat dem Direktor der k. k. Graphischen Lehr- und Versuchsanstalt in Wien, Regierungsrat *J. M. Eder*, den Titel eines Hofrates und dem Professor an der genannten Anstalt, *Eduard Valenta*, das Ritterkreuz des Franz Joseph-Ordens verliehen.

— Der in der Buchdruckerei von Ludwig Cloos in Nidda Oberhessen, beschäftigte Schriftsetzer Herr *Heinrich Lehr* erhielt aus Anlass seines 25 jährigen Berufs- und Geschäftsjubiläums vom Grossherzog von Hessen das allgemeine Ehrenzeichen für treue Arbeit.

Jubiläen.

— Siebzig Jahre der Kunst Gutenbergs und fünfzig Jahre davon ein und demselben Geschäfte widmen zu können, dieser in unserer hastenden und dem Wechsel huldigenden Zeit einem Gutenbergjünger äusserst selten beschiedenen Vergünstigung des Geschickes darf sich der

Schriftsetzer Herr *Alexander Joseph Capra* im Hause Bernhard Tauchnitz in Leipzig erfreuen. Derselbe konnte am 12. September das 70jährige Jubiläum als Buchdrucker feiern, und am 26. Oktober waren es 50 Jahre, dass er dem oben erwähnten Geschäfte angehörte. Beide Jubiläen wurden am 26. Oktober vom Personal der Firma Bernhard Tauchnitz begangen.

— Das 50jährige Bestehen beging am 1. Oktober die Buchdruckerei von *Carl Jehne* (jetziger Inhaber Herr Paul Jehne) in Dippoldiswalde Kgr. Sachsen. Herr Paul Jehne gewährte aus diesem Anlass seinem Personal eine Erweiterung der bestehenden Sommerferien sowie einen Extra-Wochenlohn und widmete den an der Jubiläumsfeier Teilnehmenden eine eigens für den Jubeltag geprägte Denkmünze.

— Am 1. Oktober feierte der Buchdruckereibesitzer Herr *Martin Däntler* in Eichstätt sein 70jähriges, Herr *Robert Frisch* in Reutlingen i. Schl. sein 50jähriges Berufsjubiläum.

— Die Firma *Louis Hofer* in Göttingen, Inhaber Herr Fritz Hofer, Buchdruckerei und Verlagsanstalt, Herausgeberin der «Göttinger Zeitung», beging am 10. Oktober in den musterhaften, neu eingerichteten Geschäftsräumen die Feier ihres 40jährigen Bestehens.

— Das 25jährige Geschäftsjubiläum beging am 26. Oktober der in der Buchdruckerei des «Leipziger Tageblattes» E. Polz) in Leipzig beschäftigte Schriftsetzer Herr *Moritz Lindreich.*

— Eine seltene Jubiläumsfeier wurde am 3. November in den Comptoirräumen der Druckerei von Breitkopf & Härtel begangen. Es wurden 16 Leuten des Personals der Firma aus Anlass einer 50jährigen und noch längeren, nach Vollendung des 25. Lebensjahres bei der Firma verbrachten Dienstzeit durch Herrn Stadtrat Dr. Wagler im Auftrage des Rates die ihnen von Sr. Majestät dem König verliehenen tragbaren Ehrenzeichen für Treue in der Arbeit überreicht, und zwar in Gegenwart der Chefs des Hauses, Herren Dr. v. Hase und Dr. Volkmann, des Comptoirpersonals und derjenigen 34 Jubilare, die teilweise schon früher mit der Medaille beliehen worden waren. Herr Dr. Wagler hielt dabei eine längere, die Jubilare und das Haus Breitkopf & Härtel ehrende Ansprache, der erwidert wurde durch eine in ein Hoch auf Se. Majestät den König Albert, den Stifter der Medaille, ausklingende Ansprache des Herrn Dr. Volkmann und eine den Rat der Stadt Leipzig feiernde Rede des Herrn Dr. v. Hase. Mit dem Ehrenzeichen beliehen wurden die Herren Faktore *Heyr, Burkhardt, Kutscher* und *Rau*; Magazinverwalter *Augustin,* Schriftsetzer und Drucker *Bey, Grassmann, Lehmann* und *Werner,* Galvanoplastiker *Lange,* Schriftgiesser *Carl Herm. Schmidt,* Buchbinder *Buschel,* Farbenreiber *Heimold,* Zimmermann *Pebeck,* Korrektor *Pischel* und Arbeiter *Zschiesche.*

— Am 4. November feierte der Schriftsetzer Herr *Karl Tuye* in Stuttgart, seit Jahren in der Buchdruckerei des «Neuen Tageblattes» beschäftigt, sein 50jähriges Buchdrucker-Jubiläum.

— Die Firma *Rudolph Becker* in Leipzig beging am 1. Dezember ihr 25jähriges Geschäftsjubiläum.

Todesfälle.

— In Eisenburg starb am 9. Oktober der frühere Verlagsbuchhändler und Buchdruckereibesitzer Herr Stadtältester Carl *Wilhelm Offenhauer,* 80 Jahre alt.

— *Dietrich Reimer* †. Am Sonntag, den 15. Oktober, starb zu Berlin im 82. Lebensjahre der Verlagsbuchhändler Dietrich Reimer, der Begründer der gleichnamigen Firma, die sich einen Weltruf erworben hat. Der Verstorbene, ein Sohn des Buchdruckers und Verlagsbuchhändlers Georg Andreas Reimer, machte sich 1845 in Berlin selbständig und widmete sich zunächst dem Sortimentsbuchhandel. Nach wenigen Jahren fügte er seinem jungen Geschäft auch eine Verlagsabteilung hinzu, der er sich von 1854 ausschliesslich zuwandte und bis 1894 an der Spitze der Firma verblieb. Den Grundstock des Dietrich Reimerschen Verlages bildete der kartographische und Kunstverlag des Stammhauses Georg Reimer, den Dietrich 1847 übernahm und besonders den kartographischen Teil zu höchster Blüte brachte; denn ein erheblicher Teil der gesamten deutschen Kartenwerke ging aus seinem Verlage hervor. Einen bedeutenden Erfolg hatte in dieser Beziehung die Verbindung Dietrich Reimers mit Heinrich Kiepert und dessen Sohn und Mitarbeiter Richard Kiepert, sowie mit Ernst Curtius und dessen Arbeitsgenossen Kaupert, welche letzteren beiden die bekannten «Karten von Attika» entwarfen. Ein weiteres Verdienst um die Erdkunde erwarb sich Reimer durch die Herausgabe des grossen Reisewerkes über China von Freiherrn von Richthofen und als Verleger der Zeitschrift für Erdkunde. Besonders ist ihm aber der Vertrieb brauchbarer und dabei billiger Schulatlanten zu verdanken, die dem Schulunterricht von bedeutendem Nutzen waren. 1891 ging die Firma auf Hermann Hofer, der bereits seit 1868 Reimers Teilhaber war, und den auf dem Gebiete des Kolonialwesens bekannten Konsul Ernst Vohsen über, der sie seit 1894 als alleiniger Inhaber weiterführt. *hn.*

— Am 8. November starb in Leipzig der frühere Mitinhaber der Firma «J. Ihgenfurst, Herr *Bernhard Ihgenfurst.*

— Am 8. November starb in Salzburg der durch seine Kunstbestrebungen, wie als Fachblattherausgeber weithin bekannt gewordene Buchdruckereibesitzer Herr *Anton Holzauska,* ehemaliger Vorstand des Gremiums der Pressgewerbe in Salzburg und k. und k. österr. Oberleutnant a. D., auch Besitzer der Kriegs- und der Jubiläums-Medaille. Er erreichte ein Alter von nur 47 Jahren.

— Aus Capri trifft die Trauerkunde ein, dass daselbst am 9. v. Mts. Herr *Alphonse Derriest,* Teilhaber der Buch- und Kunstdruckerei von Giesecke & Devrient in Leipzig, verschieden ist. Der Genannte war auf einer Reise durch Italien begriffen.

— Am 14. November ist an einem Schlaganfall der Direktor der Aktiengesellschaft »Neue Börsenhalle« in Hamburg, Herr *Rudolf Jung,* gestorben.

Vereinswesen.

— Die *Buchdrucker-Innung in Dresden* Zwangsinnung hielt am 17. Oktober ihre ordentliche Vierteljahrs-Versammlung im Saale der Odd Fellows-Logen ab, welche in Vertretung des erkrankten Vorsitzenden durch dessen Stellvertreter, Herrn Walter Meinhold, geleitet wurde. Zunächst nahm die Versammlung die von dem zuständigen Ausschuss auf Grund der Gewerbeordnungs-Novelle neu ausgearbeiteten Bestimmungen für das Lehrlingswesen sowie die abgeänderten Lehrverträge nach einigen unwesentlichen Abänderungen an. Aus dem Geschäftsbericht über das letzte Vierteljahr ging hervor, dass die Einrichtungsarbeiten der Zwangsinnung sehr umfangreicher Art waren und den Vorstand sowie das Innungsbureau vollständig beschäftigten. In mehreren Fällen musste bei erfolgter Weigerung zum Beitritt die Entscheidung der Aufsichtsbehörde angerufen werden. Eine besondere Aufmerksamkeit widmete der Vorstand auch den Geschäften, welche zwar als Buchdruckerei firmieren, aber keine solche besitzen und durch blosse Annahme von Druckaufträgen den Dresdener Prinzipalen Schleuderkonkurrenz bereiten. Durch geeignete Massregeln ist es auch bereits gelungen, einige derartige Geschäfte unschädlich zu machen. Ferner wurde noch auf die für die Walden zum Gewerbegericht aufzustellenden Wählerlisten aufmerksam gemacht und um rechtzeitige Eintragungen in dieselben gebeten. Der Vorstand wird das Weitere in die Hand nehmen. Aus dem durch den Innungssekretär erstatteten Bericht über den Arbeitsnachweis und die Unterstützungskassen des Deutschen Buchdrucker-Vereins ging hervor, dass der Arbeitsnachweis von 340 Personen benutzt wurde, während die Unterstützungskassen 1280 Mark an Unterstützung für Reise, Arbeitslosigkeit, Krankheit u. s. w. auszahlten. — Als Vorstandsmitglied wurde in der Ersatzwahl Herr Heinrich Seyffert gewählt.

— In einer am 27. November im Deutschen Buchhändlerhause zu Leipzig stattgehabten Versammlung der Innung *Leipziger Buchdruckereibesitzer (Zwangsinnung)* wurde u. a. auch folgender Antrag des Innungsvorstandes beraten: »Gegen solche Geschäfte, die als Buchdruckereien firmieren oder sich auf Drucksachen als Inhaber von Buchdruckereien bezeichnen, obgleich sie keine solche besitzen, auf Grund des Gesetzes gegen den unlauteren Wettbewerb seitens der Innung vorzugehen.«

Verschiedenes.

— Im Anfang dieses Jahres ging sowohl durch verschiedene Tageszeitungen, als auch einige Fachblätter die Nachricht, dass ein jüngeres Mitglied der bekannten märkischen Buchdruckerfamilie *Ferghoff* als Leiter der Buchdruckerei der »Deutsch-ostasiatischen Warte« nach Tsintau, der Hauptstadt unserer neu erworbenen chinesischen Kolonie Kiautschou, berufen worden sei. Die Nachricht bewahrheitete sich, und am 1. April d. J. verliess der Leiter *Alfred Ferghoff* in Genua das europäische Festland, um sich nach seinem neuen Wirkungskreise zu begeben. Ich möchte zu seinem engeren Freundeskreise und erhielt von ihm die Zusage, sobald als möglich von ihm nähere Nachricht zu bekommen. Diese ist nach halbjähriger Pause nunmehr eingetroffen und dürfte zum Teil auch für die Leser des »Archivs« von Interesse sein, weshalb ich einige Stellen hier auszugsweise mitteilen will. Der Brief trägt das Datum des 31. August und beginnt leider gleich mit einer Klagepost: »Wenn ich Dich auf den ersten Brief habe etwas lange warten lassen und mich auch heute leider kurz fassen muss, so trägt mein Befinden den Schuld daran, das kein gutes ist. Nachdem ich schon 1½ Wochen lang in meiner Wohnung kaum kriechen konnte, lege ich seit vier Wochen im hiesigen Lazarett an der Malaria und heftiger Dysenterie danieder. Die ersten Stunden, die mir zum Bettverlassen gewährt wurden, benutze ich zur Beantwortung deines Briefes. Als erste Neuigkeit will ich dir auf nur gleich verraten, dass ich mit meinen ehemaligen Chefs in der »Deutschostasiatischen Warte« eine gerichtliche Auseinandersetzung wegen Nichterfüllung des Kontraktes durchweg herbeiführen musste und seitdem auf dem Bureau der Schantung-Eisenbahn-Gesellschaft eine Anstellung fand. In dieser Stellung erkranke ich auch an dem in hohem Grade ungünstigen Klima, das schon viele Landsleute dahingerafft hat. Am meisten und gefährlichsten grassiert zur Zeit ein Darmtyphus, der meist tödlich verläuft. Du siehst, dass das Leben hier in Kiautschou, im Verein mit den zu erleidenden Entbehrungen, einem nicht gerade die rosigsten Seite entgegentritt. Was nun das geschäftliche Leben anbetrifft, so ist dasselbe als durchaus günstig zu bezeichnen. Warum auch nicht? Lassen sich doch nur grosse und gut fundierte Häuser und kapitalkräftige Gesellschaften hier nieder. Aber die Buchdruckerei der »Deutsch-ostasiatischen Warte« ist nicht im stande, den an sie gestellten Anforderungen zu entsprechen. Abgesehen davon, dass beide Inhaber keine Fachmänner sind, besteht ihre Buchdruckerei aus minderwertigem, unsystematischem *japanischen* Schriftmaterial und einer »Druckmaschine«, deren Konstruktion in Deutschland völlig unbekannt sein dürfte. Weiss der Teufel, wo sie dieselbe hergeholt haben; denn sie scheint mir chinesischen Ursprungs zu sein und die Bauart noch aus den Zeiten zu stammen, bevor unser Gutenberg in Deutschland die Buchdruckerkunst erfand. Dass die Herren bei ihrer technischen Unkenntnis mit diesem Dinge ihr ohnehin mangelhaftes Schriftmaterial total breit gequetscht haben, kannst du dir denken. Ich gehe dir die Versicherung, lieber Freund, dass eine Buchdruckerei mit unserem vorzüglichen *deutschen* Material und einer mittelgrossen leistungsfähigen *Schnellpresse* ausgestattet, vielleicht auch noch eine oder zwei Tiegeldruckpressen daneben, ein ausgezeichnetes Geschäft machen würde, und zwar um so mehr, als die gezahlten Druckpreise hier keiner andern Beschränkung unterliegen, als sie ein anständiges Geschäftsgebahren gebietet. Die Konkurrenz der beiden Herren kommt gar nicht in Betracht, denn die Ausführung ihrer Arbeiten ist eine derartige, dass sich bereits die grösseren Firmen und Gesellschaften, wie die Schantung-Eisenbahn- und die Berwerksgesellschaft, wie auch das Postverwaltung genötigt gesehen haben, ihren ganzen Bedarf an Drucksachen in Shanghai herstellen zu lassen. Kannst du also eine grössere deutsche Firma für diese Sache interessieren, so mache ich dir den Vorschlag, dass du als alter Praktiker dort eine Buchdruckerei für Geschäftszwecke zusammenstellst und sie selbst nach hier überführst. Zu riskieren ist dabei von keiner Seite etwas, denn die deutsche Ansiedelung ist hier erst im Entstehen begriffen und die verschiedenen Unternehmungen kommen allmählig in guten Zuhaus. Also überlege dir die Sache und teile mir deine Meinung darüber mit.« Hier mit einigen Auslassungen persönlicher Natur der wesentliche Inhalt des Briefes, der ein interessantes Streiflicht auf die allgemeinen Verhältnisse unserer ostasiatischen Kolonie wirft. Was den Schlusssatz anbelangt, so bin ich noch beim Überlegen, stehe jedoch der Angelegenheit durchaus nicht ablehnend gegenüber. Sollten daher Anfragen bei der Schriftleitung einlaufen, so ermächtige ich dieselbe hierdurch, Interessenten meine nähere Adresse mitzuteilen.

— Der Preussische Minister für Handel und Gewerbe hat an das Tarifamt der Deutschen Buchdrucker folgende Zuschrift gelangen lassen: »Auf die Eingabe vom 11. d. M. habe ich von Tarifamte ergebenst, dass Druckarbeiten für das Ministerium für Handel und Gewerbe, soweit sie an Privatfirmen vergeben werden, schon gegenwärtig nur von tariftreuen Firmen hergestellt werden und dass ich Anordnung getroffen habe, dass solche Druckaufträge auch fernerhin nur Firmen übertragen werden, die den Deutschen Buchdrucker-Tarif schriftlich anerkannt haben. Für die gefällige Übersendung eines Abdruckes des von letzteren ausgearbeiteten Kommentars spreche ich dem Tarifamte meinen Dank aus. Freiherr.«

— *Internationaler Urheberrechtsschutz.* Das »Börsenblatt« veröffentlicht an amtlicher Stelle eine Bekanntmachung des Reichskanzlers, über die Übereinkunft zwischen dem früheren Norddeutschen Bunde und der Schweiz zum gegenseitigen Schutze von Werken der Litteratur und der Kunst vom 13. Mai 1869 für kraftlos erklärt. Die betreffende Übereinkunft ward durch Protokoll vom 23. Mai 1881 auf das Deutsche Reich ausgedehnt und war, als gegenstandslos geworden, von der Schweizerischen Bundesregierung gekündigt worden. Die Kündigungsfrist war am 17. November 1899 abgelaufen.

— *Gutenbergfeier in Mainz.* Für die beabsichtigte graphische Ausstellung sind bereits 48 Anmeldungen bedeutender Firmen eingegangen, von denen 32 682 Quadratmeter Raum beanspruchen. Der gesamte für die Ausstellung erforderlich werdende überdeckte Raum wird auf 2500 Quadratmeter geschätzt. Die historische Ausstellung soll ausgewählte Druckwerke aller Zeiten und Völker umfassen, und es soll auch versucht werden, die Leipziger Gutenbergdrucke für dieselbe zu erhalten. Im Anschluss an das geplante Gutenbergmuseum soll eine Gutenberggesellschaft nach Art der Goethegesellschaft u. s. w. begründet werden. Endlich gedenkt man auch noch eine offizielle Festpostkarte, eine Denkmünze u. s. w. für die Feier zu beschaffen und zu diesem Zwecke eine Preiskonkurrenz auszuschreiben. Wie aus diesen Mitteilungen, die wir einem grösseren Berichte des »Mainzer Anzeigers« entnehmen, hervorgeht, hat man in Mainz für die Gutenbergfeier Grosses vor. Hoffentlich findet das auch allgemein die rechte Würdigung und Unterstützung, namentlich aber von seiten der Buchdrucker.

— *Das Senefelder-Denkmal in Berlin* wurde am 4. November zur Hundertjahrfeier der Erfindung der Lithographie in festlicher Weise bekränzt; das Gitter war mit Guirlanden umzogen und am Hintergrunde mit Lorbeerkränzen geschmückten Figur erhob sich ein Hain von Topfgewächsen. Die Lithographen und Steindrucker Berlins hatten sich in grosser Zahl eingefunden, es waren ferner Deputationen des Vereins für graphische Künste, der Steindruckereibesitzer, des Seuchelbundes erschienen, die unter kurzen Ansprachen prächtige Kränze am Denkmal niederlegten.

— Die nicht oft genug hervorzuhebende *Feuergefährlichkeit* der in den Buchdruckereien gebräuchlichen Waschmittel Benzin, Terpentin u. s. w. wurde wieder einmal durch ein *Schadenfeuer* dargethan, das am Abend des 30. Oktober auf ganz eigentümliche Weise in der *Karl Krapelschen Buchdruckerei in Berlin* entstand. In dem zu ebener Erde des rechten Seitenflügels auf dem Hofe gelegenen Maschinensaal waren zwei Lehrlinge damit beschäftigt, aus einem grossen Behälter Terpentin in kleinere Gefässe abzufüllen. Durch irgend eine Unbedachtsamkeit zersprang der grosse Behälter, so dass sich das Terpentin in reichlicher Menge über den Fussboden ergoss. Es wurde zwar soviel als möglich aufgefangen und der Rest sofort aufgewischt, jedoch hatten sich durch starke Verdunstung *Terpentindämpfe* gebildet, die zur Decke emporstiegen. Hier fanden sie einen Auszug durch die Öffnung der einen Wendeltreppe, welche den Maschinensaal mit der im ersten Stocke befindlichen Setzerei verbindet. Plötzlich erscholl von dort *Feueralarm!* Die durch die Treppenöffnung emporgestiegenen Terpentindämpfe hatten sich nämlich an einer dort brennenden Gasflamme entzündet und so auch einige in der Nähe befindliche Holzutensilien in Brand gesetzt. Der Faktor erkannte die Gefahr und besass Geistesgegenwart genug, um schnell den Haupthahn der Gasleitung zu schliessen und die Feuerwehr herbeizurufen. Trotzdem diese sofort erschien, hatte das Feuer doch schon einen bedenklichen Umfang angenommen, denn die Flammen waren inzwischen in den Maschinensaal zurückgeschlagen. Glücklicherweise gelang es, ein Weitergreifen des Feuers zu verhindern, so dass der Betrieb aufrecht erhalten werden konnte, da das Schriftmaterial und die Maschinen nur unbedeutenden Schaden erlitten haben. Das Personal hatte sich rechtzeitig in Sicherheit gebracht. — Wir möchten hieran die Mahnung knüpfen, zu derartigen gefahrvollen Arbeiten nicht die jugendlichen Lehrlinge, sondern ältere besonnene Arbeiter zu verwenden. hn.

— *Die Buch- und Steindruckereien Deutschlands.* Nach dem Statistischen Jahrbuche für das Deutsche Reich gab es in Deutschland am Schlusse des Jahres 1895 6872 Buch- und Steindruckereien. Sie haben sich von 1882 bis 1895 um 2830 vermehrt. Als Grossbetrieb mit einem Personalstande von mehr als 50 sind 208 mit insgesamt 29 042 beschäftigten Personen angeführt. Alle Betriebe vereinigt weisen 101932 Beamte und Arbeiter auf. Den Berufsgenossenschaften gehörten 5102 Betriebe an, von welchen 3321 nur 10 Personen, 1514 10 bis 50 Personen, 257 mehr als 50 bis 100 und 133 mehr als 100 Personen beschäftigen.

— *Ausstellung des Verbandes Deutscher Illustratoren.* Der Verband Deutscher Illustratoren hat zur Zeit im Leipziger Kunstverein eine Ausstellung von Arbeiten seiner Mitglieder veranstaltet, die in einer Reihe vortrefflicher Zeichnungen ein übersichtliches und erfreuliches Bild von dem Stande der heutigen deutschen Illustrationskunst darbietet.

— *Aufhebung des Zeitungs- und Kalenderstempels in Österreich.* Der von der österreichischen Regierung beim Reichsrat eingebrachte Gesetzentwurf, betreffend die Aufhebung des Zeitungs- und Kalenderstempels, ist vom Abgeordnetenhause am 17. vor. Mts. in zweiter und dritter Lesung angenommen worden.

— Die *Wiener Fortbildungsschule für Buchdrucker- und Schriftgiesser-Lehrlinge* wurde im Schuljahre 1898/99 von 681 Lehrlingen besucht.

— *Offizieller Katalog der Pariser Weltausstellung 1900.* Die Lieferung des offiziellen Kataloges für die Weltausstellung wurde im Ausschreibungswege der bekannten Firma Lemercier in Paris übertragen. Diese Firma machte das billigste Angebot und zwar Francs 435 000. Das Format des Kataloges soll das der Hädeker-Reisebücher sein und wird der Katalog, den 18 Ausstellungsgruppen entsprechend, 18 Bände umfassen. Der Preis eines Bandes wird 3 Francs betragen.

— Die *Weltausstellung in Paris* soll, wie bestimmt worden ist, am 15. April 1900 eröffnet werden, bis zu welchem Datum auch das Fertigwerden der Ausstellung im grossen und ganzen zu stande zu bringen hofft.

— *Ein Farbenfabrikanten-Trust.* In Amerika haben sich 70 Fabrikanten von Buch- und Steindruckfarben circa 95 Prozent in einem Trust vereinigt. Das Kapital, das sie repräsentieren, beträgt nicht weniger als 20 Millionen Dollars. Es soll auch hervorragend das Exportgeschäft gepflegt und weniger eine Erhöhung der Preise, als Betriebsersparnisse, speciell durch Beseitigung des Bestellungswesens, angestrebt werden.

— *Eine Frauenzeitung* im vollsten Sinn des Wortes ist die in Paris erscheinende Journal *La Fronde* Die Schleuder). Diese von und für Frauen geschriebene Tageszeitung hat seit der verhältnismässig kurzen Zeit ihres Bestehens die ansehnliche Auflage von etwa 40 000 Exemplaren erreicht. Besitzerin und geschäftliche Leiterin des Blattes ist Madame Marguerite Durand; anfangs Schauspielerin, leitete sie später mit ihrem Gatten, dem sozialistischen Abgeordneten Laguerre, die Zeitung *La Presse*. Nach dem Tode ihres Mannes trat sie beim *Figaro* ein und redigierte die litterarische Beilage dieses Blattes. Als sie gegen Ende 1897 »La Fronde« gründete, standen ihr grosse Mittel zur Verfügung; sie kaufte damals für die neue Zeitung ein Haus, das mit grossem Aufwand eingerichtet wurde. Chef-Redactrice ist Madame Emmy Fournier, die Tochter der Schriftstellerin Jeanne Marni und Enkelin der Schriftstellerin Mantel de Grandfort. Ausserdem hat die Fronde an dreissig Mitarbeiterinnen, welche teils in fixem Verhältnis zu dem Blatte stehen, teils Artikelhonorare beziehen. Das monatliche Einkommen dieser Journalistinnen bewegt sich zwischen 100 und 500 Francs, die Chef-Redactrice bezieht einen Monatsgehalt von 800 Francs. Auch die Bureaudienerschaft und das Personal der Druckerei bestehen aus Frauen und Mädchen. Die Setzerinnen der Fronde bilden eine eigene Berufsgenossenschaft, der Madame Durand 1000 Francs zugewendet hat. Vierzehn Mitarbeiterinnen, die einen Pressprocess gegen die antisemitische *Libre Parole* gewannen, haben die ihnen zuerkannten 1400 Francs Schadenersatz gleichfalls der Setzerinnen-Vereinigung überwiesen. In ihrer Richtung ist die Fronde republikanisch und in religiöser wie nationaler Hinsicht duldsam. *R.*

— *Zur Geschichte der Visitenkarte.* Es ist noch gar nicht lange her, dass Visitenkarten erfunden worden sind. Erst unter Ludwig XIV. nahm man sie in Frankreich in Gebrauch. Zuerst benützte man einfache Spielkarten, auf deren Rückseite man seinen Namen schrieb, und die man in das Schloss steckte, wenn man niemand zu Hause antraf. Jedoch scheint man sie nur wenig benutzt zu haben, denn es ist von ihnen weder bei Mme. de Sévigné, noch bei ihren Zeitgenossen die Rede. Im 18. Jahrhundert gefielen sich die Künstler darin, Visitenkarten zu zeichnen und künstlerisch zu gestalten. Der Name wurde mit Blumen eingerahmt oder mit Allegorien, mit Anspielungen auf den Beruf des Inhabers oder seine Wohnung versehen. Diese Mode hielt sich ziemlich lange. Am Ende des vorigen Jahrhunderts wird der Schmuck prätentiöser; man begeistert sich für die Mythologie. Es existieren noch Karten mit Bildern antiker Ruinen, verfallener Tempel u. s. w. Dann kommt die Zeit der Troubadour- und Ritter-Bilder. Während der ersten Kaiserreiches in Frankreich und der Restauration zeigen die Bilder einen sehr schlichten Geschmack. 1829 wurde der Gebrauch von Visitenkarten ganz allgemein. Man benützte meistens viereckige hässliche Kartons, von denen man eine Ecke abriss, statt sie umzubiegen. 1880 erschienen die ersten Glanzkarten, und seitdem wurden zur Kartenherstellung Holz, Celluloid, Aluminium, Kurkholz u. s. w., alle erfolglos, bearbeitet. Jetzt werden die Karten so einfach als möglich gehalten. Das Format, der verwendete Karton, die Wahl der Buchstaben sind heute sehr gewichtige Dinge.

— *Zur Geschichte der illustrierten Zeitungen* bringen die »Schweizer Graph. Mitt.« einige Beiträge, die wir der »Contemporary Review« entnahmen. Wichtige Ereignisse, wie Überschwemmungen, grosse Stürme u. s. w., wurden durch Illustrationen zuerst auf Anschlagzetteln verbreitet. So illustrierte im Jahre 1632 der »Swedish Intelligencer« in London die Thaten Gustav Adolfs, die Belagerung von Magdeburg u. s. w. Die erste illustrierte Zeitung in England war der »Mercurius Civicus« in London zur Zeit Karls I. und Cromwells. Im XVIII. Jahrhundert verlegten sich die Londoner Zeitungen, soweit sie Illustrationen brachten, auf die Darstellung sensationeller Ereignisse. William Clement begann 1791 mit der Herausgabe der ersten illustrierten Wochenzeitung, die aber Illustrationen nur nach Bedarf brachte. Auch Tagesblätter, wie die »Times«, begannen zu Anfang dieses Jahrhunderts Illustrationen zu bringen. Herbert Ingram schuf dann im Jahre 1842 mit den »Illustrated London News« die erste illustrierte Zeitung im modernen Stil. In Deutschland erschien die erste Zeitung dieser Art ein Jahr darauf, es war dies die von J. J. Weber in Leipzig gegründete »Illustrierte Zeitung«, die noch heute alljährlich ihren grossen Leserkreis durch mustergültige Darstellung der Zeitereignisse unterhält und belehrt.

— *Einen Hilfsapparat für Setzmaschinen*, der das Einsetzen von Wörtern aus andern Schriften gleicher Kegels, die jetzt mittels Handmatrizen an der Maschine eingefügt werden, gestattet baut jetzt durch Anregung des Faktors Herrmann von der »Neuen Freien Presse« die Waffenfabrik Steyr in Oberösterreich, die bekanntlich die Fabrikation der »Monoline« betreibt. Dem Maschinensetzer werden die Auszeichnungsschriften mit dem Manuskripte geliefert, damit er die notwendige Breite für das einzusetzende Wort freilassen kann. Die eingesetzte Zeile wird dann in den Apparat eingelegt, der mittels eines mit einem Messer versehenen Hebels so viel von der Zeile ausschneidet, als für das einzusetzende Wort nötig ist. Eine rotierende gezahnte Scheibe wird mittels der Hand gedreht und reguliert die Fläche, an welche das Wort angefügt wird. Der Apparat kann auch in jeder Buchdruckerei zum Bearbeiten von Bleilinien benützt werden, da er leicht transportabel und aufstellbar ist.

Inhalt des 11/12. Heftes.

Einleitung zur Vorbestellung. — Die Pflege der Kunst im Buchgewerbe durch die Vereine. — Aus der Selbstbiographie Hofrat Auers. — Die Schnellfabrik bei der Galvano-Herstellung. — Über photographischen Farbendruck. — *Recensionen.* — Ein neuer Stoff für Buchenbände. — Ein Kostet im Alphabet. — Ein deutscher Maschinenmarkt. — *Chicagoer Morgenblätter I.* — Vorrichtung für Cylinderschnellpressen zum Einlegen von Makulaturbogen zwischen die Druckbogen. — Neuer Bogenabhieger. — *Vereinales.* — Schriftgiessereinen. — An den graphischen Vereinigungen. — *Zeitschriften- und Bücherschau.* — Verschiedene Einläufe. — Des Beilagen zum 11/12 Heft. — *Patente.* — Kataloge und Vorträge auf buchgewerblichem Gebiete. — *Mannigfaltiges.* — Inserate. *Beilagen:* 3 Fachbeilagen: Moderner Cirkular, Umschlag, dreiteilige Empfehlungskarte; 1 Blatt Neuenheit; 1 Blatt Dreifarbendruck; 1 Blatt Kupferantotypie; 1 Blatt Ansicht des Deutschen Buchgewerbehauses; 1 Doppelblatt Proben aus der »Goldenen Buche«.

Bezugsbedingungen für das Archiv etc.

Erscheint: in 12 Monatsheften. | Für komplette Lieferung, insbesondere vollstrecktes Beilagen, kann nur den zur Erscheinen des 1. Heftes gezeichneten Abonnierenden garantiert werden.
Bezugsquelle: Jede Buchhandlung; auch direkt von der Geschäftsstelle des Deutschen Buchgewerbevereins unter Kreuzband.
Preis: M. 11.—, unter Kreuzband direkt M. 11.80, nach ausserdeutschen Ländern M. 14.—, um Kreuzbandsporto M. 1.60.
Anzeigen: Preis der dreigespaltenen Petitzeile oder deren Raum für Mitglieder des Deutschen Buchgewerbevereins 60 Pf., für Nichtmitglieder 80 Pf. Stellengesuche für Mitglieder und Nichtmitglieder 15 Pf. für die dreigespaltene Petitzeile. Rückgabe von Abdruck zu zahlen. Als Beleg dienen Ausschnitte. Beleghefte bei Verlangen gegen Entgelt. Grössere Anzeigen unterliegen besonderer Vereinbarung. Neuheiten von selbstständigen Schriftgiessereien-Erzeugnissen können im Inhalte oder auf den Beilagen abgedruckt werden. Die Bezugsquellen der Neuheiten werden auf Anfrage durch die Geschäftsstelle des Deutschen Buchgewerbevereins unentgeltlich nach Möglichkeit mitgeteilt.
Adresse: Alle den redactionellen Teil des »Archivs für Buchgewerbe« betreffenden Briefe und Sendungen sind an die Adresse der Schriftleitung: Leipzig-R., Stiftstrasse 6/II zu richten, die Anzeigentext betreffenden wie andere geschäftliche Anfragen u. s. w. dagegen an die Geschäftsstelle des Deutschen Buchgewerbevereins.

www.ingramcontent.com/pod-product-compliance
Lightning Source LLC
Chambersburg PA
CBHW030554300426
44111CB00009B/974